KB193785

객관식

최신 경찰학

임창호 · 정세종

法 文 社

머 리 말

경찰학의 주요 목적은 사회에서 발생하는 각종 범죄 및 무질서 문제 등에 대하여 과학적이고 효과적인 해결방안들을 마련하는 것이므로, 경찰학을 연구하는 학자 및 연구원은 중요한 사회 이슈에 관련된 양적·질적 연구결과를 적극적으로 발표하여야 한다.

저자들은 2021년에 경찰 관련 최신 법령을 반영하여 '최신 경찰학'을 출판하였는데 전국에 있는 대학생 및 수험생들에게 좋은 이론서로서 긍정적인 반응을 받고 있다. 그러나 2022년부터는 일반경찰 및 경찰간부후보생 채용시험 과목이 개편되어 '경찰학개론' 과목이 '경찰학' 과목으로 변경되고 20문항에서 40문항으로 변경되어 앞으로는 경찰학 과목이 경찰공무원 채용시험에서 합격 여부를 좌우하는 과목이 될 것이다.

그러나 경찰학 과목의 방대함과 관련 법령의 잦은 개정으로 인하여 수험생들이 경찰학 과목을 공부하는 것은 쉽지 않다고 느낀다. 이러한 상황에서 저자들은 경찰공무원 채용시험을 준비하는 수험생들이 경찰학 과목을 더욱 효과적으로 준비하고 가능한 한 빠른 기간 내에 합격할 수 있도록 돕기 위해서 '객관식 최신 경찰학'을 출판하게 되었다.

'객관식 최신 경찰학' 교재는 다음과 같은 특성을 갖고 있다. 첫째, 최근에 관련 법령이 너무 자주 개정되어 수험생들이 경찰학을 학습하는 데 많은 어려움을 갖고 있으므로 최근에 변경된 개정 법령을 꼼꼼하게 확인하여 일반경찰, 경찰간부후보생, 경찰승진 관련 기출문제와 해설을 수정하였다.

둘째, 기본서인 '최신 경찰학'에서 아직 출제되지 않는 부분들을 객관식 문제화하였는데 이 문제들은 앞으로 경찰공무원 채용시험을 대비하기 위한 좋은 예상문제가 될 것이다. 특히 경찰행정학 분야가 앞으로는 더 많이 출제될 것으로 예상되어 제4장 경찰과 행정(1), 제5장 경찰과 행정(2)에서는 저자들이 직접 만든 새로운 문제들을 추가하였다.

셋째, 앞으로는 경찰행정법 영역이 가장 많이 출제될 예정인데 제7장 경찰행정과 법(2)에서는 경찰행정학과 경채시험 과목인 행정법에서 출제되었던 기출문제들을 추가함으로써 앞으로 경찰행정법 분야에 대해서도 수험생들이 충분히 대비할 수 있도록 하였다.

넷째, 객관식 문제에 대해서 수험생들이 더욱 쉽게 이해할 수 있도록 해설에 ○, × 여부를 명확하게 표시하고 충실한 해설을 제시하였다. 또한 판례 문제에 대해서는 해설에 판례의 출처를 명확하게 표시하였다.

다섯째, 2021년 제2차 일반경찰 기출문제를 부록으로 제공함으로 수험생들이 최신 출제 경향을 확인하고 테스트해 볼 수 있도록 하였다.

'객관식 최신 경찰학' 교재의 효과적인 학습방법은 제시하면 다음과 같다. 첫째, '최신 경찰학'을 먼저 학습한 후 해당 부분에 대한 '객관식 최신 경찰학'을 학습한다면 학습 효과가 더욱 극대화될 것이다. 또한 객관식 문제를 푸는 과정에서도 '최신 경찰학'에서 해당 문제의 내용을 자주 확인해 볼 필요가 있다.

둘째, 객관식 문제에 대해서 가능한 한 6회 정도 반복 학습을 할 필요가 있다. 인간의 뇌는 6회 정도 반복 학습할 때 해당 내용을 확실하게 이해하고 적용할 수 있다고 한다. 반복 학습을 하면서 확실하게 이해한 문제에 대해서는 문제 번호 옆에 ×표를 할 필요가 있다.

셋째, 이 교재에 있는 유사한 객관식 문제들을 처음에는 모두 꼼꼼하게 풀어보아야 한다. 기존 기출문제를 보면 유사한 문제들이 반복 출제되는 경향이 있기 때문이다. 이 교재를 반복 학습하는 과정에서 유사한 문제 중에서 1~2개 문제만을 풀어보고 나머지 문제를 넘어가는 것도 좋을 것이다.

넷째, 이 교재는 수험생들이 문제를 편하게 볼 수 있도록 하기 위해 문제 내용이 중간에 잘리지 않도록 했기 때문에 곳곳에 빈 공간이 있다. 따라서 수험생들은 새로운 기출문제나 예상문제가 있는 경우에는 해당 문제를 오려서 빈 공간에 붙여 놓는다면 이 교재로도 단권화가 가능할 것이다.

객관식 문제의 경우 앞으로 법령이 계속해서 개정되면 현재 맞는 문항이 틀린 문항으로 될 수 있다. 따라서 앞으로 저자들은 '객관식 최신 경찰학'이 더욱 가치 있는 수험서가 될 수 있도록 최신 내용으로 개정할 것을 약속드리며, 이번에 경찰공무원 채용시험을 준비하는 수험생을 위해서 멋진 교재가 출판될 수 있도록 도와주신 법문사 편집부 구성원분들에게 진심으로 감사드린다.

2021년 8월 30일
저자 일동

차 례

제 15 장 외사 경찰활동

부 록

Chapter

01

경찰학의 학문적 기초

제1절 경찰학의 개념 및 성격

01 경찰에 대한 설명으로 가장 적절하지 <u>않은</u> 것은?

① police란 용어는 도시 조직 및 정부 또는 도시·국가 사무에 참여하는 시민을 의미하는 그리스어인 politeia 또는 라틴어인 politia에서 유래하였다.
② 경찰조직의 구성원은 공공의 질서를 유지하고 범죄를 해결 및 예방하는 합법적 권한을 부여받고 있다.
③ 경찰관은 순찰, 범죄수사, 교통통제 등의 직접적인 경찰서비스를 수행하는 공무원이다.
④ 경찰은 다양한 형태의 사회적 문제를 해결하기 위하여 강제력을 행사할 일반적 권한을 부여받지는 못하였다.

해설 ④ 경찰은 국가에 의해서 자국 영역 내에서 다양한 형태의 사회적 문제를 해결하기 위하여 강제력을 행사할 일반적 권한을 부여 받은 제도 또는 개인이다.
정답 ④

02 경찰학에 대한 설명으로 가장 적절하지 <u>않은</u> 것은?

① 경찰이라고 불리는 국가제도 및 공권력 행사와 관련된 관념·현상·원리들을 체계적으로 규명한 지식의 총체를 의미한다.
② 사회공공의 안녕·질서를 유지하기 위한 민주적·능률적 수단·기술에 관하여, 사회과학적 이론 및 자연과학적 응용을 탐구하는 학문이다.
③ 경찰이라는 기관적 측면, 치안재라는 규범적 측면뿐만 아니라 환경적 측면들을 포괄적으로 그 연구대상으로 삼아야 할 것이다.
④ 경찰학은 독립적 학문으로서 그 위치를 확보하고 있다는 점에 대해서는 견해가 일치한다.

해설 ④ 경찰학이 독자적 학문으로서의 위치를 확보하고 있는지에 대해서는 견해가 불일치이다. 경찰학이 독자적 학문으로서 정체성을 지니기 위해서는 ⓐ 연구영역, ⓑ 이론, ⓒ 개념적 경계, ⓓ 독립된 교육기관 및 학문공동체, ⓔ 연구방법 등에서 일정한 요건을 갖추어야 한다.
정답 ④

03 경찰학의 선구자에 대한 설명으로 가장 적절하지 <u>않은</u> 것은?

① 로버트 필이 「영국 수도경찰의 조직과 운영에 관한 획기적인 개혁방안」을 제시한 이후 경찰학은 중립적 학문으로 자리 잡기 시작하였다.

② 윌슨의 노력으로 캘리포니아 대학, 미시간 대학 등에 경찰관련 학과가 설치되면서 미국을 중심으로 현대 경찰학이 발전하였다.

③ 후버, 스미스, 파커 등에 의해서 경찰학은 사회공공의 안녕과 질서유지에 필요한 논리를 규명하고 합리적 수단과 과학적 기술 및 그 응용을 탐구하는 학문으로 뿌리 내리게 되었다.

④ 로버트 필이 제시한 9가지 경찰활동 원리는 오늘날에도 통용될 수 있다.

해설 ② 오거스트 볼머의 노력으로 캘리포니아 대학, 미시간 대학, 인디애나 대학 등에 경찰관련 학과가 설치되면서 미국을 중심으로 현대 경찰학이 발전하였다.

정답 ②

04 로버트 필의 9가지 경찰활동 원리에 대한 설명으로 가장 적절하지 <u>않은</u> 것은?

① 경찰의 의무는 군대 및 엄격한 처벌에 의한 억압 대신에 범죄와 무질서를 예방하는 것이다.

② 시민의 존중과 승인을 확보하고 유지하는 것은 법률준수에 있어서 시민의 자발적인 협력을 의미한다.

③ 범죄와 무질서의 부존재를 다루는 데 있어서 가시적인 경찰조치만이 경찰 능률성의 증거가 된다.

④ "경찰은 시민이고 시민은 경찰"이라는 역사적 전통을 실현시켜 주는 시민 관계를 항상 유지한다.

해설 ③ 경찰 능률성의 증거는 범죄와 무질서의 부존재이고, 그것을 다루는 데 있어서 가시적인 경찰 조치가 경찰 능률성의 증거는 아니다.

정답 ③

05 경찰학은 하나의 통일된 논리 및 체계를 지닌 독자적 학문으로 정착되고 있다. 경찰학의 학문적 성격에 대한 설명으로 가장 적절하지 <u>않은</u> 것은?

① 사회현상 중에서도 사회공공의 안녕 및 질서와 관련된 주제를 다루는 특수학문이다.

② 경찰학은 사람의 사회적 행위에 관한 진리를 탐구하는 사회과학이다.

③ 경찰학은 형식적 주제를 다루는 형식과학이다.

④ 경찰학은 기초학문을 이용하는 응용학문에 속한다.

해설 ③ 학문은 주제를 기준으로 형식적 주제를 다루는 형식과학과 경험적 주제를 다루는 경험과학으로 나눌 수 있는데, 경찰학은 사회생활 속에서 경험하는 현상을 다루는 경험과학에 속한다.

정답 ③

06 경찰학이 독자적 학문으로서 지녀야 할 정체성에 대한 설명으로 가장 적절하지 <u>않은</u> 것은?

① 하나의 학문이 단일과학으로 발전하는 것은 간학문성에서 다학문성으로 발전되는 과정을 거침으로써 가능하다.

② 연구영역을 체계적으로 정리·해석할 수 있는 이론을 갖추어야 한다.

③ 인접학문과의 개념적 경계를 명백하게 하여야 한다.

④ 경찰은 이론과 실제의 조화를 도모할 수 있는 현실 적합성이 높은 학문으로 발전하는 데 필요한 지식체계를 갖추어야 한다.

해설 ① 하나의 학문이 단일과학으로 발전하는 것은 다학문성에서 간학문성으로 발전되는 과정을 거침으로써 가능하다.

정답 ①

07 경찰학의 접근방법과 그 설명이 바르게 연결되지 않은 것은?

① 역사적 접근방법 – 과거·현재·미래라는 시간적 연속성을 전제로 하여 경찰현상을 연구하는 접근방법

② 비교론적 접근방법 – 경찰활동에 영향을 미치는 법이나 제도를 중심으로 경찰현상을 서술적·정태적으로 연구하는 전통적인 접근방법

③ 체제론적 접근방법 – 전체를 거시적으로 보며 전체를 구성하는 부분간의 상호기능적 관계를 밝혀주는 접근방법이다.

④ 공공선택론적 접근방법 – 정치학에 경제학을 응용하는 것으로서 정부의 의사결정 방법을 연구하는 경제이론이다.

해설 ② 비교론적 접근방법은 2개 이상의 국가·사회에 대한 경찰제도를 비교방식을 통해 연구하는 접근방법이다. 각국이 지니고 있는 경찰현상의 상이성과 유사성을 함께 추적함으로써 경찰이론의 일반화와 과학화에 기여할 수 있다.

정답 ②

08 다음 설명에 해당하는 경찰학의 접근방법은?

⊙ 경찰활동을 과학화하기 위해서 인간 행동에 대한 실증적인 연구를 통해, 가치판단적 요소는 연구대상에서 제외함

⊙ 인간의 주관이나 의식을 배제하여야 하며, 인식론적 근거로 논리실증주의를 신봉하고 있다.

⊙ 사회가 지니고 있는 문제점을 개선하기 위한 정책적 처방이 약하다.

① 비교론적 접근방법　　　　　② 법·제도적 접근방법

③ 행태론적 접근방법　　　　　④ 체제론적 접근방법

해설 ③ 행태론적 접근방법은 경찰활동을 과학화하기 위해서 인간 행태에 대한 실증적인 연구를 통해서 가치판단적 요소는 연구대상에서 제외하고 사실판단적 요소만으로 경찰행태를 규명하는 접근방법이다.

정답 ③

제2절 경찰 개념의 분류

01 형식적 의미의 경찰과 실질적 의미의 경찰개념에 대한 설명으로 가장 적절하지 않은 것은? [15년 순경 1차]

① 형식적 의미의 경찰이란 실정법상 보통경찰기관에 분배되어 있는 임무를 달성하기 위하여 행하여지는 경찰활동을 의미한다.

② 정보경찰활동과 사법경찰활동은 형식적 의미의 경찰 개념에 해당한다.

③ 실질적 의미의 경찰은 조직을 중심으로 파악된 개념에 해당한다.

④ 실질적 의미의 경찰개념은 행정조직의 일부로서가 아니라, 작용을 중심으로 파악한 개념에 해당한다.

해설 ③ 실질적 의미의 경찰개념은 작용을 중심으로 파악한 개념이고, 형식적 의미의 경찰개념은 경찰의 조직을 중심으로 파악한 개념이다.

정답 ③

02 경찰의 개념 중 형식적 의미의 경찰과 실질적 의미의 경찰에 대한 설명으로 가장 적절한 것은?

① 실질적 의미의 경찰개념은 실정법상 보통경찰기관에 분배된 임무를 달성하기 위한 경찰활동이다.

② 형식적 의미의 경찰개념은 작용을 중심으로 파악한 것이다.

③ 형식적 의미의 경찰개념은 일반통치권에 근거하여 국민에게 명령·강제하는 권력적 작용이다.

④ 실질적 의미의 경찰개념은 독일의 행정법학에서 정립된 학문상 개념이다.

해설 ① [×] 형식적 의미의 경찰개념은 실정법상 보통경찰기관의 임무를 달성하기 위한 경찰활동이다.
② [×] 실질적 의미의 경찰개념은 경찰작용의 성격을 중심으로 파악한 경찰개념이다.
③ [×] 실질적 의미의 경찰개념은 사회공공의 안녕·질서를 유지하기 위하여 일반통치권에 의거해서 일반 국민에게 명령·강제하는 권력적 작용을 의미한다.
④ [○]

정답 ④

03 실질적 의미의 경찰개념에 대한 설명으로 적절하지 **않은** 것은?

[15년 경위 승진]

① 실질적 의미의 경찰은 학문상 정립된 개념으로 독일행정법학에서 유래한다.
② 실질적 의미의 경찰은 일반통치권에 의거 국민에게 명령·강제하는 권력적 작용이다.
③ 경찰의 수사활동, 정보·보안 경찰활동, 서비스적 활동은 실질적 의미의 경찰개념이다.
④ 일반행정기관도 실질적 의미의 경찰작용을 하는 경우가 있다.

해설 ③ 수사경찰활동, 정보경찰활동, 보안경찰활동, 서비스적 활동은 형식적 의미의 경찰개념이다.

정답 ③

04 경찰의 개념 중 형식적 의미의 경찰과 실질적 의미의 경찰에 대한 설명으로 가장 적절한 것은?

[17년 순경 2차]

① 실질적 의미의 경찰 개념은 이론상·학문상 정립된 개념이 아닌 실무상으로 정립된 개념이며, 독일 행정법학에서 유래하였다.
② 경찰이 아닌 다른 일반행정기관 또한 경찰과 마찬가지로 형식적 의미의 경찰에 해당하는 활동을 할 수 있다.
③ 실질적 의미의 경찰은 형식적 의미의 경찰 개념보다 넓은 의미로 형식적 의미의 경찰을 모두 포괄하는 상위 개념이다.
④ 형식적 의미의 경찰이란 실정법상 보통 경찰기관에 분배되어 있는 임무를 달성하기 위해 행하여지는 경찰 활동을 의미한다.

해설 ① [×] 실질적 의미의 경찰개념은 이론상·학문상 정립된 개념이며, 독일 행정법학에서 유래하였다.
② [×] 형식적 의미의 경찰은 보통경찰기관이 하는 일체의 작용을 의미한다. 경찰이 아닌 다른 일반 행정기관은 형식적 의미의 경찰활동을 할 수 없다.
③ [×] 형식적 의미의 경찰에 해당하지만 실질적 의미의 경찰에 해당하지 않는 것도 있고, 형식적 의미의 경찰에는 해당하지 않지만 실질적 의미의 경찰에 해당하는 것도 있으므로 실질적 의미의 경찰이 형식적 의미의 경찰보다 넓다고 할 수 없다.

정답 ④

05 **경찰개념에 대한 설명 중 옳지 <u>않은</u> 것은?**   [20년 경간부]

① 일반행정기관이 실질적 의미의 경찰작용을 하는 경우는 있으나, 형식적 의미의 경찰작용을 하지는 않는다.

② 정보경찰의 활동은 실질적 의미의 경찰보다는 형식적 의미의 경찰과 관련이 깊다.

③ 실질적 의미의 경찰은 형식적 의미의 경찰개념보다 넓은 의미로 형식적 의미의 경찰을 모두 포괄하는 상위 개념이다.

④ 실질적 의미의 경찰은 사회공공의 안녕, 질서유지와 같은 소극적 목적을 위한 권력적 작용이다.

해설 ③ 형식적 의미의 경찰 중 일부는 실질적 의미의 경찰에 해당되고 실질적 의미의 경찰 중 일부는 형식적 의미의 경찰에 해당되지만 실질적 의미의 경찰은 형식적 의미의 경찰을 모두 포괄하는 상위 개념이 아니다.

정답 ③

06 **경찰의 개념에 대한 설명 중 가장 적절하지 <u>않은</u> 것은?**   [21년 경감 승진]

① 실질적 의미의 경찰은 사회공공의 안녕 및 질서유지와 같은 소극적 목적을 위한 작용이다.

② 실질적 의미의 경찰은 특별통치권에 근거하여 국민에게 명령·강제하는 권력적 작용으로 독일의 행정법학에서 정립된 학문상 개념이다.

③ 형식적 의미의 경찰작용은 실정법상 보통경찰기관에 분배된 사무를 말하며, 이에 따른 경찰활동의 범위는 나라마다 차이가 있을 수 있다.

④ 형식적 의미의 경찰이 언제나 실질적 의미의 경찰이 되는 것은 아니고, 또한 실질적 의미의 경찰이 모두 형식적 의미의 경찰이 되는 것도 아니다.

해설 ② 실질적 의미의 경찰개념은 이론적·학문적으로 발전해 온 개념이며, 사회공공의 안녕과 질서를 유지하기 위하여 일반통치권에 의거해서 일반 국민에게 명령·강제하는 권력적 작용을 의미한다.

정답 ②

07 경찰의 개념에 대한 설명 중 가장 적절하지 <u>않은</u> 것은?

① 실질적 의미의 경찰개념은 일반통치권에 근거하여 국민에게 명령·강제하는 권력적 작용이다.

② 협의의 행정경찰작용은 다른 행정작용과 결합하여 특별한 사회적 이익의 보호를 목적으로 하면서 그 부수작용으로서 사회공공의 안녕과 질서를 유지하기 위한 경찰작용으로서 위생경찰과 풍속경찰 등을 의미한다.

③ 형식적 의미의 경찰개념은 나라마다 차이가 있다.

④ 불심검문은 보안경찰, 예방경찰, 질서경찰로서의 성질을 갖고 있다.

해설 ② 협의의 행정경찰작용은 다른 행정작용과 결합하여 특별한 사회적 이익의 보호를 목적으로 하면서 그 부수작용으로서 사회공공의 안녕과 질서를 유지하기 위한 경찰작용을 의미하고, 협의의 행정경찰작용에 해당하는 것은 영업경찰, 위생경찰, 건축경찰, 경제경찰, 삼림경찰이다. 반면에 풍속경찰은 보안경찰에 해당한다.

정답 ②

08 형식적 의미의 경찰과 실질적 의미의 경찰에 대한 설명으로 가장 적절하지 <u>않은</u> 것은?
[21년 경찰특공대]

① 형식적 의미의 경찰이 언제나 실질적 의미의 경찰이 되는 것은 아니며, 실질적 의미의 경찰이 모두 형식적 의미의 경찰이 되는 것도 아니다.

② 실질적 의미의 경찰은 사회공공의 안녕과 질서유지를 위한 권력적 작용이므로 소극목적에 한정된다.

③ 형식적 의미의 경찰은 작용을 중심으로 파악된 개념이고, 실질적 의미의 경찰은 조직을 기준으로 파악된 개념이다.

④ 실질적 의미의 경찰은 실무상 정립된 개념이 아니라 학문적으로 정립된 개념으로 독일 행정법학에서 유래하였다.

해설 ③ 형식적 의미의 경찰개념은 경찰의 조직을 중심으로 파악한 경찰개념이고, 실질적 의미의 경찰개념은 경찰작용의 성격을 중심으로 파악한 경찰개념이다.

정답 ③

09 다음은 형식적 의미의 경찰 개념과 실질적 의미의 경찰 개념에 대한 설명이다. 옳은 것은 모두 몇 개인가? [20년 순경 1차]

> ㉠ 형식적 의미의 경찰이 언제나 실질적 의미의 경찰이 되는 것은 아니며, 실질적 의미의 경찰이 모두 형식적 의미의 경찰이 되는 것도 아니다.
> ㉡ 실질적 의미의 경찰은 사회공공의 안녕과 질서유지를 위한 권력적 작용이므로 소극목적에 한정된다.
> ㉢ 형식적 의미의 경찰은 사회목적적 작용을 의미하며 작용을 중심으로 파악된 개념이고, 실질적 의미의 경찰은 조직을 기준으로 파악된 개념이다.
> ㉣ 실질적 의미의 경찰은 실무상 정립된 개념이 아니라 학문적으로 정립된 개념으로 독일 행정법학에서 유래하였다.
> ㉤ 「경찰관 직무집행법」 제2조에 규정된 경찰의 직무범위가 우리나라에서의 형식적 의미의 경찰개념에 해당한다.

① 2개   ② 3개   ③ 4개   ④ 5개

해설 ㉢ [×] 실질적 의미의 경찰은 사회목적적 작용을 의미하며 작용을 중심으로 파악된 개념이고, 형식적 의미의 경찰은 조직을 기준으로 파악된 개념이다.
㉠, ㉡, ㉣, ㉤은 옳은 내용이다.
정답 ③

10 경찰의 개념에 대한 설명으로 가장 적절한 것은?

① 대륙법계 국가는 경찰개념을 이해함에 있어서 '경찰은 어떤 활동을 하는가'라고 바라봄으로써 경찰의 역할·기능을 강조한다.
② 법치국가시대의 경찰개념에는 적극적인 복지경찰활동이 포함되었다.
③ 정보경찰과 사법경찰은 형식적 의미의 경찰개념이다.
④ 실질적 의미의 경찰개념은 학문적으로 정립된 개념이 아니라 실무상으로 정립된 개념이다.

해설 ① [×] 대륙법계 국가는 경찰개념을 이해함에 있어서 '경찰은 무엇인가'라는 경찰권의 성질과 발동범위를 강조한다. 반면에 영미법계 국가는 '경찰은 어떤 활동을 하는가'라고 바라봄으로써 경찰의 역할·기능을 강조한다.
② [×] 18C 후반 자유주의적 자연법 사상에 기초한 법치국가시대의 경찰개념은 복지경찰분야를 제외하면서 더욱 축소되어 질서유지를 위한 소극적 위험방지 활동에 제한되었고, 특히 내무행정 중에서도 치안행정만을 의미하였다.

④ [×] 실질적 의미의 경찰개념은 이론적·학문적으로 발전해 온 개념이며, 독일의 행정법학에서 말하는 이른바 일반조항의 존재를 전제로 하여 경찰행정관청에 대한 권한의 포괄적 수권과 법치주의적 요청을 조화시키기 위하여 구성된 도구개념이다.

정답   ③

---

11   경찰개념에 대한 설명으로 옳지 <u>않은</u> 것은?   [21년 경간부]

① 1794년 「프로이센 일반란트(주)법」은 '공공의 평온, 안전과 질서를 유지하고 공중 또는 그 구성원에 대한 절박한 위험을 제거하기 위하여 필요한 수단을 강구하는 것이 경찰의 책무이다'라고 규정하였다.

② 1884년 프랑스의 「자치경찰법전」에 의하면 자치체경찰은 공공의 질서·안전 및 위생을 확보함을 목적으로 하며 행정경찰과 사법경찰을 최초로 구분하여 법제화하였다.

③ 크로이츠베르크(Kreuzberg) 판결은 경찰관청이 일반수권규정에 근거하여 법규명령을 발할 수 있는 분야는 소극적인 위험방지에 한정된다는 사상이 법 해석상 확정되는 계기가 되어 경찰작용의 목적 축소에 기여하였다.

④ 띠톱판결은 행정(경찰)개입청구권을 최초로 인정한 판결이다.

해설   ② 행정경찰과 사법경찰을 최초로 구분하여 법제화한 것은 1795년 프랑스 「죄와 형벌법전」이다.
정답   ②

---

12   크로이쯔베르크(Kreuzberg) 판결에 대한 설명으로 적절한 것을 모두 고른 것은?   [18년 경감 승진]

> ㉠ 1882년 프로이센 고등행정법원이 판시하였다.
> ㉡ 베를린 시민이 Kreuzberg 부근에서 국영 담배공장 운반차에 부상을 당하여 민사법원에 손해배상청구소송을 제기한 사실관계에 기초하여, 손해가 공무원에 의하여 발생한 것이라는 이유에서 관할이 행정재판소로 옮겨지게 된 판결이다.
> ㉢ 경찰권 발동의 조리상 한계로서 경찰소극목적의 원칙 확립의 계기가 되었다.
> ㉣ 독일에서 경찰개입청구권을 인정한 판결의 효시로 평가된다.

① ㉠ ㉡   ② ㉠ ㉢   ③ ㉡ ㉣   ④ ㉠ ㉡ ㉢

해설 ⓒ [×] ⓒ은 1873년 Blanco 판결에 대한 것으로서 공무원의 직무행위로 인한 국가배상책임을 인정하는 계기가 되었다. 참고로 1964년 Escobedo 판결은 변호인과의 접견교통권을 침해하여 획득한 자백의 증거능력을 부정하였고, 1966년 Miranda 판결은 변호인 선임권, 접견교통권 및 진술거부권을 고지하지 않은 상태에서 이루어진 자백의 증거능력을 부정하여 자백의 임의성과 관계 없이 수집과정에 위험이 있는 자백을 배제하는 계기가 되었다.
ⓔ [×] 1960년 독일 연방헌법재판소의 띠톱판결은 경찰재량권의 0으로 수축으로 인한 경찰개입청구권을 인정한 최초의 판례이다.
따라서 적절한 것은 ㉠, ⓒ이다.

정답 ②

13 대륙법계 국가의 경찰 개념에 대한 설명 중 옳지 않은 것은? [20년 경간부]

① 1794년 「프로이센 일반란트법」 제10조에서 경찰관청은 공공의 평온, 안녕 및 질서를 유지하고, 또한 공중 및 그의 개개 구성원들에 대한 절박한 위험을 방지하기 위하여 필요한 기관이라고 규정하였다.

② 1795년 프랑스 「죄와 형벌법전」 제16조에서 경찰은 공공의 질서를 유지하고 개인의 자유와 재산 및 안전을 유지하기 위한 기관이라고 규정하였다.

③ 1882년 프로이센 고등행정법원은 크로이쯔베르크(Kreuzberg) 판결을 통해 경찰관청이 일반수권 규정에 근거하여 법규법령을 발할 수 있는 분야는 위험방지 분야에 한정된다고 판시하였다.

④ 1884년 프랑스 「지방자치법전」 제97조는 경찰의 직무범위에서 협의의 행정경찰적 사무를 제외시킴으로써 경찰의 직무를 소극목적에 한정하였다.

해설 ④ 1884년 프랑스 「지방자치법전」 제97조는 '자치체경찰은 공공의 질서·안전 및 위생을 확보함을 목적으로 한다'고 규정하여 경찰의 직무를 소극목적에 한정하였으나, 위생사무 등 협의의 행정경찰적 사무는 경찰 직무에 포함되어 있었다.

정답 ④

14 18~20세기 독일과 프랑스에서의 경찰개념 형성 및 발달과정에 관한 설명으로 가장 적절하지 <u>않은</u> 것은? [19년 순경 2차]

① 경찰 개념을 소극적 질서유지로 제한하는 주요 법률과 판결을 시간적 순서대로 나열하면 「프로이센 일반란트법」(제10조) - 프랑스 「죄와 형벌법전」(제16조) - 크로이츠베르크 판결 - 프랑스 「지방자치법전」(제97조) - 「프로이센 경찰행정법」(제4조)의 순이다.

② 크로이츠베르크 판결은 경찰의 직무범위는 위험방지 분야에 한정된다고 하는 사상이 법해석상 확정되는 계기가 되었다.

③ 프랑스 「죄와 형벌법전」은 행정경찰과 사법경찰을 최초로 구분하여 법제화하였다는 점에 의의가 있다.

④ 프랑스 「지방자치법전」은 경찰의 직무범위에서 협의의 행정경찰적 사무를 제외시킴으로써 경찰의 직무를 소극목적에 한정하였다.

해설 ④ 1884년 프랑스 「지방자치법전」 제97조는 '자치체경찰은 공공의 질서·안전 및 위생을 확보함을 목적으로 한다'고 규정하여 경찰의 직무를 소극목적에 한정하고 있었으나, 위생사무 등 협의의 행정경찰적 사무는 경찰 직무에 포함되어 있었다.

정답 ④

15 경찰개념의 발달과정에 대한 다음 설명 중 가장 옳은 것은? [17년 경간부]

① 14세기 말 프랑스의 경찰개념이 15세기 말 독일에 계수되었고, 16세기 독일 「제국경찰법」에서 경찰은 외교·군사·재정·사법을 제외한 내무행정 전반을 의미하였다.

② 제2차 세계대전 이후 독일에서는 보안경찰을 포함한 협의의 행정경찰이 다른 행정관청의 사무로 이관되는 비경찰화 과정이 이루어졌다.

③ 프로이센 법원은 크로이쯔베르크 판결을 통해, 경찰관청이 일반적 수권조항에 근거하여 법규명령을 발할 수 있는 분야는 소극적인 위험방지 분야에 한정된다고 보았다.

④ 1884년 프랑스의 「지방자치법전」 제97조는 '자치단체 경찰은 공공의 질서·안전을 확보함을 목적으로 한다'고 규정하여 위생사무 등 협의의 행정경찰적 사무를 제외하고 경찰의 직무를 소극목적에 한정하였다.

해설 ① [×] 1530년 독일의 「제국경찰법」에서 경찰이란 교회행정의 권한을 제외한 일체의 국가행정을 의미하였다.
② [×] 비경찰화 과정을 거치면서 보안경찰을 제외한 영업·위생·건축 등의 협의의 행정경찰사무를 일반행정기관에 이관하였다.
③ [○]
④ [×] 프랑스의 「지방자치법전」은 "자치경찰은 공공의 질서·안전 및 위생을 확보함을 목적으로 한다."라고 규정하였다. 따라서 위생사무 등 행정경찰적 사무는 여전히 경찰 직무에 포함되었다.

정답 ③

16 경찰개념의 발달과정에 대한 설명으로 가장 옳은 것은?

① 경찰국가시대에 경찰개념은 소극적인 위험방지활동만을 의미하였다.
② 독일은 제2차 세계대전 이후 위생, 영업 등의 사무를 다른 행정관청으로 이관하는 비범죄화 과정을 거쳤다.
③ 영미법계 국가는 범죄수사활동을 경찰의 고유한 임무로 취급하였다.
④ 대륙법계 국가의 경찰은 시민으로부터 자치권을 위임 받은 조직으로서의 역할을 중심으로 형성되었다.

해설 ① [×] 17C 경찰국가시대에 국가행정 중에서 외교, 군사, 재정, 사법 등이 분리되어 경찰은 사회공공의 안녕과 복지를 직접 다루는 내무행정만을 의미하였다. 반면에 18C 후반 법치국가시대에 경찰개념은 소극적인 위험방지활동에 제한되었다.
② [×] 비범죄화 과정이 아니라 비경찰화 과정이라고 해야 옳다.
③ [○]
④ [×] 영미법계 국가의 경찰은 주권자인 시민으로부터 위임받은 자치권에 기초하여 시민을 위한 기능을 행사한다. 반면에 대륙법계 국가의 경찰은 통치권에 기초하여 그 발동범위와 성질을 중심으로 형성된 개념이다.

정답 ③

17 **경찰개념에 대한 설명 중 가장 적절하지 않은 것은?** [18년 순경 3차]

① 1794년 「프로이센 경찰행정법」은 "경찰관청은 공공의 평온, 안녕 및 질서를 유지하고 또한 공중 및 그의 개개 구성원들에 대한 절박한 위험을 방지하기 위하여 필요한 조치를 취하는 것은 경찰의 직무이다"라고 규정하였다.

② 행정경찰과 사법경찰은 프랑스에서 확립된 구분으로, 프랑스 「죄와 형벌법전」에서 유래하였다.

③ 경찰개념의 발달과정에서 경찰사무를 타 행정관청으로 이관하는 현상을 '비경찰화'라고 하는데, 위생경찰, 산림경찰 등을 비경찰화 사무의 예로 들 수 있다.

④ 대륙법계 국가의 경찰개념 형성과정은 경찰의 임무범위를 축소하는 과정이었으며 경찰과 시민을 대립하는 구도로 파악하였다.

해설 ① 1794년 「프로이센 일반란트(주)법」 제10조는 "경찰관청은 공공의 평온, 안녕 및 질서를 유지하고 또한 공중 및 그의 개개 구성원들에 대한 절박한 위험을 방지하기 위하여 필요한 조치를 취하는 것은 경찰의 직무이다"라고 규정하였고, 그리고 1931년 「프로이센 경찰행정법」 제4조는 "경찰관청은 일반 또는 개인에 대한 공공의 안녕과 질서를 위협하는 위험을 방지하기 위하여 현행법의 범위 내에서 의무에 합당한 재량에 따라 필요한 조치를 취하지 않으면 안 된다"고 규정하였다.

정답 ①

18 대륙법계 국가의 경찰제도에 관한 다음 설명 중 옳지 <u>않은</u> 것은 모두 몇 개인가?

[18년 경간부]

⊙ 대륙법계 국가의 경찰개념은 경찰권이라고 하는 일반통치권적 개념을 전제로 경찰이 시민을 위해서 수행하는 기능 또는 역할을 중심으로 형성되었다.

ⓒ 1931년 「프로이센 경찰행정법」에는 경찰관청은 일반 또는 개인에 대한 공공의 안녕과 질서를 위협하는 위험을 방지하기 위하여 현행법의 범위 내에서 의무에 합당한 재량에 따라 필요한 조치를 취하지 않으면 안 된다고 규정하였다.

ⓒ 경찰이란 용어는 라틴어의 Politia에서 유래한 것으로 도시국가에 관한 일체의 정치, 특히 헌법을 지칭하였다.

ⓔ 크로이쯔베르크(Kreuzberg) 판결은 경찰임무의 목적확대에 결정적인 계기를 만든 판결로 유명하다.

ⓜ 경찰국가시대에 경찰권은 소극적인 치안유지만 할 뿐, 적극적인 공공복지의 증진을 위하여 강제력을 행사할 수 없었다.

ⓑ 17세기 국가작용의 분화현상이 나타나 경찰개념이 외교·군사·재정·사법을 제외한 내무행정 전반에 국한되었다.

① 1개   ② 2개   ③ 3개   ④ 4개

해설 ⊙ [×] 대륙법계 경찰개념은 일반통치권을 경찰권의 기초로 하고 왕권에 절대 복종하는 경찰과 시민이 대립하는 구도에서 경찰권의 성질, 발동범위를 중심으로 발달하였다.

ⓔ [×] 크로이쯔베르크 판결은 경찰관청이 일반적 수권조항에 근거하여 법규명령을 발할 수 있는 것은 소극적 위험방지에 한정된다고 하여 경찰 임무는 소극적 위험방지에 한정된다는 사상이 법해석상 최초로 확정되는 계기가 되었다.

ⓜ [×] 경찰국가시대는 소극적 질서유지뿐만 아니라 적극적인 복지증진을 위해서도 경찰력을 행사하였다.

정답 ③

19 다음 설명에 해당하는 것은 무엇인가? [15년 순경 3차]

> 범죄의 예방과 검거 등 보안경찰 이외의 협의의 행정경찰사무 즉 영업경찰, 건축경찰, 보건경찰 등의 경찰사무를 다른 행정관청의 분장사무로 이관하는 현상

① 비범죄화   ② 비경찰화

③ 사무통합   ④ 경찰국가

해설 ② 위 보기의 설명은 제2차 세계대전 이후에 발생한 비경찰화 작업에 대한 설명이다.

정답 ②

20 다음 중 경찰의 분류와 그 내용으로 가장 적절하지 않은 것은?

[18년 순경 1차 · 3차]

① 경찰권 발동시점에 따라 예방경찰과 진압경찰로 구분할 수 있으며, 위해를 미칠 우려가 있는 정신착란자의 보호는 예방경찰에, 사람을 공격하는 멧돼지를 사살하는 것은 진압경찰에 해당한다.

② 업무의 독자성에 따라 보안경찰과 협의의 행정경찰로 구분할 수 있으며, 교통경찰은 보안경찰에, 건축경찰은 협의의 행정경찰에 해당한다.

③ 삼권분립 사상에 따라 행정경찰과 사법경찰로 구분할 수 있으며, 형식적 의미의 경찰은 행정경찰에, 실질적 의미의 경찰은 사법경찰에 해당한다.

④ 경찰활동의 질과 내용에 따라 질서경찰과 봉사경찰로 구분할 수 있으며, 범죄수사는 질서경찰에, 방범지도는 봉사경찰에 해당한다.

해설 ③ 경찰은 목적 및 임무에 따라서 (광의의) 행정경찰과 사법경찰로 나뉠 수 있으며, (광의의) 행정경찰은 본래적 의미의 경찰로서 공공의 안녕과 질서 유지를 위한 행정작용을 의미하고, 사법경찰은 범죄의 수사작용을 의미한다. 다만 사법경찰은 형식적 의미의 경찰에 해당되고 실질적 의미의 경찰에는 해당되지 않는다.

정답 ③

21 경찰의 분류에 대한 설명으로 가장 적절하지 <u>않은</u> 것은? [21년 순경 1차]

① 행정경찰과 사법경찰: 경찰의 목적에 따라 구분하며, 프랑스의 「죄와 형벌법전」(「경죄처벌법전」)에서 이와 같은 구분을 최초로 법제화하였다.

② 협의의 행정경찰과 보안경찰: 다른 행정작용에 부수하느냐의 여부에 따라 구분하며, 협의의 행정경찰은 경찰활동의 능률성과 기동성을 확보할 수 있고 보안경찰은 지역 실정을 반영한 경찰조직의 운영과 관리가 가능하다.

③ 평시경찰과 비상경찰: 위해의 정도와 담당기관에 따라 구분하며, 평시경찰은 평온한 상태 하에서 일반경찰법규에 의하여 보통경찰기관이 행하는 경찰작용이고 비상경찰은 비상사태 발생이나 계엄선포 시 군대가 일반치안을 담당하는 경우이다.

④ 질서경찰과 봉사경찰: 경찰서비스의 질과 내용에 따라 구분하며, 「경범죄처벌법」 위반자에 대한 통고처분은 질서경찰의 영역에, 교통정보의 제공은 봉사경찰의 영역에 해당한다.

해설 ② 업무의 독자성에 따라 (광의의) 행정경찰은 보안경찰과 협의의 행정경찰로 구분할 수 있는데, 보안경찰은 다른 행정작용에 부수하여 수행되지 않고 오로지 경찰작용만으로 사회공공의 안녕과 질서를 유지하기 위한 경찰을 의미하고, 협의의 행정경찰은 다른 행정작용과 결합되어 주로 특별한 사회적 이익의 보호를 목적으로 하면서 그 부수작용으로 사회공공의 안녕과 질서를 유지하기 위한 경찰을 의미한다. 또한 경찰은 경찰유지의 권한 및 책임 소재에 따라서 국가경찰과 자치경찰로 나뉠 수 있는데, 국가경찰은 경찰활동의 능률성과 기동성을 확보할 수 있지만 자치경찰은 지역 실정에 맞는 경찰조직을 운영할 수 있다.

정답 ②

22 경찰의 개념에 대한 설명 중 가장 적절하지 <u>않은</u> 것은?

① 다른 행정작용을 동반하지 아니하고 오로지 경찰작용만으로 사회공공의 안녕과 질서를 유지하기 위한 경찰작용을 협의의 행정경찰이라고 한다.

② 정보경찰활동은 실질적 의미의 경찰개념보다는 형식적 의미의 경찰개념과 더 관련이 깊다.

③ 행정경찰과 사법경찰의 구분은 삼권분립사상이 투철했던 프랑스에서 확립된 것으로서 「죄와형벌법전」 제18조에서 행정경찰은 공공질서유지, 범죄예방을 목적으로 한다고 규정하고 있다.

④ 영미법계 경찰개념은 "경찰은 무엇을 하는가"라는 경찰의 역할·기능을 강조한다.

해설 ① 보안경찰은 다른 행정작용을 동반하지 아니하고 오로지 경찰작용만으로 사회공공의 안녕과 질서를 유지하기 위한 경찰을 의미하고, 반면에 협의의 행정경찰은 다른 행정작용과 결합되어 주로 특별한 사회적 이익의 보호를 목적으로 하면서 그 부수작용으로 사회공공의 안녕과 질서를 유지하기 위한 경찰을 의미한다.

정답 ①

23 대륙법계 국가의 경찰 개념에 대한 설명 중 가장 적절하지 <u>않은</u> 것은?

① 경찰국가시대에 경찰 개념은 외교, 군사, 재정, 사법 등을 제외한 내무행정 전반을 의미하였다.

② 18C 법치국가시대에 경찰 개념은 적극적인 복지경찰분야가 제외되고 소극적인 위험방지분야에 한정되었다.

③ 제2차 세계대전 이후 독일에서는 풍속경찰, 위생경찰, 건축경찰 등의 경찰사무를 다른 행정관청의 분장사무로 이관하는 비경찰화 작업이 이루어졌다.

④ 행정경찰과 사법경찰의 구별을 처음으로 법제화한 국가는 프랑스이다.

해설 ③ 제2차 세계대전 이후 패전국인 독일에 대해서 연합국측은 점령정책의 일환으로 중앙집권화된 경찰조직의 폐해를 없애기 위하여 협의의 행정경찰사무(예 영업경찰, 건축경찰, 위생경찰 등)를 일반행정기관의 업무로 이관하는 비경찰화 작업을 추진하였다. 풍속경찰은 일반행정기관의 업무로 이관하는 비경찰화 작업의 대상이 아니었다.

정답 ③

24 경찰의 분류와 구분기준에 대한 설명 중 옳지 <u>않은</u> 것은 모두 몇 개인가?

[16년 순경 1차, 21년 경간부]

> ㉠ 보안경찰과 협의의 행정경찰은 업무의 독자성에 따른 구분 또는 경찰작용이 다른 행정작용에 부수(수반) 여부를 기준으로 한다.
> ㉡ 예방경찰과 진압경찰은 경찰권 발동 시점에 따라 분류된다.
> ㉢ 광의의 행정경찰과 사법경찰은 경찰의 목적 임무를 기준으로 한 구분이며 이러한 경찰개념의 구분은 삼권분립 사상에 투철했던 프랑스에서 확립된 개념이다.
> ㉣ 국가경찰과 자치경찰은 경찰유지의 권한과 책임의 소재(경찰의 조직 인사 비용부담)에 따른 분류이다.
> ㉤ 평시경찰과 비상경찰은 위해의 정도 및 담당기관에 따른 구분이다.
> ㉥ 질서경찰과 봉사경찰은 경찰서비스의 질과 내용에 따른 구분이다.

① 0개　　　　② 1개　　　　③ 2개　　　　④ 3개

해설 경찰의 분류와 구분기준에 대하여 모두 옳은 내용이다.
정답 ①

25 행정경찰과 사법경찰에 관한 설명으로 가장 적절하지 <u>않은</u> 것은?

[16년 경감 승진]

① 행정경찰은 공공질서의 유지와 범죄예방을 목적으로 하고, 사법경찰은 범죄수사와 범인체포를 목적으로 한다.
② 한국에서는 보통경찰기관이 행정경찰 및 사법경찰 업무를 모두 담당한다.
③ 행정경찰은 각종 경찰법규에 의하여 작용하지만, 사법경찰은 「형사소송법」에 의하여 권한을 행사한다.
④ 행정경찰의 업무와 사법경찰의 업무는 항상 검사의 지휘 하에 수행된다.

해설 ④ (광의의) 행정경찰 중 보안경찰은 경찰청장의 지휘를 받고, 사법경찰은 국가수사본부장의 지휘를 받는다.
정답 ④

26 다음은 국가경찰과 자치경찰에 대한 설명이다. 옳은 것으로 묶인 것은?

[20년 순경 1차]

> ⊙ 국가경찰은 자치경찰과 비교하여 인권과 민주성이 보장되어 주민들의 지지를 받기 쉽다.
> ⓒ 자치경찰은 국가경찰과 비교하여 권력적 수단보다는 비권력적 수단을 통해 국민의 생명과 신체·재산을 보호하고자 한다.
> ⓒ 국가경찰은 자치경찰과 비교하여 타 행정부문과의 긴밀한 협조·조정이 원활하다는 장점이 있다.
> ⓔ 자치경찰은 국가경찰과 비교하여 지역실정을 반영한 경찰조직의 운영·관리가 용이하다.
> ⓜ 국가경찰은 자치경찰과 비교하여 지역주민에 대한 경찰의 책임의식이 높다.

① ㉠ ㉡ ㉣　　　　　　　　② ㉡ ㉢ ㉣
③ ㉡ ㉢ ㉤　　　　　　　　④ ㉠ ㉣ ㉤

해설 ㉠ [×] 자치경찰은 인권보장과 민주성이 더욱 보장되어 주민의 지지를 받기 쉽다.
㉤ [×] 자치경찰이 국가경찰과 비교하여 지역주민에 대한 경찰의 책임의식이 더 높다.
㉡, ㉢, ㉣은 옳은 내용이다.

정답 ②

27 자치경찰제도의 도입에 따른 장점으로 옳지 <u>않은</u> 설명으로 묶인 것은?

[18년 경간부]

> ㉠ 자치경찰제도는 지방에 적합한 경찰행정이 가능하다.
> ㉡ 자치경찰제도는 타 행정부분과의 긴밀한 협조·조정이 원활하다.
> ㉢ 자치경찰제도는 지방별로 독립된 조직이므로 조직·운영의 개혁이 용이하다.
> ㉣ 자치경찰제도는 전국적으로 균등한 경찰서비스를 제공할 수 있다.
> ㉤ 자치경찰제도는 전국적인 통계자료의 정확성을 기할 수 있다.
> ㉥ 자치경찰제도는 민주성이 보장되어 주민들의 지지를 받기 쉽다.

① ㉠ ㉡ ㉣　　　　　　　　② ㉠ ㉣ ㉤
③ ㉡ ㉢ ㉥　　　　　　　　④ ㉡ ㉣ ㉤

해설   ⓒ [×] 자치경찰제도는 국가경찰제도에 비해서 타 행정부분과의 긴밀한 협조·조정이 원활하지
못할 수 있다.
ⓔ [×] 자치경찰제도는 국가경찰제도에 비해서 전국적으로 균등한 경찰서비스를 제공하지 못할
수 있다.
ⓜ [×] 자치경찰제도는 국가경찰제도에 비해서 전국적인 통계자료의 정확성을 확보하지 못할
수 있다.
ⓞ, ⓒ, ⓗ은 옳은 내용이다.

정답   ④

제3절 경찰의 핵심가치

01 경찰의 핵심가치에 관한 설명으로 가장 적절하지 <u>않은</u> 것은?

① 「국가경찰과 자치경찰의 조직 및 운영에 관한 법률」은 경찰의 핵심가치로
서 합법성과 효율성을 명시하고 있다.

② 민주성이란 경찰권은 국민에게 있고, 경찰이 경찰권을 행사하는 것은 국민
으로부터의 위임에 근거한 것이라는 것을 의미한다.

③ 합법성이란 경찰이 국민의 자유와 권리를 제한하고 국민에게 의무를 부과
하기 위해서는 법률에 그 근거가 있어야 한다는 것을 의미한다.

④ 인권존중이란 경찰이 그 직무를 수행함에 있어서 헌법과 법률에 따라 국
민의 자유와 권리를 존중해야 한다는 것을 의미한다.

해설   ① 이 법은 경찰의 민주적인 관리운영과 효율적인 임무수행을 위하여 경찰의 기본조직 및 직무
범위와 그 밖에 필요한 사항을 규정함을 목적으로 한다(「국가경찰과 자치경찰의 조직 및 운영에
관한 법률」 제1조). 따라서 「국가경찰과 자치경찰의 조직 및 운영에 관한 법률」은 경찰의 핵심
가치로서 민주성과 효율성을 명시하고 있다.

정답   ①

02 **경찰의 기본이념에 대한 설명으로 옳은 것은?** [21년 경간부]

① 경찰의 중앙과 지방간의 권한 분배, 경찰행정정보의 공개, 성과급제도 확대는 경찰의 민주성 확보방안이다.

② 인권존중주의는 비록 「국가경찰과 자치경찰의 조직 및 운영에 관한 법률」에서는 언급이 없으나, 「헌법」상 기본권 조항 등을 통하여 당연히 유추된다.

③ 국가경찰위원회제도, 「부패방지 및 국민권익 위원회의 설치와 운영에 관한 법률」상 국민감사청구제도, 경찰책임의 확보 등은 경찰의 민주성을 확보하기 위한 대내적 민주화 방안이다.

④ 국민의 모든 자유와 권리는 국가안전보장, 질서유지 또는 공공복리를 위하여 필요한 경우에 한하여 법률로써 제한할 수 있으며 제한하는 경우에도 자유와 권리의 본질적인 내용을 침해할 수 없다.

해설 ① [×] 성과급제도 확대는 민주성 확보방안이 아니라 경영주의를 위한 수단에 해당한다.
② [×] 「국가경찰과 자치경찰의 조직 및 운영에 관한 법률」 제5조는 인권존중주의를 언급하고 있다. 경찰은 그 직무를 수행할 때 헌법과 법률에 따라 국민의 자유와 권리 및 모든 개인이 가지는 불가침의 기본적 인권을 보호하고, 국민 전체에 대한 봉사자로서 공정·중립을 지켜야 하며, 부여된 권한을 남용하여서는 아니 된다(「국가경찰과 자치경찰의 조직 및 운영에 관한 법률」 제5조)
③ [×] 경찰위원회제도와 「부패방지 및 국민권익 위원회의 설치와 운영에 관한 법률」상 국민감사청구제도는 대외적 민주화 방안이다.

정답 ④

03 **경찰의 핵심가치 중 민주성의 실현방안에 관한 설명으로 가장 적절하지 <u>않</u>은 것은?**

① 경찰에 대한 국민의 통제 및 참여장치가 확보되어야 한다.

② 가능한 한 경찰활동이 비공개되어야 한다.

③ 중앙과 지방기관간, 상급 및 하급기관간의 권한분배가 적절하게 이루어져야 한다.

④ 경찰공무원의 민주적 의식이 더욱 확립되어야 한다.

해설 ② 경찰의 민주성 가치를 실현하기 위하여 가능한 한 경찰활동을 공개하여야 한다.

정답 ②

04 수사경찰이 피의자 등을 대면하는 과정에서 가장 요구된다고 볼 수 있는 경찰의 이념으로 적절한 것은?

[16년 경위 승진]

① 민주주의　　　　　　　　② 인권존중주의

③ 경영주의　　　　　　　　④ 정치적 중립주의

해설 ② 인권존중 이념은 수사경찰에게 가장 요구된다. 특히 범죄수사시에는 임의수사를 원칙으로 하고 강제수사는 예외적으로 행사되어야 한다.

정답 ②

05 경찰의 핵심가치와 그 내용의 연결이 적절하지 <u>않은</u> 것은?

① 고객 지향성 – 경찰조치가 공정하고 경찰 서비스가 공평한 방법으로 분배되어야 함

② 효율성 – 시민은 가능한 한 경제적으로 생명 및 재산이 보호되고, 질서가 유지되기를 원한다. 따라서 경찰활동에서 효과성과 능률성의 양 개념을 포함한 효율성이 요구됨

③ 정치적 중립성 – 경찰은 오로지 주권자인 전체 국민과 국가의 이익을 위하여 활용하여야 함

④ 민주성 – 경찰권은 국민에게 있고, 경찰이 경찰권을 행사하는 것은 국민으로부터의 위임에 근거한 것임

해설 ① 고객 지향성은 경찰이 경영의 차원에서 경찰을 조직하고 관리해 나가야 한다는 것을 의미하고, 형평성은 경찰 조치가 공정하고 경찰 서비스가 공평한 방법으로 분배되어야 한다는 것을 의미한다.

정답 ①

제4절　경찰의 임무 및 수단

01 다음 중 「국가경찰과 자치경찰의 조직 및 운영에 관한 법률」상 경찰의 임무는 모두 몇 개인가?

> ㉠ 국민의 생명·신체 및 재산의 보호
> ㉡ 범죄의 예방·진압 및 수사
> ㉢ 경비·요인경호 및 대간첩·대테러 작전 수행
> ㉣ 외국 정부기관 및 국제기구와의 국제협력
> ㉤ 교통의 단속과 위해의 방지

① 2개　　　　② 3개　　　　③ 4개　　　　④ 5개

해설 「국가경찰과 자치경찰의 조직 및 운영에 관한 법률」 제3조(경찰의 임무)

> 1. 국민의 생명·신체 및 재산의 보호
> 2. 범죄의 예방·진압 및 수사
> 3. 범죄피해자 보호
> 4. 경비·요인경호 및 대간첩·대테러 작전 수행
> 5. 공공안녕에 대한 위험의 예방과 대응을 위한 정보의 수집·작성 및 배포
> 6. 교통의 단속과 위해의 방지
> 7. 외국 정부기관 및 국제기구와의 국제협력
> 8. 그 밖에 공공의 안녕과 질서유지

설문 모두는 「국가경찰과 자치경찰의 조직 및 운영에 관한 법률」 제3조의 경찰의 임무에 해당한다.

정답 ④

02 경찰의 기본적 임무 및 수단에 대한 설명으로 가장 적절하지 않은 것은?

[19년 순경 1차]

① 경찰강제에는 경찰상 강제집행(대집행·강제징수·집행벌·즉시강제 등)과 경찰상 직접강제가 있는데, 경찰상 강제집행은 의무의 존재 및 그 불이행을 전제로 한다는 점에서 이를 전제로 하지 아니하고 급박한 경우에 행하여지는 경찰상 직접강제와 구별된다.
② 공공질서란 각 개인의 행동에 대한 불문규범의 총체로, 시대에 따라 변화하는 상대적·유동적 개념이다.
③ 경찰의 직무에는 범죄의 예방·진압, 범죄피해자 보호가 포함된다.
④ 「형사소송법」은 임의수사를 원칙으로 하고, 강제수사를 예외적으로 허용하고 있다.

해설 ① 경찰강제에는 경찰상 강제집행(대집행·강제징수·집행벌·직접강제 등)과 경찰상 즉시강제가 있는데, 경찰상 강제집행은 의무의 존재 및 그 불이행을 전제로 한다는 점에서 이를 전제로 하지 아니하고 급박한 경우에 행하여지는 경찰상 즉시강제와 구별된다.

정답 ①

03 경찰의 임무를 공공의 안녕과 질서에 대한 위험의 방지라고 정의할 때, 이에 대한 설명으로 가장 적절한 것은?

[20년 순경 2차]

① '공공의 안녕'이란 개념은 법질서의 불가침성, 국가의 존립 및 국가기관 기능성의 불가침성, 개인의 권리와 법익의 보호를 포함하며 이 중 공공의 안녕의 제1요소는 '개인의 권리와 법익의 보호'이다.
② '공공의 질서'란 원만한 공동체 생활을 위해 개인이 준수해야 할 불문규범의 총체를 의미하며, 법적 안전성 확보를 위해 불문규범이 성문화되어가는 현상으로 인하여 그 영역이 점차 축소되고 있다.
③ 경찰이 의무에 합당한 사려 깊은 상황판단을 했음에도 불구하고 위험을 잘못 긍정한 경우를 '오상위험'이라고 한다.
④ 위험의 현실화 여부에 따라 '추상적 위험'과 '구체적 위험'으로 구분할 수 있으며 경찰의 개입은 구체적 위험의 경우에만 정당화된다.

해설 ① [×] 공공의 안녕이란 개념은 법질서의 불가침성, 국가의 존립 및 국가기관 기능성의 불가침성, 개인의 권리와 법익의 보호를 포함하며, 이 중에서 공공의 안녕의 제1요소는 법질서의 불가침성이다.

② [○]

③ [×] 외관적 위험은 경찰이 의무에 합당한 사려 깊은 상황판단을 했음에도 불구하고 위험을 잘못 긍정한 경우를 의미한다. 오상위험은 이성적이고 객관적으로 상황 판단을 할 때 외관적 위험도 위험혐의도 인정되지 않음에도 불구하고 경찰이 위험의 존재를 잘못 인정해서 개입한 경우를 말한다.

④ [×] 경찰 개입을 위해서는 원칙적으로 구체적 위험이 존재해야 하지만 범죄예방 및 위험방지 행위의 준비는 추상적 위험 상황에서도 가능하다.

정답 ②

04 경찰의 임무에 대한 설명으로 가장 적절하지 <u>않은</u> 것은? [17년 순경 2차]

① '공공의 안녕과 질서에 대한 위험방지'가 경찰의 궁극적 임무라 할 수 있다.

② 오늘날 대부분의 생활 영역에 대한 법적 규범화 추세에 따라 공공질서 개념의 사용 가능 분야는 점점 축소되고 있다.

③ '공공의 안녕'이란 개념은 '법질서의 불가침성'과 '국가의 존립 및 국가기관의 기능성의 불가침성'으로 나눌 수 있는 바, 이 중 '국가의 존립 및 국가기관의 기능성의 불가침성'이 공공의 안녕의 제1요소이다.

④ 경찰의 개입은 구체적 위험 내지 적어도 추상적 위험이 있을 때 가능하다.

해설 ③ 공공의 안녕이란 개념은 법질서의 불가침성, 국가의 존립과 국가기관의 기능성의 불가침성, 개인의 권리·법익의 불가침성을 의미하는데, 이 중에서 공공의 안녕의 제1요소는 법질서의 불가침성이다.

정답 ③

05 **공공질서에 대한 설명으로 틀린 것은?** [15년 경간부]

① 공공질서라 함은 당시의 지배적인 윤리와 가치관을 기준으로 판단할 때 그것을 준수하는 것이 시민으로서 원만한 국가공동체 생활을 영위하기 위한 불가결적 전제조건이 되는 각 개인의 행동에 대한 성문규범의 총체를 의미한다.

② 공공질서의 개념은 시대에 따라 변화하고 유동적이다.

③ 공공질서 개념의 사용가능 분야는 점점 축소되고 있다.

④ 통치권의 집행을 위한 개입의 근거로 사용될 수 있어 엄격한 합헌성을 요구받는다.

해설 ① 공공질서란 당시의 지배적인 윤리와 가치관을 기준으로 판단할 때 그것을 준수하는 것이 원만한 공동체 생활을 위한 필수적인 전제조건이 되고 공공사회에서 개개인의 행동에 대한 불문규범의 총체가 되는 것을 의미한다.

정답 ①

06 **경찰의 임무를 공공의 안녕과 질서에 대한 위험의 방지라고 정의할 때, 위험에 대한 설명으로 가장 적절하지 않은 것은?** [15년 경위 승진]

① 위험은 가까운 장래에 공공의 안녕에 손해가 나타날 수 있는 가능성이 개개의 경우에 충분히 존재하는 상태를 말한다.

② 외관적 위험은 경찰이 의무에 합당한 사려 깊은 상황판단을 했음에도 불구하고 위험을 잘못 인정한 경우를 말한다.

③ 오상위험은 이성적이고 객관적으로 판단할 때 위험의 외관 또는 혐의가 정당화되지 않음에도 경찰이 위험의 존재를 잘못 추정한 경우를 의미한다.

④ 오상위험 상황에 경찰개입이 이루어졌더라도 손해배상 등의 문제는 발생하지 않는다.

해설 ④ 오상위험의 경우에 경찰관은 의무에 어긋나는 개입행위를 했으므로 경찰관에게는 민·형사상 책임이, 국가에게는 손배배상책임이 발생할 수 있다.

정답 ④

07 경찰의 임무를 공공의 안녕과 질서에 대한 위험의 방지라고 정의할 때, 위험에 대한 설명으로 가장 옳지 않은 것은? [16년 경간부]

① 위험은 가까운 장래에 공공의 안녕에 손해가 나타날 수 있는 가능성이 개개의 경우 충분히 존재하는 상태를 말한다.

② 경찰이 의무에 합당한 사려 깊은 판단을 하여 심야에 경찰관이 사람을 살려달라는 외침소리를 듣고 출입문을 부수고 들어갔는데, 실제로는 노인이 크게 켜놓은 TV 형사극 소리였던 경우는 외관적 위험을 인식한 사례에 해당한다.

③ 위험에 대한 인식에 따라 외관적 위험, 위험혐의, 오상위험, 추상적 위험으로 구분된다.

④ 오상위험은 객관적으로 판단할 때 위험의 외관 또는 혐의가 정당화되지 않음에도 경찰이 위험의 존재를 잘못 추정한 경우를 말하며, 위법한 경찰개입이므로 경찰관 개인에게는 민·형사상 책임, 국가에게는 손해배상 책임이 발생할 수 있다.

해설 ③ 위험은 위험에 대한 인식에 따라 ⓐ 외관적 위험, ⓑ 위험혐의, ⓒ 오상위험(추측상 위험)으로 구분되고, 위험의 현실성 여부에 따라서 ⓐ 구체적 위험, ⓑ 추상적 위험으로 구분된다.

정답 ③

08 경찰의 임무를 공공의 안녕과 질서에 대한 위험의 방지라고 정의할 때, 위험에 대한 설명으로 가장 적절하지 않은 것은? [18년 경위 승진]

① '위험'이란 가까운 장래에 공공의 안녕에 손해가 나타날 가능성이 개개의 경우 충분히 존재하는 상태를 말한다.

② 위험에 대한 인식에 따라서 외관적 위험, 추정적 위험, 위험혐의로 구분할 수 있다.

③ 외관적 위험에 대한 경찰권 발동은 경찰상 위험에 해당하는 적법한 경찰개입이므로 경찰관에게 민·형사상의 책임을 물을 수 없고, 국가의 손실보상 책임도 발생하지 않는다.

④ 추상적 위험은 경찰상 법규명령으로 위험을 방지해야 할 필요성이 있는 전형적인 사례로 경찰의 개입은 구체적 위험 내지 적어도 추상적 위험이 있을 때 가능하다.

해설 ③ 외관적 위험의 경우 경찰개입은 적법하다고 여겨지므로 경찰관에게 민·형사상 책임을 물을 수 없다. 그러나 경찰개입으로 인한 피해가 공공필요에 의한 특별한 희생에 해당하는 경우 국가의 손실보상책임이 발생할 수 있다.

정답 ③

09 경찰의 임무를 공공의 안녕과 질서에 대한 위험의 방지라고 정의할 때, 위험에 대한 설명 중 가장 옳지 않은 것은?
[19년 경간부 수정]

① 오상위험은 객관적으로 판단할 때 위험의 외관 또는 혐의가 정당화되지 않음에도 경찰이 위험의 존재를 잘못 추정한 경우를 말한다.

② 경찰이 개입할 수 있는 위험의 개념은 가벌성의 정도에 이를 필요는 없지만 향후 발생할 사건의 사실에 기초한 개인의 주관적 추정이어야 하고, 경찰 개입이 정당화되기 위해서는 어느 정도 객관화될 필요가 있다.

③ 경찰의 개입은 구체적 위험 내지 적어도 오상위험(추정적 위험)이 있을 때 가능하다.

④ 손해란 보호받는 개인 및 공동의 법익에 관한 정상적 상태의 객관적 감소를 뜻하고, 보호법익에 대한 현저한 침해행위가 있어야 한다.

해설 ③ 경찰개입을 위해서는 원칙적으로 구체적 위험이 존재해야 하지만, 범죄예방 및 위험방지 행위의 준비는 추상적 위험 상황에서도 가능하다. 반면에 오상위험 상황에서 경찰이 개입한 경우에 경찰은 의무에 반한 개입을 한 것이므로 경찰관에게는 민·형사상 책임이, 국가에게는 손해배상 책임이 발생할 수 있다.

정답 ③

10 경찰의 임무를 공공의 안녕과 질서에 대한 위험의 방지라고 할 때, 위험에 대한 설명 중 옳은 것은 모두 몇 개인가?　　　　　　　[15년 경간부]

> ㉠ 위험이란 가까운 장래에 공공의 안녕에 손해가 나타날 수 있는 가능성이 개개의 경우에 충분히 존재하는 상태를 말한다.
> ㉡ 경찰에게 있어 위험의 개념은 주관적 추정을 포함한다.
> ㉢ 경찰이 의무에 합당한 사려 깊은 상황판단을 했음에도 불구하고 위험을 잘못 긍정하는 경우 '오상위험'이라고 한다.
> ㉣ 오상위험의 경우 경찰관 개인에게는 민·형사상 책임이, 국가에게는 배상책임이 발생할 수 있다.
> ㉤ 위험혐의는 위험의 존재 여부가 명백해질 때까지 예비적으로 행하는 위험조사 차원의 개입을 정당화한다.

① 4개　　　　② 3개　　　　③ 2개　　　　④ 1개

해설 ㉢ [×] 경찰이 의무에 합당한 사려깊은 상황판단을 했음에도 불구하고 위험을 잘못 긍정하는 경우를 '외관적 위험'이라고 한다.
㉠, ㉡, ㉣, ㉤은 옳은 내용이다.

정답 ①

11 경찰의 기본적 임무에 대한 설명 중 옳지 <u>않은</u> 것은 모두 몇 개인가?

[21년 경간부]

ㄱ '공공질서'는 원만한 공동체 생활을 영위하기 위한 불가결적 전제조건이 되는 각 개인의 행동에 대한 불문규범의 총체로서 오늘날 공공질서 개념의 사용 가능 분야는 확대되고 있다.

ㄴ 오늘날 복지국가적 행정을 요구하고 있는 시대적 요청에 따라 경찰행정 분야에서도 각 개인이 경찰권의 발동을 요청할 수 있는 권리인 경찰개입청구권을 인정하기에 이르렀는데 이는 '재량권의 0으로의 수축이론'과 관련이 있다.

ㄷ 인간의 존엄·자유·명예·생명 등과 같은 개인적 법익뿐만 아니라 사유재산적 가치나 무형의 권리에 대한 위험방지도 경찰의 임무에 해당한다. 그러나 개인적 권리와 법익이 보호된 경우라고 하더라도 경찰의 원조는 잠정적인 보호에 국한되어야 하고, 최종적인 권리구제는 법원(法院)에 의하여야 한다.

ㄹ 법적 안정성의 확보를 위해 불문규범이 성문화되어 가는 현상으로 인하여 오늘날 공공의 질서라는 개념은 그 범위가 점차 축소되고 있다.

ㅁ 위험은 경찰개입의 전제조건이나 위험이 보호를 받게 되는 법익에 구체적으로 존재해야 하는 것은 아니기 때문에 보행자의 통행이 거의 없는 밤 시간에 횡단보도 보행자 신호등이 녹색등일 때 정지하지 않고 진행한 경우에도 통행한 운전자는 경찰책임자가 된다. 이는 공공의 안녕을 보호법익으로 하는 「도로교통법」을 침해함으로써 법질서의 불가침성을 침해하기 때문이다.

ㅂ 외관적 위험에 대한 경찰권 발동은 경찰상 위험에 해당하는 적법한 개입이므로 경찰관에게 민 형사상 책임을 물을 수 없다. 단, 경찰개입으로 인한 피해가 '공공필요에 의한 특별한 희생'에 해당하는 경우에는 국가의 손실보상 책임은 발생할 수 있다.

① 0개　　　　② 1개　　　　③ 2개　　　　④ 3개

해설 ㄱ [×] 오늘날 대부분의 생활영역에 대한 법적 규범화 추세로 인해서 시대에 따라 변화하는 상대적·유동적 개념인 공공질서 개념의 사용 가능 분야는 점차 축소되고 있다.
ㄴ. ㄷ. ㄹ. ㅁ. ㅂ은 옳은 내용이다.

정답 ②

12 경찰의 임무는 행정조직법상의 경찰기관을 전제로 한 개념으로 「국가경찰과 자치경찰의 조직 및 운영에 관한 법률」 제3조에 의하면 경찰은 국민의 생명·신체 및 재산을 보호하고, 공공의 안녕과 질서유지를 그 임무로 한다고 정하고 있는데 경찰의 임무와 수단에 대한 설명으로 가장 적절하지 <u>않은</u> 것은? [12년 경위 승진]

① 오늘날 복지국가적 행정을 요구하고 있는 시대적 요청에 따라 경찰행정분야에서도 각 개인이 경찰권의 발동을 요청할 수 있는 권리인 경찰개입청구권을 인정하기에 이르렀는데 이는 '재량권의 0으로의 수축이론'과 관련이 있다.

② 「경찰관 직무집행법」 제6조에서 경찰관은 범죄행위가 목전에 행하여지려하고 있다고 인정될 때에는 이를 예방하기 위하여 관계인에게 경고를 발하는 등의 경찰의 개입을 규정하고 있다.

③ 경찰의 조치는 그에 의하여 달성되는 공익이 그로 인한 상대방의 자유·권리에 대한 침해보다 클 때에만 허용되는데 이를 필요성의 원칙이라 한다.

④ 최근 복지행정이 강하게 요구되면서 경찰행정분야도 소극적인 위험방지를 위한 법집행적인 임무뿐만 아니라 적극적으로 국민에게 봉사하는 활동이 요청되고 있다.

해설 ③ 상당성의 원칙이란 경찰기관의 어떤 조치가 경찰목적 달성을 위해 필요한 경우라고 하여도 그 조치에 따른 불이익이 그 조치로 인해 발생하는 이익보다 큰 경우에는 경찰권을 발동해서는 안된다는 것을 말하고, 필요성의 원칙이란 경찰기관의 조치는 그 목적달성을 위해 필요한 한도 이상으로 행해져서는 안된다는 것을 말한다.

정답 ③

13 경찰의 직무 중 범죄수사에 관한 설명으로 가장 적절하지 <u>않은</u> 것은?

① 법정주의가 적용된다.

② 범죄수사 실행 여부 및 처분 유형을 경찰행정관청이 재량에 따라 결정할 수 있다.

③ 범죄수사와 위험방지는 상호 연관되어 있다.

④ 우리나라의 경우 영·미 경찰개념의 영향을 받아 범죄수사 임무가 경찰직무로서 「경찰관 직무집행법」에 규정되었다.

해설 ② 행정경찰작용의 경우에는 편의주의가 적용되어 그 실행 여부 및 처분 유형을 경찰행정관청이 재량에 따라 결정할 수 있지만, 범죄수사와 같은 사법경찰작용의 경우에는 법정주의가 적용되어 범죄행위가 발생한 경우에는 친고죄 등을 제외하고는 반드시 범죄수사를 행하여야 한다.

정답 ②

제5절 경찰의 관할

01 경찰의 관할에 대한 설명으로 가장 적절하지 <u>않은</u> 것은? [17년 경기북부 여경]

① 사물관할이란 경찰이 처리할 수 있고 또 처리해야 하는 사무내용의 범위를 말한다.

② 사물관할 중 범죄 수사에 관한 임무는 대륙법계 경찰개념의 영향을 받은 것이다.

③ 경찰작용법이라고 할 수 있는 「경찰관 직무집행법」에서도 사물관할을 규정하고 있다.

④ 경찰공무원은 국회 안에 현행범인이 있을 때에는 체포한 후 의장의 지시를 받아야 한다. 다만, 회의장 안에서는 의장의 명령 없이 국회의원을 체포할 수 없다.

해설 ② 경찰의 사물관할 중 범죄 수사에 관한 임무는 영·미법계 경찰개념의 영향을 받아서 경찰이 범죄 수사를 담당하고 있다.

정답 ②

02 경찰의 관할에 대한 설명으로 가장 적절하지 <u>않은</u> 것은? [20년 순경 2차]

① 사물관할은 경찰이 처리할 수 있고 또 처리해야 하는 사무내용의 범위를 말하며 우리나라는 범죄수사에 대한 임무가 경찰의 사물관할로 인정되고 있다.

② 경찰은 중대한 죄를 범하고 도주하는 현행범인을 추적하는 때에는 주한미군 시설 및 구역 내에서 범인을 체포할 수 있다.

③ 외교공관은 국제법상 치외법권 지역이나 화재, 감염병 발생과 같은 긴급한 상황에서는 외교사절의 동의 없이도 외교공관에 들어갈 수 있다.

④ 국회 경위와 경찰공무원은 국회 안에 현행범인이 있을 때에는 국회의장의 지시를 받은 후 체포하여야 한다.

해설 ④ 국회 경위와 경찰공무원은 국회 안에 현행범인이 있을 때에는 체포한 후 국회의장의 지시를 받아야 한다. 다만, 회의장 안에서는 의장의 명령 없이 국회의원을 체포할 수 없다(「국회법」 제150조).

정답 ④

03 「국회법」상 경찰의 지역관할에 대한 설명으로 가장 적절하지 <u>않은</u> 것은?
[16년 순경 2차]

① 국회에 파견된 경찰공무원은 국회의장의 지휘를 받아 국회 회의장 건물 밖에서 경호한다.

② 경찰공무원은 국회 회의장 안에서는 국회의장의 명령 없이 국회의원을 체포할 수 없다.

③ 국회의장은 국회의 경호를 위하여 필요한 때에는 국회운영위원회의 동의를 얻어 일정한 기간을 정하여 정부에 경찰공무원의 파견을 요구할 수 있다.

④ 국회 안에 현행범인이 있을 때에는 경찰공무원은 국회의장에게 보고 후 지시를 받아 체포하여야 한다.

해설 ④ 경위나 경찰공무원은 국회 안에 현행범인이 있을 때에는 체포한 후 의장의 지시를 받아야 한다. 다만, 회의장 안에서는 의장의 명령 없이 의원을 체포할 수 없다(「국회법」 제150조).

정답 ④

04 경찰의 관할에 대한 설명 중 가장 옳지 <u>않은</u> 것은? [19년 경간부]

① 국회의장은 국회의 경호를 위하여 필요한 때에는 국회운영위원회의 동의를 받아 일정한 기간을 정하여 정부에 경찰공무원의 파견을 요구할 수 있다.

② 국회 안에 현행범인이 있을 때에는 경위 또는 경찰공무원은 이를 체포한 후 국회의장의 지시를 받아야 한다. 다만, 회의장 안에 있어서는 국회의장의 명령 없이 국회의원을 체포할 수 없다.

③ 재판장은 법정에서의 질서유지를 위해 필요하다고 인정할 때에는 개정 전후에 상관없이 관할 경찰서장에게 경찰공무원의 파견을 요구할 수 있으며, 파견된 경찰공무원은 법정 내·외의 질서유지에 관하여 재판장의 지휘를 받는다.

④ 외교공관과 외교사절의 개인주택은 국제법상 치외법권지역으로 불가침의 대상이 되지만 외교사절의 승용차, 보트, 비행기 등 교통수단은 불가침의 대상이 아니다.

해설 ④ 외교사절의 개인주택뿐 아니라 승용차, 보트, 비행기 등 교통수단도 관사의 불가침에 준하여 불가침의 대상이 된다.
정답 ④

05 경찰의 관할에 대한 다음 설명 중 가장 옳은 것은? [17년 경간부]

① 인적 관할이란 협의의 경찰권이 발동될 수 있는 인적 범위를 의미한다.

② 우리나라는 대륙법계의 영향을 받아 범죄수사에 관한 임무가 경찰의 사물관할로 인정되고 있다.

③ 재판장은 법정에 있어서의 질서유지를 위해 필요하다고 인정할 때에는 개정 전후에 상관없이 관할 경찰서장에게 경찰공무원의 파견을 요구할 수 있으며, 파견된 경찰공무원은 법정 내·외의 질서유지에 관하여 재판장의 지휘를 받는다.

④ 국회 안에 현행범인이 있을 때에는 경찰공무원은 반드시 사전에 국회의장의 지시를 받아 체포하여야 한다.

해설 ① [×] 인적 관할이란 경찰행정관청이 광의의 경찰권을 발동할 수 있는 인적 범위를 말한다.
② [×] 우리 나라의 경우 영·미법계의 영향으로 범죄수사가 경찰의 사물관할로 인정되었다.

③ [○]
④ [×] 경위나 경찰공무원은 국회 안에 현행범인이 있을 때에는 체포한 후 의장의 지시를 받아야 한다. 다만, 회의장 안에서는 의장의 명령 없이 의원을 체포할 수 없다(「국회법」 제150조).

정답 ③

06 경찰의 관할에 대한 설명으로 **틀린** 것은? [15년 경간부]

① 사물관할은 조직법적 임무규정이다.
② 경찰공무원은 국회 안에 현행범인이 있을 때에는 체포한 후 국회의장의 지시를 받아야 한다. 다만, 회의장 안에서는 국회의장의 명령 없이 국회의원을 체포할 수 없다.
③ 외교공관과 외교사절의 개인주택은 치외법권 지역이나 외교사절의 승용차는 이에 포함되지 않는다.
④ 중대한 죄를 범하고 도주하는 현행범인을 추적하는 경우에는 대한민국 경찰도 미군 시설 및 구역 내에서 범인을 체포할 수 있다.

해설 ③ 외교공관과 외교사절의 개인주택은 국제법상 치외법권 지역으로 불가침의 대상이 되고, 관사의 불가침에 준하여 외교사절의 승용차, 보트, 비행기 등 교통수단도 불가침의 대상이 된다.

정답 ③

07 경찰의 관할에 대한 설명으로 가장 적절하지 **않은** 것은? [21년 경찰특공대]

① 사물관할은 경찰이 처리할 수 있고 또 처리해야 하는 사무내용의 범위를 말한다.
② 경찰공무원은 국회 안에 현행범인이 있을 때 국회의장의 지시를 받은 후 체포하여야 한다.
③ 경찰은 중대한 죄를 범하고 도주하는 현행범인을 추적하는 때에는 주한미군 시설 및 구역 내에서 범인을 체포할 수 있다.
④ 화재, 감염병 발생과 같은 긴급한 상황에서는 외교사절의 동의 없이도 외교공관에 들어갈 수 있다.

해설 ② 경위나 경찰공무원은 국회 안에 현행범인이 있을 때에는 체포한 후 의장의 지시를 받아야 한다. 다만, 회의장 안에서는 의장의 명령 없이 의원을 체포할 수 없다(「국회법」 제150조).

정답 ②

Chapter

02

한국경찰의 역사

제1절 한국경찰사의 기초

01 한국경찰사의 구분에 관한 설명으로 가장 올바르지 <u>않은</u> 것은?

① 갑오개혁 이전의 시대에는 경찰기능이 분화되었고, 주로 중국의 영향을 받았다.

② 갑오개혁 이후 광복 이전에는 경찰의 조직법적·작용법적 근거가 마련되었다.

③ 광복 이후 「경찰법」 제정 이전에 경찰은 과거에 비해서 자주적으로 운용되었다.

④ 「경찰법」 제정으로 인해서 경찰은 내무부의 외청으로 독립하였다.

해설 ① 갑오개혁 이전시대의 경우 경찰기능은 일반 행정기능 및 군사기능과 분화되지 아니하고, 지방장관이 경찰권을 비롯하여 행정권, 사법권, 군사권 등을 통합적으로 행사하였다.

정답 ①

02 한국경찰사에 관한 설명으로 <u>틀린</u> 것은?

① 한국경찰사의 학습 목적은 오늘날 한국경찰의 정체성과 존재이유 등을 살펴봄으로써 앞으로 한국경찰이 나아갈 방향을 올바르게 설정하는데 있다.

② 「경찰법」 제정은 민주경찰로 발전하는 계기가 되었다.

③ 갑오개혁 이후에 경찰기능이 분화되기 시작하였다.

④ 「국가경찰과 자치경찰의 조직 및 운영에 관한 법률」에 의하여 시·도경찰청 소속으로 시·도자치경찰위원회가 설치되었다.

해설 ④ 2020년에 「국가경찰과 자치경찰의 조직 및 운영에 관한 법률」이 제정됨으로써 시·도지사 소속으로 시·도자치경찰위원회가 설치되었다.

정답 ④

제2절 갑오개혁 이전시대의 경찰

01 부족국가시대의 경찰제도에 관한 설명으로 **틀린** 것은? [15년 경간부]

① 고조선시대에는 「팔조금법」(八條禁法)이라는 형벌법이 있었다.
② 삼한은 천군(天君)이 관할하는 소도(蘇塗)라는 별읍이 있어 죄인이 도망하여도 잡지 못하였다.
③ 부족국가시대의 경찰기능은 지배체제 유지를 위하여 군사, 재판, 형집행, 공물확보 등의 기능분화 없이 통합적으로 작용하였다.
④ 동예에는 절도범에게 12배의 배상을 하도록 하는 일책십이법(一責十二法)이 있었다.

해설 ④ 부여와 고구려에는 절도범에게 12배의 배상을 하도록 하는 일책십이법(一責十二法) 제도가 있었다.

정답 ④

02 부족국가시대부터 갑오개혁 이전 시대까지의 경찰제도에 대한 설명 중 가장 적절하지 않은 것은?

① 부족국가시대 삼한에서 소도라는 별읍은 천관이라는 신관이 다스렸는데, 이곳으로 죄인이 도망하여도 관리들이 들어가 잡지 못하였다.
② 삼국시대 고구려에서는 지방을 5부로 나누어 욕살이라는 지방장관을 두었다.
③ 통일신라시대에는 병부, 사정부, 이방부 등에서 경찰업무를 수행하였으며, 특히 이방부는 좌이방부와 우이방부로 나뉘어 범죄의 수사와 집행을 맡아 보았다.
④ 고려시대에는 형부와 병부가 경찰기능을 담당하였으며, 특히 금오위는 풍속교정을 담당하는 등 풍속경찰의 임무수행 및 관리탄핵, 규찰을 주 임무로 하였다.

해설 ④ 고려시대의 중앙군사조직인 2군 6위 중 하나인 금오위는 수도 개경의 순찰 및 포도금란 업무와 비행예방 등을 담당하였다. 그러나 풍속경찰의 임무수행 및 관리탄핵, 규찰을 주 임무로 한 것은 어사대이다.

정답 ④

03 한국경찰제도사에 관한 설명으로 가장 적절하지 않은 것은?

① 고구려는 절도범에게 12배 배상하도록 하는 1책 12법이 있었다.
② 백제는 지방에 달솔을 두어 지방행정과 치안행정을 관장토록 하였다.
③ 통일신라시대에는 지방을 9주 5소경으로 나누어 지방장관으로 주에는 총관을, 소경에는 사신을 두었다.
④ 고려시대의 어사대는 관리를 규찰하고 탄핵하는 업무와 풍속위반을 단속하는 업무를 담당하였다.

해설 ② 백제는 지방을 5방으로 나누어 방령으로 하여금 다스리게 하였고, 수도에는 5부를 두어 달솔로 하여금 다스리게 하였는데, 이들이 치안책임을 함께 담당하였을 것이다.

정답 ②

04 한국경찰의 역사에 관한 설명으로 가장 적절하지 않은 것은?

① 고조선시대에는 살인죄, 절도죄, 상해죄를 통해서 사유재산 보호 등이 이루어졌다.
② 한사군시대에 향의 유요는 순찰과 도적을 막는 일을 담당하였다.
③ 백제는 처음으로 관인수재죄를 처벌함으로써 공무원에 해당하는 관인을 처벌하였다.
④ 통일신라는 모반죄, 모대역죄, 불휼국사죄 등의 왕권을 보호하기 위한 범죄를 처벌하였고, 지역사불고언죄, 배공영사회 등 관리의 직무와 관련된 범죄를 처벌하였다.

해설 ④ 통일신라의 율령에는 ⓐ 통상적 범죄, ⓑ 왕권보호 범죄, ⓒ 관리의 직무 관련 범죄가 있는데, 왕권보호 범죄에는 모반죄, 모대역죄, 지역사불고언죄가 있었고, 관리의 직무 관련 범죄에는 불휼국사죄, 배공영사죄가 있었다.

정답 ④

05 한국경찰의 역사에 관한 설명으로 가장 적절하지 **않은** 것은?

① 한사군시대에 관리는 문관과 무관으로 나뉘어져 있었다.

② 통일신라시대에 왕권보호를 위한 범죄로서 모반죄, 모대역죄, 불휼국사죄가 있었다.

③ 고려시대에는 지방장관이 행정, 사법, 군사, 경찰 등의 업무를 관할구역 내에서 통합적으로 처리하였다.

④ 갑오개혁 이전의 조선시대에 경찰권은 일원화되지 못하였고 각 관청이 소관사무와 관련하여 직권에 의하여 범죄자를 체포·구금하였다.

해설 ② 통일신라시대에 왕권보호 범죄로서 모반죄, 모대역죄, 지역사불고언죄가 있었고, 관리의 직무 관련 범죄로서 불휼국사죄, 배공영사죄가 있었다.

정답 ②

06 부족 국가 시대부터 조선시대(갑오개혁 이전)까지의 시대상 및 경찰제도에 대한 설명 중 가장 적절하지 **않은** 것은? [12년 경감 승진]

① 부족 국가 시대 동예에서는 각 읍락이 서로 경계를 침범하면 노예나 우마로써 배상하는 책화제도(責禍制度)가 전해진다.

② 삼국시대 고구려에서는 신분관제로서 14관등체계를 갖추고, 지방을 5부로 나누어 욕살이라는 지방장관을 두었으며, 반역죄·절도죄·살인행겁죄(殺人行怯罪)·전쟁에서 패하거나 항복한 죄·가축살상죄 등이 전해진다.

③ 통일신라시대에는 병부, 사정부, 품주 등에서 경찰업무를 수행하였으며, 지방행정조직과 군사조직에서도 경찰기능까지 담당하였다.

④ 고려시대의 중앙관제는 3성 6부제이고, 형부와 병부가 경찰기능을 담당하였으며, 군조직으로는 서울의 경군으로 2군 6위가 있었다.

해설 ③ 통일신라시대(676~935)에는 병부, 사정부, 이방부, 육기정 등이 경찰업무를 수행하였다. 재정을 담당하는 품주(稟主)는 통일신라시대 이전인 진흥왕 26년(565년)에 설치되었다.

정답 ③

07 갑오개혁 이전의 각 시대와 경찰제도의 연결 중 옳지 <u>않은</u> 것은 모두 몇 개인가?

> ㉠ 고구려 - 방령　　　　　㉡ 백제 - 달솔
> ㉢ 신라 - 군주　　　　　㉣ 통일신라 - 총관
> ㉤ 고려 - 의금부　　　　　㉥ 조선 - 순군만호부
---

① 1개　　　　② 2개　　　　③ 3개　　　　④ 4개

해설 ㉠ [×] 방령은 백제시대의 지방장관이다.
㉡ [○]
㉢ [○]
㉣ [○]
㉤ [×] 의금부는 조선시대의 중앙경찰제도이다.
㉥ [×] 순군만호부는 고려 후기의 중앙경찰제도이다.

정답 ③

08 한국경찰의 역사에 관한 설명 중 옳은 것은 모두 몇 개인가?

> ㉠ 갑오경장 때 한성부에 경무청이 설치되면서 포도청이 폐지되고, 직수아문 권한도 불허되었으며, 사법관의 재판 없이 죄벌을 가하는 것도 금지되었다.
> ㉡ 고려시대 수도경찰 업무는 중앙군인 2군 6위 중 금오위가 담당하였다.
> ㉢ 신라의 경우 관인수재죄를 처벌함으로써 공무원에 해당하는 관인의 범죄가 새롭게 처벌의 대상이 되었다.
> ㉣ 조선시대 의금부는 고려의 순군만호부가 개칭된 것으로, 왕명을 받들고 국사범이나 왕족 관련 범죄 등 중요한 특별범죄를 담당하였다.
> ㉤ 통일신라시대의 지방장관인 방령은 경찰기능을 수행하였다.
---

① 2개　　　　② 3개　　　　③ 4개　　　　④ 5개

해설 ㉠ [○]
㉡ [○]
㉢ [×] 백제는 관인수재죄를 처벌함으로써 공무원에 해당하는 관인의 범죄가 새롭게 처벌의 대상이 되었다.
㉣ [○]
㉤ [×] 백제는 지방을 5방으로 나누어 방령으로 하여금 다스리게 하였다. 통일신라시대에는 총

관 등이 지방장관으로서 경찰업무를 함께 담당하였다.

정답 ②

09 한국경찰제도의 역사에 관한 다음 설명 중 옳지 <u>않은</u> 것은 모두 몇 개인가?

[18년 경간부]

┌───┐
│ ㉠ 통일신라시대 이방부는 범죄의 수사와 집행을 담당하였다.
│ ㉡ 고려의 순마소는 방도금란의 임무와 왕권보호 업무를 담당하였다.
│ ㉢ 조선의 암행어사제도는 정보와 감찰의 성격을 지니고 있었다.
│ ㉣ 조선의 장예원은 형조의 속아문으로 노예의 장적과 노비송사를 담당하였다.
│ ㉤ 동예에서는 각 읍락의 경계를 침범하는 경우 노예나 우마로써 배상하는 책화
│   제도가 있었다.
│ ㉥ 조선의 사헌부는 왕명을 받들고 왕족범죄, 모반·반역죄, 국사범 등 중요 특
│   별범죄를 관장하였다.
│ ㉦ 조선의 전옥서는 형조의 속아문으로 감옥과 죄수에 관한 사무를 담당하였다.
└───┘

① 0개   ② 1개   ③ 2개   ④ 3개

해설 ㉥ [×] 의금부는 왕명을 받들고 왕족범죄, 모반·반역죄, 국사범 등 중요 특별범죄를 관장하였다. 사헌부는 주로 시정을 비판하고, 관리들을 규찰하고, 억울한 것을 바로 잡아 주고, 사회 풍속을 바로 잡고, 유언비어의 유포 금지 등을 담당하였다.
㉠, ㉡, ㉢, ㉣, ㉤, ㉦은 옳은 내용이다.

정답 ②

10 한국경찰의 역사에 관한 설명 중 옳은 것은 모두 몇 개인가?

⊙ 고조선의 팔조금법에서는 타인의 재물을 손괴한 자는 곡물로써 배상하게 하였다.
ⓛ 백제에는 관인수재죄를 처벌함으로써 공무원에 해당하는 관인의 범죄를 새롭게 처벌대상으로 삼았다.
ⓒ 삼국시대에 지방행정 및 치안을 담당한 자는 고구려의 욕살, 신라의 군주, 백제의 방령이었다.
ⓔ 고려시대의 금오위는 범죄의 수사와 집행을 담당하였다.
ⓜ 조선시대의 형조는 본래 시정을 비판하고 백관을 감찰하였으나 풍속경찰을 주관하고 민정을 살펴 이를 국정에 반영케 하고 권력남용을 금지하는 등 행정경찰업무도 아울러 행사하였다.

① ⊙ ⓛ　　　② ⓛ ⓒ　　　③ ⓒ ⓔ　　　④ ⓔ ⓜ

해설　⊙ [×] 고조선의 팔조금법 중 3개 조목(살인, 상해, 절도)만이 전해 내려오고 있는데, 그 중에 "남에게 상해를 가한 자는 곡물로 배상한다"는 조목이 있다.
ⓛ [○]
ⓒ [○]
ⓔ [×] 고려시대의 금오위는 중앙군인 2군 6위 중 하나로서 수도의 치안을 담당하였다.
ⓜ [×] 조선시대의 형조는 법률, 소송, 노예 등에 관한 업무를 담당하였다. 그리고 사헌부는 본래 시정을 비판하고 모든 관리를 규찰하는 감찰사무를 담당하였으나 사회풍속을 바로 잡고 유언비어 유포 금지 등 풍속경찰을 주관하고, 민정을 살펴 이를 국정에 반영하는 행정경찰업무도 담당하였다.

정답　②

11 한국경찰의 역사에 관한 설명 중 옳지 <u>않은</u> 것은 모두 몇 개인가?

> ㉠ 한사군시대에는 행정체제가 갖추어지지 않아 경찰기능이 없었다.
> ㉡ 백제의 지방경찰업무는 달솔이 담당하였다.
> ㉢ 통일신라시대에 왕권을 보호하기 위한 범죄로서 모대역죄, 모반죄, 불휼국사죄가 있었다.
> ㉣ 고려의 금오위는 수도 경찰업무, 포도금란 업무, 비위 예방 등을 담당하였다.
> ㉤ 포도청은 도적의 횡포를 막고자 중종 2년에 만들어졌다.

① 2개   ② 3개   ③ 4개   ④ 5개

해설 ㉠ [×] 위, 유요, 정장은 각각 현, 향, 정의 도적을 검거하는 일을 관장하였고, 활, 창, 방패, 검, 갑옷의 오병을 지급 받았다. 따라서 한사군시대에 행정체제가 갖추어졌고 경찰기능이 존재하였다.

㉡ [×] 백제는 지방을 5방으로 나누어 방령으로 하여금 다스리게 하였고, 수도에는 5부를 두어 달솔로 하여금 다스리게 하였는데, 이들이 치안책임을 함께 담당하였을 것이다.

㉢ [×] 통일신라시대에는 왕권을 보호하기 위한 범죄로서 모반죄, 모대역죄, 지역사불고언죄가 있었다. 불휼국사죄는 관리의 직무 관련 범죄에 해당한다.

㉣ [○]

㉤ [×] 성종 2년(1471년)에 도적 근절을 위해 '포도장제'가 임시로 설치되었다가 중종 24년(1529년)에 포도청이란 명칭이 처음으로 등장하였고 그 후 중종대에 영구적 기관으로 존립하게 되었다.

정답 ③

12 갑오개혁 이전 조선시대 경찰제도에 대한 설명으로 옳지 <u>않은</u> 것은 모두 몇 개인가?

> ㉠ 의금부는 고려의 순군만호부를 개칭한 것으로 왕명을 받들고 국사범이나 왕족관련 범죄, 사형죄 등 중요한 특별범죄를 담당하였다.
> ㉡ 포도청은 우리나라 최초의 전문적 독립된 경찰기관으로 도적의 횡포를 막기 위해 만들어졌다.
> ㉢ 사헌부는 풍속경찰을 주관하고 민정을 살피어 정사(政事)에 반영하는 등 행정경찰 업무도 담당하였다.
> ㉣ 초기의 암행어사는 정보경찰 활동을 주로 수행했으며, 이후에는 지방관리에 대한 감찰이나 민생을 암암리에 조사하여 국왕에게 보고하는 등 주로 감독·감찰기관으로서의 업무도 동시에 수행하였다.
> ㉤ 형조(刑曹)는 법률, 형사처벌, 소송 등의 업무를 관장하였다.
> ㉥ 관비인 '다모'는 여성범죄나 양반가의 수색 등을 담당하였다.

① 0개   ② 1개   ③ 2개   ④ 3개

해설 설문은 모두 옳다.

정답 ①

제3절   갑오개혁 이후 한일합병 이전의 경찰

01 갑오개혁 및 광무개혁 당시 경찰제도에 관한 설명 중 가장 적절하지 <u>않은</u> 것은?
[14년 경감 승진]

① 1894년에 제정된 「경무청관제직장」은 한국경찰 최초의 경찰조직법이라 할 수 있다.

② 일본의 「행정경찰규칙」(1875년)과 「위경죄즉결례」(1885년)를 혼합하여 만든 「행정경찰장정」에서 영업·시장·회사 및 소방·위생, 결사·집회, 신문잡지·도서 등 광범위한 영역의 사무가 포함되었다.

③ 광무개혁에 따라 1900년 중앙관청으로서 경부(警部)가 한성 및 개항시장의 경찰업무와 감옥사무를 통할하였다.

④ 1894년 갑오개혁 이후 한성부에 종전의 좌·우 포도청을 합하여 경무청을 창설하였는데 초기에는 외무아문 소속이었다.

해설 ④ 1894년 갑오개혁 이후 종전의 좌·우 포도청을 합하여 한성부에 경무청을 창설하였는데 경무청은 초기에 내무아문 소속이었다.

정답 ④

02 갑오개혁 및 광무개혁 당시 경찰제도에 관한 설명 중 옳지 않은 것은 모두 몇 개인가?

[20년 경간부]

> ㉠ 일본의 「행정경찰규칙」(1875년)과 「위경죄즉결례」(1885년)를 혼합하여 만든 「행정경찰장정」에서 영업·시장·회사 및 소방·위생, 결사·집회, 신문잡지·도서 등 광범위한 영역의 사무가 포함되었다.
>
> ㉡ 광무개혁 당시인 1900년에는 중앙관청으로서 경부(警部)가 한성 및 개항시장의 경찰업무와 감옥사무를 통할하였고, 이를 지휘하는 경무감독소를 두었다.
>
> ㉢ 1895년 「내부관제」의 제정을 통해 내부대신의 경찰에 대한 지휘감독권을 정비하였고, 1896년 「지방경찰규칙」을 제정하여 지방경찰의 작용법적 근거를 마련하였다.
>
> ㉣ 「경무청관제직장」에 의해 당시의 좌·우 포도청을 합하여 경무청을 신설하고(장으로 경무관을 둠), 한성부 내 일체의 경찰사무를 관장하게 하였다.
>
> ㉤ 1900년 경부(警部) 신설 이후 잦은 대신 교체 등으로 문제가 많아 경무청이 경부의 업무를 관리하게 되었다.

① 1개   ② 2개   ③ 3개   ④ 4개

해설 ㉠ [○]

㉡ [×] 광무개혁 당시인 1900년에는 중앙관청으로서 경부(警部)가 한성 및 개항시장의 경찰업무와 감옥사무를 통할하였다. 또한 한성부에 경무감독소를 설치하여 궁내경찰서, 5개 경찰서, 3개 분서를 지휘하도록 하였다.

㉢ [○]

㉣ [×] 「경무청관제직장」에 의해 당시의 좌·우 포도청을 합하여 경무청을 신설하고(경무청의 장으로 경무사를 둠), 한성부 내 일체의 경찰사무를 관장하게 하였다.

㉤ [○]

정답 ②

03 갑오개혁부터 한일합병 이전 한국 경찰의 역사에 대한 설명으로 가장 적절하지 않은 것은?   [14년 경위 승진]

① 「경무청관제직장」에 의해 당시의 좌우포도청을 합하여 경무청을 신설하였다.

② 한성과 부산 간의 군용전신선의 보호를 명목으로 일본의 헌병대가 주둔하게 되었다.

③ 경찰조직법·경찰작용법적 근거 마련으로 외형상 근대국가적 경찰체제가 갖추어졌다고 볼 수 있으나, 일본 경찰체제 이식을 통한 지배전략의 일환이라는 한계를 가졌다.

④ 경찰의 임무영역에서 위생경찰과 영업경찰 등이 제외되었다.

해설 ④ 경찰작용법적 근거인 「행정경찰장정」을 살펴보면, 경찰 임무영역에 위생경찰과 영업경찰 등이 포함되어 있어 경찰의 직무범위가 매우 광범위하였다.

정답 ④

04 갑오개혁 이후 한일합방 이전의 경찰변천사에 대한 아래 ㉠부터 ㉣까지의 설명이 시대 순으로 바르게 나열된 것은?   [17년 경위 승진]

㉠ 「내부관제」의 제정을 통해 내부대신의 경찰에 대한 지휘감독권 정비
㉡ 「지방경찰규칙」이 제정되어 지방경찰의 작용법적 근거 마련
㉢ 통감부에 의한 통감정치가 시작
㉣ 광무개혁 당시 독립된 중앙관청으로서 경부 설치

① ㉠ - ㉡ - ㉢ - ㉣   ② ㉠ - ㉡ - ㉣ - ㉢
③ ㉣ - ㉠ - ㉡ - ㉢   ④ ㉣ - ㉡ - ㉠ - ㉢

해설 ㉠ 「내부관제」의 제정을 통해 내부대신의 경찰에 대한 지휘감독권 정비 ― 1895년
㉡ 「지방경찰규칙」이 제정되어 지방경찰의 작용법적 근거 마련 ― 1896년
㉢ 통감부에 의한 통감정치 시작 ― 1905년
㉣ 광무개혁 당시 독립된 중앙관청으로서 경부 설치 ― 1900년
따라서 시대 순으로 바르게 나열된 것은 ㉠-㉡-㉣-㉢이다.

정답 ②

05 보기의 설명은 갑오개혁(1894) 이후 한일합방 이전의 경찰변천사에 대한 내용이다. 시대 순으로 가장 적절하게 나열한 것은? [12년 경위 승진]

> ㉠ 경무청관제직장에 의해 당시의 좌우포도청을 합하여 경무청을 신설하고, 내무아문에 예속되어 한성부내 일체의 경찰사무를 관장하였다.
>
> ㉡ 경부가 한성 및 개항시장의 경찰업무와 감옥사무를 통할하게 되었는데 궁내경찰서와 한성부 내 5개 경찰서, 3개 분서를 두고, 이를 지휘하는 경무감독소를 두며, 한성부 이외의 각 관찰부에 총순 등을 둘 것을 정하였다.
>
> ㉢ 통감부에 의한 통감정치가 시작되면서, 경무청을 한성부 내의 경찰로 축소시키는 한편 통감부 산하에 별도의 경찰조직을 설립, 직접 지휘하였다.
>
> ㉣ '내부관제'의 제정을 통해 내부대신의 경찰에 대한 지휘감독권이 정비되었으며, '지방경찰규칙'이 제정되어 지방경찰의 작용법적 근거가 마련되었다.

① ㉠－㉣－㉡－㉢   ② ㉣－㉠－㉡－㉢
③ ㉠－㉡－㉣－㉢   ④ ㉠－㉡－㉢－㉣

해설 ㉠ 「경무청관제직장」에 의해 당시의 좌·우 포도청을 합하여 경무청을 신설하고, 내무아문에 예속되어 한성부 내 일체의 경찰사무를 관장하였다(1894년).

㉡ 경부가 한성 및 개항시장의 경찰업무와 감옥사무를 통합하게 되었는데 궁내경찰서와 한성부 내 5개 경찰서, 3개 분서를 두고, 이를 지휘하는 경무감독소를 두며, 한성부 이외의 각 관찰부에 총순 등을 둘 것을 정하였다(1900년).

㉢ 통감부에 의한 통감정치가 시작되면서, 경무청을 한성부 내의 경찰로 축소시키는 한편 통감부 산하에 별도의 경찰조직을 설립하여 직접 지휘하였다(1905년).

㉣ 「내부관제」의 제정을 통해 내부대신의 경찰에 대한 지휘감독권이 정비되었으며(1895년), 「지방경찰규칙」이 제정되어 지방경찰의 작용법적 근거가 마련되었다(1896년).

따라서 시대 순으로 가장 적절하게 나열한 것은 ㉠－㉣－㉡－㉢이다.

정답 ①

06 갑오개혁부터 일제강점기 이전의 경찰에 대한 설명으로 가장 적절하지 않은 것은?

[19년 경위 승진]

① 일본각의의 결정에 따라 「각아문관제」에서 처음으로 경찰이라는 용어를 사용하였다.

② 「경무청관제직장」에 의해 당시의 좌우포도청을 합하여 경무청을 신설하고 (장으로 경무사를 둠) 내무아문에 예속되어 한성부 내 일체의 경찰사무를 관장하였다.

③ 광무개혁에 따라 중앙관청으로서 경부가 한성 및 개항시장의 경찰업무와 감옥사무를 통할하였다.

④ 을사조약에 의거 통감부에 의한 통감정치가 시작되면서 경무청을 전국을 관할하는 기관으로 확대하여 사실상 한국경찰을 장악하였다.

해설 ④ 1905년 을사조약에 의거하여 통감부에 의한 통감정치가 시작되었다. 중앙경찰조직으로 통감부에 경무부를 설치하고, 경무부에는 경무총장을 두어 경찰사무를 관장케 하였다. 또한 별도로 통감부에 경무고문부와 각 도에 경무고문지부를 두었으며, 경무고문부의 관리가 직접 통감의 지휘를 받아 경찰을 사실상 지배하였다.

정답 ④

제4절 일제강점기의 경찰

01 일제 강점기 중 헌병경찰 시기의 경찰에 대한 설명으로 가장 적절하지 않은 것은?

[17년 경기북부 여경]

① 일반경찰은 도시나 개항장 등에 배치되었다.

② 헌병은 주로 군사경찰상 필요한 지역 또는 의병활동 지역 등에 배치되었다.

③ 헌병은 법적 근거 없이 일반치안을 담당하였다.

④ 서울과 황궁의 경찰사무는 경무총감부의 직할로 하였다.

해설 ③ 1910년에 제정된 「조선주차헌병조령」은 헌병이 일반치안을 관장할 수 있도록 규정하고 있다.

정답 ③

02 한국 근·현대 경찰사에 대한 설명으로 가장 적절한 것은? [18년 순경 3차]

① 일제 강점기에는 총독과 경무총장에게 주어진 제령권과 경무부장에게 주어진 명령권 등을 통해 각종 전제주의적·제국주의적 경찰권 행사가 가능하였다는 특징이 있다.

② 「경무청관제직장」에 의해 당시의 좌·우 포도청을 합하여 경무청을 신설(장으로 경무관을 둠)하였다.

③ 3·1운동 이후 「치안유지법」을 제정하고 일본에서 제정된 「정치범처벌법」을 국내에 적용하는 등 탄압의 지배체제를 더욱 강화하였다.

④ 1894년 「각아문관제」에서 처음으로 경찰이란 용어를 사용하였다.

해설 ① [×] 일제 강점기에는 총독에게 주어진 제령권과 경무총장·경무부장에게 주어진 명령권 등을 통해 각종 전제주의적·제국주의적 경찰권 행사가 가능하였다는 특징이 있다.
② [×] 「경무청관제직장」에 의해 당시의 좌·우 포도청을 합하여 경무청을 신설(장으로 경무사를 둠)하였다
③ [×] 3·1운동 이후 「정치범처벌법」을 제정하였고 일본에서 제정된 「치안유지법」을 국내에도 적용하는 등 탄압의 지배체제를 더욱 강화하였다.
④ [○] 친일 제1차 김홍집 내각은 1894년 6월 「각아문관제」에서 처음으로 근대적 의미의 경찰이란 용어를 사용하였다.

정답 ④

03 갑오개혁 이후 경찰제도에 대한 설명으로 가장 적절한 것은? [13년 경위 승진]

① 한국 경찰 최초의 조직법인 「경무청관제직장」에 의해 당시의 좌·우 포도청을 합하여 경부를 신설하였다.

② 「행정경찰장정」은 일본의 「행정경찰규칙」(1875)과 「위경죄즉결례」(1885)를 혼합하여 만든 한국 경찰 최초의 작용법이다.

③ 1910년 「조선주차헌병조령」에 의해 헌병이 일반치안을 담당할 법적 근거를 마련하였으며, 헌병 경찰은 주로 도시나 개항장 등에 배치되었다.

④ 일제 강점기에는 총독에게 주어진 명령권과 경무총장·경무부장 등에게 주어진 제령권 등을 통해 각종 전제주의적·제국주의적 경찰권 행사가 가능하였다는 특징이 있다.

해설 ① [×] 한국 경찰 최초의 조직법인 「경무청관제직장」에 의해 당시의 좌·우 포도청을 합하여 경무청을 신설하였다.
② [○]
③ [×] 1910년 「조선주차헌병조령」에 의해 헌병이 일반치안을 담당할 법적 근거를 마련하였으며, 헌병 경찰은 군사경찰상 중요한 지역, 국경, 의병 출몰 지역 등에 주로 배치되었다.
④ [×] 일제 강점기에는 총독에게 주어진 제령권과 경무총장·경무부장 등에게 주어진 명령권 등을 통해 각종 전제주의적·제국주의적 경찰권 행사가 가능하였다는 특징이 있다.

정답 ②

---

04 일제 강점기 경찰제도에 관한 다음 설명 중 옳지 <u>않은</u> 것은 모두 몇 개인 가?
[19년 경간부]

> ㉠ 1910년 일본은 통감부에 경무총감부를, 각 도에 경무부를 설치하여 경찰사무를 관장, 서울과 황궁의 경찰사무는 경무총감부의 직할로 하였다.
> ㉡ 1910년 「조선주차헌병조령」에 의해 헌병이 일반치안을 담당할 법적 근거를 마련하여 일반경찰은 도시나 개항장 등에, 헌병은 주로 군사경찰상 필요한 지역 또는 의병활동지역 등에 배치되었다.
> ㉢ 3·1운동을 계기로 헌병경찰제도에서 보통경찰제도로 전환, 총독부 직속 경무총감부는 폐지되고 경무국이 경찰사무와 위생사무를 감독하였다.
> ㉣ 3·1운동을 기화로 「치안유지법」을 제정, 단속체계를 갖추었다.
> ㉤ 일제 강점기의 경찰은 일본 식민지배의 중추기관이었고, 총독에게 주어진 명령권·제령권 등을 통하여 각종 전제주의적·제국주의적 경찰권의 행사가 가능하였다.

① 없음　　　② 1개　　　③ 2개　　　④ 3개

해설 ㉣ [×] 3·1운동을 기화로 「정치범처벌법」을 제정하여 단속체계를 갖추었다.
㉤ [×] 총독에게 주어진 제령권과 경무총장·경무부장 등에게 주어진 경찰명령권 등을 통해 각종 전제주의적·제국주의적 경찰권의 행사가 가능하였다.
㉠, ㉡, ㉢은 옳은 내용이다.

정답 ③

05 한국경찰의 역사에 관한 다음 설명 중 옳은 것은 모두 몇 개인가?

> ⊙ 고조선의 팔조금법에 의하면 남의 물건을 손괴한 자는 50만 전을 내야 한다.
> ⓛ 통일신라는 처음으로 관인수재죄를 처벌함으로써 공무원에 해당하는 관인을 처벌하였다.
> ⓒ 고려의 금오위는 수도의 순찰 및 포도금란의 업무와 비위예방을 담당하였다.
> ⓔ 조선시대에는 경찰권이 일원화되지 못하고 각 관청이 소관사무와 관련하여 직권에 의하여 위법자를 체포·구금할 수 있었다.
> ⓜ 한국경찰 최초의 작용법인 행정경찰장정에는 경영·시장·회사 및 소방·위생·결사·집회·신문잡지 등 광범위한 사무가 포함되었다.
> ⓗ 3·1 운동을 계기로 헌병경찰제도에서 보통경찰제도로 전환되었으며, 경찰의 직무와 권한도 크게 축소되었다.

① 2개   ② 3개   ③ 4개   ④ 5개

해설 ⊙ [×] 고조선의 팔조금법에 의하면 "남의 물건을 훔친 자가 남자인 경우 그 집의 노로, 여자인 경우 비로 되나, 스스로 속하려 하는 자는 오십 만전을 내야 한다." 현재는 살인, 상해, 절도의 3개 조목만이 전해 내려오고 있다.
ⓛ [×] 백제는 관인수재죄를 처벌함으로써 공무원에 해당하는 관인의 범죄가 새롭게 처벌 대상이 되었다.
ⓒ [○]
ⓔ [○]
ⓜ [○]
ⓗ [×] 3·1 운동을 계기로 헌병경찰제도에서 보통경찰제도로 전환되었는데, 보통경찰제도를 통해서 말단 치안기구의 강화를 통해 감시장치가 확충되었고 세밀하게 통제되었다. 이 시기 동안 외형상으로는 무단통치기에 비해 경찰관서와 경찰관의 수가 대폭적으로 늘어났다.

정답 ②

06 한국경찰의 역사에 대한 다음 설명 중 옳은 것은 모두 몇 개인가?

[17년 경간부]

> ㉠ 고구려와 동예에는 절도범에게 12배의 배상책임을 묻는 일책십이법이 있었다.
> ㉡ 통일신라시대에 이르러 비로소 공무원에 해당하는 관인들의 범죄가 새롭게 처벌대상이 되었다.
> ㉢ 고려시대 순군만호부는 왕권보호를 위해 정치경찰적 활동을 수행하기도 하였다.
> ㉣ 조선시대 안찰사의 사법상 권한은 지방통치에서 발생하는 행정, 형사, 민사에 이르는 광범위하고도 포괄적인 것이었다.
> ㉤ 1894년에 제정된 「경무청관제직장」은 일본의 「행정경찰규칙」(1875)과 「위경죄즉결례」(1885)를 혼합하여 만든 한국경찰 최초의 경찰작용법이라 할 수 있다.
> ㉥ 1919년 3·1운동으로 인해 헌병경찰제도에서 보통경찰제도로 전환되면서 경찰의 직무범위는 축소되고 그 권한도 많이 약화되었다.

① 1개   ② 2개   ③ 3개   ④ 4개

해설   ㉠ [×] 일책십이법은 고구려와 동예의 제도가 아니라 고구려와 부여의 제도였다.
㉡ [×] 관인(공무원)들의 범죄가 새롭게 처벌의 대상이 되었던 시기는 삼국시대(백제)였다.
㉢ [○]
㉣ [×] 안찰사는 고려의 지방장관이었고, 조선의 지방장관은 관찰사였다.
㉤ [×] 「경무청관제직장」은 한국 최초의 경찰조직법이었고, 「행정경찰장정」은 한국 최초의 경찰작용법이었다.
㉥ [×] 헌병경찰제도에서 보통경찰제도로 전환되었지만, 보통경찰제도의 특징은 말단 치안기구의 강화를 통한 감시장치의 확충 및 세밀한 통제였다. 또한 무단통치시기에 비해 경찰관서와 경찰관의 수가 대폭적으로 늘어났다.

정답   ①

제5절 미군정 시기의 경찰

01 미군정시기의 경찰에 대한 설명으로 가장 적절하지 <u>않은</u> 것은?

[21년 순경 1차]

① 경무국을 경무부로 승격·개편하였다.

② 소방업무를 민방위본부로 이관하고 경제경찰과 고등경찰을 폐지하는 등 비경찰화를 단행하였다.

③ 「정치범처벌법」, 「치안유지법」, 「예비검속법」이 폐지되었다.

④ 여자경찰제도를 신설하였다.

해설 ② 미군정시기에 특별고등경찰과와 경제경찰이 폐지되었으며, 정보업무를 담당할 사찰과가 신설되었다. 치안본부 시대인 1975년에 소방업무가 내무부 민방위본부로 이관되면서 경찰업무에서 배제되었다.

정답 ②

02 미군정하의 우리나라 경찰의 특징으로 가장 적절하지 <u>않은</u> 것은?

[12년 경위 승진]

① 조직법적·작용법적 정비가 이루어지고, 비경찰화 작업이 행해져 경찰의 활동도 축소되었다.

② 경찰작용에 관한 기본법으로서 「경찰관 직무집행법」이 제정되었다.

③ 경찰제도와 인력은 개혁이 이루어지지 아니하였으며, 경찰은 민주적으로 개혁할 기회를 갖지 못하였고 이로 인해 독립 이후에도 국민의 경찰에 대한 부정적 태도는 유지되었다.

④ 국민의 생명과 재산의 보호라는 새로운 자각이 일어나고, 조직면에서도 '중앙경찰위원회'를 통한 경찰통제가 시도되는 등의 민주적 요소가 강화되었다.

해설 ② 경찰관의 권한행사의 한계를 규정한 「경찰관 직무집행법」은 미군정시대가 아니라 1953년 12월에 제정되었다.

정답 ②

03 **경찰의 역사와 제도에 대한 설명으로 가장 적절하지 <u>않은</u> 것은?**

[20년 경감 승진]

① 대한민국 임시정부 초대 경무국장은 백범 김구이며, 대한민국 경찰 역시 임시정부의 경찰활동 또는 경찰 정신을 계승하고 있다고 보아야 할 것이다.

② 미군정 시기에는 경찰작용에 관한 기본법인 「경찰관 직무집행법」이 제정되는 등 조직·작용법적 정비가 이루어졌다.

③ 1946년 이후 중앙행정기관이었던 경무부(警務部)가 1948년 정부조직법상에서 내무부 산하의 국(局)으로 격하되었다.

④ 1969년 「국가공무원법」의 특별법인 「경찰공무원법」이 제정되었다.

해설 ② 「경찰관 직무집행법」은 1953년 12월 치안국 시대에 제정되었다.

정답 ②

04 **한국경찰의 역사에 대한 설명으로 가장 옳지 <u>않은</u> 것은?** [21년 경간부]

① 1894년 6월 일본각의에서 한국경찰의 창설을 결정하여 내정개혁의 방안으로서 조선에 경찰창설을 요구하였다. 이에 김홍집 내각은 「각아문관제」에서 경찰을 법무아문 소속으로 설치할 것을 결정하였다. 그러나 곧 경찰을 내무아문 소속으로 변경하였다.

② 구한말(舊韓末) 일본이 한국경찰권을 강탈해 가는 과정은 경찰사무에 관한 취극서, 재한국 외국인에 대한 경찰에 관한 한일협정, 한국 사법 및 감옥사무 위탁에 관한 각서, 한국 경찰사무 위탁에 관한 각서의 순으로 진행되었다.

③ 미군정시대에는 경찰의 이념에 민주적인 요소가 도입되면서 최초로 1947년 9인으로 구성된 중앙경찰위원회가 설치되었으며 경제경찰, 고등경찰 등의 사무가 강화되었다.

④ 일제강점기 헌병경찰은 첩보의 수집, 의병의 토벌 등에 그치지 않고 민사소송의 조정, 집달리 업무, 국경세관 업무, 일본어의 보급, 부업의 장려 등 광범위한 영향력을 미치고 있었으며 특히, 지방에서는 한국민의 생사여탈권을 쥐고 있었다.

해설 ③ [×] 1947년 11월에 설치된 중앙경찰위원회는 군정장관이 임명하는 6인의 위원으로 구성되었으며, 미군정 시기에 경제경찰과 고등경찰은 폐지되었다.

정답 ③

제6절 치안국 시대의 경찰

01 한국경찰의 역사에 대한 다음 설명 중 옳은 것은 모두 몇 개인가?

[16년 경간부]

> ㉠ 동예에서는 각 읍락이 서로 경계를 침범하면 노예나 우마로써 배상하는 책화 제도(責禍制度)가 있었다.
> ㉡ 고구려에서는 천군(天君)이 관할하는 소도(蘇塗)라는 별읍이 있어 죄인이 도 망하여도 잡지 못하였다.
> ㉢ 한국 경찰 최초의 조직법은 「행정경찰장정」이고, 한국 경찰 최초의 작용법은 「경무청관제직장」이다.
> ㉣ 미군정 하에서 경제경찰·고등경찰·정보경찰이 폐지되는 등 비경찰화 작업 이 진행되었다.
> ㉤ 미군정 하에서 1947년 5인의 위원으로 구성된 중앙경찰위원회가 설치되었다.
> ㉥ 1968년 무장공비 침투사건(1·21사태) 당시 종로경찰서 자하문 검문소에서 무장공비를 온몸으로 막아내고 순국함으로써, 청와대를 사수하고 대한민국을 위기에서 건져 올린 호국경찰의 표상은 최규식 경무관과 정종수 경사이다.

① 0개 ② 1개 ③ 2개 ④ 3개

해설 ㉠ [○]
㉡ [×] 삼한에서는 천군이 관할하는 소도라는 별읍이 있었는데, 이곳으로 죄인이 도망하여도 관리들이 들어가 잡지 못하였다.
㉢ [×] 「행정경찰장정」은 한국 경찰 최초의 경찰작용법이고, 「경무청관제직장」이 한국 경찰 최 초의 경찰조직법이다.
㉣ [×] 미군정 하에서 경제경찰과 고등경찰이 폐지되고, 정보업무를 담당하는 정보과(사찰과)가 신설되었다.
㉤ [×] 미군정 하에서 1947년 11월에 6인의 위원으로 구성된 중앙경찰위원회가 설치되었다.
㉥ [○]

정답 ③

02 한국 경찰사에 대한 설명 중 적절한 것은 모두 몇 개인가? [13년 경감 승진]

> ⊙ 통일신라시대에는 병부, 사정부, 품주 등에서 경찰업무를 수행하였으며, 지방 행정조직과 군사조직이 경찰기능까지 담당하였다.
>
> ⓛ 1894년 일본각의의 결정에 따라, 김홍집내각은 「각아문관제」에서 처음으로 경찰이라는 용어를 사용하고, 동년 7월 14일(음력) 「경무청관제직장」과 「행정경찰규칙」을 제정하였다.
>
> ⓒ 1896년 한성과 부산 간의 군용전신선의 보호를 명목으로 일본의 헌병대가 주둔하게 되었는데, 헌병은 사법경찰을 제외한 군사경찰·행정경찰을 겸하였다.
>
> ⓔ 1919년 3.1운동을 계기로 헌병경찰제도에서 보통경찰제도로의 전환은 이루어졌으나, 오히려 3·1운동을 기화로 일본에서 제정된 「정치범처벌법」을 우리나라에 적용하는 등 탄압의 지배체제가 강화되었다.
>
> ⓜ 법률 제1호인 「정부조직법」에서 기존의 경무부를 내무부의 일국인 치안국에서 인수하도록 함으로써 경찰조직은 부에서 국으로 격하되었다.

① 1개   ② 2개   ③ 3개   ④ 4개

해설 ⊙ [×] 통일신라시대에는 병부, 사정부 등에서 경찰업무를 수행하였으며, 지방행정조직과 군사조직이 경찰기능까지 담당하였다. 품주는 조조의 출납을 담당하던 재정기관으로서 통일신라시대 이전에 설치되었다.

ⓛ [×] 1894년 일본각의의 결정에 따라, 김홍집 내각은 「각아문관제」에서 처음으로 경찰이라는 용어를 사용하고, 동년 7월 14일(음력) 「경무청관제직장」과 「행정경찰장정」을 제정하였다.

ⓒ [×] 1896년 한성과 부산 간의 군용전신선의 보호를 명목으로 일본의 헌병대가 주둔하게 되었는데, 헌병은 사법경찰을 포함한 군사경찰·행정경찰을 겸하였다.

ⓔ [×] 1919년 3·1운동을 계기로 헌병경찰제도에서 보통경찰제도로의 전환은 이루어졌으나, 오히려 3·1운동을 기화로 일본에서 제정된 「치안유지법」을 우리나라에 적용하는 등 탄압의 지배체제가 강화되었다.

ⓜ [○]

정답 ①

03 한국 경찰사에 대한 설명 중 옳은 것은 모두 몇 개인가? [15년 경간부]

⊙ 법률 제1호인 「정부조직법」에서 기존의 경무부를 내무부의 일국인 치안국에서 인수하도록 함으로써 경찰조직은 '부'에서 '국'으로 격하되었다.

ⓛ 1919년 3·1운동을 계기로 헌병경찰제도에서 보통경찰제도로의 전환은 이루어졌으나, 오히려 3·1운동을 기화로 일본에서 제정된 「정치범처벌법」을 우리나라에 적용하는 등 탄압의 지배체제가 강화되었다.

ⓒ 1896년 한성과 부산 간의 군용전신선의 보호를 명목으로 일본의 헌병대가 주둔하게 되었는데, 헌병은 사법경찰을 제외한 군사경찰·행정경찰을 겸하였다.

ⓔ 1894년 일본각의의 결정에 따라 김홍집내각은 「각아문관제」에서 처음으로 경찰이라는 용어를 사용하고, 동년 7월 14일(음력) 「경무청관제직장」과 「행정경찰규칙」을 제정하였다.

① 1개   ② 2개   ③ 3개   ④ 4개

해설 ⊙ [○]

ⓛ [×] 1919년 3·1운동을 계기로 헌병경찰제도에서 보통경찰제도로의 전환은 이루어졌으나, 오히려 3·1운동을 기화로 일본에서 제정된 「치안유지법」을 우리나라에 적용하는 등 탄압의 지배체제가 강화되었다.

ⓒ [×] 1896년 한성과 부산 간의 군용전신선의 보호를 명목으로 일본의 헌병대가 주둔하게 되었는데, 헌병은 사법경찰을 포함한 군사경찰·행정경찰을 겸하였다.

ⓔ [×] 1894년 일본각의의 결정에 따라 김홍집 내각은 「각아문관제」에서 처음으로 경찰이라는 용어를 사용하고, 동년 7월 14일(음력) 「경무청관제직장」과 「행정경찰장정」을 제정하였다.

정답 ①

제7절 치안본부 시대의 경찰

01 갑오개혁 이후 한국 경찰의 역사와 제도에 대한 설명으로 가장 적절한 것은?

[19년 경감 승진]

① 1894년에 제정된 「행정경찰장정」은 일본의 「행정경찰규칙」(1875년)과 「위경죄즉결례」(1885년)를 혼합하여 만든 한국경찰 최초의 경찰작용법으로 영업·시장·회사 및 소방·위생, 결사·집회, 신문잡지·도서 등 광범위한 영역의 사무가 포함되었다.

② 1919년 3·1운동을 계기로 보통경찰제도로 전환되면서 경찰의 업무영역에 많은 변화가 발생하였으며, 이를 기화로 「정치범처벌법」을 제정하여 단속체계를 갖추었다.

③ 미군정시대에는 경찰의 이념에 민주적인 요소가 도입되면서 최초로 6인으로 구성된 '중앙경찰위원회'가 설치되었으며 경제경찰, 정보경찰 등의 사무가 폐지되는 등 비경찰화가 이루어졌다.

④ 최규식 경무관은 1968년 무장공비침투사건 당시 공비들의 근거지가 될 수 있는 사찰들을 불태우라는 상부의 명령에도 불구하고 화엄사, 천은사, 선운사 등 우리 문화재를 수호한 문화경찰의 표본이다.

해설 ① [○]

② [×] 1919년 3·1운동을 계기로 보통경찰제도로 전환되면서 조직은 축소되었으나 경찰의 직무와 권한에는 거의 변화가 없었으며, 이를 기화로 「정치범처벌법」을 제정하여 단속체계를 갖추었다.

③ [×] 미군정시대에는 경찰의 이념에 민주적인 요소가 도입되면서 최초로 6인으로 구성된 '중앙경찰위원회'가 설치되었으며 특별고등경찰과와 경제경찰이 폐지되는 등 비경찰화가 이루어졌다. 또한 정보업무를 담당할 사찰과(정보과)가 신설되었다.

④ [×] 차일혁 경무관은 1968년 무장공비침투사건 당시 공비들의 근거지가 될 수 있는 사찰들을 불태우라는 상부의 명령에도 불구하고 화엄사, 천은사, 선운사 등 우리 문화재를 수호한 문화경찰의 표본이다.

정답 ①

02 다음은 한국 근·현대 경찰의 역사에 대한 설명이다. 아래 ㉠부터 ㉣까지의 내용 중 옳고 그름의 표시(O, ×)가 바르게 된 것은? [18년 순경 2차]

㉠ 「경무청관제직장」에 의해 당시의 좌·우 포도청을 합하여 경무부를 신설하고, 경무부의 장으로 경무사를 두었다.

㉡ 미군정 시기에는 경찰이 담당하였던 위생사무가 위생국으로 이관되는 등 비경찰화 작업이 진행되었다.

㉢ 구한말 일본이 한국의 경찰권을 강탈해 가는 과정은 '경찰사무에 관한 취극서' - '재한국 외국인민에 대한 경찰에 관한 한일협정' - '한국 사법 및 감옥 사무 위탁에 관한 각서' - '한국 경찰사무 위탁에 관한 각서'의 순서로 진행되었다.

㉣ 1953년 「경찰관 직무집행법」이 제정되었으며, 국민의 생명·신체·재산의 보호라는 영·미법적 사고가 반영되었다.

---

① ㉠ (O) ㉡ (O) ㉢ (O) ㉣ (O)

② ㉠ (×) ㉡ (O) ㉢ (O) ㉣ (O)

③ ㉠ (×) ㉡ (O) ㉢ (×) ㉣ (O)

④ ㉠ (O) ㉡ (×) ㉢ (O) ㉣ (×)

해설 ㉠ [×] 「경무청관제직장」에 의해 당시의 좌·우 포도청을 합하여 경무청을 신설하고, 경무청의 장으로 경무사를 두었다.
㉡ [O]
㉢ [O]
㉣ [O]

정답 ②

03 한국 근·현대 경찰사에 관한 다음 설명 중 옳지 <u>않은</u> 것으로 묶인 것은?

[18년 경간부]

> ㉠ 1894년 일본각의의 결정에 따라 「각아문관제」에서 처음으로 경찰이란 용어를 사용하였다.
>
> ㉡ 경무청의 장(경무사)은 경찰사무를 비롯해 감옥 사무를 총괄하였으며, 범죄인을 체포·수사하여 법사에 이송하는 업무를 담당하였다.
>
> ㉢ 1906년 통감부가 설치되면서 헌병은 일본의 「헌병조례」에 의해 군사경찰업무와 사법경찰업무만을 수행하였다.
>
> ㉣ 미군정기에 고등경찰제도가 폐지되었으며, 정보업무를 담당할 정보과와 경제사범 단속을 위한 경제경찰이 신설되었다.
>
> ㉤ 미군정기에 6인으로 구성된 중앙경찰위원회가 설치되었으며, 중요한 경무정책의 수립·경찰관리의 소환·심문·임면·이동 등에 관한 사항을 심의하였다.
>
> ㉥ 경찰법이 제정될 때까지 경찰체제의 근거가 되는 법률은 「경찰관 직무집행법」이었다.
>
> ㉦ 소방업무가 경찰업무에서 배제된 것은 소방업무가 민방위본부로 이관되면서부터이다.

① ㉠ ㉡ ㉢ ② ㉢ ㉣ ㉤

③ ㉤ ㉥ ㉦ ④ ㉢ ㉣ ㉥

해설 ㉢ [×] 1906년 통감부가 설치되면서 헌병은 일본의 「헌병조례」에 의해 군사경찰업무와 사법경찰업무뿐 아니라 행정경찰업무도 담당하였다.

㉣ [×] 미군정기에 고등경찰제도와 경제사범 단속을 위한 경제경찰이 폐지되었으며, 정보업무를 담당할 사찰과(정보과)가 신설되었다.

㉥ [×] 「경찰법」이 제정될 때까지 경찰체제의 근거가 되는 법률은 「정부조직법」이었다.

㉠, ㉡, ㉤, ㉦은 옳은 내용이다.

정답 ④

04 정부수립 이후 1991년 이전의 경찰의 특징으로 옳지 <u>않은</u> 것은 모두 몇 개인가?

[20년 경간부]

> ㉠ 종래 식민지배에 이용되거나 또는 군정통치로 주권이 없는 상태 하에서 활동하던 경찰이 비로소 주권국가 대한민국의 존립과 안녕, 대한민국 국민의 생명과 신체 및 재산의 보호라는 경찰 본연의 임무를 수행하였다.
> ㉡ 독립국가로서 한국 역사상 최초로 자주적인 입장에서 경찰을 운용하였다.
> ㉢ 경찰작용에 관한 기본법으로서 「경찰관 직무집행법」이 제정되었다.
> ㉣ 경찰의 부정선거 개입 등으로 정치적 중립이 경찰에 대한 국민의 요청이었던 바, 그 연장선상에서 경찰의 기구독립이 조직의 숙원이었다.
> ㉤ 해양경찰업무, 전투경찰업무가 경찰의 업무범위에 추가되었다.
> ㉥ 1969년 1월 7일 「경찰법」이 처음으로 제정되어 그동안 「국가공무원법」에서 의거하던 경찰공무원을 특별법으로 규율하게 되었다.

① 1개   ② 2개   ③ 3개   ④ 4개

해설 ㉥ [×] 1969년 「경찰공무원법」이 제정되어 그동안 「국가공무원법」의 적용을 받았던 경찰공무원을 특별법으로 규율하게 되었다.
㉠, ㉡, ㉢, ㉣, ㉤은 옳은 내용이다.

정답 ①

05 정부수립 이후 1991년 이전의 경찰의 특징으로 옳지 <u>않은</u> 것은 모두 몇 개인가?

[12년 경감 승진]

㉠ 종래 식민지배에 이용되거나 또는 군정통치로 주권이 없는 상태하에서 활동하던 경찰이 비로소 주권국가 대한민국의 존립과 안녕, 대한민국 국민의 생명과 신체 및 재산의 보호라는 경찰 본연의 임무를 수행하였다.

㉡ 경찰작용에 관한 기본법으로서 「경찰관 직무집행법」이 제정되었다.

㉢ 독립국가로서 한국 역사상 최초로 자주적인 입장에서 경찰을 운용하였다.

㉣ 경찰의 부정선거 개입 등으로 정치적 중립이 경찰에 대한 국민의 요청이었던 바, 그 연장선상에서 경찰의 기구독립이 조직의 숙원이었다.

㉤ 1969년 1월 7일 「경찰법」이 처음으로 제정되어 그동안 「국가공무원법」에 의거하던 경찰공무원을 특별법으로 규율하게 되었다.

㉥ 해양경찰업무, 전투경찰업무, 소방업무가 정식으로 경찰의 업무범위에 추가되었다.

---

① 1개   ② 2개   ③ 3개   ④ 4개

해설 ㉤ [×] 1969년 1월 7일 「경찰공무원법」이 처음으로 제정되어 그동안 「국가공무원법」에 의거하던 경찰공무원을 특별법으로 규율하게 되었다.

㉥ [×] 1975년 경찰이 맡아왔던 소방업무가 내무부 민방위본부로 이관되면서 경찰 업무범위에서 배제되었다.

㉠, ㉡, ㉢, ㉣은 옳은 내용이다.

정답 ②

제8절 경찰청 시대의 경찰

01 1991년 「경찰법」에 대한 설명으로 가장 적절한 것은?　　　[19년 순경 2차]

① 1991년 「경찰법」 제정으로 내무부 치안국장이 경찰청장으로 변경되었고, 경찰청장은 행정관청으로 승격되었다.

② 「경찰법」 제8조에 따를 때 경찰위원회 위원은 「국가공무원법」상 비밀엄수 의무와 정치운동 금지의무를 진다.

③ 경찰서장 소속으로 지구대 또는 파출소를 두고, 그 설치기준은 치안수요·교통·지리 등 관할구역의 특성을 고려하여 대통령령으로 정한다.

④ 경찰청의 사무를 지역적으로 분담하여 수행하게 하기 위해 경찰청장 소속으로 지방경찰청을 두고, 지방경찰청장 소속으로 경찰서를 둔다.

해설 ① [×] 내무부 치안본부장이 경찰청장으로 변경되었고, 경찰청장은 경찰행정관청으로 승격되었다(「경찰법」 제11조).
② [○]
③ [×] 경찰서장 소속 하에 지서 또는 파출소를 둔다. 다만, 필요한 경우에는 출장소를 둘 수 있다(동법 제17조 제3항).
④ [×] 경찰청의 사무를 지역적으로 분담 수행하게 하기 위하여 서울특별시장·직할시장 및 도지사 소속하에 지방경찰청을 두고, 지방경찰청장 소속하에 경찰서를 둔다(동법 제2조 제2항).

정답 ②

02 1991년 「경찰법」의 주요 내용에 대한 설명으로 가장 적절하지 <u>않은</u> 것은?

① 경찰의 정치적 중립성을 확보하기 위해 경찰청을 내무부의 외청으로 반독립시켰다.

② 「경찰법」 제정 이전에는 경찰서장만 경찰행정관청이었지만, 「경찰법」 제정으로 경찰청장과 지방경찰청장이 경찰행정관청화되었다.

③ 치안행정과 지방행정의 상호협조를 위해서 지방경찰청장 소속 하에 치안행정협의회를 두었다.

④ 합의제 의결기관인 경찰위원회 제도를 도입하여 경찰에 대한 정치적 중립과 민주적 통제 시스템의 발판을 마련하였다.

해설 ③ 지방행정과 치안행정의 업무협조 기타 필요한 사항을 협의·조정하기 위하여 시·도지사 소속하에 치안행정협의회를 둔다(「경찰법」 제16조 제1항).

정답 ③

03 내무부 소속 경찰청 시대(1991. 7.–1998. 2.)에 대한 설명으로 가장 적절하지 <u>않은</u> 것은?

① 1991년 경찰청 개청일에 1966년에 제정된 「경찰윤리헌장」을 새 시대에 맞도록 전문 개정하여 「경찰헌장」을 선포하였다. 「경찰헌장」은 국민에게 신뢰 받는 경찰상을 제시하고 국민의 행복한 삶을 보장하기 위해 경찰이 해야 하는 본분을 실천덕목으로 구체화하였다.

② 문민정부가 출범하면서 경찰은 변화와 개혁을 통하여 양질의 치안서비스를 제공할 수 있는 토대를 마련하였다.

③ 1996년에 해양경찰업무가 해양수산부의 외청인 해양경찰청으로 분리·독립되었다.

④ 「제주특별자치도 설치 및 국제자유도시 조성을 위한 특별법안」이 통과되어 제주특별자치도 자치경찰제도가 시행되었다.

해설 ④ 행정자치부 경찰청 시대(1998. 2.–2008. 2.)인 2006년 7월에 「제주특별자치도 설치 및 국제자유도시 조성을 위한 특별법안」이 통과되어 제주특별자치도 자치경찰제도가 시행되었다.

정답 ④

04 행정자치부 소속 경찰청 시대(1998. 2.–2008. 2.)에 대한 설명으로 가장 적절하지 않은 것은?

① 「경찰서비스헌장」을 제정하여 「경찰헌장」에 제시된 친절·봉사정신이 구체화되었다.

② 경감 이하 57세, 경정 이상 60세로 차등 규정되어 있던 경찰공무원의 연령정년을 계급 구분 없이 60세로 통일하였다.

③ 경찰관의 부당한 행위에 대한 민원사항을 상담·해소하기 위하여 청문감사관 제도를 운영하였다.

④ 3~5개 파출소를 권역별로 묶어 1개의 순찰지구대로 개편하고, 나머지 파출소를 치안서비스센터로 운영하였다.

해설 ① [O] 1998년

② [×] 행정안전부 소속 경찰청 시대인 2009년에 경감 이하 57세, 경정 이상 60세로 차등 규정되어 있던 경찰공무원의 연령정년을 계급 구분 없이 60세로 통일하였다.

③ [O] 1999년.

④ [O] 2003년

정답 ②

05 이명박 정부의 경찰제도(2008. 2.–2013. 2.)에 대한 설명으로 가장 적절하지 않은 것은?

① 중앙인사위원회와 비상기획위원회를 통합하여 행정자치부를 행정안전부로 개편함으로써 경찰청은 행정안전부 소속으로 변경되었다.

② 타 공무원과의 형평을 고려하여 관계 부처와 협의를 통해 대우공무원제도를 도입하였다.

③ 치안감, 경무관, 총경 인사에 처음으로 다면평가제를 도입하였고 점차적으로 경정, 경감급으로 확대하였다.

④ 경찰기본교육 및 직무교육의 산실인 경찰종합학교의 교육환경이 열악하여 경찰교육원으로 명칭을 바꾸고 충남 아산시로 이전하였다.

해설 ① [○] 2008년
② [○] 2009년
③ [×] 행정자치부 소속 경찰청 시대인 2003년 치안감, 경무관, 총경 인사에 처음으로 다면평가제를 도입하였고 점차적으로 경정, 경감급으로 확대하였다.
④ [○] 2009년

정답 ③

06 한국경찰의 역사와 제도에 대한 설명이다. 시대 순으로 바르게 나열한 것은?

[18년 경위 승진]

┌───┐
│ ㉠ 「경찰법」 제정으로 내무부로부터의 독립을 통한 정치적 중립성을 확보했다.
│ ㉡ 경찰작용에 관한 기본법으로서 「경찰관 직무집행법」이 제정되었다.
│ ㉢ 중앙경찰위원회가 설치되어 경찰민주화를 위한 조치를 시행하였다.
│ ㉣ 「경찰공무원법」이 처음으로 제정되어 그동안 「국가공무원법」에 의거하던 경
│   찰공무원을 특별법으로 규율하게 되었다.
└───┘

① ㉡ - ㉣ - ㉠ - ㉢   ② ㉢ - ㉣ - ㉡ - ㉠
③ ㉣ - ㉡ - ㉠ - ㉢   ④ ㉢ - ㉡ - ㉣ - ㉠

해설 ㉠ 「경찰법」 제정 — 1991년
㉡ 「경찰관 직무집행법」 제정 — 1953년
㉢ 중앙경찰위원회 설치 — 1947년
㉣ 「경찰공무원법」 제정 — 1969년
따라서 시대 순으로 바르게 나열한 것은 ㉢—㉡—㉣—㉠이다.

정답 ④

07 우리나라 경찰의 역사와 제도에 대한 설명이다. 시기가 올바르게 묶인 것은?

[19년 경간부]

> ㉠ 1947년 경찰병원 설치
> ㉡ 1953년 「경찰관직무집행법」 제정
> ㉢ 1956년 국립과학수사연구소 설치
> ㉣ 1966년 경찰관 해외주재관 제도 신설
> ㉤ 1970년 「경찰공무원법」 제정
> ㉥ 1974년 내무부 치안국을 치안본부로 개편
> ㉦ 1996년 해양경찰청을 해양수산부로 이관
> ㉧ 2005년 제주도 자치경찰 출범

① ㉠ - ㉡ - ㉦ - ㉧
② ㉠ - ㉣ - ㉤ - ㉧
③ ㉡ - ㉣ - ㉥ - ㉧
④ ㉡ - ㉣ - ㉥ - ㉦

해설 ㉠ [×] 경찰병원 설치 — 1949년
㉢ [×] 국립과학수사연구소 설치 — 1955년
㉤ [×] 「경찰공무원법」 제정 — 1969년
㉧ [×] 제주도 자치경찰 출범 — 2006년
㉡, ㉣, ㉥, ㉦은 옳은 내용이다.

정답 ④

08 우리나라 경찰의 역사와 제도에 대한 설명이다. 시대 순으로 바르게 나열한 것은?

[18년 순경 1차]

> ㉠ 「경찰법」 제정
> ㉡ 「경찰관 직무집행법」 제정
> ㉢ 최초로 여성 경찰관 채용
> ㉣ 제주 자치경찰 출범
> ㉤ 내무부 치안국을 치안본부로 개편

① ㉡ - ㉢ - ㉤ - ㉣ - ㉠
② ㉡ - ㉢ - ㉤ - ㉠ - ㉣
③ ㉢ - ㉡ - ㉠ - ㉤ - ㉣
④ ㉢ - ㉡ - ㉤ - ㉠ - ㉣

해설 ㉠ 「경찰법」 제정 — 1991년

㉡ 「경찰관 직무집행법」 제정 — 1953년

㉢ 최초로 여성 경찰관 채용 — 1946년

㉣ 내무부 치안국을 치안본부로 개편 — 1974년

㉤ 제주 자치경찰 출범 — 2006년

따라서 시대 순으로 바르게 나열한 것은 ㉢-㉡-㉣-㉠-㉤이다.

정답 ④

09 우리나라 경찰의 역사와 제도에 대한 설명이다. 과거에서 현재 순으로 가장 바르게 나열한 것은? [17년 순경 2차]

㉠ 경찰관 해외주재관제도 신설

㉡ 「경찰관 직무집행법」 제정

㉢ 경찰위원회 신설

㉣ 「경찰공무원법」 제정

㉤ 내무부 치안국을 치안본부로 개편

① ㉡-㉠-㉤-㉣-㉢   ② ㉡-㉠-㉣-㉤-㉢

③ ㉡-㉣-㉠-㉤-㉢   ④ ㉣-㉡-㉤-㉢-㉠

해설 ㉠ 경찰관 해외주재관제 신설 — 1966년

㉡ 「경찰관 직무집행법」 제정 — 1953년

㉢ 경찰위원회 신설 — 1991년

㉣ 「경찰공무원법」 제정 — 1969년

㉤ 내무부 치안국을 치안본부로 개편 — 1974년

따라서 시대 순으로 바르게 나열한 것은 ㉡-㉠-㉣-㉤-㉢이다.

정답 ②

10 정부 수립 이후 경찰과 관련된 설명으로 가장 적절하지 <u>않은</u> 것은?

① 1953년 경찰작용에 관한 기본법으로 제정된 「경찰관 직무집행법」에는 국민의 생명, 신체, 재산의 보호라는 영미법적 사고가 반영되었다.

② 1968년 '무장공비 침투사건(1·21 사태)' 당시 종로경찰서 자하문검문소에서 무장공비를 온몸으로 막아내고 순국한 최규식 경무관과 정종수 경사는 호국경찰, 인본경찰, 문화경찰의 표상이다.

③ 1980년 '5·18 민주화 운동' 당시 안병하 전남경찰국장과 이준규 목포서장은 신군부의 무장 강경진압 방침을 거부하였다.

④ 1987년 '6월 민주항쟁' 이후 경찰 내부에서는 정치적 중립을 지키지 못한 과오를 반성하고 경찰 중립화를 요구하는 성명 발표 등 자성의 목소리가 나왔다.

해설 ② 1968년 '무장공비 침투사건(1·21 사태)' 당시 종로경찰서 자하문검문소에서 무장공비를 온몸으로 막아내고 순국한 최규식 경무관과 정종수 경사는 호국경찰의 표상이다. 호국경찰·인본(권)경찰·문화경찰의 표상이 되는 인물은 차일혁 경무관이다.

정답 ②

11 한국경찰사에 길이 빛날 경찰의 표상에 대한 설명으로 가장 적절한 것은?

① 안맥결 총경은 1950년 8월 30일 성산포경찰서장 재직시 계엄군의 예비검속자 총살 명령에 '부당함으로 불이행'한다고 거부하였다.

② 이준규 총경은 1957년 국립경찰전문학교 교수로 발령 받아 후배 경찰교육에 힘쓰다 1961년 5·16 군사정변이 일어나자 군사정권에 협력할 수 없다며 사표를 제출하였다.

③ 문형순 경감은 1980년 5·18 광주 민주화운동 당시 비례의 원칙에 입각한 경찰권 행사 및 시위대의 인권보호를 강조하였다.

④ 백범 김구 선생은 1919년 상하이에 수립된 대한민국 임시정부의 초대 경무국장으로 취임 후 임시정부 경찰을 지휘하며 임시정부의 성공적 정착에 이바지하였다.

> **해설** ① [×] 문형순 경감에 대한 설명이다.
> ② [×] 안맥결 총경에 대한 설명이다.
> ③ [×] 안병하 치안감에 대한 설명이다.
> **정답** ④

12 자랑스런 경찰의 표상에 대한 설명으로 그 인물과 내용이 옳지 <u>않은</u> 것은?

[21년 경간부]

① 차일혁 경무관 – 빨치산 토벌의 주역이며 구례 화엄사 등 문화재를 수호한 인물로 '보관문화훈장'을 수여받은 호국경찰의 영웅이자 인본경찰 인권경찰 문화경찰의 표상이다.

② 안병하 치안감 – 5. 18 광주 민주화운동 당시 과격한 진압을 지시했던 군과 달리, '분산되는 자는 너무 추격하지 말 것, 부상자 발생치 않도록 할 것, 기타 학생은 연행할 것' 등을 지시하고, '연행과정에서 학생의 피해가 없도록 유의'하라고 지시하였다.

③ 최규식 경무관, 정종수 경사 – 1968년 무장공비 침투사건(1. 21 사태) 당시 종로경찰서 자하문검문소에서 무장공비를 온몸으로 막아내고 순국함으로써 청와대를 사수하고 대한민국을 위기에서 건져 올린 호국경찰의 표상이다.

④ 안맥결 총경 – 1980. 5. 18. 당시 목포경찰서장으로 재임하면서 안병하 국장의 방침에 따라 경찰총기 대부분을 군부대 등으로 사전에 이동시켰으며 자체 방호를 위해 가지고 있던 소량의 총기마저 격발할 수 없도록 방아쇠 뭉치를 모두 제거해 원천적으로 시민들과의 유혈충돌을 피하도록 조치하여 광주와 달리 목포에서는 사상자가 거의 나오지 않았다.

> **해설** ④ 이준규 총경은 1980년 5. 18. 당시 목포 경찰서장으로 재임하면서 시민들과의 유혈 충돌을 원천적으로 피하도록 조치하여 목포에서 사상자가 거의 나오지 않도록 하였다.
> **정답** ④

13 다음은 한국경찰사에 있어서 자랑스러운 경찰의 표상에 관한 설명이다. ㉠~㉣에 해당하는 인물을 가장 바르게 나열한 것은? [19년 순경 2차]

> ㉠ 1919년 대한민국 임시정부의 초대 경무국장이다.
>
> ㉡ 5·18 광주 민주화운동 당시 전라남도경찰국장으로서, 과격한 진압을 지시했던 군과 달리 '분산되는 자는 너무 추격하지 말 것, 부상자 발생치 않도록 할 것' 등과 '연행과정에서 학생의 피해가 없도록 유의하라'고 지시하였다. 신군부의 명령을 어겼다는 이유로 직위해제를 당했다.
>
> ㉢ 공비들의 근거지가 될 수 있는 사찰을 불태우라는 상부의 명령에 대해 현명하게 대처하여 화엄사(구례), 선운사(고창), 백양사(장성) 등 여러 사찰과 문화재를 보호하였다.
>
> ㉣ 1968년 1. 21 무장공비침투사건 당시 군 방어선이 뚫린 상황에서 격투 끝에 청와대를 사수하였으며, 순국으로 대한민국을 지켜내고 조국의 발전을 가능하게 한 영웅적인 사례로 평가받고 있다.

① ㉠ 김구   ㉡ 안병하   ㉢ 차일혁   ㉣ 정종수
② ㉠ 김원봉   ㉡ 안병하   ㉢ 최규식   ㉣ 정종수
③ ㉠ 김구   ㉡ 차일혁   ㉢ 안병하   ㉣ 최규식
④ ㉠ 김구   ㉡ 최규식   ㉢ 안병하   ㉣ 차일혁

해설 ㉠ 백범 김구
㉡ 안병하 치안감
㉢ 차일혁 경무관
㉣ 정종수 경사

정답 ①

14 다음은 자랑스러운 경찰의 표상에 대한 서술이다. 해당 인물을 바르게 나열한 것은?
[20년 순경 2차]

> ㉠ 성산포 경찰서장 재직 시 계엄군의 예비검속자 총살 명령에 '부당함으로 불이행'한다고 거부하고 주민들을 방면함
> ㉡ 1946년 5월 미군정하 제1기 여자경찰간부로 임용되며 국립 경찰에 투신하였고 1952년부터 2년간 서울여자경찰서장을 역임하며 풍속·소년·여성보호 업무를 담당함(여자경찰제도는 당시 권위적인 사회 속에서 선진적이고 민주적인 제도였음)
> ㉢ 5·18 광주 민주화운동 당시 무장 강경진압 방침이 내려오자 '분산되는 자는 너무 추적하지 말 것, 부상자가 발생하지 않도록 할 것' 등을 지시하여 비례의 원칙에 입각한 경찰권 행사 및 인권보호를 강조함
> ㉣ 임시정부 경무국 경호원 및 의경대원으로 활동하였고 1926년 12월 식민수탈의 심장인 식산은행과 동양척식회사에 폭탄을 투척하였음

① ㉠ 안맥결 ㉡ 문형순 ㉢ 최규식 ㉣ 나석주
② ㉠ 문형순 ㉡ 안맥결 ㉢ 안병하 ㉣ 나석주
③ ㉠ 안병하 ㉡ 문형순 ㉢ 나석주 ㉣ 이준규
④ ㉠ 문형순 ㉡ 안맥결 ㉢ 안병하 ㉣ 이준규

해설 ㉠ 문형순 경감
㉡ 안맥결 총경
㉢ 안병하 치안감
㉣ 나석주 의사

정답 ②

15 한국경찰사에 길이 빛날 경찰의 표상들에 대한 서술이다. 옳은 것을 모두 고른 것은?

[18년 경위 승진]

⊙ 1968년 무장공비 침투사건(1. 21사태) 당시 최규식 총경(경무관 특진)과 형사 7명이 무장공비를 차단하고 격투 끝에 청와대를 사수하였다.

ⓛ 정종수는 남부군 사령관 이현상을 사살하는 등 빨치산 토벌의 주역이었다.

ⓒ 차일혁은 공비들의 근거지가 될 수 있는 사찰을 불태우라는 상부의 명령에 대해 현명하게 대처하여 구례 화엄사 등 여러 사찰과 문화재를 보호하였다.

ⓔ 안병하 1987년 6월 항쟁 당시 과격한 진압을 지시한 군과 달리 '분산되는 자는 너무 추격하지 말 것, 부상자 발생치 않도록 할 것, 연행과정에서 학생의 피해가 없도록 유의하라'고 지시하여 인권경찰의 면모를 보였다.

---

① ⊙ ⓛ   ② ⊙ ⓒ   ③ ⓛ ⓔ   ④ ⓒ ⓔ

해설 ⓛ [×] 정종수 경사와 최규식 경무관은 1968년 1. 21. 무장공비 침투사건 당시 청와대를 사수하는 과정에서 함께 순직하여 호국경찰의 표상이 되었다. 차일혁 경무관은 남부군 사령관 이현상을 사살하는 등 빨치산 토벌의 주역이었다.

ⓔ [×] 안병하 치안감은 5. 18. 광주 민주화 운동 당시 과격한 진압을 지시한 군과 달리 '분산되는 자는 너무 추격하지 말 것, 부상자 발생치 않도록 할 것, 연행과정에서 학생의 피해가 없도록 유의하라'고 지시하여 인권경찰의 면모를 보여 주었다.

⊙, ⓒ은 옳은 내용이다.

정답 ②

03

외국경찰의 역사와 제도

제1절　비교경찰제도의 기초

01 대륙법계 경찰제도의 특징에 대한 설명으로 가장 적절하지 **않은** 것은?

① 경찰활동을 공공의 안녕과 질서에 대한 위험방지라는 행정경찰활동에 국한시킨다.

② 시민과의 협력관계 속에서 시민들의 생명 및 재산의 보호에 경찰활동의 중점을 둔다.

③ 범죄수사 등 사법경찰활동을 경찰활동 범주에 포함시키지 아니하나, 단지 편의상 경찰기관으로 하여금 범죄수사업무를 집행하도록 하고 있다.

④ 경찰기관은 전제주의 국왕의 통치상 필요에 따라 창설되었다.

해설 ② 영미법계 국가는 시민과의 협력관계 속에서 시민들의 생명 및 재산의 보호에 경찰활동의 중점을 둔다. 반면에 대륙법계 국가는 국민과의 대립관계 속에서 통치체제를 유지하는 데 경찰활동의 중점을 둔다.

정답 ②

02 경찰제도의 3가지 패러다임에 대한 설명으로 가장 적절하지 **않은** 것은?

① 지방분권화 경찰제도의 경우 경찰권은 법률에 의해서 엄격히 제한되고 국민은 법집행절차의 적법성을 기대하고 있다.

② 중앙집권화 경찰제도의 경우 경찰권이 중앙정부의 직접적인 통제 하에 있으므로 경찰조직은 전국적으로 통일된 국가경찰조직을 취하고 있다.

③ 중앙집권화된 경찰은 중앙정부에 권한이 집중된 운영형태를 갖고 있어서 지방경찰기관의 재량권이 매우 제한되어 있다.

④ 통합형 경찰제도는 중앙집권화 경찰제도 보다 더 능률적이고, 지방분권화 경찰제도 보다 더 민주적이라고 볼 수 있다.

해설 ④ 통합형 경찰제도는 중앙집권화 경찰제도보다 더 민주적이고, 지방분권화 경찰제도보다 더 능률적이라고 볼 수 있다.

정답 ④

제2절 **영국경찰의 역사와 제도**

01 영국 고대시대 및 중세시대 경찰에 대한 설명으로 가장 적절하지 <u>않은</u> 것은?

① 10인 조합이 모여 100인 조합을 형성하였고, 100인 조합을 관리하기 위하여 군인이면서 법관인 국왕대관(Shire Reef)을 임명하였고, 오늘날 보안관(Sheriff)의 기원이 되었다.

② 장원의 영주는 장원을 위해 다양한 서비스를 제공할 관료들을 임명했다. 이러한 관료에는 장원의 치안과 관련된 다양한 의무를 가지고 있는 constable이 포함되어 있다.

③ 1285년 윈체스터법은 오늘날까지 영국 경찰조직의 기초가 되고, 경찰활동은 왕의 중앙정부와 지방정부 사이에 책임 공유라는 관념을 형성하였다.

④ 각 shire 또는 county의 치안유지자 제도는 1327년 치안판사법에 의해서 제정되었고, 1361년 치안판사법은 치안유지자에게 판사의 직함을 제공하였다.

해설 ① 10인 조합이 모여 100인 조합을 형성하였고, 100인 조합을 관리하기 위하여 1명의 관리책임자(constable)를 임명하였는데, 오늘날 영국 경찰관의 기원이 되었다. 100인 조합들이 합쳐져서 샤이어가 되었고 샤이어의 치안을 유지하기 위해서 국왕대관(Shire Reef)을 임명하였다.

정답 ①

02 1285년 윈체스터법에 대한 설명으로 가장 적절하지 <u>않은</u> 것은?

① 일몰과 일출 사이 동안 경비를 수행할 야경원 제도를 도입하여 constable의 임무를 보좌하도록 하였다.

② 큰 외침이 들릴 때 모든 지역사회가 도망가는 중범죄자를 추적하도록 하는 Anglo-Saxon의 범죄추적협조 제도를 부활시켰다.

③ 15~60세의 모든 남자는 방어목적을 위한 무기를 소유하도록 요구하였다.

④ constable이 범죄자를 지방법원으로 데려오도록 명령하였다.

해설 ④ constable이 범죄자를 지방법원으로 데려오도록 명령한 것은 치안판사법이었다.

정답 ④

03 영국의 1829년 수도경찰법(Metropolitan Police Act) 제정에 대한 설명으로 가장 적절하지 <u>않은</u> 것은?

① 산업혁명 이후 일련의 정치적 항의와 폭동으로 인해 경찰조직의 정비가 요구되었다.

② 수도경찰법은 '근대경찰의 아버지'라고 불리는 헨리 필딩의 제안으로 제정되었다.

③ 수도경찰청은 1829년 창설 당시에 내무부장관 관리를 받는 경찰제도를 취하였다.

④ 수도경찰청은 경찰관 임용 및 승진에서 정치적 요소를 배제하였고, 범인검거뿐만 아니라 순찰을 통한 범죄예방에도 중점을 두었다.

해설 ② 1829년 영국 수도경찰법은 '근대경찰의 아버지'라고 불리는 로버트 필의 제안으로 제정되었다.

정답 ②

04 20세기 이후 영국 경찰에 대한 설명으로 가장 적절하지 <u>않은</u> 것은?

① 1946년 경찰법에 의해서 45개 시경찰이 주위의 도경찰과 합병되어 경찰기관 수가 축소되었다.

② 1960년에 경찰개혁을 위하여 설립된 왕립경찰위원회는 각종 조사 및 연구를 한 결과 의회에 조직 및 권한행사 불통일의 시정, 경찰관 근무조건의 개선, 프랑스식 국가경찰제도로의 전환 등을 제시하였다.

③ 1964년 경찰법에 의해서 수도경찰청과 런던시 경찰청을 포함한 경찰기관의 관리기구를 경찰위원회로 통일하였다.

④ 2006년에 기존 국가범죄정보국(NCIS)과 국가범죄수사국(NCS)을 통합하여 조직범죄, 불법마약거래, 돈세탁, 인신매매에 관한 정보수집 및 수사를 할 수 있는 중대조직범죄청(SOCA)을 창설하였다.

해설 ③ 1964년 「경찰법」에 의해서 수도경찰청과 런던시 경찰청을 제외한 경찰기관의 관리기구를 경찰위원회(Police Authority)로 통일하였다.

정답 ③

05 영국에서 경찰에 관한 내무부장관의 지위 및 권한에 대한 설명으로 가장 적절하지 <u>않은</u> 것은?

① 내무부장관은 내각에서 선임 장관들 중 1명이며, 의회의 구성원이다.

② 내무부장관은 경찰을 지휘하거나 경찰에게 명령할 권한을 갖고 있다.

③ 내무부장관은 수도경찰청장 제청권을 갖고 있고, 지방경찰청장 임명에 관하여 의견을 제시할 수 있다.

④ 내무부장관은 각 경찰기관의 예산을 위해 필요한 자금 중 50% 이상을 제공한다.

해설 ② 내무부장관과 지역치안위원장은 경찰을 지휘하거나 경찰에게 명령할 권한을 갖고 있지 않다. 오히려 그들은 경찰 관리에 관한 주요 감시자로서의 권한을 갖고 있다.

정답 ②

06 영국 잉글랜드·웨일즈 경찰에 대한 설명으로 가장 적절하지 <u>않은</u> 것은?

① 수도경찰청의 관할구역은 런던시 지역을 포함한 런던 광역의 32개 borough이다.

② 수도경찰청장은 내무부장관의 제청을 통해 국왕이 임명한다.

③ the Greater London Authority가 수도경찰청을 관리한다.

④ 시경찰활동·범죄국(MOPAC)은 수도 치안위원장과의 협의 하에 경찰 및 범죄계획을 수립하고, 내무부장관이 수립한 전략적 경찰활동 요구사항을 고려해야 한다.

해설 ① 수도경찰청의 관할구역은 런던 광역의 32개 borough이며, 런던시 지역은 수도경찰청의 관할구역에서 제외된다.

정답 ①

07 영국의 지방경찰제도는 지역치안위원장, 지역치안평의회, 지방경찰청장, 내무부장관의 4원 체제로 구성되어 있다. 지역치안위원장에 대한 설명으로 가장 적절하지 <u>않은</u> 것은?

① 지역주민의 선거에 의해서 선출된다.

② 지방경찰청장과 차장의 임면권을 행사한다.

③ 경찰예산집행에 대한 감사를 실시한다.

④ 지역치안계획을 수립한다.

해설 ③ 경찰예산집행에 대한 감사를 실시하는 경찰행정기관은 지역치안평의회이다. 지역치안위원장은 예산 및 재정을 총괄한다.

정답 ③

제3절 미국경찰의 역사와 제도

01 미국 경찰의 역사에 대한 설명으로 가장 적절하지 <u>않은</u> 것은?

① 최초의 제복경찰은 1860년에 필라델피아 경찰에서 도입되어 각 구마다 독자적 제복을 착용하도록 하였다.

② 1631년에 최초의 경찰로서 6인의 야경원과 1인의 책임자로 구성된 보스턴의 야경제가 발족하였다.

③ 1789년에는 사법조직법에 따라 연방정부는 연방보안관을 각 주에 1명씩 임명하였다.

④ 서부개척시대에는 민간방범대, 보안관 등과 함께 경호경비를 전담하는 경비회사가 생겼다.

해설 ① 최초의 제복경찰은 1856년 뉴욕시 경찰에서 도입되어 각 구마다 독자적 제복을 착용하도록 하였다. 1869년에 필라델피아 경찰에서도 제복경찰을 채택함으로써 미국 전역에 확산되기 시작하였다.

정답 ①

02 미국 경찰의 정치적 시대에 대한 설명으로 가장 적절하지 <u>않은</u> 것은?

① 1830~1840년대에는 도시화, 산업화 및 이민자 증가로 인해 범죄가 증가하였고, 경찰은 정치와의 결탁 및 부패로 인해 제 기능을 발휘하지 못하였으며, 그 결과 근대적 경찰개혁이 이루어지기 시작하였다.

② 1838년에 보스턴시 경찰개혁으로 인해 오늘날 도시경찰의 원형인 시보안관 밑에 9인의 경찰관이 임명되었고, 1846년에는 30명으로 보강되어 보스턴시 경찰국이 창설되었다.

③ 뉴욕시 경찰은 1844년에 야경제를 폐지·통합하여 주·야간 교대제를 실시하였으며, 시장이 시의회의 동의를 얻어 임명한 경찰청장이 경찰조직을 관리하였다.

④ 지나친 지방분권화와 정치적 영향으로 인해 효과적인 범죄대처가 불가능해지자, 각 주별로 경찰기관을 재조직하였다. 1835년에 최초의 주경찰인 펜실베니아 주경찰이 창설되었다.

`해설` ④ 지나친 지방분권화와 정치적 영향으로 인해 효과적인 범죄대처가 불가능해지자, 각 주별로 경찰기관을 재조직하였다. 1835년에 최초의 주경찰인 텍사스 레인저가 창설되었다.

`정답` ④

03 미국 경찰의 개혁 시대에 대한 설명으로 가장 적절하지 <u>않은</u> 것은?

① 20C 초에는 정치와 경찰이 강하게 유착되어 경찰조직 내에 비전문성과 부패 및 비능률이 지배적이었다. 그 결과, 경찰 전문화가 주장되어 경찰을 정치로부터 분리하기 위한 다양한 노력이 행해졌다.

② 1931년 위커샴 위원회 보고서는 ⓐ 경찰관 채용기준 강화, ⓑ 더 나은 임금 및 부가이익, ⓒ 더 많은 교육훈련을 주장하였다.

③ 윌슨(O. W. Wilson)은 버클리의 캘리포니아 대학에 범죄학부 개설을 지원하였고, 현대 미국경찰의 아버지로 여겨질 수 있다.

④ 연방대법원의 1961년 Mapp v. Ohio 판결, 1966년 Miranda v. Arizona 판결은 경찰 수사관행에 결정적 변화를 가져오게 하였다.

해설 ③ 볼머(August Vollmer)는 미국 경찰을 전문화하기 위해 많은 활동들을 제도화하였다. 그는 버클리의 캘리포니아 대학에 범죄학부 개설을 지원함으로써 미국 전역의 법학 및 형사사법학 관련된 프로그램의 모델이 되었으며 '현대 미국경찰의 아버지'로 여겨질 수 있다.

정답 ③

04 미국 경찰의 지역사회 경찰활동 시대와 스마트 경찰활동 시대에 대한 설명으로 가장 적절하지 않은 것은?

① 기존의 전문화된 경찰제도가 경찰의 고립화, 시민협조 기회 축소를 야기한다는 문제점이 제기되면서 1970년대부터 미국 사법지원국은 최초의 스마트 경찰활동 계획(SPI)을 발표하였다.

② 캔자스시 예방순찰실험, 뉴어크시 도보순찰실험의 결과로서 지역사회와의 긴밀한 협력관계를 통하여 지역의 범죄문제에 공동으로 대처해야 한다는 지역사회 경찰활동이 등장하였다.

③ 스마트 경찰활동 계획을 반영한 경찰기관은 전략적이고, 과학에 기반하고, 데이터·정보·기술에 의존한다.

④ SPI의 두 가지 목적인 혁신과 변화의 성공적인 달성을 위해서는 성공적인 조직 변화에 대한 장애물을 예상하고 완화하기 위한 전략을 개발해야 한다.

해설 ① 기존의 전문화된 경찰제도가 경찰의 고립화, 시민협조 기회 축소를 야기한다는 문제점이 제기되면서 1970년대부터 경찰은 사회질서를 유지하면서도 지역주민에게 봉사하는 역할로 경찰기능을 변화시키기 시작하였다. 미국 사법지원국은 2009년 최초의 스마트 경찰활동 계획(SPI)을 발표하였다.

정답 ①

05 **미국의 연방법집행기관에 관한 설명으로 가장 적절하지 않은 것은?**

① 연방 법집행기관의 권한은 국가적 범죄 및 주(州) 간의 범죄단속에 제한된다.

② FBI는 2001년 9. 11. 테러 이후에 최우선순위로 대테러업무를 설정하고 있다.

③ 연방보안관은 연방정부가 당사자가 되는 민사소송에서 미국 정부의 대리인 역할을 한다.

④ 국제형사경찰기구의 미국 중앙사무국은 국제형사경찰기구의 미국대표기관으로서 각국 경찰기관과의 범죄정보 교환 및 수사 협력을 행한다.

해설 ③ 연방검찰청은 연방정부가 당사자가 되는 민사소송에서 미국 정부의 대리인 역할을 하고, 연방보안관은 관할법원의 법정관리와 법정경비, 체포영장·소환장의 집행, 연방범죄 피의자의 호송, 증인의 신변안전 도모, 지역적 소요의 진압 업무와 법무부장관의 특별한 지시에 따르는 등의 임무를 담당한다.

정답 ③

06 **미국 주 경찰에 대한 설명으로 가장 적절하지 않은 것은?**

① 하와이 주를 제외한 모든 주가 주 경찰을 갖고 있다.

② 주 경찰은 각 주마다 임무 및 조직형태가 다르다.

③ 주 경찰의 일반적인 형태는 주 경찰, 고속도로 순찰대, 또는 수사국이다.

④ 주 경찰의 역할은 매우 크며, 주 경찰은 독자적인 강력한 경찰권을 행사한다.

해설 ④ 미국 경찰제도에서 주 경찰의 역할은 크지 않으며, 주 경찰은 독자적인 경찰권을 행사하기보다는 경찰학교, 과학수사연구소와 같은 시설을 설립하여 주 내의 소규모의 경찰기관들이 활용할 수 있도록 하고 있다.

정답 ④

07 미국의 지방경찰에 관한 설명으로 옳지 <u>않은</u> 것은?

① 미국의 법집행기관 중에서 도시경찰의 규모 및 역할은 매우 중요하다.

② 군 보안관은 도시지역의 범죄수사 및 순찰 등 경찰권을 행사한다.

③ 군 보안관은 지역주민의 선거로 선출되며, 임기는 주로 2~4년이다.

④ 특별구 경찰의 대표적인 예는 지하철 경찰, 철도 경찰, 공원 경찰 등이다.

해설 ② 군 보안관은 도시가 아닌 지역의 범죄수사 및 순찰 등 경찰권을 행사한다.

정답 ②

제4절 독일경찰의 역사와 제도

01 독일 경찰의 역사에 대한 설명으로 가장 적절하지 <u>않은</u> 것은?

① 1808년 자치행정을 채택한 후에도 경찰사무는 국가사무라는 점에서 변함이 없었다.

② 제1차 세계대전 중 치안을 확보하기 위하여 내무부장관은 중앙집권화된 경찰을 창설하였으나, 제1차 세계대전 이후에 연합국은 중앙집권적 경찰의 해체를 요구하였다.

③ 1949년에 독일의 헌법인 「기본법」을 제정하여 일반경찰권은 연방 정부의 권한에 속하도록 하였다.

④ 1976년에 '연방 및 각 주 통일경찰법 모범초안'을 마련하고 1977년에 최종안을 제정하여, 대부분의 주에서는 전체 또는 부분적으로 「경찰법」을 개정하여 「경찰법」의 통일을 기하고 있다.

해설 ③ 1949년에 독일의 헌법인 「기본법」을 제정하여 일반경찰권은 주정부의 권한에 속하도록 하였고, 독일 경찰조직의 중점이 1933년 이전과 같이 다시 주에게 이전되어 각 주는 고유의 「경찰법」을 제정하게 되었다.

정답 ③

02 1989. 11. 9. 베를린 장벽이 붕괴된 이후의 독일경찰 통일과정을 시대순으로 올바르게 나열한 것은?   [12년 경감 승진 수정]

㉠ 서독 내무장관 회의에서 신연방주 민주경찰제도 수립의 지원을 위해 서독주와 신연방주 사이에 자매결연 방식으로 지원하기로 합의

㉡ 양독 내무장관 간에 양독간 국경전면 개방, 국경이용범죄의 공동대처 등의 협정체결

㉢ 통일조약 제13조에 의거 동독 중앙정부의 해체와 동시에 신연방 5개 주정부에 귀속

㉣ 민주적으로 선출된 동독의 인민의회에서 「경찰의 임무와 권한에 관한 법」이 제정

㉤ 양독 내무장관 회의에서 양 경찰 간에 경찰법・경찰조직의 통합, 경찰관의 상호교환, 공동교육 실시 등의 합의

---

① ㉠ ㉤ ㉡ ㉣ ㉢   ② ㉠ ㉡ ㉤ ㉣ ㉢

③ ㉤ ㉠ ㉡ ㉣ ㉢   ④ ㉤ ㉡ ㉠ ㉣ ㉢

해설 ㉠ 1990년 6월 29일
㉡ 1990년 7월 1일
㉢ 1990년 10월 3일
㉣ 1990년 9월 13일
㉤ 1990년 5월 5일
따라서 독일경찰 통일과정을 시대순으로 옳바르게 나열하면 ㉤, ㉠, ㉡, ㉣, ㉢이다.

정답 ③

03 독일 연방경찰제도에 대한 설명으로 가장 적절하지 않은 것은?

① 연방 내무부장관 소속 하의 연방경찰은 독일 기본법에 근거하여 국적, 통화, 관세, 항공교통, 민주주의 기본질서와 헌법보호, 국제공조 등을 담당하고 있다.

② 연방헌법보호청은 극좌·극우의 합법·비합법 단체, 스파이 등 기본법 위반의 혐의가 있는 모든 행위에 대한 감시·정보수집·분석업무를 담당한다.

③ 1951년 창설된 연방국경경비대는 2005년 연방경찰청으로 개편되었고, 연방경찰청은 대테러부대인 GSG-9을 운영하고 있다.

④ 각 주에서 발생하는 범죄의 수사는 원칙적으로 연방범죄수사청의 권한에 속한다.

해설 ④ 각 주에서 발생하는 범죄의 수사는 원칙적으로 주의 권한에 속한다. 다만 연방범죄수사청은 범죄수사분야에서 각 주의 협조 및 지원을 행하는 조직이다.

정답 ④

04 독일 주 경찰제도에 대한 설명으로 가장 적절하지 않은 것은?

① 독일에서 각 주는 일반적으로 주 단위의 국가경찰제도를 운용하고 있다.

② 예외적으로 기초자치경찰을 설치하고 있다.

③ 연방경찰과 주 경찰 사이에 연방경찰을 상위에 두는 상명하복 관계가 인정된다.

④ 주 경찰은 주 내무부장관 소속으로서 주 내무부장관은 주의 최상급 경찰행정관청이며, 경찰법의 시행을 위한 각종 법규명령, 행정규칙 등을 제정한다.

해설 ③ 연방경찰과 주 경찰은 상호 독자적인 지위를 유지하며, 양자 사이에 연방경찰을 상위에 두는 상명하복 관계는 인정되지 않는다. 그러나 예외적으로 연방경찰 관할에 속하는 업무에 관하여 주 경찰에 대한 통제를 인정하고 있다.

정답 ③

제5절 프랑스경찰의 역사와 제도

01 프랑스 구체제시대의 경찰제도에 대한 설명으로 가장 적절하지 <u>않은</u> 것은?

① 앙리 1세 시대에 파리 내의 치안을 유지하기 위하여 국왕친위순찰대인 프레보가 창설되었다.

② 11C에 도시가 자치권을 획득하면서 각 도시마다 장을 선출하고, 이들이 도시 내 경찰권을 행사하는 자치경찰이 생겼다.

③ 1373년 각 지역에 주둔하는 군부대 내의 치안을 담당하던 마레쇼세에게 영주의 권한인 성 내를 포함하여 지역의 범죄를 처리하도록 하였다.

④ 루이 14세는 도시지역의 치안 부재와 전염병에 의한 위생문제가 심각해지자 1667년에 국왕친위순찰대의 업무를 분화하여 경찰국을 두었다.

해설 ③ 1373년 각 지역에 주둔하는 군부대 내의 치안을 담당하던 마레쇼세에게 영주의 권한인 성 내를 제외한 지역의 범죄를 처리하도록 하였다.

정답 ③

02 프랑스 근대 및 현대시대의 경찰제도에 대한 설명으로 가장 적절하지 않은 것은?

① 1934년에 경찰청을 국립경찰청으로 변경하였고, 국립경찰청은 파리지역을 포함한 모든 지역의 경찰업무를 담당하였다.

② 1799년에 나폴레옹은 제정을 수립하면서 황제의 권한을 강화하기 위하여 인구 5,000명 이상의 지역에 국가경찰기관을 설치하였다.

③ 프랑스 혁명을 거치면서 민간방위대라고 불리는 자원자가 시내 질서유지를 담당하였고, 이들이 혁명 후에 국립민간방위대의 근간이 되었다.

④ 1966년에 국립경찰청으로 일원화되었고, 1개 코뮌 또는 인접 코뮌이 인구 2만 명을 넘고 범죄의 양상이 도시화되었을 때에 국립경찰이 치안을 담당하도록 하였다.

해설 ① 1934년 4월에 경찰청을 국립경찰청으로 변경하면서 중앙집권화를 강화하였다. 국립경찰청은 파리지역을 제외한 모든 지역의 경찰업무를 담당하였다.

정답 ①

03 프랑스의 경찰제도에 대한 설명으로 가장 적절하지 <u>않은</u> 것은?

① 프랑스 경찰조직은 국가경찰과 자치경찰로 구분되고, 국가경찰은 국립경찰과 군인경찰로 구분된다.

② 경찰권은 국무회의에서 선출되는 민간인 신분의 국립경찰청장에게 있으며, 국립경찰청의 국장은 경찰관 계급을 갖고 있다.

③ 내무부장관의 지휘를 받는 국립경찰청장이 국립경찰청을 관리하며 파리경찰청을 제외한 전국 국립경찰업무의 지시 및 조정을 담당한다.

④ 파리지역에는 국립경찰과 군인경찰이 상호 중첩되게 배치되어 있다.

해설 ② 경찰권은 국무회의에서 선출되는 민간인 신분의 국립경찰청장에게 있으며, 국립경찰청의 국장은 경찰관 계급을 갖고 있지 않다.

정답 ②

04 프랑스의 군인경찰제도에 대한 설명으로 가장 적절하지 <u>않은</u> 것은?

① 군인경찰은 국립경찰이 배치되어 있지 않은 인구 2만 명 미만의 소도시와 농촌지역에서 경찰업무를 수행한다.

② 군인경찰은 국방부 소속이지만 비군사업무를 수행할 때에는 내무부 소속 도지사의 지휘를 받으면서 경찰법령에 근거하여 업무를 수행한다.

③ 군인경찰기동대는 테러, 비행기 납치, 인질사건, 기타 고도의 기능을 수반하는 경찰력의 개입이 필요한 경우에 출동하는 특수부대이다.

④ 군인경찰은 사법업무를 수행할 때에는 수사판사 또는 검사의 지휘를 받는다.

해설 ③ 군인경찰특공대인 GIGN은 테러, 비행기 납치, 인질사건, 기타 고도의 기능을 수반하는 경찰력의 개입이 필요한 경우에 출동하는 특수부대이다. 반면에 군인경찰기동대는 전국에서 분쟁이나 폭동이 발생하면 신속하게 출동하도록 잘 훈련된 기동부대이다.

정답 ③

제6절 일본경찰의 역사와 제도

01 명치유신 전후의 일본 경찰제도에 대한 설명으로 가장 적절하지 <u>않은</u> 것은?

① 명치유신 이전에 수도에는 경직이 있어서 순찰과 비위의 감독을 임무로 하였고, 점차 검비위사가 수도의 경찰권을 거의 독점하였다.

② 수도와 지방의 경우 5호제를 활용해서 서로 간에 감찰하도록 하였다.

③ 일본 근대경찰의 아버지라 불리는 천로이량의 건의에 따라 1872년에 국가 경찰조직인 나졸이 창설되었다.

④ 1874년에 내무성 관할 하에 동경 경시청이 창설되었고, 번인 제도가 폐지되면서 자치경찰제적인 요소가 없어졌다.

해설 ③ 일본 근대경찰의 아버지라 불리는 천로이량의 건의에 따라 1872년에 국가경찰조직인 경보료가 창설되었다. 경찰의 조직과 임무에 관한 규정인 「경보료직제장정」은 행정경찰로서의 경찰업무를 규정하였다.

정답 ③

02 제2차 세계대전 이후 일본의 경찰제도에 대한 설명으로 옳지 <u>않은</u> 것은?

① 각종 치안입법들이 폐지되고, 특고경찰 등 정치경찰과 헌병대가 폐지되었다.

② 내무성 경보국의 보안과, 외사과, 검열과가 폐지되었다.

③ 경찰이 위생사무와 같은 협의의 행정경찰사무를 담당하였다.

④ 수사권에 대해서 검사의 독점을 철폐하고, 경찰에게도 수사권을 부여하였다.

해설 ③ 1945년 제2차 세계대전에서 일본이 항복하면서 종래의 각종 치안입법들이 폐지되고, 종래 경찰이 관리해 오던 위생사무와 같은 협의의 행정경찰사무를 다른 행정기관에 이관하는 비경찰화 작업이 전개되었다.

정답 ③

03 일본의 1947년 구경찰법에 대한 설명으로 옳지 않은 것은?

① 경찰은 국민의 생명, 신체 및 재산을 보호하고 범죄 수사와 피의자 체포 및 공안 유지를 임무로 하였다.

② 경찰을 민주적으로 관리하기 위하여 국가 및 지방 공안위원회 제도를 채택하였다.

③ 지방분권화를 도모하기 위하여 시 및 인구 5,000명 이상의 정·촌에 자치경찰을 두었다.

④ 국가지방경찰과 자치경찰을 자치경찰로 일원화하였다.

해설 ④ 시 및 인구 5,000명 이상의 정·촌에 자치경찰을 두고, 그 이외의 지역에는 국가지방경찰을 두어 국가지방경찰과 자치경찰로 2원화하였다.

정답 ④

04 일본의 국가공안위원회에 대한 설명으로 가장 적절하지 않은 것은?

① 국가공안위원회는 위원장 및 7인의 위원으로 구성된다.

② 경찰청장관과 경시총감 등에 대한 임면권을 갖고 있다.

③ 위원장은 회의만을 주재하고, 위원으로서의 표결권은 없고, 가부 동수인 경우에만 표결권이 있다.

④ 국가공안위원회의 의사는 출석위원의 과반수로 결정한다.

해설 ① 일본의 국가공안위원회는 위원장 및 5인의 위원으로 구성되고, 위원장은 국무대신이 되고, 위원은 내각총리대신이 양원의 동의를 얻어 임명하며, 임기는 5년이고 1회에 한하여 재임이 가능하다.

정답 ①

05 일본 경찰청에 대한 설명으로 가장 적절하지 <u>않은</u> 것은?

① 경찰청은 독립된 권한을 가진 행정기관이다.

② 내각총리대신이 경찰청장관을 임명한다.

③ 경찰청장관은 국가경찰사무에 관해서 도·도·부·현 경찰을 지휘·감독한다.

④ 관구경찰국은 동경 경시청과 북해도 경찰본부 관할구역을 제외하고 7개가 설치되어 있다.

해설 ② 국가공안위원회가 내각총리대신의 승인을 얻어 경찰청장관을 임명한다.

정답 ②

06 일본의 자치경찰에 대한 설명으로 가장 적절하지 <u>않은</u> 것은?

① 지사의 소할 하에 있는 도·도·부·현 공안위원회가 동경도 경시청과 도·부·현 경찰본부를 관리한다.

② 도·도·부·현 공안위원의 경우 지사가 지방의회의 동의를 얻어 임명한다.

③ 동경도 경시청감의 경우 국가공안위원회가 동경도 공안위원회의 동의와 내각총리대신의 승인을 얻어 임명한다.

④ 도·도·부·현 지사는 경찰 운영에 관하여 도·도·부·현 공안위원회를 지휘·감독할 권한을 갖고 있다.

해설 ④ 도·도·부·현 공안위원회는 도·도·부·현 지사의 소할 하에 있을 뿐이고, 도·도·부·현 지사는 경찰 운영에 관하여 도·부·현 공안위원회를 지휘·감독할 권한을 갖고 있지 않다.

정답 ④

04

경찰과 행정(1)

제1절 경찰행정의 기초

01 경찰행정 과정에 대한 설명으로 가장 적절하지 <u>않은</u> 것은?

① 행정조직 과정은 행정목표가 의도된 바와 같이 시행되고 있는지를 점검·조정하는 과정이다.

② 행정과정의 모든 단계는 상호 밀접하게 관련되어 있으며, 각 단계는 다른 단계에 영향을 미친다.

③ 정책결정 및 기획 과정은 행정목적을 설정하고 설정된 목적을 달성하기 위한 기본지침 및 수단 선택의 일련의 과정이다.

④ 경찰행정 과정은 정책결정 및 기획 과정 ⇨ 행정조직 과정 ⇨ 인사행정 과정 ⇨ 재무행정 과정 ⇨ 행정통제 과정으로 구성된다.

해설 ① 행정조직 과정은 행정목적을 달성하기 위한 조직화와 이를 관리하는 과정이다. 행정통제 과정은 행정목표가 의도된 바와 같이 시행되고 있는지를 점검·조정하는 과정이다.

정답 ①

02 Cordner와 Scarborough가 주장한 경찰행정의 10가지 지도원리에 관한 설명으로 가장 적절하지 <u>않은</u> 것은?

① 법집행은 경찰활동의 궁극적 목표이다.

② 경찰은 그들의 목표를 추구할 때 사용할 수 있는 방법에 있어서 매우 제한된다.

③ 합법적 목표를 성취하기 위해 정당화될 때 경찰은 무력을 사용할 수 있어야 한다.

④ 경찰은 궁극적으로는 윤리적이고 합법적인 표준을 따라야 한다.

해설 ① 법집행은 경찰활동의 궁극적 목표는 아니고 생명과 재산을 보호하고, 질서를 유지하기 위한 노력에서 때때로 사용되는 한 방법이다.

정답 ①

03 경찰행정의 환경에 대한 설명으로 가장 적절하지 <u>않은</u> 것은?

① 경찰행정은 다양한 특성들로 구성된 복잡한 환경 속에 존재하고 있다.

② 기술적 복잡성은 시민의 삶의 질에 영향을 미치고, 결과적으로 법집행에 대한 기대 및 요구에 영향을 준다.

③ 가치, 신념, 사회적 관념과 같은 생태학적 조건은 범죄를 범하려는 개인의 의사에 영향을 미치고, 경찰을 지지하는 사회의 형성에도 기여한다.

④ 연령, 인종, 성별, 종교적 특성과 같은 인구통계학적 조건은 법집행에 상당한 영향을 미친다.

해설 ③ 가치, 신념, 사회적 관념과 같은 문화적 조건은 범죄를 범하려는 개인의 의사에 영향을 미치고, 경찰을 지지하는 사회의 형성에도 기여한다. 반면에 생태학적 조건은 경찰관서의 위치, 자연자원, 기후, 다른 지리적 특성들과 관련이 있다.

정답 ③

04 개방체계의 특성에 관한 설명으로 가장 적절하지 <u>않은</u> 것은?

① 환경의 인식 및 에너지와 자원의 중요성

② 과정의 순환적 특성

③ 긍정적 엔트로피

④ 기능상 지속상태 또는 역동적 동질성

해설 ③ 엔트로피는 조직이 해체되는 방향으로 움직일 때 자연스럽게 발생한다. 개방체계의 특성 중 하나는 부정적 엔트로피이다. 부정적 엔트로피는 조직이 에너지 및 자원을 보충하거나 저장하는 과정이다.

정답 ③

제2절 경찰정책과정 및 기획

01 경찰정책결정 모델 중 합리모델에 관한 설명으로 가장 적절하지 <u>않은</u> 것은?

① 정책결정자는 문제상황에 대한 완전한 정보를 갖고 있다.

② 합리모델에서 합리성은 제한된 합리성이다.

③ 목표달성을 위한 여러 대안들을 비교할 때 경제적인 비용과 편익을 비교한다.

④ 정책결정자는 여러 대안들을 비교하여 목표달성을 극대화하는 최선책을 선택한다.

해설 ② 합리모델에서 말하는 합리성은 '경제적 합리성'을 의미하고, 합리모델은 완전한 정보를 가지고 효용 극대화와 논리에 따라 소비행동을 하는 경제인과 매우 유사하다. 반면에 만족모델은 시간적, 공간적, 재정적 측면에서 여러 요인들을 고려하여 만족할 만한 수준에서 결정하는 '제한된 합리성'을 추구한다.

정답 ②

02 정책결정 모델에 대한 설명으로 가장 적절하지 <u>않은</u> 것은?

① 사이버네틱스 모델 - 설정된 목표를 달성하기 위해 정보와 환류과정을 통해 자신의 행동을 스스로 조정해 나간다.

② 혼합탐사 모델 - 정책결정은 거시적·장기적인 안목으로 대안의 방향성을 탐색해야 하며, 다른 한편으로 그 방향성 안에서 보다 심층적·점진적인 변화를 시도해야 한다.

③ 회사 모델 - 기존의 합리적 사고를 완전히 포기할 것을 요구한다. 문제, 해결책, 참가자, 선택기회의 4가지 요소가 서로 독립적으로 여기 저기 표류하다가 어느 시점에 우연히 모두 마주치는 경우에 정책결정이 이루어진다.

④ 최적 모델 - 합리 모델의 비현실성과 점증 모델의 보수성을 극복하기 위하여 이상주의와 현실주의의 통합을 시도한다.

해설 ③ 쓰레기통 모델은 기존의 합리적 사고를 완전히 포기할 것을 요구한다. 혼란상태에서는 정책결정이 [문제의식 – 대안비교 – 최선책 선택]의 순차적 과정을 거쳐 이루어지지 않는다. 문제, 해결책, 참가자, 선택기회의 4가지 요소가 서로 독립적으로 여기 저기 표류하다가 어느 시점에 우연히 모두 마주치는 경우에 정책결정이 이루어진다.

정답 ③

03 정책결정모형 중 앨리슨(Allison) 모형에 관한 설명으로 가장 적절하지 않은 것은?

① 합리모형(Model Ⅰ)은 표준운영절차(SOP)의 중요성을 강조하였다.

② 관료정치모형(Model Ⅲ)은 행위자 간 목표의 공유가 매우 약하며 타협과 흥정이 지배함을 제시하였다.

③ 조직과정모형(Model Ⅱ)은 국가와 정부가 단일의 의사결정 주체가 아니고 준독립적인 하위조직들이 느슨하게 연결된 집합체로 인식한다.

④ 1960년대 초 쿠바가 소련의 미사일을 도입하려고 했을 때 미국이 해상봉쇄 정책을 채택한 이유를 설명하였다.

해설 ① 합리모형은 정부가 합리적이고 단일체적인 결정자로서 일관된 선호, 일관된 목표, 일관된 평가기준을 가지고 정책결정을 하는 것으로 보지만, 조직과정모형은 느슨하게 연결된 하위조직체들이 자신의 전문성에 근거하여 표준운영절차(SOP)에 따라 상대적으로 독립적인 정책결정을 하는 것으로 본다.

정답 ①

04 경찰정책평가에 관한 설명으로 가장 적절하지 않은 것은?

① 정책평가에서는 정책을 종속변수로 놓고, 정책이 목표달성에 얼마나 영향을 미쳤는가를 평가한다.

② 목표가 질적이면 평가기준 역시 질적이어야 하고, 목표가 양적이면 평가기준 역시 양적이어야 한다.

③ 인과모델이 작성되고 그것에 따라 가설들이 설정되면 다음 과제는 프로그램의 관찰, 자료의 수집·분석·해석에 대해서 계획하는 일이다.

④ 정책평가의 첫 과정은 목표를 명확히 하는 것이다.

해설 ① 정책평가에서는 정책을 독립변수로 놓고, 정책이 목표달성에 얼마나 영향을 미쳤는가를 평가한다.
정답 ①

제3절 경찰조직관리

01 1829년 런던수도경찰청을 창설한 로버트 필 경(Sir Robert Peel)이 경찰조직을 운영하기 위하여 제시한 기본적인 원칙 중 가장 적절하지 않은 것은?
[20년 순경 1차]

① 경찰의 기본적인 임무는 범죄에 대한 신속한 대응이다.
② 경찰의 성공은 시민의 인정에 의존한다.
③ 적절한 경찰관들을 확보하기 위한 교육훈련은 필수적인 것이다.
④ 경찰은 군대식으로 조직되어야 한다.

해설 ① 로버트 필은 경찰의 기본적인 임무는 신속한 대응이 아닌 범죄와 무질서의 예방이라고 하였다.
정답 ①

02 계선조직의 장점에 관한 설명으로 가장 적절하지 않은 것은?

① 권한과 책임의 한계가 명확하여 업무수행이 능률적이다.
② 조직이 신축성을 띨 수 있다.
③ 강력한 통솔력을 행사할 수 있다.
④ 조직목적을 직접 수행하므로 국민에게 직접적인 봉사를 한다.

해설 ② 조직이 신축성을 띨 수 있는 것은 계선조직의 장점이 아니라 참모조직의 장점에 해당한다.
정답 ②

03 계층제의 장점에 대한 설명으로 가장 적절하지 <u>않은</u> 것은? [15년 경위 승진]

① 명령과 지시를 일사불란하게 수행하도록 하는데 적합하다.

② 권한과 책임의 배분을 통하여 업무의 신중을 기할 수 있다.

③ 지휘계통을 확립하고 조직의 업무수행에 통일을 기할 수 있다.

④ 환경변화에 대한 조직의 신축적 대응으로 새로운 지식과 기술 등의 도입이 용이하다.

해설 ④ 계층제의 단점 중 하나는 변화하는 환경에 대한 조직의 적응성이 저해되고, 새로운 지식과 기술의 신속한 도입이 곤란하다는 점이다.
정답 ④

04 경찰조직 편성의 원리에 대한 설명으로 가장 옳지 <u>않은</u> 것은? [16년 경간부]

① 계층제의 원리는 조직목적 수행을 위한 구성원의 임무를 책임과 난이도에 따라 상·하로 나누어 배치한다.

② 분업의 원리는 조직의 종류와 성질, 업무의 전문화 정도에 따라 기관별·개인별로 업무를 분담시킨다.

③ 조정의 원리는 조직구성원 간 행동양식을 조정하여 조직목적을 효율적으로 달성하기 위해 노력한다.

④ 계층제의 원리는 '경찰업무처리의 신중성'이라는 측면에서 문제점이 제기된다.

해설 ④ 계층제 원리의 장점 중 하나는 내부통제를 통해서 업무를 신중하게 처리할 수 있다는 점이다.
정답 ④

05 경찰조직 편성원리에 대한 설명으로 가장 적절하지 <u>않은</u> 것은?

[20년 경감 승진]

① 통솔범위의 원리란 조직목적 수행을 위한 구성원의 임무를 책임과 난이도에 따라 상위로 갈수록 권한과 책임이 무거운 임무를 수행하도록 편성하는 것을 말한다.

② 명령통일의 원리란 조직 구성원 간에 지시나 보고를 주고받는 과정에서 지시는 한 사람만이 할 수 있고, 보고도 한 사람에게만 하여야 한다는 원칙을 말한다.

③ 명령통일의 원리에 따르면 관리자의 공백 등을 대비하여 대리, 위임, 유고 관리자 사전지정 등이 필요하다.

④ 계층제의 원리는 권한과 책임의 배분을 통하여 신중한 업무처리가 가능하다는 장점이 있다.

해설 ① 통솔범위의 원리란 조직이 효과적으로 기능하기 위해서 상관 한 명이 주어진 시간에 효과적으로 통제할 수 있는 부하만을 감독해야 한다는 원리를 의미한다. 반면에 계층제의 원리는 상위로 갈수록 권한과 책임이 무거운 임무를 수행하도록 편성하는 것을 말한다.

정답 ①

06 경찰조직 편성의 원리에 관한 설명으로 가장 적절하지 <u>않은</u> 것은?

[19년 순경 2차]

① 통솔범위는 신설부서보다는 오래된 부서, 지리적으로 근접한 부서보다는 분산된 부서, 복잡한 업무보다는 단순한 업무의 경우에 넓어진다.

② 계층제는 조직의 경직화를 가져와 환경변화에 대한 조직의 신축적 대응을 어렵게 한다.

③ 조정의 원리는 구성원이나 단위기관의 활동을 전체적인 관점에서 통일하여 조직의 목표달성도를 높이려는 원리를 말한다.

④ 분업의 원리란 업무를 성질과 종류별로 구분하여 한 사람에게 한 가지의 동일한 업무만을 전담토록 하는 원리를 말한다.

해설 ① 통솔범위는 지리적으로 관련 부서들이 분산된 경우보다는 근접해 있거나 집중되어 있는 경우에 더 넓어진다.

정답 ①

07 경찰조직 편성의 원리에 대한 설명으로 가장 적절하지 <u>않은</u> 것은?

[20년 순경 1차 수정]

① 계층제의 원리의 무리한 적용은 행정능률과 횡적 조정을 저해한다.
② 통솔범위의 원리에서 통솔범위는 계층 수, 업무의 복잡성, 조직 규모의 크기와 반비례 관계이다.
③ 관리자의 공백 등에 의한 업무의 공백에 대비하기 위하여 조직은 권한의 위임·대리 또는 관리자 유고시 대행할 사람의 사전지정 등을 활용하여 명령통일의 한계를 완화할 수 있다.
④ 분업화의 정도가 높아질수록 조정과 통합이 어려워져서 할거주의가 초래될 수 있다.

해설 ① 계층제의 원리는 권한과 책임의 정도에 따라 직무를 계층화 함으로써 상·하 계급 간에 직무상 명령·복종 관계를 형성하는 것으로서 일종의 종적(수직적) 분업의 성격을 가지고 있다. 이러한 종적 분업이 지나치게 되면 종적 조정을 저해한다.

정답 ①

08 통솔범위의 원리에 대한 설명으로 가장 적절하지 <u>않은</u> 것은?

① 통솔범위를 넓히면 계층 수가 늘어나서 고층구조(tall structure)가 된다.
② 통솔범위를 얼마로 정해야 하느냐에 대해 학자들마다 여러 가지로 그 수를 제시하고 있다.
③ 사이몬(H. Simon)은 "통솔범위의 수는 마술적인 수"라고 비판하였다.
④ 인간 능력의 한계가 있기 때문에 상관은 일정한 수의 부하를 통솔하여야 한다는 원리이다.

해설 ① 통솔범위 원리는 계층단계의 수와 반비례 관계에 있다. 따라서 통솔범위를 좁히면 계층단계의 수가 늘어나고 고층구조가 된다.

정답 ①

09 조직의 구성원 간에 지시나 보고를 주고받는 과정에서 지시는 한 사람만이 할 수 있고, 보고도 한 사람에게만 하여야 한다는 조직편성의 원리는 무엇인가?   [15년 순경 2차]

① 통솔범위의 원리　　　　　　② 조정의 원리

③ 명령통일의 원리　　　　　　④ 계층제의 원리

해설 ③ 명령통일의 원리란 한 사람의 부하직원은 오직 한 사람의 상관으로부터 명령을 받고 그 상관에게만 보고하여야 한다는 원리를 말한다.

정답 ③

10 조정과 통합의 원리에 대한 다음 설명 중 가장 옳지 않은 것은?
                                                        [17년 경간부]

① 문제해결이 어려울 경우 갈등을 완화하고 양자 간의 타협을 도출해야 한다. 또한 관리자가 갈등을 초래할 수 있는 결정을 보류 또는 회피하는 것도 좋은 방법이다.

② 한정된 인력이나 예산으로 대안 선택에 갈등이 생기는 경우에는 가능하면 예산과 인력을 확보하고 업무추진의 우선순위를 지정할 필요가 있다.

③ 갈등해결 방안으로는 강제적, 공리적, 규범적 방안이 있을 수 있는 바, '상위목표의 제시'는 규범적 방안, '처벌과 제재'는 강제적 방안의 하나이다.

④ 갈등의 원인이 세분화된 업무처리에 있다면, 이를 더 전문화시키는 데 힘써야 한다.

해설 ④ 갈등이 세분화된 업무처리에서 나오는 것이라면 업무를 더 전문화하기보다는 업무처리 과정을 통합하거나 대화채널을 확보하여야 한다.

정답 ④

11 갈등관리전략 중 갈등해소전략으로 가장 적절하지 **않은** 것은?

① 문제 해결　　　　　　　　② 상위목표 제시

③ 자원의 증대　　　　　　　④ 정보전달 억제

해설 ④ 정보전달을 억제함으로써 오히려 갈등을 조장할 수 있으므로 갈등해소를 위해서는 필요한 정보를 적극적으로 제공해야 한다.

정답 ④

12 조직 내부 갈등의 해결방법에 대한 설명으로 가장 적절하지 **않은** 것은?

[19년 경감 승진]

① 부서 간의 갈등이 일어나고 있을 때는 더 높은 상위목표를 제시, 상호 간 이해와 양보를 유도하는 것이 바람직하다.

② 문제해결이 어려운 경우에는 갈등을 완화하거나 관리자가 갈등을 초래할 수 있는 결정을 보류 또는 회피하는 방식을 사용할 수 있다.

③ 갈등의 장기적 대응을 위해서 조직의 구조, 보상체계, 인사 등의 제도개선과 조직원의 행태를 합리적으로 개선하는 방안이 있다.

④ 갈등의 원인이 세분화된 업무처리에 있다면 업무추진의 우선순위를 정해주는 것이 바람직하고, 한정된 인력이나 예산으로 갈등이 생기는 경우 전체적인 업무처리과정의 조정과 통합이 바람직하다.

해설 ④ 갈등의 원인이 세분화된 업무처리에 있다면 업무처리과정을 통합한다든지 연결하는 장치나 대화채널을 확보해주는 것이 필요하고, 한정된 인력이나 예산으로 갈등이 생기는 경우에는 예산과 인력을 확보하고 관리자가 업무추진의 우선순위를 지정할 필요가 있다.

정답 ④

13 조직편성의 원리 중 조직의 구성원 간에 지시나 보고를 주고받는 과정에서 지시는 한 사람만이 할 수 있고, 보고도 한 사람에게만 하여야 한다는 원칙과 관련이 깊은 것을 모두 고른 것은? [12년 경감 승진]

> ㉠ 경찰의 경우에 수사나 사고처리 및 범죄예방활동에 이르기까지 거의 모든 업무수행에서 결단과 신속한 집행을 필요로 하는데, 이때 지시가 분산되고 여러 사람으로부터 지시를 받는다면, 범인을 놓친다든지 사고처리가 늦어 인명이나 재산의 피해에 신속하게 대응할 수 없게 된다.
>
> ㉡ 조직의 집단적 노력을 질서 있게 배열하는 과정으로서 개별적인 활동을 전체적인 관점에서 통일하여 조직의 목표달성도를 높이려는 원리라고 하겠으며, 특히 J. Mooney 교수는 '조직의 제1원리'라고 명명하며 그 중요성을 강조한 바 있다.
>
> ㉢ 관리자의 공백 등을 대비하여 대리나 권한의 위임 또는 유고관리자의 사전지정 등을 적절히 활용하여야 한다.
>
> ㉣ 관리자의 통솔능력한계를 벗어나게 인원을 배치하면 적정한 지휘통솔이 되지 않기 때문에 하위사들의 지시 대기시간이 길어지고 의사소통이 되지 않아 지시자의 의도와 다르게 집행되는 문제가 생긴다. 즉 관리자의 통솔범위로 적정한 부하의 수는 어느 정도인가라는 문제는 관리의 효율성을 좌우하는 중요한 원리이다.

① ㉠ ㉡   ② ㉠ ㉢   ③ ㉡ ㉢   ④ ㉢ ㉣

해설 ② 위 문제는 명령통일의 원리에 대한 설명이고, 명령통일의 원리와 밀접한 관련이 있는 것은 ㉠, ㉢이다. ㉡은 조정 및 통합의 원리, ㉣은 통솔범위의 원리에 대한 설명이다.

정답 ②

14 경찰조직 편성의 원리에 관한 다음 설명 중 옳은 것은 모두 몇 개인가?

[18년 경간부]

> ㉠ 계층제는 경찰조직의 일체감과 통일성을 확보하지만 조직의 경직화를 초래한다.
> ㉡ 둘 이상의 상관으로부터 지시나 명령을 받게 되면 업무수행의 혼선이 발생할 수 있으므로 명령통일의 원리가 필요하다.
> ㉢ Mooney는 조정의 원리를 제1의 원리라고 하였다.
> ㉣ 구조조정의 문제와 깊은 관련성이 있는 것은 통솔범위의 원리이다.
> ㉤ 분업은 전문화라는 장점이 있지만 전체적인 통찰력을 약화시키는 단점이 있다.

① 2개　　　　② 3개　　　　③ 4개　　　　④ 5개

해설 위의 경찰조직 편성의 원리에 대한 설명은 모두 옳은 내용이다.

정답 ④

15 경찰조직편성의 원리에 대한 설명 중 적절한 것을 모두 고른 것은?

[18년 순경 3차]

> ㉠ 계층제의 원리 – 책임과 난이도에 따라 상위로 갈수록 권한과 책임이 무거운 임무를 수행하도록 편성한다.
> ㉡ 통솔범위의 원리 – 신설조직보다 기성조직에서, 단순반복 업무보다 전문적 사무를 담당하는 조직에서 상관이 많은 부하직원을 통솔할 수 있다.
> ㉢ 명령통일의 원리 – 상위직에 부여된 권한과 책임을 하위자에게 분담시키는 권한의 위임제도를 적절히 활용하여 명령통일의 한계를 완화할 수 있다.
> ㉣ 조정과 통합의 원리 – 조직의 구조, 보상체계, 인사 등의 제도개선과 조직원의 행태를 합리적으로 개선하는 것은 갈등의 단기적인 대응방안이다.

① ㉠ ㉡　　　　② ㉠ ㉢　　　　③ ㉠ ㉣　　　　④ ㉡ ㉢

해설 ㉠ [○]

㉡ [×] 전문적 사무보다는 단순반복 업무를 담당하는 조직에서 상관이 더 많은 부하직원을 통솔할 수 있다.

㉢ [○]

㉣ [×] 조직의 구조, 보상체계, 인사 등의 제도개선과 조직원의 행태를 합리적으로 개선하는 것

은 갈등의 장기적인 대응방안이다.

정답 ②

---

16 막스 베버(M. Weber)의 '이상적 관료제'의 구조적 특성에 대한 설명 중 가장 적절하지 <u>않은</u> 것은? [20년 경위 승진]

① 관료의 권한과 직무 범위는 법규와 관례에 의해 규정된다.

② 직무의 수행은 서류에 의해 이루어진다.

③ 직무조직은 계층제적 구조로 구성된다.

④ 구성원 간 또는 직무 수행상 감정의 배제가 필요하다.

해설 ① 관료제는 일관성을 보장하고 재량을 줄이기 위해. 직무를 설명하는 규칙 및 규정이 잘 마련되어 있어야 하고 문서화된 규칙 및 규정은 방향 및 통제를 제공한다. 따라서 관료제에서 관료의 권한과 직무 범위는 관례가 아니라 법규에 의해서 규정된다.

정답 ①

---

17 관료제 이론에 관한 설명으로 가장 적절하지 않은 것은?

① 더 높은 직위 또는 계급에 있는 사람은 부하보다 더 많은 권한을 갖고 있다.

② 경찰관서는 전문화를 위해서 수사, 여성청소년, 교통 등과 같은 부서들을 만든다.

③ 모든 경찰관이 모든 직무를 함께 수행하는 것이 더 능률적이다.

④ 일관성을 보장하고 재량을 줄이기 위해서 직무를 설명하는 규칙 및 규정이 잘 마련되어 있어야 한다.

해설 ③ 모든 경찰관이 모든 직무를 수행하는 것은 비능률적이다. 경찰관리자는 경찰직무를 분할해야 한다. 각기 다른 직무는 조직 효과성을 증진시키기 위해서 다른 개인이나 집단에 의해서 수행될 수 있다.

정답 ③

18 매슬로우(Maslow)의 욕구 이론에 대한 설명으로 가장 적절하지 않은 것은?
[17년 순경 2차]

① 매슬로우는 욕구를 생리적 욕구(Physiological Needs), 안전의 욕구(Safety Needs), 사회적 욕구(Social Needs), 존경의 욕구(Esteem Needs), 자기실현 욕구(Self-actualization Needs)로 구분하였다.

② 안전의 욕구는 현재 및 장래의 신분이나 생활에 대한 불안 해소에 관한 것으로 신분보장, 연금제도 등을 통해 충족시켜 줄 수 있다.

③ 존경의 욕구는 동료·상사·조직 전체에 대한 친근감·귀속감 충족에 관한 것으로 인간관계의 개선, 고충처리 상담 등을 통해 충족시켜 줄 수 있다.

④ 생리적 욕구는 의·식·주 및 건강 등에 관한 것으로 적정보수제도, 휴양제도 등을 통해 충족시켜 줄 수 있다.

해설 ③ 매슬로우의 욕구 이론에서 동료·상사·조직 전체에 대한 친근감·귀속감 충족에 관한 것으로 인간관계의 개선, 고충처리 상담 등을 통해 충족시켜 주는 욕구는 사회적 욕구이다.

정답 ③

19 매슬로(Maslow)가 주장하는 5단계 기본욕구와 그 욕구를 충족시키는 것을 바르게 연결한 것은?
[15년 순경 3차]

① 안전 욕구 - 적정보수제도, 휴양제도

② 사회적 욕구 - 인간관계의 개선, 고충처리 상담

③ 존경 욕구 - 신분보장, 연금제도

④ 생리적 욕구 - 참여 확대, 권한 위임, 제안제도, 포상제도

해설 ① [×] 적정보수제도, 휴양제도 - 생리적 욕구
② [○]
③ [×] 신분보장, 연금제도 - 안전의 욕구
④ [×] 참여 확대, 권한 위임, 제안제도, 포상제도 - 존경의 욕구

정답 ②

20 인간욕구이론에 대한 설명으로 가장 적절하지 <u>않은</u> 것은?

① 매슬로에 의하면 생리적 욕구 및 안전의 욕구가 충족될 때 사회적 욕구가 생겨난다.

② 매슬로의 욕구계층이론에서 존경의 욕구를 충족시켜 주는 제도에는 참여 확대, 권한 위임, 제안제도, 포상제도 등이 있다.

③ 매슬로에 의하면 궁극적 욕구는 자아실현 욕구이고, 우선순위가 가장 높은 욕구는 안전의 욕구이다.

④ 맥클랜드에 의하면 모든 욕구는 성취욕구, 권력욕구, 친교욕구의 3가지로 나뉠 수 있다.

해설 ③ 우선순위가 가장 높은 욕구는 생리적 욕구로서 음식, 주거, 섹스, 공기, 물, 잠 등을 포함한다.
정답 ③

21 매슬로우(Maslow)의 욕구계층이론에 대한 설명으로 가장 적절한 것은?

[19년 경감 승진]

① 경찰관이 포상휴가를 가는 것보다 유능한 경찰관이라는 인정을 받고 싶어서 열심히 범인을 검거하였다면 자아실현의 욕구를 충족하고 싶은 것이다.

② 매슬로우는 5단계 기본욕구가 우선순위의 계층을 이루고 있어서 한 단계의 욕구가 충족되어야 비로소 다음 단계의 욕구가 발로된다고 보았다.

③ 소속 직원들 간 인간관계의 개선, 공무원 단체의 활용, 고충처리 상담, 적정한 휴양제도는 사회적 욕구를 충족시켜 주기 위한 방안에 해당한다.

④ 경찰관에 대한 공정하고 합리적인 승진제도를 마련하고 권한의 위임과 참여를 확대하는 것은 자아실현의 욕구를 충족시켜 주기 위한 방안에 해당한다.

해설 ① [×] 경찰관이 타인으로부터 유능한 경찰관이라고 인정받기를 원하는 것은 존경의 욕구와 관련 있다.
② [○]
③ [×] 휴양제도는 생리적 욕구와 관련 있다.
④ [×] 승진제도는 자기실현의 욕구와 관련 있고, 권한 위임과 참여를 확대하는 것은 존경의 욕구와 관련 있다.
정답 ②

22 Maslow가 주장하는 5단계 기본욕구에 대한 설명으로 가장 적절하지 <u>않은</u> 것은?
[17년 경감 승진]

① 자아실현의 욕구는 장래에의 자기발전·자기완성의 욕구 및 성취감 충족에 관한 것으로 공정하고 합리적인 승진 또는 공무원 단체 활용을 통해 충족시켜 줄 수 있다.

② 안전 욕구는 공무원의 현재 및 장래의 신분이나 생활에 대한 불안 해소에 관한 것으로 신분보장 또는 연금제도를 통해 충족시켜 줄 수 있다.

③ 존경 욕구는 동료·상사·조직 전체에 대한 친근감·귀속감 충족에 관한 것으로 인간관계의 개선, 고충처리 상담을 통해 충족시켜 줄 수 있다.

④ 생리적 욕구는 의·식·주 및 건강 등에 관한 것으로 적정보수제도 또는 휴양제도를 통해 충족시켜 줄 수 있다.

해설 ③ 사회적 욕구는 동료·상사·조직 전체에 대한 친근감·귀속감 충족에 관한 것으로 인간관계의 개선, 고충처리 상담을 통해 충족시켜 줄 수 있다.

정답 ③

23 보기는 Maslow의 5단계 기본욕구에 대한 설명이다. 가장 적절하게 연결된 것은?   [12년 경위 승진]

보기 1

㉠ 생리적 욕구   ㉡ 안전 욕구   ㉢ 사회적 욕구
㉣ 존경 욕구   ㉤ 자기실현 욕구

보기 2

ⓐ 타인의 인정·신망을 받으려는 욕구
ⓑ 장래에의 자기발전·자기완성의 욕구 및 성취감 충족
ⓒ 현재 및 장래의 공무원 신분이나 생활에 대한 불안을 해소
ⓓ 동료·상사·조직전체에 대한 친근감·귀속감을 충족
ⓔ 건강 등에 관한 욕구

보기 3

甲. 합리적인 승진, 공무원 단체 활용
乙. 참여확대, 권한의 위임, 제안·포상제도
丙. 신분보장, 연금제도
丁. 인간관계의 개선, 고충처리 상담
戊. 적정보수제도, 휴양제도

① ㉢ − ⓓ − 丁   ② ㉡ − ⓒ − 甲
③ ㉠ − ⓔ − 丙   ④ ㉣ − ⓐ − 丁

해설 ㉠ 생리적 욕구는 ⓔ 건강 등에 관한 욕구를 의미하고, 戊. 적정보수제도, 휴양제도와 관련 있다.
㉡ 안전 욕구는 ⓒ 현재 및 장래의 공무원 신분이나 생활에 대한 불안 해소를 의미하고, 丙. 신분보장, 연금제도와 관련 있다.
㉢ 사회적 욕구는 ⓓ 동료·상사·조직 전체에 대한 친근감·귀속감 충족을 의미하고, 丁. 인간관계의 개선, 고충처리 상담과 관련 있다.
㉣ 존경 욕구는 ⓐ 타인의 인정·신망을 받으려는 욕구를 의미하고, 乙. 참여확대, 권한의 위임, 제안·포상제도와 관련 있다.
㉤ 자기실현 욕구는 ⓑ 장래에의 자기발전·자기완성의 욕구 및 성취감 충족을 의미하고, 甲. 합리적인 승진, 공무원 단체 활용과 관련 있다.

정답 ①

24 베버(M. Weber)가 제시한 이념형(ideal type) 관료제의 특성으로 옳지 않은 것은?

① 문서주의   ② 전문성
③ 카리스마적 권위   ④ 상명하복

해설 ③ 관료제이론의 특성은 ⓐ 권한의 계층, ⓑ 전문화, ⓒ 규정화(문서주의), ⓓ 관리의 비개인화, ⓔ 역량에 기초한 인사관리 등이다.

정답 ③

25 관료제의 병폐에 관한 설명으로 가장 적절한 것은?

① 번문욕례(red tape)는 쇄신과 발전에 대해 수용적이며 고객과 환경의 요청에 적절히 대응하는 관료 형태를 의미한다.
② 국지주의(parochialism)는 한 가지 지식 또는 기술에 대해 훈련 받고 기존 규칙을 준수하도록 길들여진 사람이 다른 대안을 생각하지 못하는 것을 의미한다.
③ 훈련된 무능(trained incapacity)은 관료들의 편협한 안목을 의미하며 직접적인 고객의 특수이익에 묶여 전체 이익을 망각하는 경향을 의미한다.
④ 할거주의(sectionalism)는 조직 구성원들이 자신이 소속된 기관과 부서만을 생각하고 다른 부서에 대해 배려하지 않는 편협한 태도를 취하는 것을 말한다.

해설 ① [×] 번문욕례(red tape)는 규칙이 너무 세세하고 번잡하여 비능률적인 현상을 의미하며, 쇄신과 발전에 대해 비수용적이며 고객과 환경의 요청에 적절히 대응하지 못하게 된다.
② [×] 국지주의(parochialism)는 할거주의와 유사한 개념으로서 관료들의 편협한 안목을 의미하며 직접적인 고객의 특수이익에 묶여 전체 이익을 망각하는 경향을 의미한다.
③ [×] 훈련된 무능(trained incapacity)은 한 가지 지식 또는 기술에 대해 훈련 받고 기존 규칙을 준수하도록 길들여진 사람이 다른 대안을 생각하지 못하는 것을 의미한다.
④ [○]

정답 ④

26 A 경찰서장은 동기부여 이론 및 사기 이론을 활용하여 소속 경찰관들의 사기를 높이기 위한 방안을 모색하였다. 이론의 적용으로 가장 적절하지 않은 것은?   [20년 순경 2차]

① Maslow의 욕구계층이론에 따라 존경의 욕구를 충족시켜 주기 위하여 권한위임을 확대하였다.

② Herzberg의 동기 – 위생요인이론에 따르면 사기진작을 위해서는 동기요인이 강화되어야 하므로 적성에 맞는 직무에 배정하고 책임감과 성취감을 느낄 수 있도록 독려하였다.

③ McGregor의 X이론에 따르면 인간은 근본적으로 업무에 대한 의욕을 가지고 있기 때문에 이러한 의욕을 강화시키기 위해 금전적 보상과 포상제도를 강화하였다.

④ McGregor의 Y이론을 적용하여 상급자의 일방적 지시와 명령을 줄이고 의사결정 과정에 일선경찰관들의 참여를 확대시키도록 지시하였다.

해설 ③ McGregor의 X이론에 따르면 평균적인 사람은 본래 나태하고 일을 싫어하며, 야망이 부족하고, 변화에 저항한다. 따라서 업무에 대한 의욕을 강화하기 위해 금전적 보상과 포상제도를 강화할 필요가 있다.

정답 ③

27 허즈버그(F. Herzberg)가 주장하는 위생요인의 예로 옳지 않은 것은?

① 근무환경   ② 임금
③ 동료 간의 관계   ④ 책임감

해설 ④ 동기부여 요인은 직무 자체를 만족스럽게 해 주는 측면을 의미하고, 위생 요인은 종업원을 직무 불만족에 이르게 하는 좋지 않은 작업조건과 환경적 경향을 의미한다. 책임감은 동기부여 요인의 예에 해당된다.

정답 ④

28 목표관리(MBO)와 총체적 품질관리(TQM)에 관한 설명으로 가장 옳지 <u>않은</u> 것은?

① MBO의 기본적 구성요소는 목표설정, 참여, 환류이다.

② TQM은 구성원의 참여를 인정한다는 점에서 MBO와 일치한다.

③ TQM은 고객지향적인 관리라는 점에서 MBO와 일치한다.

④ MBO는 인간의 자율 능력을 믿는 자기실현적 인간관의 영향을 많이 받았다.

해설 ③ 지향점에 있어서 MBO는 전체 조직목표를 효율적으로 달성하기 위한 것으로서 목표를 지향하지만, TQM은 고객만족을 위한 것으로서 고객을 지향한다는 점에서 차이가 있다.

정답 ③

29 맥클랜드(D. C. McClelland)의 성취동기이론에 관한 설명으로 가장 적절하지 <u>않은</u> 것은?

① 성취욕구 – 우수한 결과를 얻기 위하여 높은 기준을 설정하고, 이를 달성하려는 욕구

② 권력욕구 – 다른 사람들의 행동을 지배하고 싶은 욕구

③ 자기실현욕구 – 장래에의 자기발전·자기완성의 욕구

④ 친교욕구 – 우호적이고 친밀한 대인관계를 갖고 싶은 욕구

해설 ③ 맥클랜드는 개인의 동기는 개인이 사회문화와 상호작용하는 과정에서 취득되고, 학습을 통해서 개발될 수 있다는 전제를 기초로 하여, 조직 내 성취욕구의 중요성에 중점을 둔 성취동기이론을 제시하였다. 모든 욕구는 ⓐ 성취욕구, ⓑ 권력욕구, ⓒ 친교욕구의 3가지로 나눌 수 있다.

정답 ③

30 앨더퍼(C. Alderfer)의 ERG이론에 대한 설명으로 가장 적절하지 <u>않은</u> 것은?

① 개인의 기본 욕구를 존재 욕구, 관계 욕구, 성장 욕구의 3단계로 구분하였다.

② 하위수준의 욕구가 만족되었을 때 차상위 욕구로 이동할 수 있다고 보았다.

③ 좌절 − 퇴행(frustration − regression approach)을 부정하고 있다.

④ 두 가지 이상의 욕구가 동시에 작용하여 복합적으로 하나의 행동을 유발할 수 있다고 주장하였다.

해설 ③ 욕구만족시 욕구 표출의 전진적·상향적 진행뿐만 아니라 욕구좌절로 인한 욕구 표출의 후진적·하향적 퇴행을 제시하고 있다.

정답 ③

31 브룸(V. Vroom)의 기대이론(Expectancy Theory)에 대한 설명으로 가장 적절하지 <u>않은</u> 것은?

① 동기부여이론 중 과정이론에 해당된다.

② 기대이론을 구성하는 세 가지 요인은 유의성(Valence), 수단성(Instru − mentality), 기대감(Expectancy)이다.

③ 수단성은 자신의 직무성과와 보상 간의 관계에 대한 인식을 의미한다.

④ 유의성은 개인의 행동이 일정 수준 이상의 성과를 가져올 것이라는 믿음이다.

해설 ④ 유의성은 개인이 원하는 특정한 보상에 대한 선호의 강도를 의미하고, 기대감은 일정한 노력을 기울이면 성과를 가져올 것이라는 가능성에 대한 믿음을 의미한다.

정답 ④

32 리더십 이론에 관한 설명으로 가장 적절하지 않은 것은?

① 리더십 효과가 리더와 구성원 관계, 과업구조, 리더의 직위에서 나오는 권력에 의존한다는 상황론은 피들러(Fiedler)가 개발한 모형이다.

② 거래적 리더십은 변혁적 리더십에 비해 의사소통이 하향적이며 수직적이다.

③ 리더십 이론은 시기적으로 자질론, 행태론, 상황론, 신속성론의 순서로 전개되었다.

④ 허시(Hersey)와 블랜차드(Blanchard)의 경로-목표이론에 의하면 부하의 성숙도에 따라 리더의 역할이 달라져야 한다.

해설 ④ 허시와 블랜차드의 상황적 리더십 이론은 리더십의 효과에 영향을 미치는 상황요소로서 관리의 대상인 부하의 성숙도를 제시하였다. 하우스(House)의 경로-목표이론은 리더의 행태가 부하의 만족도와 실적에 영향을 미치는 과정을 설명하였다.

정답 ④

33 리더십 이론에 관한 설명으로 가장 적절하지 않은 것은?

① 피들러(Fiedler)의 상황론이 제시하는 상황변수에는 리더와 부하와의 관계, 리더의 공식적 권한, 과업구조의 특성이 있다.

② 변혁적 리더십은 거래적 리더십과 같이 보상을 기반으로 추종자들을 통제하기 보다는 평등, 자유, 정의 등 고차원의 비전을 제시함으로써 추종자들의 의식을 더 높은 단계로 끌어올리려 한다.

③ 행태이론은 모든 상황에 효과적인 리더의 행태가 존재한다고 가정한다.

④ 블레이크(Blake)와 모우턴(Mouton)의 관리망(manageirial grid) 연구에서는 과업형이 가장 효과적인 리더십 행태로 나타났다.

해설 ④ 블레이크와 모우턴의 관리망은 사람과 생산을 2개의 축으로 하여 무기력형(1·1), 사교형(1·9), 과업형(9·1), 단합형(9·9), 절충형(5·5)의 5개 리더십 유형을 도출하였다. 이 중에서 단합형 유형의 지도자가 최고의 생산성, 만족, 창의성, 조직의 건강을 가져온다고 주장하였다.

정답 ④

34 리더십의 접근법에 관한 설명으로 가장 적절하지 <u>않은</u> 것은?

① 자질 접근법은 성공적인 지도자의 자질들을 파악하고자 노력했다.

② 행태 접근법은 지도자의 행동양식과 리더십의 효과성 사이의 인과관계를 중심으로 하는 접근한다.

③ 리커트의 리더십 유형론 중 참여형에 가까울수록 조직 구성원의 사기와 생산성이 높다.

④ 상황 접근법은 지도자가 속하는 조직의 목표·구조·성격 등 상황에 관계 없이 리더십이 결정된다고 본다.

해설 ④ 리더십의 상황 접근법이란 리더십은 지도자의 자질과는 관계 없이 그때 그때의 상황. 즉 그가 속하는 조직·집단의 목표·구조·성격. 그 조직·집단이 속하는 사회·문화의 성격. 부하의 기대·요구 등 상황적 조건에 따라 결정된다는 접근방법을 의미한다.

정답 ④

35 변혁적 리더십에 대한 설명으로 가장 적절하지 <u>않은</u> 것은?

① 리더는 부하의 직무수행에 필요한 자원을 정확히 파악하여 지원하고, 제시된 과업목표를 부하가 달성한 정도를 평가해서 연봉·보너스·승진에 반영하고, 저성과자에 대해 예외관리를 한다.

② 리더는 부하와 충분히 소통해서 함께 이루고 싶은 미래 비전에 대한 공감대와 주인의식을 형성하게 해 준다.

③ 리더는 부하가 혁신적이고 창조적인 관점에서 문제를 재구성하고 해결책을 구하도록 자극하고 변화를 유도한다.

④ 리더는 부하 한 사람 한 사람의 니즈에 관심을 갖고 그에 맞는 학습기회를 제공하여 잠재력을 개발할 수 있도록 돕는다.

해설 ① 거래적 리더십의 두 가지 측면에서 '조건적 보상'은 지도자가 부하들의 노력에 대한 대가로 부하들이 원하는 것을 주는 것이고, '예외에 의한 관리'는 지도자가 부하들이 부여 받은 임무를 수행하도록 하고 적절한 시기에 적절한 비용으로 목표가 달성되는 동안에는 간섭하지 않는 것을 의미한다.

정답 ①

36 변혁적 리더십의 4가지 요소에 관한 설명으로 가장 적절하지 <u>않은</u> 것은?

① 카리스마적 리더십 - 리더가 난관을 극복하고 현상에 대한 각성을 확고하게 표명함으로써 부하에게 자부심과 신념을 심어준다.

② 영감적 리더십 - 리더가 부하로 하여금 도전적 목표와 임무, 미래에 대한 비전을 열정적으로 받아들이고 계속 추구하도록 격려한다.

③ 개별적 배려 - 부하의 노력에 대한 대가로서 적절한 보상을 제공하는 상황적 보상행동을 의미한다.

④ 지적 자극 - 리더가 부하로 하여금 형식적 관례와 사고를 다시 생각하게 함으로써 새로운 관념을 촉발시킨다.

해설 ③ 변혁적 리더십의 4요소 중에서 개별적 배려는 리더가 부하에게 특별한 관심을 보이고 부하의 특정한 요구를 이해함으로써 부하에 대해 개인적으로 존중한다고 전달하는 것이다. 부하의 노력에 대한 대가로서 적절한 보상을 제공하는 상황적 보상행동은 거래적 리더십에 대한 것이다.

정답 ③

05

경찰과 행정(2)

제1절 경찰인사관리

01 1909년 미국 시카고시에서 처음 실시된 직위분류제에 대한 설명으로 가장 적절하지 <u>않은</u> 것은?

① 권한과 책임의 소재가 명확하다.

② 인사배치가 신축적이며 융통적이다.

③ 신분보장이 미흡하다.

④ 전문화로 인해 수평적 협조 및 조정이 어렵다.

해설 ② 인사배치가 신축적이며 융통적인 것은 직위분류제가 아니라 계급제에 대한 설명이다.

정답 ②

02 계급제와 직위분류제에 대한 설명으로 가장 적절하지 <u>않은</u> 것은?

[17년 순경 1차]

① 직위분류제의 경우 직무중심 분류로서 계급제보다 인사배치에 신축성을 기할 수 있다.

② 계급제의 경우 널리 일반적 교양, 능력을 갖춘 사람을 채용하여 장기간에 걸쳐 능력을 향상시키므로 공무원이 종합적, 신축적인 능력을 갖출 수 있다.

③ 직위분류제의 경우 동일한 직무를 장기간 담당하게 되어 행정의 전문화에 기여한다.

④ 우리나라의 공직분류는 계급제 위주에 직위분류제적 요소를 가미한 혼합 형태라고 할 수 있다.

해설 ① 직위분류제의 경우 직무중심 분류로서 공무원의 업무가 특정직위와 관련되어 있어서 계급제보다 인사배치에 있어서 신축적이지 못하다.

정답 ①

03 직위분류제와 계급제를 비교한 것으로 가장 옳지 <u>않은</u> 것은?　[16년 경간부]

① 계급제는 사람을, 직위분류제는 직무를 중요시한다.

② 직위분류제보다는 계급제가 공직을 평생직장으로 이해하는 직업공무원제도의 정착에 보다 유리하다.

③ 계급제는 인사배치가 비융통적이나 직위분류제는 보다 신축적이다.

④ 각국의 공직제도는 계급제와 직위분류제가 상호 융화되는 경향이 있다.

해설　③ 직위분류제는 인사배치가 계급제보다 비신축적·비융통적·경직적이지만, 계급제는 보다 신축적·융통적·탄력적이다.

정답　③

04 다음은 공직 분류 방식 중 계급제와 직위분류제에 대한 설명이다. 옳은 것은 모두 몇 개인가?　[16년 순경 2차]

> ㉠ 직위분류제는 계급제에 비해서 보수결정의 합리적인 기준을 제시하는 것이 장점이다.
> ㉡ 계급제는 이해력이 넓어져 직위분류제에 비해서 기관 간의 횡적 협조가 용이한 편이다.
> ㉢ 직위분류제는 프랑스에서 처음 실시된 후 독일 등으로 전파되었다.
> ㉣ 우리나라의 공직 분류는 계급제 위주에 직위분류제적 요소를 가미한 혼합형태라고 할 수 있다.

① 1개　　② 2개　　③ 3개　　④ 4개

해설　㉢ [×] 직위분류제는 미국의 시카고시에서 처음 실시되었다.
㉠, ㉡, ㉣은 옳은 내용이다.

정답　③

05 다음은 경찰직업공무원제도에 대한 설명이다. 옳은 것은 모두 몇 개인가?

> ㉠ 실적주의는 직업공무원제로 발전되어 가는 기반이 되지만, 실적주의가 바로 직업공무원제를 의미하는 것은 아니다.
> ㉡ 행정의 안정성, 계속성, 독립성, 중립성 확보가 용이하다.
> ㉢ 행정통제 및 행정책임 확보가 용이하다.
> ㉣ 젊은 인재의 채용을 위한 연령 제한으로 공직 임용의 기회균등을 저해한다.

① 1개   ② 2개   ③ 3개   ④ 4개

해설 ㉢ [×] 경찰직업공무원제의 경우 지나친 신분보장으로 인하여 행정통제 및 행정책임 확보가 어려운 경향이 있다.
㉠, ㉡, ㉣은 옳은 내용이다.

정답 ③

06 「경찰공무원법」상 경찰공무원 임용결격사유에는 해당하나, 일반 국가공무원의 임용결격사유에는 해당하지 <u>않는</u> 것은?

① 파산선고를 받고 복권되지 아니한 사람
② 금고 이상의 형의 선고유예를 받고 그 선고유예기간 중에 있는 자
③ 「국적법」에 따른 복수국적자
④ 징계로 파면처분을 받은 때부터 5년이 지나지 아니한 자

해설 경찰공무원 임용결격사유(「경찰공무원법」 제8조 제2항)

> 다음의 어느 하나에 해당하는 사람은 경찰공무원으로 임용될 수 없다.
> 1. 대한민국 국적을 가지지 아니한 사람
> 2. 「국적법」 제11조의2제1항에 따른 복수국적자
> 3. 피성년후견인 또는 피한정후견인
> 4. 파산선고를 받고 복권되지 아니한 사람
> 5. 자격정지 이상의 형(刑)을 선고받은 사람
> 6. 자격정지 이상의 형의 선고유예를 선고받고 그 유예기간 중에 있는 사람
> 7. 공무원으로 재직기간 중 직무와 관련하여 「형법」 제355조 및 제356조에 규정된 죄를 범

한 자로서 300만원 이상의 벌금형을 선고받고 그 형이 확정된 후 2년이 지나지 아니한 사람

8. 「성폭력범죄의 처벌 등에 관한 특례법」 제2조에 규정된 죄를 범한 사람으로서 100만원 이상의 벌금형을 선고받고 그 형이 확정된 후 3년이 지나지 아니한 사람

9. 미성년자에 대한 다음 각 목의 어느 하나에 해당하는 죄를 저질러 형 또는 치료감호가 확정된 사람(집행유예를 선고받은 후 그 집행유예기간이 경과한 사람을 포함한다)

　가. 「성폭력범죄의 처벌 등에 관한 특례법」 제2조에 따른 성폭력범죄

　나. 「아동·청소년의 성보호에 관한 법률」 제2조제2호에 따른 아동·청소년대상 성범죄

10. 징계에 의하여 파면 또는 해임처분을 받은 사람

국가공무원 임용결격사유(「국가공무원법」 제33조)

다음 각 호의 어느 하나에 해당하는 자는 공무원으로 임용될 수 없다.

1. 피성년후견인

2. 파산선고를 받고 복권되지 아니한 자

3. 금고 이상의 실형을 선고받고 그 집행이 종료되거나 집행을 받지 아니하기로 확정된 후 5년이 지나지 아니한 자

4. 금고 이상의 형을 선고받고 그 집행유예 기간이 끝난 날부터 2년이 지나지 아니한 자

5. 금고 이상의 형의 선고유예를 받은 경우에 그 선고유예 기간 중에 있는 자

6. 법원의 판결 또는 다른 법률에 따라 자격이 상실되거나 정지된 자

6의2. 공무원으로 재직기간 중 직무와 관련하여 「형법」 제355조 및 제356조에 규정된 죄를 범한 자로서 300만원 이상의 벌금형을 선고받고 그 형이 확정된 후 2년이 지나지 아니한 자

6의3. 「성폭력범죄의 처벌 등에 관한 특례법」 제2조에 규정된 죄를 범한 사람으로서 100만원 이상의 벌금형을 선고받고 그 형이 확정된 후 3년이 지나지 아니한 사람

6의4. 미성년자에 대한 다음 각 목의 어느 하나에 해당하는 죄를 저질러 파면·해임되거나 형 또는 치료감호를 선고받아 그 형 또는 치료감호가 확정된 사람(집행유예를 선고받은 후 그 집행유예기간이 경과한 사람을 포함한다)

　가. 「성폭력범죄의 처벌 등에 관한 특례법」 제2조에 따른 성폭력범죄

　나. 「아동·청소년의 성보호에 관한 법률」 제2조제2호에 따른 아동·청소년대상 성범죄

7. 징계로 파면처분을 받은 때부터 5년이 지나지 아니한 자

8. 징계로 해임처분을 받은 때부터 3년이 지나지 아니한 자

③ 「국적법」 제11조의2 제1항에 따른 복수국적자는 경찰공무원으로 임용될 수 없지만(「경찰공무원법」 제8조 제2항 제2호), 일반 국가공무원으로 임용될 수 있다.

정답 ③

07 다음은 「경찰공무원법」 제8조에서 규정하는 '경찰공무원 임용결격사유'이다. ㉠~㉤의 내용 중 옳고 그름의 표시(O, ×)가 모두 바르게 된 것은?

[20년 순경 2차 수정]

> ㉠ 미성년자에 대한 다음 각목의 어느 하나에 해당하는 죄를 저질러 형 또는 치료감호가 확정된 사람(집행유예를 선고받은 후 그 집행유예기간이 경과한 사람을 포함한다)
> 가. 「성폭력범죄의 처벌 등에 관한 특례법」 제2조에 따른 성폭력범죄
> 나. 「아동·청소년의 성보호에 관한 법률」 제2조 제2호에 따른 아동·청소년대상 성범죄
> ㉡ 벌금의 형을 선고받은 사람
> ㉢ 대한민국 국적을 가지지 아니한 사람
> ㉣ 공무원으로 재직기간 중 직무와 관련하여 「형법」 제355조(횡령, 배임) 및 제356조(업무상의 횡령과 배임)에 규정된 죄를 범한 사람으로서 300만원 이상의 벌금형을 선고받고 그 형이 확정된 후 2년이 지난 사람
> ㉤ 징계에 의하여 파면 또는 해임처분을 받은 사람

① ㉠ (O) ㉡ (O) ㉢ (×) ㉣ (×) ㉤ (O)
② ㉠ (O) ㉡ (×) ㉢ (O) ㉣ (O) ㉤ (×)
③ ㉠ (×) ㉡ (O) ㉢ (×) ㉣ (O) ㉤ (×)
④ ㉠ (O) ㉡ (×) ㉢ (O) ㉣ (×) ㉤ (O)

해설 ㉠ [O] 「경찰공무원법」 제8조 제2항 제9호.
㉡ [×] 벌금의 형이 아니라 자격정지 이상의 형(刑)을 선고받은 사람이 경찰공무원 임용결격사유에 해당된다(동법 제8조 제2항 제5호).
㉢ [O] 동법 제8조 제2항 제1호.
㉣ [×] 공무원으로 재직기간 중 직무와 관련하여 「형법」 제355조(횡령, 배임) 및 제356조(업무상의 횡령과 배임)에 규정된 죄를 범한 사람으로서 300만원 이상의 벌금형을 선고받고 그 형이 확정된 후 2년이 지나지 아니한 사람(「경찰공무원법」 제8조 제2항 제7호). 따라서 2년이 지난 사람은 경찰공무원 임용결격사유에 해당하지 않는다.
㉤ [O] 동법 제8조 제2항 제10호.

정답 ④

08 「경찰공무원법」상 경찰공무원의 임용결격사유에 관한 설명으로 옳은 것은 모두 몇 개인가?

[16년 순경 1차]

> ㉠ 피성년후견인 또는 피한정후견인
> ㉡ 파산선고를 받고 복권되지 아니한 사람
> ㉢ 자격정지 이상의 형을 선고받은 사람
> ㉣ 자격정지 이상의 형의 선고유예를 선고받고 그 유예기간 중에 있는 사람
> ㉤ 징계에 의하여 파면 또는 해임처분을 받은 사람

① 2개   ② 3개   ③ 4개   ④ 5개

해설 ㉠ [○] 「경찰공무원법」 제8조 제2항 제3호.
㉡ [○] 동법 제8조 제2항 제4호
㉢ [○] 동법 제8조 제2항 제5호
㉣ [○] 동법 제8조 제2항 제6호
㉤ [○] 동법 제8조 제2항 제10호
모두 옳은 지문이다.

정답 ④

09 「경찰공무원법」상 경찰공무원 임용결격사유는 모두 몇 개인가? [21년 경간부]

> ㉠ 「국적법」에 따른 복수국적자
> ㉡ 피한정후견인
> ㉢ 파산선고를 받고 복권된 사람
> ㉣ 「도로교통법」에 따른 음주운전 후 300만원 벌금형을 선고받고 그 형이 확정된 후 6개월이 지난 사람
> ㉤ 「성폭력범죄의 처벌 등에 관한 특례법」에 규정된 죄를 범한 후 100만원의 벌금형을 선고받고 그 형이 확정된 후 2년이 지난 사람
> ㉥ 징계로 해임처분을 받은 때부터 3년이 지난 사람

① 2개   ② 3개   ③ 4개   ④ 5개

해설 ㉠ [○] 국적법에 따른 복수국적자는 경찰공무원으로 임용될 수 없다(「경찰공무원법」 제8조 제2항 제2호).
㉡ [○] 피한정후견인은 경찰공무원으로 임용될 수 없다(동법 제8조 제2항 제3호).
㉢ [×] 파산선고를 받고 복권된 사람은 경찰공무원으로 임용될 수 있다(「경찰공무원법」 제8조

제2항 제4호).

㉣ [×] 「경찰공무원법」에 규정되어 있지 않다.

㉤ [○] 「성폭력범죄의 처벌 등에 관한 특례법」에 규정된 죄를 범한 후 100만원의 벌금형을 선고받고 그 형이 확정된 후 3년이 지나지 않은 사람은 경찰공무원으로 임용될 수 없다(동법 제8조 제2항 제8호).

㉥ [○] 징계에 의하여 파면 또는 해임처분을 받은 사람은 경찰공무원으로 임용될 수 없다(동법 제8조 제2항 제10호).

정답 ③

---

10 「경찰공무원법」상 시보임용에 대한 설명으로 옳은 것은? [16년 순경 2차]

① 경정 이하 경찰공무원을 신규채용할 때에는 시보임용하고, 그 기간이 만료된 날 정규 경찰공무원으로 임용한다.

② 직위해제기간 및 징계에 의한 정직처분이나 감봉처분을 받은 기간은 시보임용기간에 산입하지 않지만, 휴직기간은 시보임용 기간에 산입한다.

③ 퇴직한 경찰공무원으로서 퇴직 시에 재직하였던 계급의 채용시험에 합격한 사람을 재임용하는 경우 시보임용을 거치지 아니한다.

④ 시보임용기간 중에 있는 경찰공무원이 근무성적 또는 교육훈련 성적이 불량할 때는 면직시키거나 면직을 제청하여야 한다.

해설 ① [×] 경정 이하 경찰공무원을 신규채용할 때에는 1년간 시보임용하고, 그 기간이 만료된 다음 날에 정규 경찰공무원으로 임용한다(「경찰공무원법」 제13조 제1항).

② [×] 휴직기간, 직위해제기간 및 징계에 의한 정직처분 또는 감봉처분을 받은 기간은 시보임용기간에 산입하지 않는다(동법 제13조 제2항).

③ [○] 동법 제13조 제4항 제3호

④ [×] 임용권자 또는 임용제청권자는 시보임용경찰공무원이 다음 각 호의 어느 하나에 해당하여 정규 경찰공무원으로 임용하는 것이 부적당하다고 인정되는 경우에는 제3항에 따른 정규임용심사위원회의 심사를 거쳐 해당 시보임용경찰공무원을 면직시키거나 면직을 제청할 수 있다(「경찰공무원 임용령」 제20조 제2항).

1. 징계사유에 해당하는 경우

2. 제21조 제1항에 따른 교육훈련성적이 만점의 60퍼센트 미만이거나 생활기록이 극히 불량한 경우

3. 「경찰공무원 승진임용규정」 제7조 제2항에 따른 제2 평정요소의 평정점이 만점의 50퍼센트 미만인 경우

정답 ③

11 「경찰공무원법」상 시보임용에 대한 설명 중 가장 적절하지 <u>않은</u> 것은?

[17년 순경 1차]

① 퇴직한 경찰공무원으로서 퇴직 시에 재직하였던 계급의 채용시험에 합격한 사람을 재임용하는 경우에는 시보임용을 거치지 아니한다.

② 경정 이하의 경찰공무원을 신규채용할 때에는 1년간 시보로 임용하고, 그 기간이 만료된 다음 날에 정규 경찰공무원으로 임용한다.

③ 경찰대학을 졸업한 사람 또는 경찰간부후보생으로서 정하여진 교육을 마친 사람을 경위로 임용하는 경우에는 시보임용을 거치지 아니한다.

④ 자치경찰공무원을 그 계급에 상응하는 경찰공무원으로 임용하는 경우에는 시보임용을 거쳐야 한다.

해설 ④ 자치경찰공무원을 그 계급에 상응하는 경찰공무원으로 임용하는 경우에는 시보임용을 거치지 아니한다(「경찰공무원법」 제13조 제4항 제4호).

정답 ④

12 「경찰공무원법」 및 「경찰공무원 임용령」상 시보임용에 대한 설명으로 가장 적절하지 <u>않은</u> 것은?

[17년 경위 승진 수정]

① 휴직기간, 직위해제기간 및 징계에 의한 정직처분, 감봉처분 또는 견책처분을 받은 기간은 시보임용기간에 산입하지 아니한다.

② 경찰공무원으로서 대통령령으로 정하는 상위계급으로의 승진에 필요한 자격 요건을 갖추고 임용예정 계급에 상응하는 공개경쟁 채용시험에 합격한 사람을 해당 계급의 경찰공무원으로 임용하는 경우에는 시보임용을 거치지 아니한다.

③ 시보임용 경찰공무원을 정규 경찰공무원으로 임용하는 경우 그 적부를 심사하게 하기 위하여 임용권자 또는 임용제청권자 소속으로 정규임용심사위원회를 둔다.

④ 임용권자 또는 임용제청권자는 시보임용 경찰공무원이 징계사유에 해당하여 정규 경찰공무원으로 임용하는 것이 부적당하다고 인정되는 경우에는 정규임용심사위원회의 심사를 거쳐 해당 시보임용 경찰공무원을 면직시키거나 면직을 제청할 수 있다.

해설 ① 휴직기간, 직위해제기간 및 징계에 의한 정직처분, 감봉처분을 받은 기간은 시보임용기간에 산입하지 아니한다. 그러나 견책처분은 시보임용기간에 산입한다(「경찰공무원법」 제13조 제2항).

정답 ①

13 경찰공무원 보직관리에 대한 설명으로 가장 적절하지 <u>않은</u> 것은?

① 경찰공무원을 보직할 때에는 경과·교육훈련·근무경력 등을 고려하여 능력을 적절히 발전시킬 수 있도록 하여야 한다.

② 임용권자 또는 임용제청권자는 직제의 신설·개편 또는 폐지 시 2개월 이내의 기간 동안 기관의 신설 준비 등을 위하여 보직 없이 근무하게 하는 경우에는 소속 경찰공무원에게 하나의 직위를 부여하지 아니할 수 있다.

③ 해당 기관의 상위계급에 결원이 있으나 승진후보자가 없는 경우 상위계급의 직위에 하위계급인 사람을 보직할 수 없다.

④ 경위 이상으로 신규채용된 경찰공무원은 관리능력을 배양할 수 있도록 전공 및 적성을 고려하여 합리적으로 보직하여야 한다.

해설 ③ 상위계급의 직위에 하위계급인 사람을 보직할 수 있는 경우는 다음 각 호의 어느 하나에 해당하는 경우로 한정한다(「경찰공무원 임용령」 제22조 제3항).
1. 승진후보자를 임용예정 계급의 직위에 보직하는 경우
2. 해당 기관의 상위계급에 결원이 있으나 승진후보자가 없는 경우

정답 ③

14 경찰공무원의 근무성적평정에 대한 내용 중 옳지 <u>않은</u> 것은 모두 몇 개인 가?

[21년 경간부]

> ㉠ 총경 이하의 경찰공무원에 대해서는 매년 근무성적을 평정하여야 하며, 근무 성적 평정의 결과는 승진 등 인사관리에 반영하여야 한다.
> ㉡ 근무성적 평정 시 제2평정(주관)요소들에 대한 평정은 수(20%), 우(40%), 양(30%), 가(10%)의 분포비율에 맞도록 하여야 하지만, 평정 결과 '가'에 해 당하는 사람이 없는 경우에는 '가'의 비율을 '양'의 비율에 가산하여 적용한다.
> ㉢ 근무성적평정 결과는 공개한다. 다만, 경찰청장은 근무성적평정이 완료되기 전이라도 필요하면 평정 대상 경찰공무원에게 해당 근무성적 평정 예측결과 를 통보할 수 있다.
> ㉣ 정기평정 이후에 신규채용되거나 승진임용된 경찰공무원에 대해서는 3개월이 지난 후부터 근무성적을 평정하여야 한다.
> ㉤ 근무성적 평정은 연 1회 실시하며, 근무성적 평정자는 3명으로 한다.

① 2개 ② 3개 ③ 4개 ④ 5개

해설 ㉠ [○] 「경찰공무원 승진임용 규정」 제7조 제1항
㉡ [○] 동규정 동조 제3항
㉢ [×] 근무성적 평정의 결과는 공개하지 아니하나, 경찰청장은 근무성적 평정이 완료되면 평 정 대상 경찰공무원에게 해당 근무성적 평정 결과를 통보할 수 있다(동규정 동조 제5항).
㉣ [×] 정기평정 이후에 신규채용되거나 승진임용된 경찰공무원에 대해서는 2개월이 지난 후부 터 근무성적을 평정하여야 한다(동규정 제8조 제5항).
㉤ [○] 「경찰공무원 승진임용 규정 시행규칙」 제4조, 제6조

정답 ①

15 다면평가제에 대한 설명으로 가장 적절하지 <u>않은</u> 것은?

① 근무평가를 통제가 아니라 능력개발의 목적으로 사용하고자 할 때 정확성과 신뢰성이 보장된다.

② 감독자 이외에 동료, 부하, 고객 등 다양한 사람이 참여하므로 평가에 대한 관심과 지지도를 높일 수 있다.

③ 상급자, 하급자, 동료에 의한 평가가 이루어지므로 상대적으로 인사부서의 업무량을 경감시켜 인원감축 관리에 효과적이다.

④ 평가에 참여하는 소수인의 개인 편차를 줄임으로써 객관성과 공정성을 높일 수 있다.

해설 ③ 전통적 평가방식은 직무분석에 기초하기 보다는 직관을 바탕으로 평가요소가 결정되므로 빠르고 쉬운 평정방식이지만, 다면평가제는 평가자의 선발, 평가의 시행, 다양한 정보의 분석 등에 시간과 비용의 소모가 크고, 인사부서의 업무량을 증대시킨다.

정답 ③

16 경찰공무원 승진에 대한 설명으로 가장 적절하지 <u>않은</u> 것은?

① 경무관 이하 계급의 승진은 심사승진에 의하며, 다만 경정 이하 계급의 승진에 있어서는 대통령령에 의한 비율에 따라 승진시험을 병행할 수 있다.

② 경찰공무원이 승진하려면 승진소요 최저근무연수에 따른 기간 동안 해당 계급에 재직하여야 한다.

③ 임용권자나 임용제청권자는 심사승진후보자 명부에 기록된 사람이 승진임용되기 전에 정직 이상의 징계처분을 받은 경우에는 심사승진후보자 명부에서 그 사람을 제외하여야 한다.

④ 경감 이하의 경찰공무원으로서 모든 경찰공무원의 귀감이 되는 공을 세우고 전사하거나 순직한 사람에 대하여는 2계급 특별승진시킬 수 있다.

해설 ④ 경위 이하의 경찰공무원으로서 모든 경찰공무원의 귀감이 되는 공을 세우고 전사하거나 순직한 사람에 대하여는 2계급 특별승진시킬 수 있다(「경찰공무원법」 제19조 제1항).

정답 ④

17 경찰청장은 해당 계급에서 일정 기간 동안 재직한 사람을 경장, 경사, 경위, 경감으로 각각 근속승진임용할 수 있다. 그 연결이 옳지 <u>않은</u> 것은?

① 순경을 경장으로 근속승진임용 – 해당 계급에서 4년 이상 근속자

② 경장을 경사로 근속승진임용 – 해당 계급에서 5년 이상 근속자

③ 경사를 경위로 근속승진임용 – 해당 계급에서 6년 이상 근속자

④ 경위를 경감으로 근속승진임용 – 해당 계급에서 8년 이상 근속자

해설 ③ 경사를 경위로 근속승진임용 – 해당 계급에서 6년 6개월 이상 근속자(「경찰공무원법」 제16조 제1항 제3호).

정답 ③

18 경찰공무원의 승진임용이 제한되는 사유에 대한 설명으로 옳지 <u>않은</u> 것은?

① 견책의 집행이 끝난 날부터 9개월이 지나지 않은 사람

② 징계의결요구 또는 징계처분 중에 있는 사람

③ 휴직 또는 시보임용기간 중에 있는 사람

④ 계급정년이 연장된 사람

해설 ① 징계처분의 집행이 끝난 날부터 강등·정직 18개월, 감봉 12개월, 견책 6개월의 기간이 지나지 아니한 경찰공무원은 승진임용될 수 없다. 그러나 「국가공무원법」 제78조의2 제1항 각 호의 어느 하나에 해당하는 사유로 인한 징계처분과 소극행정, 음주운전(음주측정에 응하지 않은 경우를 포함), 성폭력, 성희롱 및 성매매에 따른 징계처분의 경우에는 각각 6개월 더한다(「경찰공무원 승진임용규정」 제6조 제1항 제2호).

정답 ①

19 경찰의 대우공무원제도에 대한 다음 설명 중 틀린 것을 모두 고른 것은?

> ㉠ 해당 계급에서 승진소요 최저근무연수 이상 근무하고, 승진임용 제한사유가 없는 근무실적 우수자를 바로 위 계급의 대우공무원으로 선발할 수 있다.
> ㉡ 대우공무원으로 선발되기 위해서는 승진소요 최저근무연수가 지난 총경 이하 경찰공무원으로서 총경·경정은 7년 이상, 경감 이하는 5년 이상 근무하여야 한다.
> ㉢ 대우공무원의 발령은 매 분기의 첫달 1일 일괄적으로 발령한다.
> ㉣ 징계 또는 직위해제처분을 받은 경우 대우공무원 수당을 지급하지 아니한다.

① ㉠ ㉢   ② ㉡ ㉢

③ ㉡ ㉣   ④ ㉢ ㉣

해설 ㉠ [○] 「경찰공무원 승진임용 규정」 제43조 제1항
㉡ [○] 「경찰공무원 승진임용 규정 시행규칙」 제35조 제1항
㉢ [×] 임용권자나 임용제청권자는 매월 말 5일 전까지 대우공무원 발령일을 기준으로 대우공무원 선발요건을 충족하는 대상자를 결정하여야 하고, 그 다음 달 1일에 일괄하여 대우공무원으로 발령하여야 한다(「동규정 시행규칙」 제36조).
㉣ [×] 대우공무원이 징계 또는 직위해제 처분을 받거나 휴직하여도 대우공무원수당은 계속 지급한다. 다만, 「공무원수당 등에 관한 규정」에서 정하는 바에 따라 대우공무원수당을 줄여 지급한다(동 규정 시행규칙 제37조 제2항).

정답 ④

20 경찰의 대우공무원제도에 대한 다음 설명 중 <u>틀린</u> 것을 모두 고른 것은?

[16년 경간부 수정]

> ㉠ 대우공무원으로 선발된 경찰공무원에게는 「공무원수당 등에 관한 규정」에 따라 대우공무원수당을 지급한다.
> ㉡ 대우공무원은 총경 이하의 경찰공무원으로서 해당 계급에서 5년 이상 근무한 사람을 대상으로 선발한다.
> ㉢ 징계 또는 직위해제 처분을 받은 경우 대우공무원 수당을 감액하여 지급하나, 휴직한 경우에는 지급하지 아니한다.
> ㉣ 대우공무원이 상위계급으로 승진임용되거나 강등되는 경우 그 해당일에 대우공무원의 자격은 별도 조치 없이 당연히 상실된다.
> ㉤ 임용권자나 임용제청권자는 매월 말 5일 전까지 대우공무원 발령일을 기준으로 대우공무원 선발요건을 충족하는 대상자를 결정하여야 하고, 그 다음 달 1일에 일괄하여 대우공무원으로 발령하여야 한다.

① ㉠ ㉡   ② ㉡ ㉢

③ ㉢ ㉣   ④ ㉡ ㉤

해설　㉠ [○] 「경찰공무원 승진임용 규정 시행규칙」 제37조 제1항

㉡ [×] 대우공무원으로 선발되기 위해서는 승진소요 최저근무연수가 지난 총경 이하 경찰공무원으로서 총경·경정은 7년 이상, 경감 이하는 5년 이상 근무하여야 한다(동규정 시행규칙 제35조 제1항).

㉢ [×] 대우공무원이 징계 또는 직위해제 처분을 받거나 휴직하여도 대우공무원수당은 계속 지급한다. 다만, 「공무원수당 등에 관한 규정」에서 정하는 바에 따라 대우공무원수당을 줄여 지급한다(동규정 시행규칙 제37조 제2항).

㉣ [○] 동규정 시행규칙 제38조

㉤ [○] 동규정 시행규칙 제36조 제1항

정답　②

21 「경찰공무원법」상 징계에 관한 다음 설명 중 가장 적절하지 <u>않은</u> 것은?

[16년 순경 1차]

① 경무관 이상의 경찰공무원에 대한 징계의결은 「국가공무원법」에 따라 국무총리 소속으로 설치된 징계위원회에서 한다.

② 총경 이하의 경찰공무원에 대한 징계의결을 하기 위하여 대통령령으로 정하는 경찰기관 및 해양경찰관서에 경찰공무원 징계위원회를 둔다.

③ 경무관 이상의 강등 및 정직, 경정 이상의 파면 및 해임처분의 제청은 행정안전부장관이 한다.

④ 총경 및 경정의 강등 및 정직의 집행은 경찰청장 또는 해양경찰청장이 한다.

해설 ① [○] 「경찰공무원법」 제32조 제1항
② [○] 동법 제32조 제2항
③ [×] 경찰공무원의 징계는 징계위원회의 의결을 거쳐 징계위원회가 설치된 소속 기관의 장이 하되, 「국가공무원법」에 따라 국무총리 소속으로 설치된 징계위원회에서 의결한 징계는 경찰청장 또는 해양경찰청장이 한다. 다만, 파면·해임·강등 및 정직은 징계위원회의 의결을 거쳐 해당 경찰공무원의 임용권자가 하되, 경무관 이상의 강등 및 정직과 경정 이상의 파면 및 해임은 경찰청장 또는 해양경찰청장의 제청으로 행정안전부장관 또는 해양수산부장관과 국무총리를 거쳐 대통령이 하고, 총경 및 경정의 강등 및 정직은 경찰청장 또는 해양경찰청장이 한다(동법 제33조).
④ [○] 동법 제33조

정답 ③

22 경찰공무원 징계위원회의 종류 및 구성에 관한 다음 설명 중 가장 적절하지 <u>않은</u> 것은?

① 보통징계위원회는 해당 징계위원회가 설치된 경찰기관 소속 경감 이하 경찰공무원에 대한 징계등 사건을 심의·의결한다.

② 민간위원의 임기는 1년으로 하며, 한 차례만 연임할 수 있다.

③ 징계위원회가 설치된 경찰기관의 장은 위원 수의 2분의 1 이상을 성별을 고려하여 민간위원으로 위촉해야 한다.

④ 징계위원회의 회의는 위원장과 징계위원회가 설치된 경찰기관의 장이 회의마다 지정하는 4명 이상 6명 이하의 위원으로 성별을 고려하여 구성하되, 민간위원의 수는 위원장을 포함한 위원 수의 2분의 1 이상이어야 한다.

해설 ② 민간위원의 임기는 2년으로 하며, 한 차례만 연임할 수 있다(「경찰공무원 징계령」 제6조의2).

정답 ②

23 경찰공무원 징계위원회의 위원장에 관한 다음 설명 중 가장 적절하지 <u>않은</u> 것은?

① 위원장은 위원 중 최상위 계급 또는 이에 상응하는 직급에 있거나 최상위 계급 또는 이에 상응하는 직급에 먼저 승진임용된 공무원이 된다.

② 위원장은 위원회의 사무를 총괄하며 위원회를 대표한다.

③ 징계위원회의 회의는 위원장이 소집한다.

④ 위원장은 표결권을 갖지 못한다.

해설 ④ 위원장은 표결권을 가진다(「경찰공무원 징계령」 제7조 제4항).

정답 ④

24 경찰공무원의 징계에 대한 설명으로 가장 적절하지 <u>않은</u> 것은?

[15년 경위 승진 수정]

① 감봉은 1개월 이상 3개월 이하의 기간 동안 보수의 3분의 2를 감액한다.

② 임용권자나 임용제청권자는 심사승진후보자 명부에 기록된 사람이 승진임용되기 전에 정직 이상의 징계처분을 받은 경우에는 심사승진후보자 명부에서 그 사람을 제외하여야 한다.

③ 강등은 1계급 아래로 직급을 내리고 공무원신분은 보유하나 3개월간 직무에 종사하지 못하며 그 기간 중 보수는 전액을 감한다.

④ 공무원으로서 징계처분을 받은 자에 대하여는 그 처분을 받은 날 또는 그 집행이 끝난 날부터 대통령령등으로 정하는 기간 동안 승진임용 또는 승급할 수 없다.

해설 ① 감봉은 1개월 이상 3개월 이하의 기간 동안 보수의 3분의 1을 감한다(「국가공무원법」 제80조 제4항).

정답 ①

25 「경찰공무원 징계령」의 내용으로 가장 적절하지 <u>않은</u> 것은?

[18년 경위 승진 수정]

① 경찰기관의 장은 소속 경찰공무원이 징계사유가 있다고 인정할 때와 징계의결 요구의 신청을 받았을 때에는 지체 없이 관할 징계위원회를 구성하여 징계의결을 요구하여야 한다.

② 징계위원회가 설치된 경찰기관의 장은 징계등 심의 대상자보다 상위 계급인 경위 이상의 소속 경찰공무원 또는 상위 직급에 있는 6급 이상의 소속 공무원 중에서 징계위원회의 공무원위원을 임명한다.

③ 징계등 의결 요구를 받은 징계위원회는 그 요구서를 받은 날로부터 30일 이내에 징계등에 관한 의결을 하여야 한다. 다만, 부득이한 사유가 있을 때에는 해당 징계등 의결을 요구한 경찰기관의 장의 승인을 받아 30일 이내의 범위에서 그 기간을 연장할 수 있다.

④ 징계등 심의 대상자의 소재가 분명하지 아니할 때에는 출석 통지를 관보에 게재하고, 그 게재일부터 7일이 지나면 출석 통지가 송달된 것으로 본다.

해설 　① [○] 「경찰공무원 징계령」 제9조 제1항
　　　② [○] 동령 제6조 제2항
　　　③ [○] 동령 제11조
　　　④ [×] 징계등 심의대상자의 소재가 분명하지 아니할 때에는 출석 통지를 관보에 게재하고, 그 게재일부터 10일이 지나면 출석 통지가 송달된 것으로 본다(동령 제12조 제3항).

정답 　④

26 경찰공무원의 징계에 대한 설명으로 가장 적절하지 않은 것은?

[19년 순경 1차]

① 파면 징계처분을 받은 자(재직기간 5년 미만)의 퇴직급여는 1/4을 감액한 후 지급한다.

② 성폭력, 성희롱 및 성매매에 따른 강등 징계처분을 받은 자는 그 처분의 집행이 끝난 날부터 24개월이 지나지 않은 경우 승진임용될 수 없다.

③ 정직 징계처분을 받은 자는 1개월 이상 3개월 이하의 기간 동안 직무에 종사하지 못하며, 정직기간 중 보수는 1/3을 감한다.

④ 임용(제청)권자는 승진후보자 명부에 기록된 사람이 승진임용되기 전에 정직 이상의 징계처분을 받은 경우에는 승진후보자 명부에서 그 후보자를 제외하여야 한다.

해설 　③ 정직은 1개월 이상 3개월 이하의 기간으로 하고, 정직 처분을 받은 자는 그 기간 중 공무원의 신분은 보유하나 직무에 종사하지 못하며 보수는 전액을 감한다(「국가공무원법」 제80조 제3항).

정답 　③

27 「경찰공무원 징계령」에 대한 내용으로 가장 적절하지 <u>않은</u> 것은?

[18년 순경 2차]

① 징계위원회의 위원장은 위원회의 사무를 총괄하고 위원회를 대표하며, 표결권을 가진다.

② 징계위원회는 출석 통지를 하였음에도 불구하고 징계 등 심의 대상자가 정당한 사유 없이 출석하지 아니하였을 때에는 그 사실을 기록에 분명히 적고 서면심사로 징계등 의결을 할 수 있다. 다만, 징계등 심의 대상자의 소재가 분명하지 아니할 때에는 출석 통지를 관보에 게재하고, 그 게재일부터 10일이 지나면 출석 통지가 송달된 것으로 보며, 징계등 의결을 할 때에는 관보 게재의 사유와 그 사실을 기록에 분명히 적어야 한다.

③ 징계등 의결을 요구한 자는 경징계의 징계등 의결을 통지받았을 때에는 통지받은 날부터 15일 이내에 징계등을 집행하여야 한다.

④ 징계등 의결 요구를 받은 징계위원회는 그 요구서를 받은 날부터 30일 이내에 징계등에 관한 의결을 하여야 한다. 다만, 부득이한 사유가 있을 때에는 해당 징계등 심의 대상자에게 그 사유를 고지하고 30일 이내의 범위에서 그 기간을 연장할 수 있다.

해설
① [○] 「경찰공무원 징계령」 제7조 제2항, 제4항
② [○] 동령 제12조 제3항
③ [○] 동령 제18조 제1항
④ [×] 징계등 의결 요구를 받은 징계위원회는 그 요구서를 받은 날부터 30일 이내에 징계등에 관한 의결을 하여야 한다. 다만, 부득이한 사유가 있을 때에는 해당 징계등 의결을 요구한 경찰기관의 장의 승인을 받아 30일 이내의 범위에서 그 기간을 연장할 수 있다(「경찰공무원 징계령」 제11조 제1항).

정답 ④

28 대통령령인 「경찰공무원 징계령」에 대한 다음 설명 중 가장 옳지 <u>않은</u> 것은? [17년 경간부 수정]

① 각 징계위원회는 위원장 1명을 포함하여 11명 이상 51명 이하의 공무원위원과 민간위원으로 구성한다.

② 징계위원회가 설치된 경찰기관의 장은 징계등 심의 대상자보다 상위 계급인 경위 이상의 소속 경찰공무원 또는 상위 직급에 있는 6급 이상의 소속 공무원 중에서 징계위원회의 공무원위원을 임명한다

③ 경찰공무원 징계위원회의 위원장은 위원회의 사무를 총괄하고 위원회를 대표하며, 표결권을 가진다.

④ 징계위원회가 징계 등 심의 대상자의 출석을 요구할 때에는 징계위원회 개최일 2일 전까지 그 징계 등 심의 대상자에게 출석통지서가 도달되도록 하여야 한다.

해설 ④ 징계위원회가 징계등 심의대상자의 출석을 요구할 때에는 출석 통지서로 하되, 징계위원회 개최일 5일 전까지 징계등 심의 대상자에게 도달되도록 하여야 한다(「경찰공무원 징계령」 제12조 제1항).

정답 ④

29 「경찰공무원 징계령」상 경찰공무원 징계에 대한 설명으로 가장 적절한 것은?

[21년 순경 1차]

① 징계위원회는 징계등 사건을 의결할 때에는 징계등 심의 대상자의 평소 행실, 근무 성적, 공적, 뉘우치는 정도와 징계등 의결을 요구한 자의 의견을 고려할 수 있다.

② 징계등 의결 요구를 받은 징계위원회는 그 요구서를 받은 날부터 60일 이내에 징계등에 관한 의결을 하여야 한다. 다만, 부득이한 사유가 있을 때에는 해당 징계의결을 요구한 경찰기관의 장의 승인을 받아 30일 이내의 범위에서 그 기간을 연장할 수 있다.

③ 징계등 심의 대상자의 소재가 분명하지 아니할 때에는 출석 통지를 관보에 게재하고, 그 게재일부터 7일이 지나면 출석통지가 송달된 것으로 보며, 징계등 의결을 할 때에는 관보 게재의 사유와 그 사실을 기록에 분명히 적어야 한다.

④ 징계위원회의 의결은 위원장을 포함한 위원 과반수의 출석과 출석위원 과반수의 찬성으로 의결하되, 의견이 나뉘어 출석위원 과반수의 찬성을 얻지 못한 경우에는 출석위원 과반수가 될 때까지 징계등 심의 대상자에게 가장 불리한 의견을 제시한 위원의 수를 그 다음으로 불리한 의견을 제시한 위원의 수에 차례로 더하여 그 의견을 합의된 의견으로 본다.

해설 ① [×] 징계위원회는 징계등 사건을 의결할 때에는 징계등 심의 대상자의 평소 행실, 근무 성적, 공적, 뉘우치는 정도와 징계등 의결을 요구한 자의 의견을 고려하여야 한다(「경찰공무원 징계령」 제16조).

② [×] 징계등 의결 요구를 받은 징계위원회는 그 요구서를 받은 날부터 30일 이내에 징계등에 관한 의결을 하여야 한다. 다만, 부득이한 사유가 있을 때에는 해당 징계등 의결을 요구한 경찰기관의 장의 승인을 받아 30일 이내의 범위에서 그 기간을 연장할 수 있다(동징계령 제11조).

③ [×] 징계등 심의 대상자의 소재가 분명하지 아니할 때에는 출석 통지를 관보에 게재하고, 그 게재일부터 10일이 지나면 출석통지가 송달된 것으로 보며, 징계등 의결을 할 때에는 관보 게재의 사유와 그 사실을 기록에 분명히 적어야 한다(동징계령 제12조 제3항).

④ [○] 동징계령 제14조

정답 ④

30 「경찰공무원 징계령 세부시행규칙」상 감독자의 정상참작 사유로 가장 적절하지 않은 것은?

[15년 경위 승진 수정]

① 부하직원의 의무위반 행위를 사전에 발견하여 적법 타당하게 조치한 때
② 부임기간이 1년 미만으로 부하직원에 대한 실질적인 감독이 곤란하다고 인정된 때
③ 부하직원의 의무위반행위가 감독자 또는 행위자의 비번일, 휴가기간, 교육기간 등에 발생하거나, 소관업무와 직접 관련 없는 등 감독자의 실질적 감독범위를 벗어났다고 인정된 때
④ 교정이 불가능하다고 판단된 부하직원의 사유를 명시하여 인사상 조치(전출 등)를 상신하는 등 성실히 관리한 이후에 같은 부하직원이 의무위반행위를 야기하였을 때

해설 행위자와 감독자에 대한 문책기준(「경찰공무원 징계령 세부시행규칙」 제5조 제2항)

> ② 징계요구권자 또는 징계위원회는 감독자에게 다음 각 호의 어느 하나에 해당하는 사유가 있을 때에는 징계책임을 감경하여 징계의결 요구 또는 징계의결하거나 징계책임을 묻지 아니할 수 있다.
> 1. 부하직원의 의무위반행위를 사전에 발견하여 적법 타당하게 조치한 때
> 2. 부하직원의 의무위반행위가 감독자 또는 행위자의 비번일, 휴가기간, 교육기간 등에 발생하거나, 소관업무와 직접 관련 없는 등 감독자의 실질적 감독범위를 벗어났다고 인정된 때
> 3. 부임기간이 1개월 미만으로 부하직원에 대한 실질적인 감독이 곤란하다고 인정된 때
> 4. 교정이 불가능하다고 판단된 부하직원의 사유를 명시하여 인사상 조치(전출 등)를 상신하는 등 성실히 관리한 이후에 같은 부하직원이 의무위반행위를 야기하였을 때
> 5. 기타 부하직원에 대하여 평소 철저한 교양감독 등 감독자로서의 임무를 성실히 수행하였다고 인정된 때

② 부임기간이 1년 미만이 아니라 1개월 미만이라고 해야 옳다(「경찰공무원 징계령 세부시행규칙」 제5조 제2항 제3호).

정답 ②

31 「국가공무원법」, 「공무원연금법」 및 동법 시행령상 경찰공무원의 징계의
종류와 효과에 대한 설명 중 가장 적절하지 <u>않은</u> 것은? [20년 경위 승진]

① 공무원의 징계는 파면·해임·강등·정직·감봉·견책으로 구분한다.

② 강등은 1계급 아래로 직급을 내리고 공무원 신분은 보유하나 3개월간 직
무에 종사하지 못하며 그 기간 중 보수는 전액을 감한다.

③ 징계에 의하여 파면된 경우, 재직기간이 5년 이상인 사람의 퇴직급여는 2
분의 1을 감액하고, 재직기간이 5년 미만인 사람의 퇴직급여는 3분의 1을
감액한다.

④ 금품 및 향응 수수로 징계 해임된 자의 경우 재직기간이 5년 이상인 사람
의 퇴직급여는 4분의 3을 지급하고, 재직기간이 5년 미만인 사람의 퇴직
급여는 8분의 7을 지급한다.

해설 ③ 징계에 의하여 파면된 경우, 재직기간이 5년 이상인 사람의 퇴직급여는 2분의 1을 감액한
후 지급하고, 재직기간이 5년 미만인 사람의 퇴직급여는 4분의 1을 감액한 후 지급한다. 그리고
퇴직수당은 2분의 1을 감액한 후 지급한다(「공무원연금법 시행령」 제61조 제1항 제1호).
정답 ③

32 경찰공무원의 징계에 대한 설명 중 가장 적절하지 <u>않은</u> 것은?

① 징계등 심의 대상자의 소재가 분명하지 아니할 때에는 출석 통지를 관보에
게재하고, 그 게재일로부터 10일이 지나면 출석 통지가 송달된 것으로 본다.

② 징계의결등의 요구는 징계 등의 사유가 발생한 날부터 3년(금전, 물품, 부
동산, 향응 또는 그 밖에 대통령령으로 정하는 재산상 이익의 취득·제공,
예산 등의 횡령·배임·절도·사기·유용한 경우에는 5년)이 지나면 하지
못한다.

③ 징계위원회는 징계등 사건을 의결할 때에는 징계등 심의 대상자의 평소
행실, 근무 성적, 공적, 뉘우치는 정도와 징계등 의결을 요구한 자의 의견
을 고려할 수 있다.

④ 과실로 인하여 발생한 의무위반행위가 다른 법령에 의해 처벌사유가 되지
않고 비난가능성이 없는 때 징계요구권자 또는 징계위원회는 징계책임을
감경하여 징계의결 요구 또는 징계의결하거나 징계책임을 묻지 아니할 수
있다.

해설 ① [O] 「경찰공무원 징계령」 제12조 제3항
② [O] 「국가공무원법」 제83조의2 제1항
③ [×] 징계위원회는 징계등 사건을 의결할 때에는 징계등 심의 대상자의 평소 행실, 근무 성적, 공적, 뉘우치는 정도와 징계등 의결을 요구한 자의 의견을 고려하여야 한다(「경찰공무원 징계령」 제16조).
④ [O] 「경찰공무원 징계령 세부시행규칙」 제4조 제2항 제1호

정답 ③

---

33 다음은 「국가공무원법」, 「공무원연금법」 및 동법 시행령 상 경찰공무원의 징계에 관한 설명이다. (   )안에 들어갈 숫자를 가장 적절하게 나열한 것은?

[14년 경위 승진 수정]

- 강등은 1계급 아래로 직급을 내리고 공무원 신분은 보유하나 (㉠)개월간 직무에 종사하지 못하며 그 기간 중 보수의 전액을 감한다.
- 징계에 의하여 파면된 경우, 재직기간이 (㉡)년 이상인 사람의 퇴직급여는 그 금액의 (㉢)분의 1을 감액한다.
- 징계의결 등의 요구는 징계 등의 사유가 발생한 날부터 (㉣)년(금전, 물품, 부동산, 향응 또는 그 밖에 대통령령으로 정하는 재산상 이익의 취득·제공, 예산 등의 횡령(橫領), 배임(背任), 절도, 사기 또는 유용(流用)한 경우에는 5년)이 지나면 하지 못한다.
---

① ㉠-3, ㉡-5, ㉢-2, ㉣-3
② ㉠-3, ㉡-5, ㉢-4, ㉣-3
③ ㉠-3, ㉡-2, ㉢-4, ㉣-2
④ ㉠-3, ㉡-1, ㉢-2, ㉣-2

해설 ㉠ 강등은 1계급 아래로 직급을 내리고 공무원 신분은 보유하나 3개월간 직무에 종사하지 못하며 그 기간 중 보수의 전액을 감한다(「국가공무원법」 제80조 제1항).
㉡, ㉢ 징계에 의하여 파면된 경우, 재직기간이 5년 이상인 사람의 퇴직급여는 그 금액의 2분의 1을 감액한다(「공무원연금법 시행령」 제61조 제1항 제1호).
㉣ 징계의결 등의 요구는 징계 등의 사유가 발생한 날부터 3년(금전, 물품, 부동산, 향응 또는 그 밖에 대통령령으로 정하는 재산상 이익의 취득·제공, 예산 등의 횡령(橫領), 배임(背任), 절도, 사기 또는 유용(流用)한 경우에는 5년)이 지나면 하지 못한다(「국가공무원법」 제83조의2 제1항).
따라서 ㉠은 3, ㉡은 5, ㉢은 2, ㉣은 3이다.

정답 ①

34 「경찰공무원 징계령」에 대한 설명으로 <u>틀린</u> 것은 모두 몇 개인가?

[15년 순경 1차 수정]

> ㉠ 중징계란 파면, 해임, 강등을 말하며 경징계란 정직, 감봉 및 견책을 말한다.
> ㉡ 경찰공무원 보통징계위원회는 해당 징계위원회가 설치된 경찰기관 소속 경정 이하 경찰공무원에 대한 징계등 사건을 심의·의결한다.
> ㉢ 경찰공무원 중앙징계위원회는 위원장 1명을 포함하여 11명 이상 51명 이하의 공무원위원과 민간위원으로 구성한다.
> ㉣ 징계위원회의 의결은 위원장을 포함한 위원 과반수의 출석과 출석위원 2/3의 찬성으로 의결한다.
> ㉤ 소속이 다른 2명 이상의 경찰공무원이 관련된 징계 등 사건으로서 관할 징계위원회가 서로 다른 경우에는 모두를 관할하는 바로 위 상급 경찰기관에 설치된 징계위원회에서 심의·의결한다.

① 0개   ② 1개   ③ 2개   ④ 3개

해설 ㉠ [×] 중징계란 파면, 해임, 강등, 정직을 말하며 경징계란 감봉 및 견책을 말한다(「경찰공무원 징계령」 제2조).
㉡ [×] 경찰공무원 보통징계위원회는 해당 징계위원회가 설치된 경찰기관 소속 경감 이하 경찰공무원에 대한 징계등 사건을 심의·의결한다(동징계령 제4조 제2항).
㉢ [○] 동징계령 제6조 제1항
㉣ [×] 징계위원회의 의결은 위원장을 포함한 위원 과반수의 출석과 출석위원 과반수의 찬성으로 의결한다(동징계령 제14조 제1항).
㉤ [○] 동징계령 제5조 제2항

정답 ④

35 「경찰공무원 징계령」상 경찰공무원 징계에 대하여 설명한 것이다. 옳은 것을 모두 고른 것은? [17년 순경 2차 수정]

> ㉠ 경찰공무원 보통징계위원회는 해당 징계위원회가 설치된 경찰기관 소속 경정이하 경찰공무원에 대한 징계 등 사건을 심의·의결한다.
> ㉡ 경찰공무원 보통징계위원회는 위원장 1명을 포함하여 11명 이상 51명 이하의 공무원위원과 민간위원으로 구성한다.
> ㉢ 징계등 의결 요구를 받은 징계위원회는 그 요구서를 받은 날부터 30일 이내에 징계등에 관한 의결을 하여야 한다. 다만, 부득이한 사유가 있을 때에는 해당 징계등 의결을 요구한 경찰기관의 장의 승인을 받아 30일 이내의 범위에서 그 기간을 연장할 수 있다.
> ㉣ 징계위원회의 위원 중 징계등 심의 대상자의 친족이나 그 징계 사유와 관계가 있는 사람은 그 징계등 사건의 심의·의결에 관여하지 못한다.
> ㉤ 징계위원회는 징계등 사건을 의결할 때에는 징계등 심의대상자의 평소 행실, 근무성적, 공적(功績), 뉘우치는 정도와 징계등 의결을 요구한 자의 의견을 고려할 수 있다.

① ㉠ ㉤   ② ㉡ ㉢ ㉣

③ ㉡ ㉢ ㉤   ④ ㉡ ㉢ ㉣ ㉤

해설 ㉠ [×] 경찰공무원 보통징계위원회는 해당 징계위원회가 설치된 경찰기관 소속 경감 이하 경찰공무원에 대한 징계 등 사건을 심의·의결한다(「경찰공무원 징계령」 제4조 제2항).
㉡ [○] 동징계령 제6조 제1항
㉢ [○] 동징계령 제11조
㉣ [○] 동징계령 제15조 제1항
㉤ [×] 징계위원회는 징계 등 사건을 의결할 때에는 징계 등 심의대상자의 평소 행실, 근무성적, 공적(功績), 뉘우치는 정도와 징계 등 의결을 요구한 자의 의견을 고려하여야 한다(동징계령 제16조).

정답 ②

제5장 경찰과 행정(2)   153

제2절   경찰예산관리

01 다음 설명과 같은 특성을 가진 예산제도로 가장 적절한 것은?

[18년 경위 승진]

> • 지출의 대상·성질을 기준으로 하여 세출예산의 금액 분류
> • 회계책임이 명확하고, 인사행정에 유용한 정보와 자료를 제공하는 장점은 있지만, 기능의 중복을 피하기 곤란하다는 단점이 있다.

① 품목별 예산제도　　　　　　　② 영점기준예산
③ 자본예산제도　　　　　　　　　④ 일몰법

해설 ① 품목별 예산제도에 대한 설명이다.
정답 ①

02 예산제도에 대한 다음 설명 중 가장 옳지 <u>않은</u> 것은?　　　[17년 경간부]

① 품목별 예산제도는 기능의 중복을 피하기 용이하지만, 행정책임의 소재와 회계책임을 명확히 할 수 없다는 단점이 있다.
② 품목별 예산제도는 통제 지향적이라 볼 수 있으며, 관계 공무원에게 필요한 핵심적 기술로 회계기술을 꼽는다.
③ 성과주의 예산제도는 정부의 기능·활동·사업계획을 세부사업으로 분류하고 각 세부사업을 '단위원가×업무량＝예산액'으로 표시하여 편성하는 예산제도이다.
④ 성과주의 예산제도는 일반국민이 정부사업에 대한 이해가 용이하다는 장점을 갖는다.

해설 ① 품목별 예산(Line-Item Budget: LIB)은 회계책임이 명확하다는 장점을 갖고 있지만, 기능의 중복을 피하기 곤란하다는 단점을 갖고 있다.
정답 ①

03 예산제도에 대한 설명으로 가장 적절한 것은? [19년 경감 승진]

① 품목별 예산제도는 지출의 대상·성질을 기준으로 세출예산의 금액을 분류하는 통제지향적 제도로 회계책임의 명확화를 통해 계획과 지출의 불일치를 극복할 수 있다는 장점이 있다.

② 성과주의 예산제도는 정부가 구입하는 물품보다 정부가 수행하는 업무에 중점을 두는 관리지향적 예산제도로 기능의 중복을 피하기가 곤란하고 인건비 등 경직성 경비에 적용이 어렵다.

③ 영기준 예산제도는 예산편성 시 전년도 예산을 기준으로 점증적으로 예산을 책정하는 폐단을 탈피하기 위한 예산제도이다.

④ 일몰법은 특정의 행정기관이나 사업이 일정기간 지나면 의무적·자동적으로 폐지되게 하는 예산제도로 행정부가 예산편성을 통해 정하며 중요사업에 대해 적용된다.

해설 ① [×] 품목별 예산제도는 지출의 대상·성질을 기준으로 세출예산의 금액을 분류하는 통제지향적 제도로 회계책임이 명확하다는 장점이 있으나, 계획과 지출을 일치시키기 어렵다는 단점이 있다.

② [×] 성과주의 예산제도는 정부가 구입하는 물품보다 정부가 수행하는 업무에 중점을 두는 관리지향적 예산제도로 인건비 등 경직성 경비에 적용이 어렵다. 그리고 기능의 중복을 피하기 곤란한 예산제도는 품목별 예산제도이다.

③ [○]

④ [×] 일몰법은 특정의 행정기관이나 사업이 일정기간 지나면 의무적·자동적으로 폐지되게 하는 예산제도로 입법부가 제정한다.

정답 ③

04 경찰예산에 관한 설명으로 가장 적절하지 않은 것은?

① 정부 예산안이 국회를 통과하여 확정된 후에 새롭게 발생한 사유로 인하여 이미 성립한 예산에 변경을 가할 필요가 있을 때 편성하는 예산은 추가경정예산이다.

② 예산의 집행은 예산의 배정으로부터 시작되므로 예산이 확정되더라도 해당 예산이 배정되지 않은 상태에서는 지출원인행위를 할 수 없다.

③ 품목별 예산제도는 세출예산의 대상·성질에 따라 편성한 예산으로 집행에 대한 회계책임을 명백히 하고 경비사용의 적정화에 유리한 장점이 있다.

④ 기획재정부장관은 예산안을 편성하여 국무회의 심의를 거쳐 대통령의 승인을 얻어야 하며, 정부는 이 예산안을 회계연도 개시 90일 전까지 국회에 제출하여야 한다.

해설 ④ 기획재정부장관은 예산요구서에 따라 예산안을 편성하여 국무회의의 심의를 거친 후 대통령의 승인을 얻어야 하며, 정부는 대통령의 승인을 얻은 예산안을 회계연도 개시 120일 전까지 국회에 제출하여야 한다(「국가재정법」 제33조).

정답 ④

05 경찰예산에 대한 설명으로 가장 적절한 것은?   [19년 경감 승진]

① 정부 예산안이 국회를 통과하여 확정된 후에 새롭게 발생한 사유로 인하여 이미 성립한 예산에 변경을 가할 필요가 있을 때 편성하는 예산은 수정예산이다.

② 준예산은 회계연도 개시 전까지 예산의 불성립시 전년도 예산에 준하여 지출하는 제도로 예산 확정 전에는 경찰공무원의 보수와 경찰관서의 유지·운영 등 기본경비에는 사용할 수 없다.

③ 관서운영경비는 관서운영경비출납공무원이 아니면 지급할 수 없으며 관서운영경비출납공무원은 관서운영경비를 금융회사등에 예치하여 관리하여야 한다.

④ 예산의 집행은 예산의 배정으로부터 시작되며 예산이 확정되면 해당 예산이 배정되지 않은 상태에서도 지출원인행위를 할 수 있다.

해설 ① [×] 정부 예산안이 국회를 통과하여 확정된 후에 새롭게 발생한 사유로 인하여 이미 성립한 예산에 변경을 가할 필요가 있을 때 편성하는 예산은 추가경정예산이다(「국가재정법」 제89조 제1항).

② [×] 새로운 회계연도가 개시될 때까지 예산안이 의결되지 못한 때에는 정부는 국회에서 예산안이 의결될 때까지 다음의 목적을 위한 경비는 전년도 예산에 준하여 집행할 수 있다(「헌법」 제54조 제3항).

    1. 헌법이나 법률에 의하여 설치된 기관 또는 시설의 유지·운영

    2. 법률상 지출의무의 이행

    3. 이미 예산으로 승인된 사업의 계속

③ [○] 「국고금 관리법」 제24조 제3항, 제4항

④ [×] 예산의 집행은 예산의 배정으로부터 시작되며 예산이 확정되었더라도 해당 예산이 배정된 이후에 지출원인행위를 할 수 있다.

정답 ③

06 경찰예산 과정에 대한 내용으로 옳지 <u>않은</u> 것은?   [21년 경간부]

① 경찰청장은 예산안편성지침에 따라 그 소관에 속하는 다음 연도의 예산요구서를 기획재정부장관에게 제출하고, 기획재정부장관은 예산요구서에 따라 예산안을 편성하여 국무회의 심의를 거쳐 대통령의 승인을 얻은 후 회계연도 개시 120일 전까지 국회에 제출하여야 한다.

② 국회에 제출된 경찰예산안은 행정안전위원회에서 종합심사를 통해 구체적이고 실질적인 금액 조정이 이루어지며 종합심사가 끝난 예산안은 본회의에 상정되어 회계연도 개시 30일 전까지 본회의 의결을 거침으로써 확정된다.

③ 경찰청장은 예산이 확정된 후 예산배정요구서를 기획재정부장관에게 제출하고, 기획재정부장관은 예산배정요구서에 따라 분기별 예산배정계획을 작성하여 국무회의 심의와 대통령 승인을 얻은 후 분기별 예산배정계획에 따라 경찰청장에게 예산을 배정한다.

④ 경찰청장은 결산보고서를 기획재정부장관에게 제출하여야 하며, 정부는 감사원 검사를 거친 국가결산보고서를 다음 연도 5월 31일까지 국회에 제출하여야 한다.

해설　① 「국가재정법」 제31조, 제32조, 제33조

② 정부의 예산안이 국회에 제출되면 예산안 심의를 위한 국회가 개회되고, 예산안의 종합심사를 위하여 예산결산특별위원회가 활동한다(「헌법」 제54조). 예산결산특별위원회의 종합심사가 끝나면 예산안은 본회의의 의견을 거침으로써 예산으로 확정된다.

③ 「국가재정법」 제42조, 제43조

④ 동법 제58조, 제61조

정답　②

07 「국가재정법」상 경찰예산의 집행에 대한 설명으로 가장 적절하지 않은 것은?

[15년 순경 1차]

① 경찰청장은 예산이 확정된 후 사업운영계획 및 이에 따른 세입세출예산·계속비와 국고채무 부담행위를 포함한 예산배정요구서를 기획재정부장관에게 제출하여야 한다.

② 기획재정부장관은 경찰청장에게 예산을 배정한 때에는 감사원에 통지하여야 한다.

③ 기획재정부장관은 예산집행의 효율성을 높이기 위하여 매년 예산집행에 관한 지침을 작성하여 경찰청장에게 통보하여야 한다.

④ 경찰청장은 세출예산이 정한 목적 외에 경비를 사용할 수 있다.

해설　④ 각 중앙관서의 장은 세출예산이 정한 목적 외에 경비를 사용할 수 없다(「국가재정법」 제45조).

정답　④

08 「국가재정법」상 예산안의 편성에 대한 내용으로 가장 적절하지 <u>않은</u> 것은?

① 각 중앙관서의 장은 매년 1월 31일까지 해당 회계연도부터 3회계연도 이상의 기간 동안의 신규사업 및 기획재정부장관이 정하는 주요 계속사업에 대한 중기사업계획서를 기획재정부장관에게 제출하여야 한다.

② 기획재정부장관은 국무회의의 심의를 거쳐 대통령의 승인을 얻은 다음 연도의 예산안편성지침을 매년 3월 31일까지 각 중앙관서의 장에게 통보하여야 한다.

③ 각 중앙관서의 장은 제29조의 규정에 따른 예산안편성지침에 따라 그 소관에 속하는 다음 연도의 세입세출예산·계속비·명시이월비·국고채무부담행위요구서를 작성하여 매년 5월 31일까지 기획재정부장관에게 제출하여야 한다.

④ 정부는 제32조의 규정에 따라 대통령의 승인을 얻은 예산안을 회계연도 개시 120일 전까지 국회에 제출하여야 한다.

해설 ① 각 중앙관서의 장은 매년 1월 31일까지 당해 회계연도부터 5회계연도 이상의 기간 동안의 신규사업 및 기획재정부장관이 정하는 주요 계속사업에 대한 중기사업계획서를 기획재정부장관에게 제출하여야 한다(「국가재정법」 제28조).

정답 ①

09 다음은 경찰예산의 과정을 순서 없이 나열한 것이다. 과정의 순서를 가장 바르게 나열한 것은?
[20년 순경 2차]

> ○ 경찰청장은 다음 연도의 세입세출예산·계속비·명시이월비 및 국고 채무부담 행위 요구서를 작성하여 기획재정부장관에게 제출한다.
> ○ 기획재정부장관은 대통령의 승인을 받은 국가결산보고서를 감사원에 제출하여야 한다.
> ○ 정부는 국가결산보고서를 국회에 제출하여야 한다.
> ○ 경찰청장은 예산배정 요구서를 기획재정부장관에게 제출하여야 한다.
> ○ 기획재정부장관은 국무회의 심의를 거쳐 대통령의 승인을 얻은 다음 연도의 예산안편성지침을 경찰청장에게 통보한다.
> ○ 정부는 대통령의 승인을 얻은 예산안을 국회에 제출하고 국회는 심의와 의결을 거쳐 예산안을 확정한다.

① ⑩ - ⑦ - ② - ⑪ - ⓒ - ⓛ
② ⑦ - ⑩ - ⑪ - ② - ⓒ - ⓛ
③ ⑩ - ⑦ - ⑪ - ② - ⓛ - ⓒ
④ ② - ⑩ - ⑦ - ⑪ - ⓛ - ⓒ

해설 「국가재정법」상 예산은 [편성 → 심의·의결 → 집행 → 결산] 과정으로 이루어진다.
○ 각 중앙관서의 장은 예산요구서를 매년 5월 31일까지 기획재정부장관에게 제출하여야 한다(「국가재정법」 제31조).
○ 기획재정부장관은 대통령의 승인을 받은 국가결산보고서를 다음 연도 4월 10일까지 감사원에 제출하여야 한다(동법 제59조).
○ 정부는 국가결산보고서를 다음 연도 5월 31일까지 국회에 제출하여야 한다(동법 제61조).
○ 각 중앙관서의 장은 예산이 확정된 후 사업운영계획 및 이에 따른 세입세출예산·계속비와 국고채무부담행위를 포함한 예산배정요구서를 기획재정부장관에게 제출하여야 한다(동법 제42조).
○ 기획재정부장관은 예산안편성지침을 매년 3월 31일까지 각 중앙관서의 장에게 통보하여야 한다(동법 제29조).
○ 정부는 대통령의 승인을 얻은 예산안을 회계연도 개시 120일 전까지 국회에 제출하여야 하고(동법 제33조), 국회는 회계연도 개시 30일 전까지 의결하여야 한다(「헌법」 제54조).
따라서 경찰예산과정의 순서는 ⑩ - ⑦ - ⑪ - ② - ⓛ - ⓒ이다.

정답 ③

제3절 경찰장비 및 문서관리

01 「경찰장비관리규칙」에 대한 설명으로 가장 적절하지 <u>않은</u> 것은?

[17년 경기북부 여경 수정]

① 경찰관이 권총을 휴대·사용하는 경우 총구는 공중 또는 지면(안전지역)을 향한다.

② 경찰관이 권총을 휴대·사용하는 경우 1탄은 공포탄, 2탄 이하는 실탄을 장전한다. 다만, 대간첩 작전, 살인·강도 등 중요범인이나 무기·흉기 등을 사용하는 범인의 체포 및 위해의 방호를 위하여 불가피한 경우에 1탄부터 실탄을 장전할 수 있다.

③ 경찰기관의 장은 경찰공무원 직무적성검사 결과 고위험군에 해당되는 자와 형사사건의 조사의 대상이 된 자에게 대여한 무기·탄약을 회수 또는 보관할 수 있다.

④ 경찰기관의 장은 무기를 휴대한 자 중에서 직무상의 비위 등으로 인하여 징계대상이 된 자, 사의를 표명한 자가 발생한 때에는 즉시 대여한 무기·탄약을 회수하여야 한다.

해설 ③ 경찰기관의 장은 경찰공무원 직무적성검사 결과 고위험군에 해당되는 자에 대해서는 무기소지 적격 심의위원회의 심의를 거쳐 무기·탄약을 회수할 수 있지만, 형사사건 조사의 대상이된 자에 대해서는 즉시 대여한 무기·탄약을 회수하여야 한다(「경찰장비관리규칙」 제120조 제1항 제2호, 제2항 제1호).

정답 ③

02 「경찰장비관리규칙」상 무기 및 탄약관리에 대한 설명으로 가장 적절하지 않은 것은?   [17년 순경 2차 수정]

① '집중무기고'란 경찰인력 및 경찰기관별 무기책정기준에 따라 배정된 개인 화기와 공용화기를 집중보관·관리하기 위하여 각 경찰기관에 설치된 시설을 말한다.

② 탄약고는 무기고와 분리되어야 하며 가능한 한 본 청사와 격리된 독립 건물로 하여야 한다.

③ 경찰서에 설치된 집중무기고의 열쇠는 일과시간은 경무과장, 일과 후는 상황관리관이 보관·관리한다. 다만, 휴가·비번 등으로 관리책임자 공백 시는 별도 관리책임자를 지정하여야 한다.

④ 경찰기관의 장이 무기를 휴대한 자 중에서 대여한 무기·탄약을 즉시 회수하여야 하는 대상은 '정신건강상 문제가 우려되어 치료가 필요한 자', '형사사건의 조사의 대상이 된 자', '사의를 표명한 자', '그 밖에 경찰기관의 장이 무기 소지 적격 여부에 대해 심의를 요청하는 자'이다

해설 ④ 경찰기관의 장이 무기를 휴대한 자 중에서 즉시 대여한 무기·탄약을 회수하여야 하는 대상은 직무상의 비위 등으로 인하여 ⓐ 징계대상이 된 자, ⓑ 형사사건의 조사의 대상이 된 자, ⓒ 사의를 표명한 자이다(「경찰장비관리규칙」 제120조 제1항).

정답 ④

03 「경찰장비관리규칙」상 경찰기관의 장이 무기를 휴대한 자 중에서 무기 소지 적격 심의위원회의 심의를 거쳐 대여한 무기·탄약을 회수할 수 있는 사람에 해당하는 것은 모두 몇 개인가?

> ㉠ 직무상의 비위 등으로 인하여 징계대상이 된 자
> ㉡ 형사사건의 조사의 대상이 된 자
> ㉢ 사의를 표명한 자
> ㉣ 경찰공무원 직무적성검사 결과 고위험군에 해당되는 자
> ㉤ 정신건강상 문제가 우려되어 치료가 필요한 자
> ㉥ 정서적 불안상태로 인하여 무기 소지가 적합하지 않은 자로서 소속 부서장의 요청이 있는 자

① 2개   ② 3개   ③ 4개   ④ 5개

해설 ② 무기·탄약을 회수할 수 있는 사람에 해당하는 것은 ㉣, ㉤, ㉥이고, 무기·탄약을 즉시 회수하여야 하는 사람에 해당하는 것은 ㉠, ㉡, ㉢이다(「경찰장비관리규칙」 제120조).

정답 ②

---

04 「경찰장비관리규칙」상 총기 취급 안전수칙으로 가장 적절하지 <u>않은</u> 것은?

[15년 경위 승진]

① 조준시는 대퇴부 이하를 향한다.
② 원칙적으로 1탄은 공포탄, 2탄 이하는 실탄을 장전한다.
③ 실탄 장전시 반드시 안전장치를 장착한다.
④ 총구는 전방을 향한다.

해설 ④ 총구는 공중 또는 지면(안전지역)을 향한다(「경찰장비관리규칙」 제123조 제1항 제1호).

정답 ④

---

05 다음은「경찰장비관리규칙」에 대한 설명이다. ㉠부터 ㉣까지의 설명 중 옳고 그름의 표시(O, ×)가 바르게 된 것은?

[17년 경기북부 여경]

> ㉠ 부속기관 및 시·도경찰청은 소속기관 차량 중 다음 년도 교체대상 차량을 매년 3월 말까지 경찰청장에게 보고하여야 한다.
> ㉡ 차량교체를 위한 불용 대상차량 선정에는 차량주행거리를 최우선적으로 고려하여 선정한다.
> ㉢ 업무용차량은 운전요원의 부족 등 불가피한 사유가 없는 한 집중관리를 원칙으로 한다.
> ㉣ 의경 신임운전요원은 2주 이상 운전교육을 실시한 후에 운행하도록 하여야 한다.

① ㉠(×) ㉡(×) ㉢(O) ㉣(×)   ② ㉠(×) ㉡(O) ㉢(×) ㉣(O)
③ ㉠(O) ㉡(×) ㉢(O) ㉣(O)   ④ ㉠(O) ㉡(O) ㉢(×) ㉣(×)

해설 ㉠ [×] 부속기관 및 시·도경찰청은 소속기관 차량 중 다음 년도 교체대상 차량을 매년 11월 말까지 경찰청장에게 보고하여야 한다(「경찰장비관리규칙」 제93조).
㉡ [×] 차량교체를 위한 불용 대상차량은 부속기관 및 시·도경찰청에 배정되는 수량의 범위 내에서 내용연수 경과 여부 등 차량사용기간을 최우선적으로 고려하여 선정한다(동 규칙 제94조).
㉢ [O] 각 기관의 업무용 차량은 운전요원의 부족 등 불가피한 사유가 없는 한 집중관리를 원칙으로 한다(동 규칙 제95조).
㉣ [×] 의경 신임운전요원은 4주 이상 운전교육을 실시한 후에 운행하도록 하여야 한다(동 규칙 제102조).
정답 ①

06 「경찰장비관리규칙」에 관한 다음 설명 중 옳은 것은 모두 몇 개인가?

[18년 경간부 수정]

㉠ 전자충격기는 물품관리관의 책임 하에 집중 관리함을 원칙으로 하나, 운용부서에 대여하여 그 부서장의 책임 하에 관리·운용하게 할 수 있다.
㉡ 차량의 차종은 승용·승합·화물·특수용으로 구분하고, 차형은 차종별로 대형·중형·소형·경형·다목적형으로 구분한다.
㉢ 각 경찰기관의 업무용차량은 운전요원의 부족 등 불가피한 사유가 없는 한 집중관리를 원칙으로 한다.
㉣ 부속기관 및 시·도경찰청의 장은 다음 년도에 소속기관의 차량정수를 증감시킬 필요가 있을 때에는 매년 3월말까지 다음 년도 차량정수 소요계획을 경찰청장에게 제출하여야 한다.
㉤ 경찰기관의 장은 무기를 휴대한 자 중에서 정신건강상 문제가 우려되어 치료가 필요한 자가 있을 때에는 무기 소지 적격 심의위원회의 심의를 거쳐 대여한 무기·탄약을 회수할 수 있다.

① 2개　　② 3개　　③ 4개　　④ 5개

해설 설문은 모두 옳은 내용이다.
정답 ④

07 「물품관리법」상 물품관리에 대한 내용으로 가장 적절한 것은?

[18년 순경 1차]

① 기획재정부장관은 각 중앙관서의 장이 수행하는 물품관리에 관한 업무를 총괄·조정한다.

② 각 중앙관서의 장은 물품관리관의 사무의 일부를 분장하는 분임물품관리관을 대통령령으로 정하는 바에 따라 두어야 한다.

③ 분임물품관리관이란 물품출납공무원의 사무의 일부를 분장하는 공무원을 말한다.

④ 물품관리관으로부터 대통령령으로 정하는 바에 따라 물품의 사용에 관한 사무를 위임받은 공무원을 물품운용관이라 한다.

해설 ① [X] 조달청장은 각 중앙관서의 장이 수행하는 물품관리에 관한 업무를 총괄·조정한다(「물품관리법」 제7조 제2항).
② [X] 각 중앙관서의 장은 물품관리관의 사무의 일부를 분장하는 공무원을, 물품관리관은 물품출납공무원의 사무의 일부를 분장하는 공무원을 대통령령으로 정하는 바에 따라 각각 둘 수 있다(동법 제12조 제1항).
③ [X] 분임물품관리관은 물품관리관의 사무의 일부를 분장하는 공무원을 말한다(동법 시행규칙 제23조 제2항).
④ [O] 물품관리관은 대통령령으로 정하는 바에 따라 그가 소속된 관서의 공무원에게 국가의 사무 또는 사업의 목적과 용도에 따라서 물품을 사용하게 하거나 사용 중인 물품의 관리에 관한 사무를 위임하여야 한다. 위와 같이 물품의 사용에 관한 사무를 위임받은 공무원을 물품운용관이라 한다(동법 제11조).

정답 ④

08 「행정 효율과 협업 촉진에 관한 규정」상 공문서의 성립 및 효력발생시기에 대한 설명 중 가장 적절하지 **않은** 것은? [14년 경위 승진 수정]

① 문서는 결재권자가 해당 문서에 서명(전자이미지서명, 전자문자서명 및 행정전자서명을 포함)의 방식으로 결재함으로써 성립한다.

② 문서는 수신자에게 도달됨으로써 효력을 발생한다.

③ 전자문서의 경우는 수신자가 관리하거나 지정한 전자적 시스템 등에 입력되는 것을 도달되는 것을 말한다.

④ 공고문서는 그 문서에서 효력발생 시기를 구체적으로 밝히고 있지 않으면 그 고시 또는 공고 등이 있은 날부터 10일이 경과한 때에 효력이 발생한다.

해설 ④ 공고문서는 그 문서에서 효력발생 시기를 구체적으로 밝히고 있지 않으면 그 고시 또는 공고 등이 있은 날부터 5일이 경과한 때에 효력이 발생한다(「행정 효율과 협업 촉진에 관한 규정」 제6조 제3항).

정답 ④

09 「행정 효율과 협업 촉진에 관한 규정」및 동 시행규칙 상 공문서에 관한 설명으로 가장 적절하지 <u>않은</u> 것은? [14년 경감 승진 수정]

① "공문서"란 행정기관에서 공무상 작성하거나 시행하는 문서를 말하며, 행정기관이 접수한 문서는 공문서에 포함되지 않는다.
② 문서는 수신자에게 도달(전자문서의 경우는 수신자가 관리하거나 지정한 전자적 시스템 등에 입력되는 것을 말한다)됨으로써 효력을 발생한다.
③ 훈령·지시·예규·일일명령 등 행정기관이 그 하급기관이나 소속 공무원에 대하여 일정한 사항을 지시하는 문서를 "지시문서"라고 한다.
④ 결재권자의 서명란에는 서명날짜를 함께 표시한다.

해설 ① "공문서"란 행정기관에서 공무상 작성하거나 시행하는 문서(도면·사진·디스크·테이프·필름·슬라이드·전자문서 등의 특수매체기록을 포함한다. 이하 같다)와 행정기관이 접수한 모든 문서를 말한다(「행정 효율과 협업 촉진에 관한 규정」 제3조 제1호).

정답 ①

10 문서관리에 대한 다음 설명 중 가장 옳지 <u>않은</u> 것은? [16년 경간부]

① 기안문에는 발의자와 보고자의 직위나 직급 앞 또는 위에 발의자는 ★표시를, 보고자는 ⊙표시를 한다.
② 문서는 수신자에게 도달(전자문서의 경우는 수신자가 관리하거나 지정한 전자적 시스템 등에 입력되는 것을 말한다)됨으로써 효력을 발생한다.
③ 문서에는 음성정보나 영상정보 등이 수록되거나 연계된 바코드등을 표기할 수 있다.
④ 관인은 행정기관의 명의로 발신하거나 교부하는 문서에 사용하는 직인(職印)과 행정기관의 장이나 보조기관의 명의로 발신하거나 교부하는 문서에 사용하는 청인(廳印)으로 구분한다.

해설 ④ 청인(廳印)이란 행정기관의 명의로 발신하거나 교부하는 문서에 사용하는 관인이고, 직인(職印)이란 행정기관의 장이나 보조기관의 명의로 발신하거나 교부하는 문서에 사용하는 관인이다 (「행정 효율과 협업 촉진에 관한 규정」 제33조 제1항).

정답 ④

제4절   경찰보안관리

01 「보안업무규정」상 비밀에 대한 설명으로 가장 적절하지 <u>않은</u> 것은?

[15년 순경 1차 수정]

① "비밀"이란 「국가정보원법」 제4조제1항제2호에 따른 국가 기밀로서 이 영에 따라 비밀로 분류된 것을 말한다.

② 비밀은 그 중요성과 가치의 정도에 따라 Ⅰ급 비밀·Ⅱ급 비밀 및 Ⅲ급 비밀로 구분한다.

③ 누설될 경우 대한민국과 외교관계가 단절되고 전쟁을 일으키며, 국가의 방위계획·정보활동 및 국가방위에 반드시 필요한 과학과 기술의 개발을 위태롭게 하는 등의 우려가 있는 비밀은 Ⅰ급 비밀로 한다.

④ 누설될 경우 국가안전보장에 해를 끼칠 우려가 있는 비밀은 Ⅱ급 비밀로 한다.

해설 ④ 누설될 경우 국가안전보장에 막대한 지장을 끼칠 우려가 있는 비밀은 Ⅱ급 비밀로 하고, 누설될 경우 국가안전보장에 해를 끼칠 우려가 있는 비밀은 Ⅲ급 비밀로 한다(「보안업무규정」 제4조).

정답 ④

02 보안업무의 3대 원칙에 해당하지 <u>않는</u> 것은?

① 알 사람만 알아야 하는 원칙

② 외국비밀 존중의 원칙

③ 부분화의 원칙

④ 보안과 효율의 조화의 원칙

해설 ② 외국비밀 존중의 원칙은 비밀분류의 3대 원칙에 해당된다.

정답 ②

03 「보안업무규정 시행 세부규칙」에 따른 제한구역을 모두 고른 것은?

[20년 경위 승진]

㉠ 정보통신실 　　　　　　㉡ 과학수사센터
㉢ 암호취급소 　　　　　　㉣ 발간실
㉤ 치안상황실
㉥ 작전·경호·정보·보안업무 담당부서 전역
---

① ㉠ ㉡ ㉢ ㉣　　　　　　② ㉠ ㉢ ㉤ ㉥

③ ㉠ ㉡ ㉣ ㉥　　　　　　④ ㉡ ㉢ ㉤ ㉥

해설 제한구역 및 통제구역

제한구역	통제구역
가. 전자교환기(통합장비)실, 정보통신실 나. 발간실 다. 송신 및 중계소, 정보통신관제센터 라. 경찰청 및 시·도경찰청 항공대 마. 작전·경호·정보·보안업무 담당부서 전역 바. 과학수사센터	가. 암호취급소 나. 정보보안기록실 다. 무기창·무기고 및 탄약고 라. 종합상황실·치안상황실 마. 암호장비관리실 바. 정보상황실 사. 비밀발간실 아. 종합조회처리실

③ ㉠, ㉡, ㉣, ㉥은 제한구역이고, ㉢, ㉤은 통제구역이다(「보안업무규정 시행 세부규칙」 제60조 제1항).

정답 ③

04 비인가자의 출입이 금지되는 보안상 매우 중요한 지역에 해당하지 <u>않는</u> 보호구역은 모두 몇 개인가?

> ㉠ 암호취급소   ㉡ 비밀발간실
> ㉢ 치안상황실   ㉣ 과학수사센터
> ㉤ 전자교환기실   ㉥ 무기고 및 탄약고
> ㉦ 정보보안기록실

① 2개   ② 3개   ③ 4개   ④ 5개

해설 ④ ㉠, ㉡, ㉢, ㉥, ㉦은 통제구역에 해당하고, ㉣, ㉤은 제한구역에 해당한다.
정답 ①

05 비밀에 대한 설명 중 가장 적절한 것은?   [12년 경감 승진]

① 비밀분류의 원칙은 과도 또는 과소분류 금지의 원칙, 독립분류의 원칙, 보안과 효율의 조화가 있다.
② 비밀은 그 자체의 내용과 가치의 정도에 따라 분류하여야 한다는 원칙은 과도 또는 과소분류 금지의 원칙이다.
③ A경찰서 경비과에서 생산한 중요시설 경비대책이란 제목의 비밀문건은 보안과에서 비밀분류를 담당한다.
④ 비밀의 보관용기 외부에는 비밀의 보관을 알리거나 나타내는 어떠한 표시도 하여서는 안된다.

해설 ① [×] 비밀분류의 원칙은 과도 또는 과소분류 금지의 원칙, 독립분류의 원칙, 외국비밀 존중의 원칙이 있다(「보안업무규정」 제12조).
② [×] 비밀은 그 자체의 내용과 가치의 정도에 따라 분류하여야 한다는 원칙은 독립분류의 원칙이다(동규정 제12조 제2항).
③ [×] A경찰서 경비과에서 생산한 중요시설 경비대책이란 제목의 비밀문건은 경비과에서 비밀분류를 담당한다(동규정 제11조 제3항).
④ [O] 「보안업무규정 시행규칙」 제34조 제1항
정답 ④

06 「보안업무규정」상 다음의 설명 중 가장 옳지 <u>않은</u> 것은? [16년 경간부]

① Ⅱ급 비밀은 누설될 경우 국가안전보장에 막대한 지장을 끼칠 우려가 있는 비밀을 말한다.
② Ⅲ급 비밀은 누설될 경우 국가안전보장에 해를 끼칠 우려가 있는 비밀을 말한다.
③ 비밀분류의 원칙은 과도 또는 과소분류 금지의 원칙, 독립분류의 원칙, 외국비밀 존중의 원칙이 있다.
④ 비밀은 그 중요성과 가치에 따라 Ⅰ급 비밀, Ⅱ급 비밀, Ⅲ급 비밀, 대외비로 구분된다.

해설 ④ 비밀은 그 중요성과 가치의 정도에 따라 Ⅰ급 비밀·Ⅱ급 비밀 및 Ⅲ급 비밀로 구분한다(「보안업무규정」 제4조).
정답 ④

07 「보안업무규정 시행규칙」에 대한 설명으로 가장 적절하지 <u>않은</u> 것은?
[20년 경감 승진]

① Ⅰ급 비밀은 반드시 금고에 보관하여야 하며, 다른 비밀과 혼합하여 보관하여서는 아니 된다.
② 비밀의 보관용기 외부에는 비밀의 중요성과 가치에 따라 구분하여 표시하여야 한다.
③ 제한구역이란 비인가자가 비밀, 주요시설 및 Ⅲ급 비밀 소통용 암호자재에 접근하는 것을 방지하기 위하여 안내를 받아 출입하여야 하는 구역을 말한다.
④ 통제구역이란 보안상 매우 중요한 구역으로서 비인가자의 출입이 금지되는 구역을 말한다.

해설 ② 비밀의 보관용기 외부에는 비밀의 보관을 알리거나 나타내는 어떠한 표시도 해서는 아니된다(「보안업무규정 시행규칙」 제34조 제1항).
정답 ②

08 「보안업무규정 시행규칙」에 관한 다음 설명 중 가장 옳지 **않은** 것은?

[18년 경간부]

① 비밀취급 인가권자는 소속 직원의 인사기록카드에 기록된 비밀취급의 인가 및 인가해제 사유와 임용시의 신원조사회보서에 따라 새로 신원조사를 하지 아니하고 비밀취급을 인가할 수 있다. 다만, Ⅰ급 비밀 취급을 인가할 때에는 새로 신원조사를 하여야 한다.

② 비밀취급 인가권자는 업무상 조정·감독을 받는 기업체나 단체에 소속된 사람에 대하여 소관 비밀을 계속적으로 취급하게 하여야 할 필요가 있을 때에는 미리 국가정보원장과의 협의를 거쳐 해당하는 사람에게 Ⅱ급 이하의 비밀취급을 인가할 수 있다.

③ Ⅱ급 비밀 및 Ⅲ급 비밀은 금고 또는 이중 철제캐비닛 등 잠금장치가 있는 안전한 용기에 보관하여야 하며, 보관책임자가 Ⅱ급 비밀 취급 인가를 받은 때에는 Ⅱ급 비밀과 Ⅲ급 비밀을 같은 용기에 혼합하여 보관할 수 있다.

④ 보관용기에 넣을 수 없는 비밀은 제한지역에 보관하는 등 그 내용이 노출되지 아니하도록 특별한 보호대책을 마련하여야 한다.

해설 ④ 보관용기에 넣을 수 없는 비밀은 제한구역 또는 통제구역에 보관하는 등 그 내용이 노출되지 아니하도록 특별한 보호대책을 마련하여야 한다(「보안업무규정 시행규칙」 제33조 제4항).

정답 ④

09 보안업무에 관한 설명으로 가장 적절한 것은?　　　　[15년 경위 승진]

① 경찰공무원은 임용과 동시에 Ⅰ급 비밀취급권을 갖는다.

② 비밀의 등급은 보안과에서 일괄 결정한다.

③ 비밀의 보관용기는 외부에 비밀의 보관을 알리거나 나타내는 표시를 반드시 하여야 한다.

④ 비밀 분류시 과도 또는 과소분류 금지 원칙, 독립분류의 원칙, 외국비밀 존중의 원칙을 준수하여야 한다.

해설 ① [×] 모든 경찰공무원(전투경찰순경을 포함한다)은 임용과 동시에 Ⅲ급 비밀취급권을 갖는다(「보안업무규정 시행 세부규칙」 제15조).

② [×] 비밀은 그 비밀내용의 중요성과 가치의 정도에 따라 Ⅰ급 비밀, Ⅱ급 비밀, Ⅲ급 비밀로 분류한다(「보안업무규정」 제4조).
③ [×] 비밀의 보관용기 외부에는 비밀의 보관을 알리거나 나타내는 어떠한 표시도 해서는 아니된다(「보안업무규정 시행규칙」 제34조).
④ [○] 「보안업무규정」 제12조

정답 ④

---

10 「보안업무규정」 및 「보안업무규정 시행 세부규칙」상 비밀보호에 관한 설명으로 틀린 것은 모두 몇 개인가?　[16년 순경 1차]

> ㉠ 각급기관의 장은 비밀의 분류·취급·유통 및 이관 등의 모든 과정에서 비밀이 누설되거나 유출되지 아니하도록 보안대책을 수립하여 시행하여야 한다.
> ㉡ 비밀은 해당 등급의 비밀취급 인가를 받은 사람만 취급할 수 있다.
> ㉢ 비밀은 적절히 보호할 수 있는 최고등급으로 분류하되, 과도하거나 과소하게 분류해서는 아니 된다.
> ㉣ 비밀은 그 자체의 내용과 가치의 정도에 따라 분류하여야 하며, 다른 비밀과 관련해서 분류해서는 아니 된다.
> ㉤ 경찰청장은 Ⅱ급 및 Ⅲ급 비밀 취급 인가권자이다.

① 1개　　　② 2개　　　③ 3개　　　④ 4개

해설 ㉠ [○] 「보안업무규정」 제5조
㉡ [○] 동규정 제8조
㉢ [×] 비밀은 적절히 보호할 수 있는 최저등급으로 분류하여야 한다(동규정 제12조 제1항).
㉣ [○] 동규정 제12조 제2항
㉤ [○] 「보안업무규정 시행 세부규칙」 제11조 제1항

정답 ①

11 「보안업무규정」상 비밀에 대한 다음 설명 중 옳은 것은 모두 몇 개인가?

[19년 경간부]

> ㉠ 비밀은 그 중요성과 가치의 정도에 따라 Ⅰ급, Ⅱ급, Ⅲ급 비밀로 구분된다.
> ㉡ 누설될 경우 국가안전보장에 해를 끼칠 우려가 있는 경우 Ⅱ급 비밀로 분류한다.
> ㉢ 외국 정부나 국제기구로부터 접수한 비밀은 그 접수기관이 필요로 하는 정도로 보호할 수 있도록 분류하여야 한다.
> ㉣ 비밀은 적절히 보호할 수 있는 최고등급으로 분류하되, 과도하거나 과소하게 분류해서는 아니 된다.
> ㉤ 국가정보원장은 암호자재를 제작하여 필요한 기관에 공급한다. 다만 국가정보원장이 필요하다고 인정하는 암호자재의 경우 그 암호자재를 사용하는 기관은 국가정보원장이 인가하는 암호체계의 범위에서 암호자재를 제작할 수 있다.
> ㉥ 암호자재를 사용하는 기관의 장은 사용기간이 끝난 암호자재를 지체 없이 국가정보원장에게 반납해야 한다.

① 1개 ② 2개 ③ 3개 ④ 4개

해설 ㉠ [○] 「보안업무규정」 제4조
㉡ [×] 누설될 경우 국가안전보장에 해를 끼칠 우려가 있는 비밀은 Ⅲ급 비밀이다(동규정 제4조 제3호).
㉢ [×] 외국 정부나 국제기구로부터 접수한 비밀은 그 생산기관이 필요로 하는 정도로 보호할 수 있도록 분류하여야 한다(동규정 제12조 제3호).
㉣ [×] 비밀은 적절히 보호할 수 있는 최저등급으로 분류하되, 과도하거나 과소하게 분류해서는 아니 된다(동규정 제12조 제1항).
㉤ [○] 동규정 제7조 제1항
㉥ [×] 암호자재를 사용하는 기관의 장은 사용기간이 끝난 암호자재를 지체 없이 그 제작기관의 장에게 반납하여야 한다(동규정 제7조 제2항).

정답 ②

12 「보안업무규정」 및 「보안업무규정 시행규칙」상 비밀의 관리방법으로 옳은 것은 모두 몇 개인가?

> ㉠ 비밀보관책임자는 보관비밀을 대출하는 때에는 비밀대출부에 관련 사항을 기록·유지한다.
> ㉡ 비밀관리기록부와 암호자재 관리기록부에는 모든 비밀과 암호자재에 대한 보안책임 및 보안관리사항이 정확히 기록·보존되어야 한다.
> ㉢ 비밀열람기록전은 그 비밀의 생산기관이 첨부하며, 비밀을 파기하는 때에는 비밀에서 분리하여 따로 철하여 보관하여야 한다.
> ㉣ 각급기관의 장은 비밀의 작성·분류·접수·발송 및 취급 등에 필요한 모든 관리사항을 기록하기 위하여 비밀관리기록부를 작성하여 갖추어 두어야 한다. 다만, Ⅰ급 비밀관리기록부는 따로 작성하여 갖추어 두어야 하며, 암호자재는 암호자재 관리기록부로 관리한다.
> ㉤ 타자, 필경 또는 발간업무에 종사하는 사람은 비밀열람기록전에 갈음하는 작업일지에 작업에 관한 사항을 기록·유지하여야 한다.
> ㉥ 서약서철, 비밀접수증철, 비밀관리기록부는 비밀의 보호기간이 만료된 후 5년간 보존하여야 한다.

① 2개   ② 3개   ③ 4개   ④ 5개

해설　㉠ [○] 「보안업무규정 시행규칙」 제45조 제1항
㉡ [○] 「보안업무규정」 제22조 제2항
㉢ [○] 동규정 시행규칙 제45조 제3항
㉣ [○] 동규정 제22조 제1항
㉤ [×] 비밀의 발간업무에 종사하는 사람은 작업일지에 작업에 관한 사항을 기록·보관해야 한다. 이 경우 작업일지는 비밀열람기록전을 갈음하는 것으로 본다(동규정 시행규칙 제45조 제5항).
㉥ [×] 비밀접수증, 비밀열람기록전, 배부처는 비밀과 함께 철하여 보관·활용하고, 비밀의 보호기간이 만료되면 비밀에서 분리한 후 각각 편철하여 5년간 보관해야 한다(동규정 시행규칙 제70조 제1항).

정답　③

13 대통령훈령인 「보안업무규정 시행규칙」에 대한 다음 설명 중 옳지 <u>않은</u> 것은 모두 몇 개인가?

[17년 경간부]

> ㉠ Ⅰ급 비밀은 반드시 금고에 보관하여야 하며, 보관책임자가 Ⅰ급 비밀취급인 가를 받은 때에는 Ⅰ급 비밀을 Ⅱ, Ⅲ급 비밀과 혼합 보관할 수 있다.
> ㉡ 비밀의 보관용기 외부에는 비밀의 보관을 알리거나 나타내는 어떠한 표시도 하여서는 아니된다.
> ㉢ 비밀열람기록전은 그 비밀을 파기하는 때에 같이 파기하는 것이 아니라 분리하여 따로 철하여 보관하여야 한다.
> ㉣ 비밀열람기록전의 보존기간은 5년이며, 그 이전에 폐기할 때에는 경찰청장의 승인을 받아야 한다.

① 0개   ② 1개   ③ 2개   ④ 3개

해설 ㉠ [×] Ⅰ급 비밀은 다른 비밀과 혼합 보관하여서는 아니 된다(「보안업무규정 시행규칙」 제33조 제2항).
㉡ [○] 동규칙 제34조 제1항
㉢ [○] 동규칙 제45조 제3항
㉣ [×] 비밀관리부철(비밀열람기록전 포함)은 5년간 보존하여야 하며, 그 이전에 폐기하고자 할 때에는 국가정보원장의 승인을 받아야 한다(보안업무규정 시행 세부규칙(경찰청 훈령) 제70조).

정답 ③

제5절 경찰홍보관리

01 경찰과 대중매체와의 관계에 대한 여러 학자들의 견해가 가장 적절하게 연결된 것은? [18년 경위 승진]

- (㉠)은 "경찰과 대중매체는 서로를 필요로 하기 때문에 둘 사이에는 공생관계가 발달한다."라고 주장하였다.
- (㉡)은 경찰과 대중매체의 관계를 단란하고 행복스럽지는 않더라도, 오래 지속되는 결혼생활에 비유하였다.

① ㉠ Crandon ㉡ C. R. Jeffery
② ㉠ Crandon ㉡ Sir Robert Mark
③ ㉠ Ericson ㉡ Sir Robert Mark
④ ㉠ Ericson ㉡ C. R. Jeffery

해설 ㉠ Crandon은 "경찰과 대중매체는 서로를 필요로 하기 때문에 둘 사이에는 공생관계가 발달한다."라고 주장하였다.
㉡ Sir Robert Mark는 경찰과 대중매체의 관계를 단란하고 행복스럽지는 않더라도, 오래 지속되는 결혼생활에 비유하였다.
정답 ②

02 「언론중재 및 피해구제 등에 관한 법률」상 언론중재위원회에 대한 설명으로 가장 적절하지 <u>않은</u> 것은? [15년 경위 승진]

① 언론 등의 보도 또는 매개로 인한 분쟁의 조정·중재 및 침해사항을 심의하기 위하여 언론중재위원회를 둔다.
② 언론중재위원회는 중재위원회 규칙의 제정·개정 및 폐지에 관한 사항 등을 심의한다.
③ 위원장은 중재위원회를 대표하고 중재위원회의 업무를 총괄한다.
④ 중재위원회의 회의는 재적위원 1/4의 출석과 출석위원 과반수의 찬성으로 의결한다.

해설 ④ 중재위원회의 회의는 재적위원 과반수의 출석과 출석위원 과반수의 찬성으로 의결한다(「언론중재 및 피해구제 등에 관한 법률」제7조 제9항).

정답 ④

---

03 「언론중재 및 피해구제 등에 관한 법률」상 언론중재위원회에 대한 설명으로 가장 적절하지 <u>않은</u> 것은? [17년 경위 승진]

① 언론 등의 보도 또는 매개로 인한 분쟁의 조정·중재 및 침해사항을 심의하기 위하여 언론중재위원회를 둔다.

② 언론중재위원회에 위원장 1명과 2명 이내의 부위원장 및 3명 이내의 감사를 두며, 각각 언론중재위원 중에서 호선한다.

③ 위원장·부위원장·감사 및 언론중재위원의 임기는 각각 3년으로 하며, 한 차례만 연임할 수 있다.

④ 언론중재위원회의 회의는 재적위원 과반수의 출석과 출석위원 과반수의 찬성으로 의결한다.

해설 ② 언론중재위원회에 위원장 1명과 2명 이내의 부위원장 및 2명 이내의 감사를 두며, 각각 중재위원 중에서 호선한다(「언론중재 및 피해구제 등에 관한 법률」제7조 제4항).

정답 ②

---

04 「언론중재 및 피해구제 등에 관한 법률」상 언론중재위원회의 설치에 관한 내용으로 가장 적절하지 <u>않은</u> 것은? [16년 순경 1차]

① 중재위원회는 40명 이상 90명 이내의 중재위원으로 구성한다.

② 중재위원회에 위원장 1명과 2명 이내의 부위원장 및 2명 이내의 감사를 두며, 각각 중재위원 중에서 호선한다.

③ 위원장·부위원장·감사 및 중재위원의 임기는 각각 2년으로 하며, 연임할 수 없다.

④ 중재위원회의 회의는 재적위원 과반수의 출석과 출석위원 과반수의 찬성으로 의결한다.

해설 ③ 위원장·부위원장·감사 및 중재위원의 임기는 각각 3년으로 하며, 한 차례만 연임할 수 있다(「언론중재 및 피해구제 등에 관한 법률」 제7조 제5항).

정답 ③

---

05 「언론중재 및 피해구제 등에 관한 법률」상 언론중재위원회에 대한 설명 중 가장 옳지 <u>않은</u> 것은? [19년 경간부]

① 언론등의 보도 또는 매개로 인한 분쟁의 조정·중재 및 침해사항을 심의하기 위하여 언론중재위원회(이하 "중재위원회"라 한다)를 둔다.

② 중재위원회는 40명 이상 90명 이내의 중재위원으로 구성하며, 중재위원은 문화체육관광부장관이 위촉한다.

③ 중재위원회에 위원장 1명과 2명 이내의 부위원장 및 2명 이내의 감사를 두며, 각각 중재위원 중에서 호선한다.

④ 위원장·부위원장·감사 및 중재위원의 임기는 각각 2년으로 하며, 한 차례만 연임할 수 있다.

해설 ④ 위원장·부위원장·감사 및 중재위원의 임기는 각각 3년으로 하며, 한 차례만 연임할 수 있다(「언론중재 및 피해구제 등에 관한 법률」 제7조 제5항).

정답 ④

---

06 「언론중재 및 피해구제 등에 관한 법률」상 언론중재위원회에 대한 내용으로 ㉠부터 ㉣에 들어갈 숫자를 모두 합한 값은? [18년 순경 1차]

> • 중재위원회는 (㉠)명 이상 (㉡)명 이내의 중재위원으로 구성한다.
> • 중재위원회에 위원장 1명과 (㉢)명 이내의 부위원장 및 (㉣)명 이내의 감사를 두며, 각각 중재위원 중에서 호선한다.

① 124   ② 125

③ 134   ④ 135

해설 ③ 중재위원회는 40명 이상 90명 이내의 중재위원으로 구성한다(「언론중재 및 피해구제 등에 관한 법률」 제7조 제3항). 중재위원회에 위원장 1명과 2명 이내의 부위원장 및 2명 이내의 감사를 두며, 각각 중재위원 중에서 호선한다(동법 제7조 제4항). 따라서 40＋90＋2＋2＝134이다.

정답 ③

07 「언론중재 및 피해구제 등에 관한 법률」에 관한 설명으로 가장 적절하지 않은 것은? [19년 순경 2차]

① 사실적 주장에 관한 언론보도등이 진실하지 아니함으로 인하여 피해를 입은 자는 해당 언론보도등이 있음을 안 날부터 6개월 이내에 그 내용에 관한 정정보도를 청구할 수 있다.

② 언론등의 보도 또는 매개로 인한 분쟁의 조정·중재 및 침해사항을 심의하기 위하여 언론중재위원회를 둔다.

③ 정정보도는 해당 언론보도등이 있은 후 6개월이 경과하면 청구할 수 없다.

④ 정정보도 청구를 받은 언론사의 대표자는 3일 이내에 그 수용 여부에 대한 통지를 청구인에게 발송하여야 한다.

해설 ① 사실적 주장에 관한 언론보도등이 진실하지 아니함으로 인하여 피해를 입은 자는 해당 언론보도등이 있음을 안 날부터 3개월 이내에 언론사, 인터넷뉴스서비스사업자 및 인터넷 멀티미디어 방송사업자에게 그 언론보도등의 내용에 관한 정정보도를 청구할 수 있다(「언론중재 및 피해구제 등에 관한 법률」 제14조 제1항).

정답 ①

08 「언론중재 및 피해구제 등에 관한 법률」에 규정된 내용이다. 아래 ㉠부터 ㉥까지의 내용 중 옳지 않은 것을 모두 고른 것은? [17년 경감 승진]

> 제15조 제2항 – 정정보도 청구를 받은 언론사 등의 대표자는 ㉠ 7일 이내에 그 수용 여부에 대한 통지를 청구인에게 발송하여야 한다.
>
> 제15조 제4항 – 다음 각 호의 어느 하나에 해당하는 사유가 있는 경우에는 언론사 등은 정정보도 청구를 거부할 수 있다.
> 1. ㉡ 피해자가 정정보도청구권을 행사할 정당한 이익이 없는 경우
> 2. ㉢ 청구된 정정보도의 내용이 명백히 사실인 경우
> 3. ㉣ 청구된 정정보도의 내용이 명백히 위법한 내용인 경우
> 4. ㉤ 정정보도의 청구가 상업적인 광고만을 목적으로 하는 경우
> 5. ㉥ 청구된 정정보도의 내용이 국가·지방자치단체 또는 공공단체의 비공개회의와 법원의 비공개재판절차의 사실보도에 관한 것인 경우

① ㉠ ㉢ ㉥ ② ㉠ ㉣ ㉤

③ ㉡ ㉢ ㉤ ④ ㉡ ㉣ ㉥

해설 ㉠ [×] 정정보도 청구를 받은 언론사등의 대표자는 3일 이내에 그 수용 여부에 대한 통지를 청구인에게 발송하여야 한다(「언론중재 및 피해구제 등에 관한 법률」 제15조 제2항).

㉡ [○]

㉢ [×] 청구된 정정보도의 내용이 명백히 사실과 다른 경우(동법 제15조 제4항 제2호).

㉣ [○]

㉤ [○]

㉥ [×] 청구된 정정보도의 내용이 국가·지방자치단체 또는 공공단체의 공개회의와 법원의 공개재판절차의 사실보도에 관한 것인 경우(동법 제15조 제4항 제5호).

정답 ①

09 「언론중재 및 피해구제 등에 관한 법률」에 대한 설명 중 옳지 <u>않은</u> 것을 모두 고른 것은?

[20년 경간부]

㉠ 정정보도 청구를 받은 언론사 등의 대표자는 3일 이내에 그 수용 여부에 대한 통지를 청구인에게 발송하여야 한다.

㉡ 피해자가 정정보도청구권을 행사할 정당한 이익이 없는 경우 언론사는 정정보도 청구를 거부할 수 있다.

㉢ 청구된 정정보도의 내용이 명백히 사실과 다른 경우 언론사는 정정보도 청구를 거부할 수 있다.

㉣ 청구된 정정보도의 내용이 명백히 위법한 내용인 경우 언론사는 정정보도 청구를 거부할 수 있다.

㉤ 정정보도의 청구가 공익적인 광고만을 목적으로 하는 경우 언론사는 정정보도 청구를 거부할 수 있다.

㉥ 청구된 정정보도의 내용이 국가·지방자치단체 또는 공공단체의 공개회의와 법원의 비공개재판 절차의 사실보도에 관한 것인 경우 언론사는 정정보도 청구를 거부할 수 있다.

---

① ㉠ ㉡ ㉤   ② ㉢ ㉤ ㉥

③ ㉣ ㉥   ④ ㉤ ㉥

해설 ㉠ [○] 「언론중재 및 피해구제 등에 관한 법률」 제15조 제2항

㉡ [○] 동법 제15조 제4항 제1호

㉢ [○] 동법 제15조 제4항 제2호

㉣ [○] 동법 제15조 제4항 제3호

㉤ [×] 정정보도의 청구가 상업적인 광고만을 목적으로 하는 경우 언론사는 정정보도 청구를 거부할 수 있다(동법 제15조 제4항 제4호).

㉥ [×] 청구된 정정보도의 내용이 국가·지방자치단체 또는 공공단체의 공개회의와 법원의 공개재판절차의 사실보도에 관한 것인 경우 언론사는 정정보도 청구를 거부할 수 있다(동법 제15조 제4항 제5호).

정답 ④

10 다음은 「언론중재 및 피해구제 등에 관한 법률」에 대한 내용이다. 괄호 안에 들어갈 숫자의 총합은?

> ㉠ 사실적 주장에 관한 언론보도가 진실하지 아니함으로 인하여 피해를 입은 자는 당해 언론보도가 있음을 안 날로부터 (   )개월 이내, 당해 언론보도가 있은 후 (   )개월 이내에 정정보도를 청구할 수 있다.
> ㉡ 정정보도 청구를 받은 언론사 등의 대표자는 (   )일 이내에 그 수용 여부에 대한 통지를 청구인에게 발송하여야 한다.
> ㉢ 언론사 등이 정정보도 청구를 수용할 때에는 지체 없이 피해자 또는 그 대리인과 정정보도의 내용·크기 등에 관하여 협의한 후, 그 청구를 받은 날부터 (   )일 이내에 정정보도문을 방송하거나 게재하여야 한다.

① 18   ② 19
③ 24   ④ 25

해설 ㉠ 사실적 주장에 관한 언론보도가 진실하지 아니함으로 인하여 피해를 입은 자는 당해 언론보도가 있음을 안 날로부터 (3)개월 이내, 당해 언론보도가 있은 후 (6)개월 이내에 정정보도를 청구할 수 있다(「언론중재 및 피해구제 등에 관한 법률」제14조 제1항).
㉡ 정정보도 청구를 받은 언론사 등의 대표자는 (3)일 이내에 그 수용 여부에 대한 통지를 청구인에게 발송하여야 한다(동법 제15조 제2항).
㉢ 언론사등이 정정보도 청구를 수용할 때에는 지체 없이 피해자 또는 그 대리인과 정정보도의 내용·크기 등에 관하여 협의한 후, 그 청구를 받은 날부터 (7)일 이내에 정정보도문을 방송하거나 게재하여야 한다(동법 동조 제3항).
따라서 (   ) 안에 들어갈 숫자의 총합은 3 + 6 + 3 + 7 = 19이다.

정답 ②

11 경찰관이 언론사를 상대로 정정보도를 청구하려고 한다. 법률과 판례에 따를 때 옳지 않은 것은? [21년 경간부]

① 사실적 주장에 관한 언론보도가 진실하지 아니함으로 피해를 입은 경우 해당 언론보도가 있음을 안 날부터 3개월 이내에 해당 언론사 대표에게 서면으로 그 언론보도 내용에 관한 정정보도를 청구할 수 있다.

② 사실적 주장이란 의견표명에 대치되는 개념으로서 사실적 주장과 의견표명이 혼재할 경우 양자를 구별할 때에는 해당 언론보도의 객관적인 내용과 아울러 해당 언론보도가 게재한 문맥의 보다 넓은 의미나 배경이 되는 사회적 흐름 및 시청자에게 주는 전체적인 인상도 함께 고려하여야 한다.

③ 복잡한 사실관계를 알기 쉽게 단순하게 만드는 과정에서 일부 특정한 사실관계를 압축, 강조하거나 대중의 흥미를 끌기 위해 실제 사실관계에 장식을 가하는 과정에서 다소의 수사적 과장이 있더라도 전체적인 맥락에서 보아 보도내용의 중요 부분이 진실에 합치한다면 그 보도의 진실성은 인정된다.

④ 정정보도를 청구하는 경우에 그 언론사의 고의·과실이나 위법성을 필요로 하는 것은 아니며 그 언론사는 언론보도가 진실하다는 것에 대한 증명책임을 부담한다.

해설 ① [○] 「언론중재 및 피해구제 등에 관한 법률」 제14조.
② [○] 사실적 주장이란 가치판단이나 평가를 내용으로 하는 의견표명에 대치되는 개념으로서 증거에 의하여 그 존재 여부를 판단할 수 있는 사실관계에 관한 주장을 말한다. 이러한 개념이 반드시 명확한 것은 아니다. 언론보도는 대개 사실적 주장과 의견표명이 혼재하는 형식으로 이루어지는 것이어서 그 구별기준 자체가 일의적이라고 할 수 없고, 양자를 구별할 때에는 당해 원보도의 객관적인 내용과 아울러 일반의 시청자가 보통의 주의로 원보도를 접하는 방법을 전제로, 사용된 어휘의 통상적인 의미, 전체적인 흐름, 문구의 연결방법뿐만 아니라 당해 원보도가 게재한 문맥의 보다 넓은 의미나 배경이 되는 사회적 흐름 및 시청자에게 주는 전체적인 인상도 함께 고려하여야 할 것이다(대판 2012. 11. 15, 2011다86782).
③ [○] 「언론중재 및 피해구제 등에 관한 법률」 제14조 제1항에서 정하는 언론보도의 진실성은 그 내용 전체의 취지를 살펴보아 중요한 부분이 객관적 사실과 합치되는 것일 때 인정되며 세부적인 면에서 진실과 약간 차이가 나거나 다소 과장된 표현이 있더라도 무방하고, 또한 복잡한 사실관계를 알기 쉽도록 단순하게 만드는 과정에서 일부 특정한 사실관계를 압축·강조하거나 대중의 흥미를 끌기 위하여 실제 사실관계에 장식을 가하는 과정에서 다소의 수사적 과장이 있더라도 전체적인 맥락에서 보아 보도내용의 중요부분이 진실에 합치한다면 그 보도의 진실성은 인정된다고 보아야 한다(대판 2007. 9. 6, 2007다2275).
④ [×] 사실적 주장에 관한 언론보도 등의 내용에 관한 정정보도를 청구하는 피해자는 그 언론

보도등이 진실하지 아니하다는 데 대한 증명책임을 부담한다(대판 2011. 9. 2, 2009다52649).

정답 ④

제6절 경찰윤리

01 경찰활동의 사상적 토대는 사회계약설에서 찾을 수 있다. 홉스, 로크, 루소에 의해 주장된 근대의 사회계약설은 계약이라는 개념을 통해서 경찰제도를 포함한 각종 제도나 정부형태, 법체계 등이 조직되는 원리를 도출하고 있다. 사회계약론을 주창한 위 세 학자들의 사회계약사상을 기술한 내용 중 옳은 것은 모두 몇 개인가?   [12년 경감 승진]

> ㉠ 홉스는 자연상태를 '만인에 대한 만인의 투쟁', '약육강식의 투쟁상태'로 보았다.
> ㉡ 루소는 자연상태에서 처음에는 자유·평등이 보장되는 목가적 상태에서 점차 강자와 약자의 구별이 생기고 불평등 관계가 성립한다고 보았다.
> ㉢ 로크는 자연상태에서 처음에는 자유롭게 평등하며 정의가 지배하는 사회였다가 인간관계가 확대됨에 따라 자연권의 유지가 불안해진다고 보았다.
> ㉣ 로크는 자연상태에서도 인간은 자연법의 제한을 받으며 자신의 권리가 침해되었을 때 스스로의 자위권을 발동할 수 있다고 주장하였다.

① 1개   ② 2개
③ 3개   ④ 4개

해설 설문은 모두 옳은 내용이다.

정답 ④

02 경찰의 부정부패 현상과 그 원인에 대한 설명으로 가장 적절한 것은?

[17년 순경 2차]

① 사회 전체가 경찰 부패를 묵인하거나 조장할 때 경찰은 부패 행위를 하게 되며 시민 사회의 부패가 경찰 부패의 주원인으로 보는 이론은 전체사회 가설이다.

② 일부 부패경찰을 모집 단계에서 배제하지 못하여 조직 전체를 부패로 물들게 한다는 구조원인 가설은 부패의 원인을 개인적 결함이 아닌 조직의 체계적 원인으로 파악한다.

③ 미끄러지기 쉬운 경사로 이론은 부패에 해당하는 작은 호의가 습관화 될 경우 미끄러운 경사로를 타고 내려오듯이 점점 더 큰 부패와 범죄로 빠진다는 가설이다.

④ 썩은 사과 가설은 신임 경찰관들이 그들의 선배 경찰관들에 의해 조직의 부패 전통 내에서 사회화되어 신임 경찰도 기존 경찰처럼 부패로 물들게 된다고 주장한다.

해설 ① [○]

② [×] 처음부터 경찰관으로서의 자질이 없는 사람이 경찰관이 됨으로써 부패의 원인이 된다고 보는 썩은 사과 가설은 부패의 원인을 조직의 체계적 원인이 아닌 개인적 결함으로 파악한다.

③ [×] 미끄러지기 쉬운 경사로 이론은 부패에 해당하지 않는 작은 호의가 습관화될 경우 미끄러운 경사로를 타고 내려오듯이 점점 더 큰 부패와 범죄로 빠진다는 가설이다.

④ [×] 구조원인 가설은 경찰부패의 원인을 기존의 부패한 경찰문화에서 찾고, 젊은 신임경찰관은 나이 든 경력 경찰관의 부패행위에서 학습하게 된다고 주장한다.

정답 ①

03 **경찰의 부정부패 원인에 대한 설명으로 가장 적절한 것은?**   [17년 순경 1차]

① 미국의 윌슨은 '시카고 시민이 경찰을 부패시켰다'며 구조원인 가설을 주장하였다.

② 니더호퍼, 로벅, 바커 등이 주장한 '전체사회 가설'은 미끄러지기 쉬운 경사로 이론과 관련이 깊다.

③ 셔먼의 미끄러지기 쉬운 경사로 이론에 의하면 공짜 커피 한 잔도 부패에 해당한다.

④ 선배경찰의 부패행태로부터 신임경찰이 차츰 사회화되어 신임경찰도 기존 경찰처럼 부패로 물들게 된다는 이론은 구조원인 가설이다.

해설 ① [×] 미국의 윌슨은 '시카고 시민이 경찰을 부패시켰다'며 전체사회 가설을 주장하였다.
② [×] 니더호퍼, 로벅, 바커 등은 구조원인 가설을 주장하였다.
③ [×] 셔먼의 미끄러지기 쉬운 경사로 이론에 의하면 공짜 커피, 작은 선물 등 부패에 해당하지 않는 사소한 호의일지라도 습관화될 경우에는 점점 더 큰 부패와 범죄로 연결된다.
④ [○]
정답 ④

04 **경찰의 부정부패 현상과 그 원인에 관한 다음 설명 중 가장 적절하지 않은 것은?**   [15년 순경 2차]

① 전체사회 가설은 시민사회 부패를 경찰부패의 주요 원인으로 본다.

② 구조원인 가설은 윌슨이 주장한 가설로 신참 경찰관들이 그들의 고참 동료들에 의해 조직의 부패전통 내에서 사회화됨으로써 부패의 길로 들어선다는 입장이다.

③ 썩은 사과 가설은 일부 부패경찰이 조직 전체를 부패로 물들게 한다는 이론으로 부패문제를 개인적 결함 문제로 바라본다.

④ 미끄러지기 쉬운 경사로 이론은 부패에 해당하지 않는 작은 호의가 습관화될 경우 미끄러운 경사로를 타고 내려오듯이 점점 더 큰 부패와 범죄로 빠진다는 가설이다.

해설 ② 경찰부패의 원인과 관련하여 니더호퍼, 로벅, 바커 등은 구조원인 가설을 주장하였고, 윌슨은 전체사회 가설을 주장하였다.
정답 ②

05 경찰부패의 원인에 관한 다음 설명 중 가장 옳은 것은 무엇인가?

[18년 경간부]

① 델라트르는 작은 호의를 금지해야 한다고 주장하였다.

② 미국의 로벅은 '시카고 시민이 경찰을 부패시켰다'고 주장하였다.

③ 경찰부패에 대한 내부고발은 '침묵의 규범'과 같은 개념이다.

④ 썩은 사과 가설은 부패의 원인이 개인이 아닌 조직적 결함에 있다고 본다.

해설 ① [○]
② [×] 로벅은 니더호퍼, 바커 등과 함께 구조원인 가설을 주장하였고, 미국의 월슨은 '시카고 시민이 경찰을 부패시켰다'고 주장하였다.
③ [×] 경찰부패에 대한 내부고발은 '침묵의 규범'과 반대되는 개념이다.
④ [×] 썩은 사과 가설은 부패의 원인이 경찰관 개인 자체에게 있다고 주장하였다.

정답 ①

06 경찰 부패의 현상 및 원인의 이론에 대한 설명으로 가장 적절하지 <u>않은</u> 것은?

[16년 순경 1차; 18년 경위 승진]

① '썩은 사과 가설'은 경찰부패의 원인으로 부패 가능성이 있는 경찰관들이 모집단계에서 배제되지 못하고 조직 내에 유입됨으로써 경찰의 부패가 나타난다고 설명한다.

② 월슨은 '미국 시카고 시민이 시카고 경찰을 부패시켰다'라고 주장하였는데 이는 시민사회의 부패가 경찰부패의 주원인이라고 보는 것으로 '전체사회 가설'에 해당한다.

③ 펠드버그는 대부분의 경찰관들이 사소한 호의와 뇌물을 구별할 수 있으므로 '미끄러지기 쉬운 경사로 이론'은 비현실적이고 더 나아가 경찰인의 지능에 대한 모독이라고 하였다.

④ 코헨과 펠드버그가 제시한 이론으로 신임경찰이 기존의 부패한 경찰로부터 부패의 사회화를 통하여 물들게 된다는 것은 '구조원인 가설'이다.

해설 ④ 니더호퍼, 로벅, 바커가 제시한 이론으로 신임경찰이 기존의 부패한 경찰로부터 부패의 사회화를 통하여 물들게 된다는 것은 '구조원인 가설'이다. 코헨과 펠드버그는 사회계약설에 기초해서 경찰관이 지녀야 하는 윤리적 표준을 제시하였다.

정답 ④

07 **부정부패 이론에 대한 설명 중 가장 옳은 것은?** [16년 경간부]

① 선배 경찰의 부패행위로부터 신임 경찰이 차츰 사회화되어 신임 경찰도 기존 경찰처럼 부패로 물들게 된다는 이론을 '썩은 사과 가설'이라고 한다.

② 경찰관이 동료나 상사의 부정부패에 대하여 감찰이나 외부의 언론매체에 대하여 공표하는 것을 휘슬블로잉(whistle blowing)이라고 하고, 비지 바디니스(busy bodiness)는 남의 비행에 대하여 일일이 참견하여 도덕적 충고를 하는 것이다.

③ '형성재' 이론은 작은 사례나 호의는 시민과의 부정적인 사회관계를 만들어 주는 형성재라는 것으로, 작은 호의의 부정적 효과를 강조하는 이론이다.

④ 니더호퍼, 로벅, 바커 등이 제시한 '구조원인가설'은 부패의 원인은 자질이 없는 경찰관들이 모집단계에서 배제되지 않고 조직 내에 유입됨으로써 경찰의 부패가 나타난다는 이론이다.

해설 ① [×] 구조원인가설은 경찰부패의 원인과 관련하여 신임경찰관은 나이 든 경력 경찰관의 부패행위에서 학습하게 된다고 주장하였다.
② [○]
③ [×] 형성재(building block) 이론은 작은 사례나 호의는 경찰과 시민과 원만하고 긍정적인 사회관계를 만들어 주는 계기가 된다는 것으로 작은 호의의 긍정적 효과를 강조한다.
④ [×] 썩은 사과 가설은 부패의 원인은 자질이 없는 경찰관들이 모집단계에서 배제되지 않고 조직 내에 유입됨으로써 경찰의 부패가 나타난다고 주장한다.

정답 ②

08 경찰의 부패이론과 내부고발에 대한 설명으로 가장 옳은 것은? [21년 경간부]

① '구조원인 가설'은 니더호퍼, 로벅, 바커, 윌슨 등이 주장한 이론으로서 신임경찰이 선배경찰에 의해 조직의 부패전통 내에서 사회화되어 신임경찰도 기존경찰처럼 부패로 물들게 된다는 이론이다.

② '썩은 사과 가설'은 부패의 원인을 개인적 결함보다는 조직의 체계적 원인으로 보고 있으며 신임경찰 채용단계의 중요성을 강조한다.

③ '미끄러지기 쉬운 경사로 이론'은 펠드버그가 주장한 이론으로 공짜 커피나 작은 선물 등의 사소한 호의가 나중에 엄청난 부패로 이어진다는 이론이다.

④ 내부고발의 정당화 요건으로 적절한 도덕적 동기, 최후수단성, 성공 가능성, 중대성, 급박성 등이 있다.

> **해설** ① [×] 니더호퍼, 로벅, 바커 등은 구조원인 가설을 주장하였고, 윌슨은 전체사회 가설을 주장하였다.
> ② [×] '썩은 사과 가설'은 부패의 원인을 개인적 결함으로 본다.
> ③ [×] '미끄러지기 쉬운 경사로 이론'은 셔먼(L. Shermam)이 주장하였다.
> ④ [○]
>
> **정답** ④

09 경찰의 부정부패 이론에 대한 설명으로 가장 적절하지 <u>않은</u> 것은?

[18년 순경 2차]

① 윌슨이 주장한 전체사회 가설은 '미끄러지기 쉬운 경사로 이론'과 유사하다.

② 구조원인 가설에 따르면, 구조화된 조직적 부패는 서로가 문제점을 알면서도 눈감아주는 '침묵의 규범'을 형성한다.

③ 전체사회 가설은 시민사회의 부패를 경찰부패의 주요 원인으로 본다.

④ 썩은 사과 가설은 일부 부패경찰이 조직 전체를 부패로 물들게 한다는 이론으로 부패의 원인을 조직의 체계적 원인으로 파악한다.

> **해설** ④ 썩은 사과 가설은 개인적 결함을 부패의 원인으로 바라보고, 니더호퍼, 로벅, 바커의 구조원인 가설은 구조화된 조직적 결함을 부패의 원인으로 파악한다.
>
> **정답** ④

10 경찰의 부정부패 원인가설 중 「구조원인가설」에 대한 설명으로 가장 적절하지 <u>않은</u> 것은?   [17년 경위 승진]

① 시민 사회의 경찰부패에 대한 묵인·조장이 부패의 원인이다.

② 구조화된 조직적 부패는 서로가 문제점을 알면서도 눈감아주는 '침묵의 규범'을 형성한다.

③ 부패한 조직 전통 속에서 신임경찰이 사회화되어 부패경찰이 된다.

④ 부패가 구조화된 조직에서는 '법규와 현실의 괴리' 현상이 발생한다.

해설 ① 시민 사회의 경찰부패에 대한 묵인·조장이 부패의 원인임을 주장한 가설은 '전체사회 가설'이다. '구조원인 가설'은 경찰부패의 원인을 기존의 부패한 경찰문화에서 찾는다.

정답 ①

11 경찰의 부정부패 원인가설에 대한 설명으로 가장 적절하지 <u>않은</u> 것은?

① 셔먼(Sherman)의 미끄러지기 쉬운 경사로 이론은 부패에 해당되지 않은 작은 호의가 습관화될 경우 미끄러운 경사로를 타고 내려오듯이 점점 더 큰 부패와 범죄로 빠진다는 가설이다.

② 전체사회 가설은 시민사회의 부패를 경찰사회의 부패 원인으로 본다.

③ 전체사회 가설은 신임경찰관들이 고참 동료에 의해 조직의 부패문화에 사회화됨으로써 부패의 길로 들어선다는 가설이다.

④ 썩은 사과 가설은 부패의 원인을 조직의 체계적 원인보다는 개인적 결함으로 본다.

해설 ③ 니더호퍼, 로벅, 바커 등이 주장한 구조원인 가설은 경찰부패의 원인을 기존의 부패한 경찰문화에서 찾고, 젊은 신임경찰관은 나이 든 선배 경찰관의 부패행위에서 학습하게 된다고 주장한다.

정답 ③

12 부정부패 현상과 관련하여 <u>틀린</u> 것은 모두 몇 개인가? [15년 경간부]

㉠ 셔먼의 '미끄러지기 쉬운 경사로 이론'에 의하면 공짜 커피 한잔도 부패에 해당한다.

㉡ 선배경찰의 부패행태로부터 신임경찰이 차츰 사회화되어 신임경찰도 기존 경찰처럼 부패로 물들게 된다는 이론은 '썩은 사과 가설'이다.

㉢ 경찰관이 동료나 상사의 부정부패에 대하여 감찰이나 외부의 언론매체에 대하여 공표하는 것을 '모랄 해저드'(moral hazard)라고 한다.

㉣ 셔먼의 '미끄러지기 쉬운 경사로 이론'에 대하여 펠드버그는 작은 호의를 받았다고 해서 반드시 경찰이 큰 부패를 범하는 것은 아니라고 하면서 비판하였다.

---

① 1개   ② 2개   ③ 3개   ④ 4개

해설 ㉠ [×] 셔먼의 '미끄러지기 쉬운 경사로 이론'에 의하면 공짜 커피 한잔과 같은 부패에 해당하지 않는 작은 호의가 습관화될 경우 미끄러운 경사로를 타고 내려오듯이 점점 더 큰 부패와 범죄로 빠진다.

㉡ [×] 선배경찰의 부패행태로부터 신임경찰이 차츰 사회화되어 신임경찰도 기존 경찰처럼 부패로 물들게 된다는 이론은 '구조원인 가설'이다.

㉢ [×] 경찰관이 동료나 상사의 부정부패에 대하여 감찰이나 외부의 언론매체에 대하여 공표하는 것을 내부고발이라고 하며, 내부고발과 구별되는 개념은 침묵의 규범이다.

㉣ [○]

정답 ③

13 다음은 경찰부패에 대한 설명이다. 빈칸 ㉠부터 ㉣까지 들어갈 것으로 가장 적절하게 짝지어진 것은? [20년 순경 1차]

- (㉠)은 니더호퍼, 로벅, 바커 등이 제시한 이론으로 부패의 사회화를 통하여 신임경찰이 기존의 부패한 경찰에 물들게 된다는 입장이다.
- (㉡)은(는) 남의 비행에 대하여 일일이 참견하면서 도덕적 충고를 하는 것을 의미한다.
- (㉢)은 공짜 커피, 작은 선물 등의 사소한 호의가 나중에는 큰 부패로 이어질 수 있다는 점을 강조한다.
- (㉣)은(는) 도덕적 가치관이 붕괴되어 동료의 부패를 부패라고 인식하지 못하는 것을 의미하며, 부패를 잘못된 행위로 인식하고 있지만 동료라서 모르는 척하는 침묵의 규범과는 구별되는 개념이다.

	㉠	㉡	㉢	㉣
①	전체사회가설	Whistle blowing	사회 형성재 이론	Moral hazard
②	구조원인가설	Whistle blowing	미끄러지기 쉬운 경사로 이론	Deep throat
③	전체사회가설	Busy bodiness	사회 형성재 이론	Deep throat
④	구조원인가설	Busy bodiness	미끄러지기 쉬운 경사로 이론	Moral hazard

해설 ㉠ 구조원인가설
㉡ 비지 바디니스(Busy bodiness)
㉢ 미끄러지기 쉬운 경사로 이론
㉣ 모럴 헤저드(Moral hazard)

정답 ④

14 경찰부패 문제의 해결을 위해 다음과 같이 「경찰청 공무원 행동강령」을 개정하였다고 가정한다면, 이와 같은 개정의 근거가 된 경찰부패이론(가설)으로 가장 적절한 것은? [19년 순경 2차]

현행	개정안
공무원은 직무 관련 여부 및 기부·후원·증여 등 그 명목에 관계없이 동일인으로부터 1회에 100만 원 또는 매 회계연도에 300만 원을 초과하는 금품 등을 받거나 요구 또는 약속해서는 아니 된다.	공무원은 직무 관련 여부 및 기부·후원·증여 등 그 명목에 관계없이 어떠한 금품 등도 받거나 요구 또는 약속해서는 아니 된다.

① 썩은 사과 가설   ② 미끄러지기 쉬운 경사로 이론

③ 형성재론   ④ 구조원인 가설

해설 ② 셔먼의 '미끄러지기 쉬운 경사로 이론'은 부패에 해당하지 않는 작은 호의가 습관화될 경우 미끄러운 경사로를 타고 내려오듯이 점점 더 큰 부패와 범죄로 빠진다는 가설로 공짜 커피, 작은 선물 등 사소한 호의도 경계하자고 주장한다. 따라서 이 이론은 경찰부패 문제의 해결을 위해 「경찰청 공무원 행동강령」을 엄격하게 개정하는 근거가 될 수 있다.

정답 ②

15 다음은 경찰관들의 일탈 사례와 이를 설명하는 가설이다 〈보기 1〉과 〈보기 2〉의 내용이 가장 적절하게 연결된 것은? [20년 순경 2차]

> **보기1**
> (가) 경찰관 A는 동료경찰관들이 유흥업소 업주들로부터 접대를 받은 사실을 알고도 모른 체했다.
> (나) 음주운전으로 징계처분을 받은 적이 있는 B가 다시 음주 운전으로 적발되어 징계위원회에 회부되었다.
> (다) 주류판매로 단속된 노래연습장 업주가 담당경찰관 C에게 사건무마를 청탁하며 뇌물수수를 시도하였다.

> **보기2**
> ㉠ 썩은 사과가설
> ㉡ 미끄러지기 쉬운 경사로 이론
> ㉢ 구조원인가설
> ㉣ 전체사회가설

	(가)	(나)	(다)			(가)	(나)	(다)
①	㉢	㉠	㉣		②	㉠	㉡	㉣
③	㉠	㉢	㉡		④	㉢	㉠	㉡

해설 (가)-㉢. 경찰관들 사이세 서로 문제점을 알면서도 눈감아주는 '침묵의 규범'은 구조원인 가설과 연결된다.
(나)-㉠. 부패문제를 개인적 결함 문제로 바라보는 썩은 사과 가설과 연결된다.
(다)-㉣. 사회 전체가 경찰관의 부패를 묵인하거나 조장할 때 경찰관은 자연스럽게 부패행위를 하게 된다는 것은 전체사회 가설과 연결된다.

정답 ①

16 「부패방지 및 국민권익위원회의 설치와 운영에 관한 법률」에 대한 설명으로 옳지 <u>않은</u> 것은? [20년 경간부 수정]

① 국민권익위원회는 신고가 접수된 부패행위의 혐의대상자가 경무관급 이상의 경찰공무원이고, 부패혐의의 내용이 형사처벌을 위한 수사 및 공소제기의 필요성이 있는 경우에는 위원회의 명의로 검찰에 고발할 수 있다.

② 조사기관은 신고를 이첩 받은 날부터 60일 이내에 감사·수사 또는 조사를 종결하여야 한다. 다만, 정당한 사유가 있는 경우에는 그 기간을 연장할 수 있으며, 위원회에 그 연장사유 및 연장기간을 통보하여야 한다.

③ 부패행위를 신고하고자 하려는 자는 신고자의 인적사항 및 이유를 기재한 기명의 문서로써 하여야 하며, 신고대상과 부패행위의 증거 등을 함께 제시하여야 한다.

④ 부패행위 신고를 한 자가 신고의 내용이 허위라는 사실을 알았거나 알 수 있었음에도 불구하고 신고한 경우에는 「부패방지 및 국민권익위원회의 설치와 운영에 관한 법률」의 보호를 받지 못한다.

해설 ① 국민권익위원회에 신고가 접수된 당해 부패행위의 혐의대상자가 경무관급 이상의 경찰공무원이고, 부패혐의의 내용이 형사처벌을 위한 수사 및 공소제기의 필요성이 있는 경우에는 위원회의 명의로 검찰, 수사처, 경찰 등 관할 수사기관에 고발을 하여야 한다(「부패방지 및 국민권익위원회의 설치와 운영에 관한 법률」 제59조 제4항).

정답 ①

17 사회계약설과 이로부터 도출되는 경찰활동의 기준에 대한 설명이다. 가장 적절한 것은? [13년 경위 승진]

① 로크의 사회계약설에 의하면 사회계약을 통하여 개인의 권리 보호를 위해 힘을 사용할 권한을 정부에 부여하였다.

② 사회계약론에 의하면 경찰활동의 궁극적 목적은 공공의 신뢰 확보이다.

③ 목욕탕에서 금반지를 잃어버린 손님 甲은 다른 손님 乙이 매우 의심스러웠으나 직접 추궁하지 않고 경찰에 신고하여 체포하도록 하였다. 이는 공정한 접근의 보장에 해당한다.

④ 부친의 가정폭력 경험자인 A경찰관이 사건을 처리하며 남편의 잘못이라고 단정 짓는 경우는 공공의 신뢰 확보에 위배되었다고 볼 수 있다.

해설 ① [○]
② [×] 사회계약론에 의하면 경찰활동의 궁극적 목적은 시민의 생명과 재산의 안전이다.
③ [×] 이것은 코헨과 펠드버그의 경찰윤리표준 중에서 일반 시민의 신뢰에 해당한다.
④ [×] 이것은 코헨과 펠드버그의 경찰윤리표준 중에서 객관성에 위배되었다.
정답 ①

18 코헨과 펠드버그가 제시한 경찰활동 기준에 위배되는 것에 대한 연결이 가장 적절하지 **않은** 것은?

① 경찰관이 공명심이 앞서 범인을 혼자서 검거하려다 실패함 – 협력
② 경찰의 과잉단속으로 오토바이 난폭 운전자가 사망함 – 생명과 재산의 안전
③ 순찰근무 중 달동네에 가려고 하지 않고 부자 동네만 순찰함 – 일반 시민의 신뢰
④ 교통경찰이 음주단속을 하면서 동료경찰관이라는 이유로 단속을 하지 않음 – 공정한 접근

해설 ③ 순찰근무 중 달동네에는 가려고 하지 않고 부자 동네만 순찰하는 것은 공정한 접근의 보장에 반하는 행동이다.
정답 ③

19 코헨(Cohen)과 펠드버그(Feldberg)는 사회계약설로부터 도출한 경찰활동의 기준(윤리표준)을 제시하였다. 이와 관련된 〈보기 1〉과 〈보기 2〉의 내용이 가장 적절하게 연결된 것은?   [2021년 순경 1차]

보기 1

(가) 경찰은 사회 전체의 필요에 의해 생겨난 조직으로, 경찰서비스에 대한 동등한 필요를 가진 사람들이 그것을 받을 동등한 기회를 가져야 한다.

(나) 경찰관은 자의적으로 권한을 행사해서는 안 되고, 물리력의 행사는 필요최소한에 그쳐야 하며, 시민의 신뢰에 합당한 방식으로 권한을 행사해야 한다.

(다) 경찰은 그들에게 부여된 사회적 역할 범위 내에서 활동을 하여야 하며, 이러한 범위 내의 활동을 함에 있어서도 상호협력을 통해 경찰목적을 달성해야 한다.

보기 2

㉠ 공공의 신뢰 확보   ㉡ 생명과 재산의 안전 보호
㉢ 공정한 접근의 보장   ㉣ 협동과 역할 한계 준수

	(가)	(나)	(다)
①	㉠	㉡	㉣
②	㉠	㉣	㉡
③	㉢	㉡	㉣
④	㉢	㉠	㉣

해설 (가) ㉢ 공정한 접근의 보장
(나) ㉠ 공공의 신뢰 확보
(다) ㉣ 협동과 역할 한계 준수

정답 ④

20 코헨(Cohen)과 필드버그(Feldberg)가 제시한 사회계약설로부터 도출되는 경찰활동의 기준을 제시하였다. 다음 각 사례와 가장 관련 깊은 경찰활동의 기준을 연결한 것 중 옳지 <u>않은</u> 것은 모두 몇 개인가? [21년 경간부]

⊙ 김순경은 절도범을 추격하던 중 도주하는 범인의 등 뒤에서 권총을 쏘아 사망하게 하였다. - [공공의 신뢰]

ⓒ 1주일간 출장을 마치고 집에 돌아온 A는 자신의 TV가 없어진 것을 발견하였다. 그래서 여기저기 찾아보던 중에 평소부터 사이가 좋지 않던 옆집의 B가 A의 TV를 몰래 훔쳐가 사용중인 것을 창문 너머로 확인하였다. 이때 A는 몽둥이를 들고 가서 직접 자기의 TV를 찾아오려다가 그만두고, 경찰에 신고하여 TV를 되찾았다. - [공공의 신뢰]

ⓒ 박순경은 순찰 근무 중 달동네는 가려지 않고 부자 동네인 구역으로만 순찰을 다니려고 하였다. - [공정한 접근]

ⓔ 이순경은 어렸을 적 아버지로부터 가정폭력을 경험하였는데, 가정폭력 사건을 처리하면서 모든 잘못은 남편에게 있다고 단정 지었다. - [냉정하고 객관적인 자세]

ⓜ 최순경은 경찰입직 전 집에 도둑을 맞은 경험이 있었다. 그런데 경찰에 임용되어 절도범을 검거하자, 과거의 도둑맞은 경험이 생각나 피의자에게 욕설과 가혹행위를 하였다. - [냉정하고 객관적인 자세]

ⓗ 탈주범이 자기 관내에 있다는 첩보를 입수한 한순경이 상부에 보고하지 않고 공명심에 단독으로 검거하려다 탈주범 검거에 실패하였다. - [협동]

ⓢ 은행강도가 어린이를 인질로 잡고 차량도주를 하고 있다면 경찰은 주위 시민들의 안전에 대한 위험에도 불구하고 추격(법집행)을 하여야 한다. - [생명과 재산의 안전확보]

---

① 0개   ② 1개   ③ 2개   ④ 3개

해설 위의 사례와 연결된 경찰활동 기준은 모두 옳다

정답 ①

21 코헨과 펠드버그는 사회계약설로부터 도출되는 경찰활동의 기준을 제시하였다. 다음 각 사례와 가장 연관이 깊은 경찰활동의 기준으로 바르게 연결된 것은 모두 몇 개인가? [17년 경간부]

> ㉠ 甲순경은 절도범을 추격하던 중 도주하는 범인의 등 뒤에서 권총을 쏘아 사망하게 하였다. – [공정한 접근]
> ㉡ 乙경장은 순찰 근무 중 달동네는 가려고 하지 않고 부자 동네인 구역으로만 순찰을 다니려고 하였다. – [공공의 신뢰]
> ㉢ 丙순경은 경찰 입직 전 집에 도둑을 맞은 경험이 있었다. 그런데 경찰이 되어 절도범을 검거하자, 과거 도둑맞은 경험이 생각나 피의자에게 욕설과 가혹행위를 하였다. – [냉정하고 객관적인 자세]
> ㉣ 丁순경은 강도범을 추격하다가 골목길에서 칼을 든 강도와 조우하였다. 丁순경은 계속 추격하는 척하다가 강도가 도망가도록 내버려 두었다. – [공정한 접근]
> ㉤ 戊경장은 어렸을 적 아버지로부터 가정폭력을 경험하였는데, 가정폭력사건을 처리하면서 모든 잘못은 남편에게 있다고 단정지었다. – [공공의 신뢰]

① 1개   ② 2개   ③ 3개   ④ 4개

해설 ㉠ [×] 일반 시민의 신뢰
㉡ [×] 공정한 접근
㉢ [○]
㉣ [×] 일반 시민의 신뢰
㉤ [×] 냉정하고 객관적인 자세

정답 ①

22 다음 「경찰헌장」에 대한 내용으로 가장 적절하게 연결된 것은?

[16년 경간부; 17년 경기북부 여경]

> ㉠ 정의의 이름으로 진실을 추구하며 어떠한 불의나 불법과도 타협하지 않는 경찰
> ㉡ 국민의 신뢰를 바탕으로 오직 양심에 따라 법을 집행하는 경찰
> ㉢ 건전한 상식 위에 전문지식을 갈고 닦아 맡은 일을 성실하게 수행하는 경찰
> ㉣ 모든 사람의 인격을 존중하고 누구에게나 따뜻하게 봉사하는 경찰

> ⓐ 친절한 경찰　　　　ⓑ 근면한 경찰
> ⓒ 의로운 경찰　　　　ⓓ 공정한 경찰

① ㉠-ⓑ　　　② ㉡-ⓒ　　　③ ㉢-ⓓ　　　④ ㉣-ⓐ

해설 ㉠ 정의의 이름으로 진실을 추구하며 어떠한 불의나 불법과도 타협하지 않는 경찰-ⓒ 의로운 경찰
㉡ 국민의 신뢰를 바탕으로 오직 양심에 따라 법을 집행하는 경찰-ⓓ 공정한 경찰
㉢ 건전한 상식 위에 전문지식을 갈고 닦아 맡은 일을 성실하게 수행하는 경찰-ⓑ 근면한 경찰
㉣ 모든 사람의 인격을 존중하고 누구에게나 따뜻하게 봉사하는 경찰-ⓐ 친절한 경찰

정답 ④

23 「경찰공무원 복무규정」상 기본강령과 그에 대한 내용으로 가장 적절하게 연결된 것은?

[18년 순경 2차]

① 경찰사명: 경찰공무원은 주어진 사명을 다하기 위하여 긍지를 가지고 한마음 한뜻으로 굳게 뭉쳐 임무수행에 모든 역량을 기울여야 한다.

② 경찰정신: 경찰공무원은 국가와 민족을 위하여 충성과 봉사를 다하며, 국민의 생명·신체 및 재산을 보호하고, 공공의 안녕과 질서를 유지함을 그 사명으로 한다.

③ 규율: 경찰공무원은 성실하고 청렴한 생활태도로써 국민의 모범이 되어야 한다.

④ 책임: 경찰공무원은 창의와 노력으로써 소임을 완수하여야 하며, 직무수행의 결과에 대하여 책임을 진다.

해설 ① [×] 이것은 단결에 대한 내용이다(「경찰공무원 복무규정」 제3조 제4호).
② [×] 이것은 경찰사명에 대한 내용이다(동 규정 제3조 제1호).
③ [×] 이것은 성실·청렴에 대한 내용이다(동 규정 제3조 제6호).
④ [○]

정답 ④

---

24 경찰과 윤리에 대한 설명으로 가장 적절한 것은? [21년 경감 승진]

① 1945년 국립경찰의 탄생 시 경찰의 이념적 좌표가 된 경찰정신은 대륙법
계의 영향을 받은 '봉사와 질서'이다.

② 경찰헌장에서는 "우리는 화합과 단결 속에 항상 규율을 지키며 검소하게
생활하는 근면한 경찰이다"라는 목표를 제시하였다.

③ 「경찰청 공무원 행동강령」에 따르면 공무원은 직무의 범위를 벗어나 사적
이익을 위하여 소속기관의 명칭이나 직위를 공표·게시하는 등의 방법으
로 이용하거나 이용하게 하여서는 아니된다.

④ 경찰윤리강령의 문제점 중 '냉소주의의 문제'란 경찰관의 도덕적 자각에
따른 자발적인 행동이 아니라 외부로부터 요구된 타율성으로 인해 진정한
봉사가 이루어지지 않을 수 있다는 것을 의미한다.

해설 ① [×] 일제 경찰의 억압적 이미지를 쇄신하기 위하여 경찰의 표어를 봉사와 질서로 채택하고
그 정신을 함양하기 위하여 표어의 마크를 제복 상의 좌측 흉장의 위쪽에 패용토록 하였다. 이
러한 표어는 영미법계의 영향을 받은 것이다.
② [×] 경찰헌장에서는 "우리는 화합과 단결 속에 항상 규율을 지키며 검소하게 생활하는 깨끗
한 경찰이다"라는 목표를 제시하였다.
③ [○]
④ [×] 이것은 경찰윤리강령의 문제점 중 '비진정성의 조장'에 대한 내용이다.

정답 ③

25 경찰공무원 개개인의 자율적 행동요령을 제정하여 경찰공무원으로서의 공직윤리를 확보하기 위하여 제정된 강령으로 그 형식은 강령·윤리강령·헌장 등 다양하며 훈령·예규의 형태로도 발현되는 것을 경찰강령 또는 경찰윤리강령이라고 하는데 다음 설명 중 가장 적절하지 않은 것은?

[14년 경감 승진 수정]

① 경찰윤리강령은 대외적으로는 서비스 수준의 보장, 국민과의 신뢰관계 형성, 과도한 요구에 대한 책임 제한 등과 같은 기능을 하며, 대내적으로는 경찰공무원 개인적 기준 설정, 경찰조직의 기준 제시, 경찰조직에 대한 소속감 고취 등의 기능을 한다.

② 경찰윤리강령은 강제력의 부족, 냉소주의 조장, 최소주의의 위험, 우선순위 미결정, 비진정성의 조장 등의 문제점이 있다.

③ 우리나라의 경찰윤리강령은 새경찰신조(1966년) → 경찰윤리헌장(1980년) → 경찰헌장(1991년) → 경찰서비스헌장(1998년) 순으로 제정되었다.

④ 경찰헌장에는 '친절한 경찰, 의로운 경찰, 공정한 경찰, 근면한 경찰, 깨끗한 경찰' 5개항을 목표로 제시하였다.

해설 ③ 우리나라의 경찰윤리강령은 경찰윤리헌장(1966년) → 새경찰신조(1980년) → 경찰헌장(1991년) → 경찰서비스헌장(1998년) 순으로 제정되었다.

정답 ③

26 **경찰윤리에 대한 설명으로 가장 적절한 것은?** [19년 경감 승진 수정]

① 사회계약설로부터 도출되는 경찰활동의 기준으로 볼 때 경찰관이 사회의 일부분이 아닌 사회 전체의 이익을 염두에 두어야 한다는 것은 '냉정하고 객관적인 자세'에 해당한다.

② 경찰 전문직업화의 문제점으로 '소외'는 전문직이 되는 데 장기간의 교육이 필요하고 비용이 들어, 가난한 사람은 전문가가 되는 기회를 상실하는 것을 말한다.

③ 「경찰청 공무원 행동강령」에 따라 공무원은 「범죄수사규칙」 제30조에 따른 경찰관서 내 수사 지휘에 대한 이의제기와 관련하여 행동강령책임관에게 상담을 요청하여야 한다.

④ 경찰윤리강령의 문제점으로 '비진정성의 조장'은 강령의 내용을 행위의 울타리로 삼아 강령에 제시된 바람직한 행위 그 이상의 자기희생을 하지 않으려는 경향을 의미한다.

해설 ① [○]

② [×] 경찰 전문직업화의 문제점으로 '차별'은 전문직이 되는 데 장기간의 교육이 필요하고 비용이 들어, 가난한 사람은 전문가가 되는 기회를 상실하는 것을 말한다.

③ [×] 「경찰청 공무원 행동강령」에 따라 공무원은 「범죄수사규칙」 제30조에 따른 경찰관서 내 수사 지휘에 대한 이의제기와 관련하여 행동강령책임관에게 상담을 요청할 수 있다(「경찰청 공무원 행동강령」 제4조의2 제1항).

④ [×] 이것은 경찰윤리강령의 문제점 중 '최소주의의 위험'에 대한 내용이다.

정답 ①

27 경찰윤리강령에 관한 설명으로 가장 적절하지 <u>않은</u> 것은?   [16년 경감 승진]

① 경찰윤리강령은 대외적으로 서비스 수준의 보장, 국민과의 신뢰관계 형성, 과도한 요구에 대한 책임 제한 등과 같은 기능을 한다.

② 경찰윤리강령은 대내적으로 경찰공무원 개인적 기준 설정, 경찰조직의 기준 제시, 경찰조직에 대한 소속감 고취, 경찰조직구성원에 대한 교육자료 제공 등의 기능을 한다.

③ 경찰윤리강령의 문제점으로 최소주의의 위험이란 강령 간 우선순위, 업무 간 우선순위를 제시하지 못하는 한계를 말한다.

④ 경찰윤리강령의 문제점으로 강제력의 부족이란 강령이나 훈령은 법적 강제력이 부족하여 그 이행을 보장하기 힘들다는 것을 말한다.

해설 ③ 이것은 경찰윤리강령의 문제점 중 '우선순위 미결정'에 대한 내용이다.

정답 ③

28 「경찰청 공무원 행동강령」에 대한 설명으로 가장 적절하지 <u>않은</u> 것은?
[17년 순경 1차 수정]

① 공무원은 상급자가 자기 또는 타인의 부당한 이익을 위하여 공정한 직무수행을 현저하게 해치는 지시를 하였을 때에는 그 사유를 그 상급자에게 소명하고 지시에 따르지 아니하거나 행동강령책임관과 상담할 수 있다.

② 학연, 지연, 종교, 직연 또는 채용동기 등 지속적인 친분 관계가 있어 공정한 직무수행이 어렵다고 판단되는 자가 직무관련자인 경우에 행동강령책임관에게 '사적 이해관계 신고서' 서식에 따라 서면(전자문서를 포함)으로 신고하여야 한다.

③ 공무원은 정치인이나 정당 등으로부터 부당한 직무수행을 강요받거나 청탁을 받은 경우에는 소속 기관장에게 보고하거나 행동강령책임관과 상담하여야 한다.

④ 공무원은 직위를 이용하여 다른 공무원의 임용·승진·전보 등 인사에 부당하게 개입해서는 아니 된다.

해설 ② 학연, 지연, 종교, 직연 또는 채용동기 등 지속적인 친분 관계가 있어 공정 직무수행이 어렵다고 판단되는 자가 직무관련자인 경우에 소속 기관의 장에게 '사적 이해관계 신고서' 서식에 따라 서면(전자문서를 포함)으로 신고하여야 한다(「경찰청 공무원 행동강령」 제5조 제1항 제9호).

정답 ②

29 「경찰청 공무원 행동강령」에 대한 내용으로 가장 적절하지 <u>않은</u> 것은?

[18년 순경 1차 수정]

① 공무원은 직무를 수행함에 있어 지연·혈연·학연·종교 등을 이유로 특정인에게 특혜를 주어서는 아니 된다.

② 공무원은 상급자가 자기 또는 타인의 부당한 이익을 위하여 공정한 직무수행을 현저하게 해치는 지시를 하였을 때에는 그 사유를 그 상급자에게 소명하고 지시에 따르지 아니하거나 제23조에 따라 지정된 공무원 행동강령에 관한 업무를 담당하는 공무원(이하 "행동강령책임관"이라 한다)과 상담할 수 있다.

③ 공무원은 정치인이나 정당 등으로부터 부당한 직무수행을 강요받거나 청탁을 받은 경우에는 소속기관의 장에게 보고하거나 행동강령책임관과 상담하여야 한다.

④ 공무원은 「범죄수사규칙」 제30조에 따른 경찰관서 내 수사 지휘에 대한 이의제기와 관련하여 행동강령책임관에게 상담을 요청하여야 한다.

해설 ④ 공무원은 「범죄수사규칙」 제30조에 따른 경찰관서 내 수사 지휘에 대한 이의제기와 관련하여 행동강령책임관에게 상담을 요청할 수 있다(「경찰청 공무원 행동강령」 제4조의2 제1항).

정답 ④

30 「경찰청 공무원 행동강령」에 대한 설명으로 가장 적절하지 않은 것은?

[18년 경위 승진 수정]

① 공무원은 사례금을 받는 외부강의등을 할 때에는 외부강의등의 요청 명세 등을 별지 서식의 외부강의등 신고서에 따라 소속 기관의 장에게 그 외부 강의등을 마친 날부터 10일 이내에 신고하여야 한다.

② 「경찰청 공무원 행동강령」 제15조 제1항 본문에 따른 '외부강의등'의 사례 금 상한액은 1시간 이하로 강의한 경우 직급 구분 없이 40만원이다.

③ 상한액을 초과하는 사례금을 받은 경우에는 그 사실을 안 날부터 2일 이 내에 소속기관의 장에게 신고하여야 하며, 지체 없이 소속기관의 장에게 초과금을 반환하여야 한다.

④ 초과사례금 신고를 받은 소속기관의 장은 초과사례금을 반환하지 아니한 공무원에 대하여 신고사항을 확인한 후 7일 이내 반환하여야 할 초과사례 금의 액수를 산정하여 해당 공무원에게 통지하여야 한다.

해설 ③ 상한액을 초과하는 사례금을 받은 경우에는 그 사실을 안 날부터 2일 이내에 소속기관의 장 에게 신고하여야 하며, 지체 없이 제공자에게 초과금을 반환하여야 한다(「경찰청 공무원 행동강 령」 제15조의2 제1항).

정답 ③

31 「경찰청 공무원 행동강령」 규정 내용으로 가장 적절하지 않은 것은?

[15년 경위 승진 수정]

① 공무원은 사례금을 받는 외부강의등을 할 때에는 외부강의등의 요청 명세 등을 별지 서식의 외부강의등 신고서에 따라 소속 기관의 장에게 그 외부 강의등을 마친 날로부터 10일 이내에 신고하여야 한다. 다만, 외부강의등 을 요청한 자가 국가나 지방자치단체인 경우에는 그러하지 아니하다.

② 공무원은 직무를 수행함에 있어 지연·혈연·학연·종교 등을 이유로 특 정인에게 특혜를 주어서는 아니 된다.

③ 공무원은 직위를 이용하여 다른 공무원의 임용·승진·전보 등 인사에 부 당하게 개입해서는 아니 된다.

④ 공무원은 직무관련자 또는 직무관련공무원에게 금전을 빌리거나 부동산을 무상으로 대여 받을 수 없다.

해설 ④ 공무원은 자신, 배우자, 직계존속·비속(생계를 같이 하는 경우만 해당한다) 또는 특수관계사업자가 공무원 자신의 직무관련자 또는 직무관련공무원과 직접 다음 각 호의 어느 하나에 해당하는 행위를 하는 경우(무상인 경우를 포함한다)에는 별지 제14호 서식에 따라 서면으로 소속 기관의 장에게 미리 신고하여야 한다(「경찰청 공무원 행동강령」 제16조 제1항 제1호, 제2호).

정답 ④

---

32 「경찰청 공무원 행동강령」에 대한 다음 설명 중 옳지 <u>않은</u> 것은 모두 몇 개인가?
[19년 경간부 수정]

㉠ 공무원은 「범죄수사규칙」 제30조에 따른 경찰관서 내 수사지휘에 대한 이의 제기와 관련하여 행동강령책임관에게 상담을 요청할 수 있다.

㉡ 공무원은 최근 3년 이내에 인·허가, 계약의 체결, 정책·사업의 결정 또는 집행 등 직무수행으로 직접적인 이익을 주었던 자 중 지속적인 친분 관계가 형성되어 공정한 직무수행이 어렵다고 판단되는 자가 직무관련자인 경우에는 소속 기관의 장에게 해당 사실을 서면(전자문서를 포함한다)으로 신고하여야 한다. (단순 민원업무의 경우는 예외다).

㉢ 공무원은 정치인이나 정당 등으로부터 부당한 직무수행을 강요받거나 청탁을 받은 경우에는 소속 기관의 장에게 보고하거나 행동강령책임관과 상담하여야 한다.

㉣ 공무원은 사례금을 받는 외부강의등을 할 때에는 외부강의등의 요청 명세 등을 별지 제12호 서식의 외부강의등 신고서에 따라 소속 기관의 장에게 그 외부강의등을 마친 날부터 10일 이내에 신고하여야 한다. 다만, 외부강의등을 요청한 자가 국가나 지방자치단체인 경우에는 그러하지 아니하다.

㉤ 위 '㉣'과 관련, 공무원은 신고를 할 때 신고사항 중 상세 명세 또는 사례금 총액 등을 제2항의 기간 내에 알 수 없는 경우에는 해당 사항을 제외한 사항을 신고한 후 해당 사항을 안 날부터 3일 이내에 보완하여야 한다.

㉥ 공무원이 대가를 받고 수행하는 외부강의 등은 월 2회를 초과할 수 없다. 다만, 국가나 지방자치단체에서 요청하거나 겸직 허가를 받고 수행하는 외부강의등은 그 횟수에 포함하지 아니한다.

① 1개   ② 2개   ③ 3개   ④ 4개

해설 ㉠ [○] 「경찰청 공무원 행동강령」 제4조의2 제1항
㉡ [×] 공무원은 최근 2년 이내에 인·허가, 계약의 체결, 정책·사업의 결정 또는 집행 등 직무수행으로 직접적인 이익을 주었던 자 중 지속적인 친분 관계가 형성되어 공정한 직무수행이 어렵다고 판단되는 자가 직무관련자인 경우에는 소속 기관의 장에게 해당 사실을 서면(전자문서

를 포함한다)으로 신고하여야 한다(동강령 제5조 제1항 제10호).

ⓒ [O] 동강령 제8조 제1항

ⓔ [O] 동강령 제15조 제2항

ⓜ [×] 공무원은 제2항에 따른 신고를 할 때 신고사항 중 상세 명세 또는 사례금 총액 등을 제2항의 기간 내에 알 수 없는 경우에는 해당 사항을 제외한 사항을 신고한 후 해당 사항을 안 날부터 5일 이내에 보완하여야 한다(동강령 제15조 제3항).

ⓗ [×] 공무원이 대가를 받고 수행하는 외부강의등은 월 3회를 초과할 수 없다. 다만, 국가나 지방자치단체에서 요청하거나 겸직 허가를 받고 수행하는 외부강의등은 그 횟수에 포함하지 아니한다(동강령 제15조 제4항).

정답 ③

---

33 「경찰청 공무원 행동강령」 제5조(사적 이해관계의 신고 등)에서 소속기관의 장에게 신고해야 하는 사적 이해관계에 해당하는 것은 모두 몇 개인가?

[21년 경간부]

> ㉠ 공무원의 4촌 이내 친족(민법 제767조에 따른 친족을 말한다)이 직무관련자인 경우
> ㉡ 공무원 자신 또는 그 가족(민법 제779조에 따른 가족을 말한다)이 2년 이내에 재직하였던 법인·단체가 직무관련자인 경우
> ㉢ 공무원 자신 또는 그 가족이 직무관련자를 대리하거나 직무관련자에게 고문·자문 등을 제공하거나 해당 대리·고문·자문 등의 업무를 하는 법인·단체에 소속되어 있는 경우
> ㉣ 공무원 자신 또는 그 가족(민법 제779조에 따른 가족을 말한다)이 임직원 또는 사외이사로 재직하고 있는 법인·단체가 직무 관련자인 경우
> ㉤ 300만원 이상의 금전거래가 있는 자가 직무관련자인 경우
> ㉥ 학연, 지연, 종교, 직연 또는 채용동기 등 지속적인 친분관계가 있어 공정한 직무수행이 어렵다고 판단되는 자가 직무관련자인 경우
> ㉦ 경찰청 및 소속기관의 퇴직공무원(임직원)으로서 퇴직 전 3년간 같은 부서에서 근무하였던 자가 직무관련자인 경우

① 3개   ② 4개   ③ 5개   ④ 6개

해설 ㉠ [O] 「경찰청 공무원 행동강령」 제5조 제1항 제2호

㉡ [×] 공무원 자신이 2년 이내에 재직하였던 법인·단체가 직무관련자인 경우(동강령 제5조 제1항 제3호).

㉢ [O] 동강령 제5조 제1항 제5호

㉣ [O] 동강령 제5조 제1항 제4호

⑰ [○] 동강령 제5조 제1항 제7호

㉲ [○] 동강령 제5조 제1항 제9호

㉰ [×] 경찰청 및 소속기관의 퇴직공무원(임직원)으로서 퇴직 전 5년간 같은 부서에서 근무하였던 자가 직무관련자인 경우(동강령 제5조 제1항 제8호).

정답 ③

---

34 「경찰청 공무원 행동강령」에 대한 설명으로 옳은 것은 모두 몇 개인가?

[15년 순경 1차]

> ㉠ 공무원은 직무관련자 또는 직무관련공무원(4촌 이내 친족 포함)에게 금전을 빌리거나 빌려주어서는 아니 되며 부동산을 무상으로 대여 받아서는 아니 된다.
>
> ㉡ 공무원은 대가를 받고 외부강의·회의 등을 할 때에는 미리 외부강의·회의 등의 요청자, 요청사유, 장소, 일시 및 대가를 소속기관장에게 신고하고 사전에 소속기관장의 승인을 획득하여야 한다.
>
> ㉢ 공무원은 상급자가 자기 또는 타인의 부당한 이익을 위하여 공정한 직무수행을 현저하게 해치는 지시를 하였을 때에는 그 사유를 그 상급자에게 소명하고 지시에 따르지 아니하거나 행동강령책임관과 상담하여야 한다.

① 0개   ② 1개   ③ 2개   ④ 3개

해설 ㉠ [×] 공무원은 자신, 배우자, 직계존속·비속(생계를 같이 하는 경우만 해당한다) 또는 특수관계사업자가 공무원 자신의 직무관련자 또는 직무관련공무원과 직접 다음 각 호의 어느 하나에 해당하는 행위를 하는 경우(무상인 경우를 포함한다)에는 별지 제14호 서식에 따라 서면으로 소속 기관의 장에게 미리 신고하여야 한다(「경찰청 공무원 행동강령」 제16조 제1항 제1호, 제2호).

㉡ [×] 공무원은 사례금을 받는 외부강의등을 할 때에는 외부강의등의 요청 명세 등을 별지 제12호 서식의 외부강의등 신고서에 따라 소속 기관의 장에게 그 외부강의등을 마친 날부터 10일 이내에 신고하여야 한다. 다만, 외부강의등을 요청한 자가 국가나 지방자치단체인 경우에는 그러하지 아니하다(동 강령 제15조 제2항).

㉢ [×] 공무원은 상급자가 자기 또는 타인의 부당한 이익을 위하여 공정한 직무수행을 현저하게 해치는 지시를 하였을 때에는 별지 제1호 서식 또는 전자우편 등의 방법으로 그 사유를 상급자에게 소명하고 지시에 따르지 아니하거나, 별지 제2호 서식 또는 전자우편 등의 방법으로 제23조에 따라 지정된 행동강령에 관한 업무를 담당하는 공무원(행동강령책임관)과 상담할 수 있다(동 강령 제4조 제1항).

정답 ①

35 파출소에 근무하는 김 순경은 경찰청에서 새 제도를 시행하겠다고 발표하자 전시 행정이라고 비웃었다. 이와 같은 냉소주의의 가장 큰 원인으로 적절한 것은? [16년 경위 승진]

① 외부로부터의 부당한 압력
② 경찰조직에 대한 신념의 결여
③ 과중한 업무와 스트레스
④ 동료 간의 경쟁과 갈등

해설 ② 위의 내용과 밀접한 냉소주의의 원인은 경찰조직에 대한 신념의 결여이다.
정답 ②

36 경찰문화의 냉소주의를 극복하기 위한 방안에 대한 설명이다. ㉠부터 ㉤까지 ( ) 안에 들어갈 용어를 나열한 것으로 가장 적절한 것은? [18년 경감 승진]

> 인간관 중 (㉠) 이론은 인간이 책임감 있고 정직하여 (㉡)적인 관리를 해야 한다는 이론이고, (㉢) 이론은 인간을 게으르고 부정직한 것으로 보아 (㉣)적으로 관리해야 한다는 이론으로, (㉤) 이론에 의한 관리가 냉소주의를 극복하는 방안이 된다.

① ㉠ X ㉡ 민주 ㉢ Y ㉣ 권위 ㉤ X
② ㉠ X ㉡ 권위 ㉢ Y ㉣ 민주 ㉤ Y
③ ㉠ Y ㉡ 민주 ㉢ X ㉣ 권위 ㉤ Y
④ ㉠ Y ㉡ 권위 ㉢ X ㉣ 민주 ㉤ X

해설 ③ 인간관 중 (Y) 이론은 인간이 책임감 있고 정직하여 (민주)적인 관리를 해야 한다는 이론이고, (X) 이론은 인간을 게으르고 부정직한 것으로 보아 (권위)적으로 관리해야 한다는 이론으로, (Y) 이론에 의한 관리가 냉소주의를 극복하는 방안이 된다.
정답 ③

37 「공직자윤리법」 및 「동법 시행령」의 내용으로 가장 적절한 것은?

[18년 경위 승진]

① 「공직자윤리법」에서는 경정 이상의 경찰공무원을 재산등록의무자로 규정하고 있고, 「동법 시행령」에서는 경사 이상을 재산등록의무자로 규정하고 있다.

② 등록재산의 공개 대상자는 경무관 이상의 경찰공무원 및 특별시, 광역시, 특별자치시·도·특별자치도의 시·도경찰청장이다.

③ 공무원(지방의회의원을 포함한다) 또는 공직유관단체의 임직원은 외국으로부터 선물을 받거나 그 직무와 관련하여 외국인(외국단체를 포함한다)에게 선물(대가 없이 제공되는 물품 및 그 밖에 이에 준하는 것을 말하되, 현금은 제외한다.)을 받으면 지체 없이 소속기관 단체의 장에게 신고하고 그 선물을 인도하여야 한다. 이들의 가족이 외국으로부터 선물을 받거나 그 공무원이나 공직유관단체 임직원의 직무와 관련하여 외국인에게 선물을 받은 경우에도 또한 같다.

④ 위 ③에 따라 신고하여야 할 선물은 그 선물 수령 당시 증정한 국가 또는 외국인이 속한 국가의 시가로 미국화폐 1,000달러 이상이거나 국내 시가로 100만원 이상인 선물로 한다.

해설 ① [×] 「공직자윤리법」에서는 총경(자치총경을 포함한다) 이상의 경찰공무원을 재산등록의무자로 규정하고 있고, 「동법 시행령」에서는 경찰공무원 중 경정, 경감, 경위, 경사와 자치경찰공무원 중 자치경정, 자치경감, 자치경위, 자치경사를 재산등록의무자로 규정하고 있다(「공직자윤리법」 제3조 제1항 제9호, 동법 시행령 제3조 제4항 제6호).
② [×] 등록재산의 공개 대상자는 치안감 이상의 경찰공무원 및 특별시·광역시·특별자치시·도·특별자치도의 시·도경찰청장이다(동법 제10조 제1항 제8호).
③ [○]
④ [×] 위 ③에 따라 신고하여야 할 선물은 그 선물 수령 당시 증정한 국가 또는 외국인이 속한 국가의 시가로 미국화폐 100달러 이상이거나 국내 시가로 10만원 이상인 선물로 한다(동법 시행령 제28조 제1항).

정답 ③

38 「부정청탁 및 금품등 수수의 금지에 관한 법률」에 대한 설명으로 가장 적절한 것은? [18년 경위 승진]

① '공공기관'에는 국회, 법원, 헌법재판소, 감사원, 국가인권위원회, 중앙행정기관(대통령 소속 기관과 국무총리 소속 기관을 포함한다)과 그 소속 기관 및 지방자치단체를 포함한다. 단, 선거관리위원회는 '공공기관'에 해당하지 않는다.

② '공공기관'에는 「초·중등교육법」, 「고등교육법」, 「유아교육법」 및 그 밖의 다른 법령에 따라 설치된 각급 학교가 포함된다. 단, 「사립학교법」에 따른 학교법인은 '공공기관'에 해당하지 않는다.

③ '공직자등'에는 「언론중재 및 피해구제 등에 관한 법률」 제2조 제12호에 따른 언론사의 대표자와 그 임직원이 포함된다.

④ '공직자등'에는 「변호사법」 제4조에 따른 변호사 자격이 있는 자는 포함된다고 명시되어 있다.

해설 ① [×] 선거관리위원회도 '공공기관'에 해당한다(「부정청탁 및 금품등 수수의 금지에 관한 법률」 제2조 제1호 가목).
② [×] 「사립학교법」에 따른 학교법인도 공공기관에 해당한다(동법 동조 제1호 라목).
③ [○]
④ [×] 공직자등에는 변호사 자격이 있는 자는 명시되어 있지 않다(동법 동조 제2호).
정답 ③

39 「부정청탁 및 금품등 수수의 금지에 관한 법률」에 대한 설명으로 가장 적절하지 않은 것은? [19년 순경 1차]

① 원활한 직무수행 목적으로 제공되는 음식물·경조사비·선물 등으로서 대통령령으로 정하는 가액범위 안의 금품등은 수수 금지의 예외 사유이다.

② 사회상규에 따라 허용되는 금품등은 수수 금지의 예외 사유이다.

③ 공직자등은 직무 관련 여부 및 기부·후원·증여 등 그 명목에 관계없이 동일인으로부터 1회에 100만 원 또는 매 회계연도에 300만 원을 초과하는 금품등을 받거나 요구 또는 약속해서는 아니 된다.

④ 사적 거래(증여 포함)로 인한 채무의 이행 등 정당한 권원(權原)에 의하여 제공되는 금품등은 수수금지의 예외 사유이다.

해설 ④ 사적 거래(증여는 제외한다)로 인한 채무의 이행 등 정당한 권원(權原)에 의하여 제공되는 금품등은 수수금지의 예외 사유에 해당된다(「부정청탁 및 금품등 수수의 금지에 관한 법률」 제8조 제3항 제3호).

정답 ④

40 「부정청탁 및 금품등 수수의 금지에 관한 법률」상 외부강의 등의 사례금 수수 제한에 대한 설명 중 옳지 <u>않은</u> 것은? [20년 경간부 수정]

① 공직자등은 자신의 직무와 관련되거나 그 지위·직책 등에서 유래되는 사실상의 영향력을 통하여 요청받은 교육·홍보·토론회·세미나·공청회 또는 그 밖의 회의 등에서 한 강의·강연·기고 등(이하 "외부강의 등"이라 한다)의 대가로서 대통령령으로 정하는 금액을 초과하는 사례금을 받아서는 아니 된다.

② 공직자등은 국가나 지방자치단체의 요청에 의해 외부강의 등을 할 때에는 대통령령으로 정하는 바에 따라 외부강의 등의 요청 명세 등을 소속기관장에게 미리 서면으로 신고하여야 한다.

③ 공직자등은 ①에 따른 금액을 초과하는 사례금을 받은 경우에는 대통령령으로 정하는 바에 따라 소속기관장에게 신고하고, 제공자에게 그 초과금액을 지체 없이 반환하여야 한다.

④ 소속기관장은 공직자 등이 신고한 외부강의 등이 공정한 직무수행을 저해할 수 있다고 판단하는 경우에는 그 외부강의 등을 제한할 수 있다.

해설 ② 공직자등은 사례금을 받는 외부강의등을 할 때에는 대통령령으로 정하는 바에 따라 외부강의등의 요청 명세 등을 소속기관장에게 그 외부강의등을 마친 날부터 10일 이내에 서면으로 신고하여야 한다. 다만, 외부강의등을 요청한 자가 국가나 지방자치단체인 경우에는 그러하지 아니하다(「부정청탁 및 금품등 수수의 금지에 관한 법률」 제10조 제2항).

정답 ②

41 경찰이 전문직업화 되어 저학력자 등 경제적·사회적 약자에게 경찰 직업에의 진입을 차단할 경우 발생할 수 있는 윤리적 문제점으로 가장 적절한 것은?

[16년 경감 승진]

① 권위주의   ② 소외

③ 부권주의   ④ 차별

해설 ④ 경찰이 전문직업화 되어 자신의 이익을 추구함에 따라 경제적·사회적 약자에게 경찰에의 접근을 차단하는 현상이 발생할 경우의 윤리적 문제점은 '차별'이다.

정답 ④

42 경찰과 윤리에 관한 설명 중 적절하지 <u>않은</u> 것은 모두 몇 개인가?

[13년 경위 승진]

> ㉠ '셔먼의 미끄러지기 쉬운 경사로' 이론은 부패에 해당되지 않는 작은 호의가 습관화될 경우 미끄러운 경사로를 타고 내려오듯이 점점 더 큰 부패와 범죄로 빠진다는 가설이다.
>
> ㉡ 경찰 부패의 원인을 설명하는 이론 중 윌슨이 제시한 이론으로, 신임경찰이 기존의 부패한 경찰로부터 부패의 사회화를 통하여 물들게 된다는 것은 '전체사회 가설'이다.
>
> ㉢ '비지바디니스(busybodiness)'는 남의 비행에 대하여 일일이 참견하여 도덕적 충고를 하는 것이다.
>
> ㉣ 경찰서비스헌장에서는 친절한 경찰, 의로운 경찰, 공정한 경찰, 근면한 경찰, 깨끗한 경찰의 5개항을 목표로 제시하였다.
>
> ㉤ 1991년 제정된 미국의 '경찰행위강령'에는 경찰임무는 물론 재량, 비밀, 협조, 사생활 등 광범위한 내용이 포함되어 있다.

① 1개   ② 2개   ③ 3개   ④ 4개

해설 ㉡ [×] 경찰 부패의 원인을 설명하는 이론 중 윌슨은 전체사회 가설을 주장하여 시민사회의 부패가 경찰부패의 주요 원인이라고 보았다.

㉣ [×] 1991년 「경찰헌장」에서는 친절한 경찰, 의로운 경찰, 공정한 경찰, 근면한 경찰, 깨끗한 경찰의 5개항을 목표로 제시하였다.

㉠, ㉢, ㉤은 옳은 내용이다.

정답 ②

제7절 경찰행정 통제

01 행정책임과 행정통제에 관한 설명으로 가장 적절하지 <u>않은</u> 것은?

[14년 경감 승진]

① 행정책임이란 행정조직이 직무를 수행할 때 주권자인 국민의 기대와 요구에 부응하여 공익·근무규율 등 일정한 기준에 따라 행동하여야 할 의무를 말한다.

② 보통 행정책임을 확보하기 위한 수단으로서 행정통제가 행하여진다.

③ 행정책임과 행정통제는 민주성 확보와 법치주의 확립 및 정치적 중립성 확보를 위해 필요하다.

④ 경찰에 대한 통제의 필요성은 경찰의 민주적 운영을 위해서라기보다 경찰의 능률성을 확보하기 위해서 더 필요하다.

해설 ④ 경찰의 민주적 운영과 경찰의 능률성을 확보하기 위해서 경찰에 대한 통제가 필요하다.

정답 ④

02 경찰통제에 대한 설명으로 가장 적절하지 <u>않은</u> 것은? [20년 순경 2차 수정]

① 국가경찰위원회제도와 국민감사청구제도는 경찰행정에 대하여 국민의 참여를 보장하는 민주적 통제장치이다.

② 경찰의 위법행위에 대한 국가배상 판결이나 행정심판에 의한 통제는 사법통제이며, 국가인권위원회와 국민권익위원회에 의한 통제는 행정통제이다.

③ 상급기관이 갖는 훈령권·직무명령권은 하급기관의 위법이나 재량권 행사의 오류를 시정할 수 있는 내부적 통제장치이다.

④ 국회가 갖는 입법권과 예산심의권은 사전적 통제에 해당하나 예산결산권과 국정감사·조사권은 사후적 통제에 해당한다.

해설 ② 행정심판에 의한 통제는 사후적 통제이면서 행정부에 의한 통제이다.

정답 ②

03 경찰통제의 유형에 대한 설명 중 옳은 것은? [20년 경간부 수정]

① 「행정절차법」, 국회에 의한 예산결산권은 사전통제에 해당한다.

② 경찰청의 감사관, 시·도경찰청의 청문감사담당관, 경찰서의 청문감사관은 외부통제에 해당한다.

③ 국가인권위원회의 통제는 협의의 행정통제로서 외부통제에 해당한다.

④ 행정안전부장관의 경찰청장과 국가경찰위원회 위원의 임명제청권은 행정통제로서 외부통제에 해당한다.

해설 ① [×] 국회에 의한 예산결산권은 사후통제에 해당한다.
② [×] 경찰청의 감사관, 시·도경찰청의 청문감사담당관, 경찰서의 청문감사관은 내부통제에 해당한다.
③ [×] 국가인권위원회는 독립기관이므로 광의의 행정부에 의한 통제에 해당한다.
④ [○]
정답 ④

04 경찰통제에 대한 설명 중 가장 적절하지 **않은** 것은? [20년 경위 승진]

① 19세 이상의 국민은 경찰을 비롯한 공공기관의 사무처리가 법령위반 또는 부패행위로 인하여 공익을 현저히 해하는 경우 200인 이상의 연서로 감사원에 감사를 청구할 수 있다.

② 국가경찰위원회 제도는 경찰의 주요정책 등에 관하여 심의·의결하는 권한을 가지고 있으므로 민주적 통제에 해당하고, 행정안전부 소속으로 외부적 통제에도 해당한다.

③ 청문감사관 제도는 경찰 내부적 통제이다.

④ 「행정절차법」은 입법예고, 행정예고 등 행정에 대한 사전 통제를 규정하고 있다.

해설 ① 19세 이상의 국민은 경찰을 비롯한 공공기관의 사무처리가 법령위반 또는 부패행위로 인하여 공익을 현저히 해하는 경우 300인 이상의 연서로 감사원에 감사를 청구할 수 있다(「부패방지 및 국민권익위원회의 설치와 운영에 관한 법률」 제72조).
정답 ①

05 경찰통제의 유형이 가장 바르게 연결된 것은?   [19년 순경 1차]

① 내부통제: 청문감사관 제도, 국가경찰위원회, 직무명령권

② 외부통제: 국민권익위원회, 소청심사위원회, 국민감사청구제도

③ 사전통제: 행정예고제, 상급기관의 하급기관에 대한 감독권

④ 사후통제: 사법부에 의한 사법심사, 국회의 입법권·예산심의권

해설 ① [×] 국가경찰위원회는 외부통제에 해당한다.
② [○]
③ [×] 상급기관의 하급기관에 대한 감독권은 사후통제에 해당한다.
④ [×] 국회의 입법권·예산심의권은 사전통제에 해당한다.

정답 ②

06 경찰조직 내에서 이루어지는 자체통제 수단으로 가장 적절하지 <u>않은</u> 것은?   [16년 경위 승진]

① 청문감사관 제도   ② 직무명령권

③ 소청심사제도   ④ 훈령권

해설 ③ 인사혁신처에 설치된 소청심사위원회 제도는 경찰에 대한 외부적 통제에 해당한다.

정답 ③

07 다음은 경찰의 사전통제와 사후통제, 내부통제와 외부통제를 구분 없이 나열한 것이다. 이 중 사전통제와 내부통제에 관한 것으로 올바르게 짝지어진 것은?　　　　　　　　　　　　　　　　　　　　　　　[17년 경간부]

〈사전통제와 사후통제〉
　가. 행정절차법에 의한 청문
　나. 국회의 입법권
　다. 국회의 국정감사·조사권
　라. 사법부에 의한 사법심사
　마. 국회의 예산심의권

〈내부통제와 외부통제〉
　㉠ 국가경찰위원회의 심의·의결
　㉡ 감사원에 의한 직무감찰
　㉢ 청문감사관 제도
　㉣ 경찰청장의 훈령권
　㉤ 중앙행정심판위원회의 심리·재결

① 사전통제: 가, 나　　내부통제: ㉠, ㉢
② 사전통제: 나, 다　　내부통제: ㉢, ㉣
③ 사전통제: 라, 마　　내부통제: ㉡, ㉤
④ 사전통제: 나, 마　　내부통제: ㉢, ㉣

해설 사전통제 – 가, 나, 마, 사후통제 – 다, 라
내부통제 – ㉢, ㉣, 외부통제 – ㉠, ㉡, ㉤
정답 ④

08 다음 경찰의 통제유형 가운데 사후통제인 동시에 외부통제에 해당하는 것은 모두 몇 개인가?　　　　　　　　　　　　　　　　　　[15년 경간부]

　㉠ 청문감사관제도　　　㉡ 국회의 예산심의권
　㉢ 국회의 국정감사　　　㉣ 경찰위원회의 심의·의결
　㉤ 법원의 사법심사　　　㉥ 감사원의 직무감찰

① 2개　　　　② 3개　　　　③ 4개　　　　④ 5개

해설　㉠ 청문감사관제도(내부통제)

㉡ 국회의 예산심의권(사전통제)

㉢ 국회의 국정감사(사후통제, 외부통제)

㉣ 경찰위원회의 심의·의결(심의·의결은 사전통제, 외부통제)

㉤ 법원의 사법심사(사후통제, 외부통제)

㉥ 감사원의 직무감찰(사후통제, 외부통제)

따라서 경찰에 대한 사후통제이면서 외부통제에 해당하는 것은 ㉢, ㉤, ㉥이다.

정답　②

09 경찰에 대한 통제유형을 내부적 통제와 외부적 통제로 구분할 때 외부적 통제방법에 해당하는 것은 모두 몇 개인가?

㉠ 청문감사관	㉡ 국가경찰위원회
㉢ 소청심사위원회	㉣ 국회의 입법권
㉤ 감사원	㉥ 행정소송
㉦ 훈령과 직무명령권	㉧ 언론기관

① 4개　　　　　② 4개　　　　　③ 5개　　　　　④ 6개

해설　④ 외부적 통제방법에 해당하는 것은 ㉡, ㉢, ㉣, ㉤, ㉥, ㉧이고, 내부적 통제방법에 해당하는 것은 ㉠, ㉦이다.

정답　④

10 경찰통제에 대한 설명 중 <u>틀린</u> 것은?

> ⊙ 감사원의 직무감찰과 행정안전부장관의 경찰청장 임명제청권은 경찰통제 유형 중 외부통제이다.
> ⓒ 사법심사에 의한 통제는 경찰통제 유형 중 사후적 통제로 볼 수 있다.
> ⓒ 경찰통제는 국민의 경찰이라는 관점에서 볼 때 경찰의 민주성 추구라는 이념과 배치되는 경향이 강하다.
> ㉣ 대륙법계의 경우 사후적 사법심사를 통한 통제가 상대적으로 활성화되었고, 영미법계의 경우 시민을 통한 통제를 함으로써 경찰과 시민 간에 대립관계를 유지하였다.

① ⊙ ⓒ   ② ⓒ ⓒ
③ ⓒ ㉣   ④ ⓒ ㉣

해설 ⊙ [○]
ⓒ [○]
ⓒ [×] 경찰의 민주성 추구를 위해서는 경찰통제가 더욱 필요하다.
㉣ [×] 영미법계 국가는 시민이 직접 또는 그 대표기관을 통해서 참여와 감시기능을 행하는 민주적 통제장치를 구축함으로써 경찰과 시민 간에 협력관계를 유지하고 있다.
정답 ④

11 「경찰 감찰 규칙」에 대한 설명 중 가장 옳은 것은? [19년 경간부]

① 감찰관은 감찰조사를 위해서 조사대상자의 출석을 요구할 때에는 조사기일 5일 전까지 출석요구서 또는 구두로 조사일시, 의무위반행위사실 요지 등을 통지하여야 한다. 다만, 사안이 급박한 경우에는 즉시 조사에 착수할 수 있다.
② 감찰관은 소속 경찰공무원 등의 의무위반사실에 대한 민원을 접수하였을 때에는 접수일로부터 1개월 내에 신속히 처리하여야 한다.
③ 감찰관은 다른 경찰기관 또는 검찰, 감사원 등 다른 행정기관으로부터 통보받은 소속직원의 의무위반행위에 대해서는 통보받은 날로부터 2개월 이내에 신속히 처리하여야 한다.
④ 경찰기관장은 1년 이상 성실히 근무한 감찰관에 대해서는 희망부서를 고려하여 전보한다.

해설 ① [×] 감찰관은 감찰조사를 위해서 조사대상자의 출석을 요구할 때에는 조사기일 3일 전까지
별지 제5호 서식의 출석요구서 또는 구두로 조사일시, 의무위반행위사실 요지 등을 통지하여야
한다. 다만, 사안이 급박한 경우 또는 조사대상자의 요청이 있는 경우에는 즉시 조사에 착수할
수 있다(「경찰감찰규칙」 제25조 제1항).
② [×] 감찰관은 소속 경찰공무원등의 의무위반사실에 대한 민원을 접수하였을 때에는 접수일
로 부터 2개월 내에 신속히 처리하여야 한다(동 규칙 제35조 제1항).
③ [×] 감찰관은 다른 경찰기관 또는 검찰, 감사원 등 다른 행정기관으로부터 통보받은 소속직
원의 의무위반행위에 대해서는 통보받은 날로부터 1개월 이내에 신속히 처리하여야 한다(동 규
칙 제36조 제1항).
④ [○]

정답 ④

12 「경찰 감찰 규칙」에 대한 설명으로 가장 적절한 것은? [17년 순경 1차 수정]

① 감찰관은 심야(오후 10시부터 오전 6시까지를 말한다)에 조사를 하여서는
아니 된다. 다만, 사안에 따라 신속한 조사가 필요하고, 조사대상자로부터
심야조사 동의서를 받은 경우에는 심야에도 조사할 수 있다.

② 감찰관은 소속 경찰기관의 관할구역 안에서 활동하여야 한다. 다만, 상급 경
찰기관의 장의 지시가 있는 경우에는 관할구역 밖에서도 활동할 수 있다.

③ 감찰관은 검찰·경찰, 그 밖의 수사기관으로부터 수사개시 통보를 받은 경
우에는 징계의결 요구권자의 결재를 받아 해당기관으로부터 수사결과의
통보를 받을 때까지 감찰조사, 징계의결요구 등의 절차를 진행해야 한다.

④ 감찰관은 감찰조사를 실시하기 전에 조사대상자에게 의무위반행위 사실의
요지를 알릴 수 없지만 다른 감찰관의 참여를 신청할 수 있음을 고지하여
야 한다.

해설 ① [×] 심야시간은 자정부터 오전 6시까지를 말한다. 또한 감찰관은 조사대상자 또는 그 변호
인의 별지 제6호 서식에 의한 심야조사 요청이 있는 경우에는 예외적으로 심야조사를 할 수 있
다. 이 경우 심야조사의 사유를 조서에 명확히 기재하여야 한다(「경찰 감찰 규칙」 제32조).
② [○] 동규칙 제12조
③ [×] 감찰관은 검찰·경찰, 그 밖의 수사기관으로부터 수사개시 통보를 받은 경우에는 징계
의결 요구권자의 결재를 받아 해당기관으로부터 수사결과의 통보를 받을 때까지 감찰조사, 징계
의결요구 등의 절차를 진행하지 아니할 수 있다(동규칙 제36조 제2항).

④ [×] 감찰관은 감찰조사를 실시하기 전에 조사대상자에게 의무위반행위 사실의 요지를 알려야 한다. 이 경우 감찰관은 제28조 제1항 각 호의 사항을 신청할 수 있음을 고지하여야 한다(동규칙 제29조).

정답 ②

13 「경찰 감찰 규칙」에 대한 설명으로 가장 적절하지 <u>않은</u> 것은?

[16년 순경 2차]

① 경찰기관장은 1년 이상 성실히 근무한 감찰관에 대해서는 희망부서를 고려하여 전보한다.

② 감찰관은 소속 경찰공무원 등의 의무위반사실에 대한 민원을 접수하였을 때에는 접수일로부터 2개월 내에 신속히 처리하여야 한다.

③ 감찰관은 심야(오후 10시부터 오전 6시까지를 말한다)에 조사를 하여서는 아니 된다. 다만, 사안에 따라 신속한 조사가 필요하고, 조사대상자로부터 심야조사 동의서를 받은 경우에는 심야에도 조사할 수 있다.

④ 경찰기관의 장은 상급 경찰기관의 장의 지시에 따라 소속 감찰관으로 하여금 일정기간 동안 다른 경찰기관 소속 직원의 복무실태, 업무추진 실태 등을 점검하게 할 수 있다.

해설 ③ 심야시간은 자정부터 오전 6시까지를 말한다. 또한 감찰관은 조사대상자 또는 그 변호인의 별지 제6호 서식에 의한 심야조사 요청이 있는 경우에는 예외적으로 심야조사를 할 수 있다. 이 경우 심야조사의 사유를 조서에 명확히 기재하여야 한다(「경찰 감찰 규칙」 제32조).

정답 ③

14 감사관의 감사결과에 대한 조치기준으로서 <u>틀린</u> 것은? [15년 경간부 수정]

① 감사결과 법령상·제도상 또는 행정상 모순이 있거나 그 밖에 개선할 사항이 있다고 인정되는 경우 개선요구를 할 수 있다.

② 감사결과 위법 또는 부당하다고 인정되는 사실이 있으나 그 정도가 징계 또는 문책사유에 이르지 아니할 정도로 경미하거나, 감사대상기관 또는 부서에 대한 제재가 필요한 경우에 경고·주의를 할 수 있다.

③ 감사결과 문제점이 인정되는 사실이 있어 그 대안을 제시하고 피감사기관의 장 등으로 하여금 개선방안을 마련하도록 할 필요가 있는 경우에 권고를 할 수 있다.

④ 감사결과 위법 또는 부당하다고 인정되는 사실이 있어 추징·회수·환급·추급 또는 원상복구 등이 필요하다고 인정되는 경우 징계 또는 문책요구를 할 수 있다.

해설 ④ 감사결과 위법 또는 부당하다고 인정되는 사실이 있어 추징·회수·환급·추급 또는 원상복구 등이 필요하다고 인정되는 경우 시정요구를 할 수 있다(「경찰청 감사 규칙」 제10조 제2호).

정답 ④

15 「공공기관의 정보공개에 관한 법률」의 내용으로 가장 적절하지 <u>않은</u> 것은? [18년 경위 승진]

① 모든 국민은 정보의 공개를 청구할 권리를 가진다.

② 공공기관은 정보공개의 청구를 받으면 그 청구를 받은 날부터 7일 이내에 공개여부를 결정하여야 한다.

③ 정보의 공개 및 우송 등에 드는 비용은 실비의 범위에서 청구인이 부담하는 것이 원칙이다.

④ 청구인이 정보공개와 관련한 공공기관의 비공개 결정 또는 부분 공개 결정에 대하여 불복이 있거나 정보공개 청구 후 20일이 경과하도록 정보공개 결정이 없는 때에는 공공기관으로부터 정보공개 여부의 결정 통지를 받은 날 또는 정보공개 청구 후 20일이 경과한 날부터 30일 이내에 해당 공공기관에 문서로 이의신청을 할 수 있다.

해설 ② 공공기관은 정보공개의 청구를 받으면 그 청구를 받은 날부터 10일 이내에 공개여부를 결정하여야 한다(「공공기관의 정보공개에 관한 법률」 제11조 제1항).

정답 ②

16 「공공기관의 정보공개에 관한 법률」의 내용으로 틀린 것은?

[15년 경간부 수정]

① 공공기관이 보유·관리하는 정보는 이 법이 정하는 바에 따라 공개할 수 있다.

② 외국인도 대통령령이 정하는 바에 의하여 정보공개청구가 가능하다.

③ 공공기관은 청구인의 정보공개청구가 있을 때에는 원칙적으로 청구를 받은 날부터 10일 이내에 공개여부를 결정하여야 한다.

④ 청구인이 정보공개와 관련한 공공기관의 비공개 결정에 대하여 불복이 있는 때에는 공공기관으로부터 정보공개 여부의 결정 통지를 받은 날부터 30일 이내에 해당 공공기관에 이의신청을 할 수 있다.

해설 ① 공공기관이 보유·관리하는 정보는 국민의 알권리 보장 등을 위하여 이 법에서 정하는 바에 따라 적극적으로 공개하여야 한다(「공공기관의 정보공개에 관한 법률」 제3조).

정답 ①

17 「공공기관의 정보공개에 관한 법률」에 대한 설명으로 가장 적절하지 <u>않은</u> 것은? [17년 순경 1차]

① 공공기관이 보유·관리하는 정보는 국민의 알권리 보장 등을 위하여 이 법에서 정하는 바에 따라 적극적으로 공개하여야 한다.

② 청구인이 정보공개와 관련한 공공기관의 결정에 대하여 불복이 있거나 정보공개 청구 후 20일이 경과하도록 정보공개 결정이 없는 때에는 「행정심판법」에서 정하는 바에 따라 행정심판을 청구할 수 있다.

③ 공공기관은 청구인의 정보공개청구가 있을 때에는 원칙적으로 청구를 받은 날부터 10일 이내에 공개 여부를 결정하여야 한다.

④ 공공기관은 이의신청을 받은 날부터 7일 이내에 그 이의신청에 대하여 결정하고 그 결과를 청구인에게 지체 없이 문서로 통지하여야 한다. 다만, 부득이한 사유로 정하여진 기간 이내에 결정할 수 없을 때에는 그 기간이 끝나는 날부터 기산하여 7일의 범위에서 연장할 수 있으며, 연장 사유를 청구인에게 통지하여야 한다.

해설 ④ 공공기관은 이의신청을 받은 날부터 7일 이내에 그 이의신청에 대하여 결정하고 그 결과를 청구인에게 지체 없이 문서로 통지하여야 한다. 다만, 부득이한 사유로 정하여진 기간 이내에 결정할 수 없을 때에는 그 기간이 끝나는 날의 다음 날부터 기산하여 7일의 범위에서 연장할 수 있으며, 연장 사유를 청구인에게 통지하여야 한다(「공공기관의 정보공개에 관한 법률」 제18조 제3항).

정답 ④

18 「공공기관의 정보공개에 관한 법률」상 불복절차에 관한 다음 설명 중 가장 적절하지 <u>않은</u> 것은?　　　　　　　　　　　　[16년 순경 1차]

① 공공기관은 이의신청을 받은 날부터 10일 이내에 그 이의신청에 대하여 결정하고 그 결과를 청구인에게 지체 없이 문서로 통지하여야 한다. 다만, 부득이한 사유로 정하여진 기간 이내에 결정할 수 없을 때에는 그 기간이 끝나는 날의 다음 날부터 기산하여 10일의 범위에서 연장할 수 있으며, 연장 사유를 청구인에게 통지하여야 한다.

② 청구인이 정보공개와 관련한 공공기관의 결정에 대하여 불복이 있거나 정보공개 청구 후 20일이 경과하도록 정보공개 결정이 없는 때에는 「행정심판법」에서 정하는 바에 따라 행정심판을 청구할 수 있다.

③ 청구인은 이의신청 절차를 거치지 아니하고 행정심판을 청구할 수 있다.

④ 청구인이 정보공개와 관련한 공공기관의 결정에 대하여 불복이 있거나 정보공개 청구 후 20일이 경과하도록 정보공개 결정이 없는 때에는 「행정소송법」에서 정하는 바에 따라 행정소송을 제기할 수 있다.

해설 ① 공공기관은 이의신청을 받은 날부터 **7일** 이내에 그 이의신청에 대하여 결정하고 그 결과를 청구인에게 지체 없이 문서로 통지하여야 한다. 다만, 부득이한 사유로 정하여진 기간 이내에 결정할 수 없을 때에는 그 기간이 끝나는 날의 다음 날부터 기산하여 **7일**의 범위에서 연장할 수 있으며, 연장 사유를 청구인에게 통지하여야 한다(「공공기관의 정보공개에 관한 법률」 제18조 제3항).

정답 ①

19 「공공기관의 정보공개에 관한 법률」에 관한 다음 설명 중 가장 적절하지 <u>않은</u> 것은?　　　　　　　　　　　　[15년 순경 2차]

① 모든 국민은 정보의 공개를 청구할 권리를 가진다.

② 공공기관이 보유・관리하는 정보는 국민의 알권리 보장 등을 위하여 이 법에서 정하는 바에 따라 적극적으로 공개하여야 한다.

③ 공공기관은 정보공개의 청구를 받으면 그 청구를 받은 날부터 10일 이내에 공개 여부를 결정하여야 한다.

④ 정보의 공개 및 우송 등에 드는 비용은 실비의 범위에서 공공기관이 부담한다.

해설 ④ 정보의 공개 및 우송 등에 드는 비용은 실비(實費)의 범위에서 청구인이 부담한다(「공공기관의 정보공개에 관한 법률」 제17조 제1항).

정답 ④

20 「공공기관의 정보공개에 관한 법률」에 대한 설명 중 가장 옳지 <u>않은</u> 것은?
[19년 경간부]

① 청구인은 공공기관으로부터 정보공개 여부의 결정 통지를 받은 날 또는 정보공개 청구 후 20일이 경과한 날부터 30일 이내에 해당 공공기관에 문서로 이의신청을 할 수 있다.

② 공공기관은 이의신청을 받은 날부터 7일 이내에 그 이의신청에 대하여 결정하고 그 결과를 청구인에게 지체 없이 문서로 통지하여야 한다. 다만, 부득이한 사유로 정하여진 기간 이내에 결정할 수 없을 때에는 그 기간이 끝나는 날의 다음 날부터 기산하여 7일의 범위에서 연장할 수 있으며, 연장 사유를 청구인에게 통지하여야 한다.

③ 공공기관은 공개청구된 공개대상정보의 전부 또는 일부가 제3자와 관련이 있다고 인정되는 때에는 그 사실을 제3자에게 지체 없이 통지하여야 하며, 필요한 경우에는 그의 의견을 청취할 수 있다. 공개청구된 사실을 통지받은 제3자는 통지받은 날부터 3일 이내에 당해 공공기관에 대하여 자신과 관련된 정보를 공개하지 아니할 것을 요청할 수 있다.

④ 정보공개위원회는 위원장과 부위원장 각 1명을 포함한 7명의 위원으로 구성한다.

해설 ④ 위원회는 성별을 고려하여 위원장과 부위원장 각 1명을 포함한 11명의 위원으로 구성한다(「공공기관의 정보공개에 관한 법률」 제23조 제1항).

정답 ④

21 「공공기관의 정보공개에 관한 법률」에 대한 다음 설명 중 옳은 것은 모두 몇 개인가?
[17년 경간부]

⊙ 공공기관이 보유 관리하는 정보는 국민의 알권리 보장 등을 위하여 이 법에서 정하는 바에 따라 적극적으로 공개하여야 한다.

ⓛ 공공기관은 정보공개의 청구를 받으면 그 청구를 받은 날부터 7일 이내에 공개 여부를 결정하여야 한다.

ⓒ 공공기관은 공개 청구된 공개 대상 정보의 전부 또는 일부가 제3자와 관련이 있다고 인정할 때에는 그 사실을 제3자에게 지체없이 통지하여야 하며, 필요한 경우에는 그의 의견을 들을 수 있다.

ⓔ 청구인은 공공기관으로부터 정보공개 여부의 결정 통지를 받은 날 또는 정보공개 청구 후 20일이 경과한 날부터 30일 이내에 당해 공공기관에 문서로 이의신청을 할 수 있다.

ⓜ 공공기관은 이의신청을 받은 날부터 10일 이내에 그 이의 신청에 대하여 결정하고 그 결과를 청구인에게 지체 없이 문서로 통지하여야 한다.

ⓗ 자기와 관련된 정보공개청구사실을 통지받은 제3자는 통지받은 날부터 3일 이내에 해당 공공기관에 대하여 자신과 관련된 정보를 공개하지 아니할 것을 요청할 수 있다.

① 1개   ② 2개   ③ 3개   ④ 4개

해설 ⊙ [○] 「공공기관의 정보공개에 관한 법률」 제3조
ⓛ [×] 공공기관은 정보공개의 청구를 받은 날부터 10일 이내에 공개여부를 결정하여야 한다(동법 제11조 제1항).
ⓒ [○] 동법 제11조 제3항
ⓔ [○] 동법 제18조 제1항
ⓜ [×] 공공기관은 이의신청을 받은 날부터 7일 이내에 그 이의신청에 대하여 결정하고 그 결과를 청구인에게 지체 없이 문서로 통지하여야 한다(동법 제18조 제3항).
ⓗ [○] 동법 제21조 제1항

정답 ④

22 다음은 「공공기관의 정보공개에 관한 법률」상 이의신청에 대한 설명이다. ㉠부터 ㉢까지에 들어갈 숫자를 모두 합한 값은? [18년 순경 2차]

> • 청구인이 정보공개와 관련한 공공기관의 비공개 결정 또는 부분 공개 결정에 대하여 불복이 있거나 정보공개 청구 후 (㉠)일이 경과하도록 정보공개 결정이 없는 때에는 공공기관으로부터 정보공개 여부의 결정 통지를 받은 날 또는 정보공개 청구 후 (㉡)일이 경과한 날부터 (㉢)일 이내에 해당 공공기관에 문서로 이의신청을 할 수 있다.
> • 공공기관은 이의신청을 받은 날부터 (㉣)일 이내에 그 이의신청에 대하여 결정하고 그 결과를 청구인에게 지체 없이 문서로 통지하여야 한다. 다만, 부득이한 사유로 정하여진 기간 이내에 결정할 수 없을 때에는 그 기간이 끝나는 날의 다음 날부터 기산하여 (㉤)일의 범위에서 연장할 수 있으며, 연장 사유를 청구인에게 통지하여야 한다.

① 84　　　　② 90　　　　③ 94　　　　④ 100

해설 ㉠, ㉡, ㉢: 청구인이 정보공개와 관련한 공공기관의 비공개 결정 또는 부분 공개 결정에 대하여 불복이 있거나 정보공개 청구 후 (20)일이 경과하도록 정보공개 결정이 없는 때에는 공공기관으로부터 정보공개 여부의 결정 통지를 받은 날 또는 정보공개 청구 후 (20)일이 경과한 날부터 (30)일 이내에 해당 공공기관에 문서로 이의신청을 할 수 있다(「공공기관의 정보공개에 관한 법률」 제18조 제1항).

㉣, ㉤: 공공기관은 이의신청을 받은 날부터 (7)일 이내에 그 이의신청에 대하여 결정하고 그 결과를 청구인에게 지체 없이 문서로 통지하여야 한다. 다만, 부득이한 사유로 정하여진 기간 이내에 결정할 수 없을 때에는 그 기간이 끝나는 날의 다음 날부터 기산하여 (7)일의 범위에서 연장할 수 있으며, 연장 사유를 청구인에게 통지하여야 한다(동법 제18조 제3항).

따라서 ㉠ 20일 ㉡ 20일 ㉢ 30일 ㉣ 7일 ㉤ 7일을 합하면 84이다.

정답 ①

23 「공공기관의 정보공개에 관한 법률」에 대한 설명으로 **틀린** 것은 모두 몇 개인가?

[15년 순경 3차]

㉠ 공공기관이 보유·관리하는 정보는 국민의 알권리 보장 등을 위하여 이 법에서 정하는 바에 따라 적극적으로 공개하여야 한다.

㉡ 모든 국민은 정보의 공개를 청구할 권리를 가진다. 외국인의 정보공개 청구에 관하여는 대통령령으로 정한다.

㉢ 청구인이 정보공개와 관련한 공공기관의 비공개 결정 또는 부분 공개 결정에 대하여 불복이 있거나 정보공개 청구 후 20일이 경과하도록 정보공개 결정이 없는 때에는 공공기관으로부터 정보공개 여부의 결정 통지를 받은 날 또는 정보공개 청구 후 20일이 경과한 날부터 30일 이내에 해당 공공기관에 문서로 이의신청을 할 수 있다.

㉣ 정보공개위원회는 위원장과 부위원장 각 1명을 포함한 7명의 위원으로 구성한다. 이 경우 위원장을 포함한 5명은 공무원이 아닌 사람으로 위촉할 수 있다.

㉤ 행정안전부장관은 정보공개위원회가 정보공개제도의 효율적 운영을 위하여 필요하다고 요청하면 공공기관(국회·법원·헌법재판소 및 중앙선거관리위원회를 포함한다)의 정보공개제도 운영실태를 평가할 수 있다.

---

① 1개   ② 2개   ③ 3개   ④ 4개

해설 ㉠ [○] 「공공기관의 정보공개에 관한 법률」 제3조

㉡ [○] 동법 제5조

㉢ [○] 동법 제18조 제1항

㉣ [×] 정보공개위원회는 위원장과 부위원장 각 1명을 포함한 11명의 위원으로 구성한다. 이 경우 위원장을 포함한 7명은 공무원이 아닌 사람으로 위촉하여야 한다(동법 제23조).

㉤ [×] 행정안전부장관은 위원회가 정보공개제도의 효율적 운영을 위하여 필요하다고 요청하면 공공기관(국회·법원·헌법재판소 및 중앙선거관리위원회는 제외한다)의 정보공개제도 운영실태를 평가할 수 있다(동법 제24조).

정답 ②

Chapter

06

경찰행정과 법(1)

01 경찰법의 법원(法源)에 대한 설명으로 가장 적절하지 않은 것은?

[14년 경위 승진]

① 경찰법의 존재형식 또는 인식근거에 관한 문제이다.

② 경찰법의 법원은 일반적으로 성문법원과 불문법원으로 나눌 수 있으며, 조례와 규칙은 성문법원의 일종이다.

③ 경찰관청의 행위가 형식상 법령에 적합하다면, 비례의 원칙 등 행정법의 일반원칙에 어긋나더라도 항상 적법한 행위이다.

④ 헌법에 의하여 체결·공포된 조약과 일반적으로 승인된 국제법규도 경찰법의 법원으로 볼 수 있다.

해설 ③ 경찰관청의 행위가 형식상 적법하더라도 행정법의 일반원칙(조리)에 위반될 경우에는 위법이 될 수 있다. 최근에는 조리상 원칙들이 성문화되어 가는 추세에 있다(예「경찰관 직무집행법」상 비례의 원칙, 「행정절차법」상 신의성실 및 신뢰보호의 원칙 등).

정답 ③

02 성문법원에 관한 설명으로 가장 적절하지 않은 것은?

[16년 경위 승진]

①「헌법」은 기본적인 통치구조와 국가작용의 기본원칙을 정한 기본법이다.

②「헌법」에 의하여 체결·공포된 조약과 일반적으로 승인된 국제법규는 국내법과 같은 효력을 지닌다.

③ 국회의 의결을 거치지 않고 행정기관에 의하여 제정된 성문법규를 명령이라고 한다.

④ 조리는 지방의회가 법령의 범위 안에서 제정하는 자치법규를 말한다.

해설 ④ 조례는 지방의회가 법령의 범위 안에서 제정하는 자치법규를 의미하고, 조리는 법령상 명시되어 있지는 않으나 일반적으로 정의에 합치되는 보편적 원리로 인정되는 원칙을 의미하며, 법의 일반원칙 또는 최후의 보충적 법원이라고 한다.

정답 ④

03 경찰관련 법령의 법원(法源)에 대한 설명 중 가장 적절하지 않은 것은?

[12년 경위 승진]

① 「헌법」은 국가의 기본적인 통치구조를 정한 기본법으로서 행정의 조직이나 작용의 기본원칙을 정한 부분은 그 한도 내에서 경찰행정법의 법원이 된다.

② 불문법원으로서 일반적으로 정의에 합치되는 보편적 원리로서 인정되고 있는 모든 원칙을 '조리'라 하고 경찰관청의 행위가 형식상 적법하더라도 조리에 위반할 경우에는 위법이 될 수 있다.

③ 국회의 의결을 거치지 않고 행정기관에 의하여 제정된 성문법규를 '명령'이라 하고 명령의 종류에는 위임명령과 집행명령이 있다.

④ 조례는 지방자치단체의 의회가 법령의 범위 안에서 지방자치권에 의거하여 제정하는 법규를 말하는 것으로 조례로 특히 주민의 '권리제한'을 제외한 '의무부과' 및 '형벌'을 정할 경우에는 반드시 법률의 위임이 있어야 한다.

해설 ④ 지방자치단체는 법령의 범위 안에서 그 사무에 관하여 조례를 제정할 수 있다. 다만, 주민의 권리 제한 또는 의무 부과에 관한 사항이나 벌칙을 정할 때에는 법률의 위임이 있어야 한다(「지방자치법」 제22조).

정답 ④

04 경찰(행정)법의 법원(法源)에 관한 설명으로 가장 적절하지 않은 것은?

[19년 순경 2차]

① 행정입법이란 행정부가 제정하는 법을 의미하며, 행정조직 내부의 사무처리기준에 관한 법규명령과 국민을 구속하는 효력이 있는 행정규칙으로 구분된다.

② 법규명령은 특별한 규정이 없는 한 공포일로부터 20일 경과 후 효력이 발생하나, 행정규칙은 공포를 요하지 않는다.

③ 최후의 보충적 법원으로서 조리는 일반적·보편적 정의를 의미하는 바, 경찰관청의 행위가 형식상 적법하더라도 조리에 위반할 경우 위법이 될 수 있다.

④ 판례에 의할 때 운전면허 취소사유에 해당하는 음주운전을 적발한 경찰관의 소속 경찰서장이 사무착오로 위반자에게 운전면허정지처분을 한 상태에서 위반자의 주소지 관할 시·도경찰청장이 위반자에게 운전면허취소처분을 한 경우 이는 법의 일반원칙인 조리에 반하여 허용될 수 없다.

해설 ① [×] 행정조직 내부의 사무처리기준에 관한 행정규칙과 국민을 구속하는 효력이 있는 법규명령으로 구분된다.
② [○] 「헌법」 제53조
③ [○]
④ [○] 대판 2000. 2. 25, 99두10520

정답 ①

05 경찰법의 법원(法源)에 대한 설명이다. 옳은 것은 모두 몇 개인가?

[21년 경간부]

> ○ 경찰법의 법원은 일반적으로 성문법원과 불문법원으로 나눌 수 있으며 헌법, 법률, 조약과 국제법규, 조리와 규칙은 성문법원이다.
> ○ 국회에서 의결을 거치지 않고 행정기관에 의하여 제정된 법규를 법규명령이라고 한다.
> ○ 조례와 규칙은 지방의회가 정한다.
> ○ 헌법은 국가의 기본적인 통치구조를 정한 기본법으로 행정의 조직이나 작용의 기본원칙을 정한 부분은 그 한도 내에서 경찰법의 법원이 된다.
> ○ 위임명령은 법규명령이고 집행명령은 행정규칙이다.
> ○ 헌법재판소의 위헌결정은 법원이나 기타 국가기관 및 지방자치단체를 기속(羈束)하므로 법원성이 인정된다.
> ○ 조리는 평등의 원칙, 비례의 원칙, 금반언의 원칙, 신의성실의 원칙, 신뢰보호의 원칙 등으로 구성되어 있으며 오늘날 법의 일반원칙은 성문화되어 가는 추세에 있다.

① 1개   ② 2개   ③ 3개   ④ 4개

해설 ○ [×] 조리는 불문법원에 해당한다.
○ [○]
○ [×] 조례는 지방자치단체의 의회가 제정하지만 규칙은 지방자치단체의 장이 법령 또는 조례가 위임한 범위 내에서 그 권한에 속하는 사무에 관하여 제정한다(「지방자치법」 제22조 제23조).
○ [○]
○ [×] 위임명령과 집행명령 모두 법규명령에 해당한다.
○ [○]
○ [○]

정답 ④

06 경찰법의 법원에 대한 설명 중 옳지 <u>않은</u> 것을 모두 고른 것은?

[20년 경위 승진]

> ㉠ 경찰법의 법원은 일반적으로 성문법원과 불문법원으로 나눌 수 있으며, 헌법, 법률, 조약과 국제법규, 조리와 규칙은 성문법원이다.
> ㉡ 국회의 의결을 거치지 않고 행정기관에 의하여 제정된 성문법규를 법규명령이라고 한다.
> ㉢ 국무총리는 직권으로 총리령을 발할 수 있으나, 행정각부의 장은 직권으로 부령을 발할 수 없다.
> ㉣ 지방의회가 법령의 범위 안에서 제정하는 자치법규를 규칙이라고 한다.

① ㉠ ㉡

② ㉠ ㉢

③ ㉠ ㉡ ㉣

④ ㉠ ㉢ ㉣

해설 ㉠ [×] 조리는 불문법원이다.
㉡ [○]
㉢ [×] 국무총리 또는 행정각부의 장은 소관사무에 관하여 법률이나 대통령령의 위임 또는 직권으로 총리령 또는 부령을 발할 수 있다(「헌법」 제95조).
㉣ [×] 지방자치단체의 장은 법령이나 조례가 위임한 범위에서 그 권한에 속하는 사무에 관하여 규칙을 제정할 수 있다(「지방자치법」 제23조).

정답 ④

07 법규명령과 행정규칙에 관한 설명 중 가장 옳지 <u>않은</u> 것은?

[19년 경간부]

① 법규명령은 공포를 요하나 행정규칙은 공포를 요하지 않는다.
② 법규명령의 형식(부령)을 취하고 있지만, 그 내용이 행정규칙의 실질을 가지는 경우 판례는 당해 규범을 행정규칙으로 보고 있다.
③ 재량준칙의 제정은 행정관청에게 재량권이 인정되는 경우에만 가능하며 행정관청이 기속권만을 갖는 경우에는 인정되지 않는다.
④ 위임명령은 법규명령이고 집행명령은 행정규칙이다.

해설 ② [○] 대판 1984. 2. 28, 83누551, 대판 1991. 3. 8, 90누6545
④ [×] 법규명령은 형식에 따라 시행령과 시행규칙으로 구분되고, 내용에 따라 위임명령과 집행명령으로 구분된다. 따라서 위임명령과 집행명령 모두가 법규명령에 해당한다.

정답 ④

08 법규명령과 행정규칙에 대한 설명으로 가장 옳은 것은? (판례에 의함)

[21년 경간부]

① 법령 규정이 특정 행정기관에 그 법령 내용의 구체적 사항을 정할 수 있는 권한을 부여하면서 그 권한 행사의 절차나 방법을 특정하고 있지 않아 수임행정기관이 행정규칙의 형식으로 그 내용을 구체적으로 정하고 있다면 그 행정규칙은 대외적 구속력이 있는 법규명령으로서의 효력을 가진다.

② 행정입법이란 행정부가 제정하는 법을 의미하며, 행정조직 내부의 사무처리기준에 관한 법규명령과 국민을 구속하는 효력이 있는 행정규칙으로 구분된다.

③ 법규명령의 제정에는 헌법, 법률 또는 상위명령의 근거가 필요하지 않아 독자적인 행정입법 작용이 허용된다.

④ 법규명령은 특별한 규정이 없는 한 공포일로부터 30일이 경과해야 효력이 발생하나 행정규칙은 공포를 요하지 않는다.

해설 ① [○] 대판 1987. 9. 29, 86누484, 대판 1998. 6. 9, 97누19915
② [×] 행정조직 내부의 사무처리기준에 관한 행정규칙과 국민을 구속하는 효력이 있는 법규명령으로 구분된다.
③ [×] 법규명령의 제정에는 법률 또는 상위명령의 근거가 필요하다(「헌법」 제75조, 제95조).
④ [×] 대통령령, 총리령 및 부령은 특별한 규정이 없으면 공포한 날부터 20일이 경과함으로써 효력을 발생한다(「법령 등 공포에 관한 법률」 제13조).

정답 ①

09 행정규칙과 법규명령에 대한 설명으로 가장 옳은 것은?

[16년 경간부]

① 법규명령은 국민과 행정청을 동시에 구속하는 양면적 구속력을 가짐으로써 재판규범이 된다.

② 행정규칙은 대외적 구속력을 갖고 있으므로 위반하면 반드시 위법이 된다.

③ 위임명령은 법규명령이고 집행명령은 행정규칙이다.

④ 법규명령은 공포를 요하지 않으나, 행정규칙은 공포를 요한다.

해설 ① [○] 법규명령은 대외적 구속력과 양면적 구속력을 지니기 때문에 재판규범이 된다.
② [×] 행정규칙은 원칙적으로 일반국민에 대한 대외적 효력이 없는 경찰기관의 내부규범이므로 법원성이 인정되지 않는다.
③ [×] 위임명령과 집행명령 모두 법규명령이다.
④ [×] 법규명령은 공포를 요하지만, 행정규칙은 공포를 요하지 않는다.

정답 ①

제2절 경찰조직법

01 국가경찰위원회에 대한 설명으로 가장 적절하지 않은 것은?

[18년 경위 승진 수정]

① 「국가경찰과 자치경찰의 조직 및 운영에 관한 법률」에 근거를 두고 설치된 기관으로, 행정안전부 소속 합의제 심의·의결기관이다.
② 위원회는 위원장 1명을 포함한 7명의 위원으로 구성하되, 위원장 및 5명의 위원은 비상임으로 하고, 1명의 위원은 상임으로 한다.
③ 위원은 경찰청장의 제청으로 행정안전부장관을 거쳐 대통령이 임명한다.
④ 경찰, 검찰, 국가정보원 직원 또는 군인의 직에서 퇴직한 날부터 3년이 지나지 아니한 사람은 위원이 될 수 없다.

해설 ③ 위원은 행정안전부장관의 제청으로 국무총리를 거쳐 대통령이 임명한다(「국가경찰과 자치경찰의 조직 및 운영에 관한 법률」 제8조 제1항).

정답 ③

02 「국가경찰과 자치경찰의 조직 및 운영에 관한 법률」상 국가경찰위원회에 대한 설명으로 가장 적절하지 <u>않은</u> 것은?

[15년 순경 3차 수정; 16년 순경 2차 수정]

① 위원회는 위원장 1명을 포함한 7명의 위원으로 구성하되, 위원장 및 5명의 위원은 비상임으로 하고, 1명의 위원은 상임으로 한다.

② 위원의 임기는 2년으로 하며, 연임할 수 없다.

③ 위원회의 사무는 경찰청에서 수행한다.

④ 위원회의 회의는 재적위원 과반수의 출석과 출석위원 과반수의 찬성으로 의결한다.

해설 ② 위원의 임기는 3년으로 하며, 연임할 수 없다. 이 경우 보궐위원의 임기는 전임자 임기의 남은 기간으로 한다(「국가경찰과 자치경찰의 조직 및 운영에 관한 법률」 제9조 제1항).

정답 ②

03 「국가경찰과 자치경찰의 조직 및 운영에 관한 법률」상 자치경찰사무로 가장 적절하지 <u>않은</u> 것은?

① 학교폭력 등 소년범죄 수사사무

② 지역 내 교통법규 위반에 대한 지도·단속

③ 지역 내 다중운집 행사 관련 혼잡 교통 및 안전 관리

④ 공공안녕에 대한 위험의 예방과 대응을 위한 정보의 수집·작성 및 배포

해설 ① [○] 「국가경찰과 자치경찰의 조직 및 운영에 관한 법률」 제4조 제1항 제2호 라목
② [○] 동법 제4조 제1항 제2호 나목
③ [○] 동법 제4조 제1항 제2호 다목
④ [×] 국가경찰사무에 해당한다(동법 제3조 제5호).

정답 ④

04 「국가경찰과 자치경찰의 조직 및 운영에 관한 법률」과 대통령령인 「국가 경찰위원회 규정」상 국가경찰위원회에 대한 다음 설명 중 가장 옳지 않은 것은?   [17년 경간부 수정]

① 정기회의는 특별한 사유가 있는 경우를 제외하고는 매월 2회 위원장이 소집한다.

② 위원장은 필요한 경우 임시회의를 소집할 수 있으며, 위원 3인 이상과 행정안전부장관 또는 경찰청장은 위원장에게 임시회의의 소집을 요구할 수 있다.

③ 위원장이 사고가 있을 때에는 상임위원, 위원 중 연장자순으로 위원장의 직무를 대리한다.

④ 경찰청장은 위원회에서 심의·의결된 내용이 적정하지 아니하다고 판단할 때에는 재의를 요구할 수 있다.

해설 ① [○] 「국가경찰위원회 규정」 제7조 제2항
④ [×] 행정안전부장관은 제1항에 따라 심의·의결된 내용이 적정하지 아니하다고 판단할 때에는 재의를 요구할 수 있고(「국가경찰과 자치경찰의 조직 및 운영에 관한 법률」 제10조 제2항). 위원장은 재의요구가 있는 경우에는 그 요구를 받은 날부터 7일 이내에 회의를 소집하여 다시 의결하여야 한다(「국가경찰위원회 규정」 제6조 제2항).

정답 ④

05 「국가경찰과 자치경찰의 조직 및 운영에 관한 법률」상 국가경찰위원회에 대한 설명으로 가장 적절한 것은?   [17년 2차 순경 수정]

① 국가경찰위원회는 경찰의 민주주의와 정치적 중립성을 보장하기 위하여 경찰청에 설치한 독립적 심의·의결 기구이다.

② 국가경찰위원회는 위원장 1명을 포함한 7명의 위원으로 구성되며 위원장 및 1명의 위원은 상임으로 하고, 5명의 위원은 비상임으로 한다.

③ 국가경찰의 부패 방지와 청렴도 향상에 관한 주요 정책사항은 국가경찰위원회의 심의·의결을 거쳐야 한다.

④ 국가경찰위원회의 회의는 재적위원 과반수의 출석과 재적위원 과반수의 찬성으로 의결한다.

해설 ① [×] 행정안전부에 국가경찰위원회를 둔다(「국가경찰과 자치경찰의 조직 및 운영에 관한 법률」 제7조 제1항).
② [×] 국가경찰위원회는 위원장 1명을 포함한 7명의 위원으로 구성되며 위원장 및 5명의 위원은 비상임으로 하고, 1명의 위원은 상임으로 한다(동법 제7조 제2항).
③ [O] 동법 제10조 제1항 제3호
④ [×] 국가경찰위원회의 회의는 재적위원 과반수의 출석과 출석위원 과반수의 찬성으로 의결한다(동법 제11조 제2항).

정답 ③

06 「국가경찰과 자치경찰의 조직 및 운영에 관한 법률」상 국가경찰위원회에 대한 설명으로 가장 적절하지 <u>않은</u> 것은? [18년 순경 3차 수정]

① 위원의 임기는 3년으로 하며, 연임할 수 없다.
② 경찰, 검찰, 법관, 국가정보원 직원 또는 군인의 직에서 퇴직한 날부터 3년이 지나지 아니한 사람은 위원이 될 수 없다.
③ 위원은 중대한 신체상 또는 정신상의 장애로 직무를 수행할 수 없게 된 경우를 제외하고는 그 의사에 반하여 면직되지 아니한다.
④ 심의·의결사항에는 국가경찰 임무 외에 다른 국가기관으로부터의 업무협조 요청에 관한 사항도 포함된다.

해설 ② 법관은 해당되지 않는다(「국가경찰과 자치경찰의 조직 및 운영에 관한 법률」 제8조 제5항 제3호).

정답 ②

07 「국가경찰과 자치경찰의 조직 및 운영에 관한 법률」과 「국가경찰위원회 규정」상 국가경찰위원회에 대한 설명으로 가장 적절한 것은?

[21년 경감 승진]

① 행정안전부장관은 위원 임명을 동의할 때, 경찰의 정치적 중립이 보장되도록 하여야 한다.

② 위원장은 필요한 경우 임시회의를 소집할 수 있으며, 위원 3인 이상과 행정안전부장관 또는 경찰청장은 위원장에게 임시회의의 소집을 요구할 수 있다.

③ 경찰, 검찰, 법관, 군인의 직에서 퇴직한 날부터 3년이 지나지 아니한 사람은 위원으로 선임될 수 없다.

④ 「국가경찰위원회 규정」에 규정된 사항 외에 위원회의 운영을 위하여 필요한 사항은 위원회의 의결을 거쳐 행정안전부장관이 정한다.

해설 ① [×] 행정안전부장관은 위원 임명을 제청할 때 국가경찰의 정치적 중립이 보장되도록 하여야 한다(「국가경찰과 자치경찰의 조직 및 운영에 관한 법률」 제8조 제2항).
② [○] 「국가경찰위원회 규정」 제7조 제3항
③ [×] 법관은 해당되지 않는다(동법 제8조 제5항 제3호).
④ [×] 「국가경찰위원회 규정」에 규정된 사항외에 위원회의 운영을 위하여 필요한 사항은 위원회의 의결을 거쳐 위원장이 정한다(동규정 제11조).

정답 ②

08 「국가경찰과 자치경찰의 조직 및 운영에 관한 법률」상 국가경찰위원회에 대한 다음 설명 중 옳은 것은 모두 몇 개인가? [16년 경간부 수정]

> ㉠ 국가경찰위원회는 위원장 1명을 포함한 7명의 위원으로 구성하되, 위원장 및 5명의 위원은 상임으로 하고, 1명의 위원은 비상임으로 한다.
> ㉡ 위원은 행정안전부장관의 제청으로 국무총리를 거쳐 대통령이 임명한다.
> ㉢ 경찰, 검찰, 국가정보원 직원 또는 군인의 직에서 퇴직한 날부터 3년이 지나지 아니한 사람은 위원이 될 수 없다.
> ㉣ 위원의 임기는 3년으로 하며, 연임(連任)할 수 있다.
> ㉤ 위원회의 회의는 재적위원 과반수의 출석과 출석위원 과반수의 찬성으로 의결한다.
> ㉥ 위원은 중대한 신체상 또는 정신상의 장애로 직무를 수행할 수 없게 된 경우를 제외하고는 그 의사에 반하여 면직되지 아니한다.

① 2개　　　　② 3개　　　　③ 4개　　　　④ 5개

해설 ㉠ [×] 위원장 1명을 포함한 7명의 위원으로 구성하되, 위원장 및 5명의 위원은 비상임으로 하고, 1명의 위원은 상임으로 한다(「국가경찰과 자치경찰의 조직 및 운영에 관한 법률」 제7조 제2항).
㉡ [○] 국가경찰위원회 위원은 행정안전부장관의 제청으로 국무총리를 거쳐 대통령이 임명한다(동법 제8조 제1항).
㉢ [○] 동법 제8조 제5항 제3호
㉣ [×] 위원의 임기는 3년으로 연임할 수 없다(동법 제9조 제1항).
㉤ [○] 동법 제11조 제2항
㉥ [○] 동법 제9조 제2항

정답 ③

09 「국가경찰과 자치경찰의 조직 및 운영에 관한 법률」상 국가경찰위원회에 대한 다음 설명 중 옳지 **않은** 것은 모두 몇 개인가? [19년 경간부 수정]

> ㉠ 국가경찰위원회는 경찰의 민주주의와 정치적 중립을 보장하기 위하여 경찰청에 설치한 독립적 심의·의결기구이다.
>
> ㉡ 위원 중 2명은 법관의 자격이 있는 사람이어야 한다.
>
> ㉢ 위원은 중대한 신체상 또는 정신상의 장애로 직무를 수행할 수 없게 된 경우를 제외하고는 그 의사에 반하여 면직되지 아니한다.
>
> ㉣ 경찰, 검찰, 국가정보원 직원 또는 군인의 직에서 퇴직한 날부터 2년이 지나지 아니한 사람은 위원이 될 수 없다.
>
> ㉤ 국가경찰 사무와 관련하여 다른 국가기관으로부터 업무협조 요청에 관한 사항이 경찰위원회의 심의·의결 대상이 된다.

① 1개 　　　　② 2개 　　　　③ 3개 　　　　④ 4개

해설 ㉠ [×] 행정안전부에 국가경찰위원회를 둔다(「국가경찰과 자치경찰의 조직 및 운영에 관한 법률」 제7조 제1항).

㉡ [○] 동법 제8조 제2항

㉢ [○] 동법 제9조 제2항

㉣ [×] 퇴직한 날부터 3년이다(동법 제8조 제5항 제3호).

㉤ [×] 국가경찰사무 외에 다른 국가기관으로부터의 업무협조 요청에 관한 사항이 심의·의결 사항이다(동법 제10조 제1항 제4호).

정답 ③

10 「국가경찰과 자치경찰의 조직 및 운영에 관한 법률」상 국가경찰위원회에 대한 규정이다. 아래 ㉠부터 ㉣까지의 설명 중 옳고 그름의 표시(O, ×)가 바르게 된 것은? [17년 순경 1차 수정]

> ㉠ 국가경찰위원회는 위원장 1명을 포함한 7명의 위원으로 구성하되, 위원장 및 5명의 위원은 상임으로 하고, 1명의 위원은 비상임으로 한다.
> ㉡ 위원 중 3명은 법관의 자격이 있는 사람이어야 한다.
> ㉢ 위원은 행정안전부장관의 제청으로 국무총리를 거쳐 대통령이 임명한다.
> ㉣ 위원의 임기는 3년으로 하며, 연임할 수 있다. 이 경우 보궐위원의 임기는 전임자 임기의 남은 기간으로 한다.

① ㉠ (×) ㉡ (×) ㉢ (O) ㉣ (×)
② ㉠ (O) ㉡ (×) ㉢ (×) ㉣ (O)
③ ㉠ (×) ㉡ (O) ㉢ (O) ㉣ (O)
④ ㉠ (O) ㉡ (O) ㉢ (×) ㉣ (×)

해설 ㉠ [×] 위원장 및 5명의 위원은 비상임으로 하고, 1명의 위원은 상임으로 한다(「국가경찰과 자치경찰의 조직 및 운영에 관한 법률」 제7조 제2항).
㉡ [×] 위원 중 2명은 법관의 자격이 있는 사람이어야 한다(동법 제8조 제3항).
㉢ [O] 동법 제8조 제1항
㉣ [×] 연임할 수 없다(동법 제9조 제1항).

정답 ①

11 국가경찰위원회와 시·도자치경찰위원회에 관한 다음 설명 중 옳지 <u>않은</u> 것은 모두 몇 개인가?

[18년 경간부 수정]

> ㉠ 시·도자치경찰위원회는 위원장 1명을 포함한 7명의 위원으로 구성한다.
> ㉡ 시·도자치경찰위원회 위원장은 위원 중에서 시·도지사가 임명하고, 상임위원은 위원장이 임명한다.
> ㉢ 국가경찰위원회 위원은 행정안전부장관의 제청으로 국무총리를 거쳐 대통령이 임명한다.
> ㉣ 국가경찰위원회 위원 중 상임위원은 정무직으로 한다.
> ㉤ 국가경찰위원회는 위원장 1명을 포함한 7명의 위원으로 구성하되, 위원장 및 5명의 위원은 비상임으로 하고, 1명의 위원은 상임으로 한다.
> ㉥ 국가경찰위원회 위원의 임기는 3년으로 하며, 연임할 수 없다. 이 경우 보궐위원의 임기는 전임자 임기의 남은 기간으로 한다.
> ㉦ 시·도자치경찰위원회의 사무를 처리하기 위하여 시·도자치경찰위원회에 필요한 사무기구를 둔다.

① 0개　　　　② 1개　　　　③ 2개　　　　④ 3개

해설 ㉠ [○] 「국가경찰과 자치경찰의 조직 및 운영에 관한 법률」 제19조 제1항
㉡ [×] 위원장은 위원 중에서 시·도지사가 임명하고, 상임위원은 시·도자치경찰위원회의 의결을 거쳐 위원 중에서 위원장의 제청으로 시·도지사가 임명한다. 이 경우 위원장과 상임위원은 지방자치단체의 공무원으로 한다(동법 제20조 제3항).
㉢ [○]
㉣ [○]
㉤ [○]
㉥ [○]
㉦ [○] 동법 제27조 제1항

정답 ②

12 경찰법령상 국가경찰위원회와 시·도자치경찰위원회에 대한 설명이다. 옳은 것은 모두 몇 개인가?

[21년 경간부 수정]

⊙ 국가경찰행정에 관하여 중요 사항들을 심의·의결하기 위하여 행정안전부에 국가경찰위원회를 둔다.

⊙ 자치경찰사무를 관장하게 하기 위하여 시·도경찰청장 소속으로 시·도자치경찰위원회를 둔다.

⊙ 국가경찰위원회 정기회의는 특별한 사유가 있는 경우를 제외하고는 매월 1회 위원장이 소집한다.

⊙ 시·도자치경찰위원회의 회의는 위원장이 필요하다고 인정하는 경우, 위원 2명 이상이 요구하는 경우 및 시·도지사가 필요하다고 인정하는 경우에는 임시회의를 개최하여야 한다.

⊙ 국가경찰위원회 위원장은 위원회 심의를 위해 필요한 경우에 관계공무원 또는 관계전문가의 출석·발언이나 자료의 제출을 요구할 수 있으나, 시·도자치경찰위원회는 회의 안건과 관련된 이해관계인이 있는 경우 회의에 참석하게 할 수 없다.

① 1개   ② 2개   ③ 3개   ④ 4개

해설　⊙ [○] 「국가경찰과 자치경찰의 조직 및 운영에 관한 법률」 제7조 제1항
⊙ [×] 자치경찰사무를 관장하게 하기 위하여 시·도지사 소속으로 시·도자치경찰위원회를 둔다(동법 제18조 제1항).
⊙ [×] 국가경찰위원회 정기회의는 특별한 사유가 있는 경우를 제외하고는 매월 2회 위원장이 소집한다(「국가경찰위원회 규정」 제7조 제2항).
⊙ [×] 시·도자치경찰위원회의 회의는 정기적으로 개최하여야 한다. 다만 위원장이 필요하다고 인정하는 경우, 위원 2명 이상이 요구하는 경우 및 시·도지사가 필요하다고 인정하는 경우에는 임시회의를 개최할 수 있다(「국가경찰과 자치경찰의 조직 및 운영에 관한 법률」 제26조 제1항).
⊙ [×] 시·도자치경찰위원회는 회의 안건과 관련된 이해관계인이 있는 경우 그 의견을 듣거나 회의에 참석하게 할 수 있다(동법 제26조 제2항). 국가경찰위원회 위원장도 위원회의 심의를 위하여 필요한 경우에는 관계공무원 또는 관계전문가의 출석·발언이나 자료의 제출을 요구할 수 있다(「국가경찰위원회 규정」 제9조 제1항).

정답　①

13 「국가경찰과 자치경찰의 조직 및 운영에 관한 법률」상 시·도자치경찰위원회에 대한 설명으로 적절한 것만을 모두 고른 것은? [21년 순경 1차]

> ㉠ 위원장 1명을 포함한 7명의 위원으로 구성하되, 위원장과 1명의 위원은 상임으로 하고 5명의 위원은 비상임으로 한다.
> ㉡ 위원 중 2명은 법관의 자격이 있는 사람이어야 한다.
> ㉢ 위원은 시·도의회가 추천하는 2명, 국가경찰위원회가 추천하는 1명, 해당 시·도 교육감이 추천하는 1명, 시·도자치경찰위원회 위원추천위원회가 추천하는 2명, 시·도지사가 지명하는 1명을 시·도지사가 임명한다.
> ㉣ 위원장은 비상임위원 중에서 호선하고, 상임위원은 시·도자치경찰위원회의 의결을 거쳐 위원 중에서 위원장의 제청으로 시·도지사가 임명한다. 이 경우 위원장과 상임위원은 지방자치단체의 공무원으로 한다.

① ㉠ ㉡   ② ㉠ ㉢   ③ ㉡ ㉢   ④ ㉢ ㉣

해설 ㉠ [○] 「국가경찰과 자치경찰의 조직 및 운영에 관한 법률」 제19조 제1항
㉡ [×] 국가경찰위원회의 위원에 관한 자격요건이다(동법 제8조 3항).
㉢ [○] 동법 제20조 제1항
㉣ [×] 시·도자치경찰위원회 위원장은 위원 중에서 시·도지사가 임명하고, 상임위원은 시·도자치경찰위원회의 의결을 거쳐 위원 중에서 위원장의 제청으로 시·도지사가 임명한다. 이 경우 위원장과 상임위원은 지방자치단체의 공무원으로 한다(동법 제20조 제3항).

정답 ②

14 「국가경찰과 자치경찰의 조직 및 운영에 관한 법률」에서 규정하고 있는 시·도 자치경찰위원회에 대한 설명으로 가장 적절하지 <u>않은</u> 것은? [21년 경찰특공대]

① 위원장 1명을 포함한 7명의 위원으로 구성하되, 위원장과 1명의 위원은 상임으로 하고, 5명의 위원은 비상임으로 한다.
② 위원 중 2명은 법관의 자격이 있는 사람이어야 한다.
③ 위원은 시·도의회가 추천하는 2명, 국가경찰위원회가 추천하는 1명, 해당 시·도 교육감이 추천하는 1명, 시·도자치경찰위원회 위원추천위원회가 추천하는 2명, 시·도지사가 지명하는 1명을 시·도지사가 임명한다.
④ 시·도자치경찰위원회 위원장은 위원 중에서 시·도지사가 임명한다.

해설 ② 시·도자치경찰위원회 위원은 국가경찰위원회 위원과는 달리 위원 중에서 법관자격이 있는 위원을 필요로 하지 않는다.

정답 ②

15 「국가경찰과 자치경찰의 조직 및 운영에 관한 법률」상 시·도자치경찰위원회의 소관 사무에 포함되지 않는 것은 모두 몇 개인가?

> ㉠ 자치경찰사무 담당 공무원의 임용, 평가 및 인사위원회 운영
> ㉡ 자치경찰사무 감사 및 감사의뢰
> ㉢ 자치경찰사무에 관한 규칙의 제정·개정 또는 폐지
> ㉣ 국가경찰사무·자치경찰사무의 협력·조정과 관련하여 시·도경찰청장과 협의
> ㉤ 국가경찰위원회에 대한 심의·조정 요청

① 0개   ② 1개   ③ 2개   ④ 3개

해설 ㉠ [○] 「국가경찰과 자치경찰의 조직 및 운영에 관한 법률」 제24조 제1항 제3호
㉡ [○] 동법 제24조 제1항 제7호
㉢ [○] 동법 제24조 제1항 제12호
㉣ [×] 시·도경찰청장이 아니라 경찰청장과 협의한다(동법 제24조 제1항 제15호)
㉤ [○] 동법 제24조 제1항 제16호

정답 ②

16 「국가경찰과 자치경찰의 조직 및 운영에 관한 법률」에 대한 설명으로 가장 적절하지 **않은** 것은?   [15년 순경 3차 수정]

① 이 법은 경찰의 민주적인 관리·운영과 효율적인 임무수행을 위하여 경찰의 기본조직 및 직무 범위와 그 밖에 필요한 사항을 규정함을 목적으로 한다.
② 치안에 관한 사무를 관장하게 하기 위하여 행정안전부장관 소속으로 경찰청을 둔다.
③ 시·도경찰청장은 경찰청장이 시·도자치경찰위원회와 협의하여 추천한 사람 중에서 행정안전부장관의 제청으로 국무총리를 거쳐 대통령이 임용한다.
④ 경찰청장은 국가경찰위원회의 추천을 받아 국무총리의 제청으로 대통령이 임명한다.

해설 ④ 경찰청장은 국가경찰위원회의 동의를 받아 행정안전부장관의 제청으로 국무총리를 거쳐 대통령이 임명한다. 이 경우 국회의 인사청문을 거쳐야 한다(「국가경찰과 자치경찰의 조직 및 운영에 관한 법률」 제14조 제2항).

정답 ④

---

17 「국가경찰과 자치경찰의 조직 및 운영에 관한 법률」에 대한 내용으로 가장 적절하지 **않은** 것은? [18년 순경 2차 수정]

① 이 법은 경찰의 민주적인 관리·운영과 효율적인 임무수행을 위하여 경찰의 기본조직 및 직무 범위와 그 밖에 필요한 사항을 규정함을 목적으로 한다.

② 시·도경찰청장은 국가경찰사무에 대해서는 경찰청장의 지휘·감독을, 자치경찰사무에 대해서는 시·도자치경찰위원회의 지휘·감독을 받아 관할 구역의 소관 사무를 관장하고 소속 공무원 및 소속 경찰기관의 장을 지휘·감독한다.

③ 경찰청장은 행정안전부장관의 동의를 받아 국무총리를 거쳐 대통령이 임명한다. 이 경우 국회의 인사청문을 거쳐야 한다.

④ 경찰청장의 임기는 2년으로 하고, 중임할 수 없다.

해설 ③ 경찰청장은 국가경찰위원회의 동의를 받아 행정안전부장관의 제청으로 국무총리를 거쳐 대통령이 임명한다. 이 경우 국회의 인사청문을 거쳐야 한다(「국가경찰과 자치경찰의 조직 및 운영에 관한 법률」 제14조 제2항).

정답 ③

18 경찰청장에 대한 설명으로 가장 적절한 것은? [20년 순경 2차 수정]

① 징계위원회의 의결을 거친 경무관 이상의 강등 및 정직과 경정 이상의 파면 및 해임을 한다.

② 임기는 2년이 보장되나, 직무 수행 중 헌법이나 법률을 위배하였을 때에는 국회는 탄핵할 수 있다.

③ 소속 공무원뿐만 아니라 제주특별자치도의 자치경찰공무원도 언제나 직접 지휘·명령할 수 있다.

④ 대통령령으로 정하는 바에 따라 경찰공무원의 임용에 관한 권한의 일부를 소속 기관의 장, 시·도경찰청장 등에게 위임할 수 있다.

해설 ① [×] 경무관 이상의 강등 및 정직과 경정 이상의 파면 및 해임은 경찰청장 또는 해양경찰청장의 제청으로 행정안전부장관 또는 해양수산부장관과 국무총리를 거쳐 대통령이 한다(「경찰공무원법」 제33조).

② [×] 임기는 2년이 보장되나, 직무 수행 중 헌법이나 법률을 위배하였을 때에는 국회는 탄핵소추를 의결할 수 있다(「국가경찰과 자치경찰의 조직 및 운영에 관한 법률」 제14조 제4항 제5항).

③ [×] 경찰청장이 자치경찰사무를 수행하는 경찰공무원(제주특별자치도의 자치경찰공무원을 포함한다)을 직접 지휘·명령할 수 있는 경우는 다음과 같다(동법 제32조 제1항).

ⓐ 전시·사변, 천재지변, 그 밖에 이에 준하는 국가 비상사태, 대규모의 테러 또는 소요사태가 발생하였거나 발생할 우려가 있어 전국적인 치안유지를 위하여 긴급한 조치가 필요하다고 인정할 만한 충분한 사유가 있는 경우

ⓑ 국민안전에 중대한 영향을 미치는 사안에 대하여 다수의 시·도에 동일하게 적용되는 치안정책을 시행할 필요가 있다고 인정할 만한 충분한 사유가 있는 경우

ⓒ 자치경찰사무와 관련하여 해당 시·도의 경찰력으로는 국민의 생명·신체·재산의 보호 및 공공의 안녕과 질서유지가 어려워 경찰청장의 지원·조정이 필요하다고 인정할 만한 충분한 사유가 있는 경우

④ [○] 「경찰공무원법」 제7조 제3항

정답 ④

19 「국가경찰과 자치경찰의 조직 및 운영에 관한 법률」상 경찰청장에 관한 다음 설명 중 **틀린** 것은 모두 몇 개인가? [15년 2차 순경 수정]

> ㉠ 경찰청장은 국가경찰위원회의 동의를 받아 국무총리의 제청으로 대통령이 임명한다. 이 경우 국회의 인사청문을 거쳐야 한다.
> ㉡ 경찰청장은 국가경찰사무를 총괄하고 경찰청 업무를 관장하며 소속 공무원 및 각급 경찰기관의 장을 지휘·감독한다.
> ㉢ 경찰청장이 직무를 집행하면서 대통령의 지시를 위배하였을 때에는 국회는 탄핵 소추를 의결할 수 있다.
> ㉣ 경찰청장의 임기는 2년으로 하고, 중임할 수 없다.

① 1개   ② 2개   ③ 3개   ④ 4개

해설 ㉠ [×] 행정안전부장관의 제청으로 국무총리를 거쳐 대통령이 임명한다.
㉡ [○] 「국가경찰과 자치경찰의 조직 및 운영에 관한 법률」 제14조 제3항
㉢ [×] 헌법이나 법률을 위배하였을 때에는 국회는 탄핵 소추를 의결할 수 있다.
㉣ [○] 동법 제14조 제4항

정답 ②

20 「국가경찰과 자치경찰의 조직 및 운영에 관한 법률」상 경찰청장에 대한 다음 설명 중 **틀린** 것은 모두 몇 개인가? [16년 경간부 수정]

> ㉠ 경찰청에 경찰청장을 두며, 경찰청장은 치안총감으로 보한다.
> ㉡ 경찰청장은 국가경찰위원회의 동의를 받아 행정안전부장관의 제청으로 국무총리를 거쳐 대통령이 임명한다. 이 경우 국회의 인사청문을 거쳐야 한다.
> ㉢ 경찰청장이 직무를 집행하면서 헌법이나 법률을 위배하였을 때에는 국회는 탄핵 소추를 의결할 수 있다.
> ㉣ 경찰청장의 임기는 2년으로 하고, 중임할 수 없다.
> ㉤ 차장은 경찰청장을 보좌하며, 경찰청장이 부득이한 사유로 직무를 수행할 수 없을 때에는 그 직무를 대행한다.

① 0개   ② 1개   ③ 2개   ④ 3개

해설 설문은 모두 옳은 내용이다.
정답 ①

21 「국가경찰과 자치경찰의 조직 및 운영에 관한 법률」상 다음 (   )안에 들어갈 숫자의 합은? [20년 순경 1차 수정]

> ㉠ 국가경찰위원회는 위원장 1명을 포함한 (   )명의 위원으로 구성한다.
> ㉡ 국가경찰위원회 위원 중 (   )명은 법관의 자격이 있는 사람이어야 한다.
> ㉢ 국가경찰위원회 위원의 임기는 (   )년으로 하며, 연임할 수 없다.
> ㉣ 경찰청장의 임기는 (   )년으로 하고, 중임할 수 없다.

① 13   ② 14   ③ 15   ④ 16

해설 ㉠은 7, ㉡은 2, ㉢은 3, ㉣은 2이다. 따라서 (   ) 안에 들어갈 숫자의 합은 14이다.

정답 ②

22 「국가경찰과 자치경찰의 조직 및 운영에 관한 법률」상 국가수사본부장에 대한 다음 설명 중 틀린 것은 모두 몇 개인가?

> ㉠ 경찰청에 국가수사본부를 두며, 국가수사본부장은 치안정감으로 보한다.
> ㉡ 국가수사본부장은 「형사소송법」에 따른 경찰의 수사에 관하여 각 시·도경찰청장과 경찰서장 및 수사부서 소속 공무원을 지휘·감독한다.
> ㉢ 국가수사본부장의 임기는 2년으로 하며, 중임할 수 없다.
> ㉣ 국가수사본부장은 임기가 끝나면 당연히 퇴직한다.
> ㉤ 국가수사본부장이 직무를 집행하면서 「헌법」이나 법률을 위배하였을 때에는 국회는 탄핵 소추를 의결할 수 있다.

① 0개   ② 1개   ③ 2개   ④ 3개

해설 ㉠ [O] 「국가경찰과 자치경찰의 조직 및 운영에 관한 법률」 제16조 제1항
㉡ [O] 동법 제16조 제2항
㉢ [O] 동법 제16조 제3항
㉣ [O] 동법 제16조 제4항
㉤ [O] 동법 제16조 제5항

정답 ①

23 「국가경찰과 자치경찰의 조직 및 운영에 관한 법률」상 국가수사본부장을 경찰청 외부를 대상으로 모집하여 임용하는 경우 자격요건에 관한 다음 설명 중 **틀린** 것은 모두 몇 개인가?

> ㉠ 10년 이상 수사업무에 종사한 사람 중에서 「국가공무원법」 제2조의2에 따른 고위공무원단에 속하는 공무원, 3급 이상 공무원 또는 총경 이상 경찰공무원으로 재직한 경력이 있는 사람
> ㉡ 판사·검사 또는 변호사의 직에 10년 이상 있었던 사람
> ㉢ 변호사 자격이 있는 사람으로서 국가기관, 지방자치단체, 「공공기관의 운영에 관한 법률」 제4조에 따른 공공기관에서 법률에 관한 사무에 10년 이상 종사한 경력이 있는 사람
> ㉣ 대학이나 공인된 연구기관에서 법률학·경찰학 분야에서 조교수 이상의 직이나 이에 상당하는 직에 10년 이상 있었던 사람
> ㉤ ㉠부터 ㉣까지의 경력 기간의 합산이 10년 이상인 사람

① 0개 ② 1개 ③ 2개 ④ 3개

해설 ㉠ [○] 「국가경찰과 자치경찰의 조직 및 운영에 관한 법률」 제16조 제6항 제1호
㉡ [○] 동법 제16조 제6항 제2호
㉢ [○] 동법 제16조 제6항 제3호
㉣ [○] 동법 제16조 제6항 제4호
㉤ [×] 경력 합산이 15년 이상인 사람이다(동법 제16조 제6항 제5호)

정답 ②

24 「국가경찰과 자치경찰의 조직 및 운영에 관한 법률」상 시·도경찰청장에 관한 설명으로 가장 적절하지 <u>않은</u> 것은? [16년 순경 1차 수정]

① 시·도경찰청장은 국가경찰사무에 대해서는 경찰청장의 지휘·감독을, 자치경찰사무에 대해서는 시·도자치경찰위원회의 지휘·감독을 받아 관할 구역의 소관 사무를 관장하고 소속 공무원 및 소속 경찰기관의 장을 지휘·감독한다.

② 시·도경찰청장은 경찰청장이 시·도자치경찰위원회와 협의하여 추천한 사람 중에서 행정안전부장관의 제청으로 국무총리를 거쳐 대통령이 임용한다.

③ 시·도지사는 자치경찰사무에 대해 시·도경찰청장을 지휘·감독한다.

④ 시·도자치경찰위원회가 심의·의결할 시간적 여유가 없거나 심의·의결이 곤란한 경우 대통령령으로 정하는 바에 따라 시·도자치경찰위원회의 지휘·감독권을 시·도경찰청장에게 위임한 것으로 본다.

해설 ③ 시·도자치경찰위원회는 자치경찰사무에 대해 심의·의결을 통하여 시·도경찰청장을 지휘·감독한다(「국가경찰과 자치경찰의 조직 및 운영에 관한 법률」 제28조 제4항).

정답 ③

25 권한의 위임과 대리에 관한 설명으로 가장 적절하지 <u>않은</u> 것은?

[19년 순경 1차]

① 임의대리는 복대리가 허용되지 않는 것이 원칙이다.

② 복대리의 성격은 임의대리에 해당한다.

③ 원칙적으로 대리관청이 대리행위에 대한 행정소송의 피고가 된다.

④ 수임관청이 권한의 위임에서 쟁송의 당사자가 된다.

해설 ① [O] "복대리(複代理)"란 대리인이 그 대리권의 행사를 다시 타인으로 하여금 대리하게 하는 것이기 때문에 복대리는 대리인의 대리가 아니고 피대리인(본인)의 대리에 해당한다. 한편, 임의대리는 대리인에 대한 신임에 기초하여 행하여지므로 복대리는 원칙상 인정되지 않으나, 법정대리는 대리인에 대한 신임에 기초한 것이 아니므로 대리인은 그 대리권의 일부에 대하여 복대리가 가능하다.
② [O] 복대리는 항상 임의대리(수권대리)에 해당한다.
③ [X] 권한의 대리란 행정관청의 권한의 전부 또는 일부를 타 행정기관(대리기관)이 피대리관청(본인)을 위한 것임을 표시하여 자기의 이름으로 행사하고, 그 행위는 피대리관청의 행위로서

의 효과를 발생하는 것을 말한다. 따라서 대리로 인하여 권한의 귀속 자체가 대리관청으로 이전되지 않는다. 결과적으로 행정소송의 피고도 피대리관청이 된다.
④ [O] 권한의 위임이란 행정관청이 자기 권한의 일부를 다른 행정기관(보조기관 또는 하급관청)에 이전하여 수임기관의 권한으로 행사하도록 하는 것을 말하고, 수임기관은 위임된 권한을 자기명의와 책임 하에 행사하고 쟁송시 피고가 된다.

정답 ③

26 행정관청의 권한의 대리에 대한 설명 중 가장 적절하지 <u>않은</u> 것은?
[20년 경위 승진]

① 권한의 대리에는 임의대리와 법정대리가 있는데, 보통 대리는 임의대리를 의미한다.
② 법정대리는 협의의 법정대리와 지정대리가 있는데, 협의의 법정대리는 일정한 법정 사유가 발생하면 당연히 대리권이 발생하는 경우를 말한다.
③ 권한의 대리는 피대리자의 권한의 전부 또는 일부를 대리자가 피대리자를 위한 것임을 표시하고 자기의 명의로 대행하는 것으로 그 행위는 대리자의 행위로서 효과가 발생한다.
④ 임의대리는 피대리관청의 대리자에 대한 지휘·감독이 가능하나, 법정대리는 원칙적으로 피대리관청의 대리자에 대한 지휘·감독이 불가능하다.

해설 ③ 권한의 대리는 대리기관이 피대리관청의 권한의 전부 또는 일부를 피대리관청을 위한 것임을 표시하고 대리기관 자신의 명의로 대행하지만, 그 행위의 법률상 효과는 피대리관청의 행위로서 발생토록 하는 것을 의미한다.

정답 ③

27 행정관청의 권한의 위임과 대리에 대한 설명이다. 아래 ㉠부터 ㉣까지의 설명 중 옳고 그름의 표시(O, X)가 바르게 된 것은? [19년 경감 승진]

> ㉠ 권한의 위임이란 상급관청이 하급관청에 권한의 전부를 이전하여 수임기관의 권한으로 행하도록 하는 것으로 위임의 범위에는 제한이 없는 것이 원칙이다.
>
> ㉡ 권한의 위임은 수임관청에 권한이 이전되므로 수임관청에 효과가 귀속되나, 권한의 대리는 직무의 대행에 불과하므로 임의대리든 법정대리든 피대리관청에 효과가 귀속된다.
>
> ㉢ 원칙적으로 임의대리는 권한의 일부에 대해서만 가능하고 복대리가 불가능하나, 법정대리는 권한의 전부에 대해서 가능하고 복대리가 가능하다.
>
> ㉣ 임의대리의 경우 피대리관청은 대리기관의 행위에 대한 지휘·감독상의 책임을 지나, 법정대리의 경우 피대리관청은 원칙적으로 지휘·감독상의 책임을 지지 않는다.

① ㉠(O) ㉡(O) ㉢(×) ㉣(O)

② ㉠(×) ㉡(O) ㉢(O) ㉣(×)

③ ㉠(×) ㉡(O) ㉢(O) ㉣(O)

④ ㉠(×) ㉡(×) ㉢(O) ㉣(×)

해설 ㉠ [×] 위임은 권한의 일부에 대해서만 가능하고, 전부 또는 주요 부분의 위임은 허용되지 않는다(「행정권한의 위임 및 위탁에 관한 규정」 제2조 제1호).
㉡, ㉢, ㉣은 옳은 내용이다.

정답 ③

28 「행정권한의 위임 및 위탁에 관한 규정」상 행정기관 간 위임 및 위탁에 대한 설명 중 옳지 <u>않은</u> 것은 모두 몇 개인가? [20년 경간부]

> ㉠ "위임"이란 법률에 규정된 행정기관의 장의 권한 중 일부를 그 보조기관 또는 하급행정기관의 장이나 지방자치단체의 장에게 맡겨 그의 권한과 책임 아래 행사하도록 하는 것을 말한다.
>
> ㉡ 행정기관의 장은 행정권한을 위임 및 위탁할 때에는 위임 및 위탁하기 전에 수임기관의 수임능력 여부를 점검하고, 필요한 인력 및 예산을 이관할 수 있다.
>
> ㉢ 위임 및 위탁기관은 수임 및 수탁기관의 수임 및 수탁사무 처리에 대하여 지휘·감독하고, 그 처리가 위법하거나 부당하다고 인정될 때에는 이를 취소하거나 정지시켜야 한다.
>
> ㉣ 수임 및 수탁사무의 처리에 관하여 위임 및 위탁기관은 수임 및 수탁기관에 대하여 사전승인을 받거나 협의를 할 것을 요구할 수 없다.
>
> ㉤ 수임 및 수탁사무의 처리에 관한 책임은 수임 및 수탁기관에 있으며, 위임 및 위탁기관의 장은 그에 대한 감독책임을 진다.
>
> ㉥ 위임 및 위탁기관은 위임 및 위탁사무 처리의 적정성을 확보하기 위하여 필요한 경우에는 수임 및 수탁기관의 수임 및 수탁사무 처리 상황을 수시로 감사할 수 있다.

① 1개   ② 2개   ③ 3개   ④ 4개

해설 ㉠ [○] 「행정권한의 위임 및 위탁에 관한 규정」 제2조 제1호
㉡ [×] 필요한 인력 및 예산을 이관하여야 한다(동규정 제3조 제2항).
㉢ [×] 취소하거나 정지시킬 수 있다(동규정 제6조).
㉣ [○] 동규정 제7조
㉤ [○] 동규정 제8조 제1항
㉥ [○] 동규정 제9조

정답 ②

29 권한의 위임·대리·대결에 대한 설명으로 가장 적절하지 **않은** 것은?

[15년 경위 승진]

① 위임으로 권한의 귀속이 변경되어 수임기관은 자기의 명의와 책임 하에 권한을 행사하고 위임된 권한에 관한 쟁송을 할 때는 수임관청 자신이 당사자가 된다.

② 임의대리는 원칙적으로 권한의 일부에 대해서만 가능하고 복대리가 허용되지 않는다.

③ 경찰청장 사고시 차장이 대행하는 것은 협의의 법정대리이다.

④ 위임사무 처리에 소요되는 인력·예산 등은 반드시 수임자가 부담하여야 한다.

해설 ④ 행정기관의 장은 행정권한을 위임 및 위탁할 때에는 위임 및 위탁하기 전에 수임기관의 수임능력 여부를 점검하고, 필요한 인력 및 예산을 이관하여야 한다(「행정권한의 위임 및 위탁에 관한 규정」 제3조 제2항).

정답 ④

30 다음은 「행정권한의 위임 및 위탁에 관한 규정」에 대한 설명이다. 적절한 것만을 고른 것은 모두 몇 개인가?

[21년 순경 1차]

> ㉠ 위임 및 위탁기관은 수임 및 수탁기관의 수임 및 수탁사무 처리에 대하여 지휘·감독하고, 그 처리가 위법하거나 부당하다고 인정될 때에는 이를 취소하거나 정지시킬 수 있다.
>
> ㉡ 수임 및 수탁사무의 처리에 관하여 위임 및 위탁기관은 수임 및 수탁기관에 대하여 사전승인을 받거나 협의를 할 것을 요구할 수 없다.
>
> ㉢ 수임 및 수탁사무의 처리에 관한 책임은 수임 및 수탁기관에 있으며, 위임 및 위탁기관의 장은 그에 대한 감독책임을 진다.
>
> ㉣ 수임 및 수탁사무에 관한 권한을 행사할 때에는 수임 및 수탁기관의 명의로 하여야 한다.

① 1개   ② 2개   ③ 3개   ④ 4개

해설 ㉠ [O] 「행정권한의 위임 및 위탁에 관한 규정」 제6조
㉡ [O] 동규정 제7조
㉢ [O] 동규정 제8조 제1항

ⓔ [○] 동규정 제8조 제2항

정답 ④

---

31 「행정권한의 위임 및 위탁에 관한 규정」에 대한 내용으로 가장 적절하지 <u>않은</u> 것은?   [18년 순경 1차]

① 위임이란 법률에 규정된 행정기관의 장의 권한 중 일부를 그 보조기관 또는 하급행정기관의 장이나 지방자치단체의 장에게 맡겨 그의 권한과 책임 아래 행사하도록 하는 것을 말한다.

② 위임 및 위탁기관은 수임 및 수탁기관의 수임 및 수탁사무 처리에 대하여 지휘·감독하고, 그 처리가 위법하거나 부당하다고 인정될 때에는 이를 취소하거나 정지시킬 수 있다.

③ 수임 및 수탁사무의 처리에 관한 책임은 수임 및 수탁기관에 있으므로, 위임 및 위탁기관의 장은 그에 대한 감독책임을 지지 않는다.

④ 위임 및 위탁기관은 위임 및 위탁사무 처리의 적정성을 확보하기 위하여 필요한 경우에는 수임 및 수탁기관의 수임 및 수탁사무 처리 상황을 수시로 감사할 수 있다.

해설 ③ 수임 및 수탁사무의 처리에 관한 책임은 수임 및 수탁기관에 있으며, 위임 및 위탁기관의 장은 그에 대한 감독책임을 진다(「행정권한의 위임 및 위탁에 관한 규정」 제8조 제1항).

정답 ③

---

32 훈령과 직무명령에 대한 설명으로 가장 옳지 <u>않은</u> 것은?   [21년 경간부]

① 훈령은 원칙적으로 일반적·추상적 사항에 대해서 발해지지만, 개별적 구체적 사항에 대해서도 발해질 수 있다.

② 훈령과 직무명령 모두 법령의 구체적 근거가 없어도 발할 수 있다.

③ 훈령은 법규의 성질을 갖지 않기에 하급경찰관청의 법적 행위가 훈령에 위반하여 행해진 경우에도 위법이 아니며 행위 자체의 효력에도 영향이 없다.

④ 훈령의 실질적 요건으로는 훈령이 법규에 저촉되지 않을 것, 공익에 반하지 않을 것, 실현 가능성이 있을 것, 훈령권이 있는 상급경찰관청이 발할 것 등이 있다.

해설 ④ '훈령권이 있는 상급관청이 발할 것'은 훈령의 형식적 요건이다.

정답 ④

33 훈령과 직무명령에 대한 설명으로 옳지 않은 것은? [20년 경간부]

① 상호 모순되는 둘 이상의 상급관청의 훈령이 경합할 경우 주관상급관청이 불명확한 때에는 직근상급행정관청의 훈령에 따른다.

② 훈령이란 상급관청이 하급관청의 권한행사를 지휘하기 위하여 발하는 명령으로 구성원의 변동이 있는 경우에도 효력에는 영향이 없다.

③ 훈령은 직무명령의 성격을 가지나 직무명령은 훈령의 성격을 갖지 못한다.

④ 훈령은 원칙적으로 일반적·추상적 사항에 대해서 발해야 하지만, 개별적 구체적 사항에 대해서도 발해질 수 있다.

해설 ① 상호 모순되는 둘 이상의 상급관청의 훈령이 경합할 경우 주관 상급행정관청의 훈령에 따라야 하고, 주관 상급관청이 서로 상·하 관계에 있는 때에는 직근 상급행정관청의 훈령에 따라야 하며, 주관 상급행정관청이 불명확한 때에는 주관쟁의의 방법으로 해결하여야 한다.

정답 ①

34 훈령과 직무명령에 관한 다음 설명으로 옳은 것은 모두 몇 개인가? [18년 경간부]

> ㉠ 훈령의 내용은 하급관청의 직무상 독립된 범위에 속하는 사항이어야 한다.
> ㉡ 직무명령은 상관이 직무에 관하여 부하에게 발하는 명령이다.
> ㉢ 직무명령은 직무와 관련 없는 사생활에는 효력이 미치지 않는다.
> ㉣ 훈령은 원칙적으로 일반적·추상적 사항에 대하여 발해져야 하지만, 개별적·구체적 사항에 대해서도 발해질 수 있다.
> ㉤ 직무명령의 형식적 요건으로는 권한이 있는 상관이 발할 것, 부하공무원의 직무범위 내의 사항일 것, 부하공무원의 직무상 독립이 보장된 것이 아닐 것, 법정의 형식이나 절차가 있으면 이를 갖출 것이다.

① 1개   ② 2개   ③ 3개   ④ 4개

해설 ㉠ [×] 훈령의 내용은 하급관청의 직무상 독립된 범위에 속하는 사항이 아니어야 한다.

ⓛ, ⓒ, ⓔ, ⓜ은 옳은 내용이다.

정답 ④

---

35 다음 중 훈령에 대한 설명으로 옳은 것은 모두 몇 개인가? [16년 순경 2차]

> ㉠ 훈령은 구체적인 법령의 근거 없이도 발할 수 있다.
> ㉡ 훈령의 내용은 하급관청의 직무상 독립된 범위에 속하는 사항이어야 한다.
> ㉢ 하급경찰관청의 법적 행위가 훈령에 위반하여 행해진 경우 원칙적으로 위법이 아니며, 그 행위의 효력에는 영향이 없다.
> ㉣ 훈령은 원칙적으로 일반적·추상적 사항에 대해서 발해져야 하지만, 개별적·구체적 사항에 대해서도 발해질 수 있다.

① 1개   ② 2개   ③ 3개   ④ 4개

해설 ㉠ [○]
㉡ [×] 훈령의 내용은 하급관청의 직무상 독립된 범위에 속하는 사항이 아니어야 한다.
㉢ [○]
㉣ [○]

정답 ③

---

36 훈령에 대한 설명으로 가장 적절하지 <u>않은</u> 것은? (단, 다툼이 있는 경우 통설·판례에 의함) [18년 경위 승진]

① 훈령은 원칙적으로 일반적·추상적 사항에 대해서 발해야 하지만, 개별적·구체적 사항에 대해서도 발해질 수 있다.
② '하급관청의 직무상 독립한 범위에 속하는 사항이 아닌 것'은 훈령의 형식적 요건에 해당한다.
③ 하급관청 구성원의 변동이 있더라도 훈령은 그 효력에 영향을 받지 않는다.
④ 훈령은 내부적 구속력을 갖고 있어, 훈령을 위반한 공무원의 행위는 징계의 사유가 되고, 무효 또는 취소사유에 해당한다.

해설 ④ 훈령은 대외적 구속력은 없고 내부적 구속력만을 갖기 때문에 훈령을 위반한 공무원의 행위는 징계사유는 되지만, 무효 또는 취소사유에는 해당하지 않는다.

정답 ④

37 훈령과 직무명령에 관한 설명 중 옳지 <u>않은</u> 것을 모두 고른 것은?

[19년 순경 2차]

> ㉠ 직무명령은 직무와 관련 없는 사생활에는 그 효력이 미치지 않는다.
> ㉡ 훈령은 일반적·추상적 사항에 대하여만 발할 수 있으며, 개별적·구체적 사항에 대해서는 발할 수 없다.
> ㉢ 훈령을 발하기 위해서는 법령의 구체적 근거를 요하나, 직무명령은 법령의 구체적 근거가 없이도 발할 수 있다.
> ㉣ 훈령의 종류에는 '협의의 훈령', '지시', '예규', '일일명령' 등이 있으며, 이 중 예규는 반복적 경찰사무의 기준을 제시하기 위하여 발하는 명령을 의미한다.
> ㉤ 훈령은 직무명령을 겸할 수 있으나, 직무명령은 훈령의 성질을 가질 수 없다.

① ㉠ ㉢   ② ㉡ ㉢   ③ ㉢ ㉤   ④ ㉣ ㉤

해설 ㉠ [○]
㉡ [×] 훈령은 일반적·추상적 사항에 대해서 발하는 것이 원칙이지만 예외적으로 개별적·구체적 사항에 대해서도 발할 수 있다.
㉢ [×] 훈령과 직무명령 모두 행정규칙으로서 법령의 구체적 근거가 없이도 발할 수 있다.
㉣ [○]

정답 ②

제3절 경찰공무원법

---

01 「경찰공무원 임용령」에서 규정한 채용후보자의 자격상실 사유로 가장 적절하지 <u>않은</u> 것은?

[18년 경위 승진]

① 채용후보자가 질병 등 교육훈련을 계속할 수 없는 불가피한 사정으로 퇴학처분을 받은 경우
② 채용후보자가 임용 또는 임용제청에 응하지 아니한 경우
③ 채용후보자로서 받아야 할 교육훈련에 응하지 아니한 경우
④ 채용후보자로서 받은 교육훈련성적이 수료점수에 미달되는 경우

해설　① [×] 채용후보자가 질병 등 교육훈련을 계속할 수 없는 불가피한 사정으로 퇴학처분을 받은 경우는 채용후보자의 자격상실의 예외 사유에 해당한다(「경찰공무원 임용령」 제19조 제4호).
　　② [○] 동령 제19조 제1호
　　③ [○] 동령 제19조 제2호
　　④ [○] 동령 제19조 제3호

정답　①

02　「경찰공무원법」 및 「경찰공무원 임용령」상 경찰공무원의 임용에 대한 설명으로 가장 적절하지 <u>않은</u> 것은?　[17년 경감 승진 수정]

① 총경 이상 경찰공무원은 경찰청장 또는 해양경찰청장의 추천을 받아 행정안전부장관 또는 해양수산부장관의 제청으로 국무총리를 거쳐 대통령이 임용한다.

② 경정 이하의 경찰공무원은 경찰청장 또는 해양경찰청장이 임용한다. 다만, 경정으로의 신규채용, 승진임용 및 면직은 경찰청장 또는 해양경찰청장의 제청으로 국무총리를 거쳐 대통령이 한다.

③ 경찰공무원은 임용장 또는 임용통지서에 기재된 일자에 임용된 것으로 본다. 다만, 사망으로 인한 면직은 사망한 날에 면직된 것으로 본다.

④ 경찰청장은 대통령령으로 정하는 바에 따라 경찰공무원의 임용에 관한 권한의 일부를 소속기관의 장 등에게 위임할 수 있다.

해설　③ 경찰공무원은 임용장이나 임용통지서에 적힌 날짜에 임용된 것으로 보며, 임용일자를 소급해서는 아니 된다(「경찰공무원 임용령」 제5조 제1항). 사망으로 인한 면직은 사망한 다음 날에 면직된 것으로 본다(동령 제5조 제2항).

정답　③

03 경찰의 인사권자에 대한 설명으로 **틀린** 것은? [15년 경간부 수정]

① 총경의 전보·휴직·직위해제·정직 및 복직은 경찰청장이 행한다.

② 경정 이하의 신규채용·승진임용 및 면직은 경찰청장이 행한다.

③ 경찰청장은 대통령령으로 정하는 바에 따라 경찰공무원의 임용에 관한 권한의 일부를 시·도지사, 국가수사본부장, 소속 기관의 장, 시·도경찰청장에게 위임할 수 있다.

④ 임용권의 위임규정에도 불구하고 경찰청장은 경찰공무원의 정원 조정, 승진임용, 인사교류 또는 파견을 위하여 필요한 경우에는 임용권을 행사할 수 있다.

해설 ② 경정 이하의 경찰공무원은 경찰청장이 임용한다. 다만, 경정으로의 신규채용, 승진임용 및 면직은 경찰청장의 제청으로 국무총리를 거쳐 대통령이 한다(「경찰공무원법」 제7조 제2항).

정답 ②

04 「경찰공무원법」상 경찰공무원의 임용권자가 바르게 연결된 것은 모두 몇 개인가? [17년 경간부]

㉠ 총경의 휴직 – 경찰청장	㉡ 총경의 강등 – 대통령
㉢ 총경의 복직 – 경찰청장	㉣ 경정의 면직 – 대통령
㉤ 경정으로의 승진 – 경찰청장	㉥ 총경의 정직 – 대통령

① 1개　　　　② 2개　　　　③ 3개　　　　④ 4개

해설 ㉠ [O] 총경의 전보, 휴직, 직위해제, 강등, 정직, 복직은 경찰청장이 한다(「경찰공무원법」 제7조).
㉡ [×] 총경의 강등은 경찰청장이 한다.
㉢ [O]
㉣ [O]
㉤ [×] 경정으로의 승진은 대통령이 한다.
㉥ [×] 총경의 정직은 경찰청장이 한다.

정답 ③

05 「경찰공무원 임용령」상 임용권의 위임에 대한 설명 중 가장 적절하지 않은 것은? [20년 순경 1차 수정]

① 소속기관등의 장은 경감 또는 경위를 신규채용하거나 경사 또는 경장을 승진시키려면 미리 경찰청장의 승인을 받아야 한다.

② 시·도경찰청장은 소속 경감 이하 경찰공무원에 대한 해당 경찰서 안에서의 전보권을 경찰서장에게 다시 위임할 수 있다.

③ 경찰청장은 경찰대학·경찰인재개발원·중앙경찰학교·경찰수사연수원· 경찰병원 및 시·도경찰청(이하 "소속기관등"이라 한다)의 장에게 그 소속 경찰공무원 중 경정의 전보·파견·휴직·직위해제 및 복직에 관한 권한과 경감 이하의 임용권을 위임한다.

④ 임용권의 위임에도 불구하고 경찰청장은 경찰공무원의 정원 조정, 인사교류 또는 파견을 위하여 필요한 경우에는 임용권을 행사할 수 있다.

해설 ① [×] 임용권을 위임받은 소속기관등의 장은 경감 또는 경위를 신규채용하거나 경위 또는 경사를 승진시키려면 미리 경찰청장의 승인을 받아야 한다(「경찰공무원 임용령」 제4조 제10항).
② [○] 동령 제4조 제6항
③ [○] 동령 제4조 제3항
④ [○] 동령 제4조 제11항

정답 ①

06 「경찰공무원 임용령」에서 규정하고 있는 임용권의 위임에 대한 설명으로 가장 적절하지 않은 것은? [21년 경찰특공대]

① 소속기관등의 장은 경감 또는 경위를 신규채용하거나 경위 또는 경사를 승진시키려면 미리 경찰청장의 승인을 받아야 한다.

② 임용권을 위임받은 시·도경찰청장은 소속 경감 이하 경찰공무원에 대한 해당 경찰서 안에서의 전보권을 경찰서장에게 다시 위임할 수 있다.

③ 경찰청장은 경찰대학·경찰인재개발원·중앙경찰학교·경찰수사연수원·경찰병원 및 시·도경찰청의 장에게 그 소속 경찰공무원 중 경정의 전보·파견·휴직·직위해제 및 복직에 관한 권한과 경감 이하의 임용권을 위임한다.

④ 임용권을 위임한 경우, 경찰청장은 어떠한 경우에도 임용권을 행사할 수 없다.

해설　④ 제1항부터 제6항까지의 규정에도 불구하고 경찰청장은 경찰공무원의 정원 조정, 승진임용, 인사교류 또는 파견을 위하여 필요한 경우에는 임용권을 행사할 수 있다(「경찰공무원 임용령」 제4조 제11항).

정답　④

07 「경찰공무원 임용령」에서 규정하고 있는 임용권의 위임에 대한 설명으로 가장 적절하지 <u>않은</u> 것은?

① 경찰청장은 법 제7조 제3항 전단에 따라 시·도지사에게 해당 시·도의 자치경찰사무를 담당하는 경찰공무원(지구대 및 파출소는 제외한다) 중 경정의 전보·파견·휴직·직위해제 및 복직에 관한 권한과 경감 이하의 임용권(신규채용 및 면직에 관한 권한은 제외한다)을 위임한다.

② 위 ①에 따라 임용권을 위임받은 시·도지사는 법 제7조 제3항 후단에 따라 경감 또는 경위로의 승진임용에 관한 권한을 제외한 임용권을 시·도자치경찰위원회에 다시 위임할 수 있다.

③ 위 ②에 따라 임용권을 위임받은 시·도자치경찰위원회는 시·도지사와 시·도경찰청장의 의견을 들어 그 권한의 일부를 시·도경찰청장에게 다시 위임할 수 있다.

④ 시·도자치경찰위원회는 임용권을 행사하는 경우에는 시·도경찰청장의 추천을 받아야 한다.

해설　① [○] 「경찰공무원 임용령」 제4조 제1항
② [×] 임용권을 위임받은 시·도지사는 법 제7조 제3항 후단에 따라 경감 또는 경위로의 승진임용에 관한 권한을 제외한 임용권을 시·도자치경찰위원회에 다시 위임한다(동령 제4조 제4항).
③ [○] 동령 제4조 제5항
④ [○] 동령 제4조 제8항

정답　②

08 경찰공무원의 임용에 대한 설명으로 가장 적절하지 <u>않은</u> 것은?

[15년 순경 1차 수정]

① 경찰공무원은 임용장이나 임용통지서에 기재된 일자에 임용된 것으로 보지만, 사망으로 인한 면직은 사망한 다음 날에 면직된 것으로 본다고 「경찰공무원법」에 명시되어 있다.

② 경찰청장은 경찰공무원의 채용시험 또는 경찰간부후보생 공개경쟁선발시험에서 부정행위를 한 응시자에 대하여는 해당 시험을 정지 또는 무효로 하고, 그 처분이 있는 날부터 5년간 시험응시자격을 정지한다.

③ 경찰청장은 순경에서 4년 이상 근속자를 경장으로, 경장에서 5년 이상 근속자를 경사로, 경사에서 6년 6개월 이상 근속자를 경위로, 경위에서 8년 이상 근속자를 경감으로 각각 근속승진임용 할 수 있다.

④ 경정이하의 경찰공무원을 신규채용할 때에는 1년간 시보로 임용하고, 그 기간이 만료된 다음 날에 정규 경찰공무원으로 임용한다.

해설 ① [×] 「경찰공무원 임용령」에 명시되어 있다(「경찰공무원 임용령」 제5조 제1항, 제2항).
② [○] 「경찰공무원법」 제11조
③ [○] 동법 제16조 제1항
④ [○] 동법 제13조 제1항

정답 ①

09 「경찰공무원법」상 경찰공무원의 임용에 대한 설명으로 가장 적절한 것은?

[19년 순경 1차]

① 경찰청 소속 총경 이상의 경찰공무원은 경찰청장의 제청으로 국무총리를 거쳐 대통령이 임용한다.

② 퇴직한 경찰공무원으로서 퇴직 시에 재직하였던 계급의 채용시험에 합격한 사람을 재임용하는 경우 시보임용을 거치지 않는다.

③ 경찰청장은 경찰공무원의 채용시험 또는 경찰간부후보생 공개경쟁선발시험에서 부정행위를 한 응시자에 대하여는 해당 시험을 정지 또는 무효로 하고, 그 처분이 있은 날부터 3년간 시험응시자격을 정지한다.

④ 경찰청장은 대통령령으로 정하는 바에 따라 경찰공무원의 임용에 관한 권한의 일부를 특별시장·광역시장·도지사·특별자치시장 또는 특별자치도지사, 국가수사본부장, 소속 기관의 장, 시·도경찰청장에게 위임하여야 한다.

해설 ① [×] 총경 이상 경찰공무원은 경찰청장의 추천을 받아 행정안전부장관의 제청으로 국무총리를 거쳐 대통령이 임용한다(「경찰공무원법」 제7조 제1항).

② [○] 동법 제13조 제4항 제3호

③ [×] 5년간 시험응시자격을 정지한다(동법 제11조).

④ [×] 경찰청장은 대통령령으로 정하는 바에 따라 경찰공무원의 임용에 관한 권한의 일부를 시·도지사, 국가수사본부장, 소속 기관의 장, 시·도경찰청장에게 위임할 수 있다(동법 제7조 제3항).

정답 ②

10 대통령령인 「경찰공무원 임용령」상 경찰의 인사에 관한 다음 설명 중 옳지 <u>않은</u> 것은 모두 몇 개인가?

[19년 경간부 수정]

> ㉠ 경찰공무원인사위원회(이하 "인사위원회"라 한다)는 위원장을 포함하여 3명 이상 7명 이하의 위원으로 구성한다.
> ㉡ 인사위원회의 위원장은 경찰청 인사담당국장이 되고, 위원은 경찰청 소속 총경 이상 경찰공무원 중에서 위원장이 각각 임명한다.
> ㉢ 회의는 재적위원 과반수의 출석과 출석위원 과반수의 찬성으로 의결한다.
> ㉣ 경찰청장은 시·도지사에게 해당 시·도의 자치경찰사무를 담당하는 경찰공무원(지구대 파출소 근무자는 제외) 중 경정의 전보·파견·휴직·직위해제 및 복직에 관한 권한과 경감 이하의 임용권(신규채용 및 면직에 관한 권한은 제외)을 위임한다.
> ㉤ 시·도경찰청장은 소속 경감 이하 경찰공무원에 대한 해당 경찰서 안에서의 전보권을 경찰서장에게 다시 위임할 수 있다.
> ㉥ 임용권의 위임을 받은 시·도경찰청장은 경감 또는 경위를 승진시키고자 할 때에는 미리 경찰청장의 승인을 받아야 한다.

① 1개   ② 2개   ③ 3개   ④ 4개

해설 ㉠ [×] 경찰공무원인사위원회는 위원장을 포함하여 5명 이상 7명 이하의 위원으로 구성한다(「경찰공무원 임용령」 제9조 제1항).

㉡ [×] 인사위원회의 위원장은 경찰청 인사담당국장이 되고, 위원은 경찰청 소속 총경 이상 경찰공무원 중에서 경찰청장이 각각 임명한다(동령 제9조 제2항).

㉢ [×] 회의는 재적위원 과반수의 찬성으로 의결한다(동령 제11조 제2항).

㉣ [○] 동령 제4조 제1항

㉤ [○] 동령 제4조 제6항

㉥ [×] 임용권의 위임을 받은 시·도경찰청장은 경감 또는 경위를 신규채용하거나 경위 또는 경사를 승진시키려면 미리 경찰청장의 승인을 받아야 한다(동령 제4조 제10항).

정답 ④

11 각종 위원회와 근거법의 연결로 가장 적절하지 <u>않은</u> 것은?

[18년 경위 승진 수정]

① 소청심사위원회 - 「경찰공무원법」
② 경찰공무원인사위원회 - 「경찰공무원법」
③ 시·도자치경찰위원회 - 「국가경찰과 자치경찰의 조직 및 운영에 관한 법률」
④ 국가경찰위원회 - 「국가경찰과 자치경찰의 조직 및 운영에 관한 법률」

해설 ① 소청심사위원회의 설치 근거는 「국가공무원법」 제9조 제1항이다.
정답 ①

12 다음은 「경찰공무원법」 및 「경찰공무원 임용령」상 경찰공무원의 임용에 대하여 설명한 것이다. 옳은 것을 모두 고른 것은?

[18년 순경 2차]

> ㉠ 휴직기간, 직위해제기간 및 징계에 의한 감봉처분 또는 견책처분을 받은 기간은 시보임용기간에 산입하지 아니한다.
> ㉡ 경정으로의 신규채용, 승진임용 및 면직은 경찰청장 또는 해양경찰청장의 제청으로 국무총리를 거쳐 대통령이 한다.
> ㉢ '징계에 의하여 파면 또는 해임처분을 받은 사람'은 경찰공무원으로 임용될 수 없다.
> ㉣ 경찰공무원은 임용장이나 임용통지서에 적힌 날짜에 임용된 것으로 보며, 사망으로 인한 면직은 사망한 날에 면직된 것으로 본다.
> ㉤ 총경의 전보, 휴직, 직위해제, 강등, 정직 및 복직은 경찰청장 또는 해양경찰청장이 한다.

① ㉠ ㉡ ㉣
② ㉠ ㉢ ㉣
③ ㉡ ㉢ ㉤
④ ㉡ ㉢ ㉣ ㉤

해설 ㉠ [×] 휴직기간, 직위해제기간 및 징계에 의한 정직처분 또는 감봉처분을 받은 기간은 제1항에 따른 시보임용기간에 산입하지 아니한다(「경찰공무원법」 제13조 제2항).
㉡ [○] 동법 제7조 제2항
㉢ [○] 동법 제8조 제2항 제10호
㉣ [×] 경찰공무원은 임용장이나 임용통지서에 적힌 날짜에 임용된 것으로 보고, 임용일자를 소급해서는 아니 되며(「경찰공무원 임용령」 제5조 제1항), 사망으로 인한 면직은 사망한 다음 날에 면직된 것으로 본다(동령 제5조 제2항).
㉤ [○] 「경찰공무원법」 제7조 제1항
정답 ③

13 경찰공무원 관계의 변동에 관한 내용 중 가장 적절하지 않은 것은?

[13년 경위 승진 수정]

① 강임은 경찰공무원에게는 적용되지 않는다.

② 휴직 기간 중 휴직사유가 없어지면 20일 이내에 신고해야 한다.

③ 직위해제는 일정한 사유로 직위를 부여하지 아니하는 제재적 성격의 조치이다.

④ 전보란 동일 직위 및 자격 내에서의 근무기관이나 부서를 달리하는 임용을 말한다.

해설 ② 휴직 기간 중 그 사유가 없어지면 30일 이내에 임용권자 또는 임용제청권자에게 신고하여야 하며, 임용권자는 지체 없이 복직을 명하여야 한다(「국가공무원법」 제73조 제2항).

정답 ②

---

14 「경찰공무원법」상 규정이다. (　　)안에 들어갈 숫자를 모두 더한 값은?

[17년 순경 1차]

> 경찰 공무원의 정년은 다음과 같다.
> ㉠ 연령정년: 60세
> ㉡ 계급정년
> 　치안감 (　　)년, 경무관 (　　)년, 총경 (　　)년, 경정 (　　)년

① 35　　　　　　② 34　　　　　　③ 33　　　　　　④ 32

해설 ㉡ 치안감: 4년, 경무관: 6년, 총경: 11년, 경정: 14년이다. 따라서 (　　) 안에 들어갈 숫자를 모두 더한 값은 35이다.

정답 ①

15 「국가공무원법」상 휴직에 대한 설명으로 가장 적절하지 **않은** 것은?

[20년 경감 승진]

① 공무원이 천재지변이나 전시·사변, 그 밖의 사유로 생사 또는 소재가 불명확하게 된 때의 휴직기간은 3개월 이내로 한다.

② 공무원이 국외 유학을 하게 된 때 휴직을 원하면 임용권자는 휴직을 명할 수 있으며, 휴직 기간은 3년 이내로 하되, 부득이한 경우에는 2년의 범위에서 연장할 수 있다.

③ 휴직 기간 중 그 사유가 없어지면 지체 없이 임용권자 또는 임용제청권자에게 신고하여야 하며, 임용권자는 30일 이내에 복직을 명하여야 한다.

④ 대통령령등으로 정하는 기간 동안 재직한 공무원이 직무 관련 연구과제 수행 또는 자기개발을 위하여 학습·연구 등을 하게 된 때 휴직 기간은 1년 이내로 한다.

해설 ① [○]「국가공무원법」제71조 제1항 제4호, 제72조 제3호
② [○] 동법 제71조 제2항 제2호, 제72조 제5호
③ [×] 휴직 기간 중 그 사유가 없어지면 30일 이내에 임용권자 또는 임용제청권자에게 신고하여야 하며, 임용권자는 지체 없이 복직을 명하여야 한다(동법 제73조 제2항).
④ [○] 동법 제71조 제2항 제7호, 제72조 제10호

정답 ③

16 경찰공무원 근무관계의 성립·변동·소멸에 대한 설명으로 적절한 것을 모두 고른 것은?

[18년 경감 승진]

⊙ 징계에 의하여 해임의 처분을 받았더라도 그 후 3년이 경과하였다면 경찰공무원에 임용될 수 있다.
ⓛ 「국가공무원법」상 강임은 하위 직급에의 임용으로서 경찰공무원에게도 적용된다.
ⓒ 감사업무를 담당하는 경찰공무원은 부적격자로 인정되는 경우가 아닌 한 해당 직위에 임용된 날부터 3년 이내에는 다른 직위에 전보할 수 없다.
ⓔ 경찰공무원으로서 자격정지 이상의 형의 선고유예를 받고 그 선고유예 기간 중에 있는 자는 당연퇴직된다.

① 없음 　　② ⓛ 　　③ ⓒ 　　④ ⊙ ⓔ

해설 ㉠ [×] 「경찰공무원법」 제8조 제2항 제10호

㉡ [×] 강임은 경찰공무원에게 적용되지 않는다.

㉢ [×] 감사업무를 담당하는 경찰공무원은 부적격자로 인정되는 경우가 아닌 한 해당 직위에 임용된 날부터 2년 이내에는 다른 직위에 전보할 수 없다(「경찰공무원 임용령」 제27조 제1항 제13호).

㉣ [×] 경찰공무원이 「형법」 제129조부터 제132조까지, 「성폭력범죄의 처벌 등에 관한 특례법」 제2조, 「아동·청소년의 성보호에 관한 법률」 제2조 제2호 및 직무와 관련하여 「형법」 제355조 또는 제356조에 규정된 죄를 범한 사람으로서 자격정지 이상의 형의 선고유예를 받은 경우에는 당연퇴직한다(동법 제27조).

정답 ①

17 「국가공무원법」상 휴직사유와 휴직기간을 연결한 것 중 옳지 <u>않은</u> 것은 모두 몇 개인가? [19년 경간부]

㉠ 천재지변이나 전시·사변, 그 밖의 사유로 생사 또는 소재가 불명확하게 된 때 – 1개월 이내

㉡ 국제기구, 외국 기관, 국내외의 대학·연구기관, 다른 국가기관 또는 대통령령으로 정하는 민간기업, 그 밖의 기관에 임시로 채용될 때 – 채용기간(단, 민간기업이나 그 밖의 기관에 채용되면 2년 이내로 한다)

㉢ 국외 유학을 하게 된 때 – 2년 이내(부득이한 경우에는 2년의 범위에서 연장 가능)

㉣ 중앙인사관장기관의 장이 지정하는 연구기관이나 교육기관 등에서 연수하게 된 때 – 2년 이내

㉤ 외국에서 근무·유학 또는 연수하게 되는 배우자를 동반하게 된 때 – 3년 이내(부득이한 경우에는 3년의 범위에서 연장 가능)

㉥ 대통령령등으로 정하는 기간 동안 재직한 공무원이 직무 관련 연구과제 수행 또는 자기개발을 위하여 학습·연구 등을 하게 된 때 – 1년 이내

① 1개 ② 2개 ③ 3개 ④ 4개

해설 ㉠ [×] 천재지변이나 전시·사변, 그 밖의 사유로 생사 또는 소재가 불명확하게 된 때 – 3개월 이내(「국가공무원법」 제72조 제3호).

㉡ [×] 민간기업, 그 밖의 기관에 임시로 채용될 때 – 3년 이내로 한다(동법 제72조 제4호).

㉢ [×] 국외 유학을 하게 된 때 – 3년 이내(부득이한 경우에는 2년의 범위에서 연장 가능)(동법 제72조 제5호).

㉣ [○] 동법 제72조 제6호

⑩ [×] 외국에서 근무·유학 또는 연수하게 되는 배우자를 동반하게 된 때 - 3년 이내(부득이한 경우에는 2년의 범위에서 연장 가능)(동법 제72조 제5호).
ⓑ [○] 동법 제72조 제10호

정답 ④

18 「국가공무원법」상 휴직 사유와 휴직 기간에 대한 설명으로 가장 적절하지 않은 것은?
[19년 경위 승진]

① 중앙인사관장기관의 장이 지정하는 연구기관이나 교육기관 등에서 연수하게 된 때 휴직 기간은 3년 이내로 한다.
② 「병역법」에 따른 병역 복무를 마치기 위하여 징집 또는 소집된 때 휴직 기간은 그 복무 기간이 끝날 때까지로 한다.
③ 만 8세 이하 또는 초등학교 2학년 이하의 자녀를 양육하기 위하여 필요하거나 여성공무원이 임신 또는 출산하게 된 때 휴직 기간은 자녀 1명에 대하여 3년 이내로 한다.
④ 외국에서 근무·유학 또는 연수하게 되는 배우자를 동반하게 된 때 휴직 기간은 3년 이내로 하되, 부득이한 경우에는 2년의 범위에서 연장할 수 있다.

해설 ① [×] 중앙인사관장기관의 장이 지정하는 연구기관이나 교육기관 등에서 연수하게 된 때 휴직 기간은 2년 이내로 한다(「국가공무원법」 제71조 제2항 제3호, 제72조 제6호).
② [○] 동법 제72조 제2호
③ [○] 동법 제72조 제7호
④ [○] 동법 제72조 제5호

정답 ①

19 다음 중 직권휴직 사유는 모두 몇 개인가? [15년 경간부]

> ㉠ 직무수행 능력이 부족하거나 근무성적이 극히 나쁜 자(3개월 범위 내)
> ㉡ 국제기구 등 임시채용
> ㉢ 병역 징집·소집
> ㉣ 파면·해임·강등 또는 정직에 해당하는 징계 의결이 요구중인 자
> ㉤ 형사 사건으로 기소된 자(약식명령 제외)
> ㉥ 신체·정신상 장애로 장기요양
> ㉦ 연구기관·교육기관 연수
> ㉧ 장기요양 부모 등 간호
> ㉨ 노동조합 전임자 종사
> ㉩ 외국 근무·유학·연수하는 배우자 동반

① 3개 ② 4개 ③ 5개 ④ 6개

해설

구 분	사 유
직위해제	㉠ 직무수행 능력이 부족하거나 근무성적이 극히 나쁜 자(3개월내) ㉣ 파면·해임·강등 또는 정직에 해당하는 징계 의결이 요구중인 자 ㉤ 형사 사건으로 기소된 자(약식명령 제외)
직권휴직	㉢ 병역 징집·소집 ㉥ 신체·정신상 장애로 장기요양 ㉨ 노동조합 전임자 종사
의원휴직	㉡ 국제기구 등 임시채용 ㉦ 연구기관·교육기관 연수 ㉧ 장기요양 부모 등 간호 ㉩ 외국 근무·유학·연수하는 배우자 동반

정답 ①

20 「국가공무원법」상 직위해제에 대한 설명으로 가장 적절한 것은?

[21년 순경 1차]

① 임용권자는 형사사건으로 기소된 자(약식명령이 청구된 자를 포함한다)에게 직위를 부여하지 아니할 수 있다.

② 임용권자는 신체·정신상의 장애로 장기 요양이 필요한 자에게 직위를 부여하지 아니할 수 있다.

③ 임용권자는 직무수행 능력이 부족하거나 근무성적이 극히 나빠 직위해제된 자에게 3개월의 범위에서 대기를 명한다.

④ 「국가공무원법」 제73조의3 제1항에 따라 직위를 부여하지 아니한 경우에 그 직위해제 사유가 소멸되면 임용권자는 직위를 부여할 수 있다.

해설 ① [×] 약식명령이 청구된 자는 제외한다(「국가공무원법」 제73조의3 제1항 제4호).
② [×] 직권휴직 사유이다(동법 제71조 제1항 제1호).
③ [○] 동법 제73조의3 제3항
④ [×] 직위해제된 경우에 그 사유가 소멸되면 임용권자는 지체 없이 직위를 부여하여야 한다(동법 제73조의3 제2항).

정답 ③

21 「국가공무원법」상 직위해제의 사유로 가장 적절하지 <u>않은</u> 것은?

[15년 경위 승진]

① 국제기구 등에 임시로 채용될 때

② 파면·해임·강등 또는 정직에 해당하는 징계의결이 요구 중인 자

③ 형사사건으로 기소된 자(약식명령이 청구된 자 제외)

④ 직무수행 능력이 부족하거나 근무성적이 극히 나쁜 자

해설 ① 국제기구 등에 임시로 채용될 때는 의원휴직사유에 해당된다(「국가공무원법」 제71조 제2항 제1호).

정답 ①

22 다음 중 「국가공무원법」상 직위해제의 사유는 모두 몇 개인가?

[15년 순경 2차]

> ㉠ 직무수행 능력이 부족하거나 근무성적이 극히 나쁜 자
> ㉡ 휴직 기간이 끝나거나 휴직 사유가 소멸된 후에도 직무에 복귀하지 아니하거나 직무를 감당할 수 없을 때
> ㉢ 형사 사건으로 기소된 자(약식명령이 청구된 자는 제외한다)
> ㉣ 파면·해임·강등 또는 정직에 해당하는 징계 의결이 요구 중인 자
> ㉤ 직제와 정원의 개폐 또는 예산의 감소 등에 따라 폐직 또는 과원이 되었을 때

① 2개   ② 3개   ③ 4개   ④ 5개

해설 ㉠ [○] 「국가공무원법」 제73조의3 제1항 제2호
㉡ [×] 직권면직 사유이다(동법 제70조 제1항 제4호).
㉢ [○] 동법 제73조의3 제1항 제4호
㉣ [○] 동법 제73조의3 제1항 제3호
㉤ [×] 직권면직 사유이다(동법 제70조 제1항 제3호).

정답 ②

23 직위해제에 대한 설명으로 가장 적절하지 <u>않은</u> 것은?   [21년 경감 승진]

① 직위해제는 휴직과 달리 제재적 성격을 가지는 보직의 해제이다.
② 직무수행능력이 부족하여 직위해제를 한 경우 대기명령 기간 중 근무성적의 향상을 기대하기 어렵다고 인정될 때에는 징계위원회의 동의를 얻어 임용권자가 직권면직시킬 수 있다.
③ 직위해제 기간은 원칙적으로 승진소요 최저근무연수에 포함되지 않으나, 파면·해임·강등 또는 정직에 해당하는 징계 의결 요구로 직위해제된 사람에 대하여 관할 징계위원회가 징계하지 아니하기로 의결한 경우 등은 승진소요 최저근무연수에 포함된다.
④ 「국가공무원법」 제73조의3 제1항 제5호(고위공무원단에 속하는 일반직공무원으로서 제70조의2 제1항 제2호부터 제5호까지의 사유로 적격심사를 요구받은 자)에 따라 직위해제된 사람이 직위해제일부터 3개월이 지나도 직위를 부여받지 못한 경우에는 그 3개월이 지난 후의 기간 중에는 봉급의 50퍼센트를 지급한다.

> **해설** ④ 「국가공무원법」 제73조의3 제1항 제5호(고위공무원단에 속하는 일반직공무원으로서 제70조 의2 제1항 제2호부터 제5호까지의 사유로 적격심사를 요구받은 자)에 따라 직위해제된 사람에 게는 봉급의 70퍼센트를 지급한다. 다만, 직위해제일부터 3개월이 지나도 직위를 부여받지 못한 경우에는 그 3개월이 지난 후의 기간 중에는 봉급의 40퍼센트를 지급한다(「공무원보수규정」 제 29조 제2호).

> **정답** ④

24 경찰공무원의 권리에 관한 설명으로 가장 적절하지 <u>않은</u> 것은?

[16년 경감 승진]

① 경찰공무원은 자기가 담당하는 직무를 집행할 권리가 있으며, 이를 방해하면 「형법」상 공무집행방해죄를 구성한다.

② 경찰공무원은 위법·부당하게 권리가 침해된 경우에 소청 기타 행정쟁송을 제기할 수 있다.

③ 경찰공무원이 질병·부상·폐질·사망 또는 재해를 입었을 때에는 본인 또는 그 유족에게 법률이 정하는 바에 따라 적절한 급여를 지급한다.

④ 경찰공무원의 특수한 권리로서 무기의 휴대는 「경찰관 직무집행법」, 무기의 사용은 「경찰공무원법」에 규정되어 있다.

> **해설** ④ 경찰공무원의 특수한 권리로서 무기의 휴대는 「경찰공무원법」 제26조 제2항에, 무기의 사용 은 「경찰관 직무집행법」 제10조의4에 각각 규정되어 있다.

> **정답** ④

25 다음 직권면직 사유 중 「경찰공무원법」 및 「국가공무원법」상 징계위원회의 동의가 필요한 사유에 해당하지 <u>않는</u> 것은?   [16년 경간부]

① 직위해제로 인한 대기명령을 받은 자가 그 기간에 능력 또는 근무성적의 향상을 기대하기 어렵다고 인정된 때

② 경찰공무원으로서 부적합할 정도로 직무수행능력 또는 성실성이 현저히 결여된 자로서 대통령령으로 정하는 사유에 해당한다고 인정될 때

③ 휴직 기간이 끝나거나 휴직 사유가 소멸된 후에도 직무에 복귀하지 아니하거나 직무를 감당할 수 없을 때

④ 직무수행에 있어서 위험을 일으킬 우려가 있을 정도의 성격 또는 도덕적 결함이 있는 자로서 대통령령으로 정하는 사유에 해당한다고 인정될 때

해설 직권면직 사유 중 징계위원회의 동의 요부

징계위원회의 동의 불요	ⓐ 직제와 정원의 개폐 또는 예산의 감소 등에 따라 폐직 또는 과원이 되었을 때 ⓑ 휴직 기간이 끝나거나 휴직 사유가 소멸된 후에도 직무에 복귀하지 아니하거나 직무를 감당할 수 없을 때 ⓒ 해당 경과에서 직무를 수행하는 데 필요한 자격증의 효력이 상실되거나 면허가 취소되어 담당 직무를 수행할 수 없게 되었을 때
징계위원회의 동의 필요	ⓓ 경찰공무원으로는 부적합할 정도로 직무 수행능력이나 성실성이 현저하게 결여된 사람으로서 대통령령으로 정하는 사유에 해당된다고 인정될 때 ⓔ 직무를 수행하는 데에 위험을 일으킬 우려가 있을 정도의 성격적 또는 도덕적 결함이 있는 사람으로서 대통령령으로 정하는 사유에 해당된다고 인정될 때 ⓕ 직위해제에 따라 대기 명령을 받은 자가 그 기간에 능력 또는 근무성적의 향상을 기대하기 어렵다고 인정된 때

자료: 「경찰공무원법」 제28조.

정답 ③

26 인사혁신처 소속의 소청심사위원회에 대한 설명으로 가장 옳지 <u>않은</u> 것은? [16년 경간부]

① 소청사건의 결정은 재적위원의 3분의 2 이상 출석과 출석위원 과반수의 합의에 의하여 결정한다.

② 소청심사위원회의 위원은 금고 이상의 형벌이나 장기의 심신쇠약으로 직무를 수행할 수 없게 된 경우 외에는 본인의 의사에 반하여 면직되지 아니한다.

③ 소청심사위원회는 위원장 1명을 포함한 5인 이상 7인 이내 상임위원과 상임위원 수의 2분의 1 이상인 비상임위원으로 구성되며, 위원은 인사혁신처장이 임명한다.

④ 대학에서 정치학을 담당한 부교수 이상의 직에 5년 이상 근무한 자는 위원이 될 수 있다.

해설 ① [○] 「국가공무원법」 제14조 제1항
② [○] 동법 제11조
③ [×] 소청심사위원회 위원은 인사혁신처장의 제청으로 국무총리를 경유하여 대통령이 임명한다(동법 제10조 제1항).
④ [○] 동법 제10조 제1항 제2호

정답 ③

27 「국가공무원법」의 소청심사위원회 및 소청심사위원회 위원에 대한 내용이다. 아래 ㉠부터 ㉣까지의 내용 중 옳고 그름의 표시(O, X)가 바르게 된 것은? [18년 순경 1차]

> ㉠ 대학에서 행정학·정치학 또는 법률학을 담당한 부교수 이상의 직에 3년 이상 근무한 자는 위원이 될 수 있다.
> ㉡ 국회사무처, 법원행정처, 헌법재판소사무처 및 중앙선거관리위원회사무처에 설치된 소청심사위원회는 위원장 1명을 포함한 위원 5명 이상 7명 이하의 상임위원으로 구성한다.
> ㉢ 소청사건의 결정은 재적위원의 2분의 1 이상의 출석과 출석위원 과반수의 합의에 의하여 결정한다.
> ㉣ 소청심사위원회의 위원은 벌금 이상의 형벌이나 장기의 심신 쇠약으로 직무를 수행할 수 없게 된 경우 외에는 본인의 의사에 반하여 면직되지 아니한다.

① ㉠ × ㉡ × ㉢ O ㉣ O   ② ㉠ × ㉡ O ㉢ × ㉣ O
③ ㉠ O ㉡ × ㉢ × ㉣ ×   ④ ㉠ × ㉡ × ㉢ × ㉣ ×

해설 ㉠ [×] 대학에서 행정학·정치학 또는 법률학을 담당한 부교수 이상의 직에 5년 이상 근무한 자는 위원이 될 수 있다(「국가공무원법」 제10조 제1항 제2호).
㉡ [×] 국회사무처, 법원행정처, 헌법재판소사무처 및 중앙선거관리위원회사무처에 설치된 소청심사위원회는 위원장 1명을 포함한 위원 5명 이상 7명 이하의 비상임위원으로 구성한다(동법 제9조 제3항).
㉢ [×] 소청사건의 결정은 재적위원 3분의 2 이상의 출석과 출석 위원 과반수의 합의에 따른다(동법 제14조 제1항).
㉣ [×] 소청심사위원회의 위원은 금고 이상의 형벌이나 장기의 심신 쇠약으로 직무를 수행할 수 없게 된 경우 외에는 본인의 의사에 반하여 면직되지 아니한다(동법 제11조).

정답 ④

28 인사혁신처에 설치된 소청심사위원회에 대한 설명으로 가장 적절하지 <u>않은</u> 것은?

[19년 경위 승진]

① 소청심사위원회의 위원은 금고 이상의 형벌이나 장기의 심신 쇠약으로 직무를 수행할 수 없게 된 경우 외에는 본인의 의사에 반하여 면직되지 아니한다.

② 위원장 1명을 포함한 5명 이상 7명 이하의 상임위원과 상임위원 수의 2분의 1 이상인 비상임위원으로 구성되며, 위원은 인사혁신처장의 제청으로 국무총리를 거쳐 대통령이 임명한다.

③ 3급 이상 공무원 또는 고위공무원단에 속하는 공무원으로 3년 이상 근무한 자는 비상임위원은 될 수 있으나, 상임위원은 될 수 없다.

④ 소청심사위원회의 취소명령 또는 변경명령 결정은 그에 따른 징계나 그 밖의 처분이 있을 때까지는 종전에 행한 징계처분에 영향을 미치지 아니한다.

해설 ③ 3급 이상 공무원 또는 고위공무원단에 속하는 공무원으로 3년 이상 근무한 자는 비상임위원은 될 수 없다(「국가공무원법」 제10조 제1항 제3호).

정답 ③

29 「국가공무원법」상 경찰공무원의 의무에 대한 설명으로 가장 적절한 것은?

[18년 순경 3차]

① 공무원이 외국정부로부터 증여를 받을 경우에는 소속 기관장의 허가를 받아야 한다.

② 공무원은 취임할 때에 소속 기관장 앞에서 대통령령등으로 정하는 바에 따라 선서하여야 한다. 다만, 불가피한 사유가 있으면 취임 후에 선서하게 할 수 있다.

③ 공무원은 소속 기관장의 허가 또는 정당한 사유가 없으면 직장을 이탈하지 못한다.

④ 공무원은 직무와 관련하여 직접적인 경우(간접적인 경우 제외) 사례·증여 또는 향응을 주거나 받을 수 없다.

해설 ① [×] 공무원이 외국정부로부터 증여를 받을 경우에는 대통령의 허가를 받아야 한다(「국가공무원법」 제62조).

③ [×] 공무원은 소속 상관의 허가 또는 정당한 사유가 없으면 직장을 이탈하지 못한다(동법 제58조 제1항).

④ [×] 간접적인 경우에도 사례ㆍ증여 등을 주거나 받을 수 없다(동법 제61조 제1항).

정답 ②

---

30 다음 보기 중 「국가공무원법」상 직무상의 의무에 해당하는 것은 모두 몇 개인가?

[19년 경간부]

㉠ 종교중립의 의무	㉡ 복종의 의무
㉢ 비밀엄수의 의무	㉣ 친절ㆍ공정의 의무
㉤ 정치운동의 금지	㉥ 법령준수의 의무

① 3개   ② 4개   ③ 5개   ④ 6개

해설 경찰공무원의 의무

종 류		내 용
기본적 의무	「국가공무원법」	선서의무, 성실의무
직무상 의무	「국가공무원법」	법령준수의무, 복종의무, 직무전념의무, 친절ㆍ공정의무, 종교중립 의무
	「경찰공무원법」	거짓 보고 등 금지, 지휘권 남용 등 금지, 제복착용
	「경찰공무원 복무규정」	지정장소 외에서의 직무수행 금지, 근무시간 중 음주금지, 민사분쟁에의 부당개입금지
신분상 의무	「국가공무원법」	비밀엄수의무, 청렴의무, 외국정부의 영예 등의 제한, 품위유지의무, 정치운동 금지의무, 집단행위 금지의무

② 「국가공무원법」상 직무상의 의무는 ㉠ 종교중립의 의무, ㉡ 복종의 의무, ㉣ 친절ㆍ공정의무, ㉥ 법령준수의 의무이다.

정답 ②

31 다음은 경찰공무원의 의무이다. 「국가공무원법」에서 규정하고 있는 의무에 해당하는 것은 몇 개인가? [15년 경간부]

⊙ 선서의 의무   ⓛ 법령준수의무
ⓒ 정치운동의 금지   ② 집단행위의 금지
⑩ 거짓 보고 등의 금지   ⑭ 복종의무
ⓢ 종교중립의 의무   ◎ 지휘권 남용 등의 금지
ⓩ 청렴의 의무

---

① 6개   ② 7개   ③ 8개   ④ 9개

해설 ② 「국가공무원법」에서 규정하고 있는 의무는 ⊙ 선서의 의무, ⓛ 법령준수의무, ⓒ 정치운동의 금지, ② 집단행위의 금지, ⑭ 복종의무, ⓢ 종교중립의 의무, ⓩ 청렴의 의무이다. 반면에 ⑩ 거짓 보고 등의 금지, ◎ 지휘권 남용 등의 금지는 「경찰공무원법」에서 규정하고 있다.

정답 ②

32 「국가공무원법」과 「경찰공무원법」상 경찰공무원의 의무에 대한 설명 중 가장 적절한 것은? [20년 경위 승진]

① '성실 의무'는 공무원의 기본적 의무로서 모든 의무의 원천이 되므로 법률에 명시적 규정이 없다.

② '비밀엄수의 의무', '청렴의 의무', '친절·공정의 의무'는 신분상의 의무에 해당한다.

③ '거짓 보고 등의 금지', '지휘권 남용 등의 금지', '제복 착용'은 「경찰공무원법」에 규정되어 있다.

④ 「국가공무원법」상 수사기관이 현행범으로 체포한 공무원을 구속하려면 그 소속 기관의 장에게 미리 통보하여야 한다.

해설 ① [×] '성실 의무'는 「국가공무원법」 제56조에 규정되어 있다.
② [×] '친절·공정의 의무'는 신분상의 의무가 아닌 직무상 의무이다.
③ [○]
④ [×] 수사기관이 공무원을 구속하려면 그 소속 기관의 장에게 미리 통보하여야 한다. 다만, 현행범은 그러지 아니하다(「국가공무원법」 제58조 제2항).

정답 ③

33 경찰공무원의 권리와 의무에 대한 설명으로 가장 적절하지 <u>않은</u> 것은?

[17년 순경 2차]

① 「국가공무원법」상 공무원은 소속 상관의 허가 또는 정당한 사유가 없으면 직장을 이탈하지 못한다.

② 복종의 의무와 관련하여, 「경찰공무원법」은 경찰공무원이 구체적 사건수사와 관련된 상관의 지휘·감독의 적법성 또는 정당성에 대하여 이견이 있을 때에는 이의를 제기할 수 있다고 규정하고 있다.

③ 「국가공무원법」상 공무원은 공무 외에 영리를 목적으로 하는 업무에 종사하지 못하며 소속 기관장의 허가 없이 다른 직무를 겸할 수 없다.

④ 「공직자윤리법」상 등록의무자(취업심사대상자)는 퇴직일부터 3년간 퇴직전 5년 동안 소속하였던 부서 또는 기관의 업무와 밀접한 관련성이 있는 취업제한기관에 취업할 수 없다. 다만, 관할 공직자윤리위원회의 승인을 받은 때에는 그러하지 아니하다.

해설 ① [○] 「국가공무원법」 제58조 제1항
② [×] 「국가경찰과 자치경찰의 조직 및 운영에 관한 법률」 제6조 제2항에 규정되어 있다.
③ [○] 「국가공무원법」 제64조 제1항
④ [○] 「공직자윤리법」 제17조 제1항

정답 ②

34 다음은 국가경찰위원회와 소청심사위원회에 대한 설명이다. 다음 ㉠부터 ㉣까지의 설명 중 옳고 그름의 표시(O, X)가 바르게 된 것은?

[17년 경기북부 여경 수정]

> ㉠ 국가경찰위원회는 「경찰공무원법」 제3조에, 소청심사위원회는 「국가공무원법」 제9조에 그 설치 근거를 두고 있다.
> ㉡ 인사혁신처 소속 소청심사위원회는 위원장 1명을 포함한 5명 이상 7명 이하의 상임위원과 상임위원 수의 2분의 1 이상인 비상임위원으로 구성하되, 위원장은 정무직으로 보한다.
> ㉢ 소청심사위원회의 위원은 금고 이상의 형벌이나 장기의 심신 쇠약으로 직무를 수행할 수 없게 된 경우 외에는 본인의 의사에 반하여 면직되지 아니한다.
> ㉣ 소청 사건의 결정은 재적 위원 3분의 2 이상의 출석과 출석 위원 과반수의 합의에 따르되, 의견이 나뉠 경우에는 출석 위원 과반수에 이를 때까지 소청인에게 가장 불리한 의견에 차례로 유리한 의견을 더하여 그 중 가장 유리한 의견을 합의된 의견으로 본다.

① ㉠ (O) ㉡ (O) ㉢ (X) ㉣ (O)

② ㉠ (X) ㉡ (O) ㉢ (O) ㉣ (O)

③ ㉠ (O) ㉡ (O) ㉢ (X) ㉣ (X)

④ ㉠ (X) ㉡ (X) ㉢ (O) ㉣ (X)

해설 ㉠ [X] 국가경찰위원회는 「국가경찰과 자치경찰의 조직 및 운영에 관한 법률」 제7조에, 소청심사위원회는 「국가공무원법」 제9조에 그 설치 근거를 두고 있다.
㉡ [O] 인사혁신처 소속 소청심사위원회는 위원장 1명을 포함한 5명 이상 7명 이하의 상임위원과 상임위원 수의 2분의 1 이상인 비상임위원으로 구성하되, 위원장은 정무직으로 보한다(「국가공무원법」 제9조 제3항).
㉢ [O] 동법 제11조
㉣ [O] 동법 제14조 제1항

정답 ②

35 「경찰공무원법」상 경찰공무원의 의무는 모두 몇 개인가? [20년 경간부]

㉠ 영리 업무 종사금지 의무	㉡ 거짓 보고 등의 금지 의무
㉢ 품위유지 의무	㉣ 법령준수의 의무
㉤ 제복착용 의무	㉥ 집단행위금지 의무
㉦ 비밀엄수 의무	㉧ 지정장소 외에서의 직무수행금지 의무

① 2개   ② 3개   ③ 4개   ④ 5개

해설
㉠ [×] 「국가공무원법」 제64조
㉡ [○] 「경찰공무원법」 제24조
㉢ [×] 「국가공무원법」 제63조
㉣ [×] 동법 제56조
㉤ [○] 「경찰공무원법」 제26조 제1항
㉥ [×] 「국가공무원법」 제66조
㉦ [×] 동법 제60조
㉧ [×] 「경찰공무원 복무규정」 제8조

정답 ①

36 경찰공무원의 의무 중 그 근거 법령이 나머지 셋과 다른 하나는?

[19년 순경 2차]

① 법령을 준수하며 성실히 직무를 수행하여야 한다.
② 직무를 수행할 때 소속 상관의 직무상 명령에 복종하여야 한다.
③ 직무에 관하여 거짓으로 보고나 통보를 하여서는 아니 된다.
④ 소속 상관의 허가 또는 정당한 사유가 없으면 직장을 이탈하지 못한다.

해설
① 「국가공무원법」 제56조(성실 의무)
② 동법 제57조(복종의 의무)
③ 「경찰공무원법」 제24조(거짓 보고 등의 금지)
④ 「국가공무원법」 제58조(직장 이탈 금지)

정답 ③

37 「국가공무원법」상 공무원의 의무에 관한 다음 설명 중 가장 적절하지 않은 것은?
[15년 순경 2차]

① 공무원이 외국 정부로부터 영예나 증여를 받을 경우에는 소속 기관장의 허가를 받아야 한다.

② 공무원은 재직 중은 물론 퇴직 후에도 직무상 알게 된 비밀을 엄수하여야 한다.

③ 공무원은 직무상의 관계가 있든 없든 그 소속 상관에게 증여하거나 소속 공무원으로부터 증여를 받아서는 아니 된다.

④ 공무원은 소속 상관의 허가 또는 정당한 사유가 없으면 직장을 이탈하지 못한다.

해설 ① 공무원이 외국 정부로부터 영예나 증여를 받을 경우에는 대통령의 허가를 받아야 한다(「국가공무원법」 제62조).

정답 ①

38 경찰공무원 의무와 근거 법령이다. 옳지 않은 것은?
[21년 경간부]

① 경찰공무원법	거짓보고 및 직무유기 금지 의무
	제복착용 의무
	지휘권남용금지 의무
② 국가공무원법	법령준수 의무
	친절공정 의무
	종교중립 의무
③ 경찰공무원 복무규정	근무시간 중 음주금지 의무
	품위유지 의무(직무 내외 불문)
	민사분쟁에 부당개입금지 의무
④ 공직자윤리법	재산의 등록과 공개 의무
	선물신고 의무
	취업금지 의무(퇴직공직자 취업제한)

해설 ③ 공무원은 직무의 내외를 불문하고 그 품위가 손상되는 행위를 하여서는 아니 된다는 '품위유지 의무'는 「국가공무원법」 제63조에 근거하고 있다..

정답 ③

---

39 경찰공무원의 의무에 대한 다음 설명 중 가장 옳지 <u>않은</u> 것은?

[17년 경간부]

① 소속 상관의 허가 또는 정당한 사유가 없으면 직장을 이탈하지 못한다.
② 외국 정부로부터 영예나 증여를 받을 경우에는 대통령의 허가를 받아야 한다.
③ 「공직자윤리법」에서는 총경 이상의 경찰공무원을, 「공직자윤리법 시행령」에서는 경위 이상의 경찰공무원을 각각 재산등록의무자로 규정하고 있다.
④ 친절·공정의 의무는 「국가공무원법」에 규정된 법적인 의무이다.

해설 ③ 경찰공무원 중 경정, 경감, 경위, 경사와 자치경찰공무원 중 자치경정, 자치경감, 자치경위, 자치경사는 재산등록의무자이다(「공직자윤리법 시행령」 제3조 제4항 제6호).

정답 ③

---

40 「국가공무원법」상 공무원의 복무에 관한 다음 설명 중 가장 적절하지 않은 것은?

[16년 순경 1차]

① 공무원은 노동운동이나 그 밖에 공무 외의 일을 위한 집단 행위를 하여서는 아니 된다. 또한, 사실상 노무에 종사하는 공무원도 포함한다.
② 공무원이 외국 정부로부터 영예나 증여를 받을 경우에는 대통령의 허가를 받아야 한다.
③ 공무원은 공무 외에 영리를 목적으로 하는 업무에 종사하지 못하며 소속 기관장의 허가 없이 다른 직무를 겸할 수 없다.
④ 공무원은 정당이나 그 밖의 정치단체의 결성에 관여하거나 이에 가입할 수 없다.

해설 ① 공무원은 노동운동이나 그 밖에 공무 외의 일을 위한 집단 행위를 하여서는 아니 된다. 다만, 사실상 노무에 종사하는 공무원은 예외로 한다(「국가공무원법」 제66조 제1항).

정답 ①

41 다음은 「경찰공무원법」에 대한 설명이다. ㉠~㉤의 내용 중 옳고 그름의 표시(O, X)가 모두 바르게 된 것은?　　　　　　　　　　[20년 순경 1차]

> ㉠ 경찰청장 또는 해양경찰청장은 경찰공무원의 채용시험 또는 경찰간부후보생 공개경쟁선발시험에서 부정행위를 한 응시자에 대하여는 해당 시험을 정지 또는 무효로 하고, 그 처분이 있은 날부터 5년간 시험응시자격을 정지한다.
> ㉡ 총경 이상 경찰공무원은 경찰청장 또는 해양경찰청장의 추천을 받아 행정안 전부장관 또는 해양수산부장관의 제청으로 국무총리를 거쳐 대통령이 임용한 다. 다만, 총경의 전보, 휴직, 직위해제, 강등, 정직 및 복직은 경찰청장 또는 해양경찰청장이 한다.
> ㉢ 경찰청장 또는 해양경찰청장은 전시·사변이나 그 밖에 이에 준하는 비상사 태에서는 2년의 범위에서 계급정년을 연장할 수 있다. 이 경우 치안감의 경 찰공무원에 대하여는 행정안전부장관 또는 해양수산부장관과 국무총리를 거 쳐 대통령의 승인을 받아야 하고, 경무관·총경·경정의 경찰공무원에 대하 여는 국무총리를 거쳐 대통령의 승인을 받아야 한다.
> ㉣ 경장을 경사로 근속승진임용하려는 경우에는 해당 계급에서 6년 이상 근속자 이어야 한다.
> ㉤ 경찰공무원은 그 정년이 된 날이 1월에서 6월 사이에 있으면 6월 30일에 당 연퇴직하고, 7월에 12월 사이에 있으면 12월 31일에 당연퇴직한다.

① ㉠ (O)　㉡ (O)　㉢ (O)　㉣ (X)　㉤ (O)
② ㉠ (O)　㉡ (X)　㉢ (O)　㉣ (O)　㉤ (X)
③ ㉠ (X)　㉡ (O)　㉢ (X)　㉣ (O)　㉤ (X)
④ ㉠ (O)　㉡ (O)　㉢ (X)　㉣ (X)　㉤ (O)

해설　㉠ [O] 「경찰공무원법」 제11조
㉡ [O] 동법 제7조 제1항
㉢ [X] 경찰청장 또는 해양경찰청장은 전시·사변이나 그 밖에 이에 준하는 비상사태에서는 2 년의 범위에서 제1항 제2호에 따른 계급정년을 연장할 수 있다. 이 경우 경무관 이상의 경찰공 무원에 대해서는 행정안전부장관 또는 해양수산부장관과 국무총리를 거쳐 대통령의 승인을 받아 야 하고, 총경·경정의 경찰공무원에 대해서는 국무총리를 거쳐 대통령의 승인을 받아야 한다 (동법 제30조 제4항).
㉣ [X] 경장을 경사로 근속승진임용하려는 경우에는 해당 계급에서 5년 이상의 근속자이어야 한다(동법 제16조 제1항 제2호).
㉤ [O] 동법 제30조 제5항

정답　④

42 경찰공무원의 권리와 의무에 대한 설명으로 가장 적절하지 <u>않은</u> 것은?

[15년 경위 승진, 15년 순경 3차]

① 무기 휴대 및 사용권의 법적 근거는 모두 국가공무원법에 규정되어 있다.

② 직무의 내외를 불문하고 그 품위가 손상되는 행위를 하여서는 아니 된다.

③ 퇴직 후에도 직무상 지득한 비밀을 엄수할 의무가 있다.

④ 외국정부로부터 영예 또는 증여를 받을 경우에는 대통령의 허가를 받아야 한다.

해설 ① 경찰공무원의 특수한 권리로서 무기의 휴대는 「경찰공무원법」 제26조 제2항에, 무기의 사용은 「경찰관 직무집행법」 제10조의4에 각각 규정되어 있다.

정답 ①

43 보기에 적용될 수 있는 가장 적절한 법률은 무엇인가? [12년 경위 승진 수정]

> ㉠ 파출소에 근무하는 甲경장은 외국정부로부터 영예 또는 증여를 받을 경우에 는 대통령의 허가를 얻어야 한다.
> ㉡ 교통외근으로 근무하는 乙경위는 공무 이외에 다른 직무를 겸직하기 위해서 는 소속기관장의 허가를 얻어야 한다.

① 「국가공무원법」

② 「국가경찰과 자치경찰의 조직 및 운영에 관한 법률」

③ 「경찰공무원법」

④ 「경찰관 직무집행법」

해설 ① ㉠은 「국가공무원법」 제62조, ㉡은 「국가공무원법」 제64조에 규정되어 있다.

정답 ①

44 「국가공무원법」상 경찰공무원의 의무에 대한 규정이다. 옳은 것을 모두 고른 것은?

[17년 경기북부 여경]

> ㉠ 직무의 내외를 불문하고 그 품위가 손상되는 행위를 하여서는 아니 된다.
> ㉡ 공무 외에 영리를 목적으로 하는 업무에 종사하지 못하며 소속 기관장의 허가 없이 다른 직무를 겸할 수 없다.
> ㉢ 직무와 관련하여 직접적이든 간접적이든 사례·증여 또는 향응을 주거나 받을 수 없다.
> ㉣ 직무상의 관계가 있든 없든 그 소속 상관에게 증여하거나 소속 공무원으로부터 증여를 받아서는 아니 된다.

① ㉠ ㉡

② ㉠ ㉢ ㉣

③ ㉡ ㉢ ㉣

④ ㉠ ㉡ ㉢ ㉣

해설 ㉠ [O] 「국가공무원법」 제63조
㉡ [O] 동법 제64조
㉢ [O] 동법 제61조 제1항
㉣ [O] 동법 제61조 제2항

정답 ④

45 「경찰공무원 복무규정」에 관한 다음 설명 중 가장 적절하지 <u>않은</u> 것은?

[15년 순경 2차]

① 경찰공무원은 상사의 허가를 받거나 그 명령에 의한 경우를 제외하고는 직무와 관계없는 장소에서 직무수행을 하여서는 아니 된다.
② 경찰공무원은 휴무일 또는 근무시간 외에 3시간 이내에 직무에 복귀하기 어려운 지역으로 여행을 하고자 할 때에는 소속 경찰기관의 장에게 신고를 하여야 한다.
③ 경찰공무원은 근무시간 중 음주를 하여서는 아니 된다. 다만, 특별한 사정이 있는 경우에는 예외로 하되, 이 경우 주기가 있는 상태에서 직무를 수행하여서는 아니 된다.
④ 경찰기관의 장은 근무성적이 탁월하거나 다른 경찰공무원의 모범이 될 공적이 있는 경찰공무원에 대하여 1회 10일 이내의 포상휴가를 허가할 수 있다. 이 경우의 포상휴가기간은 연가일수에 산입하지 아니한다.

해설 ① [○]「경찰공무원 복무규정」제8조
② [×] 경찰공무원은 휴무일 또는 근무시간외에 2시간 이내에 직무에 복귀하기 어려운 지역으로 여행을 하고자 할 때에는 소속 경찰기관의 장에게 신고를 하여야 한다(동규정 제13조).
③ [○] 동규정 제9조
④ [○] 동규정 제18조
정답 ②

---

46 다음은 「경찰공무원 복무규정」의 내용이다. 아래 ⊙부터 ⓔ까지의 설명으로 옳고 그름의 표시(○, ×)가 바르게 된 것은?　　　　[17년 경위 승진]

> ⊙ 경찰공무원의 기본강령으로 제1호에 경찰사명, 제2호에 경찰정신, 제3호에 규율, 제4호에 책임, 제5호에 단결, 제6호에 성실·청렴을 규정하고 있다.
> ⓛ 경찰공무원은 직위 또는 직권을 이용하여 부당하게 타인의 민사분쟁에 개입하여서는 아니 된다.
> ⓒ 경찰기관의 장은 근무성적이 탁월하거나 다른 경찰공무원의 모범이 될 공적이 있는 경찰공무원에 대하여 1회 10일 이내의 포상휴가를 허가할 수 있다. 이 경우의 포상휴가기간은 연가일수에 산입하지 아니한다.
> ⓔ 경찰기관의 장은 특별한 사정이 없는 한, 연일근무자 및 공휴일 근무자에 대하여는 그 다음 날 1일의 휴무, 당직 또는 철야근무자에 대하여는 다음날 오후 2시를 기준으로 하여 오전 또는 오후의 휴무를 허가할 수 있다.

① ⊙ (○)　ⓛ (○)　ⓒ (○)　ⓔ (○)
② ⊙ (○)　ⓛ (×)　ⓒ (○)　ⓔ (×)
③ ⊙ (×)　ⓛ (○)　ⓒ (○)　ⓔ (×)
④ ⊙ (×)　ⓛ (○)　ⓒ (×)　ⓔ (○)

해설 ⊙ [×] 제4호에 단결, 제5호에 책임을 규정하고 있다(「경찰공무원 복무규정」제3조).
ⓛ [○] 동규정 제10조
ⓒ [○] 동규정 제18조
ⓔ [×] 경찰기관의 장은 특별한 사정이 없는 한, 연일근무자 및 공휴일 근무자에 대하여는 그 다음 날 1일의 휴무, 당직 또는 철야근무자에 대하여는 다음날 오후 2시를 기준으로 하여 오전 또는 오후의 휴무를 허가하여야 한다(동규정 제19조).
정답 ③

47 경찰공무원의 권리와 의무를 규정하는 법령에 대한 설명으로 가장 적절하지 <u>않은</u> 것은?

[21년 경감 승진]

① 「공직자윤리법」상 공무원 또는 공직유관단체의 임직원은 외국으로부터 선물(대가 없이 제공되는 물품 및 그 밖에 이에 준하는 것을 말하되, 현금은 제외한다. 이하 같다)을 받거나 그 직무와 관련하여 외국인(외국단체 포함)에게 선물을 받으면 지체없이 소속 기관·단체의 장에게 신고하고 그 선물을 인도하여야 한다.

② ①에 따라 「공직자윤리법 시행령」상 신고하여야 할 선물은 그 선물 수령 당시 증정한 국가 또는 외국인이 속한 국가의 시가로 미국화폐 100달러 이상이거나 국내 시가로 10만원 이상인 선물로 한다.

③ 「공직자윤리법」상 취업심사대상자는 퇴직일부터 3년간 취업심사대상기관에 취업할 수 없다. 다만, 관할 공직자윤리위원회로부터 취업심사대상자가 퇴직 전 5년 동안 소속하였던 부서 또는 기관의 업무와 취업심사대상기관 간에 밀접한 관련성이 없다는 확인을 받으면 취업할 수 있다.

④ 「공무원 재해보상법」에 따른 급여를 받을 권리는 그 급여의 사유가 발생한 날부터 요양급여·재활급여·간병급여·부조급여는 5년간, 그 밖의 급여는 3년간 행사하지 아니하면 시효로 인하여 소멸한다.

<u>해설</u> ① [○] 「공직자윤리법」 제15조 제1항
② [○] 「공직자윤리법 시행령」 제28조 제1항
③ [○] 「공직자윤리법」 제17조 제1항
④ [×] 이 법에 따른 급여를 받을 권리는 그 급여의 사유가 발생한 날부터 요양급여·재활급여·간병급여·부조급여는 3년간, 그 밖의 급여는 5년간 행사하지 아니하면 시효로 인하여 소멸한다(「공무원 재해보상법」 제54조 제1항).

<u>정답</u> ④

48 「경찰공무원 복무규정」상 경찰공무원의 의무에 대한 설명으로 가장 적절하지 않은 것은?   [21년 순경 1차]

① 경찰공무원은 상사의 허가를 받거나 그 명령에 의한 경우를 제외하고는 직무와 관계없는 장소에서 직무수행을 하여서는 아니된다.

② 경찰공무원은 신규채용·승진·전보·파견·출장·연가·교육훈련기관에의 입교, 기타 신분관계 또는 근무관계 또는 근무관계의 변동이 있는 때에는 소속상관에게 신고를 하여야 한다.

③ 경찰공무원은 직위 또는 직권을 이용하여 부당하게 타인의 민사 분쟁에 개입하여서는 아니된다.

④ 경찰공무원은 휴무일 또는 근무시간 외에 2시간 이내에 직무에 복귀하기 어려운 지역으로 여행을 하고자 할 때에는 소속상관의 허가를 받아야 한다.

해설 ① [○] 「경찰공무원 복무규정」 제8조
② [○] 동규정 제11조
③ [○] 동규정 제10조
④ [×] 경찰공무원은 휴무일 또는 근무시간 외에 2시간 이내에 직무에 복귀하기 어려운 지역으로 여행을 하고자 할 때에는 소속 경찰기관의 장에게 신고를 하여야 한다(동규정 제13조).

정답 ④

Chapter

07

경찰행정과 법(2)

제1절 경찰작용법

01 「경찰관 직무집행법」 제2조 제7호의 개괄적 수권조항 인정 여부에 있어 찬성 측의 논거로 가장 적절하지 <u>않은</u> 것은? [16년 순경 2차]

① 경찰권의 성질상 경찰권의 발동사태를 상정해서 경찰권 발동의 요건, 한계를 입법기관이 일일이 규정한다는 것은 불가능하다.

② 개괄적 수권조항은 개별조항이 없는 경우에만 보충적으로 적용하면 된다.

③ 개괄적 수권조항으로 인한 경찰권 남용의 가능성은 조리상의 한계 등으로 충분히 통제가 가능하다.

④ 「경찰관 직무집행법」 제2조 제7호는 단지 경찰의 직무범위만을 정한 것으로서 본질적으로는 조직법적 성질의 규정이다.

해설 ④ 개괄적 수권조항 부정설의 논거이다. 부연하면, 「경찰관 직무집행법」 제2조 제7호가 본질적으로는 조직법적 성질의 규정이기 때문에 경찰작용법의 근거로 인정할 수 없다는 주장이다.

정답 ④

02 경찰개입청구권에 대한 설명으로 가장 적절하지 <u>않은</u> 것은? [14년 경위 승진]

① 독일에서 경찰개입청구권을 인정한 판결의 효시로 띠톱판결이 있다.

② 경찰권 행사로 국민이 받는 이익이 반사적 이익인 경우에도 인정된다.

③ 경찰재량이 0으로 수축되는 경우를 전제로 함이 보통이다.

④ 오늘날 사회적 법치국가에서는 경찰개입청구권이 인정될 여지가 점점 확대되어가고 있는 경향이다.

해설 ② 행정관청의 규제권한 행사는 오로지 공익 목적만을 위한 것으로서, 이로 인해 사인이 어떠한 이익을 향유하더라도 이것은 반사적 이익일 뿐 법률상 권리가 아니다(반사적 이익론). 따라서 경찰권 행사로 국민이 받는 이익이 반사적 이익인 경우에는 경찰개입청구권이 인정되지 않는다.

정답 ②

03 경찰권 발동의 조리상 한계에 대한 설명으로 가장 적절하지 <u>않은</u> 것은?

[19년 순경 1차]

① 경찰비례의 원칙이란 경찰작용에 있어 목적 실현을 위한 수단과 당해 목적 사이에 합리적인 비례관계가 있어야 한다는 원칙이다.

② 경찰비례의 원칙의 내용 중 상당성의 원칙은 경찰권 발동에 따른 이익보다 사인의 피해가 더 큰 경우 경찰권을 발동해서는 안 된다는 원칙으로서 최소침해의 원칙이라고도 한다.

③ 경찰책임의 원칙이란 경찰권은 경찰위반상태에 책임이 있는 자에게만 발동되어야 한다는 원칙이다.

④ 경찰책임 원칙의 예외로서 긴급한 필요가 있는 경우 경찰책임 있는 자가 아닌 제3자에 대한 경찰권 발동이 허용되는 경우가 있다.

<u>해설</u> ② 상당성의 원칙은 경찰권 발동으로 얻을 수 있는 공익보다 사인의 피해가 더 큰 경우 경찰권을 발동해서는 안 된다는 것으로서 협의의 비례의 원칙이라고 한다.

<u>정답</u> ②

04 경찰책임의 원칙에 관한 설명으로 가장 적절하지 <u>않은</u> 것은?

[19년 순경 2차]

① 경찰책임의 원칙이란 경찰위반상태에 책임 있는 자에게만 경찰권이 발동되어야 한다는 원칙을 의미한다.

② 경찰책임의 예외로서 경찰긴급권은 급박성, 보충성 등의 요건이 충족되는 경우 경찰책임자가 아닌 제3자에게 경찰권 발동이 인정되는 경우를 의미한다. 법적 근거는 요하지 않으나 제3자의 승낙이 있는 경우에 한하여 경찰긴급권의 발동이 허용된다. 다만 이 경우에도 생명·건강 등 제3자의 중대한 법익에 대한 침해는 허용되지 않는다.

③ 경찰책임의 종류에는 행위책임, 상태책임, 복합적 책임이 있다. 먼저 행위책임은 사람의 행위로 인해 경찰위반상태가 발생한 경우를 의미하며, 상태책임은 물건 또는 동물의 소유자·점유자·관리자가 그 지배범위 안에 속하는 물건·동물로 인해 경찰위반상태가 발생한 경우를 의미한다. 마지막으로 복합적 책임은 다수인의 행위책임, 다수의 상태책임 또는 행위·상태책임이 중복되는 경우를 의미한다.

④ 경찰책임은 사회 공공의 안녕과 질서에 대한 객관적 위험상황이 존재하면 인정되며, 자연인·법인, 고의·과실, 위법성 유무, 의사·행위·책임능력의 유무 등을 불문한다.

해설 ② 경찰긴급권은 예외적인 것으로 목전의 급박한 위해를 제거하는 경우에 한하여 반드시 법령에 근거하여 행하여져야 한다.

정답 ②

05 **경찰책임의 원칙에 대한 설명 중 옳지 않은 것은?**   [20년 경간부]

① 경찰책임의 주체는 모든 자연인이 될 수 있다. 또한 권리능력 유무에 관계 없이 모든 사법인(私法人)도 경찰책임자가 될 수 있다.

② 경찰이 경찰긴급권에 의하여 예외적으로 경찰책임이 없는 자에게 경찰권을 발동함으로써 제3자에게 손실을 입히는 경우에는 그 손실을 보상하여야 한다.

③ 다수인의 행위 또는 다수인이 지배하는 물건의 상태로 인하여 하나의 질서위반상태가 발생한 경우, 일부 또는 전체에 대하여 경찰권 발동이 가능하다.

④ 타인을 보호·감독할 지위에 있는 자가 피지배자의 행위로 발생한 경찰위반에 대하여 경찰책임을 지는 경우, 자기의 지배범위 내에서 발생한 것에 대한 대위책임이다.

해설 ④ 타인을 보호·감독할 지위에 있는 자가 피지배자의 행위로 발생한 경찰위반에 대하여 경찰책임을 지는 경우에 그 책임은 자기의 지배범위 내에 속하므로 자기책임의 성질을 갖는다고 해석함이 마땅하다.

정답 ④

06 **경찰책임의 원칙에 대한 다음 설명 중 가장 옳지 않은 것은?**   [17년 경간부]

① 경찰책임은 그 위해의 발생에 대한 고의·과실, 위법성의 유무, 위험에 대한 인식 여부 등을 묻지 않는다.

② 모든 자연인은 경찰책임자가 될 수 있으므로 행위능력, 불법행위능력, 형사책임능력, 국적 여부 등은 문제되지 않는다.

③ 사법인뿐만 아니라 권리능력 없는 사단도 경찰책임자가 될 수 있다.

④ 긴급한 필요가 있는 경우 예외적으로 경찰책임자가 아닌 자에 대해서 법령상 근거 없이 경찰권을 발동할 수 있다.

해설 ④ 경찰긴급권은 경찰질서위반의 책임이 없는 제3자에 대하여 경찰권을 발동하는 경우이므로 반드시 실정법적 근거를 요한다.

정답 ④

07 경찰비례의 원칙에 대한 설명으로 가장 적절하지 <u>않은</u> 것은? [20년 순경 2차]

① 독일에서 경찰법상의 판례를 중심으로 발달하여 왔고 오늘날에는 행정법의 모든 영역에서 적용되는 원칙으로 이해되고 있다.
② 최소침해의 원칙은 협의의 비례원칙이라고도 불린다.
③ 「경찰관 직무집행법」 제1조 제2항이 명문으로 규정하고 있을 뿐만 아니라 헌법 제37조 제2항으로부터도 도출된다.
④ 적합성, 필요성, 상당성의 원칙으로 이루어져 있다.

해설 ② 최소침해 원칙은 경찰기관의 조치는 그 목적 달성을 위해 필요한 한도 이상으로 행해져서는 안된다는 것을 말하고, 필요성의 원칙이라고도 한다.
정답 ②

08 경찰비례의 원칙에 대한 설명 중 가장 적절하지 <u>않은</u> 것은? [20년 경위 승진]

① 경찰작용에 있어 목적실현을 위한 수단과 당해 목적 사이에 합리적인 비례관계가 있어야 한다는 것으로 「경찰관 직무집행법」에 명시적으로 규정되어 있다.
② 경찰비례의 원칙의 내용으로서 '적합성의 원칙', '필요성의 원칙', '상당성의 원칙'이 있으며 적어도 하나는 충족해야 위법하지 않다.
③ 비례의 원칙을 위반한 국가작용은 행정소송의 대상이 되며, 국가배상책임이 성립할 수 있다.
④ '경찰은 대포로 참새를 쏘아서는 안 된다'는 법언은 상당성의 원칙을 잘 표현한 것이다.

해설 ② 경찰비례의 원칙을 구성하고 있는 3가지 세부 원칙 모두를 충족해야 적법한 행정작용이 될 수 있다.
정답 ②

09 경찰하명에 대한 다음 설명 중 가장 옳지 않은 것은?   [16년 경간부]

① 하명이란 법령에 의한 일반적·상대적 금지를 특정한 경우에 해제함으로써 일정한 행위를 적법하게 행할 수 있도록 자연의 자유를 회복시켜 주는 행정행위를 말한다.

② 작위, 부작위, 급부, 수인하명이 있으며, 그 효과는 원칙적으로 수명자에게만 발생한다.

③ 청소년 대상 주류 판매금지, 불량(부패)식품 판매금지 등은 부작위하명에 해당한다.

④ 위법한 하명으로 인하여 권리·이익이 침해된 자는 행정심판 또는 행정소송을 제기하여 하명의 취소 등을 구하거나, 손해배상소송을 제기하여 손해배상을 청구할 수 있다.

해설 ① 하명이란 경찰상 목적을 달성하기 위하여 일반통치권에 의거하여 국민에게 특정한 작위·부작위·수인 또는 급부의 의무를 명하는 행정행위를 말한다.

정답 ①

10 경찰하명에 대한 설명 중 가장 적절하지 않은 것은?   [20년 경위 승진]

① 경찰하명은 경찰목적을 위하여 국가의 일반통치권에 의거 개인에게 특정한 작위·부작위·수인 또는 급부의 의무를 명하는 행정행위이다.

② 부작위하명은 소극적으로 어떤 행위를 하지 말 것을 명하는 것으로 금지라 부르기도 한다.

③ 공공시설에서 공중의 건강을 위하여 흡연행위를 금지하는 것은 부작위하명이다.

④ 위법한 하명으로 인하여 권리·이익이 침해된 자는 손실보상을 청구할 수 있다.

해설 ④ 위법한 하명으로 인하여 권리·이익이 침해된 자는 손해배상(국가배상)을 청구할 수 있다. 그러나 경찰상 적법상 행위로 경찰하명의 상대방에게 특별한 희생을 가한 경우에 사유재산권 보장 및 공평이념에 배치될 경우에는 손실보상 청구가 인정된다.

정답 ④

11 경찰하명에 대한 설명으로 가장 적절하지 <u>않은</u> 것은? [19년 순경 1차]

① 경찰하명이란 경찰목적을 달성하기 위해 상대방에게 일정한 작위·부작위·수인·급부의 의무를 명하는 행정행위이다.

② 경찰하명 위반 시에는 경찰상 강제집행의 대상이 되거나 경찰벌이 과해질 수 있으나, 하명을 위반한 행위의 법적 효력에는 원칙적으로 영향을 미치지 않는다.

③ 경찰하명의 상대방인 수명자는 수인의무를 지므로 경찰하명이 위법하더라도 손해배상을 청구할 수 없다.

④ 경찰하명이 있는 경우, 상대방은 행정주체에 대하여만 의무를 이행할 책임이 있고 그 이외의 제3자에 대하여 법상 의무를 부담하는 것은 아니다.

해설 ③ 위법한 하명으로 인하여 권리·이익이 침해된 자는 손해배상을 청구할 수 있다.
정답 ③

12 행정행위에 대한 설명으로 옳지 <u>않은</u> 것은? [21년 경간부]

① 경찰하명이란 일반통치권에 기인하여 경찰목적을 달성하기 위해 국민에 대하여 작위 부작위 급부 수인 등 의무의 일체를 명하는 법률행위적 행정행위를 말하며 경찰관의 수신호나 교통신호등의 신호도 의무를 부과하는 행위로서 경찰하명에 해당한다.

② 부작위 하명의 유형으로는 절대적 금지와 상대적 금지가 있으며, 청소년에게 술이나 담배 판매금지는 절대적 금지이고, 유흥업소의 영업금지는 상대적 금지에 해당한다.

③ 법률행위적 행정행위는 명령적 행정행위(하명 허가 면제 등)와 형성적 행정행위(특허 인가 대리)로 구분할 수 있고, 준법률행위적 행정행위는 확인, 공증, 통지, 수리 등으로 구분할 수 있다.

④ 경찰하명에 위반하여 이루어진 행위는 원칙적으로 그 법적 효력에는 아무런 영향을 받지 않는다. 그러나 영업정지 명령에 위반하여 영업을 계속하였을 경우는 당해 영업에 대한 거래행위의 효력이 부인된다.

해설 ④ 영업정지 명령에 위반하여 영업을 계속하였을 경우라도 거래행위의 효력이 부인되는 것은 아니다.
정답 ④

13 허가에 대한 다음 설명 중 가장 적절한 것은? (다툼이 있는 경우 판례에 의함)
[18년 순경 3차]

① 허가는 허가가 유보된 상대적 금지의 경우에 인정되며, 절대적 금지의 경우에는 인정되지 않는다.

② 허가는 행위의 유효요건일 뿐 적법요건은 아니다.

③ 판례에 의하면 허가 여부의 결정기준은 특별한 사정이 없는 한 원칙적으로 신청 당시의 법령에 의한다.

④ 허가는 법령에 의하여 과하여진 작위·급부·수인의무를 특정한 경우에 해제하여 주는 경찰상의 행정행위이다.

해설 ① [○]

② [×] 허가는 적법요건일 뿐 유효요건은 아니므로 허가 없이 한 행위도 유효하다.

③ [×] 허가신청당시의 허가기준이 아닌 행정처분당시의 허가기준에 의하여 처리함이 상당하다 (대판 1985. 2. 26, 84누655).

④ [×] 법령에 의하여 일반적으로 부과된 경찰상 작위·급부·수인의무를 특정한 경우에 해제하여 주는 경찰상 법률행위는 경찰면제이다.

정답 ①

14 허가에 대한 설명으로 가장 적절한 것은? [19년 경위 승진]

① 허가란 법령에 의하여 과하여진 작위·급부·수인의무를 특정한 경우에 해제하여 주는 행정행위이다.

② 허가는 행위의 '적법요건'이지만 '유효요건'은 아니므로, 무허가행위는 행정상 강제집행 또는 행정벌의 대상은 되지만, 행위 자체의 법적 효력은 영향을 받지 않는 것이 원칙이다.

③ 허가는 허가가 유보된 상대적 금지뿐만 아니라 절대적 금지의 경우에도 인정된다.

④ 허가는 상대방의 신청에 의하여 행하여지는 것으로 신청에 의하지 않고는 행하여질 수 없다.

해설 ② 허가는 적법요건일 뿐 유효요건은 아니므로 허가 없이 한 행위도 유효하다.

정답 ②

15 경찰허가의 효과를 제한 또는 보충하기 위하여 주된 의사표시에 부가된 종된 의사표시를 부관이라고 한다. 부관에 대한 설명으로 옳지 <u>않은</u> 것은?

[21년 경간부]

① 법정부관의 경우 처분의 효과제한이 직접 법규에 의해서 부여되는 부관으로서 이는 행정행위의 부관과는 구별되는 개념으로 원칙적으로 부관의 개념에 속하지 않는다.

② 부담은 그 자체가 하나의 행정행위이다. 즉, 하명으로서의 성격을 지니기 때문에 분리가 가능하지만, 그 자체가 독립적으로 행정쟁송 및 경찰강제의 대상이 될 수 없다.

③ 부담과 정지조건의 구별이 불분명한 경우에는 최소침해의 원칙에 따라 부담으로 보아야 한다.

④ 수정부담은 새로운 의무를 부가하는 것이 아니라 상대방이 신청한 것과는 다르게 행정행위의 내용을 정하는 부관을 말하며 상대방의 동의가 있어야 효력이 발생한다.

해설 ② 부관은 행정행위의 일부이므로 원칙적으로 독립하여 쟁송대상으로 할 수 없으나 독립적인 처분성이 인정되는 부담은 독자적인 취소소송의 대상으로 삼을 수 있다.

정답 ②

16 경찰상 의무이행 확보수단에 대한 설명으로 가장 적절한 것은?

[21년 경감 승진]

① 경찰상 강제집행은 경찰하명에 따른 경찰의무의 불이행이 있는 경우에 상대방의 신체 또는 재산이나 주거 등에 실력을 행사하여 경찰상 필요한 상태를 실현하는 작용으로 간접적 의무이행확보 수단이다.

② 강제징수란 국민이 국가 또는 공공단체에 대해 부담하고 있는 공법상의 금전급부의무를 이행하지 않는 경우에 행정청이 강제적으로 의무가 이행된 것과 동일한 상태를 실현하는 작용으로 새로운 의무이행확보 수단이다.

③ 집행벌은 의무이행을 위한 강제집행이라는 점에서 의무위반에 대한 제재인 경찰벌과 구별되며, 경찰벌과 병과해서 행할 수 있고, 의무가 이행될 때까지 반복적으로 부과하는 것도 가능하다.

④ 해산명령 불이행에 따른 해산조치, 불법영업소의 폐쇄조치, 감염병 환자의 즉각적인 강제격리는 모두 즉시강제에 해당한다.

해설 ① [×] 경찰상 강제집행은 경찰하명에 따른 경찰의무의 불이행이 있는 경우에 상대방의 신체 또는 재산이나 주거 등에 실력을 행사하여 경찰상 필요한 상태를 실현하는 작용으로 원칙적으로 직접적 의무이행 확보수단이다[집행벌(이행강제금)만 간접적 의무이행 확보수단에 해당된다].
② [×] 강제징수는 전통적 의무이행 확보수단에 해당된다.
④ [×] 해산명령 불이행에 따른 해산조치, 불법영업소의 폐쇄조치는 직접강제이고, 감염병 환자의 즉각적인 강제격리는 즉시강제에 해당한다.

정답 ③

17 경찰상 강제집행의 수단에 대한 설명이다. ㉠부터 ㉣까지의 설명과 명칭이 가장 적절하게 연결된 것은? [18년 경위 승진]

> ㉠ 대체적 작위의무의 불이행이 있는 경우 행정청이 의무자의 작위의무를 스스로 행하거나 제3자로 하여금 이를 행하게 하고 그 비용을 의무자로부터 징수하는 행위
> ㉡ 경찰상 의무를 이행하지 않는 경우에 그 이행을 강제하기 위해 과하는 금전벌
> ㉢ 국민이 국가 또는 공공단체에 대해 부담하고 있는 공법상의 금전급부의무를 이행하지 않는 경우에 행정청이 강제적으로 의무가 이행된 것과 동일한 상태를 실현하는 작용
> ㉣ 경찰상 의무불이행에 대해 최후의 수단으로서 직접 의무자의 신체나 재산에 실력을 가하여 의무의 이행이 있었던 것과 동일한 상태를 실현하는 작용

① ㉠ 대집행   ㉡ 집행벌   ㉢ 강제징수   ㉣ 직접강제
② ㉠ 집행벌   ㉡ 강제징수 ㉢ 대집행   ㉣ 직접강제
③ ㉠ 대집행   ㉡ 강제징수 ㉢ 직접강제   ㉣ 집행벌
④ ㉠ 강제징수 ㉡ 집행벌   ㉢ 직접강제   ㉣ 대집행

해설 ㉠은 대집행, ㉡은 집행벌, ㉢은 강제징수, ㉣은 직접강제에 대한 설명이다.
정답 ①

18 경찰상 의무이행 확보수단을 전통적 수단과 새로운 수단으로 구분할 때, 전통적 수단에 해당하지 <u>않는</u> 것은? [20년 경간부]

① 대집행   ② 집행벌
③ 과징금   ④ 강제징수

해설 ③ 과징금은 새로운 의무이행 확보수단에 해당한다.
정답 ③

19 경찰상 강제집행 및 그 수단에 대한 설명으로 가장 적절하지 않은 것은?

[21년 순경 1차]

① 경찰상 강제집행은 경찰하명에 의한 의무의 존재 및 그 불이행을 전제로 한다는 점에서 의무불이행을 전제로 하지 않는 경찰상 즉시강제와 구별된다.

② 경찰상 강제집행은 장래에 향하여 의무이행을 강제한다는 점에서 과거의 의무위반에 대한 제재인 경찰벌과 구별된다.

③ 강제징수란 의무자가 관련 법령상의 대체적 작위의무를 이행하지 않은 경우, 당해 경찰관청이 스스로 행하거나 또는 제3자로 하여금 의무자가 하여야 할 행위를 하게 함으로써 의무의 이행이 있는 것과 같은 상태를 실현시킨 후 그 비용을 의무자로부터 징수하는 것이다.

④ 대집행의 근거가 되는 일반법으로는 「행정대집행법」이 있다.

해설 ③ 대집행이란 경찰상 대체적 작위의무를 이행하지 않는 경우에 경찰관청이 스스로 또는 제3자로 하여금 경찰상 의무의 이행과 동일한 상태를 실현시킨 후 그 비용을 의무자로부터 징수하는 것을 말한다.

정답 ③

20 경찰상 강제집행의 수단에 대한 설명이다. 다음 중 옳은 것은?

[21년 경간부]

① 대집행의 절차는 계고 → 통지 → 비용의 징수 → 실행 순이다.

② 집행벌은 경찰벌과 병과해서 행할 수 없다.

③ 강제징수 절차는 독촉 → 체납처분(압류 – 매각 – 청산) → 체납처분의 중지 → 결손처분 순으로 진행한다.

④ 강제집행과 즉시강제는 선행의무 불이행을 전제하지 않는다.

해설 ① [×] 대집행의 절차는 계고 → 통지 → 실행 → 비용의 징수 순으로 진행된다.

② [×] 장래의 의무이행을 확보하기 위해 과해지는 집행벌과 과거의 의무위반에 대한 제재로서 과하는 경찰벌은 그 성질과 목적을 달리 하기 때문에 병과할 수 있다.

③ [○]

④ [×] 강제집행은 선행의무 불이행을 전제하는 반면 즉시강제는 그렇지 않다.

정답 ③

21 경찰상 즉시강제에 대한 설명으로 가장 적절하지 <u>않은</u> 것은?

[20년 순경 1차]

① 경찰상 즉시강제는 권력적 사실행위인 처분이기 때문에 행정쟁송이 가능하다.

② 즉시강제의 절차적 한계에 있어서 영장주의의 적용 여부에 대하여 영장필요설이 통설과 판례이다.

③ 경찰상 즉시강제 시 필요 이상으로 실력을 행사하여 경찰책임자 이외의 자에게 유형력을 행사하는 것은 위법이 된다.

④ 적법한 즉시강제에 대한 구제로 손실보상을 청구할 수 있으며, 일정한 요건 하에서 「형법」상 위법성조각사유에 해당하는 긴급피난도 가능하다.

해설 ② 원칙적으로 영장주의가 적용되어야 하지만 즉시강제의 특수성을 고려하여 경찰목적 달성에 불가피한 합리적 사정이 있는 경우에 한하여 영장주의의 예외가 인정된다. 법원 또한 사전영장주의를 고수하다가는 도저히 행정목적을 달성할 수 없는 지극히 예외적인 경우에는 형사절차에서와 같은 예외가 인정된다고 판시하고 있다(대판 1997. 6. 13. 96다56115).

정답 ②

22 「질서위반행위규제법」에 대한 내용으로 가장 적절한 것은?

[18년 순경 2차]

① 18세가 되지 아니한 자의 질서위반행위는 과태료를 부과하지 아니한다. 다만, 다른 법률에 특별한 규정이 있는 경우에는 그러하지 아니하다.

② 행정청이 질서위반행위에 대하여 과태료를 부과하고자 하는 때에는 미리 당사자에게 대통령령으로 정하는 사항을 통지하고, 7일 이상의 기간을 정하여 의견을 제출할 기회를 주어야 한다. 이 경우 지정된 기일까지 의견제출이 없는 경우에는 의견이 없는 것으로 본다.

③ 과태료는 행정청의 과태료 부과처분이나 법원의 과태료 재판이 확정된 후 3년간 징수하지 아니하거나 집행하지 아니하면 시효로 인하여 소멸한다.

④ 고의 또는 과실이 없는 질서위반행위는 과태료를 부과하지 아니한다.

해설 ① [×] 14세가 되지 아니한 자의 질서위반행위는 과태료를 부과하지 아니한다. 다만, 다른 법률에 특별한 규정이 있는 경우에는 그러하지 아니하다(「질서위반행위규제법」 제9조).
② [×] 행정청이 질서위반행위에 대하여 과태료를 부과하고자 하는 때에는 미리 당사자에게 대통령령으로 정하는 사항을 통지하고, 10일 이상의 기간을 정하여 의견을 제출할 기회를 주어야

한다. 이 경우 지정된 기일까지 의견 제출이 없는 경우에는 의견이 없는 것으로 본다(동법 제16
조 제1항).
③ [×] 과태료는 행정청의 과태료 부과처분이나 법원의 과태료 재판이 확정된 후 5년간 징수하
지 아니하거나 집행하지 아니하면 시효로 인하여 소멸한다(동법 제15조 제1항).
④ [○] 동법 제7조

정답 ④

23 「질서위반행위규제법」에 대한 설명으로 가장 적절한 것은? [17년 순경 1차]

① 질서위반행위의 성립과 과태료 처분은 처분 시의 법률에 따른다.

② 고의 또는 과실이 없는 질서위반행위에도 과태료를 부과한다.

③ 2인 이상이 질서위반행위에 가담한 때에는 각자가 질서위반행위를 한 것
으로 본다.

④ 과태료는 행정청의 과태료 부과 처분이나 법원의 과태료 재판이 확정된 후
3년간 징수하지 아니하거나 집행하지 아니하면 시효로 인하여 소멸한다.

해설 ① [×] 질서위반행위의 성립과 과태료 처분은 행위시의 법률을 따른다(「질서위반행위규제법」
제3조 제1항).
② [×] 고의 또는 과실이 없는 질서위반행위는 과태료를 부과하지 아니한다(동법 제7조).
③ [○] 동법 제12조 제1항
④ [×] 과태료는 행정청의 과태료 부과 처분이나 법원의 과태료 재판이 확정된 후 5년간 징수
하지 아니하거나 집행하지 아니하면 시효로 인하여 소멸한다(동법 제15조 제1항).

정답 ③

24 다음 「질서위반행위규제법」 및 「질서위반행위규제법 시행령」에 대한 내용에서 괄호 안에 들어갈 숫자를 모두 더한 값은?　　　[21년 경감 승진]

> ⊙ 과태료는 행정청의 과태료 부과처분이나 법원의 과태료 재판이 확정된 후 (　　)년간 징수하지 아니하거나 집행하지 아니하면 시효로 인하여 소멸한다.
>
> ⓛ 동법 제19조 제1항에 따라 행정청은 질서위반행위가 종료된 날부터 (　　)년이 경과한 경우에는 해당 질서위반행위에 대하여 과태료를 부과할 수 없다.
>
> ⓒ (　　)세가 되지 아니한 자의 질서위반행위는 과태료를 부과하지 아니한다.
>
> ⓔ 행정청은 당사자가 동법 제24조의3 제1항에 따라 과태료를 납부하기가 곤란하다고 인정되면 (　　)년의 범위에서 과태료의 분할납부나 납부기일의 연기를 결정할 수 있다.
>
> ⓜ 행정청은 ⓔ에 따라 과태료의 분할납부나 납부기일의 연기(이하 "징수유예등"이라 한다)를 결정하는 경우 그 기간을 그 징수유예등을 결정한 날의 다음 날부터 (　　)개월 이내로 하여야 한다.

① 26　　　　　　② 28　　　　　　③ 33　　　　　　④ 34

해설　⊙은 5, ⓛ은 5, ⓒ은 14, ⓔ은 1, ⓜ은 90이다. 따라서 괄호 안에 들어갈 숫자를 모두 더한 값은 34이다.

정답　④

25 「질서위반행위규제법」에 관한 다음 설명 중 가장 옳지 <u>않은</u> 것은?

[18년 경간부]

① 이 법은 법률상 의무의 효율적인 이행을 확보하고 국민의 권리와 이익을 보호하기 위하여 질서위반행위의 성립요건과 과태료의 부과·징수 및 재판 등에 관한 사항을 규정하는 것을 목적으로 한다.

② 질서위반행위 후 법률이 변경되어 그 행위가 질서위반행위에 해당하지 아니하게 되거나 과태료가 변경되기 전의 법률보다 가볍게 된 때에는 법률에 특별한 규정이 없는 한 변경된 법률을 적용한다.

③ 심신장애로 인하여 행위의 옳고 그름을 판단할 능력이 없거나 그 판단에 따른 행위를 할 능력이 없는 자의 질서위반행위는 과태료를 부과하지 아니한다.

④ 19세가 되지 아니한 자의 질서위반행위는 과태료를 부과하지 아니한다. 다만, 다른 법률에 특별한 규정이 있는 경우에는 그러하지 아니하다.

<u>해설</u> ④ 14세가 되지 아니한 자의 질서위반행위는 과태료를 부과하지 아니한다. 다만, 다른 법률에 특별한 규정이 있는 경우에는 그러하지 아니하다(「질서위반행위규제법」 제9조).

<u>정답</u> ④

26 「질서위반행위규제법」에 대한 설명이다. 옳지 <u>않은</u> 것은?   [21년 경간부]

① 심신장애로 인하여 행위의 옳고 그름을 판단할 능력이 없거나 그 판단에 따른 행위를 할 능력이 없는 자의 질서위반행위는 과태료를 부과하지 아니한다.

② 2인 이상이 질서위반행위에 가담한 때에는 각자가 질서위반 행위를 한 것으로 본다. 또한 신분에 의하여 성립하는 질서위반행위에 신분이 없는 자가 가담한 때에는 신분이 없는 자에 대하여도 질서위반행위가 성립한다.

③ 하나의 행위가 2 이상의 질서위반행위에 해당하는 경우에는 각 질서위반행위에 대하여 정한 과태료 중 가장 중한 과태료를 부과한다.

④ 과태료는 행정청의 과태료 부과처분이나 법원의 과태료 재판이 확정된 후 3년간 징수하지 아니하거나 집행하지 아니하면 시효로 인하여 소멸된다.

<u>해설</u> ① [O] 「질서위반행위규제법」 제10조 제1항

② [○] 동법 제12조 제1항 제2항
③ [○] 동법 제13조 제1항
④ [×] 과태료는 행정청의 과태료 부과처분이나 법원의 과태료 재판이 확정된 후 5년간 징수하지 아니하거나 집행하지 아니하면 시효로 인하여 소멸한다(동법 제15조 제1항).

정답 ④

제2절 경찰관 직무집행법

01 「경찰관 직무집행법」에 대한 내용으로 가장 적절하지 <u>않은</u> 것은?

[18년 순경 2차]

① 「경찰관 직무집행법」 제2조는 직무의 범위에서 '범죄피해자 보호'를 규정하고 있다.
② 법률에서 정한 절차에 따라 체포·구속된 사람 또는 신체의 자유를 제한하는 판결이나 처분을 받은 사람을 수용하기 위하여 경찰서와 해양경찰서에 유치장을 둔다.
③ 경찰관은 '현행범이나 사형·무기 또는 장기 3년 이상의 징역이나 금고에 해당하는 죄를 범한 범인의 체포 또는 도주 방지', '자신이나 다른 사람의 생명·신체의 방어 및 보호', '공무집행에 대한 항거 제지'의 직무를 수행하기 위하여 필요하다고 인정되는 상당한 이유가 있을 때에는 그 사태를 합리적으로 판단하여 필요한 한도에서 경찰장구를 사용할 수 있다.
④ 경찰청장은 위해성 경찰장비를 새로 도입하려는 경우에는 대통령령으로 정하는 바에 따라 안전성 검사를 실시하여 그 안전성 검사의 결과보고서를 국가경찰위원회에 제출하여야 한다. 이 경우 안전성 검사에는 외부 전문가를 참여시켜야 한다.

해설 ④ 경찰청장은 위해성 경찰장비를 새로 도입하려는 경우에는 대통령령으로 정하는 바에 따라 안전성 검사를 실시하여 그 안전성 검사의 결과보고서를 국회 소관 상임위원회에 제출하여야 한다. 이 경우 안전성 검사에는 외부 전문가를 참여시켜야 한다(「경찰관 직무집행법」 제10조 제5항).

정답 ④

02 다음 중 「경찰관 직무집행법」상 규정된 즉시강제에 해당하는 것은 모두 몇 개인가?

[16년 순경 2차]

> ㉠ 분사기 등의 사용　　　　　㉡ 범죄의 예방 및 제지
> ㉢ 무기의 사용　　　　　　　㉣ 보호조치
> ㉤ 위험방지를 위한 출입

① 2개　　　　　② 3개　　　　　③ 4개　　　　　④ 5개

해설　㉠ 「경찰관 직무집행법」 제10조의3
　　　　㉡ 동법 제6조
　　　　㉢ 동법 제10조의4
　　　　㉣ 동법 제4조
　　　　㉤ 동법 제7조

정답　④

03 「경찰관 직무집행법」상 불심검문에 대한 설명으로 가장 적절한 것은?

[15년 순경 3차]

① 경찰관은 수상한 행동이나 그 밖의 주위 사정을 합리적으로 판단하여 볼 때 어떠한 죄를 범하였거나 범하려 하고 있다고 의심할 만한 상당한 이유가 있는 사람을 정지시켜 질문하여야 한다.

② 경찰관은 이미 행하여진 범죄나 행하여지려고 하는 범죄행위에 관한 사실을 안다고 인정되는 사람을 정지시켜 질문할 수 있다.

③ 경찰관은 불심검문 대상자를 정지시킨 장소에서 질문을 하는 것이 그 사람에게 불리하거나 교통에 방해가 된다고 인정될 때에는 질문을 하기 위하여 가까운 경찰관서로 동행할 것을 요구할 수 있다. 이 경우 동행을 요구받은 사람은 그 요구를 거절할 수 없다.

④ 경찰관은 불심검문 대상자에게 질문을 할 때에 그 사람이 흉기를 가지고 있는지를 조사하여야 한다.

해설　① [×] 경찰관은 수상한 행동이나 그 밖의 주위 사정을 합리적으로 판단하여 볼 때 어떠한 죄를 범하였거나 범하려 하고 있다고 의심할 만한 상당한 이유가 있는 사람을 정지시켜 질문할 수 있다(「경찰관 직무집행법」 제3조 제1항 제1호).
　　　② [O] 동법 동조 제1항 제2호.

③ [×] 경찰관은 불심검문 대상자를 정지시킨 장소에서 질문을 하는 것이 그 사람에게 불리하거나 교통에 방해가 된다고 인정될 때에는 질문을 하기 위하여 가까운 경찰관서로 동행할 것을 요구할 수 있다. 이 경우 동행을 요구받은 사람은 그 요구를 거절할 수 있다(동법 제3조 제2항).
④ [×] 경찰관은 불심검문 대상자에게 질문을 할 때에 그 사람이 흉기를 가지고 있는지를 조사할 수 있다(동법 제3조 제3항).

정답 ②

04 「경찰관 직무집행법」상 불심검문에 관한 다음 설명 중 가장 적절하지 않은 것은?　　　　　　　　　　　　　　　　　　　　[15년 순경 2차]

① 경찰관은 불심검문 시 그 장소에서 질문을 하는 것이 그 사람에게 불리하거나 교통에 방해가 된다고 인정될 때에는 질문을 하기 위하여 가까운 경찰관서로 동행할 것을 요구할 수 있다. 이 경우 동행을 요구받은 사람은 그 요구를 거절할 수 있다.

② 경찰관은 질문을 하거나 동행을 요구할 경우 자신의 신분을 표시하는 증표를 제시하면서 소속과 성명을 밝히고 질문이나 동행의 목적과 이유를 설명하여야 하며, 동행을 요구하는 경우에는 동행 장소를 밝혀야 한다.

③ 질문을 받거나 동행을 요구받은 사람은 형사소송에 관한 법률에 따르지 아니하고는 신체를 구속당하지 아니하며, 그 의사에 반하여 답변을 강요당하지 아니한다.

④ 경찰관은 동행한 사람의 가족이나 친지 등에게 동행한 경찰관의 신분, 동행 장소, 동행 목적과 이유를 알리거나 본인으로 하여금 즉시 연락할 수 있는 기회를 주어야 하나, 변호인의 도움을 받을 권리가 있음을 알릴 필요는 없다.

해설 ④ 변호인의 도움을 받을 권리가 있음을 알려야 한다(「경찰관 직무집행법」 제3조 제5항).
정답 ④

05 「경찰관 직무집행법」상 불심검문에 대한 설명으로 가장 적절한 것은?

[19년 순경 1차]

① 경찰관은 상대방의 신원 확인이 불가능하거나 교통에 방해된다고 인정될 때에는 임의동행을 요구할 수 있다.

② 경찰관은 임의동행한 사람의 가족이나 친지 등에게 동행한 경찰관의 신분, 동행 장소, 동행 목적과 이유를 알리거나 본인으로 하여금 즉시 연락할 수 있는 기회를 주어야 하며, 변호인의 도움을 받을 권리가 있음을 알려야 한다.

③ 경찰관은 질문을 하거나 임의동행을 요구할 경우 자신의 신분을 표시하는 증표를 제시하면서 소속과 성명을 밝혀야 한다. 이때 증표는 경찰공무원증뿐만 아니라 흉장도 포함된다.

④ 경찰관이 불심검문 시 흉기조사뿐만 아니라, 흉기 이외의 일반소지품 조사도 할 수 있다고 규정하고 있다.

해설 ① [×] 경찰관은 불심검문 대상자를 정지시킨 장소에서 질문을 하는 것이 그 사람에게 불리하거나 교통에 방해가 된다고 인정될 때에는 질문을 하기 위하여 가까운 경찰관서로 동행할 것을 요구할 수 있다(「경찰관 직무집행법」 제3조 제2항).

② [○] 동법 제3조 제5항.

③ [×] 신분을 표시하는 증표는 경찰공무원의 공무원증으로 한다(「경찰관 직무집행법 시행령」 제5조).

④ [×] 「경찰관 직무집행법」은 흉기 이외의 일반소지품에 대한 조사 규정을 두고 있지 않다.

정답 ②

06 「경찰관 직무집행법」상 불심검문에 대한 다음 설명 중 옳지 <u>않은</u> 것은 모두 몇 개인가?   [17년 경간부]

> ㉠ 경찰관은 거동불심자를 정지시켜 질문을 할 때에 그 사람이 흉기를 가지고 있는지 여부를 조사할 수 있다.
> ㉡ 경찰관은 거동불심자를 정지시켜 질문을 할 때에 미리 진술거부권이 있음을 상대방에게 고지하여야 한다.
> ㉢ 경찰관은 불심검문시 거동불심자를 정지시킨 장소에서 질문하는 것이 그 사람에게 불리하거나 교통에 방해가 된다고 인정될 때에는 질문을 하기 위하여 가까운 경찰관서로 동행 할 것을 요구할 수 있다.
> ㉣ 거동불심자에 대한 동행요구시 당해인은 그 요구를 거절할 수 있으나, 이러한 내용이 「경찰관 직무집행법」에 규정되어 있는 것은 아니다.
> ㉤ 경찰관은 동행한 사람의 가족이나 친지 등에게 동행한 경찰관의 신분, 동행 장소, 동행 목적과 이유를 알리거나 본인으로 하여금 즉시 연락할 수 있는 기회를 주어야 하지만, 변호인의 도움을 받을 권리가 있음을 알릴 필요는 없다.

① 0개   ② 1개   ③ 2개   ④ 3개

해설 ㉠ [○]
㉡ [×] 당해인에게 진술거부권을 고지할 필요는 없다.
㉢ [○]
㉣ [×] 이 경우 동행을 요구받은 사람은 그 요구를 거절할 수 있다(「경찰관 직무집행법」 제3조 제2항).
㉤ [×] 경찰관은 동행한 사람의 가족이나 친지 등에게 동행한 경찰관의 신분, 동행 장소, 동행 목적과 이유를 알리거나 본인으로 하여금 즉시 연락할 수 있는 기회를 주어야 하며, 변호인의 도움을 받을 권리가 있음을 알려야 한다(동법 제3조 제5항).

정답 ④

07 「경찰관 직무집행법」상 보호조치를 할 수 있는 대상자로 가장 적절하지 <u>않은</u> 것은?   [15년 경위 승진]

① 정신착란으로 다른 사람의 생명에 위해를 끼칠 우려가 있는 사람
② 술에 취하여 다른 사람의 신체에 위해를 끼칠 우려가 있는 사람
③ 본인이 구호를 거절하는 경미한 부상자
④ 자살을 시도하는 사람

해설	유형	내용
	강제보호조치 대상자	ⓐ 정신착란을 일으키거나 술에 취하여 자기 또는 다른 사람의 생명·신체·재산에 위해를 끼칠 우려가 있는 사람. ⓑ 자살을 시도하는 사람의 경우, 경찰관은 각각 본인의 의사와는 관계없이 강제보호조치를 할 수 있다.
	임의보호조치 대상자	미아·병자·부상자 등으로서 적당한 보호자가 없으며 응급구호가 필요하다고 인정되는 사람의 경우. 단, 본인이 구호를 거절하는 경우에는 보호조치를 할 수 없다.

정답 ③

08 「경찰관 직무집행법」상 보호조치에 대한 설명으로 가장 적절한 것은?

[18년 순경 3차]

① 긴급구호를 요청받은 보건의료기관 또는 공공구호기관은 정당한 이유 없이 긴급구호를 거절할 수 없다고 명시되어 있다.

② 긴급구호나 보호조치의 경우 24시간 이내에 피구호자의 가족들에게 연락해 주어야 한다.

③ 자살을 시도하는 사람에 대하여는 경찰관서에 6시간 이내 보호가 가능하다.

④ 임시영치 기간은 10일을 초과할 수 없으며, 법적 성질은 대인적 즉시강제이다.

해설 ① [○] 「경찰관 직무집행법」 제4조 제2항

② [×] 긴급구호나 보호조치를 한 경우 지체 없이 피구호자의 가족들에게 연락해 주어야 한다(동법 제4조 제4항).

③ [×] 구호대상자를 경찰관서에서 보호하는 기간은 24시간을 초과할 수 없다(동법 제4조 제7항).

④ [×] 임시영치 기간은 10일을 초과할 수 없고, 법적 성질은 대물적 즉시강제이다(동법 제4조 제7항).

정답 ①

09 「경찰관 직무집행법」 제4조 보호조치에 대한 설명으로 가장 적절하지 않은 것은?
[18년 경위 승진; 17년 경기북부 여경]

① 경찰관은 정신착란을 일으키거나 술에 취하여 자신 또는 다른 사람의 생명·신체·재산에 위해를 끼칠 우려가 있는 사람에 해당하는 것이 명백하고 응급구호가 필요하다고 믿을 만한 상당한 이유가 있는 사람을 발견하였을 때에는 보건의료기관이나 공공구호기관에 긴급구호를 요청할 수 있다.

② 경찰관은 적당한 보호자가 없는 미아에 대해 응급구호가 필요하다고 믿을 만한 상당한 이유가 있다면 본인이 구호를 거절하더라도 「경찰관 직무집행법」 제4조의 보호조치를 실시할 수 있다.

③ 경찰관은 자살을 시도하는 것이 명백하고 응급구호가 필요하다고 믿을 만한 상당한 이유가 있다면 본인 동의여부와 관계없이 「경찰관 직무집행법」 제4조의 보호조치를 실시할 수 있다.

④ 경찰관이 보호조치를 하였을 때에는 지체 없이 구호대상자의 가족, 친지 또는 그 밖의 연고자에게 그 사실을 알려야 하며, 연고자가 발견되지 아니할 때에는 구호대상자를 적당한 공공보건의료기관이나 공공구호기관에 즉시 인계하여야 한다.

해설 ② 미아, 병자, 부상자 등으로서 적당한 보호자가 없으며 응급구호가 필요하다고 인정되는 사람 중 본인이 구호를 거절하는 경우는 제외한다(「경찰관 직무집행법」 제4조 제1항 제3호).

정답 ②

10 「경찰관 직무집행법」 제4조 보호조치에 대한 설명 중 옳지 <u>않은</u> 것은 모두 몇 개인가?

[20년 경간부]

㉠ 경찰관이 구호대상자를 경찰관서에 보호조치 하는 경우 지체 없이 해당 구호대상자의 가족, 친지 또는 그 밖의 연고자에게 그 사실을 알려야 하며, 연고자가 발견되지 아니할 때에는 구호대상자를 적당한 공공보건의료기관이나 공공구호기관에 즉시 인계하여야 한다.

㉡ 경찰관이 구호대상자를 공공보건의료기관이나 공공구호기관에 인계하였을 때에는 해당 경찰관이 즉시 그 사실을 해당 공공보건의료기관 또는 공공구호기관의 장 및 그 감독행정청에 통보하여야 한다.

㉢ 경찰관이 구호대상자를 경찰관서에 보호조치 하는 경우에 구호대상자가 휴대하고 있는 무기·흉기 등 위험을 일으킬 수 있는 것으로 인정되는 물건을 경찰관서에 임시로 영치하여 놓을 수 있다.

㉣ 구호대상자를 경찰관서에서 보호하는 기간은 24시간을 초과할 수 없고, 물건을 경찰관서에 임시로 영치하는 기간은 10일을 초과할 수 없다.

㉤ 경찰관은 자살을 시도하는 것이 명백하고 응급구호가 필요하다고 믿을 만한 상당한 이유가 있는 구호대상자에 대하여 해당 구호대상자의 동의 여부와 관계없이 보호조치를 실시 할 수 있다.

---

① 1개 ② 2개 ③ 3개 ④ 4개

해설 ㉠ [○]「경찰관 직무집행법」제4조 제4항
㉡ [×] 경찰관은 구호대상자를 공공보건의료기관이나 공공구호기관에 인계하였을 때에는 즉시 그 사실을 소속경찰서장이나 해양경찰서장에게 보고하여야 하고(제4조 제5항), 보고를 받은 소속 경찰서장이나 해양경찰서장은 대통령령으로 정하는 바에 따라 구호대상자를 인계한 사실을 지체없이 해당 공공보건의료기관 또는 공공구호기관의 장 및 그 감독행정청에 통보하여야 한다(동법 제4조 제6항).
㉢ [○] 동법 제4조 제3항
㉣ [○] 동법 제4조 제7항
㉤ [○] 동법 제4조 제1항 제2호

정답 ①

11 「경찰관 직무집행법」 제4조의 보호조치에 대한 설명으로 가장 적절하지 않은 것은? [20년 순경 2차]

① 경찰관은 정신착란을 일으키거나 술에 취하여 자신 또는 다른 사람의 생명·신체·재산에 위해를 끼칠 우려가 있음이 명백하고 응급구호가 필요하다고 믿을만한 상당한 이유가 있는 사람을 발견하였을 때 보건의료기관이나 공공구호기관에 긴급구호를 요청하거나 경찰관서에 보호할 수 있다.

② 미아, 병자, 부상자 등으로서 적당한 보호자가 없으며 응급구호가 필요하다고 인정되는 사람이 구호를 거절하지 않는 경우 경찰관은 보호조치를 할 수 있다.

③ 경찰관은 보호조치를 하였을 때에는 지체 없이 구호대상자의 가족, 친지 또는 그 밖의 연고자에게 그 사실을 알려야 하며, 구호대상자를 경찰관서에서 보호하는 기간은 6시간을 초과할 수 없다.

④ 경찰관은 보호조치를 하는 경우에 구호대상자가 휴대하고 있는 무기·흉기 등 위험을 일으킬 수 있는 것으로 인정되는 물건을 경찰관서에 임시로 영치할 수 있다.

해설 ③ 구호대상자를 경찰관서에서 보호하는 기간은 24시간을 초과할 수 없다(「경찰관 직무집행법」 제4조 제7항).

정답 ③

12 「경찰관 직무집행법」상 위험방지를 위한 출입에 대한 설명으로 가장 적절하지 않은 것은? [19년 경위 승진]

① 위험방지를 위한 출입의 성질은 대가택적 즉시강제이다.

② 경찰공무원은 여관에 불이 나서 객실에 쓰러져 있는 사람이 있는 경우에는 주인이 허락하지 않더라도 들어갈 수 있다.

③ 새벽 3시에 영업이 끝난 식당에서 주인만 머무르는 경우라도, 경찰공무원은 범죄의 예방을 위해 출입을 요구할 수 있고, 상대방은 이를 거절할 수 없다.

④ 경찰공무원은 위험방지를 위해 여관에 출입할 경우에는 그 신분을 표시하는 증표를 제시하여야 하며, 함부로 관계인이 하는 정당한 업무를 방해해서는 아니 된다.

해설 ③ 해당 장소의 영업시간이 아니기 때문에 범죄예방을 위한 출입을 요구할 수 없다(「경찰관 직무집행법」 제7조 제2항).

정답 ③

13 다음은 「경찰관 직무집행법」 제5조 위험 발생의 방지조치를 설명한 것이다. 빈칸의 내용을 가장 적절하게 연결한 것은?　　　　　　[19년 경위 승진]

> 경찰관은 사람의 생명 또는 신체에 위해를 끼치거나 재산에 중대한 손해를 끼칠 우려가 있는 천재, 사변, 인공구조물의 파손이나 붕괴, 교통사고, 위험물의 폭발, 위험한 동물 등의 출현, 극도의 혼잡, 그 밖의 위험한 사태가 있을 때에는 다음 각 호의 조치를 할 수 있다.
> 1. 그 장소에 모인 사람, 사물의 관리자, 그 밖의 관계인에게 필요한 (㉠)을(를) 하는 것
> 2. 매우 긴급한 경우에는 위해를 입을 우려가 있는 사람을 필요한 한도에서 (㉡)시키는 것
> 3. 그 장소에 있는 사람, 사물의 관리자, 그 밖의 관계인에게 위해를 방지하기 위하여 필요하다고 인정되는 조치를 하게 하거나 (㉢)을(를) 하는 것

① ㉠ 경고　　　㉡ 제지　　　　　　㉢ 억류하거나 피난
② ㉠ 경고　　　㉡ 억류하거나 피난　㉢ 직접조치
③ ㉠ 직접조치　㉡ 제지　　　　　　㉢ 억류하거나 피난
④ ㉠ 직접조치　㉡ 억류하거나 피난　㉢ 경고

해설

수 단	내 용
경고	경찰관은 ⓐ 그 장소에 모인 사람, ⓑ 사물의 관리자, ⓒ 그 밖의 관계인에게 필요한 경고를 할 수 있다.
억류 또는 피난 조치	경찰관은 매우 긴급한 경우에는 위해를 입을 우려가 있는 사람을 필요한 한도에서 억류하거나 피난시킬 수 있다.
위해방지 조치	경찰관은 그 장소에 있는 사람, 사물의 관리자, 그 밖의 관계인에게 위해를 방지하기 위하여 필요하다고 인정되는 조치를 하게 하거나, 직접 그 조치를 할 수 있다.

정답 ②

14 현행 「경찰관 직무집행법」에 대한 설명으로 가장 적절하지 <u>않은</u> 것은?

[12년 경위 승진 수정]

① 경찰관은 사람의 생명 또는 신체에 위해를 끼치거나 재산에 중대한 손해를 끼칠 우려가 있는 천재, 사변, 인공구조물의 파손이나 붕괴, 교통사고, 위험물의 폭발, 위험한 동물 등의 출현, 극도의 혼잡, 그 밖의 위험한 사태가 있을 때에는 그 장소에 집합한 자, 사물의 관리자 기타 관계인에게 필요한 경고를 발할 수 있고, 특히 긴급을 요할 때에는 위해를 받을 우려가 있는 자를 필요한 한도 내에서 억류하거나 피난시킬 수 있으며 그 장소에 있는 자, 사물의 관리자 기타 관계인에게 위해 방지상 필요하다고 인정되는 조치를 하게 할 수 있으나 직접조치를 취할 수는 없다.

② 경찰관은 불심검문시 그 장소에서 질문하는 것이 당해인에게 불리하거나 교통에 방해가 된다고 인정되는 때에는 질문하기 위하여 부근의 경찰관서에 동행을 요구할 수 있다. 이 경우 당해인은 경찰관의 동행요구를 거절할 수 있다.

③ 경찰관이 보호조치를 한 때에는 지체 없이 피구호자의 가족·친지 등 연고자에게 그 사실을 통지하여야 하고, 연고자가 발견되지 않은 때에는 적당한 공중보건의료기관이나 공공구호기관에 즉시 인계하여야 한다.

④ 「경찰관 직무집행법」은 국민의 생명·신체 및 재산의 보호, 범죄의 예방·진압 및 수사, 경비·요인경호 및 대간첩작전의 수행, 치안정보의 수집·작성 및 배포, 교통의 단속과 위해의 방지, 기타 공공의 안녕과 질서유지를 직무의 범위로 규정하고 있다.

해설 ① 경찰관은 그 장소에 있는 사람, 사물의 관리자, 그 밖의 관계인에게 위해를 방지하기 위하여 필요하다고 인정되는 조치를 하게 하거나, 직접 그 조치를 할 수 있다(「경찰관 직무집행법」 제5조 제1항).

정답 ①

15 다음 상황에 대한 설명으로 가장 적절하지 **않은** 것은? (다툼이 있는 경우 판례에 의함)

> 甲은 음주 후 자신의 처(처는 술을 마시지 않음)와 동승한 채 화물차를 운전하여 가다가 음주단속을 당하게 되자 경찰관이 들고 있던 경찰용 불봉을 충격하고 그대로 도주하였다. 단속 현장에서 약 3km 떨어진 지점까지 교통사고를 내지 않고 운전하며 진행하던 중 다른 차량에 막혀 더 이상 진행하지 못하게 되자 스스로 차량을 세운 후 운전석에서 내려 도주하려 하였으나, 결국 甲은 경찰관에게 제지되어 체포의 절차를 따르지 않고 甲과 그의 처의 의사에 반하여 지구대로 보호조치되었다. 이후 2회에 걸친 경찰관의 음주측정요구를 거부하였다는 이유로 甲은 「도로교통법」 위반(음주측정거부) 혐의로 기소되었다.

① 경찰관이 甲에 대하여 「경찰관 직무집행법」 제4조에 따른 보호조치를 하고자 하였다면, 당시 옆에 있었던 처에게 甲을 인계하였어야 했고, 특별한 사정이 없는 한 지구대에서 甲을 보호하는 것은 허용되지 않는다.

② 甲은 음주측정거부에 관한 「도로교통법」 위반죄로 처벌될 수 없다.

③ 구 「도로교통법」 제44조제2항 및 제148조의2제2호 규정들이 음주측정을 위한 강제처분의 근거가 될 수 있으므로, 위와 같은 음주측정을 위하여 운전자를 강제로 연행하기 위해서는 수사상 강제처분에 관한 「형사소송법」상 절차에 따를 필요가 없다.

④ 경찰관이 甲에 대하여 행한 음주측정요구는 「형법」 제136조에 따른 공무집행방해죄의 보호 대상이 될 수 없다.

해설 ③ 구 「도로교통법」 제41조 제2항 및 제148조의2 제2호 규정들이 음주측정을 위한 강제처분의 근거가 될 수 없으므로, 위와 같은 음주측정을 위하여 운전자를 강제로 연행하기 위해서는 수사상 강제처분에 관한 「형사소송법」상 절차에 따라야 한다(대판 2006. 11. 9, 2004도8404).

정답 ③

16 현행 「경찰관 직무집행법」에 따를 경우 경찰관의 조치로 가장 적절하지 **않은** 것은? (단, 다툼이 있는 경우에는 판례에 의한다) [12년 경감 승진]

① A지구대 경찰관은 길을 잃은 소년(13세)을 발견하여 보호조치를 하려고 했으나, 소년이 거부하여 그대로 돌려보냈다.

② B지구대 경찰관은 새벽 2시에 술에 취해 한강에 투신하려고 다리 난간에 올라가려는 사람을 발견하고, 그 사람이 거부했음에도 불구하고 인근 지구대에서 보호했다.

③ C지구대 경찰관은 근무 중 낯선 사람이 집 앞에 서 있다는 신고를 받고 출동하여 주민등록증을 제시해 줄 것을 요청했으나, 이를 거부하여 신원을 확인하지 못했다.

④ 충청남도에서 근무하는 경찰서장D는 관내 甲단체가 서울역 앞에서 개최할 예정인 미신고 폭력집회에 참석하려고 단체로 버스에 탑승하여 출발하는 것을 제지하였다.

해설 ④ 집회 장소와 시간적·장소적으로 근접하지 않은 경우 해당 집회 참가행위가 불법이어도 이를 제지할 수 없다(대판 2008. 11. 13, 2007도9794).

정답 ④

17 「경찰관 직무집행법」상 경찰장비에 관한 다음 설명 중 가장 적절하지 <u>않</u>은 것은?
[16년 순경 1차]

① 경찰관은 직무수행 중 경찰장비를 사용할 수 있다. 다만, 사람의 생명이나 신체에 위해를 끼칠 수 있는 경찰장비(이하 "위해성 경찰장비"라 한다)를 사용할 때에는 필요한 안전교육과 안전검사를 받은 후 사용하여야 한다.

② 경찰청장은 위해성 경찰장비를 새로 도입하려는 경우에는 대통령령으로 정하는 바에 따라 안전성 검사를 실시하여 그 안전성 검사의 결과보고서를 국회 소관 상임위원회에 제출하여야 한다. 이 경우 안전성 검사에는 외부 전문가를 참여시킬 수 있다.

③ 경찰관이 휴대하여 범인 검거와 범죄 진압 등의 직무수행에 사용하는 수갑, 포승, 경찰봉, 방패는 "경찰장구"에 해당한다.

④ 경찰관은 현행범이나 사형·무기 또는 장기 3년 이상의 징역이나 금고에 해당하는 죄를 범한 범인의 체포 또는 도주 방지를 위한 직무를 수행하기 위해서 필요하다고 인정되는 상당한 이유가 있을 때에는 그 사태를 합리적으로 판단하여 필요한 한도에서 경찰장구를 사용할 수 있다.

해설   ② 경찰청장은 위해성 경찰장비를 새로 도입하려는 경우에는 대통령령으로 정하는 바에 따라 안전성 검사를 실시하여 그 안전성 검사의 결과보고서를 국회 소관 상임위원회에 제출하여야 한다. 이 경우 안전성 검사에는 외부 전문가를 참여시켜야 한다(「경찰관 직무집행법」 제10조 제5항).

정답   ②

18 「경찰관 직무집행법」상 경찰장비에 대한 설명으로 옳지 <u>않은</u> 것은?

[20년 경간부]

① 경찰관은 직무수행 중 경찰장비를 사용할 수 있다. 다만, 사람의 생명이나 신체에 위해를 끼칠 수 있는 경찰장비를 사용할 때에는 필요한 안전교육과 안전검사를 받은 후 사용하여야 한다.

② "경찰장구"란 무기, 최루제와 그 발사장치, 살수차, 감식기구, 해안 감시기구, 통신기기, 차량·선박·항공기 등 경찰이 직무를 수행할 때 필요한 장치와 기구를 말한다.

③ 경찰청장은 사람의 생명이나 신체에 위해를 끼칠 수 있는 경찰장비를 새로 도입하려는 경우에는 대통령령으로 정하는 바에 따라 안전성 검사를 실시하여 그 안전성 검사의 결과보고서를 국회 소관 상임위원회에 제출하여야 한다. 이 경우 안전성 검사에는 외부 전문가를 참여시켜야 한다.

④ 경찰관은 경찰장비를 함부로 개조하거나 경찰장비에 임의의 장비를 부착하여 일반적인 사용법과 달리 사용함으로써 다른 사람의 생명·신체에 위해를 끼쳐서는 아니 된다.

해설 ① [○] 「경찰관 직무집행법」 제10조 제1항
② [×] "경찰장비"란 무기, 경찰장구, 최루제와 그 발사장치, 살수차, 감식기구, 해안 감시기구, 통신기기, 차량·선박·항공기 등 경찰이 직무를 수행할 때 필요한 장치와 기구를 말한다(동법 제10조 제2항).
③ [○] 동법 제10조 제5항
④ [○] 동법 제10조 제3항

정답 ②

19 「경찰관 직무집행법」상 경찰장비에 대한 다음의 설명 중 옳은 것은 모두 몇 개인가?

> ㉠ 「경찰관 직무집행법」상 위해성 경찰장비는 필요한 최소한도 내에서 사용해야 하며, 그 종류·사용기준·안전교육·안전검사의 기준등은 대통령령인 「경찰관 직무집행법 시행령」으로 정한다.
> ㉡ 경찰장비란 무기, 경찰장구, 최루제와 그 발사장치, 살수차, 감식기구, 해안 감시기구, 통신기기, 차량·선박·항공기 등 경찰이 직무를 수행할 때 필요한 장치와 기구를 말한다.
> ㉢ 경찰장구, 살수차, 분사기, 최루탄, 무기 등의 경찰장비를 사용하는 경우에 그 책임자는 사용일시, 사용장소, 현장책임자, 종류, 수량 등을 기록하여 보관하여야 한다.
> ㉣ 위해성 경찰장비의 안전성 검사에는 반드시 외부의 전문가를 참여시켜야 한다.

① 1개   ② 2개   ③ 3개   ④ 4개

해설 ㉠ [×] 위해성 경찰장비의 종류 및 그 사용기준, 안전교육·안전검사의 기준 등은 대통령령으로 정한다(「경찰관 직무집행법」 제10조 제6항).
㉡ [○] 동법 제10조 제2항
㉢ [×] 살수차, 분사기, 최루탄 또는 무기를 사용하는 경우 그 책임자는 사용 일시·장소·대상, 현장책임자, 종류, 수량 등을 기록하여 보관하여야 한다(동법 제11조).
㉣ [○] 동법 제10조 제5항

정답 ②

20 「경찰관 직무집행법」상 위해를 수반해서 무기를 사용할 수 있는 경우로 가장 적절하지 **않은** 것은?

① 공무집행에 대한 항거의 억제를 위한 경우
② 「형법」상 정당방위 또는 긴급피난의 경우
③ 체포영장을 집행할 때 항거·도주의 방지를 위한 경우
④ 무기 등 소지자가 3회 이상의 투기, 투항명령에 불응, 항거할 때

해설 ① 공무집행에 대한 항거를 제지하기 위해서는 경찰장구를 사용할 수 있다(「경찰관 직무집행법」 제10조의2 제1항 제3호).

정답 ①

21 「경찰관 직무집행법」 제10조의4(무기의 사용)에 대한 설명으로 가장 적절한 것은?

[17년 경기북부 여경]

① 무기란 사람의 생명 또는 신체에 위해를 끼칠 수 있도록 제작된 권총·소총·도검 등을 말한다.

② 「형법」에 규정된 정당방위와 긴급피난에 해당할 때 경찰관은 무기사용은 가능하나 위해를 줄 수는 없다.

③ 체포·구속영장을 집행하는 과정에서 경찰관의 직무집행에 항거하거나 도주하려고 할 때 위해를 수반한 무기사용이 가능하다. 다만, 이 경우 압수·수색영장을 집행하는 과정에서는 상대방에게 위해를 수반한 무기사용이 불가능하다.

④ 사형·무기 또는 장기 1년 이상의 징역이나 금고에 해당하는 죄를 범하였다고 의심할 만한 충분한 이유가 있는 사람이 경찰관의 직무집행에 항거하거나 도주하려고 하는 경우 위해를 수반한 무기사용이 가능하다.

해설 ① [○] 「경찰관 직무집행법」 제10조의4 제2항
② [×] 「형법」에 규정된 정당방위와 긴급피난에 해당할 때 경찰관은 무기를 사용하여 위해를 줄 수 있다(동법 동조 제1항 제1호).
③ [×] 체포·구속영장과 압수·수색영장을 집행하는 과정에서 경찰관의 직무집행에 항거하거나 도주하려고 할 때 위해를 수반한 무기사용이 가능하다(동법 제10조의4 제1항 제2호).
④ [×] 사형·무기 또는 장기 3년 이상의 징역이나 금고에 해당하는 죄를 범하였다고 의심할 만한 충분한 이유가 있는 사람이 경찰관의 직무집행에 항거하거나 도주하려고 하는 경우 위해를 수반한 무기사용이 가능하다(동법 제10조의4 제1항 제2호).

정답 ①

22 경찰장구인 전자충격기(테이저)에 관한 설명으로 가장 적절하지 않은 것은?

[16년 경감 승진]

① 임산부에 대하여 사용하여서는 아니 된다.

② 전극침은 상대방의 얼굴을 향하여 발사하여서는 아니 된다.

③ 14세 미만의 자에 대하여 사용하여서는 아니 된다.

④ 전자충격기(테이저)를 사용할 때에는 3회 이상의 투기명령을 한 뒤, 대상자를 제압해야만 한다.

해설 ④ 전자충격기는 무기가 아니라 경찰장구이므로 3회 이상 물건을 버리라는 명령이나 항복하라는 명령 없이도 사용할 수 있다.

정답 ④

23 「경찰관 직무집행법」상 경찰장구의 사용 기준으로 가장 적절하지 <u>않은</u> 것은? [15년 순경 3차]

① 현행범이나 사형·무기 또는 장기 3년 이상의 징역이나 금고에 해당하는 죄를 범한 범인의 체포 또는 도주방지
② 불법집회·시위로 인한 자신이나 다른 사람의 생명·신체와 재산 및 공공시설 안전에 대한 현저한 위해의 발생 억제
③ 자신이나 다른 사람의 생명·신체의 방어 및 보호
④ 공무집행에 대한 항거 제지

해설 ② 불법집회·시위로 인한 자신이나 다른 사람의 생명·신체와 재산 및 공공시설 안전에 대한 현저한 위해의 발생 억제하기 위해서는 분사기 또는 최루탄을 사용할 수 있다(「경찰관 직무집행법」 제10조의3).

정답 ②

24 경찰장구인 전자충격기에 대한 설명으로 가장 적절하지 <u>않은</u> 것은? [15년 경위 승진]

① 전극침을 발사하는 경우, 전면은 가슴 이하(허리 벨트선 상단과 심장 아래쪽 사이)를 조준하고, 후면은 주로 근육이 분포되어 있고 상대적으로 넓은 등을 조준하는 것이 바람직하다.
② 전극침은 상대방의 얼굴을 향해 발사하여서는 안 된다.
③ 공무집행에 대한 항거를 제압하는 수단으로 사용할 수 없다.
④ 14세 미만의 자 및 임산부에 대하여 사용해서는 안 된다.

해설 ③ 전자충격기는 경찰장구이므로 공무집행에 대한 항거제지 수단으로 사용할 수 있다(「경찰관 직무집행법」 제10조의2 제1항 제3호).

정답 ③

25 「경찰관 직무집행법」상 명시된 경찰관의 경찰장구·분사기·최루탄·무기 등의 사용 관련 규정에 대한 설명으로 가장 적절하지 <u>않은</u> 것은?

[16년 2차 순경]

① 경찰장구는 사형, 무기 또는 장기 3년 이상의 징역이나 금고에 해당하는 죄를 범한 범인의 체포 또는 도주 방지를 위해서 사용할 수 있다.

② 분사기 및 최루탄은 공무집행에 대한 항거의 제지를 위해서 사용할 수 있다.

③ "무기"라 함은 인명 또는 신체에 위해를 가할 수 있도록 제작된 권총, 소총, 도검 등을 말한다.

④ 살수차, 분사기, 최루탄, 무기를 사용한 경우 그 책임자는 사용일시, 장소, 대상, 현장책임자, 종류, 수량 등을 기록하여 보관하여야 한다.

해설 분사기 등의 사용 요건(「경찰관 직무집행법」 제10조의3)

> 경찰관은 다음 각 호의 직무를 수행하기 위하여 부득이한 경우에는 현장책임자가 판단하여 필요한 최소한의 범위에서 분사기(「총포·도검·화약류 등의 안전관리에 관한 법률」에 따른 분사기를 말하며, 그에 사용하는 최루 등의 작용제를 포함한다. 이하 같다) 또는 최루탄을 사용할 수 있다.
> 1. 범인의 체포 또는 범인의 도주 방지
> 2. 불법집회·시위로 인한 자신이나 다른 사람의 생명·신체와 재산 및 공공시설 안전에 대한 현저한 위해의 발생 억제

정답 ②

26 「위해성 경찰장비의 사용기준 등에 관한 규정」에 대한 설명으로 가장 적절하지 않은 것은? [16년 1차 순경]

① 경찰관은 불법집회·시위로 인하여 발생할 수 있는 타인 또는 경찰관의 생명·신체의 위해와 재산·공공시설의 위험을 방지하기 위하여 필요한 때에는 최소한의 범위안에서 경찰봉 또는 호신용경봉을 사용할 수 있다.

② 경찰관은 14세 이하의 자 또는 임산부에 대하여 전자충격기 또는 전자방패를 사용하여서는 아니 된다.

③ 경찰관은 전극침 발사장치가 있는 전자충격기를 사용하는 경우 상대방의 얼굴을 향하여 전극침을 발사하여서는 아니 된다.

④ 경찰관은 최루탄발사기로 최루탄을 발사하는 경우 30도 이상의 발사각을 유지하여야 하고, 가스차·살수차 또는 특수진압차의 최루탄발사대로 최루탄을 발사하는 경우에는 15도 이상의 발사각을 유지하여야 한다.

해설 ② 경찰관은 14세 미만의 자 또는 임산부에 대하여 전자충격기 또는 전자방패를 사용하여서는 아니 된다(「위해성 경찰장비의 사용기준 등에 관한 규정」 제8조).

정답 ②

27 「위해성 경찰장비의 사용기준 등에 관한 규정」에 대한 설명으로 가장 적절하지 않은 것은? [17년 순경 1차]

① 경찰관은 총기 또는 폭발물을 가지고 대항하는 경우는 제외하고는 14세 미만의 자 또는 임산부에 대하여 권총 또는 소총을 발사하여서는 아니 된다.

② 가스차·살수차·특수진압차·물포·석궁·다목적발사기 및 도주차량차단장비는 '기타장비'에 포함된다.

③ 근접분사기·가스분사기·가스발사총(고무탄 발사겸용은 제외) 및 최루탄(그 발사장치를 포함)은 '분사기·최루탄등'에 포함된다.

④ 권총·소총·기관총(기관단총을 포함)·산탄총·유탄발사기·박격포·3인치포·함포·크레모아·수류탄·폭약류 및 도검은 '무기'에 포함된다.

해설 ③ 분사기·최루탄등에는 근접분사기·가스분사기·가스발사총(고무탄 발사겸용을 포함한다.) 및 최루탄(그 발사장치를 포함한다.)이 포함된다(「위해성 경찰장비의 사용기준 등에 관한 규정」 제2조 제3호).

정답 ③

28 「위해성 경찰장비의 사용기준 등에 관한 규정」에 대한 내용으로 가장 적절하지 <u>않은</u> 것은?
[18년 순경 1차]

① 경찰관은 범인·주취자 또는 정신착란자의 자살 또는 자해기도를 방지하기 위하여 필요한 때에는 수갑·포승 또는 호송용포승을 사용할 수 있다.

② 경찰관은 총기 또는 폭발물을 가지고 대항하는 경우를 제외하고는 14세 미만의 자 또는 임산부에 대하여 권총 또는 소총을 발사하여서는 아니 된다.

③ 경찰관은 최루탄발사기로 최루탄을 발사하는 경우 30도 이상의 발사각을 유지하여야 하고, 가스차·살수차 또는 특수진압차의 최루탄발사대로 최루탄을 발사하는 경우에는 15도 이상의 발사각을 유지하여야 한다.

④ 경찰청장은 신규 도입 장비에 대한 안전성 검사를 실시한 후 3개월 이내에 안전성 검사 결과보고서를 국무회의에 제출하여야 한다.

해설 ④ 경찰청장은 신규 도입 장비에 대한 안전성 검사를 실시한 후 3개월 이내에 안전성 검사 결과보고서를 국회소관 상임위원회에 제출하여야 한다(「위해성 경찰장비의 사용기준 등에 관한 규정」 제10조).

정답 ④

29 「위해성 경찰장비의 사용기준 등에 관한 규정」에 대한 설명 중 가장 옳은 것은?
[19년 경간부]

① 경찰관은 최루탄발사기로 최루탄을 발사하는 경우 15도 이상의 발사각을 유지하여야 하고, 가스차·살수차 또는 특수진압차의 최루탄발사대로 최루탄을 발사하는 경우에는 30도 이상의 발사각을 유지하여야 한다.

② 경찰관은 14세 이하의 자 또는 임산부에 대하여 전자충격기 또는 전자방패를 사용하여서는 아니 된다.

③ 분사기·최루탄등에는 근접분사기·가스분사기·가스발사총(고무탄 발사 겸용을 제외) 및 최루탄(그 발사장치를 포함)이 있다.

④ 경찰관은 범인의 체포 또는 도주방지, 타인 또는 경찰관의 생명·신체에 대한 방호, 공무집행에 대한 항거의 억제를 위하여 필요한 때에는 최소한의 범위 안에서 가스발사총을 사용할 수 있다. 이 경우 경찰관은 1미터 이내의 거리에서 상대방의 얼굴을 향하여 이를 발사하여서는 아니 된다.

해설 ① [×] 경찰관은 최루탄발사기로 최루탄을 발사하는 경우 30도 이상의 발사각을 유지하여야 하고, 가스차·살수차 또는 특수진압차의 최루탄발사대로 최루탄을 발사하는 경우에는 15도 이상의 발사각을 유지하여야 한다(「위해성 경찰장비의 사용기준 등에 관한 규정」 제12조 제2항).
② [×] 경찰관은 14세 미만의 자 또는 임산부에 대하여 전자충격기 또는 전자방패를 사용하여서는 아니 된다(동규정 제8조 제1항).
③ [×] 분사기·최루탄등에는 근접분사기·가스분사기·가스발사총(고무탄 발사겸용을 포함) 및 최루탄(그 발사장치를 포함)이 포함된다(동규정 제2조 제3호).
④ [○]
정답 ④

---

30 대통령령인 「위해성 경찰장비의 사용기준 등에 관한 규정」에 대한 다음 설명 중 옳지 <u>않은</u> 것은? [17년 경간부]

① 경찰관은 전극침 발사장치가 있는 전자충격기를 사용하는 경우 상대방의 얼굴을 향하여 전극침을 발사하여서는 아니된다.
② 경찰관은 총기 또는 폭발물을 가지고 대항하는 경우를 제외하고는 14세 미만의 자 또는 임산부에 대하여 권총 또는 소총을 발사하여서는 아니된다.
③ 경찰관은 가스발사총을 사용할 경우 1미터 이내의 거리에서 상대방의 얼굴을 향하여 이를 발사하여서는 아니된다.
④ 경찰관은 최루탄발사기로 최루탄을 발사하는 경우 15도 이상의 발사각을 유지하여야 하고, 가스차 살수차 또는 특수진압차의 최루탄발사대로 최루탄을 발사하는 경우에는 30도 이상의 발사각을 유지하여야 한다.

해설 ④ 경찰관은 최루탄발사기로 최루탄을 발사하는 경우 30도 이상의 발사각을 유지하여야 하고, 가스차·살수차 또는 특수진압차의 최루탄발사대로 최루탄을 발사하는 경우에는 15도 이상의 발사각을 유지하여야 한다(「위해성 경찰장비의 사용기준 등에 관한 규정」 제12조 제2항).
정답 ④

31 「위해성 경찰장비의 사용기준 등에 관한 규정」의 내용으로 가장 적절하지 않은 것은?

[18년 경위 승진 수정]

① 경찰장구에는 수갑, 포승, 호송용 포승, 경찰봉, 호신용경봉을 포함한다.

② 무기에는 산탄총, 유탄발사기, 3인치포, 전자충격기, 폭발류 및 도검을 포함한다.

③ 경찰관은 범인의 체포 또는 도주방지, 타인 또는 경찰관의 생명·신체에 대한 방호, 공무집행에 대한 항거의 억제를 위하여 필요한 때에는 최소한의 범위 안에서 가스발사총을 사용할 수 있다. 이 경우 경찰관은 1미터이내의 거리에서 상대방의 얼굴을 향하여 이를 발사하여서는 아니 된다.

④ 경찰관은 범인·술에 취한 사람 또는 정신착란자의 자살 또는 자해기도를 방지하기 위하여 필요한 때에는 수갑·포승 또는 호송용포승을 사용할 수 있다. 이 경우 경찰관은 소속 국가경찰관서의 장(경찰청장·해양경찰청장·시·도경찰청장·지방해양경찰청장·경찰서장 또는 해양경찰서장 기타 경무관·총경·경정 또는 경감을 장으로 하는 국가경찰관서의 장을 말한다.)에게 그 사실을 보고해야 한다.

해설 ② 전자충격기는 경찰장구에 해당한다(「위해성 경찰장비의 사용기준 등에 관한 규정」 제2조 제1호).

정답 ②

32 「경찰관 직무집행법」 및 「위해성 경찰장비의 사용기준 등에 관한 규정」상 경찰장비의 사용에 대한 설명으로 가장 적절한 것은? [20년 순경 2차 수정]

① 경찰관은 범인의 체포 또는 도주의 방지, 자신이나 다른 사람의 생명·신체의 방어 및 보호, 공무집행에 대한 항거의 제지를 위하여 필요한 상당한 이유가 있는 경우 경찰장구를 사용할 수 있다.

② 경찰관은 불법집회·시위 또는 소요사태로 인하여 발생 할 수 있는 타인 또는 경찰관의 생명·신체의 위해와 재산·공공시설의 위험을 억제하기 위하여 부득이 한 경우에는 시·도경찰청장의 명령에 따라 필요한 최소한의 범위에서 가스차를 사용할 수 있다.

③ 제11조(사용기록의 보관)에 따라 살수차, 분사기, 전자충격기 및 전자방패, 무기를 사용하는 경우 그 책임자는 사용 일시·장소·대상, 현장책임자, 종류, 수량 등을 기록하여 보관하여야 한다.

④ 경찰관은 범인·술에 취한 사람 또는 정신착란자의 자살 또는 자해기도를 방지하기 위하여 필요한 때에는 수갑·포승 또는 호송용 포승을 사용할 수 있다. 이 경우 경찰관은 소속 국가경찰관서의 장에게 그 사실을 보고하여야 한다.

해설 ① [×] 경찰관은 현행범이나 사형·무기 또는 장기 3년 이상의 징역이나 금고에 해당하는 죄를 범한 범인의 체포 또는 도주의 방지를 위하여 필요한 상당한 이유가 있는 경우 경찰장구를 사용할 수 있다(「경찰관 직무집행법」 제10조의2 제1항).
② [×] 현장책임자의 판단에 의하여 필요한 최소한의 범위에서 가스차를 사용할 수 있다(「위해성 경찰장비의 사용기준 등에 관한 규정」 제13조 제1항).
③ [×] 살수차, 분사기, 최루탄 또는 무기를 사용하는 경우 그 책임자는 사용 일시·장소·대상, 현장책임자, 종류, 수량 등을 기록하여 보관하여야 한다(「경찰관 직무집행법」 제11조).
④ [○] 「위해성 경찰장비의 사용기준 등에 관한 규정」 제5조

정답 ④

33 다음은 「위해성 경찰장비의 사용기준 등에 관한 규정」에 대한 설명이다. 적절한 것만을 고른 것은 모두 몇 개인가?   [21년 순경 1차]

> ⊙ 경찰관은 소요사태로 인해 타인의 법익이나 공공의 안녕질서에 대한 직접적인 위험이 명백하게 초래되어 살수차 외의 경찰장비로는 그 위험을 제거·완화시키는 것이 현저히 곤란한 경우에는 시·도경찰청장의 명령에 따라 살수차를 배치·사용할 수 있다.
>
> ⓒ 경찰관은 총기 또는 폭발물을 가지고 대항하는 경우를 제외하고는 14세미만의 자 또는 임산부에 대하여 권총 또는 소총을 발사하여서는 아니된다.
>
> ⓒ 「경찰관 직무집행법」 제10조 제5항 후단에 따라 안전성 검사에 참여한 외부 전문가는 안전성 검사가 끝난 후 3개월 이내에 신규 도입 장비의 안전성 여부에 대한 의견을 경찰청장에게 제출하여야 한다.
>
> ⓔ 국가경찰관서의 장(경찰청장·해양경찰청장·시·도경찰청장·지방해양경찰청장·경찰서장 또는 해양경찰서장 기타 경무관·총경·경정 또는 경감을 장으로 하는 국가경찰관서의 장을 말한다)은 폐기대상인 위해성 경찰장비 또는 성능이 저하된 위해성 경찰장비를 개조할 수 있으며, 소속경찰관으로 하여금 이를 본래의 용법에 준하여 사용하게 할 수 있다.
>
> ⓜ 「위해성 경찰장비의 사용기준 등에 관한 규정」 제2조제2호부터 제4호까지의 위해성 경찰장비(제4호의 경우에는 가스차만 해당한다)를 사용하는 경우 그 현장책임자 또는 사용자는 사용보고서를 작성하여 직근상급 감독자에게 보고하고, 직근상급 감독자는 이를 3년간 보관하여야 한다.

① 1개   ② 2개   ③ 3개   ④ 4개

해설 ⊙ [○] 「위해성 경찰장비의 사용기준 등에 관한 규정」 제13조의2 제1항 제1호

ⓒ [○] 동규정 제10조 제2항

ⓒ [×] 법 제10조 제5항 후단에 따라 안전성 검사에 참여한 외부 전문가는 안전성 검사가 끝난 후 30일 이내에 신규 도입 장비의 안전성 여부에 대한 의견을 경찰청장에게 제출하여야 한다(동규정 제18조의2 제3항).

ⓔ [○] 동규정 제19조

ⓜ [×] 제2조 제2호부터 제4호까지의 위해성 경찰장비(제4호의 경우에는 살수차만 해당한다)를 사용하는 경우 그 현장책임자 또는 사용자는 별지 서식의 사용보고서를 작성하여 직근상급 감독자에게 보고하고, 직근상급 감독자는 이를 3년간 보관하여야 한다(동규정 제20조 제1항).

정답 ③

34 「경찰관 직무집행법」에 대한 내용으로 옳지 않은 것은 모두 몇 개인가?

[20년 순경 1차]

⊙ 일반적 수권조항의 존재를 부정하는 학자들에 따르면 「경찰관 직무집행법」 제2조 제7호는 경찰의 직무범위만을 정한 것으로서 본질적으로 조직법적 성질의 규정에 해당한다고 주장한다.

ⓛ 경찰관은 수상한 행동이나 그 밖의 주위 사정을 합리적으로 판단해 볼 때 보호조치대상자에 해당하는 것이 명백하고 응급구호가 필요하다고 믿을 만한 상당한 이유가 있는 사람을 발견하였을 때에는 보건의료기관이나 공공구호기관에 긴급구호를 요청하거나 경찰관서에 보호하는 등 적절한 조치를 하여야 한다.

ⓒ 구호대상자를 경찰관서에서 보호하는 기간은 24시간을 초과할 수 없고, 물건을 경찰관서에 임시로 영치하는 기간은 10일을 초과할 수 없다.

ⓔ 경찰관은 '현행범이나 사형·무기 또는 장기 3년 이상의 징역이나 금고에 해당하는 죄를 범한 범인의 체포 또는 도주 방지', '자신이나 다른 사람의 생명·신체 및 재산의 보호', '공무집행에 대한 항거 제지'의 직무를 수행하기 위하여 필요하다고 인정되는 상당한 이유가 있을 때에는 그 사태를 합리적으로 판단하여 필요한 한도 내에서 경찰장구를 사용할 수 있다.

ⓜ 경찰청장 또는 시·도경찰청장은 손실보상심의위원회의 심의·의결에 따라 보상금을 지급하고, 거짓 또는 부정한 방법으로 보상금을 받은 사람에 대하여는 해당 보상금을 환수할 수 있다.

① 1개　　② 2개　　③ 3개　　④ 4개

해설 ⊙ [○]
ⓛ [×] 강행규정(하여야 한다)이 아니라 임의규정(할 수 있다)이다(「경찰관 직무집행법」 제4조 제1항).
ⓒ [○]
ⓔ [×] '자신이나 다른 사람의 생명·신체 및 재산의 보호'가 아니라 '자신이나 다른 사람의 생명·신체의 방어 및 보호'가 올바른 내용이다(동법 제10조의2 제1항 제2호).
ⓜ [×] 거짓 또는 부정한 방법으로 보상금을 받은 사람에 대하여는 해당 보상금을 환수하여야 한다(동법 제11조의2 제4항).

정답 ③

35 「경찰 물리력 행사의 기준과 방법에 관한 규칙」에 대한 설명으로 가장 적절하지 않은 것은? [20년 순경 1차]

① 경찰관이 물리력 사용 시 준수하여야 할 기본원칙, 물리력 사용의 정도, 각 물리력 수단의 사용 한계 및 유의사항을 규정함으로써 국민과 경찰관의 생명·신체를 보호하고 인권을 보장하며 경찰 법집행의 정당성을 확보하는 데에 그 목적이 있다.

② 경찰관은 성별, 장애, 인종, 종교 및 성정체성 등에 대한 선입견을 가지고 차별적으로 물리력을 사용하여서는 아니 된다.

③ 경찰관은 이미 경찰목적을 달성하여 더 이상 물리력을 사용할 필요가 없는 경우에는 물리력 사용을 즉시 중단하여야 한다.

④ 대상자가 경찰관의 지시, 통제를 따르지 않고 비협조적이지만 경찰관 또는 제3자에 대해 직접적인 위해를 가하지 않는 경우에 경찰봉이나 방패 등으로 대상자의 신체 중요 부위 또는 급소 부위를 가격할 수 있다.

해설 ④ 소극적 저항(대상자가 경찰관의 지시, 통제를 따르지 않고 비협조적이지만 경찰관 또는 제3자에 대해 직접적인 위해를 가하지 않는 경우)의 경우에는 접촉통제(신체 일부 밀기·잡아끌기·비틀기 등, 경찰봉 양 끝 또는 방패를 대상자 신체에 안전하게 밀착한 상태에서 밀거나 잡아당기기)를 할 수 있다(「경찰 물리력 행사의 기준과 방법에 관한 규칙」 제2장).

정답 ④

36 「경찰 물리력 행사의 기준과 방법에 관한 규칙」에 대한 설명으로 가장 적절하지 않은 것은?
[21년 경찰특공대]

① 경찰관이 물리력 사용 시 준수하여야 할 기본원칙, 물리력 사용의 정도, 각 물리력 수단의 사용 한계 및 유의사항을 규정하고 있다.

② 경찰관은 성별, 장애, 인종, 종교 및 성정체성 등에 따라 차별적으로 물리력을 사용할 수 있다.

③ 경찰관은 이미 경찰목적을 달성하여 더 이상 물리력을 사용할 필요가 없는 경우에는 물리력 사용을 즉시 중단하여야 한다.

④ 대상자가 경찰관의 지시, 통제를 따르지 않고 비협조적이지만 경찰관 또는 제3자에 대해 직접적인 위해를 가하지 않는 경우에는 경찰봉 양 끝 또는 방패를 잡고 대상자의 신체에 안전하게 밀착한 상태에서 대상자를 특정 방향으로 밀거나 잡아당기기를 할 수 있다.

해설 ② 경찰관은 성별, 장애, 인종, 종교 및 성정체성 등에 대한 선입견을 가지고 차별적으로 물리력을 사용하여서는 아니 된다(「경찰 물리력 행사의 기준과 방법에 관한 규칙」 제1장).

정답 ②

37 「경찰관 직무집행법」상 다음 설명 중 가장 적절하지 <u>않은</u> 것은?

[15년 순경 1차]

① 경찰관서의 장은 대간첩 작전의 수행이나 소요사태의 진압을 위하여 필요하다고 인정되는 상당한 이유가 있을 때에는 대간첩 작전지역이나 경찰관서·무기고 등 국가중요시설에 대한 접근 또는 통행을 제한하거나 금지할 수 있다.

② 경찰관은 범죄행위가 목전에 행하여지려고 하고 있다고 인정될 때에는 이를 예방하기 위하여 관계인에게 필요한 경고를 하고, 그 행위로 인하여 사람의 생명·신체에 위해를 끼치거나 재산에 중대한 손해를 끼칠 우려가 있는 긴급한 경우에는 그 행위를 제지할 수 있다.

③ 법률에서 정한 절차에 따라 체포·구속된 사람 또는 신체의 자유를 제한하는 판결이나 처분을 받은 사람을 수용하기 위하여 경찰서와 해양경찰서에 유치장을 둔다.

④ 경찰관 직무의 범위에 외국 정부기관 및 국제기구와의 국제협력은 규정되어 있지 않다.

해설 ④ 경찰청장 또는 해양경찰청장은 이 법에 따른 경찰관의 직무수행을 위하여 외국 정부기관, 국제기구 등과 자료 교환, 국제협력 활동 등을 할 수 있다(「경찰관 직무집행법」 제8조의3).

정답 ④

38 「경찰관 직무집행법」에 관한 다음 설명 중 옳은 것은 모두 몇 개인가?

[15년 2차 순경]

> ㉠ 유치장에 관한 규정을 두고 있다.
> ㉡ "경찰장비"란 무기, 경찰장구, 최루제와 그 발사장치, 살수차, 감식기구, 해안 감시기구, 통신기기, 차량·선박·항공기 등 경찰이 직무를 수행할 때 필요한 장치와 기구를 말한다.
> ㉢ 손실보상청구권은 손실이 있음을 안 날부터 2년, 손실이 발생한 날부터 5년간 행사하지 아니하면 시효의 완성으로 소멸한다.
> ㉣ "경찰장구"란 경찰관이 휴대하여 범인 검거와 범죄 진압 등의 직무 수행에 사용하는 수갑, 포승, 경찰봉, 방패 등을 말한다.

① 1개   ② 2개   ③ 3개   ④ 4개

해설 ㉠ [O] 「경찰관 직무집행법」 제9조
㉡ [O] 동법 제10조 제2항
㉢ [×] 제1항에 따른 보상을 청구할 수 있는 권리는 손실이 있음을 안 날부터 3년, 손실이 발생한 날부터 5년간 행사하지 아니하면 시효의 완성으로 소멸한다(동법 제11조의2 제2항).
㉣ [O] 동법 제10조의2 제2항

정답 ③

39 「경찰관 직무집행법」상 다음 (   ) 안에 들어갈 숫자의 합은?

[15년 순경 3차]

> ㉠ 불심검문을 위하여 가까운 경찰관서로 검문대상자를 동행한 경우, 그 검문대상자로 하여금 (   )시간을 초과하여 경찰관서에 머물게 할 수 없다.
> ㉡ 경찰관은 보호조치를 하는 경우에 구호대상자가 휴대하고 있는 무기·흉기 등 위험을 일으킬 수 있는 것으로 인정되는 물건을 경찰관서에 임시로 영치하여 놓을 수 있다. 이 때 경찰관서에 임시로 영치하는 기간을 (   )일을 초과할 수 없다.
> ㉢ 손실보상을 청구할 수 있는 권리는 손실이 있음을 안 날부터 (   )년, 손실이 발생한 날로부터 5년간 행사하지 아니하면 시효의 완성으로 소멸한다.
> ㉣ 이 법에 규정된 경찰관의 의무를 위반하거나 직권을 남용하여 다른 사람에게 해를 끼친 사람은 (   )년 이하의 징역이나 금고에 처한다.

① 20   ② 21   ③ 22   ④ 23

해설 ㈀은 6, ㈁은 10, ㈂은 3, ㈃은 1이다. 따라서 (   ) 안에 들어갈 숫자의 합은 20이다.

정답 ①

40 「경찰관 직무집행법」에 대한 다음 설명 중 옳은 것은 모두 몇 개인가?

[17년 경간부]

> ㉠ 미아, 병자, 부상자 등으로서 적당한 보호자가 없으며 응급의 구호를 요한다고 인정되는 경우 당해인이 이를 거절하는 때에도 보호조치를 할 수 있다.
> ㉡ 위험 발생의 방지를 위한 조치수단 중 긴급을 요할 때 '억류 또는 피난조치를 할 수 있는 대상자'로 규정된 자는 그 장소에 모인 사람, 사물의 관리자, 그 밖의 관계인이다.
> ㉢ 법 제10조의4에 따른 무기를 사용하는 경우 그 책임자는 사용 일시 장소 대상, 현장책임자, 종류, 수량 등을 기록하여 보관하여야 한다.
> ㉣ 이 법에 규정된 경찰관의 의무를 위반하거나 직권을 남용하여 다른 사람에게 해를 끼친 사람은 1년 이하의 징역이나 금고에 처한다.
> ㉤ 손실보상을 청구할 수 있는 권리는 손실이 있음을 안 날로부터 2년, 손실이 발생한 날로부터 5년간 행사하지 아니하면 시효의 완성으로 소멸한다.

① 1개   ② 2개   ③ 3개   ④ 4개

해설 ㉠ [×] 본인이 구호를 거절하는 경우는 보호조치할 수 없다(「경찰관 직무집행법」 제4조 제1항 제3호).

㉡ [×] 억류 또는 피난조치의 대상자는 위해를 입을 우려가 있는 사람이다(동법 제5조 제1항 제2호).

㉢ [○] 동법 제11조

㉣ [○] 동법 제12조

㉤ [×] 보상을 청구할 수 있는 권리는 손실이 있음을 안 날부터 3년, 손실이 발생한 날부터 5년간 행사하지 아니하면 시효의 완성으로 소멸한다(동법 제11조의2 제2항).

정답 ②

41 「경찰관 직무집행법」에 대한 다음의 설명 중 <u>틀린</u> 것은 모두 몇 개인가?

[15년 경간부 수정]

㉠ 경찰청장은 경찰관의 직무수행을 위하여 외국 정부기관, 국제기구 등과 자료 교환, 국제협력 활동 등을 해야 한다.

㉡ 「경찰관 직무집행법」 제1조 제1항에서는 이 법은 국민의 자유와 권리 및 모든 개인이 가지는 불가침의 기본적 인권을 보호하고 사회공공의 질서를 유지하기 위한 경찰관(경찰공무원만 해당한다.)의 직무 수행에 필요한 사항을 규정함을 목적으로 한다고 규정하고 있다.

㉢ 경찰청장은 위해성 경찰장비를 새로 도입하려는 경우 안전성 검사를 실시하여 그 안전성 검사의 결과보고서를 국회의장에게 제출하여야 한다.

㉣ 경찰관의 직권은 그 직무 수행에 필요한 최소한도에서 행사되어야 하며 남용되어서는 안 된다.

---

① 1개 　　　② 2개 　　　③ 3개 　　　④ 4개

해설 ㉠ [×] 경찰청장은 경찰관의 직무수행을 위하여 외국 정부기관, 국제기구 등과 자료교환, 국제협력 활동 등을 할 수 있다(「경찰관 직무집행법」 제8조의3).
㉡ [○] 동법 제1조 제1항
㉢ [×] 경찰청장은 위해성 경찰장비를 새로 도입하려는 경우 안전성 검사를 실시하여 그 안전성 검사의 결과보고서를 국회 소관 상임위원회에 제출하여야 한다(동법 제10조 제5항).
㉣ [○] 동법 제1조 제2항

정답 ②

42 「경찰관 직무집행법」에 대한 설명으로 옳은 것은 모두 몇 개인가?

[21년 경찰특공대]

> ㉠ 경찰관은 수상한 행동이나 그 밖의 주위 사정을 합리적으로 판단해 볼 때 보호조치대상자에 해당하는 것이 명백하고 응급구호가 필요하다고 믿을 만한 상당한 이유가 있는 사람을 발견하였을 때에는 보건의료기관이나 공공구호기관에 긴급구호를 요청하거나 경찰관서에 보호하는 등의 적절한 조치를 하여야 한다.
>
> ㉡ 구호대상자를 경찰관서에 보호하는 기간은 24시간을 초과할 수 없고 물건을 경찰관서에 임시로 영치하는 기간은 10일을 초과할 수 없다.
>
> ㉢ 경찰청장 또는 시·도경찰청장은 손실보상심의위원회의 심의·의결에 따라 보상금을 지급하고, 거짓 또는 부정한 방법으로 보상금을 받은 사람에 대하여는 해당 보상금을 환수할 수 있다.

① 없음   ② 1개   ③ 2개   ④ 3개

해설 ㉠ [×] 적절한 조치를 할 수 있다(「경찰관 직무집행법」 제4조 제1항).
㉡ [○] 동법 제4조 제7항
㉢ [×] 해당 보상금을 환수하여야 한다(동법 제11조의2 제4항).

정답 ②

43 「경찰관 직무집행법」상 범인검거 등 공로자 보상에 대한 ㉠부터 ㉣까지의 내용 중 옳은 것을 모두 고른 것은?

[19년 경감 승진]

> 제11조의3(범인검거 등 공로자 보상) ① 경찰청장, 시·도경찰청장 또는 경찰서장은 다음 각 호의 어느 하나에 해당하는 사람에게 ㉠ 보상금을 지급하여야 한다.
>   1. 범인 또는 범인의 소재를 신고하여 검거하게 한 사람
> ㉡ 2. 범인을 검거하여 경찰공무원에게 인도한 사람
> ㉢ 3. 테러범죄의 예방활동에 현저한 공로가 있는 사람
> ② 경찰청장, 시·도경찰청장 및 경찰서장은 제1항에 따른 보상금 지급의 심사를 위하여 대통령령으로 정하는 바에 따라 각각 보상금심사위원회를 설치·운영하여야 한다.
> ③ 제2항에 따른 보상금심사위원회는 ㉣ 위원장 1명을 제외한 5명 이내의 위원으로 구성한다.

① ㉠ ㉡   ② ㉠ ㉣   ③ ㉡ ㉢   ④ ㉡ ㉣

해설 ㉠ [×] 보상금을 지급할 수 있다.
㉡ [○]
㉢ [○]
㉣ [×] 위원장 1명을 포함한 5명 이내의 위원으로 구성한다.

정답 ③

제3절 경찰구제법

01 「행정절차법」상 의견청취절차에 대한 설명으로 가장 적절하지 **않은** 것은?

[14년 경위 승진]

① 행정청이 당사자에게 의무를 부과하거나 권익을 제한하는 처분을 할 때 다른 법령에 특별한 규정이 없으면 청문을 거쳐야 한다.

② 행정청이 당사자에게 의무를 부과하거나 권익을 제한하는 처분을 할 때 청문을 실시하거나 공청회를 개최하는 경우 외에는 당사자 등에게 의견제출의 기회를 주어야 한다.

③ 청문은 행정청이 소속 직원 또는 대통령령으로 정하는 자격을 가진 사람 중에서 선정하는 사람이 주재하되, 행정청은 청문 주재자의 선정이 공정하게 이루어지도록 노력하여야 한다.

④ 행정청이 처분을 할 때에 당사자 등이 제출한 의견이 상당한 이유가 있다고 인정하는 경우에는 이를 반영하여야 한다.

해설 ① 행정청이 처분을 할 때 ⓐ 다른 법령등에서 청문을 하도록 규정하고 있는 경우, ⓑ 행정청이 필요하다고 인정하는 경우, ⓒ 인·허가 등의 취소, 신분·자격의 박탈, 법인이나 조합 등의 설립허가의 취소 처분시 의견제출 기한 내에 당사자등의 신청이 있는 경우에는 청문을 한다(「행정절차법」 제22조 제1항).

정답 ①

02 「행정절차법」상 의견청취절차에 대한 설명 중 적절하지 <u>않은</u> 것은 모두 몇 개인가?   [13년 경위 승진]

○ 현행법상 의견청취절차는 청문, 공청회, 의견제출로 나누어진다.
ⓛ 현행법상 청문은 행정청이 필요하다고 인정하는 경우에만 실시하도록 규정되어 있다.
ⓒ 현행법상 행정청은 청문을 실시하고자 하는 경우에 청문이 시작되는 날부터 10일 전까지 일정한 사항을 당사자등에게 통지하여야 한다.
ⓔ 현행법상 청문 절차 시 문서의 열람 또는 복사의 요청이 있는 경우 행정청은 다른 법령에 의하여 제한되는 경우를 제외하고는 거부할 수 없다.

---

① 없음   ② 1개   ③ 2개   ④ 3개

해설 ○ [O] 「행정절차법」 제22조
ⓛ [×] 행정청이 처분을 할 때 ⓐ 다른 법령등에서 청문을 하도록 규정하고 있는 경우, ⓑ 행정청이 필요하다고 인정하는 경우, ⓒ 인ㆍ허가 등의 취소, 신분ㆍ자격의 박탈, 법인이나 조합등의 설립허가의 취소 처분시 의견제출 기한 내에 당사자등의 신청이 있는 경우에는 청문을 한다(동법 제22조 제1항).
ⓒ [O] 동법 제21조 제2항
ⓔ [O] 동법 제37조 제1항

정답 ②

03 「행정절차법」에 관한 다음 설명 중 옳지 <u>않은</u> 것은?   [18년 경간부]

① 당사자등은 처분 전에 그 처분의 관할행정청에 서면이나 말로 또는 정보통신망을 이용하여 의견제출을 할 수 있다.
② 행정청이 당사자에게 의무를 부과하거나 권익을 제한하는 처분을 할 때, 청문을 실시하거나 공청회를 개최하는 경우 외에는 당사자등에게 의견제출의 기회를 주어야 한다.
③ 행정청은 청문이 시작되는 날부터 10일 전까지 청문 주재자에게 청문과 관련된 필요한 자료를 미리 통지하여야 한다.
④ 청문 절차 시 당사자 등으로부터 문서의 열람 또는 복사의 요청이 있는 경우, 행정청은 다른 법령에 따라 공개가 제한되는 경우를 제외하고는 이를 거부할 수 없다.

해설 ③ 행정청은 청문이 시작되는 날부터 7일 전까지 청문 주재자에게 청문과 관련된 필요한 자료를 미리 통지하여야 한다(「행정절차법」 제28조 제2항).

정답 ③

---

04 「행정절차법」상 행정지도에 관한 설명으로 가장 적절하지 **않은** 것은?

[15년 경감 승진]

① 행정지도는 임의성에 기반하므로 과잉금지원칙과 무관하다.
② 행정지도를 하는 자는 그 상대방에게 그 행정지도의 취지 및 내용과 신분을 밝혀야 한다.
③ 행정지도의 상대방은 해당 행정지도의 방식·내용 등에 관하여 행정기관에 의견제출을 할 수 있다.
④ 행정기관은 행정지도의 상대방이 행정지도에 따르지 아니하였다는 것을 이유로 불이익한 조치를 하여서는 아니 된다.

해설 ① 행정지도는 그 목적 달성에 필요한 최소한도에 그쳐야 하며, 행정지도의 상대방의 의사에 반하여 부당하게 강요하여서는 아니 된다(「행정절차법」 제48조 제1항).

정답 ①

---

05 「행정절차법」상 행정지도에 대한 설명으로 가장 적절하지 **않은** 것은?

[19년 순경 1차]

① 반드시 문서의 형식으로 하여야만 한다.
② 임의성 원칙을 명문화하고 있다.
③ 행정기관이 그 소관 사무의 범위에서 일정한 행정목적을 실현하기 위하여 특정인에게 일정한 행위를 하거나 하지 아니하도록 지도, 권고, 조언 등을 하는 행정작용을 말한다.
④ 행정지도의 상대방은 해당 행정지도의 방식·내용 등에 관하여 행정기관에 의견제출을 할 수 있다.

해설 ① 행정지도가 말로 이루어지는 경우에 상대방이 서면의 교부를 요구하면 그 행정지도를 하는 자는 직무 수행에 특별한 지장이 없으면 이를 교부하여야 한다(「행정절차법」 제49조 제2항).

정답 ①

06 「행정절차법」에 대한 설명으로 가장 적절하지 <u>않은</u> 것은? [19년 경감 승진]

① 행정청이 당사자에게 의무를 부과하거나 권익을 제한하는 처분을 할 때 다른 법령에 특별한 규정이 없으면 청문을 거쳐야 한다.

② 행정청은 청문을 하려면 청문이 시작되는 날부터 10일 전까지 처분의 제목 등 일정한 사항을 당사자등에게 통지하여야 한다.

③ 행정지도는 그 목적 달성에 필요한 최소한도에 그쳐야 하며, 행정지도의 상대방의 의사에 반하여 부당하게 강요하여서는 아니 된다.

④ 행정지도를 하는 자는 그 상대방에게 그 행정지도의 취지 및 내용과 신분을 밝혀야 하며, 행정지도의 상대방은 해당 행정지도의 방식·내용 등에 관하여 행정기관에 의견제출을 할 수 있다.

해설 ① 행정청이 당사자에게 의무를 부과하거나 권익을 제한하는 처분을 할 때 청문을 하거나 공청회를 개최하는 경우 외에는 당사자등에게 의견제출의 기회를 주어야 한다(「행정절차법」 제22조 제3항).

정답 ①

07 국가배상에 대한 설명으로 가장 적절하지 <u>않은</u> 것은? (다툼이 있는 경우 판례에 의함)
[17년 경행 행정법]

① 「국가배상법」제2조 제1항의 '직무를 집행함에 당하여'라 함은 직접 공무원의 직무집행행위이거나 그와 밀접한 관련이 있는 행위를 포함하고, 이를 판단함에 있어서는 행위 자체의 외관을 객관적으로 관찰하여 공무원의 직무행위로 보여질 때에는 비록 그것이 실질적으로 직무행위가 아니거나 또는 행위자로서는 주관적으로 공무집행의 의사가 없었다고 하더라도 그 행위는 공무원이 '직무를 집행함에 당하여' 한 것으로 보아야 한다.

② 국회의원의 입법행위는 그 입법 내용이 헌법의 문언에 명백히 위반됨에도 불구하고 국회가 굳이 당해 입법을 한 것과 같은 특수한 경우가 아닌 한 「국가배상법」제2조 제1항 소정의 위법행위에 해당한다고 볼 수 없다.

③ 공무원의 직무집행이 법령이 정한 요건과 절차에 따라 이루어진 것이라면 특별한 사정이 없는 한 이는 법령에 적합한 것이나, 그 과정에서 개인의 권리가 침해된 경우에는 법령 적합성이 곧바로 부정된다.

④ 담당공무원이 보통 일반의 공무원을 표준으로 하여 볼 때 객관적 주의의무를 결하여 그 행정처분이 객관적 정당성을 상실하였다고 인정될 정도에 이른 경우에 「국가배상법」제2조 소정의 국가배상 책임의 요건을 충족하였다고 봄이 상당하다.

해설 ① [○] 대판 1995. 4. 21, 93다14240, 대판 2001. 1. 5, 98다39060
② [○] 대판 1997. 6. 13, 96다56115, 대판 2008. 5. 29, 2004다33469
③ [×] 국가배상책임은 공무원의 직무집행이 법령에 위반한 것임을 요건으로 하는 것으로서, 공무원의 직무집행이 법령이 정한 요건과 절차에 따라 이루어진 것이라면 특별한 사정이 없는 한 이는 법령에 적합한 것이고 그 과정에서 개인의 권리가 침해되는 일이 생긴다고 하여 그 법령적합성이 곧바로 부정되는 것은 아니다(대판 2000. 11. 10, 2000다26807).
④ [○] 대판 2000. 5. 12, 99다70600, 대판 2003. 12. 11, 2001다65236

정답 ③

08 국가배상에 대한 설명으로 가장 적절하지 <u>않은</u> 것은? (다툼이 있는 경우 판례에 의함) [18년 경행 1차 행정법]

① 「국가배상법」 제5조 소정의 '공공의 영조물'은 국가 또는 지방자치 단체가 소유권, 임차권 그 밖의 권한에 기하여 관리하고 있는 경우뿐만 아니라 사실상의 관리를 하고 있는 경우도 포함된다.

② 「국가배상법」 제2조 제1항을 적용할 때 피해자가 손해를 입은 동시에 이익을 얻은 경우에는 손해배상액에서 그 이익에 상당하는 금액을 빼야 한다.

③ 국가나 지방자치단체는 공무원 또는 공무를 위탁받은 사인이 직무를 집행하면서 고의 또는 과실로 법령을 위반하여 타인에게 손해를 입히거나, 「자동차손해배상 보장법」에 따라 손해배상의 책임이 있을 때에는 「국가배상법」에 따라 그 손해를 배상하여야 한다.

④ 공무원이 직무수행 중 불법행위로 타인에게 손해를 입힌 경우에 국가 등이 국가배상책임을 부담하는 외에 공무원 개인도 고의가 있는 경우에만 불법행위로 인한 손해배상책임을 부담한다.

해설 ① [O] 대판 1998. 10. 23. 98다17381
② [O] 「국가배상법」 제2조 제1항을 적용할 때 피해자가 손해를 입은 동시에 이익을 얻은 경우에는 손해배상액에서 그 이익에 상당하는 금액을 빼야 한다(동법 제3조의2 제1항).
③ [O] 「국가배상법」 제2조 제1항
④ [×] 국가배상법 제2조를 각 그 입법취지에 비추어 합리적으로 해석하면, 공무원이 공무집행상의 위법행위로 인하여 타인에게 손해를 입힌 경우에는 공무원에게 고의 또는 중과실이 있는 때에는 공무원 개인도 불법행위로 인한 손해배상책임을 진다고 할 것이지만, 공무원에게 경과실 뿐인 때에는 공무원 개인은 손해배상책임을 부담하지 아니한다고 할 것이다(대판 1996. 3. 8. 94다23876).

정답 ④

09 공무원의 직무행위로 인한 손해배상에 대한 설명으로 가장 적절하지 <u>않은</u> 것은? (다툼이 있는 경우 판례에 의함) [18년 경행 2차 행정법]

① 공무원이 통상의 근무지로 자기 소유 차량을 운전하여 출근하던 중 교통 사고를 일으킨 경우, 특별한 사정이 없는 한 「국가배상법」 제2조 제1항에 따른 직무집행 관련성이 부정된다.

② 「국가배상법」이 정한 배상청구의 요건인 공무원의 직무에는 권력적 작용 만이 아니라 행정지도와 같은 비권력적 작용도 포함된다.

③ 형사상 범죄행위를 구성하지 않는 침해행위라 하더라도 그것이 민사상 불법 행위를 구성하는지 여부는 형사책임과 별개의 관점에서 검토하여야 한다.

④ 공무원이 재량준칙에 따라 행정처분을 하였는데 결과적으로 그 처분이 재 량을 일탈·남용하여 위법하게 된 때에는 그에게 직무집행상의 과실이 인 정된다.

해설 ① [○] 대판 1996. 5. 31, 94다15271
② [○] 대판 2001. 1. 5, 98다39060
③ [○] 대판 2008. 2. 1, 2006다6713
④ [×] 편의(공익, 합목적) 재량에 따라 내린 처분에 있어 관계공무원이 공익성, 합목적성의 인 정, 판단을 잘못하여 그 재량권의 범위를 넘어선 행정행위를 한 경우가 있다 하더라도 공익성 및 합목적성의 적절여부의 판단기준은 구체적 사안에 따라 각각 동일하다 할 수 없을 뿐만 아 니라 구체적인 경우 어느 행정처분을 할 것인가에 관하여 행정청 내부에 일응의 기준을 정해 둔 경우 그 기준에 따른 행정처분을 하였다면 이에 관여한 공무원에게 그 직무상의 과실이 있 다고 할 수 없다(대판 1984. 7. 24, 84다카597).

정답 ④

10 「국가배상법」 제2조의 '군인 · 군무원 · 경찰공무원 또는 예비군 대원이 전투 · 훈련 등 직무 집행과 관련하여 전사(戰死) · 순직(殉職)하거나 공상(公傷)을 입은 경우'에 대한 설명으로 가장 적절하지 <u>않은</u> 것은? (다툼이 있는 경우 판례에 의함)
[19년 경행 행정법]

① 현역병으로 입영하여 소정의 군사교육을 마치고 전임되어 법무부 장관에 의하여 경비교도로 임용된 자는 「국가배상법」 제2조 제1항 단서에 따라 손해배상청구가 제한되는 군인 · 군무원 · 경찰공무원 또는 향토예비군대원에 해당한다고 할 수 없다.

② 전투경찰순경은 「국가배상법」 제2조 제1항 단서에 따라 손해배상 청구가 제한되는 군인 · 군무원 · 경찰공무원 또는 향토예비군대원에 해당한다고 보아야 한다.

③ 전투 · 훈련 등 직무집행과 관련하여 공상을 입은 군인이 「국가배상법」에 따라 손해배상금을 지급받은 다음에 「국가유공자 등 예우 및 지원에 관한 법률」이 정한 보훈급여금의 지급을 청구하는 경우, 국가는 「국가배상법」에 따라 손해배상을 받았다는 사정을 들어 보훈급여금의 지급을 거부할 수 있다.

④ 경찰공무원이 전투 · 훈련 등 직무집행과 관련하여 순직을 한 경우에는 전투 · 훈련 또는 이에 준하는 직무집행뿐만 아니라 일반 직무집행에 관하여도 국가나 지방자치단체의 배상책임이 제한된다.

해설 ① [○] 대판 1993. 4. 9, 92다43395
② [○] 헌재 1996. 6. 13. 94헌마118, 95헌바39 결정
③ [×] 전투 · 훈련 등 직무집행과 관련하여 공상을 입은 군인 등이 먼저 국가배상법에 따라 손해배상금을 지급받은 다음 구 국가유공자법이 정한 보상금 등 보훈급여금의 지급을 청구하는 경우 피고로서는 국가배상법에 따라 손해배상을 받았다는 사정을 들어 보상금 등 보훈급여금의 지급을 거부할 수 없다(대판 2017. 2. 3, 2014두40012).
④ [○] 대판 2011. 3. 10, 2010다85942

정답 ③

11 「국가배상법」 제6조(비용부담자 등의 책임)에 대한 설명으로 가장 적절하지 않은 것은? (다툼이 있는 경우 판례에 의함) [19년 경행 행정법]

① 지방자치단체의 장이 기관위임된 국가행정사무를 처리하는 경우 국가로부터 내부적으로 교부된 금원으로 그 사무에 필요한 경비를 대외적으로 지출하는 지방자치단체는 「국가배상법」 제6조 제1항 소정의 비용부담자로서 손해를 배상할 책임이 있다.

② 지방자치단체의 장이 지방자치단체의 사무로서 교통신호기를 설치하고 그 관리권한을 관할 시・도경찰청장에게 위임한 경우에, 「국가배상법」 제5조 (공공시설 등의 하자로 인한 책임)에 의한 배상책임을 부담하는 것은 국가라고 할 것이나 지방자치단체도 「국가배상법」 제6조 제1항 소정의 비용부담자로서 배상책임을 부담한다.

③ 국가와 지방자치단체 모두가 도로의 점유자 및 관리자, 비용 부담자로서의 책임을 중첩적으로 지는 경우에는 모두가 「국가배상법」 제6조 제2항에 따라 궁극적으로 손해를 배상할 책임이 있는 자이고 그 내부적인 부담 부분은 분담비용 등 제반 사정을 종합하여 결정한다.

④ 「국가배상법」 제6조 제2항의 규정은 도로의 관리주체와 그 비용을 부담하는 경제주체 상호간에 내부적으로 구상의 범위를 정하는데 적용될 뿐이므로 이를 들어 구상권자인 공동불법행위자에게 대항할 수 없다.

해설 ① [○] 대판 1994. 12. 9, 94다38137

② [×] 지방자치단체장이 교통신호기를 설치하여 그 관리권한이 도로교통법 제71조의2 제1항의 규정에 의하여 관할 시・도경찰청장에게 위임되어 지방자치단체 소속 공무원과 시・도경찰청 소속 공무원이 합동근무하는 교통종합관제센터에서 그 관리업무를 담당하던 중 위 신호기가 고장난 채 방치되어 교통사고가 발생한 경우, 국가배상법 제2조 또는 제5조에 의한 배상책임을 부담하는 것은 시・도경찰청장이 소속된 국가가 아니라, 그 권한을 위임한 지방자치단체장이 소속된 지방자치단체라고 할 것이나, 한편 국가배상법 제6조 제1항은 같은 법 제2조, 제3조 및 제5조의 규정에 의하여 국가 또는 지방자치단체가 손해를 배상할 책임이 있는 경우에 공무원의 선임・감독 또는 영조물의 설치・관리를 맡은 자와 공무원의 봉급・급여 기타의 비용 또는 영조물의 설치・관리의 비용을 부담하는 자가 동일하지 아니한 경우에는 그 비용을 부담하는 자도 손해를 배상하여야 한다고 규정하고 있으므로 교통신호기를 관리하는 시・도경찰청장 산하 경찰관들에 대한 봉급을 부담하는 국가도 국가배상법 제6조 제1항에 의한 배상책임을 부담한다 (대판 1999. 6. 25, 99다11120).

③ [○] 대판 1998. 7. 10, 96다42819

④ [○] 대판 1993. 1. 26, 92다2684

정답 ②

12 「국가배상법」 및 「국가배상법 시행령」상 배상심의회에 대한 설명으로 가장 적절하지 <u>않은</u> 것은? [20년 경행 행정법]

① 국가나 지방자치단체에 대한 배상신청사건을 심의하기 위하여 법무부에 본부심의회를 둔다. 다만, 군인이나 군무원이 타인에게 입힌 손해에 대한 배상신청사건을 심의하기 위하여 국방부에 특별심의회를 둔다.

② 본부심의회와 특별심의회에는 적어도 소속공무원·법관·변호사·의사(군의관을 포함한다) 각 1인을 위원으로 두어야 한다.

③ 배상신청이 신청인의 주소지관할 지구심의회를 포함하여 2중으로 접수된 사건은 신청인의 주소지관할 지구심의회에서 처리한다.

④ 지구심의회에서 배상신청이 기각(일부기각된 경우를 포함한다) 또는 각하된 신청인은 결정정본이 송달된 날부터 1주일 이내에 그 심의회를 거쳐 본부심의회나 특별심의회에 재심(再審)을 신청할 수 있다.

해설 ① [○] 「국가배상법」 제10조 제1항
② [○] 「국가배상법 시행령」 제7조 제3항
③ [○] 동령 제10조 제1항
④ [×] 지구심의회에서 배상신청이 기각(일부기각된 경우를 포함한다) 또는 각하된 신청인은 결정정본이 송달된 날부터 2주일 이내에 그 심의회를 거쳐 본부심의회나 특별심의회에 재심을 신청할 수 있다(「국가배상법」 제15조의2 제1항).

정답 ④

13 「헌법」 제23조 제3항("공공필요에 의한 재산권의 수용·사용 또는 제한 및 그에 대한 보상은 법률로써 하되, 정당한 보상을 지급하여야 한다")과 관련하여 가장 적절하지 <u>않은</u> 것은? (다툼이 있는 경우 판례에 의함)

[19년 경행 행정법]

① 「공익사업을 위한 토지 등의 취득 및 보상에 관한 법률」에 따라서 사업시행자가 토지를 수용하려면 국토교통부장관의 사업인정을 받아야 하고, 국토교통부장관은 사업인정을 하려면 중앙토지 수용위원회와 협의하여야 한다.

② 사업시행자가 「공익사업을 위한 토지 등의 취득 및 보상에 관한 법률」에 따른 사업인정을 받은 후 해당 공익사업을 수행할 의사나 능력을 상실하였음에도 수용권을 행사하는 것은 수용권의 공익 목적에 반하는 수용권의 남용에 해당하므로 허용되지 않는다.

③ 「헌법」 제23조 제3항이 규정하는 '정당한 보상'이란 원칙적으로 피수용재산의 객관적인 재산가치를 완전하게 보상하는 완전보상을 의미하므로, 공시지가를 기준으로 수용된 토지에 대한 보상액을 산정하는 것은 헌법에 위반된다.

④ 「도시 및 주거환경정비법」에 따른 관리처분계획의 인가·고시를 통해 임차인이 임차물을 사용·수익할 권능을 제한받게 되는 손실을 입는 경우에는 「공익사업을 위한 토지 등의 취득 및 보상에 관한 법률」을 유추적용하여 임차인에게 손실을 보상하여야 한다는 것이 판례이다.

해설 ① [○] 「공익사업을 위한 토지 등의 취득 및 보상에 관한 법률」 제20조 제1항 제21조 제1항
② [○] 대판 2011. 1. 27, 2009두1051
③ [×] 공시지가를 기준으로 수용된 토지에 대한 보상액을 산정하는 것은 헌법에 위반되지 않는다(헌재 1995. 4. 20. 93헌바20, 93헌바66 결정).
④ [○] 대판 2011. 11. 24, 2009다28394

정답 ③

14 손실보상제도에 대한 설명으로 가장 적절하지 <u>않은</u> 것은? (다툼이 있는 경우 판례에 의함)　　　　　　　　　　　　　　　　　　　[20년 경행 행정법]

① 농업손실보상청구권은 실정법상 민사소송절차에 의한다.

② 문화재보호구역의 확대 지정이 당해 공공사업인 택지개발사업의 시행을 직접 목적으로 하여 가하여진 것이 아님이 명백하므로 토지의 수용보상액은 그러한 공법상 제한을 받는 상태대로 평가하여야 한다.

③ 공유수면 매립면허의 고시가 있다고 하여 반드시 그 사업이 시행되고 그로 인하여 손실이 발생한다고 할 수 없으므로, 매립면허 고시 이후 매립공사가 실행되어 관행어업권자에게 실질적이고 현실적인 피해가 발생한 경우에만 구 「공유수면매립법」(1999. 2. 8 법률 제5911호로 전부 개정되기 전의 것)에서 정하는 손실보상청구권이 발생한다.

④ 「하천법」 제50조에 의한 하천수 사용권은 「공익사업을 위한 토지 등의 취득 및 보상에 관한 법률」 제76조 제1항에서 손실보상의 대상으로 규정하고 있는 '물의 사용에 관한 권리'에 해당한다.

해설 ① [×] 농업손실보상청구권은 공익사업의 시행 등 적법한 공권력의 행사에 의한 재산상의 특별한 희생에 대하여 전체적인 공평부담의 견지에서 공익사업의 주체가 그 손해를 보상하여 주는 손실보상의 일종으로 공법상의 권리임이 분명하므로 그에 관한 쟁송은 민사소송이 아닌 행정소송절차에 의하여야 할 것이다(대판 2011. 10. 13, 2009다43461).
② [○] 대판 2005. 2. 18, 2003두14222
③ [○] 대판 2010. 12. 9, 2007두6571
④ [○] 대판 2018. 12. 27, 2014두11601

정답 ①

15 「경찰관 직무집행법」 및 「경찰관 직무집행법 시행령」상 손실보상에 대한 설명으로 가장 적절하지 **않은** 것은? [17년 순경 2차]

① 국가는 경찰관의 적법한 직무집행으로 인하여 손실발생의 원인에 대하여 책임이 있는 자가 자신의 책임에 상응하는 정도를 초과하는 재산상의 손실을 입은 경우 손실을 입은 자에 대하여 정당한 보상을 하여야 한다.

② 보상을 청구할 수 있는 권리는 손실이 있음을 안 날부터 3년, 손실이 발생한 날부터 5년간 행사하지 아니하면 시효의 완성으로 소멸한다.

③ 경찰공무원의 직무집행으로 인하여 발생한 손실보상청구 사건을 심의하기 위하여 경찰청, 해양경찰청, 시·도경찰청 및 지방해양경찰청, 경찰서 및 해양경찰서에 손실보상심의위원회를 설치한다.

④ 손실보상심의위원회의 회의는 재적위원 과반수의 출석으로 개의(開議)하고, 출석위원 과반수의 찬성으로 의결한다.

해설 ③ 경찰공무원의 직무집행으로 인하여 발생한 손실보상청구 사건을 심의하기 위하여 경찰청, 해양경찰청, 시·도경찰청 및 지방해양경찰청에 손실보상심의위원회를 설치한다(「경찰관 직무집행법 시행령」 제11조 제1항). 따라서 경찰서 및 해양경찰서에는 손실보상심의위원회를 설치하지 않는다.

정답 ③

16 「경찰관 직무집행법」 및 「경찰관 직무집행법 시행령」상 손실보상에 대한 내용으로 가장 적절하지 **않은** 것은? [18년 경위 승진]

① 손실보상을 청구할 수 있는 권리는 손실이 있음을 안 날로부터 3년, 손실이 발생한 날로부터 5년간 행사하지 아니하면 시효의 완성으로 소멸한다.

② 손실보상심의위원회는 위원장 1명을 포함한 5명 이상 7명 이하의 위원으로 구성한다.

③ 손실보상심의위원회의 위원장은 위원 중 경찰청장 등이 지명한다.

④ 위원회의 회의는 재적위원 과반수의 출석으로 개의하고, 출석위원 과반수의 찬성으로 의결한다.

해설 ① [○] 「경찰관 직무집행법」 제11조의2 제2항
② [○] 「경찰관 직무집행법 시행령」 제11조 제2항
③ [×] 손실보상심의위원회의 위원장은 위원 중에서 호선한다(동령 제12조 제1항).

④ [×] 동령 제13조 제2항

정답 ③

17 「경찰관 직무집행법」 및 「경찰관 직무집행법 시행령」상 손실보상에 대한 설명으로 가장 적절한 것은? [21년 순경 1차]

① 손실발생의 원인에 대하여 책임이 없는 자가 경찰관의 적법한 직무집행으로 인하여 생명·신체 또는 재산상의 손실을 입은 경우(손실발생의 원인에 대하여 책임이 없는 자가 경찰관의 직무집행에 자발적으로 협조하거나 물건을 제공하여 생명·신체 또는 재산상의 손실을 입은 경우를 제외한다), 국가는 그 손실을 입은 자에 대하여 정당한 보상을 하여야 한다.

② 경찰청장 또는 시·도경찰청장은 손실보상심의위원회의 심의·의결에 따라 보상금을 지급하고, 거짓 또는 부정한 방법으로 보상금을 받은 사람에 대하여는 해당 보상금을 환수할 수 있다.

③ 손실보상심의위원회는 위원장 1명을 포함한 5명 이상 7명 이하의 위원으로 구성하며, 위원장이 부득이한 사유로 직무를 수행할 수 없는 때에는 상임위원, 위원 중 연장자순으로 위원장의 직무를 대행한다.

④ 보상금을 지급하기로 결정한 경우 경찰청장등(경찰청, 해양경찰청, 시·도경찰청 및 지방해양경찰청의 장)은 「경찰관 직무집행법 시행령」 제10조 제3항에 따른 결정일부터 10일 이내에 보상금 지급 청구 승인 통지서에 결정 내용을 적어서 청구인에게 통지하여야 한다.

해설 ① [×] 손실발생의 원인에 대하여 책임이 없는 자가 경찰관의 직무집행에 자발적으로 협조하거나 물건을 제공하여 생명·신체 또는 재산상의 손실을 입은 경우를 포함한다(「경찰관 직무집행법」 제11조의2 제1항 제1호).
② [×] 거짓 또는 부정한 방법으로 보상금을 받은 사람에 대하여 해당 보상금을 환수하여야 한다(동법 제11조의2 제4항).
③ [×] 손실보상심의위원회는 위원장 1명을 포함한 5명 이상 7명 이하의 위원으로 구성하고, 위원장이 부득이한 사유로 직무를 수행할 수 없는 때에는 위원장이 미리 지명한 위원이 그 직무를 대행한다(「경찰관 직무집행법 시행령」 제11조 제2항, 제12조 제3항).
④ [○] 동령 제10조 제4항 제1호

정답 ④

18 「경찰관 직무집행법」 및 「경찰관 직무집행법 시행령」상 손실보상에 대한 다음 설명 중 옳지 <u>않은</u> 것은 모두 몇 개인가?　　　　　[19년 경간부]

> ㉠ 국가는 경찰관의 적법한 직무집행으로 인하여 손실발생의 원인에 대하여 책임이 있는 자가 자신의 책임에 상응하는 정도를 초과하는 재산상의 손실을 입은 경우 손실을 입은 자에 대하여 정당한 보상을 하여야 한다.
> ㉡ 손실보상의 기준, 보상금액, 지급절차 및 방법, 손실보상 심의위원회의 구성 및 운영, 그 밖에 필요한 사항은 행정안전부령으로 한다.
> ㉢ 소속 경찰공무원의 직무집행으로 인하여 발생한 손실보상청구 사건을 심의하기 위하여 경찰청, 시·도경찰청 및 경찰서에 손실보상심의위원회(이하 "위원회"라 한다)를 설치한다.
> ㉣ 위원회는 위원장 1명을 포함한 5명 이상 7명 이하의 위원으로 구성한다. 이 경우 위원의 과반수 이상은 경찰공무원이 아닌 사람으로 하여야 한다.
> ㉤ 위원회의 위원은 소속 경찰공무원과 ⅰ) 판사·검사 또는 변호사로 5년 이상 재직한 사람, ⅱ) 고등교육법 제2조에 따른 학교에서 법학 또는 행정학을 가르치는 정교수 이상으로 5년 이상 재직한 사람, ⅲ) 경찰업무와 손실보상에 관하여 학식과 경험이 풍부한 사람 중에서 경찰청장 등이 위촉하거나 임명한다.
> ㉥ 위원회의 회의는 재적위원 과반수의 출석으로 개의하고, 출석위원 과반수의 찬성으로 의결한다.

① 1개　　　　② 2개　　　　③ 3개　　　　④ 4개

해설 ㉠ [○] 「경찰관 직무집행법」 제11조의2 제1항 제2호
㉡ [×] 대통령령으로 정한다(동법 제11조의2 제7항).
㉢ [×] 경찰서에는 손실보상심의위원회를 설치할 수 없다(「경찰관 직무집행법 시행령」 제11조 제1항).
㉣ [○] 동령 제11조 제2항 제3항
㉤ [×] 「고등교육법」 제2조에 따른 학교에서 법학 또는 행정학을 가르치는 부교수 이상으로 5년 이상 재직한 사람이 해당된다(동령 제11조 제3항 제2호).
㉥ [○] 동령 제13조 제2항

정답 ③

19 「경찰관 직무집행법」 및 「경찰관 직무집행법 시행령」상 손실보상에 대한 설명으로 옳지 <u>않은</u> 것은 모두 몇 개인가?

[20년 경간부]

> ⊙ 국가는 경찰관의 적법한 직무집행으로 인하여 손실발생의 원인에 대하여 책임이 없는 자가 생명·신체 또는 재산상의 손실을 입은 경우 손실을 입은 자에게 정당한 보상을 하여야 한다.
> ⓛ 손실을 입은 물건을 수리할 수 있는 경우에는 수리비에 상당하는 금액으로 보상한다.
> ⓒ 손실을 입은 물건을 수리할 수 없는 경우에는 보상 당시의 해당물건의 교환 가액으로 보상한다.
> ⓔ 영업자가 손실을 입은 물건의 수리나 교환으로 인하여 영업을 계속할 수 없는 경우에는 기간 중 영업상 이익에 상당하는 금액으로 보상한다.
> ⓜ 물건의 멸실·훼손으로 인한 손실 외의 재산상 손실에 대해서는 직무집행과 상당한 인과관계가 있는 범위에서 보상한다.
> ⓗ 보상금은 다른 법률에 특별한 규정이 있는 경우를 제외하고는 현금으로 지급하여야 한다.

① 1개   ② 2개   ③ 3개   ④ 4개

해설 ⊙ [O] 「경찰관 직무집행법」 제11조의2 제1항 제1호
ⓛ [O] 「경찰관 직무집행법 시행령」 제9조 제1항 제1호
ⓒ [×] 손실을 입은 물건을 수리할 수 없는 경우에는 손실을 입은 당시의 해당물건의 교환 가액으로 보상한다(동령 제9조 제1항 제2호).
ⓔ [O] 동령 제9조 제1항 제3호
ⓜ [O] 동령 제9조 제2항
ⓗ [O] 동령 제10조 제5항

정답 ①

20 「경찰관 직무집행법」상 손실보상에 대한 설명으로 **틀린** 것은 모두 몇 개 인가?

[15년 순경 1차]

> ㉠ 보상을 청구할 수 있는 권리는 손실이 있음을 안 날로부터 1년, 손실이 발생한 날로부터 3년간 행사하지 아니하면 시효의 완성으로 소멸한다.
>
> ㉡ 소속 경찰공무원의 직무집행으로 인하여 발생한 손실보상청구 사건을 심의하기 위하여 경찰청, 시·도경찰청 및 경찰서에 손실보상심의위원회를 설치한다.
>
> ㉢ 보상금은 다른 법률에 특별한 규정이 있는 경우를 제외하고는 현금으로 지급하여야 하고, 일시불로 지급하되 예산부족 등의 사유로 일시금으로 지급할 수 없는 특별한 사정이 있는 경우에는 청구인의 동의를 받아 분할하여 지급할 수 있다.
>
> ㉣ 물건의 멸실·훼손으로 인한 손실 외의 재산상 손실에 대해서는 직무집행과 상당한 인과관계가 있는 범위에서 보상한다.

① 1개   ② 2개   ③ 3개   ④ 4개

해설 ㉠ [×] 손실이 있음을 안 날로부터 3년, 손실이 발생한 날로부터 5년간 행사하지 아니하면 시효의 완성으로 소멸한다(「경찰관 직무집행법」 제11조의2 제2항).
㉡ [×] 경찰서는 해당되지 않는다(「경찰관 직무집행법 시행령」 제11조 제1항).
㉢ [○] 동령 제10조 제5항 제6항
㉣ [○] 동령 제9조 제2항

정답 ②

21 「경찰관 직무집행법」 및 「경찰관 직무집행법 시행령」상 손실보상에 대한
설명으로 가장 적절하지 **않은** 것은? [18년 순경 2차]

① 보상을 청구할 수 있는 권리는 손실이 있음을 안 날부터 3년, 손실이 발생한 날부터 5년간 행사하지 아니하면 시효의 완성으로 소멸한다.

② 소속 경찰공무원의 직무집행으로 인하여 발생한 손실보상청구 사건을 심의하기 위하여 경찰청, 해양경찰청, 시·도경찰청, 지방해양경찰청, 경찰서 및 해양경찰서에 손실보상심의위원회(이하 "위원회"라 한다)를 설치하며, 위원회는 위원장 1명을 포함한 5명 이상 7명 이하의 위원으로 구성한다.

③ 보상금은 일시불로 지급하되, 예산 부족 등의 사유로 일시금으로 지급할 수 없는 특별한 사정이 있는 경우에는 청구인의 동의를 받아 분할하여 지급할 수 있다.

④ 손실보상의 기준, 보상금액, 지급절차 및 방법, 손실보상심의위원회의 구성 및 운영, 그 밖에 필요한 사항은 대통령령으로 정한다.

해설 ② 경찰서 및 해양경찰서에는 손실보상심의위원회를 설치하지 않는다(「경찰관 직무집행법 시행령」 제11조 제1항 제2항).

정답 ②

22 「행정심판법」에 대한 설명이다. 아래 ㉠부터 ㉤까지의 설명 중 옳고 그름의 표시(O, X)가 바르게 된 것은? [17년 경행 행정법]

㉠ 행정청의 처분 또는 부작위에 대하여는 다른 법률에 특별한 규정이 있는 경우 외에는 이 법에 따라 행정심판을 청구할 수 있다.

㉡ 대통령의 처분 또는 부작위에 대하여는 다른 법률에서 행정심판을 청구할 수 있도록 정한 경우 외에는 행정심판을 청구할 수 없다.

㉢ 사안(事案)의 전문성과 특수성을 살리기 위하여 특히 필요한 경우 외에는 이 법에 따른 행정심판을 갈음하는 특별한 행정불복절차(이하 "특별행정심판"이라 한다)나 이 법에 따른 행정심판 절차에 대한 특례를 다른 법률로 정할 수 있다.

㉣ 다른 법률에서 특별행정심판이나 이 법에 따른 행정심판 절차에 대한 특례를 정한 경우에도 그 법률에서 규정하지 아니한 사항에 관하여는 이 법에서 정하는 바에 따른다.

㉤ 관계 행정기관의 장이 특별행정심판 또는 이 법에 따른 행정심판 절차에 대한 특례를 신설하거나 변경하는 법령을 제정·개정할 때에는 미리 중앙행정심판위원회의 동의를 구하여야 한다.

① ㉠ (O) ㉡ (O) ㉢ (O) ㉣ (O) ㉤ (×)
② ㉠ (O) ㉡ (O) ㉢ (×) ㉣ (O) ㉤ (×)
③ ㉠ (O) ㉡ (O) ㉢ (×) ㉣ (O) ㉤ (O)
④ ㉠ (×) ㉡ (×) ㉢ (O) ㉣ (O) ㉤ (O)

해설 ㉠ [O] 「행정심판법」 제3조 제1항
㉡ [O] 동법 제3조 제2항
㉢ [×] 사안(事案)의 전문성과 특수성을 살리기 위하여 특히 필요한 경우 외에는 이 법에 따른 행정심판을 갈음하는 특별한 행정불복절차(이하 "특별행정심판"이라 한다)나 이 법에 따른 행정심판 절차에 대한 특례를 다른 법률로 정할 수 없다(동법 제4조 제1항).
㉣ [O] 동법 제4조 제2항
㉤ [×] 관계 행정기관의 장이 특별행정심판 또는 이 법에 따른 행정심판 절차에 대한 특례를 신설하거나 변경하는 법령을 제정·개정할 때에는 미리 중앙행정심판위원회와 협의하여야 한다(동법 제4조 제3항).

정답 ②

23 행정심판에 대한 설명으로 가장 적절한 것은? (다툼이 있는 경우 판례에 의함)

[18년 경행 1차 행정법]

① 「행정심판법」은 당사자심판을 청구할 수 있는 자는 행정소송의 경우와 동일하게 행정처분의 법률관계에 대한 법률상 이익이 있어야 한다고 규정하고 있다.

② 행정심판위원회는 당사자의 권리 및 권한의 범위에서 당사자의 동의를 받아 조정을 할 수 있다. 다만 그 조정이 공공복리에 적합하지 아니하거나 해당 처분의 성질에 반하는 경우에는 그러하지 아니하다.

③ 개별 법률에 특별규정이 없는 경우에 행정심판 청구에 대한 재결이 있으면 그 재결 및 같은 처분 또는 부작위에 대하여 다시 행정심판을 청구할 수 있다.

④ 행정심판은 정당한 사유가 없는 경우 처분이 있었던 날부터 90일 이내에 청구하여야 하고, 처분이 있음을 알게 된 날부터 180일이 지나면 청구하지 못한다.

해설
① [×] 「행정심판법」에서는 당사자심판을 규정하고 있지 않다(동법 제5조).
② [○] 「행정심판법」 제43조의2 제1항
③ [×] 심판청구에 대한 재결이 있으면 그 재결 및 같은 처분 또는 부작위에 대하여 다시 행정심판을 청구할 수 없다(동법 제51조).
④ [×] 행정심판은 처분이 있음을 알게 된 날부터 90일 이내에 청구하여야 하고(동법 제27조 제1항), 처분이 있었던 날부터 180일이 지나면 청구하지 못한다. 다만, 정당한 사유가 있는 경우에는 그러하지 아니하다(동법 제27조 제3항).

정답 ②

24 행정심판에 대한 설명으로 가장 적절하지 <u>않은</u> 것은? (다툼이 있는 경우 판례에 의함) [18년 경행 2차 행정법]

① 행정심판에서 처분의 적법성 여부뿐만 아니라 법원이 판단할 수 없는 처분의 당·부당의 문제에 관해서도 심사를 받을 수 있다.

② 행정심판에서 행정심판위원회에 의한 형성적 재결이 있은 경우에는 그 대상이 된 행정처분은 재결 자체에 의하여 당연히 취소되어 소멸된다.

③ 처분청이 재조사 결정의 주문 및 그 전제가 된 요건사실의 인정과 판단, 즉 처분의 구체적 위법사유에 관한 판단에 반하여 당초 처분을 그대로 유지하는 것은 재조사 결정의 기속력에 저촉되지 않는다.

④ 이의신청을 제기해야 할 사람이 처분청에 표제를 '행정심판청구서'로 한 서류를 제출한 경우라 할지라도 서류의 내용에 이의신청 요건에 맞는 불복취지와 사유가 충분히 기재되어 있다면 이를 처분에 대한 이의신청으로 볼 수 있다.

해설 ① [○] 「행정심판법」 제1조
② [○] 대판 1998. 4. 24, 97누17131
③ [×] 심판청구 등에 대한 결정의 한 유형으로 실무상 행해지고 있는 재조사 결정은 재결청의 결정에서 지적된 사항에 관하여 처분청의 재조사결과를 기다려 그에 따른 후속 처분의 내용을 심판청구 등에 대한 결정의 일부분으로 삼겠다는 의사가 내포된 변형결정에 해당하므로, 처분청은 재조사 결정의 취지에 따라 재조사를 한 후 그 내용을 보완하는 후속 처분만을 할 수 있다고 보아야 한다. 따라서 처분청이 재조사 결정의 주문 및 그 전제가 된 요건사실의 인정과 판단, 즉 처분의 구체적 위법사유에 관한 판단에 반하여 당초 처분을 그대로 유지하는 것은 재조사 결정의 기속력에 저촉된다고 할 것이다(대판 2017. 5. 11, 2015두44455).
④ [○] 대판 2012. 3. 29, 2011두26886

정답 ③

372 객관식 최신 경찰학

25 「행정심판법」상 의무이행심판에 대한 설명으로 가장 적절하지 <u>않은</u> 것은? (다툼이 있는 경우 판례에 의함)　　　　　　　　　　　　[19년 경행 행정법]

① 당사자의 신청에 대한 행정청의 위법 또는 부당한 거부처분이나 부작위에 대하여 일정한 처분을 하도록 하는 행정심판을 말한다.

② 당사자의 신청을 거부하거나 부작위로 방치한 처분의 이행을 명하는 재결이 있으면 행정청은 지체 없이 이전의 신청에 대하여 재결의 취지에 따라 처분을 하여야 한다.

③ 행정심판위원회는 처분의 이행을 명하는 재결에도 불구하고 처분을 하지 아니하는 피청구인에게 배상을 할 것을 명할 수 있다.

④ 피청구인이 처분의 이행을 명하는 재결에도 불구하고 처분을 하지 않는다고 해서 행정심판위원회가 직접 처분을 할 수는 없다.

해설 ① [○] 「행정심판법」 제5조 제3호
② [○] 동법 제49조 제3항
③ [○] 동법 제50조의2 제1항
④ [×] 위원회는 피청구인이 제49조 제3항에도 불구하고 처분을 하지 아니하는 경우에는 당사자가 신청하면 기간을 정하여 서면으로 시정을 명하고 그 기간에 이행하지 아니하면 직접 처분을 할 수 있다. 다만, 그 처분의 성질이나 그 밖의 불가피한 사유로 위원회가 직접 처분을 할 수 없는 경우에는 그러하지 아니하다(동법 제50조 제1항).

정답 ④

26 「행정심판법」상 행정심판청구의 기간에 대한 설명으로 가장 적절하지 <u>않</u>은 것은? (다툼이 있는 경우 판례에 의함)　　　　　　　　[19년 경행 행정법]

① 행정심판은 처분이 있음을 알게 된 날부터 90일 이내에 청구하여야 한다. 다만, 청구인이 불가항력으로 인하여 심판청구를 할 수 없었을 때에는 그 사유가 소멸한 날부터 14일 이내에 행정심판을 청구할 수 있다.

② 행정심판은 처분이 있었던 날부터 180일이 지나면 청구하지 못한다. 다만, 정당한 사유가 있는 경우에는 그러하지 아니한다.

③ 행정청이 심판청구의 기간을 알리지 아니한 경우에는 처분이 있었던 날부터 180일 이내에 행정심판을 청구할 수 있다.

④ 취소심판의 경우와 달리 무효등확인심판과 의무이행심판의 경우에는 심판청구의 기간에 제한이 없다.

해설 ① [○] 「행정심판법」 제27조 제1항 제2항
② [○] 동법 제27조 제3항
③ [○] 동법 제27조 제6항
④ [×] 행정심판청구기간에 관한 규정은 무효등확인심판청구와 부작위에 대한 의무이행심판청구에는 적용하지 아니한다(동법 제27조 제7항).
정답 ④

27 행정심판에 대한 설명으로 가장 적절하지 <u>않은</u> 것은? (다툼이 있는 경우 판례에 의함)
[20년 경행 행정법]

① 사립학교 교원 징계처분에 대한 교원소청심사위원회의 결정은 행정심판의 재결이다.
② 변상 판정에 대한 감사원의 재심의 판결은 행정소송의 대상이 된다.
③ 「노동위원회법」상 중앙노동위원회의 처분에 대한 소송은 중앙 노동위원회 위원장을 피고(被告)로 하여 처분의 송달을 받은 날부터 15일 이내에 제기하여야 한다.
④ 「특허법」상 특허취소결정 또는 심결에 대한 소 및 특허취소신청서·심판청구서·재심청구서의 각하결정에 대한 소는 특허법원의 전속관할로 한다.

해설 ① [×] 대법원은 교원소청심사위원회의 결정은 행정심판의 재결과 동일하게 평가할 수는 없으나 유사한 것으로 보고 있다(대판 1995. 11. 24, 95누12934).
② [○] 대판 1984. 4. 10, 84누91
③ [○] 「노동위원회법」 제27조 제1항
④ [○] 「특허법」 제186조 제1항
정답 ①

28 「행정소송법」상 사정판결에 대한 설명으로 가장 적절하지 <u>않은</u> 것은? (다툼이 있는 경우 판례에 의함)

[17년 경행 행정법]

① 법원은 당사자의 명백한 주장이 없는 경우에도 일건 기록에 나타난 사실을 기초로 하여 직권으로 사정판결을 할 수 있다.

② 법원이 사정판결을 함에 있어서는 미리 원고가 그로 인하여 입게 될 손해의 정도와 배상방법 그 밖의 사정을 조사하여야 한다.

③ 원고의 청구가 이유가 있다고 인정하는 경우에도 처분등을 취소하는 것이 현저히 공공복리에 적합하지 아니하다고 인정하는 때에는 법원은 원고의 청구를 각하할 수 있다.

④ 사정판결 시 법원은 그 판결의 주문에서 그 처분등이 위법함을 명시하여야 한다.

해설 ① [○] 대판 1995. 7. 28, 95누4629
② [○] 법원이 사정판결을 함에 있어서는 미리 원고가 그로 인하여 입게 될 손해의 정도와 배상방법 그 밖의 사정을 조사하여야 한다(「행정소송법」 제28조 제2항).
③ [×] 원고의 청구가 이유있다고 인정하는 경우에도 처분등을 취소하는 것이 현저히 공공복리에 적합하지 아니하다고 인정하는 때에는 법원은 원고의 청구를 기각할 수 있다(동법 제28조 제1항).
④ [○] 사정판결 시 법원은 그 판결의 주문에서 그 처분등이 위법함을 명시하여야 한다(동법 제28조 제1항).

정답 ③

29 「행정소송법」상 행정소송의 종류에 대한 설명이다. 아래 ㉠부터 ㉣까지의 설명 중 옳고 그름의 표시(O, X)가 바르게 된 것은? [17년 경행 행정법]

> ㉠ 항고소송이란 행정청의 처분등이나 부작위에 대하여 제기하는 소송이다.
> ㉡ 당사자소송이란 행정청의 처분등을 원인으로 하는 법률관계에 관한 소송 그 밖에 공법상의 법률관계에 관한 소송으로서 그 법률관계의 한쪽 당사자를 피고로 하는 소송이다.
> ㉢ 민중소송이란 국가 또는 공공단체의 기관이 법률에 위반되는 행위를 한 때에 직접 자기의 법률상 이익과 관계없이 그 시정을 구하기 위하여 제기하는 소송이다.
> ㉣ 기관소송이란 국가 또는 공공단체의 기관상호간에 있어서의 권한의 존부 또는 그 행사에 관한 다툼이 있는 때에 이에 대하여 제기하는 소송이다. 다만, 「헌법재판소법」제2조의 규정에 의하여 헌법재판소의 관장사항으로 되는 소송은 제외한다.

① ㉠ (O) ㉡ (O) ㉢ (O) ㉣ (O)

② ㉠ (O) ㉡ (O) ㉢ (×) ㉣ (O)

③ ㉠ (O) ㉡ (O) ㉢ (×) ㉣ (×)

④ ㉠ (×) ㉡ (×) ㉢ (O) ㉣ (×)

해설 ㉠ [O]「행정소송법」제3조 제1호
㉡ [O] 동법 제3조 제2호
㉢ [O] 동법 제3조 제3호
㉣ [O] 동법 제3조 제4호

정답 ①

30 행정소송의 피고적격에 대한 설명이다. 아래 ㉠부터 ㉣까지의 설명 중 옳은 것을 모두 고른 것은? [17년 경행 행정법]

> ㉠ 헌법재판소장이 한 처분에 대한 행정소송의 피고는 헌법재판소 사무처장으로 한다.
> ㉡ 대법원장이 한 처분에 대한 행정소송의 피고는 대법원장이다.
> ㉢ 중앙노동위원회의 처분에 대한 행정소송은 중앙노동위원회 위원장을 피고로 한다.
> ㉣ 국회의장이 행한 처분에 대한 행정소송의 피고는 국회 부의장이 된다.

① ㉠ ㉢　　　　② ㉡ ㉢　　　　③ ㉢ ㉣　　　　④ ㉠ ㉡

해설 ㉠ [O] 헌법재판소장이 한 처분에 대한 행정소송의 피고는 헌법재판소 사무처장으로 한다(「헌법재판소법」 제17조 제5항).
㉡ [×] 대법원장이 한 처분에 대한 행정소송의 피고는 법원행정처장으로 한다(「법원조직법」 제70조).
㉢ [O] 중앙노동위원회의 처분에 대한 소송은 중앙노동위원회 위원장을 피고로 하여 처분의 송달을 받은 날부터 15일 이내에 제기하여야 한다(「노동위원회법」 제27조 제1항).
㉣ [×] 의장이 한 처분에 대한 행정소송의 피고는 사무총장으로 한다(「국회사무처법」 제4조 제3항).

정답 ①

31 항고소송의 소송요건에 대한 설명으로 가장 적절하지 <u>않은</u> 것은? (다툼이 있는 경우 판례에 의함) [18년 경행 1차 행정법]

① 지방의회 의장에 대한 불신임의결은 행정처분으로 볼 수 없으므로 항고소송의 대상이 되지 아니한다.

② 현역병입영대상자로 병역처분을 받은 자가 그 취소소송 도중에 모병에 응하여 현역병으로 자진 입대한 경우에는 권리보호의 필요가 없는 경우로서 소의 이익을 인정할 수 없다.

③ 검사의 공소에 대하여는 형사소송절차에 의하여서만 다툴 수 있고 행정소송의 방법으로 공소의 취소를 구할 수는 없다.

④ 행정심판전치주의의 요건을 충족하였는지의 여부는 사실심 변론 종결시를 기준으로 한다.

해설 ① [×] 지방의회를 대표하고 의사를 정리하며 회의장 내의 질서를 유지하고 의회의 사무를 감독하며 위원회에 출석하여 발언할 수 있는 등의 직무권한을 가지는 지방의회 의장에 대한 불신임의결은 의장으로서의 권한을 박탈하는 행정처분의 일종으로서 항고소송의 대상이 된다(대판. 1994. 10. 11. 94두23).
② [○] 대판 1998. 9. 8. 98두9165
③ [○] 대판 2000. 3. 28. 99두11264
④ [○] 제소당시에 비록 전치요건을 구비하지 못한 위법이 있다 하여도 사실심 변론종결당시까지 그 전치요건을 갖추었다면 그 흠결의 하자는 치유되었다고 볼 것이다(대판 1987. 9. 22. 87누176).

정답 ①

32 「행정소송법」상 집행정지에 대한 설명으로 가장 적절하지 <u>않은</u> 것은? (다툼이 있는 경우 판례에 의함) [18년 경행 1차 행정법]

① 행정처분에 대한 효력정지 신청을 구함에 있어서도 이를 구한 법률상 이익이 있어야 한다.
② 집행정지결정을 한 후에라도 행정사건의 본안소송이 취하되어 그 소송이 계속하지 아니한 것으로 되면 이에 따라 집행정지결정은 당연히 그 효력이 소멸되며 별도의 취소조치가 필요한 것은 아니다.
③ 집행정지는 행정처분의 집행부정지 원칙의 예외로 인정되는 것이므로 본안청구의 적법과는 상관이 없기 때문에 적법한 본안소송의 계속을 요건으로 하지 않는다.
④ 집행정지의 요건으로 규정하고 있는 '공공복리에 중대한 영향을 미칠 우려'가 없을 것이라고 할 때의 '공공복리'는 그 처분의 집행과 관련된 구체적이고 개별적인 공익을 말한다.

해설 ① [○] 대법원 2000. 10. 10. 2000무17 결정
② [○] ③ [×] 행정처분의 집행정지는 행정처분집행 부정지의 원칙에 대한 예외로서 인정되는 일시적인 응급처분이라 할 것이므로 집행정지결정을 하려면 이에 대한 본안소송이 법원에 제기되어 계속중임을 요건으로 하는 것이므로 집행정지결정을 한 후에라도 본안소송이 취하되어 소송이 계속하지 아니한 것으로 되면 집행정지결정은 당연히 그 효력이 소멸되는 것이고 별도의 취소조치를 필요로 하는 것이 아니다(대판 1975. 11. 11. 75누97).
④ [○] 행정소송법 제23조 제3항에서 집행정지의 요건으로 규정하고 있는 '공공복리에 중대한 영향을 미칠 우려'가 없을 것이라고 할 때의 '공공복리'는 그 처분의 집행과 관련된 구체적이고도 개별적인 공익을 말하는 것으로서 이러한 집행정지의 소극적 요건에 대한 주장·소명책임은

행정청에게 있다(대법원 1999. 12. 20. 99무42 결정).

정답 ③

33 「행정소송법」에 대한 설명으로 가장 적절하지 <u>않은</u> 것은? (다툼이 있는 경우 판례에 의함) [18년 경행 2차 행정법]

① 경찰청장을 피고로 하여 취소소송을 제기하는 경우, 대법원소재지를 관할하는 행정법원이 제1심관할법원으로 될 수 있다.

② 부작위위법확인소송은 처분의 신청을 한 자로서 부작위의 위법의 확인을 구할 법률상 이익이 있는 자만이 제기할 수 있다.

③ 법원은 필요하다고 인정할 때에는 직권으로 증거조사를 할 수 있고, 당사자가 주장하지 아니한 사실에 대하여도 판단할 수 있다.

④ 법원은 행정청이 소송의 대상인 처분을 소가 제기된 후 변경한 때에는 원고의 신청이 없더라도 결정으로써 청구의 취지 또는 원인을 변경할 수 있다.

해설 ① [○] 「행정소송법」 제9조 제2항
② [○] 대판 1993. 4. 23, 92누17099
③ [○] 「행정소송법」 제26조
④ [×] 법원은 행정청이 소송의 대상인 처분을 소가 제기된 후 변경한 때에는 원고의 신청에 의하여 결정으로써 청구의 취지 또는 원인의 변경을 허가할 수 있다(동법 제22조 제1항).

정답 ④

34 항고소송에 대한 설명으로 가장 적절하지 <u>않은</u> 것은? (다툼이 있는 경우 판례에 의함)   [18년 경행 2차 행정법]

① 구 「토지구획정리사업법」상 환지계획은 환지예정지지정이나 환지처분의 근거가 되어 직접 토지소유자 등의 법률상의 지위를 변동시키므로 항고소송의 대상이 된다.

② 국립대학교의 학칙이 이에 기초한 별도의 집행행위의 개입 없이도 그 자체로 구성원의 구체적인 권리나 법적 이익에 영향을 미치는 등 법률상의 효과를 발생시키는 경우, 이는 항고소송의 대상이 된다.

③ 한국자산공사가 사건의 부동산을 인터넷을 통하여 재공매(입찰)하기로 한 결정 자체는 내부적인 의사결정에 불과하여 항고소송의 대상이 아니다.

④ 「진실·화해를 위한 과거사정리 기본법」이 규정하는 진실규명 결정은 국민의 권리의무에 직접적으로 영향을 미치는 행위로서 항고소송의 대상이 된다.

해설 ① [×] 토지구획정리사업법 제57조, 제62조 등의 규정상 환지예정지 지정이나 환지처분은 그에 의하여 직접 토지소유자 등의 권리의무가 변동되므로 이를 항고소송의 대상이 되는 처분이라고 볼 수 있으나, 환지계획은 위와 같은 환지예정지 지정이나 환지처분의 근거가 될 뿐 그 자체가 직접 토지소유자 등의 법률상의 지위를 변동시키거나 또는 환지예정지 지정이나 환지처분과는 다른 고유한 법률효과를 수반하는 것이 아니어서 이를 항고소송의 대상이 되는 처분에 해당한다고 할 수가 없다(대판 1999. 8. 20. 97누6889).
② [○] 대전지법 2008. 3. 26. 2007구합4683
③ [○] 대판 2007. 7. 27. 2006두8464
④ [○] 대판 2013. 1. 16. 2010두22856

정답 ①

35 「행정소송법」상 항고소송의 대상에 대한 설명으로 가장 적절하지 <u>않은</u> 것은? (다툼이 있는 경우 판례에 의함) [19년 경행 행정법]

① 징계혐의자에 대한 감봉 1월의 징계처분을 견책으로 변경한 소청 결정 중 그를 견책에 처한 조치가 재량권의 남용 또는 일탈로서 위법하다는 사유는 소청 결정 자체에 고유한 위법을 주장하는 것으로 볼 수 없어 소청 결정의 취소사유가 될 수 없다.

② 변경처분에 의하여 유리하게 변경된 내용의 행정제재가 위법 하다는 이유로 그 취소를 구하는 경우 취소소송의 대상은 변경된 내용의 당초처분이지 변경처분은 아니고, 제소기간의 준수 여부도 변경처분이 아닌 변경된 내용의 당초처분을 기준으로 판단하여야 한다.

③ 선행처분의 주요 부분을 실질적으로 변경하는 내용으로 후행 처분을 한 경우에 선행처분은 특별한 사정이 없는 한 그 효력을 상실하지만, 후행처분이 있었다고 하여 일률적으로 선행처분이 존재하지 않게 되는 것은 아니다.

④ 후속처분이 종전처분의 유효를 전제로 그 내용 중 일부만을 추가·철회·변경하는 것이고 그 추가·철회·변경된 부분이 나머지 부분과 불가분적인 것인 경우에는 후속처분에도 불구하고 종전처분이 여전히 항고소송의 대상이 된다고 보아야 한다.

해설 ① [○] 대판 1993. 8. 24, 93누5673
② [○] 대판 2007. 4. 27, 2004두9302
③ [○] 대판 2012. 12. 13, 2010두20782, 20799
④ [×] 기존의 행정처분을 변경하는 내용의 행정처분이 뒤따르는 경우, 후속처분이 종전 처분을 완전히 대체하는 것이거나 주요 부분을 실질적으로 변경하는 내용인 경우에는 특별한 사정이 없는 한 종전처분은 효력을 상실하고 후속처분만이 항고소송의 대상이 되지만, 후속처분의 내용이 종전처분의 유효를 전제로 내용 중 일부만을 추가·철회·변경하는 것이고 추가·철회·변경된 부분이 내용과 성질상 나머지 부분과 불가분적인 것이 아닌 경우에는, 후속처분에도 불구하고 종전처분이 여전히 항고소송의 대상이 된다(대판 2015. 11. 19, 2015두295).

정답 ④

36 「행정소송법」상 가구제에 대한 설명으로 가장 적절하지 <u>않은</u> 것은? (다툼이 있는 경우 판례에 의함) [19년 경행 행정법]

① 집행정지를 결정하기 위해서는 본안으로 취소소송·무효등확인소송·부작위위법확인소송이 계속 중이어야 한다.
② 거부처분은 그 효력이 정지되더라도 그 처분이 없었던 것과 같은 상태를 만드는 것에 지나지 아니하는 것이므로 정지할 필요성이 없다.
③ 항고소송의 대상이 되는 행정처분의 효력이나 집행 혹은 절차속행 등의 정지를 구하는 신청은 「행정소송법」상 집행정지신청의 방법으로만 가능할 뿐 「민사소송법」상 가처분의 방법으로는 허용될 수 없다.
④ 당사자소송에 대하여는 「행정소송법」 제23조 제2항의 집행정지에 관한 규정이 준용되지 아니하므로, 이를 본안으로 하는 가처분에 대하여는 「민사집행법」상의 가처분에 관한 규정이 준용되어야 한다.

해설 ① [×] 부작위위법확인소송은 그 성질상 집행정지가 허용될 수 없다.
② [O] 대법원 1991. 5. 2. 91두15 결정
③ [O] 대법원 2009. 11. 2. 2009마596 결정
④ [O] 대법원 2015. 8. 21. 2015무26 결정
정답 ①

37 「행정소송법」상 기관소송에 대한 설명으로 가장 적절하지 <u>않은</u> 것은? (다툼이 있는 경우 판례에 의함) [19년 경행 행정법]

① 국가 또는 공공단체의 기관 상호간에 있어서의 권한의 존부 또는 그 행사에 관한 다툼이 있을 때에 이에 대하여 제기하는 소송을 말한다.
② 「헌법재판소법」에 따라 헌법재판소의 관장사항으로 되는 소송은 제외한다.
③ 헌법 또는 법률에 의하여 부여받은 권한이 침해되었거나 침해될 현저한 위험이 있는 자가 제기할 수 있다.
④ 국민권익위원회가 「부패방지 및 국민권익위원회의 설치와 운영에 관한 법률」 소정의 조치를 요구한 경우에 그 요구에 불응하면 제재를 받을 수 있는데도 불구하고 기관소송을 제기할 수 없는 시·도선거관리위원회 위원장으로서는 그 요구에 대해 항고소송을 제기할 수 있다.

해설 ①, ② [○] 「행정소송법」 제3조 제4호
③ [×] 민중소송 및 기관소송은 법률이 정한 경우에 법률에 정한 자에 한하여 제기할 수 있다 (동법 제45조).
④ [○] 대판 2013. 7. 25, 2011두1214
정답 ③

---

38 「행정소송법」상 항고소송의 제소기간에 대한 설명으로 가장 적절한 것은?(다툼이 있는 경우 판례에 의함) [20년 경행 행정법]

① 취소소송은 처분 등이 있음을 안 날부터 90일 이내에 제기하여야 하는데, 행정심판청구를 할 수 있는 경우에 행정심판청구가 있은 때의 기간은 재결서의 정본을 송달받은 날부터 기산하며, 여기서 말하는 '행정심판'은 「행정심판법」에 따른 일반행정심판 만을 의미한다.

② 처분이 있음을 안 날부터 90일을 넘겨 청구한 부적법한 행정 심판청구에 대한 재결이 있은 후 재결서를 송달받은 날부터 90일 이내에 원래의 처분에 대하여 취소소송을 제기하면 취소소송은 제소기간을 준수한 것으로 본다.

③ 무효등확인소송의 경우에도 취소소송과 같이 제소기간에 제한이 있다.

④ 처분 당시에는 취소소송의 제기가 법제상 허용되지 않아 소송을 제기할 수 없다가 위헌결정으로 인하여 비로소 취소소송을 제기할 수 있게 된 경우에는 객관적으로는 '위헌결정이 있은 날', 주관적으로는 '위헌결정이 있음을 안 날' 비로소 취소소송을 제기할 수 있게 되어 이때를 제소기간의 기산점으로 삼아야 한다.

해설 ① [×] 「행정소송법」 제20조 제1항에 따르면, 취소소송은 처분 등이 있음을 안 날부터 90일 이내에 제기하여야 하는데, 행정심판청구를 할 수 있는 경우에 행정심판청구가 있은 때의 기간은 재결서의 정본을 송달받은 날부터 기산한다. 이처럼 취소소송의 제소기간을 제한함으로써 처분 등을 둘러싼 법률관계의 안정과 신속한 확정을 도모하려는 입법 취지에 비추어 볼 때, 여기서 말하는 '행정심판'은 행정심판법에 따른 일반행정심판과 이에 대한 특례로서 다른 법률에서 사안의 전문성과 특수성을 살리기 위하여 특히 필요하여 일반행정심판을 갈음하는 특별한 행정불복절차를 정한 경우의 특별행정심판(「행정심판법」 제4조)을 뜻한다(대판 2014. 4. 24, 2013두10809).
② [×] 처분이 있음을 안 날부터 90일을 넘겨 청구한 부적법한 행정심판청구에 대한 재결이 있은 후 재결서를 송달받은 날부터 90일 이내에 원래의 처분에 대하여 취소소송을 제기하였다고 하여 취소소송이 다시 제소기간을 준수한 것으로 되는 것은 아니다(대판 2011. 11. 24, 2011두18786).

③ [×] 무효등확인소송은 취소소송과 달리 제소기간의 제한이 없다.

④ [○] 대판 2008. 2. 1, 2007두20997

정답 ④

Chapter

08

생활안전 경찰활동론

제1절　생활안전경찰활동의 기초

01 「경찰청과 그 소속기관 직제」상 생활안전국장의 분장사항에 해당하지 <u>않</u><u>는</u> 것은?

① 범죄예방에 관한 기획·조정·연구 등 예방적 경찰활동 총괄

② 청원경찰의 운영 및 지도

③ 아동학대의 예방 및 피해자 보호에 관한 업무

④ 여성 대상 범죄 유관기관과의 협력 업무

해설 ② 청원경찰의 운영 및 지도는 경비국장의 분장사항이다(「경찰청과 그 소속기관 직제」 제13조 제3항 제3호). ①, ③, ④는 생활안전국장의 분장사항에 해당한다(동직제 제11조 제3항).

정답 ②

02 「경찰청과 그 소속기관 직제 시행규칙」상 생활질서과장의 분장사항에 해당하지 <u>않는</u> 것은?

① 풍속 및 성매매(아동·청소년 대상 성매매를 포함한다) 사범에 관한 지도·단속

② 총포·도검·화약류 등의 지도·단속

③ 즉결심판청구업무의 지도

④ 각종 안전사고의 예방에 관한 사항

해설 ① 아동·청소년 대상 성매매는 제외한다(「경찰청과 그 소속기관 직제 시행규칙」 제8조 제6항 제1호). 한편, 아동·청소년 대상 성매매 사건에 관한 수사지휘·감독은 형사국 여성청소년범죄 수사과장의 분장사항이다(동규칙 제17조 제5항 제1호 가목).

정답 ①

제 2 절 **범죄원인이론**

01 범죄를 기본적 인권(basic human rights)을 위반한 것으로 평가한 학자는?

① E. Sutherland

② H. Schwendinger & J. Schwendinger

③ Joseph F. Sheley

④ G. M. Sykes

해설 ② 쉬벤딩어(H. Schwendinger) & 쉬벤딩어(J. Schwendinger)는 범죄란 법률보다는 기본적 인권을 위반한 것으로 보았으며, 인권을 고려하지 않는 국가는 범죄자라고 주장하였다.

정답 ②

02 범죄원인 학설에 대한 설명 중 사회구조원인에 대한 학설은 모두 몇 개인가?

[15년 경간부]

㉠ 생물학적 이론	㉡ 사회학습이론
㉢ 낙인이론	㉣ 하위문화이론
㉤ 심리학적 이론	㉥ 동조성 전념이론
㉦ 차별적 접촉이론	㉧ 견제이론
㉨ 중화기술이론	㉩ 긴장(아노미)이론
㉪ 사회해체이론	

① 2개 　　② 3개 　　③ 4개 　　④ 5개

해설 ② 범죄원인 학설 중 사회구조이론에 속하는 학설은 ㉣ 하위문화이론, ㉩ 긴장(아노미)이론, ㉪ 사회해체이론이고, 사회과정이론에 속하는 학설은 ㉦ 차별적 접촉이론, ㉡ 사회학습이론, ㉢ 낙인이론, ㉥ 동조성 전념이론, ㉧ 견제이론, ㉨ 중화기술이론이고, 개인적 수준에 속하는 학설은 ㉠ 생물학적 이론, ㉤ 심리학적 이론이다.

정답 ②

03 범죄원인론에 대한 설명 중 가장 옳지 <u>않은</u> 것은?　　　　　[19년 경간부]

① Glaser는 청소년의 비행행위는 처벌이 없거나 칭찬받게 되면 반복적으로 저질러진다고 하였다.

② Miller는 범죄는 하위문화의 가치와 규범이 정상적으로 반영된 것이라고 하였다.

③ Reckless는 좋은 자아관념은 주변의 범죄적 환경에도 불구하고 비행행위에 가담하지 않도록 하는 중요한 요소라고 한다.

④ Cohen은 하류계층의 청소년들이 목표와 수단의 괴리로 인해 중류계층에 대한 저항으로 비행을 저지르며, 목표달성의 어려움을 극복하기 위해 자신들만의 하위문화를 만들게 되며 범죄는 이러한 하위문화에 의해 저질러진다고 한다.

해설 ① 글레이서(Glaser)는 차별적 동일시(Differential Identification) 개념을 제시하였다. 차별적 동일시는 청소년들이 언론 등에 등장하는 범죄자를 모방하고 자신과 동일시하여 범죄를 저지르게 된다는 것이다. 한편, 에이커스(Akers)는 청소년의 비행행위는 처벌이 없거나 칭찬받게 되면 반복적으로 저질러진다는 차별적 강화이론을 주장하였다.

정답 ①

04 범죄원인에 관한 학설 중 다음에서 설명하고 있는 내용과 가장 관련이 깊은 이론은?　　　　　[13년 경위 승진]

> 범죄유발의 외적 압력(가난, 비행하위문화, 퇴폐환경, 차별적 기회구조 등), 범죄유발의 내적 압력(좌절, 욕구, 분노, 열등감 등)을 설명하며, 좋은 자아관념은 주변의 범죄적 환경에도 불구하고 비행행위에 가담하지 않도록 하는 중요한 요소라 함

① Reckless − 견제이론

② Briar & Piliavin − 동조성 전념이론

③ Hirschi − 사회유대이론

④ Burgess & Akers − 차별적 강화이론

해설 ① 설문은 Reckless의 견제이론에 관한 내용이다.

정답 ①

05 다음은 관할지역 내 범죄문제 해결을 위해 경찰서별로 실시하고 있는 활동들이다. 각 활동들의 근거가 되는 범죄원인론을 가장 적절하게 연결한 것은? [19년 순경 2차]

> ㉠ A경찰서는 관내에서 음주소란과 폭행 등으로 적발된 청소년들을 형사입건하는 대신 지역사회 축제에서 실시되는 행사에 보안요원으로 봉사할 수 있는 기회를 제공하였다.
> ㉡ B경찰서는 지역사회에 만연해 있는 경미한 주취소란에 대해서도 예외 없이 엄격한 법집행을 실시하였다.
> ㉢ C경찰서는 관내 자전거 절도사건이 증가하자 관내 자전거 소유자들을 대상으로 자전거에 일련번호를 각인해 주는 서비스를 제공하였다.
> ㉣ D경찰서는 관내 청소년 비행 문제가 증가하자 청소년들을 대상으로 폭력 영상물의 폐해에 관한 교육을 실시하고, 해당 유형의 영상물에 대한 접촉을 삼가하도록 계도하였다.

① ㉠ 낙인이론 ㉡ 깨진 유리창 이론 ㉢ 상황적 범죄예방 이론 ㉣ 차별적 동일시 이론

② ㉠ 낙인이론 ㉡ 깨진 유리창 이론 ㉢ 상황적 범죄예방 이론 ㉣ 차별적 접촉 이론

③ ㉠ 상황적 범죄예방 이론 ㉡ 깨진 유리창 이론 ㉢ 낙인이론 ㉣ 차별적 접촉 이론

④ ㉠ 상황적 범죄예방 이론 ㉡ 낙인이론 ㉢ 깨진 유리창 이론 ㉣ 차별적 동일시 이론

해설 ㉠ 낙인이론은 국가의 지나친 개입을 주의해야 한다고 주장했으며, 낙인이론의 영향을 받아 다이버전(전환) 프로그램이 발달하였다. 다이버전은 형사사법기관이 통상의 형사절차를 중단하고 이를 대체하는 새로운 절차로의 이행을 의미한다.
㉡ 깨진 유리창 이론은 지역사회 내에서의 범죄 두려움을 관리하고 무질서를 지속적으로 단속하여 범죄심리 유발을 차단하려는 이론이다.
㉢ 상황적 범죄예방 이론은 범죄행위에 대한 위험과 어려움을 높여 범죄기회를 줄이고 범죄행위 이익을 감소시킴으로써 범죄를 억제·예방하려는 이론이다.
㉣ 차별적 동일시 이론은 사람은 자신을 누군가와 동일화하는 경향이 있으며, 자신의 범죄행동을 수용할 수 있다고 생각되는 실제의 인간이나 관념상 인간에게 자신을 동일화하는 경우에 범죄를 저지르게 된다고 주장한다.

정답 ①

06 사회적 수준의 범죄원인론 중 '사회과정원인'에 해당하지 <u>않는</u> 것은?

[21년 경감 승진]

① Sutherland의 차별적 접촉이론에 따르면, 범죄는 범죄적 전통을 가진 사회에서 많이 발생하며, 이러한 사회에서 개인은 범죄에 접촉·동조하면서 학습한다.

② Cohen은 하류계층의 청소년들이 목표달성의 어려움을 극복하기 위해 자신들만의 하위문화를 만들고, 범죄는 이러한 하위문화에 의해 저질러진다고 주장하였다.

③ Matza & Sykes에 따르면, 청소년은 비행 과정에서 '책임의 회피', '피해자의 부정', '피해 발생의 부인', '비난자에 대한 비난', '충성심에의 호소' 등 5가지 중화기술을 통해 규범, 가치관 등을 중화시킨다.

④ Hirschi에 따르면, 범죄는 사회적인 유대가 약화되어 통제되지 않기 때문에 발생하고, 사회적 결속은 애착, 참여, 전념, 신념의 4가지 요소에 영향을 받는다.

해설 ② 설문은 코헨(Cohen)의 비행 하위문화이론에 관한 설명으로 사회구조이론에 해당한다.

정답 ②

07 범죄원인이론에 대한 설명 중 가장 적절하지 <u>않은</u> 것은?   [20년 경감 승진]

① Miller는 범죄는 하위문화의 가치와 규범이 정상적으로 반영된 것이라고 하였다.

② Cohen은 하류계층의 청소년들이 목표와 수단의 괴리로 인해 중류계층에 대한 저항으로 비행을 저지르며, 목표달성의 어려움을 극복하기 위해 자신들만의 하위문화를 만들게 되는데 범죄는 이러한 하위문화에 의해 저질러진다고 한다.

③ '사회해체론'과 '아노미이론'은 범죄의 원인을 사회적 구조의 특성에서 찾는 사회적 수준의 범죄원인이론이다.

④ Durkheim은 좋은 자아관념이 주변의 범죄적 환경에도 불구하고 비행행위에 가담하지 않도록 하는 중요한 요소라고 한다.

해설 ④ 뒤르켐(Durkheim)은 급격한 사회변화, 전쟁, 사태, 소요 기간 동안에 사회규범이 붕괴되어 제대로 작용하지 못하는 상태를 아노미 상태라고 하면서, 이러한 무규범 및 억제력 상실의 상태에서 범죄가 발생한다고 주장하였다. 반면에 레클리스(Reckless)는 범죄를 통제하기 위해서는 외적제지(외부의 감독 및 통제)가 약한 경우에 좋은 자아개념이라는 내적 제지에 의해서 범죄가 통제되어야 한다고 주장하였다.

정답 ④

08 범죄원인론에 대한 설명으로 가장 적절하지 **않은** 것은? [19년 경위 승진]

① 고전주의 범죄학에 따르면 범죄는 인간의 자유의지에 의한 것이 아니고, 외적 요소에 의해 강요되는 것이다.

② 마짜(Matza)와 싸이크스(Sykes)는 청소년은 비행의 과정에서 합법적·전통적 관습, 규범, 가치관 등을 중화시킨다고 주장하였다.

③ 허쉬(Hirshi)는 범죄의 원인은 사회적인 유대가 약화되어 통제되지 않기 때문이라고 주장하였다.

④ 글레이저(Glaser)는 청소년들이 영화의 주인공을 모방하고 자신과 동일시하면서 범죄를 학습한다고 주장하였다.

해설 ① 고전주의 범죄학은 인간은 누구나 자유의지를 지니고 있는 합리적인 존재라는 사실을 전제로 논의를 진행한다. 고전주의 범죄학에 따르면, 범죄는 일을 덜 하고도 더 많은 보수를 얻을 수 있어서 사람들은 범죄를 선택하기 쉽다고 한다.

정답 ①

09 다음 중 범죄원인에 대한 학설의 설명으로 가장 옳지 <u>않은</u> 것은?

[14년 경간부]

① 문화전파이론은 범죄를 부추기는 가치관으로의 사회화나 범죄에 대한 구조적, 문화적 유인에 대한 자기통제상실을 범죄의 원인으로 본다.

② 낙인이론은 범죄자로 만드는 것이 행위의 질적인 면이 아니라 사람들의 인식이라고 본다.

③ 중화기술이론은 자기행위가 실정법상 위법하다는 것을 알지만 그럴 듯한 구실이나 이유를 내세워 자신의 행위를 도덕적으로 문제 없는 정당한 행위로 합리화시켜 준법정신이나 가치관을 마비시킴으로서 범죄에 나아간다는 이론을 말한다.

④ 긴장이론은 비행을 제지할 수 있는 사회적 통제의 결속과 유대의 약화로 범죄가 발생한다고 본다.

해설 ④ 비행을 제지할 수 있는 사회적 통제의 결속과 유대의 약화로 범죄가 발생한다고 보는 이론은 허쉬(Hirschi)의 사회유대이론이다. 뒤르켐의 긴장이론에 따르면, 부를 성취할 수 있는 합법적 기회는 하위계층에 상대적으로 부족하며, 그 결과 하위계층에 심각한 긴장이 발생하여 하위계층에 있는 사람들이 주로 범죄를 범한다.

정답 ④

제 3 절 범죄예방이론

01 범죄통제이론에 대한 설명으로 가장 적절하지 <u>않은</u> 것은?　　[17년 순경 2차]

① '억제이론'은 인간의 자유 의지를 인정하지 않는 결정론적 인간관에 바탕을 두고 특별예방효과에 중점을 둔다.

② '치료 및 갱생이론'은 생물학적·심리학적 범죄 이론에 바탕을 두고 있다.

③ '합리적 선택이론'은 인간이 자유 의지를 가지고 있다고 가정하고 합리적인 인간관을 전제로 하므로 비결정론적 인간관에 바탕을 두고 있다.

④ '일상활동이론'의 범죄 발생 3요소는 '동기가 부여된 잠재적 범죄자(moti-vated offender)', '적절한 대상(suitable target)', '보호자의 부재(absence of capable guardianship)'이다.

해설　① '억제이론'은 인간의 자유 의지를 인정하는 비결정론적 인간관에 바탕을 두고 일반예방효과에 중점을 둔다.

정답　①

02 다음은 '범죄통제이론'을 설명한 것이다. 가장 적절하지 <u>않은</u> 것은?

[18년 순경 3차]

① '일상활동이론'의 범죄유발의 4요소는 '범행의 동기', '사회적 제재로부터의 자유', '범행의 기술', '범행의 기회'이다.

② 로버트 샘슨과 동료들은 지역주민 간의 상호신뢰 또는 연대감과 범죄에 대한 적극적인 개입을 강조하는 '집합효율성이론'을 주장하였다.

③ '치료 및 갱생이론'은 결정론적 인간관에 입각하여 특별예방효과에 중점을 둔다.

④ '억제이론'은 폭력과 같은 충동적 범죄에 적용하는 데 한계가 있다는 비판이 있다.

해설　① 일상활동이론은 범죄는 ⓐ 범죄자, ⓑ 적당한 범행대상, ⓒ 보호자의 부재(감시자의 부재)라는 세 가지 조건이 충족될 때 발생한다고 가정한다. 한편, 실리(Sheley)는 범죄유발의 4요소로 ⓐ 범행 동기, ⓑ 사회적 제재로부터의 자유, ⓒ 범행 기술, ⓓ 범행 기회를 제시하였다.

정답　①

03 범죄원인론에서 J. F. Sheley가 주장한 범죄인의 입장에서 바라본 범죄를 일으키는 필요조건 4가지로 가장 적절하지 <u>않은</u> 것은? [15년 순경 2차]

① 범행의 기술
② 보호자(감시자)의 부재
③ 범행의 동기
④ 사회적 제재로부터의 자유

해설 ② 실리(J. F. Sheley)는 범죄가 발생하기 위해서는 ⓐ 범행 동기(motivation), ⓑ 사회적 제재로부터의 자유(freedom from social constraints), ⓒ 범행 기술(skill), ⓓ 범행 기회(opportunity)의 4가지 요소가 동시에 상호작용해야 한다고 주장하였다.

정답 ②

04 범죄예방 관련 이론에 대한 설명으로 가장 적절하지 <u>않은</u> 것은?

[21년 순경 1차]

① 합리적 선택이론은 거시적 범죄예방모델에 입각한 특별예방효과에 중점을 둔다.
② 깨진 유리창 이론에 이론적 근거를 두고 있는 무관용 경찰활동은 처벌의 확실성을 높여 범죄를 억제하는 전략이다.
③ 범죄패턴이론은 지리적 프로파일링을 통한 범행지역 예측 활성화에 기여할 수 있다.
④ 집합효율성은 지역사회 구성원 간의 연대감, 그리고 문제 상황 발생 시 구성원의 적극적인 개입의지를 결합한 개념이다.

해설 ① 합리적 선택이론은 자유의지를 가지고 있는 범죄자가 비용과 이익을 계산하고, 자신에게 유리한 경우에 범죄를 범한다는 이론이다. 효과적인 범죄예방은 체포의 위험성과 처벌의 확실성을 높임으로써 가능하다. 따라서 합리적 선택이론은 특별예방효과보다는 일반예방효과에 중점을 둔다.

정답 ①

05 범죄원인에 대한 이론을 설명한 것이다. 옳은 것은 모두 몇 개인가?

[21년 경간부]

> ㉠ 아노미이론은 Cohen에 의해 주장되었으며 '범죄는 정상적인 것이며 불가피한 사회적 행위'라는 입장에서 사회 규범의 붕괴로 인해 범죄가 발생한다고 보고 있다.
>
> ㉡ J. F. Sheley가 주장한 범죄유발의 4요소는 범죄의 동기, 사회적 제재로부터의 자유, 범죄 피해자, 범행의 기술이다.
>
> ㉢ 사회학습이론 중 Burgess & Akers의 차별적 강화이론에 의하면 청소년들이 영화의 주인공을 모방하고 자신과 동일시하면서 범죄를 학습한다고 한다.
>
> ㉣ Hirschi는 범죄의 원인은 사회적인 유대가 약화되어 통제되지 않기 때문이라고 보고, 비행을 통제할 수 있는 사회적 통제의 결속을 애착, 전념, 기회, 참여라고 하였다.
>
> ㉤ 합리적 선택이론에서는 인간의 자유의지를 인정하는 결정론적 인간관에 입각하여 범죄자는 비용과 이익을 계산하고 자신에게 유리한 경우에 범죄를 행한다고 본다.
>
> ㉥ 일상생활 이론은 범죄자의 입장에서 범행을 결정하는데 고려되는 4가지 요소로 가치, 이동의 용이성, 가시성, 접근성을 들고 있다.
>
> ㉦ 범죄패턴 이론은 지역사회 구성원들이 범죄문제를 해결하기 위해 적극적으로 참여하는 것이 중요한 범죄예방의 열쇠라고 한다.

① 0개   ② 1개   ③ 2개   ④ 3개

해설 ㉠ [×] 아노미이론은 뒤르켐(Durkheim)에 의해 주장되었으며, 코헨(Cohen)은 비행 하위문화이론을 주장하였다.

㉡ [×] 실리(Sheley)가 주장한 범죄유발의 4요소는 범행동기, 사회적 제재로부터의 자유, 범행 기회, 범행 기술이다.

㉢ [×] 글래서(Glaser)는 청소년들이 영화의 주인공을 모방하고 자신과 동일시 하면서 범죄를 학습한다고 하는 차별적 동일시 이론을 주장하였다.

㉣ [×] 허쉬(Hirschi)는 비행을 억제하는 사회적 유대의 4가지 요소로서 ⓐ 애착, ⓑ 전념, ⓒ 참여, ⓓ 신념을 주장하였다.

㉤ [×] 코니쉬(Cornish)와 클락(Clarke)의 합리적 선택이론은 자유의지를 갖고 있는 범죄자가 범죄의 비용과 이익을 계산하고, 자신에게 유리한 경우에 범죄를 범한다는 이론이다(비결정론적 인간관).

㉥ [○]

㉦ [×] 범죄패턴이론은 범죄와 연관된 사람·사물이 시간과 공간에서 어떻게 움직이는지를 고려한다. 범죄패턴이론은 교차점, 행로, 가장자리의 3가지 개념을 제시한다.

정답 ②

06 다음의 학자들이 주장한 범죄예방이론에 대한 설명 중 가장 옳지 않은 것은? [17년 경간부]

① 클락 & 코니쉬의 합리적 선택 이론 - 체포의 위험성과 처벌의 확실성을 높여 효과적으로 범죄를 예방할 수 있다.

② 브랜팅햄의 범죄패턴 이론 - 범죄에는 일정한 시간적 패턴이 있으므로, 일정 시간대의 집중 순찰을 통해 효율적으로 범죄를 예방할 수 있다.

③ 로버트 샘슨의 집합효율성 이론 - 지역사회 구성원들이 범죄문제를 해결하기 위해 적극적으로 참여하면 효과적으로 범죄를 예방할 수 있다.

④ 윌슨 & 켈링의 깨진 유리창 이론 - 경미한 무질서에 대한 무관용 원칙과 지역주민 간의 상호협력이 범죄를 예방하는 데 중요한 역할을 한다.

해설 ② 브랜팅햄 & 브랜팅햄의 범죄패턴이론은 사람이 활동하기 위해 움직이고 이동하는 것과 관련하여 ⓐ 교차점, ⓑ 행로, ⓒ 가장자리의 3가지 개념을 제시하였다. 범죄패턴이론은 지리적 프로파일링을 통한 범행지역 예측에 기여할 수 있다.

정답 ②

07 상황적 범죄예방이론에 대한 설명으로 가장 옳지 않은 것은?

① 상황적 범죄예방이론은 범죄행위에 대한 위험과 어려움을 높여 범죄기회를 줄이고, 범죄행위의 이익을 감소시킴으로써, 범죄를 억제 및 예방하려는 이론이다.

② 합리적 선택이론은 범죄와 연관된 사람·사물들이 어떻게 시간과 공간에서 움직이는지를 고려한다.

③ 코헨과 펠슨은 절도 범죄자들이 적절한 표식으로 인식하는 대상의 특징으로서 VIVA 모델을 제시하였다.

④ 일상활동이론은 범죄는 동기화된 범죄자, 적당한 범행대상, 보호자의 부재라는 3가지 조건이 충족될 때 발생한다고 한다.

해설 ② 합리적 선택이론은 자유의지를 갖고 있는 범죄자가 범죄의 비용과 이익을 계산하고 자신에게 유리한 경우에 범죄를 범한다는 이론이다.

정답 ②

08 범죄이론과 범죄통제이론에 대한 설명으로 적절하지 <u>않은</u> 것을 모두 고른 것은?
[18년 경위 승진]

> ㉠ 고전학파 범죄이론은 범죄에 대한 국가의 강력하고 확실한 처벌을 통해 범죄를 억제할 수 있다고 본다.
> ㉡ 생물학·심리학적 이론은 범죄자의 치료와 갱생을 통한 범죄통제를 주요 내용으로 하며, 범죄자를 대상으로 하므로 일반예방효과에 한계가 있다는 비판이 존재한다.
> ㉢ 사회학적 이론은 범죄기회의 제거와 범죄행위의 이익을 감소시키는 것을 내용으로 한다.
> ㉣ 상황적 범죄예방이론은 사회발전을 통해 범죄의 근본적인 원인을 제거하고자 하나, 폭력과 같은 충동적인 범죄에는 적용하는 데 한계가 있다.

① ㉠ ㉡　　　　② ㉠ ㉢　　　　③ ㉡ ㉢　　　　④ ㉢ ㉣

해설　㉠ [○]
㉡ [○]
㉢ [×] 상황적 범죄예방이론은 합리적 선택이론 등에 근거한 범죄예방이론으로서 범죄행위에 대한 위험과 어려움을 높여 범죄기회를 줄이고 범죄행위 이익을 감소시킴으로써 범죄를 억제·예방하려는 이론이다.
㉣ [×] 사회발전을 통해 범죄의 근본적인 원인을 제거하고자 하는 것은 사회발전 이론이다.

정답　④

09 CPTED(환경설계를 통한 범죄예방)의 원리와 그 내용 및 종류에 대한 설명으로 가장 적절하지 않은 것은? [19년 순경 1차]

① '자연적 감시'란 건축물이나 시설물의 설계 시 가시권을 최대한 확보하고 외부침입에 대한 감시기능을 확대함으로써, 범죄행위의 발견 가능성을 증가시키고 범죄기회를 감소시킬 수 있다는 원리로서, 종류로는 조명 · 조경 · 가시권 확대를 위한 건물의 배치 등이 있다.

② '영역성 강화'란 사적 공간에 대한 경계를 표시하여 주민들의 책임의식과 소유의식을 증대시킴으로써 사적 공간에 대한 관리권과 권리를 강화시키고, 외부인들에게는 침입에 대한 불법사실을 인식시켜 범죄기회를 차단한다는 원리이며, 종류로는 출입구의 최소화, 통행로의 설계, 사적 · 공적 공간의 구분이 있다.

③ '활동의 활성화'란 지역사회의 설계 시 주민들이 모여서 상호의견을 교환하고 유대감을 증대할 수 있는 공공장소를 설치하고 이용하도록 함으로써 자연적 감시와 접근통제의 기능을 확대한다는 원리이며, 종류로는 체육시설의 접근성과 이용의 증대, 벤치 · 정자의 위치 및 활용성에 대한 설계가 있다.

④ '유지관리'란 처음 설계된 대로 혹은 개선한 의도대로 기능을 지속적으로 유지하도록 관리함으로써 범죄예방을 위한 환경설계의 장기적이고 지속적인 효과를 유지한다는 원리이며, 종류로는 파손의 즉시 보수, 청결유지, 조명 · 조경의 관리가 있다.

해설 ② '영역성 강화'란 사적 공간에 대한 경계를 표시함으로써 주민의 주인의식 및 책임의식을 강화하고, 사적 공간에 대한 권리를 증대시킨다. 또한 외부인들에게는 침입에 대한 불법 사실을 인식시켜 범죄기회를 차단하는 원리를 의미한다. 영역성 강화 방법에는 공적 영역과 사적 영역의 명확한 구분, 울타리, 표지판, 도로 포장, 조경, 조명 등이 있다. 반면에 출입구의 최소화는 접근 통제 원리와 주로 관련되어 있다.

정답 ②

10 다음은 환경설계를 통한 범죄예방(CPTED)에 대한 설명이다. 〈보기 1〉과 〈보기 2〉의 내용이 가장 적절하게 연결된 것은? [20년 순경 1차]

보기 1

(가) 사적 공간에 대한 경계를 표시하여 주민들의 책임의식과 소유의식을 증대함으로써 사적 공간에 대한 관리권과 권리를 강화시키고, 외부인들에게는 침입에 대한 불법사실을 인식시켜 범죄기회를 차단하는 원리

(나) 건축물이나 시설물 설계 시 가시권을 최대한 확보, 외부침입에 대한 감시 기능을 확대함으로써 범죄행위의 발견 가능성을 증가시키고 범죄기회를 감소시킬 수 있다는 원리

(다) 일정한 지역에 접근하는 사람들을 정해진 공간으로 유도하거나 외부인의 출입을 통제하도록 설계함으로써 접근에 대한 심리적 부담을 증대시켜 범죄를 예방하는 원리

(라) 지역사회 설계 시 주민들이 모여서 상호의견을 교환하고 유대감을 증대할 수 있는 공공장소를 설치하고 이용하도록 함으로써 '거리의 눈'을 활용한 자연적 감시와 접근통제의 기능을 확대하는 원리

보기 2

㉠ 조명, 조경, 가시권 확대를 위한 건물의 배치
㉡ 체육시설의 접근성과 이용의 증대, 벤치·정자의 위치 및 활용성에 대한 설계
㉢ 울타리·펜스의 설치, 사적·공적 공간의 구분
㉣ 잠금장치, 통행로의 설계, 출입구의 최소화

	(가)	(나)	(다)	(라)			(가)	(나)	(다)	(라)
①	㉢	㉡	㉣	㉠		②	㉣	㉠	㉢	㉡
③	㉢	㉠	㉣	㉡		④	㉣	㉡	㉢	㉠

해설 (가) 영역성 강화 – ㉢
(나) 자연적 감시 – ㉠
(다) 접근 통제 – ㉣
(라) 활동성 증대 – ㉡

정답 ③

11 환경설계를 통한 범죄예방(CPTED)에 대한 설명으로 가장 적절하지 <u>않은</u> 것은? [15년 순경 1차; 16년 순경 2차]

① CPTED는 주거 및 도시지역의 물리적 환경설계 또는 재설계를 통해 범죄 기회를 차단하고자 하는 기법이다.

② '자연적 감시'는 건축물이나 시설물의 설계시 가시권을 최대 확보, 외부 침입에 대한 감시 기능을 확대함으로써 범죄행위의 발견 가능성을 증가시키고 범죄기회를 감소시킬 수 있는 원리이다.

③ '영역성의 강화'는 지역사회의 설계시 주민들이 모여서 상호의견을 교환하고 유대감을 증대할 수 있는 공공장소를 설치하고 이용하도록 함으로써 거리의 눈을 활용한 자연적 감시와 접근통제의 기능을 확대하는 원리이다.

④ '자연적 접근통제'는 일정한 지역에 접근하는 사람들을 정해진 공간으로 유도하거나 외부인의 출입을 통제하도록 설계함으로써 접근에 대한 심리적 부담을 증대시켜 범죄를 예방하는 원리이다.

해설 ③ 지역사회 설계시 주민이 모여서 상호의견을 교환하고 유대감을 증대할 수 있는 공공장소를 설치하고 이용하도록 함으로써 거리의 눈을 활용한 자연적 감시와 접근통제의 기능을 확대하는 원리는 '활동성 증대'이다.

정답 ③

12 환경설계를 통한 범죄예방(CPTED) 원리와 그에 대한 적용을 연결한 것 중에 옳지 <u>않은</u> 것은? [16년 경간부; 20년 경간부]

① 자연적 감시 – 조경·가시권의 확대를 위한 건물 배치

② 자연적 접근통제 – 출입구의 최소화, 벤치·정자의 위치 및 활용성에 대한 설계

③ 영역성의 강화 – 사적·공적 공간의 구분, 울타리의 설치

④ 활동의 활성화 – 놀이터·공원의 설치, 체육시설의 접근성과 이용의 증대

해설 ② 벤치·정자의 위치 및 활용성에 대한 설계는 활동성 증대(활동의 활성화)에 해당한다.

정답 ②

13 환경설계를 통한 범죄예방(CPTED)의 기본원리에 대한 설명으로 가장 옳은 것은? [18년 경위 승진; 21년 경간부]

① 자연적 감시는 건축물이나 시설물의 설계 시 가시권을 최대한 확보하고 외부침입에 대한 감시기능을 확대함으로써 범죄발각 위험을 증가시켜 기회를 감소시킬 수 있다는 원리이다. 종류로는 조명·조경 가시권 확대, 방범창 등이 있다.

② 영역성 강화는 사적 공간에 대한 경계를 표시함으로써 주민들의 책임의식과 소유의식을 증대함으로써 사적 공간에 대한 관리권과 권리를 강화시키고 외부인들에게는 침입에 대한 불법사실을 인식시켜 범죄의 기회를 차단하는 원리이다. 종류로는 울타리 펜스의 설치, 청결유지 등이 있다.

③ 자연적 접근통제는 일정한 지역에 접근하는 사람들을 정해진 공간으로 유도하거나 외부인의 출입을 통제하도록 설계함으로써 접근에 대한 심리적 부담을 증대시켜 범죄를 예방한다는 원리이다. 종류로는 차단기, 통행로의 설계 등이 있다.

④ 유지관리는 처음 설계된 대로 혹은 개선한 의도대로 기능을 지속적으로 유지하도록 관리함으로써 범죄예방을 위한 환경설계의 장기적이고 지속적 효과를 유지하는 원리이다. 종류로는 파손의 즉시 수리, 잠금장치, 조명·조경의 관리 등이 있다.

해설 ① [×] 방범창은 접근 통제의 예이다.
② [×] 청결유지는 유지·관리의 예이다.
③ [○]
④ [×] 잠금장치는 접근 통제의 예이다.

정답 ③

01 「국가경찰과 자치경찰의 조직 및 운영에 관한 법률」 및 「지역경찰의 조직 및 운영에 관한 규칙」상 우리나라 경찰조직에 관한 설명으로 가장 적절하지 **않은** 것은? [14년 경위 승진 수정]

① 경찰의 사무를 지역적으로 분담하여 수행하게 하기 위하여 특별시·광역시·특별자치시·도·특별자치도에 시·도경찰청을 두고, 시·도경찰청 소속으로 경찰서를 둔다.

② 경찰서에 경찰서장을 두며, 경찰서장은 경무관, 총경 또는 경정으로 보한다.

③ 지구대장은 경정 또는 경감, 파출소장은 경감 또는 경위로 보한다.

④ 경찰서장은 인구, 면적, 행정구역, 교통·지리적 여건, 각종 사건사고 발생 등을 고려하여 경찰서의 관할구역을 나누어 지역경찰관서(지구대 및 파출소)를 설치한다.

해설 ① [O] 「국가경찰과 자치경찰의 조직 및 운영에 관한 법률」 제13조
② [O] 동법 제30조 제1항
③ [O] 「지역경찰의 조직 및 운영에 관한 규칙」 제5조 제2항
④ [×] 시·도경찰청장은 인구, 면적, 행정구역, 교통·지리적 여건, 각종 사건·사고 발생 등을 고려하여 경찰서의 관할구역을 나누어 지역경찰관서를 설치한다(동규칙 제4조).

정답 ④

02 「지역경찰의 조직 및 운영에 관한 규칙」상 순찰팀장의 직무 내용에 대한 설명으로 가장 적절하지 **않은** 것은? [17년 경기북부 여경]

① 근무교대 시 주요 취급사항 및 장비 등의 인수인계 확인

② 관내 중요 사건 발생 시 현장 지휘

③ 관리팀원 및 순찰팀원에 대해 일일근무 지정 및 지휘·감독

④ 경찰 중요 시책의 홍보 및 협력치안 활동

해설 ④ 지역경찰관서장의 직무에 해당한다(「지역경찰의 조직 및 운영에 관한 규칙」 제5조 제3항 제4호).

정답 ④

03 경찰청예규인 「지역경찰의 조직 및 운영에 관한 규칙」에 대한 다음 설명 중 가장 옳은 것은? [17년 경간부 수정]

① "지역경찰관서"란 「국가경찰과 자치경찰의 조직 및 운영에 관한 법률」 제17조 및 「경찰청과 그 소속기관 직제」 제44조에 규정된 지구대, 파출소 및 치안센터를 말한다.

② 경찰서장은 인구, 면적, 행정구역, 교통·지리적 여건, 각종 사건·사고 발생 등을 고려하여 경찰서의 관할구역을 나누어 지역경찰관서를 설치한다.

③ 지역 치안수요 및 인력여건 등을 고려하여 지역경찰관서의 관리팀 및 순찰팀의 인원은 시·도경찰청장이 결정하고, 순찰팀의 수는 경찰서장이 결정한다.

④ 경찰 중요시책의 홍보 및 협력치안 활동은 지역경찰관서장의 직무이고, 관내 중요사건 발생시 현장지휘는 순찰팀장의 직무이다.

해설 ① [×] "지역경찰관서"란 「국가경찰과 자치경찰의 조직 및 운영에 관한 법률」 제17조 및 「경찰청과 그 소속기관 직제」 제44조에 규정된 지구대 및 파출소를 말한다(「지역경찰의 조직 및 운영에 관한 규칙」 제2조).
② [×] 시·도경찰청장은 인구, 면적, 행정구역, 교통·지리적 여건, 각종 사건·사고 발생 등을 고려하여 경찰서의 관할구역을 나누어 지역경찰관서를 설치한다(동규칙 제4조 제1항).
③ [×] 순찰팀의 수는 지역 치안수요 및 인력여건 등을 고려하여 시·도경찰청장이 결정하고, 관리팀 및 순찰팀의 인원은 지역 치안수요 및 인력여건 등을 고려하여 경찰서장이 결정한다(동규칙 제6조 제2항, 제3항).
④ [○] 동규칙 제8조

정답 ④

04 다음 보기 중 「지역경찰의 조직 및 운영에 관한 규칙」상 지역경찰의 근무 종류와 그 업무가 올바르게 연결된 것은? [19년 경간부]

> ㉠ 시설 및 장비의 작동 여부 확인
> ㉡ 방문민원 및 각종 신고사건의 접수 및 처리
> ㉢ 주민여론 및 범죄첩보 수집
> ㉣ 비상 및 작전사태 등 발생 시 차량·선박 등의 통행 통제

① ㉠ 순찰근무 ㉡ 행정근무 ㉢ 상황근무 ㉣ 순찰근무
② ㉠ 상황근무 ㉡ 상황근무 ㉢ 순찰근무 ㉣ 경계근무
③ ㉠ 상황근무 ㉡ 행정근무 ㉢ 상황근무 ㉣ 순찰근무
④ ㉠ 순찰근무 ㉡ 상황근무 ㉢ 순찰근무 ㉣ 경계근무

해설 ㉠ 시설 및 장비의 작동 여부 확인 – 상황근무(「지역경찰의 조직 및 운영에 관한 규칙」 제24조 제1항 제1호)
㉡ 방문민원 및 각종 신고사건의 접수 및 처리 – 상황근무(동규칙 제24조 제2호)
㉢ 주민여론 및 범죄첩보 수집 – 순찰근무(동규칙 제25조 제3항 제1호)
㉣ 비상 및 작전사태 등 발생 시 차량·선박 등의 통행 통제 – 경계근무(동규칙 제26조 제2항 제2호)
정답 ②

05 「지역경찰의 조직 및 운영에 관한 규칙」상 '순찰근무'에 대한 설명으로 가장 적절하지 **않은** 것은? [19년 경감 승진]

① 각종 사건·사고 발생시 초동조치 및 보고, 전파
② 비상 및 작전사태 등 발생시 차량·선박 등의 통행 통제
③ 경찰사범의 단속 및 검거
④ 통행인 및 차량에 대한 검문검색 등

해설 ② 비상 및 작전사태 등 발생시 차량·선박 등의 통행 통제는 경계근무에 해당한다(「지역경찰의 조직 및 운영에 관한 규칙」 제26조).
정답 ②

06 「지역경찰의 조직 및 운영에 관한 규칙」에 대한 설명으로 가장 적절하지 않은 것은?
[18년 순경 2차]

① 지역경찰의 근무는 행정근무, 상황근무, 순찰근무, 경계근무, 대기근무, 기타근무로 구분한다.

② 순찰팀의 수는 지역 치안수요 및 인력여건 등을 고려하여 경찰서장이 결정한다.

③ 관리팀 및 순찰팀의 인원은 지역 치안수요 및 인력여건 등을 고려하여 경찰서장이 결정한다.

④ '관리팀원 및 순찰팀원에 대한 일일근무 지정 및 지휘·감독'은 순찰팀장의 직무로 명시되어 있다.

해설 ② 순찰팀의 수는 시·도경찰청장이 결정한다(「지역경찰의 조직 및 운영에 관한 규칙」 제6조 제2항).

정답 ②

07 「지역경찰의 조직 및 운영에 관한 규칙」에 관한 다음 설명 중 옳은 것은 모두 몇 개인가?
[18년 경간부]

㉠ 시·도경찰청장 및 경찰서장은 지역경찰의 올바른 직무수행 및 자질 향상을 위해 필요한 교육을 실시하여야 하며 교육시간, 방법, 내용 등 지역경찰 교육과 관련된 세부적인 기준은 시·도경찰청장이 따로 정한다.

㉡ 순찰근무의 근무종류 및 근무구역은 시간대별·장소별 치안수요, 각종 사건 사고 발생, 순찰인원 및 가용 장비, 관할 면적 및 교통·지리적 여건을 고려하여 지정하여야 한다.

㉢ 상황근무를 지정받은 지역경찰은 지역경찰관서 및 치안센터 내에서 시설 및 장비의 작동여부 확인, 방문민원 및 각종 신고사건의 접수 및 처리, 요보호자 또는 피의자에 대한 보호·감시, 중요사건·사고 발생시 보고 및 전파, 기타 필요한 문서의 작성의 업무를 수행한다.

㉣ 행정근무를 지정받은 지역경찰은 지역경찰관서 내에서 문서의 접수 및 처리, 시설·장비의 관리 및 예산의 집행, 각종 현황·통계·자료·부책 관리, 기타 행정업무 및 지역경찰관서장이 지시한 업무를 수행한다.

㉤ 시·도경찰청장은 소속 시·도경찰청의 지역경찰 정원 충원현황을 연 2회 이상 점검하고 현원이 정원에 미달할 경우, 지역경찰 정원충원 대책을 수립·시행하여야 한다.

---

① 1개   ② 2개   ③ 3개   ④ 4개

해설 ㉠ [×] 시·도경찰청장 및 경찰서장은 지역경찰의 올바른 직무수행 및 자질 향상을 위해 필요한 교육을 실시하여야 한다. 교육시간, 방법, 내용 등 지역경찰 교육과 관련된 세부적인 기준은 경찰청장이 따로 정한다(「지역경찰의 조직 및 운영에 관한 규칙」 제39조 제1항, 제2항).
㉡ [○] 동규칙 제29조 제4항
㉢ [○] 동규칙 제24조
㉣ [○] 동규칙 제23조
㉤ [○] 동규칙 제37조 제3항

정답 ④

08 현행 「지역경찰의 조직 및 운영에 관한 규칙」에 따른 근무내용 중 가장 적절하지 <u>않은</u> 것은? [12년 경감 승진]

① 시설 및 장비의 작동여부를 확인하는 것도 상황근무의 내용이다.

② 방문민원 및 각종 신고사건의 접수 및 처리도 상황근무의 내용이다.

③ 경계근무는 반드시 2인 이상 합동으로 지정해야 하며, 근무자는 불순분자 및 범법자 등 색출을 위한 통행인 및 차량, 선박 등에 대한 검문검색 및 후속조치 등을 한다.

④ 대기근무란 치안상황에 효과적으로 대응하기 위하여 지역경찰관리자가 근무 내용 및 방법을 정하여 지정하는 근무로써 행정근무·상황근무·순찰근무·경계근무에 해당하지 않는 형태의 근무를 말한다.

> **해설** ④ 기타근무에 관한 설명이다(「지역경찰의 조직 및 운영에 관한 규칙」 제28조).
> **정답** ④

09 「지역경찰의 조직 및 운영에 관한 규칙」에 대한 설명 중 옳지 <u>않은</u> 것은 모두 몇 개인가? [20년 경간부 수정]

> ㉠ 행정근무를 지정받은 지역경찰은 각종 현황·통계·부책 관리 및 중요 사건·사고 발생시 보고·전파 업무를 수행한다.
> ㉡ 순찰팀의 수는 지역 치안수요 및 인력여건 등을 고려하여 경찰서장이 결정한다.
> ㉢ 경찰 중요시책의 홍보 및 협력치안 활동은 지역경찰관서장의 직무로, 관내 중요 사건발생시 현장지휘는 순찰팀장의 직무로 명시되어 있다.
> ㉣ 경찰서장은 인구, 면적, 교통·지리적 여건 등을 고려하여 경찰서 관할구역을 나누어 지역경찰관서를 설치한다.
> ㉤ "지역경찰관서"라 함은 「국가경찰과 자치경찰의 조직 및 운영에 관한 법률」 제17조 및 「경찰청과 그 소속기관 직제」 제44조에 규정된 지구대, 파출소 및 치안센터를 말한다.

① 1개   ② 2개   ③ 3개   ④ 4개

> **해설** ㉠ [×] 중요 사건·사고 발생시 보고·전파 업무는 상황근무에 해당한다(「지역경찰의 조직 및 운영에 관한 규칙」 제24조 제1항 제4호).

ⓒ [×] 순찰팀의 수는 지역 치안수요 및 인력여건 등을 고려하여 시·도경찰청장이 결정한다(동규칙 제6조 제2항).
ⓒ [○] 동규칙 제5조 제3항, 제8조 제2항
ⓔ [×] 시·도경찰청장이 지역경찰관서를 설치한다(동규칙 제4조 제1항).
ⓜ [×] "지역경찰관서"란 「국가경찰과 자치경찰의 조직 및 운영에 관한 법률」 제17조 및 「경찰청과 그 소속기관 직제」 제44조에 규정된 지구대 및 파출소를 말한다(동규칙 제2조 제1호).

정답 ④

---

10 「지역경찰의 조직 및 운영에 관한 규칙」에 규정된 '순찰근무'의 내용으로 적절한 것은 몇 개인가?   [21년 경찰특공대]

> ⊙ 각종 현황, 통계, 자료, 부책 관리
> ⓒ 각종 사건사고 발생시 초동조치 및 보고, 전파
> ⓒ 범죄 예방 및 위험발생 방지 활동
> ⓔ 경찰사범의 단속 및 검거

① 1개   ② 2개   ③ 3개   ④ 4개

해설 ③ ⊙은 행정근무에 해당하고, ⓒ, ⓒ, ⓔ은 순찰근무에 해당한다.
정답 ③

11 경찰순찰에 대한 설명으로 가장 적절한 것은? [21년 순경 1차]

① 뉴왁(Newark)시 도보순찰실험은 도보순찰을 강화하여도 해당 순찰구역의 범죄율을 낮추지는 못하였으나, 도보순찰을 할 때 시민이 경찰서비스에 더 높은 만족감을 드러냈음을 확인하였다.

② 「지역경찰의 조직 및 운영에 관한 규칙」상 순찰팀장은 일근근무를 원칙으로 하며, 휴게시간, 휴무횟수 등 구체적인 사항은 「국가공무원 복무규정」 및 「경찰기관 상시근무 공무원의 근무시간 등에 관한 규칙」이 규정한 범위 안에서 지역경찰관서장이 정한다.

③ 「지역경찰의 조직 및 운영에 관한 규칙」상 순찰근무를 지정받은 지역경찰은 지정된 근무구역에서 경찰사범의 단속 및 검거, 경찰방문 및 방범진단, 시설 및 장비의 작동여부 확인, 각종 현황, 통계, 자료 부책 관리와 같은 업무를 수행한다.

④ 워커(Samuel Walker)는 순찰의 3가지 기능으로 범죄의 억제, 대민 서비스 제공, 교통지도단속을 언급하였다.

해설 ① [○]

② [×] 순찰팀장은 상시·교대근무를 원칙으로 하며, 근무교대 시간 및 휴게시간, 휴무횟수 등 구체적인 사항은 「국가공무원 복무규정」 및 「경찰기관 상시근무 공무원의 근무시간 등에 관한 규칙」이 규정한 범위 안에서 시·도경찰청장이 정한다(「지역경찰의 조직 및 운영에 관한 규칙」 제21조 제3항).

③ [×] 시설 및 장비의 작동여부 확인은 상황근무에 해당하고, 각종 현황, 통계, 자료 부책 관리는 행정근무에 해당한다.

④ [×] 워커는 순찰은 경찰활동의 핵심이며 ⓐ 범죄의 억제, ⓑ 공공 안전감의 증진, ⓒ 대민 서비스 제공의 기능을 한다고 언급하였다.

정답 ①

제5절 협력방범업무

01 「**경비업법**」**에 대한 내용으로 가장 적절하지 <u>않은</u> 것은?** [18년 순경 1차]

① 경비업은 법인이 아니면 이를 영위할 수 없다.

② 경비업을 영위하고자 하는 법인은 도급받아 행하고자 하는 경비업무를 특정하여 그 법인의 주사무소의 소재지를 관할하는 시·도경찰청장의 허가를 받아야 한다. 도급받아 행하고자 하는 경비업무를 변경하는 경우에도 또한 같다.

③ 이 법 제4조 제1항의 규정에 의한 경비업 허가의 유효기간은 허가받은 다음 날부터 5년으로 한다.

④ 경비업자는 집단민원현장에 경비원을 배치하는 때에는 경비지도사를 선임하고 그 장소에 배치하여 행정안전부령으로 정하는 바에 따라 경비원을 지도·감독하게 하여야 한다.

해설 ① [○] 「경비업법」 제3조
② [○] 동법 제4조 제1항
③ [×] 이 법 제4조 제1항의 규정에 의한 경비업 허가의 유효기간은 허가받은 날부터 5년으로 한다(동법 제6조 제1항).
④ [○] 동법 제7조 제6항

정답 ③

02 「경비업법」상 경비업에 대한 설명이다. 다음 중 옳은 것을 모두 고른 것은?

[17년 순경 1차]

㉠ 경비업의 업무에는 시설경비, 호송경비, 신변보호, 기계경비, 특수경비가 있다.
㉡ 신변보호업무는 사람의 생명이나 신체에 대한 위해의 발생을 방지하고 그 신변을 보호하는 업무이다.
㉢ 시설경비업무는 공항(항공기를 포함)등 대통령령이 정하는 국가중요시설의 경비 및 도난·화재 그 밖의 위험발생을 방지하는 업무이다.
㉣ 기계경비업무는 경비대상시설에 설치한 기기에 의하여 감지·송신된 정보를 그 경비대상시설 내의 장소에 설치한 관제시설의 기기로 수신하여 도난·화재 등 위험발생을 방지하는 업무이다.

---

① 없음   ② ㉠㉡   ③ ㉠㉡㉢   ④ ㉠㉡㉢㉣

해설 ㉠ [○] 「경비업법」 제2조 제1호
㉡ [○] 동법 제2조 제1호 다목
㉢ [×] 특수경비업무는 공항(항공기를 포함)등 대통령령이 정하는 국가중요시설의 경비 및 도난·화재 그 밖의 위험발생을 방지하는 업무이다(동법 제2조 제1호 마목).
㉣ [×] 기계경비업무는 경비대상시설에 설치한 기기에 의하여 감지·송신된 정보를 그 경비대상시설 외의 장소에 설치한 관제시설의 기기로 수신하여 도난·화재 등 위험발생을 방지하는 업무이다(동법 제2조 제1호 라목).

정답 ②

03 「경비업법」상 경비업무의 종류에 대한 정의로 가장 적절하지 <u>않은</u> 것은?

[15년 순경 3차, 16년 순경 1차]

① 특수경비업무 – 공항(항공기를 포함한다) 등 대통령령이 정하는 국가중요 시설의 경비 및 도난 · 화재 그 밖의 위험발생을 방지하는 업무를 말한다.

② 기계경비업무 – 경비대상시설에 설치한 기기에 의하여 감지 · 송신된 정보를 그 경비대상시설 내의 장소에 설치한 관제시설의 기기로 수신하여 도난 · 화재 등 위험 발생을 방지하는 업무를 말한다.

③ 시설경비업무 – 경비를 필요로 하는 시설 및 장소에서의 도난 · 화재 그 밖의 혼잡 등으로 인한 위험발생을 방지하는 업무를 말한다.

④ 신변보호업무 – 사람의 생명이나 신체에 대한 위해의 발생을 방지하고 그 신변을 보호하는 업무를 말한다.

해설　② 기계경비업무 – 경비대상시설에 설치한 기기에 의하여 감지 · 송신된 정보를 그 경비대상시설 외의 장소에 설치한 관제시설의 기기로 수신하여 도난 · 화재 등 위험 발생을 방지하는 업무를 말한다(「경비업법」 제2조 제1호 라목).

정답　②

---

04 「경비업법」상 경비업에 대한 설명 중 옳은 것을 모두 고른 것은?

[20년 경간부]

> ㉠ 기계경비업무는 경비대상시설에 설치한 기기에 의하여 감지 · 송신된 정보를 그 경비대상시설 외의 장소에 설치한 관제시설의 기기로 수신하여 도난 · 화재 등 위험발생을 방지하는 업무이다.
> ㉡ 신변보호업무는 사람의 생명이나 신체에 대한 위해의 발생을 방지하고 그 신변을 보호하는 업무이다.
> ㉢ 특수경비업무는 공항(항공기를 제외한다) 등 대통령령이 정하는 국가중요시설의 경비 및 도난 · 화재 그 밖의 위험발생을 방지하는 업무이다.
> ㉣ 혼잡경비업무는 경비를 필요로 하는 시설 및 장소에서의 도난 · 화재 그 밖의 혼잡 등으로 인한 위험발생을 방지하는 업무이다.

① ㉠　　　　　　　　　　　　　② ㉠ ㉡

③ ㉠ ㉡ ㉢　　　　　　　　　　④ ㉠ ㉡ ㉢ ㉣

해설 ㉠ [○]「경비업법」제2조 제1호 라목

㉡ [○] 동법 제2조 제1호 다목

㉢ [×] 특수경비업무는 공항(항공기를 포함한다) 등 대통령령이 정하는 국가중요시설의 경비 및 도난·화재 그 밖의 위험발생을 방지하는 업무이다(동법 제2조 제1호 마목).

㉣ [×] 경비를 필요로 하는 시설 및 장소에서의 도난·화재 그 밖의 혼잡 등으로 인한 위험발생을 방지하는 것은 시설경비업무이다(동법 제2조 제1호 가목).

정답 ②

05 다음 중 경비업의 허가를 받은 법인이 관할 시·도경찰청장에게 신고해야 할 사항이 <u>아닌</u> 것은? [18년 경간부]

① 영업을 폐업하거나 휴업한 때

② 법인의 주사무소나 출장소를 신설·이전 또는 폐지한 때

③ 도급받아 행하고자 하는 경비업무를 변경하는 경우

④ 특수경비업무를 개시하거나 종료한 때

해설 ③ 도급받아 행하고자 하는 경비업무를 변경하는 경우는 그 법인의 주 사무소의 소재지를 관할하는 시·도경찰청장의 허가를 받아야 한다(「경비업법」제4조 제1항). 한편, 경비업의 허가를 받은 법인은 ⓐ 영업을 폐업하거나 휴업한 때, ⓑ 법인의 명칭이나 대표자·임원을 변경한 때, ⓒ 법인의 주사무소나 출장소를 신설·이전 또는 폐지한 때, ⓓ 기계경비업무의 수행을 위한 관제시설을 신설·이전 또는 폐지한 때, ⓔ 특수경비업무를 개시하거나 종료한 때, ⓕ 그 밖에 대통령령이 정하는 중요사항을 변경한 때에는 시·도경찰청장에게 신고하여야 한다(동법 제4조 제3항).

정답 ③

06 「경비업법」에 대한 설명 중 가장 옳지 <u>않은</u> 것은? [19년 경간부]

① 경비업을 영위하고자 하는 법인은 도급받아 행하고자 하는 경비업무를 특정하여 그 법인의 주사무소의 소재지를 관할하는 경찰서장의 허가를 받아야 한다. 도급받아 행하고자 하는 경비업무를 변경하는 경우에도 또한 같다.

② 경비업은 법인이 아니면 이를 영위할 수 없다.

③ 경비업 허가의 유효기간은 허가받은 날부터 5년으로 한다.

④ 경비업자는 집단민원현장에 경비원을 배치하는 때에는 경비지도사를 선임하고 그 장소에 배치하여 행정안전부령으로 정하는 바에 따라 경비원을 지도·감독하게 하여야 한다.

해설 ① 경비업을 영위하고자 하는 법인은 도급받아 행하고자 하는 경비업무를 특정하여 그 법인의 주사무소의 소재지를 관할하는 시·도경찰청장의 허가를 받아야 한다. 도급받아 행하고자 하는 경비업무를 변경하는 경우에도 또한 같다(「경비업법」 제4조 제1항).

정답 ①

07 일반경비원의 결격사유에 대한 설명으로 가장 적절하지 **않은** 것은?

① 금고 이상의 실형의 선고를 받고 그 집행이 종료된 날부터 5년이 지나지 아니한 자
② 피한정후견인
③ 만 18세 미만인 사람
④ 파산선고를 받고 복권되지 아니한 자

해설 ② 피성년후견인은 일반경비원의 결격사유에 해당되지만 피한정후견인은 일반경비원의 결격사유에 해당되지 않는다(「경비업법」 제10조 제1항).

정답 ②

제6절   생활질서업무

01 「풍속영업의 규제에 관한 법률」에서 규정하는 풍속영업의 범위에 해당하지 **않는** 것은?   [17년 경간부]

① 「게임산업진흥에 관한 법률」에 따른 복합유통게임제공업
② 「영화 및 비디오물의 진흥에 관한 법률」에 따른 비디오물감상실업
③ 「공중위생관리법」에 따른 미용업
④ 「체육시설의 설치 이용에 관한 법률」에 따른 무도장업

해설 ③ 「공중위생관리법」상 숙박업, 목욕장업, 이용업 중 대통령령으로 정하는 것이 풍속영업에 해당하며, 미용업은 풍속영업에서 제외된다(「풍속영업의 규제에 관한 법률」 제2조).

정답 ③

02 풍속업소 단속시 단속대상으로 가장 적절하지 <u>않은</u> 것은? [15년 경위 승진]

① 17세 여성을 접대부로 고용한 단란주점 업주
② 25세 남성에게 술을 판매한 유흥주점 업주
③ 18세 남성에게 술을 판매한 노래연습장 업주
④ 17세 여성을 접대부로 고용한 노래연습장 업주

해설 ① [O] 단란주점 영업에서는 손님과 함께 술을 마시거나 노래 또는 춤으로 손님의 유흥을 돋우는 부녀자인 유흥종사자를 고용할 수 없다(「식품위생법 시행령」 제21조 제8호 다목 라목). 또한 청소년 유해업소인 단란주점은 청소년 출입·고용 금지업소이다(「청소년 보호법」 제2조 제5호).
② [×]
③, ④ [O] 노래연습장 업주는 주류를 판매·제공해서 안되고, 접대부(남녀를 불문한다)를 고용·알선하거나 호객행위를 해서도 안된다(「음악산업진흥에 관한 법률」 제22조 제3호 제4호). 청소년 유해업소인 노래연습장업은 청소년 출입·고용 금지업소이다. 청소년실을 갖춘 노래연습장업에 한하여 청소년은 출입할 수 있다(「청소년 보호법」 제2조 제5호 가목).

정답 ②

03 「풍속영업의 규제에 관한 법률」상 풍속영업자 및 종사자의 준수사항에 대한 설명으로 가장 적절하지 <u>않은</u> 것은? (판례에 따름)

① 풍속영업소에서 음란행위를 하게 하거나 이를 알선 또는 제공하여서는 아니된다.
② 종업원의 행위와 노출정도가 형사법상 규제의 대상으로 삼을 만큼 사회적으로 유해한 영향을 끼칠 위험성이 있다고 평가할 수 있을 정도에 노골적인 방법에 의하여 성적 부위를 노출하거나 성적 행위를 표현한 것이라고 단정하기에 부족한 경우에는 음란행위에 해당한다고 판단하기 어렵다.
③ 풍속영업소인 숙박업소에서 음란한 외국의 위성방송 프로그램을 수신하여 투숙객 등으로 하여금 시청하게 하는 행위는 음란한 물건을 관람하게 하는 행위에 해당하지 않는다.
④ 풍속영업자가 자신이 운영하는 여관에서 친구들과 일시 오락 정도에 불과한 도박을 한 경우 「풍속영업의 규제에 관한 법률」 위반죄의 구성요건에는 해당하나 사회상규에 위배되지 않는 행위로서 위법성이 조각된다.

해설 ① [O] 「풍속영업의 규제에 관한 법률」 제3조 제2호
② [O] 대판 2009. 2. 26, 2006도3119

③ [×] 풍속영업소인 숙박업소에서 음란한 외국의 위성방송 프로그램을 수신하여 투숙객 등으로 하여금 시청하게 하는 행위는 음란한 물건을 관람하게 하는 행위에 해당한다(대판 2010. 7. 15, 2009도4545).

④ [○] 대판 2004. 4. 9, 2003도6351

정답 ③

04 풍속사범 단속과 관련한 설명 중 옳은 것은 모두 몇 개인가? (판례에 의함)

[20년 경간부]

⊙ 풍속업소인 숙박업소에서 음란한 외국의 위성방송프로그램을 수신하여 투숙객 등으로 하여금 시청하게 하는 행위는 구 「풍속영업의 규제에 관한 법률」에서 규정된 '음란한 물건'을 관람하게 하는 행위에 해당하지 않는다.

ⓒ 유흥주점영업허가를 받았다고 하더라도 실제로는 노래연습장영업을 하고 있다면 유흥주점영업에 따른 영업자 준수사항을 지켜야 할 의무가 있다고 할 수 없다.

ⓒ 일반음식점 허가를 받은 사람이 주로 주류를 조리·판매하는 형태의 주점영업을 하였다면, 손님이 노래를 부를 수 있는 여건이 갖추어지지 않았다고 하더라도 구 「식품위생법」상 단란주점영업에 해당한다.

ⓔ 18세 미만의 청소년에게 술을 판매함에 있어서 가사 그의 민법상 법정대리인의 동의를 받았다고 하더라도 그러한 사정만으로 위 행위가 정당화 될 수는 없다.

ⓜ 청소년이 이른바 '티켓걸'로서 노래연습장 또는 유흥주점에서 손님들의 흥을 돋우어 주고 시간당 보수를 받은 경우라고 하더라도 업소주인이 청소년을 시간제 접대부로 고용한 것으로 보기는 어려우므로 업소주인을 청소년보호법위반죄로 처벌할 수 없다.

ⓗ 모텔에 동영상 파일 재생장치인 디빅 플레이어를 설치하고 투숙객에게 그 비밀번호를 가르쳐 주어 저장된 음란동영상을 관람하게 한 경우, 이는 「풍속영업의 규제에 관한 법률」에서 금지하고 있는 음란한 비디오물을 풍속영업소에서 관람하게 한 행위에 해당한다.

① 1개 ② 2개 ③ 3개 ④ 4개

해설 ⊙ [×] 풍속영업소인 숙박업소에서 음란한 외국의 위성방송프로그램을 수신하여 투숙객 등으로 하여금 시청하게 하는 행위는 「풍속영업법」 제3조 제2호에 규정된 '음란한 물건'을 관람하게 하는 행위에 해당한다(대판 2010. 7. 15, 2009도4545).

ⓒ [○] 대판 1997. 9. 30, 97도1873

ⓒ [×] 구 「식품위생법」(2006. 12. 28. 법률 제8113호로 개정되기 전의 것) 제22조 제1항, 구 「식품위생법 시행령」(2006. 12. 21. 대통령령 제19769호로 개정되기 전의 것) 제7조 제8호의 각 규정의 취지를 종합하면, 위 시행령에서 단란주점영업을 "주로 주류를 조리·판매하는 영업으로서 손님이 노래를 부르는 행위가 허용되는 영업"으로 규정하고 있으므로, 주로 주류를 조리·판매하는 영업이라고 하더라도 손님으로 하여금 노래를 부르게 하는 것이 가능하지 않은 형태의 영업은 위 시행령 소정의 단란주점영업에 해당한다고 볼 수 없다(대판 2008. 9. 11. 2008도2160).

ⓔ [○] 대판 1999. 7. 13. 99도2151

ⓜ [×] 청소년유해업소인 노래연습장업 또는 유흥주점의 각 업주는 청소년을 접대부로 고용할 수 없는바, 여기의 고용에는 시간제로 보수를 받고 근무하는 경우도 포함된다 할 것이고, 한편 특정다방에 대기하는 이른바 '티켓걸'이 노래연습장 또는 유흥주점에 티켓영업을 나가 시간당 정해진 보수(이른바 '티켓비')를 받고 그 손님과 함께 춤을 추고 노래를 불러 유흥을 돋우게 한 경우, 그 티켓걸을 업소주인이 알려준 전화로 손님이 직접 부르고 그 티켓비를 손님이 직접 지급하였다고 하더라도 업소주인이 그 티켓걸을 시간제 접대부로 고용한 것으로 보아야 한다(대판 2005. 7. 29. 2005도3801).

ⓗ [○] 대판 2008. 8. 21. 2008도3975

정답 ③

05 「성매매알선 등 행위의 처벌에 관한 법률」상 '성매매알선 등 행위'의 태양으로 명시하고 있지 <u>않은</u> 것은? [18년 경위 승진]

① 성매매의 장소를 제공하는 행위
② 성매매에 이용됨을 알면서 정보통신망을 제공하는 행위
③ 성매매를 알선, 권유, 유인 또는 강요하는 행위
④ 성매매에 제공되는 사실을 알면서 자금, 토지 또는 건물을 제공하는 행위

해설 ① [○] 「성매매알선 등 행위의 처벌에 관한 법률」 제2조 제1항 제2호 나목
② [×]
③ [○] 동법 제2조 제1항 제2호 가목
④ [○] 동법 제2조 제1항 제2호 다목

정답 ②

06 「성매매알선 등 행위의 처벌에 관한 법률」상 성매매 피해자에 대한 처벌 특례와 보호에 관한 설명으로 가장 적절하지 <u>않은</u> 것은?

① 성매매 피해자의 성매매는 처벌하지 아니한다.

② 검사 또는 사법경찰관은 수사과정에서 피의자 또는 참고인이 성매매 피해자에 해당한다고 볼 만한 상당한 이유가 있을 때에는 지체 없이 법정대리인, 친족 또는 변호인에게 통지하여야 한다. 다만 피의자 또는 참고인의 사생활 보호 등 부득이한 사유가 있는 경우에는 통지하지 아니할 수 있다.

③ 수사기관은 신고자 등을 조사하는 때에는 직권으로 또는 본인·법정대리인의 신청에 의하여 신뢰관계에 있는 사람을 동석하게 할 수 있다. 더 나아가 수사기관은 청소년, 사물을 변별하거나 의사를 결정할 능력이 없거나 미약한 사람 또는 대통령령이 정하는 중대한 장애가 있는 사람에 대하여 신청을 받은 경우에는 수사에 지장을 초래할 우려가 없으면 신뢰관계에 있는 사람을 동석하게 하여야 한다.

④ 법원은 신고자 등의 사생활 또는 신변을 보호하기 위하여 필요하면 결정으로 심리를 공개해서는 안된다.

해설 ① [O] 「성매매알선 등 행위의 처벌에 관한 법률」 제6조 제1항
② [O] 동법 제6조 제2항
③ [O] 동법 제8조 제2항 제3항
④ [×] 법원은 신고자 등의 사생활 또는 신변을 보호하기 위하여 필요하면 결정으로 심리를 공개하지 아니할 수 있다(동법 제9조 제1항).

정답 ④

07 「성매매알선 등 행위의 처벌에 관한 법률」에 관한 설명 중 옳은 것은 모두 몇 개인가?
[15년 순경 2차]

> ㉠ "성매매"란 불특정인을 상대로 금품이나 그 밖의 재산상의 이익을 수수하거나 수수하기로 약속하고 성교행위 또는 구강·항문 등 신체의 일부 또는 도구를 이용한 유사 성교행위를 하거나 그 상대방이 되는 것을 말한다.
> ㉡ "성매매알선 등 행위"에는 성매매의 장소를 제공하는 것도 포함한다.
> ㉢ 성매매피해자의 성매매는 처벌하지 아니한다.
> ㉣ 이 법에 규정된 죄를 범한 사람이 수사기관에 신고하거나 자수한 경우에는 형을 감경하거나 면제해야 한다.

① 1개   ② 2개   ③ 3개   ④ 4개

해설 ㉠ [○] 「성매매알선 등 행위의 처벌에 관한 법률」 제2조 제1항 제1호
㉡ [○] 동법 제2조 제1항 제2호
㉢ [○] 동법 제6조 제1항
㉣ [×] 이 법에 규정된 죄를 범한 사람이 수사기관에 신고하거나 자수한 경우에는 형을 감경하거나 면제할 수 있다(동법 제26조).

정답 ③

08 「사행행위 등 규제 및 처벌 특례법」상 사행행위영업의 단속에 관한 설명으로 가장 적절하지 않은 것은?

① 사행행위업 중 현상업은 특정한 설문에 대하여 그 해답의 제시 또는 적중을 조건으로 응모자로부터 금품을 모아, 그 설문에 대한 정답자나 적중자의 전부 또는 일부에 대하여 재산상의 이익을 주고 다른 참가자에게 손실을 주는 행위를 하는 영업이다.
② 사행행위영업을 하고자 하는 자는 경찰서장의 허가를 받아야 한다.
③ 사행기구 제조업 및 판매업을 하고자 하는 자는 경찰청장의 허가를 받아야 한다.
④ 사행행위영업소에 입장하는 사람은 영업자가 청소년인지를 확인하기 위하여 주민등록증 등의 제시를 요구하거나 신분 확인을 위한 사항을 물으면 이에 협조하여야 한다.

해설 ① [○]「사행행위 등 규제 및 처벌 특례법」제2조 제1항 제2호 나목
② [×] 사행행위영업을 하고자 하는 자는 시·도경찰청장의 허가를 받아야 한다. 영업의 대상 범위가 둘 이상의 특별시·광역시·도 또는 특별자치도에 걸치는 경우에는 경찰청장의 허가를 받아야 한다(동법 제4조).
③ [○] 동법 제13조 제1항 제2항
④ [○] 동법 제25조 제2항

정답 ②

09 「게임산업진흥에 관한 법률」상 게임물 관련사업자의 준수사항에 관한 설명으로 가장 적절하지 <u>않은</u> 것은? [14년 경위 승진 수정]

① 게임물 및 컴퓨터 설비 등에 음란물 및 사행성게임물 차단 프로그램을 설치해야 한다.
② 어떠한 경우에도 경품을 제공하여서는 안 된다.
③ 일반게임제공업을 영위하는 자는 게임장에 청소년을 출입시키지 말아야 한다.
④ 게임물을 이용하여 도박 그 밖의 사행행위를 하게 하거나 이를 하도록 내버려 두지 말아야 한다.

해설 ① [○]「게임산업진흥에 관한 법률」제28조 제6호
② [×] 경품 등을 제공하여 사행성을 조장하지 아니할 것. 다만, 청소년게임제공업의 전체이용가 게임물에 대하여 대통령령이 정하는 경품의 종류(완구류 및 문구류 등. 다만, 현금, 상품권 및 유가증권은 제외)·지급기준·제공방법 등에 의한 경우에는 그러하지 아니하다(동법 제28조 제3호).
③ [○] 동법 제28조 제5호
④ [○] 동법 제28조 제2호

정답 ②

10 기초질서단속에 관한 설명으로 가장 적절하지 **않은** 것은?

① 기초질서 위반사범의 단속은 '깨진 유리창 이론'과 상당한 관계가 있다.

② 관공서에서의 주취소란은 50만원 이하의 벌금, 구류, 과료의 형으로 처벌한다.

③ 경범죄처벌법 위반자를 발견한 경우 경찰관은 현장에서 검거하여 범칙금 납부통고서를 발부하거나 지구대로 동행을 요구할 수 있다.

④ 「경범죄 처벌법」의 죄를 범한 범인을 은닉 · 도피하게 한 경우에 범인은닉죄가 성립한다.

해설 ② (관공서에서의 주취소란) 술에 취한 채로 관공서에서 몹시 거친 말과 행동으로 주정하거나 시끄럽게 한 사람은 60만원 이하의 벌금, 구류, 과료의 형으로 처벌한다(「경범죄 처벌법」 제3조 제3항 제1호).

정답 ②

11 「경범죄 처벌법」상 규정된 내용에 대한 설명으로 가장 적절하지 **않은** 것은? [16년 순경 2차 수정]

① 주거가 확인된 경우라면 어떠한 경우라도 「경범죄 처벌법」을 위반한 사람을 현행범인으로 체포할 수 없다.

② 거짓 광고, 업무방해, 암표매매의 경우 20만원 이하의 벌금, 구류 또는 과료의 형으로 처벌한다.

③ 「경범죄 처벌법」 위반의 죄를 짓도록 시키거나 도와준 사람은 죄를 지은 사람에 준하여 벌한다.

④ 「경범죄 처벌법」상의 범칙금 통고처분서를 받은 사람은 통고처분서를 받은 날로부터 10일 이내에 범칙금을 납부하여야 한다.

해설 ① [×] 다액 50만원 이하의 벌금, 구류 또는 과료에 해당하는 죄의 현행범인에 대하여는 범인의 주거가 분명하지 아니한 때에 한하여 현행범인 체포를 할 수 있다(「형사소송법」 제214조). 따라서 60만원 이하의 벌금을 부과할 수 있는 관공서에서의 주취소란과 거짓신고(「경범죄 처벌법」 제3조 제3항)의 경우에는 범인의 주거가 분명하더라도 현행범인 체포를 할 수 있다.
② [O] 「경범죄 처벌법」 제3조 제2항 제2호, 제3호, 제4호
③ [O] 동법 제4조
④ [O] 동법 제8조 제1항

정답 ①

12 「경범죄 처벌법」에 대한 다음 설명 중 가장 옳지 <u>않은</u> 것은? [16년 경간부]

① 술에 취한 채로 관공서에서 몹시 거친 말과 행동으로 주정하거나 시끄럽게 한 사람에 대해서는 주거가 분명한 경우에도 현행범 체포가 가능하다.

② 거짓신고는 재해 사실에 대하여 공무원에게 거짓으로 신고한 경우에도 성립한다.

③ 여러 사람에게 물품을 팔거나 나누어 주거나 일을 해주면서 다른 사람을 속이거나 잘못 알게 할 만한 사실을 들어 광고한 사람은 60만원 이하의 벌금, 구류 또는 과료의 형으로 처벌한다.

④ 상대방의 명시적 의사에 반하여 지속적으로 접근을 시도하여 면회 또는 교제를 요구하거나 지켜보기, 따라다니기, 잠복하여 기다리기 등의 행위를 반복하여 하는 사람은 10만원 이하의 벌금, 구류 또는 과료의 형으로 처벌한다.

해설 ① [○] 「경범죄 처벌법」 제3조 제3항 제1호
② [○] 동법 제3조 제3항 제2호
③ [×] 거짓 광고는 20만원 이하의 벌금, 구류 또는 과료의 형으로 처벌한다(동법 제3조 제2항 제2호).
④ [○] 동법 제3조 제1항 제41호

정답 ③

13 「경범죄 처벌법」에 대한 다음 설명 중 가장 적절하지 <u>않은</u> 것은? (다툼이 있는 경우 판례에 의함)   [18년 순경 3차]

① 버스정류장 등지에서 소매치기할 생각으로 은밀히 성명불상자들의 뒤를 따라 다닌 경우 「경범죄 처벌법」상 불안감 조성에 해당하지 않는다.

② 즉결심판이 청구된 피고인이 통고받은 범칙금에 그 금액의 100분의 50을 더한 금액을 납부하고 그 증명서류를 즉결심판 선고 전까지 제출하였을 때에는 경찰서장, 해양경찰서장 및 제주특별자치도지사는 그 피고인에 대한 즉결심판 청구를 취소할 수 있다.

③ 범칙금을 납부한 사람은 그 범칙행위에 대하여 다시 처벌받지 아니한다.

④ 통고처분서를 받은 날부터 10일 이내에 범칙금을 납부하여야 한다. 다만, 천재지변이나 그 밖의 부득이한 사유로 말미암아 그 기간 내에 범칙금을 납부할 수 없을 때에는 그 부득이한 사유가 없어지게 된 날부터 5일 이내에 납부하여야 한다.

해설 ① [○] 대판 1999. 8. 24, 99도2034
② [×] 즉결심판이 청구된 피고인이 통고받은 범칙금에 그 금액의 100분의 50을 더한 금액을 납부하고 그 증명서류를 즉결심판 선고 전까지 제출하였을 때에는 경찰서장, 해양경찰서장 및 제주특별자치도지사는 그 피고인에 대한 즉결심판 청구를 취소하여야 한다(「경범죄 처벌법」 제9조 제2항).
③ [○] 동법 제8조 제3항
④ [○] 동법 제8조 제1항

정답 ②

14 「경범죄 처벌법」에 대한 설명으로 가장 적절하지 <u>않은</u> 것은?

[17년 경기북부 여경]

① 통고처분서를 받은 사람은 천재지변이나 그 밖의 부득이한 사유가 없는 한 통고처분서를 받은 날부터 10일 이내에 범칙금을 납부하여야 한다.

② 범칙금을 납부한 사람은 그 범칙행위에 대하여 다시 처벌받지 아니한다.

③ 있지 아니한 범죄나 재해 사실을 공무원에게 거짓으로 신고한 사람에 대해서는 주거가 분명한 경우에도 현행범 체포가 가능하다.

④ 술에 취한 채로 관공서에서 몹시 거친 말과 행동으로 주정하거나 시끄럽게 한 사람에 대해서는 주거가 분명한 경우 현행범 체포가 불가능하므로 즉결심판 청구나 통고처분을 하여야 한다.

해설 ④ 60만원 이하의 벌금, 구류 또는 과료의 형으로 처벌할 수 있는 관공서에서의 주취 소란과 거짓 신고를 행한 사람에 대해서는 주거가 분명한 경우에도 현행범인 체포가 가능하다.

정답 ④

15 「경범죄 처벌법」상 경범죄를 범한 자의 주거가 분명한 경우라도 현행범인 체포가 가능한 경범죄의 종류로 가장 적절한 것은? [18년 경위 승진]

① 출판물의 부당게재　　② 거짓신고

③ 위험한 불씨 사용　　④ 암표매매

해설 ② 거짓신고는 「경범죄 처벌법」상 법정형이 60만원 이하의 벌금 등이므로 현행범인 체포가 가능하다.

정답 ②

16 「경범죄 처벌법」에 규정된 통고처분에 관한 다음 설명 중 가장 옳지 <u>않은</u> 것은?

[18년 경간부]

① 주거 또는 신원이 확실하지 아니한 사람은 통고처분의 대상이 아니다.

② 천재지변이나 그 밖의 부득이한 사유로 말미암아 그 기간 내에 범칙금을 납부할 수 없을 때에는 그 부득이한 사유가 없어지게 된 날부터 5일 이내에 납부하여야 한다.

③ 범칙자란 범칙행위를 상습적으로 하는 사람, 피해자가 있는 행위를 한 사람, 죄를 지은 동기나 수단 및 결과를 헤아려볼 때 구류처분을 하는 것이 적절하다고 인정되는 사람을 말한다.

④ 경찰서장은 통고처분서 받기를 거부한 사람에 대하여 지체 없이 즉결심판을 청구하여야 한다.

> **해설** ③ "범칙자"란 범칙행위를 한 사람으로서 다음 각 호의 어느 하나에 해당하지 아니하는 사람을 말한다(「경범죄 처벌법」 제6조 제2항).
> 1. 범칙행위를 상습적으로 하는 사람
> 2. 죄를 지은 동기나 수단 및 결과를 헤아려볼 때 구류처분을 하는 것이 적절하다고 인정되는 사람
> 3. 피해자가 있는 행위를 한 사람
> 4. 18세 미만인 사람
>
> **정답** ③

17 「경범죄 처벌법」에 대한 설명 중 가장 적절하지 <u>않은</u> 것은? [21년 순경 1차]

① 장난전화, 광고물 무단부착, 행렬방해, 흉기의 은닉휴대는 10만원 이하의 벌금, 구류 또는 과료의 형으로 처벌한다.

② 「경범죄 처벌법」 제7조 제1항에 따라 범칙자로 인정되는 사람일지라도 통고처분서 받기를 거부한 사람, 주거 또는 신원이 확실하지 아니한 사람, 그 밖에 통고처분을 하기가 매우 어려운 사람에 대하여는 통고처분하지 않는다.

③ 경범죄를 짓도록 시키거나 도와준 사람은 죄를 지은 사람에 준하여 벌하며, 경범죄의 미수범도 처벌한다.

④ 「경범죄 처벌법」 제8조 제1항에 따른 납부기간에 범칙금을 납부하지 아니한 사람은 납부기간의 마지막 날의 다음 날부터 20일 이내에 통고받은 범칙금에 그 금액의 100분의 20을 더한 금액을 납부하여야 한다.

해설 ③ 「경범죄 처벌법」에는 미수범 처벌 규정이 없다.
정답 ③

18 「경범죄 처벌법」에 대한 설명으로 가장 적절하지 <u>않은</u> 것은? [20년 순경 2차]

① 범칙행위란 「경범죄 처벌법」 제3조 제1항 각 호부터 제3항 각 호까지의 어느 하나에 해당하는 위반행위이다.

② 「경범죄 처벌법」 제3조의 죄를 짓도록 시키거나 도와준 사람은 죄를 지은 사람에 준하여 처벌한다.

③ "범칙자"란 범칙행위를 한 사람으로서 '피해자가 있는 행위를 한 사람', '죄를 지은 동기나 수단 및 결과를 헤아려볼 때 구류처분을 하는 것이 적절하다고 인정되는 사람', '범칙행위를 상습적으로 하는 사람', '18세 미만인 사람'의 어느 하나에도 해당하지 않는 사람을 말한다.

④ 술에 취한 채로 관공서에서 몹시 거친 말과 행동으로 주정하거나 시끄럽게 한 사람에 대해서 60만원 이하의 벌금, 구류 또는 과료의 형으로 처벌한다.

해설 ① "범칙행위"란 제3조 제1항 각 호 및 제2항 각 호의 어느 하나에 해당하는 위반행위를 말한다(「경범죄 처벌법」 제6조 제1항).

정답 ①

19 「경범죄 처벌법」에 대한 설명으로 가장 적절하지 <u>않은</u> 것은?

[21년 경찰특공대]

① 「경범죄 처벌법」 제3조의 죄를 짓도록 시키거나 도와준 사람은 죄를 지은 사람에 준하여 처벌한다.

② '범칙자'란 범칙행위를 한 사람으로서 '피해자가 있는 행위를 한 사람', '죄를 지은 동기나 수단 및 결과를 헤아려볼 때 구류처분을 하는 것이 적절하다고 인정되는 사람', '범칙행위를 상습적으로 하는 사람', '18세 미만인 사람'의 어느 하나에도 해당되지 않는 사람을 말한다.

③ 술에 취한 채로 관공서에서 몹시 거친 말과 행동으로 주정하거나 시끄럽게 한 사람에 대해서 20만원 이하의 벌금, 구류 또는 과료의 형으로 처벌한다.

④ 범칙행위란 「경범죄 처벌법」 제3조 제1항 각 호부터 제2항 각 호까지의 어느 하나에 해당하는 위반행위를 말한다.

해설 ③ 관공서에서의 주취소란은 60만원 이하의 벌금, 구류, 과료의 형으로 처벌한다(「경범죄 처벌법」 제3조 제3항 제1호).

정답 ③

20 A가 1월 13일에 「경범죄 처벌법」위반으로 통고처분을 받은 경우, 1차
납부기일과 2차 납부기일로 가장 적절한 것은? (밑줄·굵은 글씨는 토요일
또는 공휴일. 단, 천재지변 등으로 범칙금을 납부할 수 없는 상황은 발생하지 않
은 것으로 한정)

[15년 경감 승진]

1月						
日	月	火	水	木	金	土
				1	2	**3**
4	5	6	7	8	9	**10**
11	12	13	14	15	16	**17**
18	19	20	21	22	23	**24**
25	26	27	28	29	30	**31**

2月						
日	月	火	水	木	金	土
1	2	3	4	5	6	**7**
8	9	10	11	12	13	**14**
15	16	17	**18**	**19**	**20**	**21**
22	23	24	25	26	27	**28**

① 1차 납부기일 − 1월 20일　　2차 납부기일 − 1월 27일
② 1차 납부기일 − 1월 20일　　2차 납부기일 − 2월 3일
③ 1차 납부기일 − 1월 23일　　2차 납부기일 − 2월 2일
④ 1차 납부기일 − 1월 23일　　2차 납부기일 − 2월 12일

해설 ④ 1차 범칙금 납부기일은 통고처분서를 받은 날로부터 10일 이내에 납부하여야 한다(「경범죄
처벌법」 제8조 제1항). 다만 실무상 1차 납부기일의 기산일은 통고처분서를 받은 날이 아니라
그 다음 날부터 시작한다. 2차 범칙금 납부기일과 관련하여 1차 납부기간에 납부하지 아니한
경우 납부기간의 마지막 날의 다음 날부터 20일 이내에 통고 받은 범칙금에 그 금액의 100분
의 20을 더한 금액을 납부하여야 한다(동법 제8조 제2항).

정답 ④

21 다음은 파출소장 A가 소속 직원들에게 현행 「경범죄 처벌법」에 대하여 교양한 내용이다. 가장 적절하지 <u>않은</u> 것은? [14년 경감 승진]

① 술에 취한 채로 관공서에서 몹시 거친 말과 행동으로 주정하거나 시끄럽게 한 사람에 대해서는 주거가 분명한 경우에도 현행범 체포가 가능하다.

② 있지 아니한 범죄나 재해 사실을 공무원에게 거짓으로 신고한 사람에 대해서는 주거가 분명한 경우 현행범 체포가 불가능 하므로, 즉결심판 청구나 통고처분을 해야 한다.

③ 상대방의 명시적 의사에 반하여 지속적으로 접근을 시도하여 면회 또는 교제를 요구하거나 지켜보기, 따라다니기, 잠복하여 기다리기 등의 행위를 반복하여 하는 사람은 10만원 이하의 벌금, 구류 또는 과료의 형으로 처벌한다.

④ 여러 사람에게 물품을 팔거나 나누어 주거나 일을 해주면서 다른 사람을 속이거나 잘못 알게 할 만한 사실을 들어 광고한 사람은 20만원 이하의 벌금, 구류 또는 과료의 형으로 처벌한다.

해설 ② 거짓신고의 경우는 60만원 이하의 벌금, 구류, 과료의 형에 해당하므로 주거가 분명한 경우에도 현행범인 체포를 할 수 있다.
정답 ②

22 유실물 처리와 관련된 다음 설명 중 틀린 것은 모두 몇 개인가? [16년 경간부]

> ㉠ 습득물 공고 후 1년 이내에 소유자가 권리를 주장하지 않으면 습득자가 소유권을 취득한다.
> ㉡ 국가·지방자치단체와 그 밖에 대통령령으로 정하는 공공기관도 보상금을 청구할 수 있다.
> ㉢ 물건의 반환을 받는 자는 물건가액의 5/100 이상 30/100 이하의 범위 내에서 보상금을 습득자에게 지급하여야 한다.
> ㉣ 습득물, 유실물, 준유실물, 유기동물은 「유실물법」의 규정에 따라 처리된다.

① 1개   ② 2개   ③ 3개   ④ 4개

해설 ㉠ [×] 유실물은 법률에 정한 바에 의하여 공고한 후 6개월 내에 그 소유자가 권리를 주장하

지 아니하면 습득자가 그 소유권을 취득한다(「민법」 제253조).

ⓒ [×] 국가·지방자치단체, 그 밖에 대통령령으로 정하는 공공기관은 보상금을 청구할 수 없다(「유실물법」 제4조).

ⓒ [×] 물건의 반환을 받는 자는 물건가액의 100분의 5 이상 100분의 20 이하의 범위에서 보상금을 습득자에게 지급하여야 한다(동법 제4조).

ⓔ [×] 유실물, 준유실물, 습득물, 매장물은 「유실물법」의 적용을 받지만, 유기동물은 「동물보호법」의 적용을 받는다.

정답 ④

---

23 「유실물법」상 습득물에 대한 보상금의 한도로 가장 적절한 것은?

[15년 순경 2차]

① (습득물 가액의) 100분의 10 이상 100분의 20 이하

② (습득물 가액의) 100분의 5 이상 100분의 30 이하

③ (습득물 가액의) 100분의 5 이상 100분의 20 이하

④ (습득물 가액의) 100분의 10 이상 100분의 30 이하

해설 ③ 물건을 반환받는 자는 물건가액의 100분의 5 이상 100분의 20 이하의 범위에서 보상금을 습득자에게 지급하여야 한다(「유실물법」 제4조).

정답 ③

---

24 유실물 처리에 관한 다음 설명 중 가장 옳지 않은 것은?

[18년 경간부]

① 유실물이란 점유자의 의사에 의하지 않거나 타인에게 절취된 것이 아니면서 우연히 그 지배에서 벗어난 동산을 말하며, 점유자의 의사에 의하여 버린 물건이나 도품은 유실물에 해당하지 않는다.

② 범죄자가 놓고 간 것으로 인정되는 물건을 습득한 자는 신속히 그 물건을 경찰서에 제출하여야 한다.

③ 유실물을 습득한 자가 보상금을 받을 권리 및 습득물의 소유권을 취득할 권리를 얻기 위해서는 습득일로부터 7일 이내에 경찰서(지구대·파출소 등 소속 경찰관서를 포함한다)에 신고하여야 한다.

④ 유실물을 습득한 자가 유실물의 소유권을 취득할 권리를 보유한 때부터 2개월 이내에 유실물을 수취하지 아니할 때에는 그 소유권을 상실한다.

해설 ④ 이 법 및 「민법」 제253조, 제254조에 따라 물건의 소유권을 취득한 자가 그 취득한 날부터 3개월 이내에 물건을 경찰서 또는 자치경찰단으로부터 받아가지 아니할 때에는 그 소유권을 상실한다(「유실물법」 제14조).

정답 ④

제7절 총포 · 도검 · 화약류 안전관리업무

01 「총포 · 도검 · 화약류 등의 안전관리에 관한 법률」에 대한 내용으로 가장 적절하지 않은 것은? [18년 순경 1차]

① "총포"란 권총, 소총, 기관총, 포, 엽총, 금속성 탄알이나 가스 등을 쏠 수 있는 장약총포, 공기총(가스를 이용하는 것을 포함한다) 및 총포신 · 기관부 등 그 부품으로서 대통령령으로 정하는 것을 말한다.

② 자격정지 이상의 형을 선고받고 그 집행이 끝나거나 집행을 받지 아니하기로 확정된 후 3년이 지나지 아니한 자는 총포 · 도검 · 화약류 · 분사기 · 전자충격기 · 석궁 제조업의 허가를 받을 수 없다.

③ 누구든지 유실 · 매몰 또는 정당하게 관리되고 있지 아니하는 총포 · 도검 · 화약류 · 분사기 · 전자충격기 · 석궁이라고 인정되는 물건을 발견하거나 습득하였을 때에는 24시간 이내에 가까운 경찰관서에 신고하여야 한다.

④ 화약류를 운반하려는 사람은 행정안전부령으로 정하는 바에 따라 발송지를 관할하는 경찰서장에게 신고하여야 한다. 다만, 대통령령으로 정하는 수량 이하의 화약류를 운반하는 경우에는 그러하지 아니하다.

해설 ① [O] 「총포 · 도검 · 화약류 등의 안전관리에 관한 법률」 제2조 제1항
② [X] 금고 이상의 실형을 선고받고 그 집행이 끝나거나 집행을 받지 아니하기로 확정된 후 3년이 지나지 아니한 자는 총포 · 도검 · 화약류 · 분사기 · 전자충격기 · 석궁 제조업의 허가를 받을 수 없다(동법 제5조 제1호).
③ [O] 동법 제23조
④ [O] 동법 제26조 제1항

정답 ②

02 「총포 · 도검 · 화약류 등의 안전관리에 관한 법률」 및 동법 시행령에 대한 설명 중 적절한 것은 모두 몇 개인가?　　　　　　　　[13년 경위 승진 수정]

> ㉠ '총포' 중 기관총은 구경 20밀리미터 미만의 것을 말하며 기관권총도 포함한다.
> ㉡ 칼날의 길이가 5cm 이상이고 45°이상 자동으로 펴지는 장치가 있는 비출나이프는 '도검'에 해당한다.
> ㉢ '석궁'은 활과 총의 원리를 이용하여(추진력은 활의 원리를, 조준 및 발사장치는 총의 원리를 이용하여) 화살 등의 물체를 발사하여 인명에 위해를 줄 수 있는 것을 말한다.(국궁 또는 양궁에 속하는 것을 제외함)
> ㉣ '공업용뇌관 · 전기뇌관 · 총용뇌관 및 신호뇌관'은 화약류 중 '폭약'에 해당한다.
> ㉤ 권총, 엽총, 어획총의 소지는 주소지를 관할하는 시 · 도경찰청장의 허가를 받아야 한다.

① 없음　　　② 1개　　　③ 2개　　　④ 3개

해설 ㉠ [×] '총포' 중 기관총은 구경 20밀리미터 미만의 것에 한하며, 기관권총을 제외한다(「총포 · 도검 · 화약류 등의 안전관리에 관한 법률 시행령」 제3조 제1항 제1호 다목).
㉡ [×] 비출나이프(칼날의 길이가 5.5센티미터 이상이고, 45도 이상 자동으로 펴지는 장치가 있는 것에 한한다)는 '도검'에 해당한다(동령 제4조 제1항 제9호).
㉢ [○] 「총포 · 도검 · 화약류 등의 안전관리에 관한 법률」 제2조 제6항, 「총포 · 도검 · 화약류 등의 안전관리에 관한 법률 시행령」 제6조의4
㉣ [×] '공업용뇌관 · 전기뇌관 · 총용뇌관 및 신호뇌관'은 화약류 중 '화공품'에 해당한다(동법 제2조 제3항 제3호 가목).
㉤ [×] 권총, 어획총은 주소지를 관할하는 시 · 도경찰청장, 엽총은 주소지를 관할하는 경찰서장의 허가를 받아야 한다(동법 제12조 제1항 제1호, 제2호; 동령 제3조 제1항 제1호 바목).

정답 ②

03 총포 · 도검 · 화약류 등 단속 관련 법령에 대한 설명 중 가장 적절하지 <u>않</u>은 것은?

[13년 경감 승진]

① 전자충격기, 가스분사기, 석궁, 가스발사총, 구난구명총, 도살총의 소지는 주소지를 관할하는 경찰서장의 허가를 받아야 한다.

② 권총, 엽총, 어획총의 소지는 주소지를 관할하는 시 · 도경찰청장의 허가를 받아야 한다.

③ 18세 미만인 사람은 총포 등을 취급해서는 안 되며 누구든지 그들에게 이를 취급하게 하여서도 안 된다. 단, 대한체육회장이나 특별시 · 광역시 · 특별자치시 · 도 또는 특별자치도의 체육회장이 추천하는 선수 또는 후보자가 사격경기용 총 · 석궁을 소지하는 경우에는 예외이다.

④ 분사기에는 총포형 · 막대형 · 만년필형 · 기타 휴대형 분사기가 있다.

해설 ① [O] 「총포 · 도검 · 화약류 등의 안전관리에 관한 법률」 제12조 제1항 제2호, 제3호

② [×] 권총, 어획총의 소지는 주소지를 관할하는 시 · 도경찰청장에게, 엽총은 주소지를 관할하는 경찰서장에게 허가를 받아야 한다(동법 제12조 제1항 제1호, 제2호; 「총포 · 도검 · 화약류 등의 안전관리에 관한 법률 시행령」 제3조 제1항 제1호 바목).

③ [O] 동법 제19조 제1호

④ [O] 동령 제6조의2

정답 ②

제8절 **지역사회 경찰활동**

01 지역사회 경찰활동(Community Policing)에 대한 설명으로 가장 적절하지 않은 것은? [20년 순경 1차]

① 업무평가의 주요한 척도는 사후진압을 강조한 범인검거율이 아닌 사전예방을 강조한 범죄나 무질서의 감소율이다.

② 지역사회 경찰활동의 프로그램으로 이웃지향적 경찰활동, 전략지향적 경찰활동, 문제지향적 경찰활동 등이 있다.

③ 타 기관과는 권한과 책임 문제로 인한 갈등구조가 아닌 지역사회 문제해결의 공동목적 수행을 위한 협력구조를 이룬다.

④ 지역사회 문제해결을 위한 경찰업무 영역의 확대로 일선 경찰관에 대한 감독자의 지휘·통제가 강조된다.

해설 ④ 지역사회 경찰활동은 광범위한 문제지향적 경찰활동에 초점을 둔다. 효과적인 문제해결을 위해서는 일선 경찰관에 대한 감독자의 지휘·통제를 줄이고 더 많은 현장활동 재량을 부여하여야 한다.

정답 ④

02 지역사회와 협력하여 방범활동을 하는 지역사회 경찰활동(community policing)과 관련된 내용으로 가장 적절하지 않은 것은? [16년 경위 승진]

① 지구대의 권한을 최소화하여 상급부서로 집중시킨다.

② 지역주민과의 유대관계를 긴밀하게 하여야 한다.

③ 지역특성에 맞는 조직과 활동이 이루어져야 한다.

④ 대민접점의 경찰관에게 많은 재량이 부여되어야 한다.

해설 ① 지역사회 경찰활동을 활성화하기 위해서는 일선 경찰관에게 업무 재량권을 폭넓게 위임하는 것이 바람직하다.

정답 ①

03 **지역경찰활동에 대한 설명으로 가장 적절한 것은?** [20년 경감 승진]

① 「지역경찰의 조직 및 운영에 관한 규칙」상 관리팀원 및 순찰팀원에 대한 일일근무 지정 및 지휘·감독은 지역경찰관서장의 업무이다.

② 지역사회 경찰활동(community policing)은 주민의 경찰업무에의 협조도로 경찰업무의 효율성을 평가한다.

③ 「지역경찰의 조직 및 운영에 관한 규칙」상 비상 및 작전사태 등 발생시 차량, 선박 등의 통행 통제는 순찰근무에 해당한다.

④ 지역경찰관은 강제추행사건을 처리하는 경우 피해자에게 친고죄에 해당함을 설명하고, 피해자로부터 고소장을 제출받아 경찰서에 전달해야 한다.

해설 ① [×] 「지역경찰의 조직 및 운영에 관한 규칙」상 관리팀원 및 순찰팀원에 대한 일일근무 지정 및 지휘·감독은 순찰팀장의 업무이다(「지역경찰의 조직 및 운영에 관한 규칙」 제8조 제2항 제2호).
② [○]
③ [×] 「지역경찰의 조직 및 운영에 관한 규칙」상 비상 및 작전사태 등 발생시 차량, 선박 등의 통행 통제는 경계근무에 해당한다(동규칙 제26조 제2항 제2호).
④ [×] 2013년 6월부터 강제추행죄의 친고죄 규정이 폐지되었으므로 현재는 강제추행사건을 처리하기 위해서 피해자로부터 반드시 고소장을 제출받을 필요는 없다.

정답 ②

04 **문제지향 경찰활동에 대한 설명으로 가장 적절하지 않은 것은?**
[20년 순경 2차]

① 일선경찰관에게 문제해결 권한과 필요한 시간을 부여하고 범죄 분석자료를 제공한다.

② 조사 - 분석 - 대응 - 평가로 이루어진 문제해결과정을 제시한다.

③ 「형법」의 적용은 여러 대응 수단 중 하나에 불과하다.

④ 거주자들에게 지역에 관한 정보를 제공하며, 주민들은 민간순찰을 실시한다.

해설 ④ 문제지향 경찰활동의 목표는 특정한 문제를 해결하기 위해서 경찰과 지역사회가 함께 노력하고 적절한 대응방안을 개발함으로써 문제해결에 대한 특별한 관심을 이끌어 내는 것이다. 단순하게 거주자에게 지역 정보를 제공하거나 주민들이 민간순찰을 실시하는 것은 문제지향 경찰활동으로 보기는 어렵다.

정답 ④

05 최근 범죄의 다양화, 광역화, 흉포화로 치안수요가 증가하고 시민들이 경찰활동이나 정책에 직접 참여하려는 의식이 강화됨에 따라 지역사회 경찰활동이 등장하게 되었다. 지역사회 경찰활동에 대한 내용으로 가장 적절하지 <u>않은</u> 것은? [12년 경감 승진]

① 지역주민과 관련된 경찰의 책임을 강화

② 지역사회에 기초한 범죄예방

③ 순찰체계는 112차량 순찰 위주로 전환

④ 권한의 집중에서 권한 분산으로의 경찰내부 개혁

해설 ③ 지역사회 경찰활동은 경찰운영 방향을 재설정하기 위해서 차량 순찰에 의존하기 보다는 도보순찰 등을 더욱 활용한다.

정답 ③

06 문제지향 경찰활동에 대한 설명으로 가장 옳지 <u>않은</u> 것은? [21년 경간부]

① 문제지향 경찰활동은 경찰활동이 단순한 법집행자의 역할에서 지역사회 범죄문제의 근원적 원인을 확인하고 해결하는 역할로 전환할 것을 추구한다.

② 지역사회 문제해결을 위해 SARA 모형이 강조되며 이는 조사(Scanning) – 평가(Assessment) – 대응(Response) – 분석(Analysis)으로 진행되는 문제해결 단계를 제시한다.

③ 문제지향 경찰활동에서는 문제들에 대한 효과적인 대응 전략들을 마련하면서 필요한 경우 경찰과 지역사회가 협력할 수 있는 대응전략들에 보다 높은 가치를 부여한다.

④ 문제지향 경찰활동은 종종 지역사회 경찰활동과 병행되어 실시되곤 한다.

해설 ② 문제지향 경찰활동에서는 조사(Scanning) – 분석(Analysis) – 대응(Response) – 평가(Assessment)로 진행되는 SARA라는 4단계 문제해결 모형이 활용된다.

정답 ②

07 지역사회 내의 경찰, 공·사기관, 각 개인이 그들의 공통된 문제·욕구·책임을 발견하고 지역사회 문제의 해결과 적극적인 지역사회 프로그램을 위해 공동으로 노력하는 것을 무엇이라고 하는가? [16년 경감 승진]

① Press Relations(언론 관계)

② Media Relations(대중매체 관계)

③ Community Relations(지역공동체 관계)

④ Public Relations(공공 관계)

해설 ③ 지역사회 경찰활동과 경찰–지역사회관계는 다른 개념이다. 경찰–지역사회관계는 공공관계(PR), 인간관계(HR), 지역사회(지역공동체) 관계(CR), 언론 관계(MR)의 4가지 개념요소로 구성된다. 위의 설명은 지역사회 관계에 관한 것이다. 지역사회 관계는 경찰운용과 지역사회 욕구를 통합시키고 문제해결을 위해서 경찰과 지역사회를 적극적으로 참여시킨다.

정답 ③

Chapter

09

여성·청소년 경찰활동

제1절 여성·청소년경찰활동의 기초

01 「소년법」과 「소년업무규칙」상 소년에 관한 설명으로 가장 적절하지 <u>않은</u> 것은?

① 범죄소년 – 14세 이상 19세 미만의 자로서 죄를 범한 소년

② 촉법소년 – 12세 이상 14세 미만의 자로서 죄를 범한 소년

③ 우범소년 – 성격이나 환경에 비추어 앞으로 형벌 법령에 저촉되는 행위를 할 우려가 있는 10세 이상 19세 미만의 소년

④ 비행소년 – 범죄소년, 촉법소년, 우범소년 중 어느 하나에 해당하는 사람

해설 ① [O] 「소년법」 제4조 제1항 제1호, 「소년업무규칙」 제2조 제2호
② [×] 촉법소년은 형벌 법령에 저촉되는 행위를 한 10세 이상 14세 미만인 소년을 의미한다 (동법 제4조 제1항 제2호, 동규칙 제2조 제3호).
③ [O] 동법 제4조 제1항 제3호, 동규칙 제2조 제4호
④ [O] 동법 제4조 제1항 제1호, 제2호, 제3호, 동규칙 제2조 제5호

정답 ②

02 「소년법」상 소년 보호사건처리에 관한 설명으로 가장 적절하지 <u>않은</u> 것은?

① 보호처분은 소년의 비행사실에 대하여 책임을 묻기 위한 처벌 수단이다.

② 보호사건을 송치 받은 소년부는 보호의 적정을 기하기 위하여 필요하다고 인정하면 결정으로써 사건을 다른 관할 소년부에 이송할 수 있다.

③ 소년부는 조사 또는 심리를 할 때에 정신건강의학과의사·심리학자·사회사업가·교육자나 그 밖의 전문가의 진단, 소년 분류심사원의 분류심사 결과와 의견, 보호관찰소의 조사결과와 의견 등을 고려하여야 한다.

④ 소년부 판사는 심리 결과 보호처분을 할 수 없거나 할 필요가 없다고 인정하면 그 취지의 결정을 하고, 이를 사건 본인과 보호자에게 알려야 한다.

해설 ① [×] 보호처분의 목적은 소년의 환경 조정과 품행 교정에 있다(「소년법」 제1조).
② [O] 동법 제6조 제1항
③ [O] 동법 제12조

④ [O] 동법 제29조 제1항

정답 ①

03 소년 보호사건처리에 관한 설명으로 가장 적절하지 않은 것은?

① 보호처분이란 범죄소년, 촉법소년, 우범소년의 비행사건을 소년부 판사가 심리하여 해당 소년의 교화·개선과 보호를 위한 일정한 처분을 말한다.

② 촉법소년 및 우범소년에 대한 보호사건은 경찰서장이 관할 검찰청에 송치하여야 한다.

③ 소년부 판사는 심리 결과 보호처분을 할 필요가 있다고 인정하면 결정으로써 보호처분을 하여야 한다.

④ 보호처분을 받은 소년에 대하여 그 심리가 결정된 사건은 다시 공소를 제기하거나 소년부에 송치할 수 없다. 단, 보호처분이 계속 중일 때에는 사건 본인이 처분 당시 19세 이상인 것으로 밝혀진 경우에는 공소를 제기할 수 있다.

해설 ② 촉법소년과 우범소년에 대해서 경찰서장은 직접 관할 소년부에 송치하여야 한다(「소년법」 제4조 제2항).

정답 ②

04 「소년법」상 보호처분의 종류와 기간이 올바르지 않은 것은?

① 보호자 또는 보호자를 대신하여 소년을 보호할 수 있는 자에게 감호 위탁 - 6개월, 1회 연장 가능

② 보호관찰관의 단기 보호관찰 - 1년

③ 단기 소년원 송치 - 1년 이내

④ 장기 소년원 송치 - 2년 이내

해설 ① [O] 「소년법」 제33조 제1항
② [O] 동법 제33조 제2항
③ [×] 단기 소년원 송치는 6개월 이내이다(동법 제33조 제5항).
④ [O] 동법 제33조 제6항

정답 ③

05 소년 형사사건처리에 관한 설명으로 가장 적절하지 <u>않은</u> 것은?

① 소년사건 중 금고 이상의 형에 해당하는 범죄사실이 발견되고 그 동기와 죄질이 형사처분의 필요가 있다고 인정되어 검사가 형사법원에 기소한 경우에는 형사사건으로 처리된다.

② 죄를 범할 당시에 18세 미만인 소년에 대하여 사형 또는 무기형으로 처할 경우에는 10년의 유기징역으로 한다.

③ 소년이 법정형으로 장기 2년 이상의 유기형에 해당하는 죄를 범한 경우에는 그 형의 범위에서 장기와 단기를 정하여 선고한다.

④ 18세 미만의 소년에 대하여는 노역장 유치선고를 하지 못한다.

해설 ② 죄를 범할 당시 18세 미만인 소년에 대하여 사형 또는 무기형으로 처할 경우에는 15년의 유기징역으로 한다(「소년법」 제59조).

정답 ②

06 「소년법」에 관한 다음 설명 중 옳지 <u>않은</u> 것은 모두 몇 개인가?

[18년 경간부]

> ㉠ 정당한 이유 없이 가출하고, 그의 성격이나 환경에 비추어 앞으로 형벌 법령에 저촉되는 행위를 할 우려가 있는 10세 이상인 소년은 소년부의 보호사건으로 심리한다.
> ㉡ 소년부는 사건이 그 관할에 속하지 아니한다고 인정하면 결정으로써 그 사건을 관할 소년부에 이송하여야 한다.
> ㉢ "소년"이란 19세 미만인 자를 말하며, "보호자"란 법률상 감호교육을 할 의무가 있는 자 또는 현재 감호하는 자를 말한다.
> ㉣ 징역 또는 금고를 선고받은 소년에 대하여는 특별히 설치된 교도소 또는 일반 교도소 안에 특별히 분리된 장소에서 그 형을 집행한다. 다만, 소년이 형의 집행 중에 23세가 되면 일반 교도소에서 집행할 수 있다.
> ㉤ 촉법소년 및 우범소년에 해당하는 때에는 경찰서장은 직접 관할 검찰청에 송치하여야 한다.

① 0개 ② 1개 ③ 2개 ④ 3개

해설 ㉠ [O] 우범소년은 소년 보호사건으로 심리한다(「소년법」 제4조 제1항 제3호).
㉡ [O] 동법 제6조 제2항

ⓒ [○] 동법 제2조
ⓔ [○] 동법 제63조
ⓜ [×] 촉법소년 및 우범소년에 해당하는 때에는 경찰서장은 직접 관할 소년부에 송치하여야
한다(「소년법」 제4조 제2항).

정답 ②

07 「소년법」상 소년형사절차의 특례에 대한 설명이다. 빈 칸의 숫자를 모두 더한 값은?

[15년 경간부]

> ⊙ 죄를 범할 당시 (   )세 미만인 소년에 대하여 사형 또는 무기형으로 처할
>   것인 때에는 (   )년의 유기형으로 한다.
> ⓛ 소년이 법정형으로 장기 (   )년 이상의 유기형에 해당하는 죄를 범한 경우
>   에는 그 형의 범위에서 장기와 단기를 정해 선고하되, 장기는 (   )년, 단기
>   는 (   )년을 초과하지 못한다.
> ⓒ 징역 또는 금고를 선고받은 소년에 대하여는 형의 집행 중에 (   )세가 되면
>   일반 교도소에서 집행할 수 있다.

① 70   ② 71   ③ 73   ④ 75

해설 ⊙ 죄를 범할 당시 18세 미만인 소년에 대하여 사형 또는 무기형으로 처할 것인 때에는 15년
의 유기형으로 한다(「소년법」 제59조).
ⓛ 소년이 법정형으로 장기 2년 이상의 유기형에 해당하는 죄를 범한 경우에는 그 형의 범위
에서 장기와 단기를 정해 선고하되, 장기는 10년, 단기는 5년을 초과하지 못한다(동법 제60조
제1항).
ⓒ 징역 또는 금고를 선고받은 소년에 대하여는 형의 집행 중에 23세가 되면 일반 교도소에서
집행할 수 있다(동법 제63조).

정답 ③

08 「청소년 보호법」상 "청소년유해업소"에 관한 설명으로 가장 적절하지 <u>않은</u> 것은? (단 청소년은 모두 「청소년 보호법」 제2조 제1호의 "청소년"을 의미한다.)

[19년 순경 2차]

① 청소년 출입·고용금지업소와 청소년고용금지업소로 구분된다.

② 이 경우 업소의 구분은 그 업소가 영업을 할 때 다른 법령에 따라 요구되는 허가·인가·등록·신고 등의 여부와 관계없이 실제로 이루어지고 있는 영업행위를 기준으로 한다.

③ 사행행위 영업, 단란주점 영업, 유흥주점 영업소의 경우 청소년의 고용뿐 아니라 출입도 금지되어있다.

④ 청소년은 일반음식점 영업 중 주로 주류의 조리·판매를 목적으로 한 소주방·호프·카페는 출입할 수 없다.

해설 ① [○] 「청소년 보호법」 제2조 제5호
② [○] 동법 제2조 제5호
③ [○] 동법 제2조 제5호 가목, 「청소년 보호법 시행령」 제5조 제2항
④ [×] 소주방·호프·카페는 청소년 고용만 제한되고, 청소년 출입은 허용된다(「청소년 보호법」 제2조 제5호 나목, 「청소년 보호법 시행령」 제6조 제2항 제2호).

정답 ④

09 「청소년 보호법」상 청소년유해업소 중 청소년 출입 및 고용금지업소에 해당되지 <u>않는</u> 것은?

[15년 경간부]

① 「식품위생법」에 의한 유흥주점업, 단란주점업

② 「체육시설의 설치·이용에 관한 법률」에 의한 무도학원업, 무도장업

③ 「사행행위 등 규제 및 처벌 특례법」에 의한 사행행위업

④ 회비 등을 받거나 유료로 만화를 대여하는 만화대여업

해설 ① [○] 「청소년 보호법」 제2조 제5호 가목
② [○] 동법 제2조 제5호 가목
③ [○] 동법 제2조 제5호 가목
④ [×] 회비 등을 받거나 유료로 만화를 대여하는 만화대여업은 청소년 고용금지업소에 해당하므로 청소년 출입은 가능하다(동법 제2조 제5호 나목).

정답 ④

10 다음의 「청소년 보호법」 및 동법 시행령상 청소년유해업소 중 "청소년 출입·고용금지업소"를 모두 고른 것은? [18년 순경 2차]

> ㉠ 「게임산업진흥에 관한 법률」에 따른 인터넷컴퓨터게임시설제공업
> ㉡ 「게임산업진흥에 관한 법률」에 따른 일반게임제공업
> ㉢ 「영화 및 비디오물의 진흥에 관한 법률」 제2조 제16호에 따른 비디오물감상실업
> ㉣ 「영화 및 비디오물의 진흥에 관한 법률」에 따른 비디오물소극장업

① ㉠㉡　　　　② ㉠㉣　　　　③ ㉡㉢　　　　④ ㉡㉣

해설 ㉠ [×] 인터넷컴퓨터게임시설제공업은 청소년 고용금지업소이므로 청소년의 고용은 금지되나 청소년의 출입은 가능하다(「청소년 보호법」 제2조 제5호 나목).
㉡ [○] 동법 제2조 제5호 가목
㉢ [○] 동법 제2조 제5호 가목
㉣ [×] 비디오물소극장업은 청소년 고용금지업소이므로 청소년의 고용은 금지되나 청소년의 출입은 가능하다(「청소년 보호법」 제2조 제5호 나목).

정답 ③

11 다음 중 「청소년 보호법」상 청소년의 출입과 고용이 청소년에게 유해한 것으로 인정되는 청소년 출입·고용금지업소를 모두 고른 것은? [19년 경감 승진]

> ㉠ 「사행행위 등 규제 및 처벌 특례법」에 따른 사행행위영업
> ㉡ 「체육시설의 설치·이용에 관한 법률」에 따른 무도학원업 및 무도장업
> ㉢ 「영화 및 비디오물의 진흥에 관한 법률」에 따른 비디오물소극장업
> ㉣ 회비 등을 받거나 유료로 만화를 빌려 주는 만화대여업

① ㉠㉡　　　　② ㉠㉢　　　　③ ㉡㉢　　　　④ ㉡㉣

해설 ㉠ [○] 동법 제2조 제5호 가목
㉡ [○] 동법 제2조 제5호 가목
㉢ [×] 비디오물소극장업은 청소년 고용금지업소이므로 고용은 금지되나 출입은 가능하다(동법 제2조 제5호 나목).
㉣ [×] 동법 제2조 제5호 나목

정답 ①

12 「청소년 보호법」상 제한행위에 관한 설명으로 가장 적절하지 <u>않은</u> 것은?

① 청소년이 친권자 등을 동반할 때에도 단란주점영업소와 유흥주점영업소에는 출입하게 할 수 없다.

② 특별자치시장·특별자치도지사·시장·군수·구청장은 청소년보호를 위하여 필요하다고 인정할 경우 청소년에게 정신적·신체적 건강을 해칠 우려가 있는 구역을 청소년 통행금지구역 또는 청소년 통행제한구역으로 지정할 수 있다.

③ 누구든지 영리를 목적으로 청소년으로 하여금 손님을 거리에서 유인하는 행위를 하게 하는 행위를 하여서는 아니 된다.

④ 유해행위를 한 자가 유해행위와 관련하여 청소년에게 가지는 채권은 그 계약의 형식이나 명목에 관계없이 이를 무효로 한다.

해설 ① [O] 청소년이 친권자 등을 동반할 때에는 대통령령으로 정하는 바에 따라 (청소년 유해업소에) 출입하게 할 수 있다. 다만, 「식품위생법」에 따른 식품접객업 중 대통령령으로 정하는 업소의 경우(단란주점영업소, 유흥주점영업소)에는 출입할 수 없다(「청소년 보호법」 제29조 제5항).
② [×] 특별자치시장·특별자치도지사·시장·군수·구청장은 청소년 보호를 위하여 필요하다고 인정할 경우 청소년의 정신적·신체적 건강을 해칠 우려가 있는 구역을 청소년 통행금지구역 또는 청소년 통행제한구역으로 지정하여야 한다(동법 제31조 제1항).
③ [O] 동법 제30조 제7호
④ [O] 동법 제32조 제1항

정답 ②

13 「청소년 보호법」에 관한 설명으로 가장 적절하지 <u>않은</u> 것은?

① 청소년이란 만 19세 미만의 사람을 말한다. 다만, 만 19세에 도달하는 해의 1월 1일을 맞이한 사람은 제외한다.

② 비디오물소극장업, 인터넷컴퓨터게임시설제공업, 유해화학물질 영업은 청소년 출입·고용 금지업소이다.

③ 청소년이 친권자 등을 동반할 때에는 단란주점영업소와 유흥주점영업소를 제외하고 청소년 유해업소에 출입하게 할 수 있다.

④ 청소년출입·고용금지업소의 업주 및 종사자는 출입자의 나이를 확인하여 청소년이 당해업소에 출입하지 못하게 하여야 한다.

해설 ① [○] 「청소년 보호법」 제2조 제1호
② [×] 비디오물소극장업, 인터넷컴퓨터게임시설제공업, 유해화학물질 영업소는 청소년 고용금지업소이다(동법 제2조 제5호 나목).
③ [○] 동법 제29조 제5항
④ [○] 동법 제29조 제2항

정답 ②

14 「청소년 보호법」상 '청소년 유해행위'에 해당하지 <u>않는</u> 것은?

[16년 경간부]

① 영리를 목적으로 청소년으로 하여금 신체적인 접촉 또는 은밀한 부분의 노출 등 성적 접대행위를 하게 하거나 이러한 행위를 알선·매개하는 행위
② 영리나 흥행을 목적으로 청소년에게 음란한 행위를 하게 하는 행위
③ 주로 차 종류를 조리·판매하는 업소에서 청소년으로 하여금 영업장을 벗어나 차 종류를 배달하는 행위를 하게 하거나 이를 조장하거나 묵인하는 행위
④ 아동·청소년에 대하여 폭행이나 협박으로 구강·항문 등 신체(성기는 제외한다)의 내부에 성기를 넣는 행위

해설 ① [○] 「청소년 보호법」 제30조 제1호
② [○] 동법 제30조 제3호
③ [○] 동법 제30조 제9호
④ [×] 아동·청소년에 대하여 폭행이나 협박으로 구강·항문 등 신체(성기는 제외한다)의 내부에 성기를 넣는 행위는 「청소년 보호법」상 청소년 유해행위가 아니라 「아동·청소년의 성보호에 관한 법률」(제2조 제2호)상 아동·청소년대상 성범죄에 해당한다.

정답 ④

15 「청소년 보호법」상 청소년 유해행위에 해당하는 것은 모두 몇 개인가?

[19년 경간부]

> ⊙ 청소년에게 구걸을 시키거나 청소년을 이용하여 구걸하는 행위
> ⓒ 영리나 흥행을 목적으로 청소년에게 음란한 행위를 하게 하는 행위
> ⓒ 영리를 목적으로 청소년으로 하여금 거리에서 손님을 유인하는 행위를 하게 하는 행위
> ② 주로 차 종류를 조리 · 판매하는 업소에서 청소년을 고용하는 행위
> ⑩ 청소년을 남녀 혼숙하게 하는 등 풍기를 문란하게 하는 영업행위를 하거나 이를 목적으로 장소를 제공하는 행위
> ⑭ 영리를 목적으로 청소년으로 하여금 손님과 함께 술을 마시거나 노래 또는 춤 등으로 손님의 유흥을 돋우는 접객행위를 하게 하거나 이러한 행위를 알선 · 매개하는 행위

① 3개   ② 4개   ③ 5개   ④ 6개

해설 ⊙ [○] 「청소년 보호법」 제30조 제5호
ⓒ [○] 동법 제30조 제3호
ⓒ [○] 동법 제30조 제7호
② [×] 주로 차 종류를 조리 · 판매하는 업소에서 청소년으로 하여금 영업장을 벗어나 차 종류를 배달하는 행위를 하게 하거나 이를 조장하거나 묵인하는 행위가 청소년 유해행위에 해당한다(동법 제30조 제9호).
⑩ [○] 동법 제30조 제8호
⑭ [○] 동법 제30조 제2호

정답 ③

16 「청소년 보호법」과 관련된 판례에 대한 설명 중 가장 적절하지 <u>않은</u> 것은?
[12년 경감 승진]

① 「청소년 보호법」의 입법취지와 목적 및 규정 내용 등에 비추어 볼 때, 18세 미만의 청소년에게 술을 판매함에 있어서 가사 그의 「민법」상 법정대리인의 동의를 받았다고 하더라도 그러한 사정만으로 위 술 판매행위가 정당화 될 수는 없다.

② 「청소년 보호법」상의 '청소년'에 해당하는지의 판단 기준은 가족관계부 등 공법상의 나이가 아니라 실제의 나이를 기준으로 하여야 할 것이다.

③ 청소년이 이른바 '티켓걸'로서 노래연습장 또는 유흥주점에서 손님들의 흥을 돋우어 주고 시간당 보수를 받은 사안에서, 시간제로 보수를 받고 근무하는 위와 같은 영업형태는 업소 주인이 청소년을 시간제 접대부로 고용한 것으로 보아 업소 주인에 대하여 「청소년 보호법」 위반의 죄책을 묻는 것이 정당하다.

④ 일반음식점 허가를 받은 업소가 실제로는 주로 주류를 조리·판매하는 영업행위를 한 경우, 이는 「청소년 보호법」상의 청소년 고용금지업소에 해당하며, 주간에는 주로 음식류를, 야간에는 주로 주류를 조리·판매하는 형태의 영업행위를 한 경우, 야간 영업형태의 청소년 보호를 위한 분리의 필요성으로 인하여 주·야간의 영업형태를 불문하고 「청소년 보호법」상의 청소년 고용금지 업소에 해당한다.

<u>해설</u> ① [○] 대판 1999. 7. 13, 99도2151
② [○] 대구지법 2009. 9. 11, 2009노1765 판결
③ [○] 대판 2005. 7. 29, 2005도3801
④ [×] 음식류를 조리·판매하면서 식사와 함께 부수적으로 음주행위가 허용되는 영업을 하겠다면서 「식품위생법」상의 일반음식점 영업허가를 받은 업소라고 하더라도 실제로는 음식류의 조리·판매보다는 주로 주류를 조리·판매하는 영업행위가 이루어지고 있는 경우에는 「청소년 보호법」상의 청소년고용금지업소에 해당하며, 나아가 일반음식점의 실제의 영업형태 중에서는 주간에는 주로 음식류를 조리·판매하고 야간에는 주로 주류를 조리·판매하는 형태도 있을 수 있는데, 이러한 경우 음식류의 조리·판매보다는 주로 주류를 조리·판매하는 <u>야간의 영업형태에 있어서의 그 업소</u>는 위 「청소년 보호법」의 입법취지에 비추어 볼 때 「청소년 보호법」상의 청소년고용금지업소에 해당한다(대판 2004. 2. 12, 2003도6282).

<u>정답</u> ④

01 「아동·청소년의 성보호에 관한 법률」에 관한 설명으로 가장 적절하지 <u>않</u>은 것은?

① 아동·청소년이란 19세 미만의 자를 말한다. 다만, 19세에 도달하는 연도의 1월 1일을 맞이한 자는 제외한다.

② 신체의 전부 또는 일부를 접촉·노출하는 행위로서 일반인의 성적 수치심이나 혐오감을 일으키는 행위는 '아동·청소년의 성을 사는 행위'에 포함되지 않는다.

③ 아동·청소년대상 성범죄의 공소시효는 해당 성범죄로 피해를 당한 아동·청소년이 성년에 달한 날부터 진행한다.

④ 아동·청소년의 성을 사는 행위의 상대방이 된 아동·청소년에 대하여는 보호를 위하여 처벌하지 아니한다.

> **해설** ① [○] 「아동·청소년의 성보호에 관한 법률」 제2조 제1호
> ② [×] 신체의 전부 또는 일부를 접촉·노출하는 행위로서 일반인의 성적 수치심이나 혐오감을 일으키는 행위는 아동·청소년의 성을 사는 행위에 포함된다(동법 제2조 제4호 다목).
> ③ [○] 동법 제20조 제1항
> ④ [○] 동법 제38조 제1항
>
> **정답** ②

02 「아동·청소년 성보호에 관한 법률」상 아동·청소년의 성을 사는 행위에 해당하지 <u>않는</u> 것은? [15년 경위 승진]

① 성교행위

② 구강·항문 등 신체의 일부나 도구를 이용한 유사성교행위

③ 신체의 전부 또는 일부를 접촉·노출하는 행위로서 일반인의 성적 수치심이나 혐오감을 일으키는 행위

④ 노래와 춤 등으로 손님의 유흥을 돋우는 행위

해설 ④ 노래와 춤 등으로 손님의 유흥을 돋우는 행위는 아동·청소년의 성을 사는 행위가 아니라 청소년 유해행위에 해당한다(「청소년 보호법」제30조 제2호).

정답 ④

03 「아동·청소년의 성보호에 관한 법률」에 대한 설명으로 가장 적절하지 않은 것은? [17년 순경 2차]

① 아동·청소년이용음란물을 제작·수입 또는 수출한 자(동법 제11조 제1항)에 대하여 미수범 처벌 규정을 두고 있다.

② 아동·청소년의 성을 사기 위하여 아동·청소년을 유인하거나 성을 팔도록 권유한 자(동법 제13조 제2항)의 경우 미수범 처벌규정이 없다.

③ 법원은 아동·청소년 대상 성범죄를 범한 「소년법」제2조의 소년에 대하여 형의 선고를 유예하는 경우에는 반드시 보호관찰을 명하여야 한다.

④ 음주 또는 약물로 인한 심신장애 상태에서 아동·청소년대상 성폭력 범죄를 범한 때에는 「형법」제10조 제1항·제2항 및 제11조(심신장애자·농아자 감면규정)를 적용하지 아니한다.

해설 ④ 음주 또는 약물로 인한 심신장애 상태에서 아동·청소년대상 성폭력 범죄를 범한 때에는 「형법」제10조 제1항·제2항 및 제11조(심신장애자·농아자 감면규정)를 적용하지 아니 할 수 있다(「아동·청소년의 성보호에 관한 법률」제19조).

정답 ④

04 「아동·청소년의 성보호에 관한 법률」내용으로 틀린 것은? [15년 경간부]

① 폭행 또는 협박으로 아동·청소년을 강간한 사람은 무기징역 또는 5년 이상의 유기징역에 처한다.

② 아동·청소년성착취물을 제작, 수입 또는 수출한 자는 무기징역 또는 5년 이상의 유기징역에 처한다.

③ 아동·청소년의 성을 사는 행위를 한 자는 1년 이상 10년 이하의 징역 또는 2천만원 이상 5천만원 이하의 벌금에 처한다.

④ 아동·청소년의 성을 사기 위하여 아동·청소년을 유인하거나 성을 팔도록 권유한 자는 1년 이하 징역 또는 1천만원 이하의 벌금에 처한다.

해설 ① [○] 「아동·청소년의 성보호에 관한 법률」 제7조 제1항
② [○] 동법 제11조 제1항
③ [○] 동법 제13조 제1항
④ [×] 아동·청소년의 성을 사기 위하여 아동·청소년을 유인하거나 성을 팔도록 권유한 자는 3년 이하 징역 또는 3천만원 이하의 벌금에 처한다(동법 제13조 제2항).

정답 ④

---

05 「아동·청소년의 성보호에 관한 법률」상 미수범으로 처벌되는 경우는?

[20년 경간부]

① 아동·청소년의 성을 사는 행위의 장소를 제공하는 행위를 업으로 하는 자
② 폭행이나 협박으로 아동·청소년으로 하여금 아동·청소년의 성을 사는 행위의 상대방이 되게 한 자
③ 아동·청소년의 성을 사는 행위를 알선하는데 사용되는 사실을 알면서도 자금·토지 또는 건물을 제공하는 자
④ 영업으로 아동·청소년의 성을 사는 행위의 장소를 제공·알선하는 업소에 아동·청소년을 고용하도록 한 자

해설 ① [×] 아동·청소년의 성을 사는 행위의 장소를 제공하는 행위를 업으로 하는 자는 7년 이상의 유기징역에 처한다(「아동·청소년의 성보호에 관한 법률」 제15조 제1항). 미수범 처벌규정이 없다.
② [○] 폭행이나 협박으로 아동·청소년으로 하여금 아동·청소년의 성을 사는 행위의 상대방이 되게 한 자는 5년 이상의 유기징역에 처한다. 미수범 처벌규정이 있다(동법 제14조 제1항, 제4항).
③ [×] 아동·청소년의 성을 사는 행위를 알선하는데 사용되는 사실을 알면서도 자금·토지 또는 건물을 제공하는 자는 7년 이상의 유기징역에 처한다(동법 제15조 제3호). 미수범 처벌규정이 없다.
④ [×] 영업으로 아동·청소년의 성을 사는 행위의 장소를 제공·알선하는 업소에 아동·청소년을 고용하도록 한 자는 7년 이상의 유기징역에 처한다(동법 제15조 제4호). 미수범 처벌규정이 없다.

정답 ②

454 객관식 최신 경찰학

06 「아동·청소년의 성보호에 관한 법률」에 대한 설명으로 가장 적절하지 <u>않</u>은 것은? (다툼이 있는 경우 판례에 의함)　　　　　　　　　[21년 경감 승진]

① 아동·청소년이 이미 성매매 의사를 가지고 있었던 경우에도 그러한 아동·청소년에게 금품이나 그 밖의 재산상 이익, 직무·편의제공 등 대가를 제공하거나 약속하는 등의 방법으로 성을 팔도록 권유하는 행위는 동법에서 말하는 '성을 팔도록 권유하는 행위'에 포함된다.

② 아동·청소년의 '성을 사는 행위'를 알선하는 행위를 업으로 하는 사람이 알선의 대상이 아동·청소년임을 인식하면서 알선행위를 하였더라도, 아동·청소년의 성을 사는 행위를 한 사람이 상대방이 아동·청소년임을 인식하지 못하였다면 「아동·청소년의 성보호에 관한 법률」 위반으로 처벌할 수 없다.

③ 성을 사는 행위를 알선하는 행위를 업으로 하는 자가 성매매알선을 위한 종업원을 고용하면서 고용대상자에 대하여 연령확인의무 이행을 다하지 아니한 채 아동·청소년을 고용하였다면, 특별한 사정이 없는 한 적어도 아동·청소년의 성을 사는 행위의 알선에 관한 미필적 고의는 인정된다.

④ 아동·청소년의 성을 사기 위하여 아동·청소년을 유인하거나 성을 팔도록 권유한 행위(동법 제13조 제2항)는 미수범 처벌규정이 없다.

해설　① [○] 대판 2011. 11. 10. 2011도3934
② [×] 아동·청소년의 성을 사는 행위를 알선하는 행위를 업으로 하여 「아동·청소년의 성보호에 관한 법률」 제15조 제1항 제2호의 위반죄가 성립하기 위해서는 알선행위를 업으로 하는 사람이 아동·청소년을 알선의 대상으로 삼아 그 성을 사는 행위를 알선한다는 것을 인식하여야 하지만, 이에 더하여 알선행위로 아동·청소년의 성을 사는 행위를 한 사람이 행위의 상대방이 아동·청소년임을 인식하여야 한다고 볼 수는 없다(대판 2016. 2. 18. 선고, 2015도15664).
③ [○] 대판 2014. 7. 10. 2014도5173
④ [○]

정답　②

07 현행 「아동·청소년의 성보호에 관한 법률」(이하 동법이라 함)의 적용 사례 중 가장 적절하지 <u>않은</u> 것은? (단, '청소년'은 동법의 적용대상임을 전제로 함)

[12년 경위 승진]

① 회사원 A는 B가 청소년이 나오는 음란물을 제작할 것이라는 정황을 알면서 잘 알고 지내던 청소년 甲을 알선하려다 적발되어 미수에 그쳤으나 동법에 의해 처벌되었다.

② 비디오 가게를 운영하는 C는 돈을 벌 목적으로 청소년이 나오는 음란물을 수입하려다가 적발되어 미수에 그쳤으나 동법으로 처벌되었다.

③ 식당주인인 D는 업무상 위력으로 종업원인 청소년 乙을 간음하여 수사기관에 적발된 후 조사과정에서 청소년 乙이 처벌을 원치 않았으나 동법에 의해 처벌되었다.

④ 대학생 E는 모텔에서 돈을 주고 청소년 丙과 성교를 한 후 적발되었고 丙의 보호자는 처벌을 원하지 않았으나 동법에 의해 처벌되었다.

해설 ① 아동·청소년성착취물을 제작할 것이라는 정황을 알면서 아동·청소년을 아동·청소년성착취물의 제작자에게 알선한 자는 3년 이상의 징역에 처한다(「아동·청소년의 성보호에 관한 법률」 제11조 제4항). 하지만 이 행위에 대한 미수범 처벌규정은 없다. 한편, 아동·청소년성착취물의 제작·배포 등(동법 제11조)의 행위 중에서는 아동·청소년성착취물을 제작·수입 또는 수출하는 행위에 대해서만 미수범 처벌규정이 있다(동법 제11조 제6항).

정답 ①

08 「아동·청소년의 성보호에 관한 법률」에 대한 설명 중 가장 적절하지 <u>않</u>은 것은? [20년 경위 승진 수정]

① 아동·청소년성착취물을 제작한 자는 무기징역 또는 5년 이상의 유기징역에 처하며, 그 미수범 처벌규정을 두고 있다.

② 법원은 아동·청소년대상 성범죄를 범한 「소년법」 제2조의 소년에 대하여 형의 선고를 유예하는 경우에는 반드시 보호관찰을 명하여야 한다.

③ '아동·청소년의 성을 사는 행위의 장소를 제공하는 행위를 업으로 하는 자'에 대한 처벌규정보다 '폭행이나 협박으로 아동·청소년 대상 성범죄의 피해자를 상대로 합의를 강요한 자'에 대한 처벌규정이 중하다.

④ 노래와 춤 등으로 손님의 유흥을 돋우는 접객행위는 아동·청소년의 성을 사는 행위가 아니다.

해설 ① [○] 「아동·청소년의 성보호에 관한 법률」 제11조 제1항
② [○] 동법 제21조 제1항
③ [×] '아동·청소년의 성을 사는 행위의 장소를 제공하는 행위를 업으로 하는 자'는 7년 이상의 유기징역에 처하고(동법 제15조 제1항 제1호), '폭행이나 협박으로 아동·청소년대상 성범죄의 피해자를 상대로 합의를 강요한 자'는 7년 이하의 유기징역에 처하므로(동법 제16조) 전자의 법정형이 더 중하다.
④ [○] 「청소년 보호법」상 청소년 유해행위에 해당한다(동법 제30조 제2호).

정답 ③

09 「성폭력범죄의 처벌 등에 관한 특례법」에 대한 설명으로 가장 적절한 것은?
[20년 순경 2차]

① 수사기관은 「성폭력 범죄의 처벌 등에 관한 특례법」 제3조부터 제8조까지, 제10조 및 제15조(제9조의 미수범은 제외한다)의 범죄의 피해자를 조사하는 경우에 피해자 등이 신청할 때에는 조사에 지장을 줄 우려가 있는 등 부득이한 경우가 아니면 피해자와 신뢰관계에 있는 사람을 동석하게 하여야 한다. 이 경우 수사기관은 피해자와 신뢰관계에 있는 사람이 피해자에게 불리하거나 피해자가 원하지 아니하는 경우에는 동석하게 하여서는 아니 된다.

② 모든 성폭력범죄 피해자를 조사하는 경우에 진술내용과 조사과정을 비디오녹화기 등 영상물 녹화장치로 촬영·보존하여야 한다.

③ 경찰청장은 각 경찰서장으로 하여금 성폭력범죄 전담 사법경찰관을 지정하도록 하여 특별한 사정이 없으면 이들로 하여금 피의자를 조사하게 하여야 한다.

④ 수사기관은 성폭력범죄의 피해자를 조사할 때 피해자가 편안한 상태에서 진술할 수 있는 환경을 조성하여야 하며, 조사 횟수는 1회로 마쳐야 한다.

해설 ① [○] 「성폭력범죄의 처벌 등에 관한 특례법」 제34조 제1항
② [×] 성폭력범죄의 피해자가 19세 미만이거나 신체적인 또는 정신적인 장애로 사물을 변별하거나 의사를 결정할 능력이 미약한 경우에는 피해자의 진술 내용과 조사 과정을 비디오녹화기 등 영상물 녹화장치로 촬영·보존하여야 한다(동법 제30조 제1항).
③ [×] 경찰청장은 각 경찰서장으로 하여금 성폭력범죄 전담 사법경찰관을 지정하도록 하여 특별한 사정이 없으면 이들로 하여금 피해자를 조사하게 하여야 한다(동법 제26조 제2항).
④ [×] 수사기관과 법원은 성폭력범죄의 피해자를 조사하거나 심리·재판할 때 피해자가 편안한 상태에서 진술할 수 있는 환경을 조성하여야 하며, 조사 및 심리·재판 횟수는 필요한 범위에서 최소한으로 하여야 한다(동법 제29조 제2항).

정답 ①

10 「성폭력범죄의 처벌 등에 관한 특례법」의 신상정보 등록 등에 대한 내용으로 가장 적절하지 <u>않은</u> 것은?　　　　　　　　　　[18년 순경 1차]

① 등록대상자가 6개월 이상 국외에 체류하기 위하여 출국하는 경우에는 미리 관할경찰관서의 장에게 허가를 받아야 한다.

② 신상정보 등록의 원인이 된 성범죄로 형의 선고를 유예받은 사람이 선고유예를 받은 날부터 2년이 경과하여 「형법」 제60조에 따라 면소된 것으로 간주되면 신상정보 등록을 면제한다.

③ 등록대상자의 신상정보의 등록·보존 및 관리 업무에 종사하거나 종사하였던 자는 직무상 알게 된 등록정보를 누설하여서는 아니 된다.

④ 등록정보의 공개는 여성가족부장관이 집행하고, 법무부장관은 등록정보의 공개에 필요한 정보를 여성가족부장관에게 송부하여야 한다.

해설 ① [×] 등록대상자가 6개월 이상 국외에 체류하기 위하여 출국하는 경우에는 미리 관할경찰관서의 장에게 체류국가 및 체류기간 등을 신고하여야 한다(「성폭력범죄의 처벌 등에 관한 특례법」 제43조의2 제1항).
② [○] 동법 제45조의2 제1항
③ [○] 동법 제48조
④ [○] 동법 제47조 제2항 제3항

정답 ①

11 「성폭력범죄의 처벌 등에 관한 특례법」에 대한 설명으로 옳은 것은?
　　　　　　　　　　[20년 경간부]

① 등록대상자가 6개월 이상 국외에 체류하기 위하여 출국하는 경우에는 미리 관할 경찰관서의 장에게 허가를 받아야 한다.

② 경찰청장은 각 경찰서장으로 하여금 성폭력범죄 전담 사법경찰관을 지정하도록 하여 특별한 사정이 없으면 이들로 하여금 피해자를 조사하게 하여야 한다.

③ 촬영한 영상물에 수록된 피해자의 진술은 공판기일에 피해자의 진술에 의하여 그 성립의 진정함이 인정된 경우에만 증거로 할 수 있다.

④ 13세 미만의 사람 및 신체적인 또는 정신적인 장애가 있는 사람에 대하여 강간죄를 범한 경우에는 공소시효가 10년 연장된다.

해설 ① [×] 등록대상자가 6개월 이상 국외에 체류하기 위하여 출국하는 경우에는 미리 관할경찰관
서의 장에게 체류국가 및 체류기간 등을 신고하여야 한다(「성폭력범죄의 처벌 등에 관한 특례
법」 제43조의2 제1항).
② [○] 동법 제26조 제2항
③ [×] 제1항에 따라 촬영한 영상물에 수록된 피해자의 진술은 공판준비기일 또는 공판기일에
피해자나 조사 과정에 동석하였던 신뢰관계에 있는 사람 또는 진술조력인의 진술에 의하여 그
성립의 진정함이 인정된 경우에 증거로 할 수 있다(동법 제30조 제6항).
④ [×] 13세 미만의 사람 및 신체적인 또는 정신적인 장애가 있는 사람에 대하여 강간죄를 범
한 경우에는 「형사소송법」 제249조부터 제253조까지 및 「군사법원법」 제291조부터 제295조까
지에 규정된 공소시효를 적용하지 아니한다(동법 제21조 제3항 제1호).

정답 ②

12 「성폭력범죄의 처벌 등에 관한 특례법」상 특별규정에 대한 설명으로 가장 적절하지 <u>않은</u> 것은?

① 미성년자에 대한 성폭력범죄의 공소시효는 해당 성폭력범죄로 피해를 당한 미성년자가 성년에 달한 날부터 진행한다.
② 「형법」상 강간죄, 강제추행죄 등과 「성폭력범죄의 처벌 등에 관한 특례법」상 특수강도강간죄, 특수강간죄 등은 디엔에이(DNA) 증거 등 그 죄를 증명할 수 있는 과학적인 증거가 있는 때에는 공소시효가 10년 연장된다.
③ 13세 미만의 사람 및 신체적인 또는 정신적인 장애가 있는 사람에 대하여 형법상 강간, 강제추행 등의 죄를 범한 경우에는 「형사소송법」 제249조부터 제253조까지 및 「군사법원법」 제291조부터 제295조까지에 규정된 공소시효를 적용하지 아니한다.
④ 성폭력범죄의 피해자가 19세 미만인 경우에는 피해자의 진술내용과 조사 과정을 비디오녹화기 등 영상물 녹화장치로 촬영·보존할 수 있다.

해설 ① [○] 「성폭력범죄의 처벌 등에 관한 특례법」 제21조 제1항
② [○] 동법 제21조 제2항
③ [○] 동법 제21조 제3항
④ [×] 성폭력범죄의 피해자가 19세 미만이거나 신체적인 또는 정신적인 장애로 사물을 변별
하거나 의사를 결정할 능력이 미약한 경우에는 피해자의 진술 내용과 조사 과정을 비디오녹화
기 등 영상물 녹화장치로 촬영·보존하여야 한다(동법 제30조 제1항).

정답 ④

13 「성폭력범죄의 처벌 등에 관한 특례법」에 대한 다음 설명 중 옳지 않은 것은 모두 몇 개인가?

[17년 경간부]

⊙ 미성년자에 대한 성폭력범죄의 공소시효는 해당 성폭력범죄로 피해를 당한 미성년자가 성년에 달한 날부터 진행한다.

ⓒ 13세 미만의 사람 및 신체적인 또는 정신적인 장애가 있는 사람에 대하여 강간죄를 범한 경우에는 공소시효가 10년 연장된다.

ⓒ 성폭력범죄의 피해자가 21세 미만이거나 신체적인 또는 정신적인 장애로 사물을 변별하거나 의사를 결정할 능력이 미약한 경우에는 피해자의 진술 내용과 조사과정을 비디오 녹화기 등 영상물 녹화장치로 촬영·보존하여야 한다.

ⓒ 검사와 사법경찰관은 성폭력범죄의 피의자가 죄를 범하였다고 믿을 만한 충분한 증거가 있고, 국민의 알권리 보장, 피의자의 재범 방지 및 범죄예방 등 오로지 공공의 이익을 위하여 필요할 때에는 얼굴, 성명 및 나이 등 피의자의 신상에 관한 정보를 공개할 수 있다. 다만, 피의자가 「청소년 보호법」상 청소년에 해당하는 경우에는 공개하지 아니한다.

① 1개   ② 2개   ③ 3개   ④ 4개

해설 ⊙ [O] 「성폭력범죄의 처벌 등에 관한 특례법」 제21조 제1항
ⓒ [X] 13세 미만의 사람 및 신체적인 또는 정신적인 장애가 있는 사람에 대하여 강간죄를 범한 경우에는 「형사소송법」 제249조부터 제253조까지 및 「군사법원법」 제291조부터 제295조까지에 규정된 공소시효를 적용하지 아니한다(동법 제21조 제3항).
ⓒ [X] 성폭력범죄의 피해자가 19세 미만이거나 신체적인 또는 정신적인 장애로 사물을 변별하거나 의사를 결정할 능력이 미약한 경우에는 피해자의 진술 내용과 조사 과정을 비디오녹화기 등 영상물 녹화장치로 촬영·보존하여야 한다(동법 제30조 제1항).
ⓒ [O] 동법 제25조 제1항

정답 ②

제3절 가정폭력사건 처리

01 「가정폭력범죄의 처벌 등에 관한 특례법」상 가정폭력범죄에 해당되지 <u>않</u><u>는</u> 것은?　　　　　　　　　　　　　　　　　　　　　　　[18년 경위 승진]

① 상해치사　　　　　　　　　　② 협박
③ 특수공갈　　　　　　　　　　④ 출판물등에 의한 명예훼손

해설　① 상해치사죄는 가정폭력범죄에 해당하지 않는다(「가정폭력범죄의 처벌 등에 관한 특례법」 제2조 제3호).

정답　①

02 「가정폭력범죄의 처벌 등에 관한 특례법」상 가정폭력 범죄의 유형에 해당하지 <u>않는</u> 죄는 모두 몇 개인가?　　　　　　　　　[15년 경간부; 20년 경간부 수정]

㉠ 공갈죄	㉡ 퇴거불응죄	㉢ 주거·신체 수색죄
㉣ 중손괴죄	㉤ 재물손괴죄	㉥ 중감금죄
㉦ 약취·유인죄	㉧ 특수감금죄	㉨ 아동혹사죄

① 1개　　　　　② 2개　　　　　③ 3개　　　　　④ 4개

해설　가정폭력범죄는 「형법」상 상해, 폭행, 유기, 학대, 아동혹사, 체포, 감금, 협박, 강간, 강제추행, 명예훼손, 모욕, 주거침입, 퇴거불응, 주거·신체 수색, 강요, 공갈, 재물손괴 등이다(「가정폭력범죄의 처벌 등에 관한 특례법」 제2조 제3호). 따라서 ㉣ 중손괴죄, ㉦ 약취·유인죄는 가정폭력범죄에 해당하지 않는다.

정답　②

03 「가정폭력범죄의 처벌 등에 관한 특례법」상 가정폭력범죄에 해당하지 <u>않</u><u>는</u> 것은?　　　　　　　　　　　　　　　　　　　　　　　　[15년 순경 1차]

① 공갈죄　　　　　　　　　　② 주거·신체수색죄
③ 약취·유인죄　　　　　　　　④ 명예훼손죄

해설 ③ 약취·유인죄는 가정폭력범죄에 해당하지 않는다(「가정폭력범죄의 처벌 등에 관한 특례법」 제2조 제3호).

정답 ③

---

04 「가정폭력범죄의 처벌 등에 관한 특례법」에 대한 다음 설명 중 가장 옳지 않은 것은? [16년 경간부]

① "피해자"란 가정폭력범죄로 인하여 직접적으로 피해를 입은 사람을 말한다.

② "가정구성원" 중 배우자 또는 배우자였던 사람에는 사실상 혼인관계에 있는 사람을 포함한다.

③ 명예훼손, 약취·유인, 재물손괴, 상해, 공갈은 가정폭력범죄에 해당한다.

④ 사법경찰관은 가정폭력범죄를 신속하게 수사하여 사건을 검사에게 송치하여야 한다. 이 경우 사법경찰관은 해당 사건을 가정보호사건으로 처리하는 것이 적절한지에 관한 의견을 제시할 수 있다.

해설 ③ 약취·유인죄는 가정폭력범죄에 해당하지 않는다(「가정폭력범죄의 처벌 등에 관한 특례법」 제2조 제3호).

정답 ③

---

05 다음 중 「가정폭력범죄의 처벌 등에 관한 특례법」상 가정폭력범죄의 유형에 해당하지 않는 죄는 모두 몇 개인가? [17년 경간부 수정]

㉠ 폭행죄	㉡ 체포죄	㉢ 모욕죄
㉣ 유기죄	㉤ 주거침입죄	㉥ 공갈죄
㉦ 재물손괴죄	㉧ 사기죄	㉨ 협박죄

① 1개　　② 2개　　③ 3개　　④ 4개

해설 ◎ [×] 「형법」 제2편 제39장 사기와 공갈의 죄 중 제350조(공갈), 제350조의2(특수공갈) 및 제352조(미수범)(제350조, 제350조의2의 죄에만 해당한다)의 죄가 가정폭력범죄에 해당한다(「가정폭력범죄의 처벌 등에 관한 특례법」 제2조 제3호 자목). 따라서 사기죄는 가정폭력범죄에 해당하지 않는다. 한편, 「가정폭력범죄의 처벌 등에 관한 특례법」이 개정되어 주거침입, 퇴거불응, 특수손괴, 카메라 등 이용촬영, 정보통신망법위반 등의 범죄가 가정폭력범죄에 추가되었다.

정답 ①

06 「가정폭력범죄의 처벌 등에 관한 특례법」상 가정폭력범죄에 해당하는 것은 모두 몇 개인가? [16년 순경 1차]

㉠ 살인	㉡ 폭행	㉢ 중상해	㉣ 영아유기	㉤ 특수공갈

① 1개   ② 2개   ③ 3개   ④ 4개

해설 ㉠ [×] 살인은 가정폭력범죄에 해당하지 않는다(「가정폭력범죄의 처벌 등에 관한 특례법」 제2조 제3호).
㉡ 폭행, ㉢ 중상해, ㉣ 영아유기, ㉤ 특수공갈은 가정폭력범죄에 해당한다.

정답 ④

07 다음 중 신고를 받고 출동한 지역경찰관이 「가정폭력 범죄의 처벌 등에 관한 특례법」상 가정폭력 사건으로 처리할 수 있는 경우는? [19년 경감 승진]

① 甲과 사실혼 관계에 있는 사람이 甲에게 사기죄를 범한 경우
② 乙의 시어머니가 乙의 아들을 약취한 경우
③ 丙과 같이 살고 있는 사촌동생이 丙의 명예를 훼손한 경우
④ 丁의 배우자의 지인이 丁의 재물을 손괴한 경우

해설 ① [×] 사실혼관계에 있는 사람도 가족구성원에는 포함되지만 사기죄는 가정폭력 범죄에 해당하지 않는다(「가정폭력범죄의 처벌 등에 관한 특례법」 제2조 제3호).
② [×] 약취죄는 가정폭력범죄에 해당하지 않는다(동법 제2호 제3호).
③ [○] 동거하는 친족은 가정구성원에 포함되고(동법 제2조 제2호 라목), 명예훼손은 가정폭력범죄에 해당된다(동법 제2조 제3호 바목).
④ [×] 배우자의 지인은 가정구성원에 해당하지 않는다(동법 제2조 제2호).

정답 ③

08 「가정폭력범죄의 처벌 등에 관한 특례법」상 사법경찰관이 즉시 현장에 나가서 취하여야 하는 응급조치 내용으로 가장 적절하지 <u>않은</u> 것은?

[15년 경위 승진 수정]

① 폭력행위의 제지, 가정폭력행위자·피해자의 분리 및 「형사소송법」 제212조에 따른 현행범인의 체포 등 범죄수사

② 피해자를 가정폭력 관련 상담소 또는 보호시설로 인도(피해자가 동의하지 않는 경우도 해당한다)

③ 긴급치료가 필요한 피해자를 의료기관으로 인도

④ 폭력행위 재발시 「가정폭력범죄의 처벌 등에 관한 특례법」 제8조에 따라 임시조치를 신청할 수 있음을 통보

해설 ① [○] 「가정폭력범죄의 처벌 등에 관한 특례법」 제5조 제1호, 제1의2호
② [×] 진행 중인 가정폭력범죄에 대하여 신고를 받은 사법경찰관리가 즉시 현장에 나가서 취할 수 있는 응급조치로서 "피해자를 가정폭력 관련 상담소 또는 보호시설로 인도하는 것"은 피해자가 동의한 경우만 가능하다(동법 제5조 제2호).
③ [○] 동법 제5조 제3호
④ [○] 동법 제5조 제4호

정답 ②

09 「가정폭력범죄의 처벌 등에 관한 특례법」상 사법경찰관이 취할 수 있는 긴급임시조치가 <u>아닌</u> 것은?

① 피해자의 주거 또는 점유하는 방실로부터 퇴거 등 격리

② 의료기관이나 그 밖의 요양소에의 위탁

③ 피해자의 주거, 직장 등에서 100미터 이내의 접근 금지

④ 피해자에 대한 「전기통신기본법」 제2조 제1호의 전기통신을 이용한 접근 금지

해설 ① [○] 「가정폭력범죄의 처벌 등에 관한 특례법」 제8조의2 제1항, 제29조 제1항 제1호
② [×] 의료기관이나 그 밖의 요양소에의 위탁은 사법경찰관이 긴급임시조치로서 할 수는 없고, 판사가 행할 수 있는 임시조치 중 하나이다(동법 제29조 제1항 제4호).
③ [○] 동법 제8조의2 제1항, 제29조 제1항 제2호
④ [○] 동법 제8조의2 제1항, 제29조 제1항 제3호

정답 ②

10 「가정폭력범죄의 처벌 등에 관한 특례법」상 가정폭력범죄에 대해 사법경찰관이 취할 수 있는 조치에 대한 설명으로 **틀린** 것은 모두 몇 개인가?

[15년 순경 1차]

> ㉠ 긴급치료가 필요한 피해자를 의료기관으로 인도하여야 한다.
> ㉡ 피해자의 동의 없이도 피해자를 가정폭력 관련 상담소 또는 보호시설로 인도할 수 있다.
> ㉢ 가정폭력범죄가 재발될 우려가 있다고 인정하는 경우에는 사법경찰관이 직권으로 법원에 임시조치를 청구할 수 있다.
> ㉣ 사법경찰관은 가정폭력범죄를 신속히 수사하여 사건을 검사에게 송치하여야 한다. 이 경우 사법경찰관은 해당사건을 가정보호사건으로 처리하는 것이 적절한지에 관한 의견을 제시할 수 있다.

① 1개   ② 2개   ③ 3개   ④ 4개

해설 ㉠ [○] 「가정폭력범죄의 처벌 등에 관한 특례법」 제5조 제3호

㉡ [×] 진행 중인 가정폭력범죄에 대하여 신고를 받은 사법경찰관리는 즉시 현장에 나가서 피해자를 가정폭력 관련 상담소 또는 보호시설로 인도할 수 있지만, 피해자가 동의한 경우만 할 수 있다(동법 제5조 제2호).

㉢ [×] 검사는 가정폭력범죄가 재발될 우려가 있다고 인정하는 경우에는 직권으로 또는 사법경찰관의 신청에 의하여 법원에 제29조 제1항 제1호~제3호의 임시조치를 청구할 수 있다. 따라서 법원에 임시조치를 청구할 수 있는 자는 검사이다(동법 제8조 제1항).

㉣ [○] 동법 제7조

정답 ②

11 다음은 「가정폭력범죄의 처벌 등에 관한 특례법」에 대한 설명이다. 다음 ㉠부터 ㉣까지의 설명 중 옳고 그름의 표시(O, X)가 바르게 된 것은?

[17년 경기북부 여경]

㉠ 가정폭력이란 가정구성원 사이의 신체적, 정신적 또는 재산상 피해를 수반하는 행위를 말한다.

㉡ 피해자 또는 그 법정대리인은 가정폭력행위자를 고소할 수 있다. 피해자의 법정대리인이 가정폭력행위자인 경우 또는 가정폭력행위자와 공동으로 가정폭력범죄를 범한 경우에는 피해자의 친족이 고소할 수 있다.

㉢ 사법경찰관은 가정폭력범죄를 신속히 수사하여 사건을 검사에게 송치하여야 한다. 이 경우 사법경찰관은 해당 사건을 가정보호사건으로 처리하는 것이 적절한지에 관한 의견을 제시할 수 있다.

㉣ 피해자에게 고소할 법정대리인이나 친족이 없는 경우에 이해관계인이 신청하면 검사는 10일 이내에 고소할 수 있는 사람을 지정하여야 한다.

---

① ㉠ (O)   ㉡ (O)   ㉢ (O)   ㉣ (O)

② ㉠ (O)   ㉡ (×)   ㉢ (O)   ㉣ (O)

③ ㉠ (×)   ㉡ (O)   ㉢ (×)   ㉣ (O)

④ ㉠ (O)   ㉡ (O)   ㉢ (O)   ㉣ (×)

해설 ㉠ [O] 「가정폭력범죄의 처벌 등에 관한 특례법」 제2조 제1호
㉡ [O] 동법 제6조 제1항
㉢ [O] 동법 제7조
㉣ [O] 동법 제6조 제3항

정답 ①

12 「가정폭력범죄 처벌 등에 관한 특례법」에 대한 설명으로 옳은 것은 모두 몇 개인가?

[15년 순경 3차]

> ㉠ 피해자 또는 그 법정대리인은 가정폭력행위자를 고소할 수 있다. 피해자의 법정대리인이 가정폭력행위자인 경우 또는 가정폭력행위자와 공동으로 가정폭력범죄를 범한 경우에는 피해자의 친족이 고소할 수 없다.
> ㉡ 동거하는 친족관계에 있었던 자는 가정구성원에 해당되지 않는다.
> ㉢ 사법경찰관은 가정폭력범죄를 신속히 수사하여 사건을 검사에게 송치하여야 한다. 이 경우 사법경찰관은 해당 사건을 가정보호사건으로 처리하는 것이 적절한지에 관한 의견을 제시할 수 있다.
> ㉣ 피해자에게 고소할 법정대리인이나 친족이 없는 경우에 이해관계인이 신청하면 검사는 10일 이내에 고소할 수 있는 사람을 지정하여야 한다.

① 없음　　　② 1개　　　③ 2개　　　④ 3개

해설 ㉠ [×] 피해자 또는 그 법정대리인은 가정폭력행위자를 고소할 수 있다. 피해자의 법정대리인이 가정폭력행위자인 경우 또는 가정폭력행위자와 공동으로 가정폭력범죄를 범한 경우에는 피해자의 친족이 고소할 수 있다(「가정폭력범죄 처벌 등에 관한 특례법」 제6조 제1항).
㉡ [○] 동법 제2조 제2호 라목
㉢ [○] 동법 제7조
㉣ [○] 동법 제6조 제3항

정답 ④

13 「가정폭력범죄의 처벌 등에 관한 특례법」에 대한 설명으로 가장 적절하지 않은 것은?
[16년 순경 2차]

① 검사는 가정폭력범죄가 재발될 우려가 있다고 인정하는 경우에는 직권으로 또는 사법경찰관의 신청에 의하여 법원에 피해자 또는 가정구성원의 주거 또는 점유하는 방실로부터의 퇴거 등 격리, 피해자 또는 가정구성원의 주거, 직장 등에서 100미터 이내의 접근 금지, 의료기관이나 그 밖의 요양소에 위탁의 임시조치를 청구할 수 있다.

② 사법경찰관은 응급조치에도 불구하고 가정폭력범죄가 재발될 우려가 있고, 긴급을 요하여 법원의 임시조치 결정을 받을 수 없을 때에는 직권 또는 피해자나 그 법정대리인의 신청에 의하여 긴급임시조치를 할 수 있다.

③ 임시조치의 청구는 긴급임시조치를 한 때부터 48시간 이내에 청구하여야 하며, 긴급임시조치결정서를 첨부하여야 한다.

④ 「형법」상 유기죄는 가정폭력범죄에 해당한다.

해설 ① [×] 검사는 가정폭력범죄가 재발될 우려가 있다고 인정하는 경우에는 직권으로 또는 사법경찰관의 신청에 의하여 법원에 ⓐ 피해자 또는 가정구성원의 주거 또는 점유하는 방실로부터의 퇴거 등 격리, ⓑ 피해자 또는 가정구성원이나 그 주거·직장 등에서 100미터 이내의 접근 금지, ⓒ 전기통신을 이용한 접근금지의 임시조치를 청구할 수 있다(「가정폭력범죄의 처벌 등에 관한 특례법」 제8조 제1항). 의료기관이나 그 밖의 요양소에 위탁은 판사가 가정폭력 행위자에게 취할 수 있는 임시조치에 해당한다(동법 제29조 제1항 제4호).
② [○] 동법 제8조의2 제1항
③ [○] 동법 제8조의3 제1항
④ [○] 동법 제2조 제3호 나목

정답 ①

14 「가정폭력범죄의 처벌 등에 관한 특례법」에 대한 설명으로 가장 적절하지 않은 것은? [21년 순경 1차]

① 가정폭력으로서 출판물 등에 의한 명예훼손, 재물손괴, 유사강간, 주거침입의 죄는 가정폭력범죄에 해당한다.

② 사법경찰관은 「가정폭력범죄의 처벌 등에 관한 특례법」 제5조에 따른 응급조치에도 불구하고 가정폭력범죄가 재발될 우려가 있고, 긴급을 요하여 법원의 임시조치 결정을 받을 수 없을 때에는 직권 또는 피해자나 그 법정대리인의 신청에 의하여 긴급임시조치를 할 수 있다.

③ 법원은 가정폭력행위자에 대하여 유죄판결(선고유예는 제외)을 선고하거나 약식명령을 고지하는 경우에는 200시간의 범위에서 재범예방에 필요한 수강명령(「보호관찰 등에 관한 법률」에 따른 수강명령) 또는 가정폭력 치료프로그램의 이수명령을 병과할 수 있다.

④ 가정폭력범죄 중 아동학대범죄에 대해서는 「청소년 보호법」을 우선 적용한다.

해설 ① [O] 「가정폭력범죄의 처벌 등에 관한 특례법」 제2조 제3호
② [O] 동법 제8조의2 제1항
③ [O] 동법 제3조의2 제1항
④ [×] 가정폭력범죄에 대하여는 이 법을 우선 적용한다. 다만, 아동학대범죄에 대하여는 「아동학대범죄의 처벌 등에 관한 특례법」을 우선 적용한다(동법 제3조).

정답 ④

15 「가정폭력범죄의 처벌 등에 관한 특례법」에 대한 다음 설명 중 옳지 않은 것은 모두 몇 개인가?

[19년 경간부 수정]

㉠ "가정폭력범죄"란 가정폭력으로서 「형법」상 상해, 폭행, 유기, 학대, 아동혹사, 체포, 감금, 협박, 강간, 강제추행, 명예훼손, 모욕, 주거침입, 강요, 공갈, 재물손괴 등의 어느 하나에 해당하는 죄를 말한다.

㉡ 가정폭력행위자가 자기 또는 배우자의 직계존속일 경우에는 고소할 수 없다.

㉢ 피해자에게 고소할 법정대리인이나 친족이 없는 경우에 이해관계인이 신청하면 검사는 7일 이내에 고소할 수 있는 사람을 지정하여야 한다.

㉣ 아동, 70세 이상의 노인, 그 밖에 정상적인 판단 능력이 결여된 사람의 치료 등을 담당하는 의료인 및 의료기관의 장이 직무를 수행하면서 가정폭력범죄를 알게 된 경우에는 정당한 사유가 없으면 즉시 수사기관에 신고하여야 한다.

---

① 1개   ② 2개   ③ 3개   ④ 4개

해설 ㉠ [○] 「가정폭력범죄의 처벌 등에 관한 특례법」 제2조 제3호

㉡ [×] 피해자는 「형사소송법」 제224조에도 불구하고 가정폭력행위자가 자기 또는 배우자의 직계존속인 경우에도 고소할 수 있다(동법 제6조 제2항).

㉢ [×] 피해자에게 고소할 법정대리인이나 친족이 없는 경우에 이해관계인이 신청하면 검사는 10일 이내에 고소할 수 있는 사람을 지정하여야 한다(동법 제6조 제3항).

㉣ [×] 아동, 60세 이상의 노인, 그 밖에 정상적인 판단 능력이 결여된 사람의 치료 등을 담당하는 의료인 및 의료기관의 장이 직무를 수행하면서 가정폭력범죄를 알게 된 경우에는 정당한 사유가 없으면 즉시 수사기관에 신고하여야 한다(동법 제4조 제2항 제2호).

정답 ③

16 경찰관은 가정폭력 범죄를 수사함에 있어서 보호처분 또는 형사처분의 심리를 위한 특별자료를 제공할 것을 염두에 두어야 하며, 가정폭력 범죄로 파괴된 가정의 평화와 안정을 회복하고 건강한 가정을 가꾸며 피해자와 가족구성원의 인권을 보호하려는 자세로 임하여야 한다. 가정폭력범죄 수사에 대한 설명으로 가장 적절하지 <u>않은</u> 것은? [12년 경감 승진 수정]

① 「성폭력범죄의 처벌 등에 관한 특례법」 제14조(카메라 등을 이용한 촬영) 및 제15조(미수범)(제14조의 죄에만 해당한다)의 죄는 가정폭력범죄에 해당한다.

② 「형법」상 가정폭력범죄는 상해, 폭행, 유기, 학대, 아동혹사, 체포, 감금, 협박, 명예훼손, 모욕, 주거·신체수색, 강요, 공갈, 재물손괴 등이다.

③ 「가정폭력범죄의 처벌 등에 관한 특례법」상 동거하는 친족관계에 있었던 자는 가정구성원에 해당하나, 사실상 혼인관계에 있었던 자는 해당하지 않는다.

④ 누구든지 가정폭력범죄를 알았을 때는 수사기관에 신고할 수 있다.

해설 ① [○] 「가정폭력범죄의 처벌 등에 관한 특례법」 제2조 제3호 카목
② [○] 동법 제2조 제3호
③ [×] 「가정폭력범죄의 처벌 등에 관한 특례법」상 동거하는 친족관계에 있었던 자는 가정구성원에 해당되지 않지만 사실상 혼인관계에 있었던 자는 가정구성원에 포함된다(동법 제2조 제2호).
④ [○] 동법 제4조 제1항

정답 ③

17 「가정폭력범죄의 처벌 등에 관한 특례법」에 대한 설명으로 가장 적절하지 않은 것은?

[21년 경찰특공대]

① 사법경찰관은 「가정폭력범죄의 처벌 등에 관한 특례법」 제5조에 따른 응급조치에도 불구하고 가정폭력범죄가 재발될 우려가 있고, 긴급을 요하여 법원의 임시조치 결정을 받을 수 없을 때에는 직권 또는 피해자나 그 법정대리인의 신청에 의하여 긴급임시조치를 하여야 한다.

② '가정폭력'이란 가정구성원 사이의 신체적, 정신적 또는 재산상 피해를 수반하는 행위를 말한다.

③ 가정폭력범죄 중 아동학대범죄에 대해서는 「아동학대범죄의 처벌 등에 관한 특례법」을 우선 적용한다.

④ 법원은 가정폭력행위자에 대하여 유죄판결(선고유예는 제외)을 선고하거나 약식명령을 고지하는 경우에는 200시간의 범위에서 재범예방에 필요한 수강명령(「보호관찰 등에 관한 법률」에 따른 수강명령) 또는 가정폭력 치료프로그램의 이수명령을 병과할 수 있다.

해설 ① [×] 사법경찰관은 제5조에 따른 응급조치에도 불구하고 가정폭력범죄가 재발될 우려가 있고, 긴급을 요하여 법원의 임시조치 결정을 받을 수 없을 때에는 직권 또는 피해자나 그 법정대리인의 신청에 의하여 제29조 제1항 제1호부터 제3호까지의 어느 하나에 해당하는 조치(이하 "긴급임시조치"라 한다)를 할 수 있다(「가정폭력범죄의 처벌 등에 관한 특례법」 제8조의2 제1항).
② [○] 동법 제2조 제1호
③ [○] 동법 제3조
④ [○] 동법 제3조의2 제1항

정답 ①

제4절 학교폭력사건 처리

01 「학교폭력예방 및 대책에 관한 법률」에 규정된 가해학생에 대한 조치로 가장 적절하지 <u>않은</u> 것은? [17년 경위 승진]

① 피해학생에 대한 구두사과
② 피해학생 및 신고·고발 학생에 대한 접촉, 협박 및 보복행위의 금지
③ 사회봉사
④ 학급교체

해설 ① 피해학생에 대한 서면사과를 하여야 한다(「학교폭력예방 및 대책에 관한 법률」 제17조 제1항 제1호).

정답 ①

02 「학교폭력예방 및 대책에 관한 법률」에 규정된 내용에 대한 설명으로 가장 적절하지 <u>않은</u> 것은?

① "학교"란 「초·중등교육법」 제2조에 따른 초등학교·중학교·고등학교·특수학교 및 각종학교와 같은 법 제61조에 따라 운영하는 학교를 말한다.
② "사이버 따돌림"이란 인터넷, 휴대전화 등 정보통신기기를 이용하여 학생들이 특정 학생들을 대상으로 지속적, 반복적으로 심리적 공격을 가하거나, 특정 학생과 관련된 개인정보 또는 허위사실을 유포하여 상대방이 고통을 느끼도록 하는 모든 행위를 말한다.
③ "학교폭력"이란 학교 내외에서 학생을 대상으로 발생한 상해, 폭행, 감금, 협박, 약취·유인, 명예훼손·모욕, 공갈, 강요·강제적인 심부름 및 성폭력, 따돌림, 사이버 따돌림, 정보통신망을 이용한 음란·폭력 정보 등에 의하여 신체·정신 또는 재산상의 피해를 수반하는 행위를 말하고, 성폭력의 경우 다른 법률에 규정이 있는 경우에도 이 법을 우선 적용한다.
④ "따돌림"이란 학교 내외에서 2명 이상의 학생들이 특정인이나 특정집단의 학생들을 대상으로 지속적이거나 반복적으로 신체적 또는 심리적 공격을 가하여 상대방이 고통을 느끼도록 하는 모든 행위를 말한다.

해설 ① [O] 「학교폭력예방 및 대책에 관한 법률」제2조 제2호
② [O] 동법 제2조 제1의3호
③ [X] "학교폭력"이란 학교 내외에서 학생을 대상으로 발생한 상해, 폭행, 감금, 협박, 약취·
유인, 명예훼손·모욕, 공갈, 강요·강제적인 심부름 및 성폭력, 따돌림, 사이버 따돌림, 정보통
신망을 이용한 음란·폭력 정보 등에 의하여 신체·정신 또는 재산상의 피해를 수반하는 행위
를 말하지만, 학교폭력 중 성폭력은 다른 법률에 규정이 있는 경우에는 이 법을 적용하지 아니
한다(동법 제2조 제1호, 제5조 제2항).
④ [O] 동법 제2조 제1의2호

정답 ③

제5절 실종아동·가출인 업무처리

01 「실종아동등의 보호 및 지원에 관한 법률」상 실종아동등의 수색에 대한
설명으로 가장 적절하지 않은 것은? [15년 경위 승진 수정]

① 경찰관서의 장은 실종아동등의 조속한 발견을 위하여 필요한 때에는 개인
위치정보사업자에게 실종아동등의 개인위치정보의 제공을 요청할 수 있다.

② 위 ①의 요청을 받은 개인위치정보사업자는 그 실종아동등의 동의 없이
개인위치정보를 수집할 수 없으며, 실종아동등의 동의가 없음을 이유로 경
찰관서의 장의 요청을 거부할 수 있다.

③ 경찰관서와 경찰관서에 종사하거나 종사하였던 자는 실종아동등을 찾기
위한 목적으로 제공받은 개인위치정보를 실종아동 등을 찾기 위한 목적
외의 용도로 이용하여서는 아니 된다.

④ 경찰관서의 장은 실종아동등의 발생 신고를 접수하면 지체 없이 수색 또
는 수사의 실시 여부를 결정하여야 한다.

해설 ① [O] 「실종아동등의 보호 및 지원에 관한 법률」제9조 제2항 제1호
② [X] 위 ①의 요청을 받은 개인위치정보사업자는 그 실종아동등의 동의 없이 개인위치정보를
수집할 수 있으며, 실종아동 등의 동의가 없음을 이유로 경찰관서의 장의 요청을 거부하여서는
아니 된다(동법 제9조 제2항 제3항).
③ [O] 동법 제9조 제4항

④ [○] 동법 제9조 제1항

정답 ②

---

02 「실종아동등의 보호 및 지원에 관한 법률」상 사용하는 용어의 정의에 대한 설명으로 가장 적절하지 <u>않은</u> 것은? [16년 순경 2차]

① "아동등"이란 실종 당시 19세 미만인 아동, 지적장애인, 자폐성장애인 또는 정신장애인, 치매환자에 해당하는 사람을 말한다.

② "실종아동등"이란 약취(略取), 유인(誘引), 또는 유기(遺棄)되거나 사고를 당하거나 가출하거나 길을 잃는 등의 사유로 인하여 보호자로부터 이탈(離脫)된 아동등을 말한다.

③ "보호자"란 친권자, 후견인이나 그 밖에 다른 법률에 따라 아동등을 보호하거나 부양할 의무가 있는 사람을 말한다. 다만, 보호시설의 장 또는 종사자는 제외한다.

④ "보호시설"이란 사회복지시설 및 인가·신고 등이 없이 아동등을 보호하는 시설로서 사회복지시설에 준하는 시설을 말한다.

해설 ① [×] "아동등"이란 실종 당시 18세 미만인 아동, 지적장애인, 자폐성장애인 또는 정신장애인, 치매환자에 해당하는 사람을 말한다(「실종아동등의 보호 및 지원에 관한 법률」 제2조 제1호).
② [○] 동법 제2조 제2호
③ [○] 동법 제2조 제3호
④ [○] 동법 제2조 제4호

정답 ①

---

03 「실종아동등의 보호 및 지원에 관한 법률」상 실종아동등에 대한 신고의무자가 아닌 것은 모두 몇 개인가? [18년 경간부]

> ㉠ 「아동복지법」 제13조에 따른 아동복지전담공무원
> ㉡ 「사회복지사업법」 제14조에 따른 사회복지전담공무원
> ㉢ 「청소년 보호법」 제35조에 따른 청소년 보호·재활센터의 장 또는 그 종사자
> ㉣ 업무·고용 등의 관계로 사실상 아동등을 보호·감독하는 사람

① 0개 ② 1개 ③ 2개 ④ 3개

해설 ㉠ [O] 「실종아동등의 보호 및 지원에 관한 법률」 제6조 제1항 제2호
ㄴ [O] 동법 제6조 제1항 제4호
ㄷ [O] 동법 제6조 제1항 제3호
ㄹ [O] 동법 제6조 제1항 제6호

정답 ①

04 「실종아동등 및 가출인 업무처리규칙」에 대한 다음 설명 중 옳은 것은 모두 몇 개인가?

[16년 경간부]

> ㉠ "아동등"이란 「실종아동등의 보호 및 지원에 관한 법률」 제2조 제1호에 따른 실종 당시 18세 미만 아동, 지적·자폐성·정신장애인, 치매환자를 말한다.
> ㄴ "장기실종아동등"이란 보호자로부터 신고를 접수한 지 36시간이 경과한 후에도 발견되지 않은 찾는 실종아동등을 말한다.
> ㄷ "발견지"란 실종아동등 또는 가출인을 발견하여 보호중인 장소를 말하며, 발견한 장소와 보호 중인 장소가 서로 다른 경우에는 발견한 장소를 말한다.
> ㄹ 실종아동등 프로파일링시스템에 입력하는 대상은 실종아동등, 가출인, 보호자가 확인된 보호시설 입소자, 변사자·교통사고사상자 중 신원불상자이다.
> ㅁ 미발견자의 경우 실종아동등 프로파일링시스템에 등록된 자료는 소재 발견 시까지 보관한다.

① 0개   ② 1개   ③ 2개   ④ 3개

해설 ㉠ [O] 「실종아동등 및 가출인 업무처리규칙」 제2조 제1호
ㄴ [×] 장기실종아동등이란 보호자로부터 신고를 접수한 지 48시간이 경과한 후에도 발견되지 않은 찾는실종아동등을 말한다(동규칙 제2조 제5호).
ㄷ [×] 발견한 장소와 보호 중인 장소가 서로 다른 경우에는 보호 중인 장소를 말한다(동규칙 제2조 제8호).
ㄹ [×] 실종아동등 프로파일링시스템에 입력하는 대상은 ⓐ 실종아동등, ⓑ 가출인, ⓒ 보호시설 입소자 중 보호자가 확인되지 않는 사람이다(동규칙 제7조 제1항).
ㅁ [O] 동규칙 제7조 제3항 제3호

정답 ③

05 「실종아동등의 보호 및 지원에 관한 법률」과 「실종아동등 및 가출인 업무 처리 규칙」상 용어의 설명으로 가장 적절한 것은? [17년 순경 1차 수정]

① '아동등'이란 실종 당시 18세 미만인 아동, 「장애인복지법」 제2조의 장애인 중 지적장애인, 자폐성장애인 또는 정신장애인 및 「치매관리법」 제2조 제2호의 치매환자를 말한다.

② '발생지'란 실종아동등 및 가출인이 실종·가출 전 최종적으로 목격되었거나 목격되었을 것으로 추정하여 신고자 등이 진술한 장소를 말하며, 신고자 등이 최종 목격 장소를 진술하지 못하거나, 목격되었을 것으로 추정되는 장소가 대중교통시설 등일 경우 또는 실종·가출 발생 후 10일이 경과한 때에는 실종아동등 및 가출인의 실종 전 최종 주거지를 말한다.

③ '발견지'란 실종아동등 또는 가출인을 발견하여 보호 중인 장소를 말하며, 발견한 장소와 보호중인 장소가 서로 다른 경우에는 발견한 장소를 말한다.

④ '장기실종아동등'이란 실종된 지 48시간이 경과한 후에도 발견되지 않은 찾는실종아동등을 말한다.

해설 ① [○] 「실종아동등의 보호 및 지원에 관한 법률」 제2조 제1호
② [×] 목격되었을 것으로 추정되는 장소가 대중교통시설 등일 경우 또는 실종·가출 발생 후 1개월이 경과한 때에는 실종아동등 및 가출인의 실종 전 최종 주거지를 말한다(「실종아동등 및 가출인 업무처리 규칙」 제2조 제7호).
③ [×] '발견지'에서 발견한 장소와 보호중인 장소가 서로 다른 경우에는 보호 중인 장소를 말한다(동규칙 제2조 제8호).
④ [×] '장기실종아동등'이란 보호자로부터 신고를 접수한 지 48시간이 경과한 후에도 발견되지 않은 찾는실종아동등을 말한다(동규칙 제2조 제5호).

정답 ①

06 「실종아동등 및 가출인 업무처리 규칙」상 규정된 용어에 대한 설명 중 가장 적절하지 <u>않은</u> 것은? [18년 순경 3차]

① "가출인"이란 신고 당시 보호자로부터 이탈된 18세 이상의 사람을 말한다.

② "장기실종아동등"이란 보호자로부터 신고를 접수한 지 48시간이 경과한 후에도 발견되지 않은 찾는실종아동등을 말한다.

③ "보호실종아동등"이란 보호자가 확인되어 경찰관이 보호하고 있는 실종아동등을 말한다.

④ "발견지"란 실종아동등 또는 가출인을 발견하여 보호 중인 장소를 말하며, 발견한 장소와 보호 중인 장소가 서로 다른 경우에는 보호 중인 장소를 말한다.

해설 ① [O] 「실종아동등 및 가출인 업무처리 규칙」 제2조 제6호
② [O] 동규칙 제2조 제5호
③ [×] "보호실종아동등"이란 보호자가 확인되지 않아 경찰관이 보호하고 있는 실종아동등을 말한다(동규칙 제2조 제4호).
④ [O] 동규칙 제2조 제8호

정답 ③

07 「실종아동등의 보호 및 지원에 관한 법률」과 「실종아동등 및 가출인 업무처리규칙」에 대한 설명 중 가장 옳지 <u>않은</u> 것은? [19년 경간부 수정]

① "발견지"란 실종아동등 또는 가출인을 발견하여 보호 중인장소를 말하며, 발견한 장소와 보호 중인 장소가 서로 다른 경우에는 보호 중인 장소를 말한다.

② 실종아동등 프로파일링시스템에 입력하는 대상은 실종아동등, 가출인, 보호시설 입소자 중 보호자가 확인되지 않는 사람이다.

③ 발견된 18세 미만 아동 및 가출인의 경우 실종아동등 프로파일링 시스템에 등록된 자료는 수배 해제 후로부터 10년간 보관한다.

④ 경찰관서의 장은 실종아동등(범죄로 인한 경우 제외)의 조속한 발견을 위하여 필요한 때에는 「위치정보의 보호 및 이용 등에 관한 법률」에 따른 개인위치정보사업자에게 실종아동등의 개인위치정보의 제공을 요청할 수 있다.

해설
① [○] 「실종아동등 및 가출인 업무처리규칙」 제2조 제8호
② [○] 동규칙 제7조 제1항
③ [×] 발견된 18세 미만 아동 및 가출인의 경우 실종아동등 프로파일링 시스템에 등록된 자료는 수배 해제 후로부터 5년간 보관한다(동규칙 제7조 제3항 제1호).
④ [○] 「실종아동등의 보호 및 지원에 관한 법률」 제9조 제2항 제1호

정답 ③

08 다음 설명 중 가장 적절하지 않은 것은? [15년 경간부 수정]

① 경찰청 실종아동찾기센터는 실종아동등에 대한 신고를 접수하거나, 신고 접수에 대한 보고를 받은 때에는 즉시 실종아동등 프로파일링시스템에 입력, 관할 경찰관서를 지정하는 등 필요한 조치를 하여야 한다.

② 경찰관서의 장이 보호실종아동등의 보호자를 찾기 위한 조치를 취하였음에도 불구하고 보호자를 발견하지 못한 경우에는 보호실동아동등을 관할 지방자치단체의 장에게 인계한다.

③ 경찰관서의 장은 실종아동등에 대하여 실종아동등 프로파일링시스템에 등록한 날로부터 1개월까지는 10일에 1회, 1개월이 경과한 후부터는 매월 1회 보호자에게 추적 진행사항을 통보하여야 한다.

④ 실종아동등의 신고는 관할에 관계없이 실종아동찾기센터, 각 시 · 도경찰청 및 경찰서에서 전화 · 서면 · 구술 등의 방법으로 접수한다.

해설
① [○] 「실종아동등 및 가출인 업무처리규칙」 제10조 제2항
② [○] 동규칙 제11조 제3항
③ [×] 경찰관서의 장은 실종아동등에 대하여 실종아동등 프로파일링시스템에 등록한 날로부터 1개월까지는 15일에 1회, 1개월이 경과한 후부터는 분기별 1회 보호자에게 추적 진행사항을 통보한다(동규칙 제11조 제5항).
④ [○] 동규칙 제10조 제1항

정답 ③

09 「실종아동등의 보호 및 지원에 관한 법률」에 대한 다음 설명 중 옳은 것은 모두 몇 개인가?

[17년 경간부]

> ㉠ "보호시설"이라 함은 「사회복지사업법」 제2조 제4호에 따른 사회복지시설만을 의미하고, 인가·신고 등이 없이 아동등을 보호하는 시설로서 사회복지시설에 준하는 시설은 보호시설에 포함되지 않는다.
> ㉡ 직무를 수행하면서 실종아동등임을 알게 되었을 때에 경찰신고체계로 지체없이 신고해야 하는 신고의무자로는 보호시설의 장, 사회복지전담공무원이 있고, 보호시설의 종사자는 신고의무자에 해당하지 않는다.
> ㉢ 경찰관서의 장은 실종아동등의 발생 신고를 접수하면 지체없이 수색 또는 수사의 실시 여부를 결정하여야 한다.
> ㉣ 경찰관서의 장은 실종아동등(범죄로 인한 경우 포함)의 조속한 발견을 위하여 필요한 때에는 「위치정보의 보호 및 이용 등에 관한 법률」에 따른 개인위치정보사업자에게 실종아동등의 개인위치정보의 제공을 요청할 수 있다.

① 1개   ② 2개   ③ 3개   ④ 4개

해설 ㉠ [×] 보호시설이란 「사회복지사업법」 제2조 제4호에 따른 사회복지시설 및 인가·신고 등이 없이 아동 등을 보호하는 시설로서 사회복지시설에 준하는 시설이다(「실종아동등의 보호 및 지원에 관한 법률」 제2조 제4호).
㉡ [×] 보호시설의 장뿐만 아니라 그 종사자도 신고의무자이다(동법 제6조 제1항 제1호).
㉢ [○] 동법 제9조 제1항
㉣ [×] 경찰관서의 장은 실종아동등(범죄로 인한 경우를 제외한다)의 조속한 발견을 위하여 필요한 때에는 「위치정보의 보호 및 이용 등에 관한 법률」에 따른 개인위치정보사업자에게 실종아동등의 개인위치정보의 제공을 요청할 수 있다(동법 제9조 제2항).

정답 ①

제6절 아동학대사건 처리

01 「**아동복지법**」**상 처벌규정의 내용으로 옳지 않은 것은?** [18년 경간부]

① 아동의 정신건강 및 발달에 해를 끼치는 정서적 학대행위를 한 자는 5년 이하의 징역 또는 5천만원 이하의 벌금에 처한다.

② 정당한 권한을 가진 알선기관 외의 자가 아동의 양육을 알선하고 금품을 취득하거나 금품을 요구 또는 약속하는 행위를 한 때에는 5년 이하의 징역 또는 3천만원 이하의 벌금에 처한다.

③ 아동을 위하여 증여 또는 급여된 금품을 그 목적 외의 용도로 사용하는 행위를 한 자는 3년 이하의 징역 또는 3천만원 이하의 벌금에 처한다.

④ 공중의 오락 또는 흥행을 목적으로 아동의 건강 또는 안전에 유해한 곡예를 시키는 행위 또는 이를 위하여 아동을 제3자에게 인도하는 행위를 한 자는 1년 이하의 징역 또는 1천만원 이하의 벌금에 처한다.

해설 ① [○] 「아동복지법」 제71조 제1항 제2호, 제17조 제5호
② [×] 정당한 권한을 가진 알선기관 외의 자가 아동의 양육을 알선하고 금품을 취득하거나 금품을 요구 또는 약속하는 행위를 한 때에는 3년 이하의 징역 또는 3천만원 이하의 벌금에 처한다(동법 제71조 제1항 제3호, 제17조 제10호).
③ [○] 동법 제71조 제1항 제3호, 제17조 제11호
④ [○] 동법 제71조 제1항 제4호, 제17조 제9호

정답 ②

02 「아동학대범죄의 처벌 등에 관한 특례법」에 대한 설명으로 가장 적절하지 않은 것은? [15년 순경 3차 수정]

① 아동이란 19세 미만인 사람을 말한다.

② 아동학대범죄에 대하여는 이 법을 우선 적용한다. 다만, 「성폭력범죄의 처벌 등에 관한 특례법」, 「아동·청소년의 성보호에 관한 법률」에서 가중 처벌되는 경우에는 그 법에서 정한 바에 따른다.

③ 이 법은 아동학대범죄의 처벌 및 그 절차에 관한 특례와 피해아동에 대한 보호절차 및 아동학대행위자에 대한 보호처분을 규정함으로써 아동을 보호하여 아동이 건강한 사회 구성원으로 성장하도록 함을 목적으로 한다.

④ 아동학대범죄 신고를 접수한 사법경찰관리나 아동학대전담공무원은 지체 없이 아동학대범죄의 현장에 출동하여야 한다.

해설 ① [×] 아동이란 18세 미만인 사람을 의미한다(「아동학대범죄의 처벌 등에 관한 특례법」 제2조 제1호, 「아동복지법」 제3조 제1호).
② [○] 「아동학대범죄의 처벌 등에 관한 특례법」 제3조
③ [○] 동법 제1조
④ [○] 동법 제11조 제1항

정답 ①

03 「아동학대범죄의 처벌 등에 관한 특례법」상 응급조치에 대한 설명으로 가장 적절하지 <u>않은</u> 것은? [15년 순경 1차 수정]

① 현장에 출동하거나 아동학대범죄 현장을 발견한 사법경찰관리 또는 아동학대전담공무원은 피해아동 보호를 위하여 즉시 응급조치를 하여야 한다.

② 사법경찰관리나 아동학대전담공무원은 피해아동등을 분리 · 인도하여 보호하는 경우 지체 없이 피해아동등을 인도받은 보호시설 · 의료시설을 관할하는 시 · 도지사 또는 시장 · 군수 · 구청장에게 그 사실을 통보하여야 한다.

③ 「아동학대범죄의 처벌 등에 관한 특례법」 제12조 제1항 제2호～4호까지의 규정에 따른 응급조치는 48시간을 넘을 수 없다.

④ 사법경찰관리 또는 아동학대전담공무원이 제1항에 따라 응급조치를 한 경우에는 즉시 응급조치결과보고서를 작성하여야 한다. 이 경우 사법경찰관리가 응급조치를 한 경우에는 관할 경찰관서의 장이 시 · 도지사 또는 시장 · 군수 · 구청장에게, 아동학대전담공무원이 응급조치를 한 경우에는 소속 시 · 도지사 또는 시장 · 군수 · 구청장이 관할 경찰관서의 장에게 작성된 응급조치결과보고서를 지체 없이 송부하여야 한다.

해설 ① [○] 「아동학대범죄의 처벌 등에 관한 특례법」 제12조 제1항
② [○] 동법 제12조 제2항
③ [×] 「아동학대범죄의 처벌 등에 관한 특례법」 제12조 제1항 제2호～제4호까지의 규정에 따른 응급조치는 72시간을 넘을 수 없다. 다만, 검사가 제15조 제2항에 따라 임시조치를 법원에 청구한 경우에는 법원의 임시조치 결정 시까지 연장된다(동법 제12조 제3항).
④ [○] 동법 제12조 제5항

정답 ③

04 「아동학대범죄의 처벌 등에 관한 특례법」에 대한 설명 중 가장 옳지 <u>않은</u> 것은?

[19년 경간부 수정]

① 피해아동이 보호자의 학대를 당연하게 받아들이고 이를 학대로 인식하지 못하는 미인지성 때문에 「아동학대범죄의 처벌 등에 관한 특례법」은 아동학대 신고의무자를 광범위하게 규정하고 있다.

② 응급조치상의 격리란 아동학대행위자를 48시간(단, 검사가 법원에 임시조치를 청구한 경우에는 법원의 임시조치 결정시까지 연장)을 기한으로 하여 피해아동으로부터 장소적으로 분리하는 조치를 말한다.

③ 응급조치에도 불구하고 아동학대범죄가 재발될 우려가 있고, 긴급을 요하여 법원의 임시조치 결정을 받을 수 없을 때 사법경찰관은 직권이나 피해아동등의 신청에 따라 긴급임시조치를 할 수 있다.

④ 임시조치는 아동학대범죄의 원활한 조사·심리 또는 피해아동 보호를 위하여 필요하다고 인정되는 경우 판사의 결정으로 아동학대행위자의 권한 또는 자유를 일정기간 동안 제한하는 조치이다.

해설 ① [○] 「아동학대범죄의 처벌 등에 관한 특례법」 제10조
② [×] 아동학대행위자를 피해아동으로부터 격리하는 응급조치는 72시간을 넘을 수 없다. 다만, 검사가 제15조 제2항에 따라 임시조치를 법원에 청구하는 경우에는 법원의 임시조치 결정 시까지 연장된다(동법 제12조 제3항).
③ [○] 동법 제13조 제1항
④ [○] 동법 제19조

정답 ②

05 「아동학대범죄의 처벌 등에 관한 특례법」에 대한 설명으로 가장 적절하지 <u>않은</u> 것은?

① 현장에 출동하거나 아동학대범죄 현장을 발견한 사법경찰관리 또는 아동 학대전담공무원은 피해아동 등의 보호를 위하여 아동보호전문기관 등에의 상담 및 교육위탁 등의 응급조치를 취하여야 한다.

② 사법경찰관의 응급조치는 72시간을 넘을 수 없다. 다만, 검사가 임시조치 를 법원에 청구한 경우에는 법원의 임시조치 결정시까지 연장된다.

③ 사법경찰관은 응급조치에도 불구하고 아동학대범죄가 재발될 우려가 있고, 긴급을 요하여 법원의 임시조치 결정을 받을 수 없을 때에는 직권이나 신 청에 따라 긴급임시조치를 할 수 있다.

④ 판사는 아동학대범죄의 원활한 조사·심리 또는 피해아동 보호를 위하여 필요하다고 인정하는 경우에는 결정으로 아동학대행위자에게 경찰관서의 유치장 또는 구치소에의 유치 등의 임시조치를 할 수 있다.

해설 ① [×] 아동보호전문기관 등에의 상담 및 교육 위탁은 사법경찰관리 또는 아동학대전담공무원 의 응급조치가 아니라 아동학대행위자에 대한 판사의 임시조치에 해당한다(「아동학대범죄의 처 벌 등에 관한 특례법」 제19조 제1항 제5호).
② [○] 동법 제12조 제3항
③ [○] 동법 제13조 제1항
④ [○] 동법 제19조 제1항

정답 ①

06 「아동학대범죄의 처벌 등에 관한 특례법」에 대한 다음 설명 중 옳은 것은 모두 몇 개인가?

[17년 경간부 수정]

> ㉠ 아동이란 19세 미만인 사람을 말한다.
> ㉡ 아동학대범죄 신고를 접수한 사법경찰관리나 아동학대전담공무원은 지체 없이 아동학대범죄의 현장에 출동하여야 한다.
> ㉢ 현장에 출동하거나 아동학대범죄 현장을 발견한 사법경찰관리 또는 아동학대전담공무원은 피해아동 보호를 위하여 즉시 응급조치를 하여야 한다.
> ㉣ 응급조치의 유형에는 아동학대범죄 행위의 제지, 아동학대 행위자를 피해아동으로부터 격리, 피해아동을 아동학대 관련 보호시설로 인도, 아동보호전문기관에의 상담 및 교육 위탁이 있다.
> ㉤ 아동학대행위자를 피해아동으로부터 격리하는 응급조치는 48시간을 넘을 수 없다.

① 1개 ② 2개 ③ 3개 ④ 4개

해설 ㉠ [×] 아동이란 18세 미만의 사람을 말한다(「아동학대범죄의 처벌 등에 관한 특례법」 제2조 제1호, 「아동복지법」 제3조 제1호).
㉡ [○] 「아동학대범죄의 처벌 등에 관한 특례법」 제11조 제1항
㉢ [○] 동법 제12조 제1항
㉣ [×] 아동보호전문기관 등에의 상담 및 교육 위탁은 사법경찰관리 또는 아동학대전담공무원의 응급조치가 아니라 아동학대행위자에 대한 판사의 임시조치에 해당한다(동법 제19조 제1항 제5호).
㉤ [×] 아동학대행위자를 피해아동으로부터 격리하는 응급조치는 72시간을 넘을 수 없다(동법 제12조 제3항).

정답 ②

10

수사 경찰활동

제1절 수사경찰활동의 기초

01 「형사소송법」상 경찰과 검찰의 수사구조에 관한 설명으로 옳지 <u>않은</u> 것은 모두 몇 개인가?

> ⊙ 검사와 사법경찰관은 수사, 공소제기 및 공소유지에 관하여 서로 협력하여야 한다.
> ⓒ 검사는 범죄의 혐의가 있다고 사료하는 때에는 범인, 범죄사실과 증거를 수사한다.
> ⓒ 경무관, 총경, 경정, 경감, 경위는 사법경찰관으로서 범죄의 혐의가 있다고 사료하는 때에는 범인, 범죄사실과 증거를 수사한다.
> ② 경사, 경장, 순경은 사법경찰리로서 수사의 보조를 하여야 한다.
> ⑩ 검찰총장 또는 각급 검찰청 검사장은 사법경찰관이 정당한 이유 없이 보완수사요구에 따르지 아니하는 때에는 권한 있는 사람에게 해당 사법경찰관의 직무배제 또는 징계를 요구할 수 있다.
> ⑪ 사법경찰관은 피의자를 신문하기 전에 수사과정에서 법령위반, 인권침해 또는 현저한 수사권 남용이 있는 경우 검사에게 구제를 신청할 수 있음을 피의자에게 알려주어야 한다.

① 0개   ② 1개   ③ 2개   ④ 3개

해설 ⊙ [○] 「형사소송법」 제195조 제1항
ⓒ [○] 동법 제196조
ⓒ [○] 동법 제197조 제1항
② [○] 동법 제197조 제2항
⑩ [○] 동법 제197조의2 제3항
⑪ [○] 동법 제197조의3 제8항

정답 ①

02 「형사소송법」상 검사와 사법경찰관리의 준수사항에 관한 설명 중 옳지 않은 것은?

① 피의자에 대한 수사는 불구속 상태에서 함을 원칙으로 한다.

② 검사·사법경찰관리와 그 밖에 직무상 수사에 관계있는 자는 피의자 또는 다른 사람의 인권을 존중하고 수사과정에서 취득한 비밀을 엄수하며 수사에 방해되는 일이 없도록 하여야 한다.

③ 검사·사법경찰관리와 그 밖에 직무상 수사에 관계있는 자는 수사과정에서 수사와 관련하여 작성하거나 취득한 서류 또는 물건에 대한 목록을 빠짐없이 작성하여야 한다.

④ 검사 또는 사법경찰관은 피의자를 체포하는 경우에는 진술거부권, 피의사실의 요지, 체포의 이유와 변호인을 선임할 수 있음을 말하고 변명할 기회를 주어야 한다.

> **해설** ① [○] 「형사소송법」 제198조 제1항
> ② [○] 동법 제198조 제2항
> ③ [○] 동법 제198조 제3항
> ④ [×] 검사 또는 사법경찰관은 피의자를 체포하는 경우에는 피의사실의 요지, 체포의 이유와 변호인을 선임할 수 있음을 말하고 변명할 기회를 주어야 한다. 하지만 현행법상 체포과정에서 진술거부권을 고지할 필요는 없다(동법 제200조의5).
>
> **정답** ④

03 「경찰수사규칙」에 규정된 내용에 관한 설명으로 가장 적절하지 않은 것은?

① 사법경찰관리는 신속한 수사가 필요한 경우에는 적정한 기간을 정하여 검사에게 협력요청등을 할 수 있다.

② 사법경찰관리는 진정인·탄원인 등 민원인이 제출하는 서류가 고소·고발의 요건을 갖추었다고 판단하는 경우 이를 고소·고발로 수리한다.

③ 사법경찰관리는 고소·고발을 수리한 날부터 3개월 이내에 수사를 마쳐야 한다.

④ 사법경찰관은 고소 또는 고발 사건에 관하여 혐의없음 결정을 하는 경우에는 고소인 또는 고발인의 무고혐의의 유무를 판단할 수 있다.

해설 ① [○] 「경찰수사규칙」 제3조 제4항
② [○] 동규칙 제21조 제1항
③ [○] 동규칙 제24조 제1항
④ [×] 사법경찰관은 고소 또는 고발 사건에 관하여 제108조제1항 제1호의 혐의없음 결정을 하는 경우에는 고소인 또는 고발인의 무고혐의의 유무를 판단해야 한다(동규칙 제111조).

정답 ④

---

04 수사실행의 5대 원칙에 대한 설명이다. 바르게 짝지어진 것은?

[15년 경간부]

> ㉠ 여러 가지 추측 중에서 과연 어떤 추측이 정당한 것인가를 가리기 위해서는 그들 추측 하나하나를 모든 각도에서 검토해야 한다.
> ㉡ 문제해결의 관건이 되는 자료를 누락한다든지, 없어지는 일이 없도록 전력을 다하여 자료를 수집하여야 한다.
> ㉢ 수사에 의해 획득한 확신 있는 판단은 모두에게 그 판단이 진실이라는 것을 객관적으로 증명해야 한다.
> ㉣ 수사는 단순한 수사관의 상식적 검토나 판단에만 그칠 것이 아니라 감식과학이나 과학적 지식 또는 그 시설장비를 유용하게 이용해야 한다.
> ㉤ 추측을 할 때에 수집된 자료를 기초로 합리적인 판단을 하여야 한다.

> ⓐ 수사자료 완전수집의 원칙
> ⓑ 수사자료 감식·검토의 원칙
> ⓒ 적절한 추리의 원칙
> ⓓ 검증적 수사의 원칙
> ⓔ 사실판단 증명의 원칙

① ㉠-ⓑ, ㉡-ⓐ, ㉢-ⓔ, ㉣-ⓒ, ㉤-ⓓ
② ㉠-ⓓ, ㉡-ⓐ, ㉢-ⓔ, ㉣-ⓑ, ㉤-ⓒ
③ ㉠-ⓒ, ㉡-ⓐ, ㉢-ⓔ, ㉣-ⓑ, ㉤-ⓓ
④ ㉠-ⓐ, ㉡-ⓑ, ㉢-ⓒ, ㉣-ⓓ, ㉤-ⓔ

해설 ② ㉠-ⓓ 검증적 수사의 원칙, ㉡-ⓐ 수사자료 완전수집의 원칙, ㉢-ⓔ 사실판단 증명의 원칙, ㉣-ⓑ 수사자료 감식·검토의 원칙, ㉤-ⓒ 적절한 추리의 원칙

정답 ②

05 수사실행의 5대 원칙 중 검증적 수사의 원칙에 대한 설명으로 가장 옳은 것은?

[16년 경간부]

① 수사의 기본방법에서 제1의 조건 또는 제1의 법칙이다.

② 여러 가지 추측 중에서 과연 어떤 추측이 정당한 것인가를 가리기 위해서 모든 추측 하나 하나를 모든 각도에서 검토해야 한다는 원칙이다.

③ 수사관의 판단이 진실이라는 이유 또는 객관적 증거를 제시해야 한다는 원칙이다.

④ 수집된 자료를 기초로 합리적인 판단을 해야 한다는 원칙이다.

해설 ① [×] 수사자료 완전수집의 원칙
② [○]
③ [×] 사실판단 증명의 원칙
④ [×] 적절한 추리의 원칙

정답 ②

06 수사실행의 5대 원칙에 대한 설명으로 가장 적절한 것은? [21년 경감 승진]

① 수사자료 감식·검토의 원칙: 수사관의 상식적 검토·판단에만 의할 것이 아니라 감식과학이나 과학적 지식 또는 시설장비를 최대한 활용하여 수사를 해야 한다는 원칙으로, 수사의 기본방법 중 제1조건이다.

② 적절한 추리의 원칙: 추측 시에 수집된 자료를 기초로 합리적인 판단을 하고, 추측은 수사결과에 대한 확정적 판단이므로, 신뢰성이 검증된 증거를 바탕으로 추측을 하여야 한다.

③ 검증적 수사의 원칙: 여러 가지 추측 중에서 어떤 추측이 정당한 것인가를 가리기 위해서는 그들 추측 하나를 모든 각도에서 검토해야 한다는 원칙으로, 수사방법의 결정 → 수사사항의 결정 → 수사실행이라는 순서에 따라 검토한다.

④ 사실판단 증명의 원칙: 수사관이 한 판단의 진실성이 증명되기 위해서는 누구에게나 그 진위가 확인될 수 있어야 하며, 판단이 언어나 문자로 표현되고 근거의 제시로서 객관화되어야 한다는 원칙이다.

해설 ① [×] 수사자료 감식·검토의 원칙: 수사관의 상식적 검토·판단에만 의할 것이 아니라 감식과학이나 과학적 지식 또는 시설장비를 최대한 활용하여 수사를 해야 한다는 원칙이다. 수사의 기본방법 중 제1조건은 수사자료 완전수집의 원칙이다.

② [×] 적절한 추리의 원칙: 추측 시에는 수집된 자료를 기초로 합리적인 판단을 하고, 추측은 가상적인 판단이므로 그 진실성이 확인될 때까지는 추측을 진실이라고 주장·확신해서는 안된다는 원칙이다.

③ [×] 검증적 수사의 원칙: 여러 가지 추측 중에서 어떤 추측이 정당한 것인가를 가리기 위해서는 그들 추측 하나하나를 모든 각도에서 검토해야 한다는 원칙이다. 수사사항의 결정 → 수사방법의 결정 → 수사실행이라는 순서에 따라 검토한다.

④ [○]

정답 ④

07 수사의 조건에 관한 설명으로 옳은 것은?　　　　　　　　　　　　[15년 경간부]

① 범죄의 혐의는 구체적 사실에 근거한 수사기관의 객관적 혐의를 의미한다.

② 「형사소송법」은 수사의 필요성을 수사의 조건으로 명시하고 있다.

③ 수사의 필요성은 수사비례의 원칙과 관련되어 있다.

④ 폭행죄 수사에 있어서 피해자의 처벌불원 의사표시가 명백히 표시된 경우에도 수사의 필요성이 인정된다.

해설 ① [×] 범죄수사의 개시는 수사관 자신의 주관적 혐의로도 가능하다.

② [○] 「형사소송법」은 수사의 필요성을 수사의 조건으로 명시하고 있다. 피의자의 출석요구(제200조), 제3자의 출석요구(제221조) 등이 그 예이다.

③ [×] 수사의 상당성은 수사비례의 원칙과 관련되어 있다.

④ [×] 폭행죄는 반의사불벌죄이므로 수사에 있어서 피해자의 처벌불원 의사표시가 명백히 표시된 경우에는 수사의 필요성이 부정된다.

정답 ②

08 수사의 조건에 관한 설명으로 가장 적절하지 <u>않은</u> 것은? [12년 경감 승진]

① 수사기관이 범죄 수사를 개시함에 있어서는 주관적 혐의만으로도 족하다.

② 수사의 결과에 의한 이익과 수사로 인한 법익침해가 부당하게 균형을 잃는 것은 수사의 필요성을 결한 것이다.

③ 친고죄의 경우에는 고소의 의사표시가 없더라도 그 가능성이 있는 경우에는 수사가 허용된다고 보는 것이 판례의 입장이다.

④ 수사의 필요성은 강제수사뿐만 아니라 임의수사의 경우에도 그 조건이 되며 수사의 필요성이 없음에도 불구하고 행하는 수사처분은 위법한 수사처분이다.

해설 ① [O] 범죄수사의 개시는 수사관 자신의 주관적 혐의로도 가능하다.
② [×] 수사의 결과에 의한 이익과 수사로 인한 법익침해가 부당하게 균형을 잃는 것은 수사비례의 원칙(수사의 상당성)에 반하는 것이다.
③ [O] 친고죄는 고소가능성이 있는 경우에는 원칙적으로 수사가 가능하다. 하지만 고소가능성이 없는 경우에는 수사는 제한되거나 허용되지 않는다(통설·판례: 제한적 허용설).
④ [O] 수사의 필요성은 강제수사뿐만 아니라 임의수사의 경우에도 그 조건이 되고, 수사의 필요성이 인정되지 않으면 수사의 개시·실행을 할 수 없다.

정답 ②

09 내사 및 수사에 관한 다음 설명 중 가장 옳지 <u>않은</u> 것은? [18년 경간부]

① 입건이란 수사기관이 사건을 수리하여 수사를 개시하는 것을 말한다.

② 익명 또는 존재하지 않는 사람 명의의 신고·제보, 진정·탄원 및 투서로 그 내용상 수사단서로서 가치가 없다고 인정할 때에는 내사하지 아니할 수 있다.

③ 내사단계의 피혐의자에게 진술거부권은 인정되지 않는다.

④ 피혐의자 또는 참고인 등의 소재불명으로 그 사유가 해소될 때까지 내사를 계속할 수 없는 경우에는 내사중지한다.

해설 ① [O] 입건이란 수사기관이 사건을 수리하여 범죄수사를 개시하는 것을 의미한다.
② [O] 익명 또는 존재하지 않은 사람 명의의 신고·제보, 진정·탄원 및 투서로 그 내용상 수사단서로서의 가치가 없다고 인정될 때에는 내사하지 아니할 수 있다(「경찰 내사 처리규칙」 제5조 제1항).

③ [×] 내사단계의 피혐의자도 진술거부권과 변호인 접견교통권 등 피의자와 동일한 방어권이 인정된다.
④ [○] 피혐의자 또는 참고인 등의 소재불명으로 그 사유가 해소될 때까지 내사를 계속할 수 없는 경우에는 내사중지한다.

정답 ③

10 「경찰 내사 처리규칙」에 대한 설명으로 가장 적절하지 <u>않은</u> 것은?

① 진정내사는 접수된 서면에 대하여 소속 경찰관서 수사부서의 장의 지휘를 받아 내사에 착수한다.
② 경찰관이 서면으로 작성한 범죄첩보에 대한 내사를 첩보내사라고 한다.
③ 완결된 사건 또는 재판에 불복하는 내용인 진정내사 사건은 공람종결할 수 있다.
④ 경찰관서의 장은 년 1회 내사와 관련한 장부 및 기록을 확인하여 그 적정성을 감사하여야 한다.

해설 ① [○] 진정내사는 접수된 서면에 대하여 소속 경찰관서 수사부서의 장의 지휘를 받아 내사에 착수한다(「경찰 내사 처리규칙」 제4조 제1항).
② [○] 동규칙 제3조 제2항 제3호
③ [○] 완결된 사건 또는 재판에 불복하는 내용인 진정내사 사건은 공람종결할 수 있다(「경찰 수사규칙」 제19조 제2항 제5호).
④ [×] 경찰관서의 장은 년 2회 내사와 관련한 장부 및 기록을 확인하여 그 적정성을 감사하여야 한다(「경찰 내사 처리규칙」 제13조).

정답 ④

11 압수·수색에 대한 설명으로 옳은 것을 모두 고른 것은? [16년 경간부]

> ㉠ 사법경찰관은 증거물 또는 몰수할 물건을 압수했을 때에는 압수조서와 압수목록을 작성해야 한다. 다만, 피의자신문조서, 진술조서, 검증조서에 압수의 취지를 적은 경우에는 그렇지 않다.
> ㉡ 압수조서에는 물건의 특징을, 압수목록에는 압수경위를 각각 구체적으로 기재하여야 한다.
> ㉢ 범행 중 또는 범행 직후의 범죄 장소에서의 압수·수색은 「형사소송법」 제216조 제3항에 의해 사후영장을 요한다.
> ㉣ 법원은 압수의 목적물이 컴퓨터용 디스크, 이와 비슷한 정보저장매체인 경우에는 정보저장매체를 직접 압수하는 것이 원칙이다.

① ㉠, ㉢   ② ㉡, ㉢   ③ ㉡, ㉣   ④ ㉢, ㉣

해설 ㉠ [○] 「검사의 사법경찰관의 상호협력과 일반적 수사준칙에 관한 규정」 제40조
㉡ [×] 압수조서에는 압수경위를, 압수목록에는 물건의 품종·수량을 각각 구체적으로 기재하여야 한다(동규정 제40조).
㉢ [○] 「형사소송법」 제216조 제3항
㉣ [×] 법원은 압수의 목적물이 컴퓨터용디스크, 그 밖에 이와 비슷한 정보저장매체인 경우에는 기억된 정보의 범위를 정하여 출력하거나 복제하여 제출받아야 한다. 다만, 범위를 정하여 출력 또는 복제하는 방법이 불가능하거나 압수의 목적을 달성하기에 현저히 곤란하다고 인정되는 때에는 정보저장매체등을 압수할 수 있다(동법 제106조 제3항).

정답 ①

12 「수사첩보 수집 및 처리 규칙」에 관한 설명 중 <u>틀린</u> 것은 모두 몇 개인 가?

> ㉠ "수사첩보"라 함은 대상자, 혐의 내용, 증거자료 등이 특정된 내사 단서 자료 와 범죄 관련 동향을 말하며, 전자를 범죄내사첩보, 후자를 범죄동향첩보라 고 한다.
>
> ㉡ 수사·형사 외근요원은 4건 이상의 수사첩보를 수집·보고하고, 수사내근· 지구대·파출소 직원은 1건 이상의 수사첩보를 수집·보고하도록 한다. 다 만, 별도 지침을 마련한 경우 이에 따른다.
>
> ㉢ 경찰공무원은 수집한 수사첩보를 보고할 경우 수사첩보분석시스템을 통하여 작성 및 제출하여야 한다.
>
> ㉣ 수집된 수사첩보는 수집관서에서 처리하는 것을 원칙으로 한다. 다만, 평가 책임자는 수사첩보에 대해 범죄지, 피내사자의 주소·거소 또는 현재지 중 어느 1개의 관할권도 없는 경우 이송할 수 있다.
>
> ㉤ 수사첩보에 의해 사건해결 또는 중요범인을 검거하였을 경우 수사첩보 제출 자를 사건을 해결한 자 또는 검거자와 동등하게 특별승진 또는 포상할 수 있다.

① 0개   ② 1개   ③ 2개   ④ 3개

해설 ㉠ [×] "수사첩보"라 함은 수사와 관련된 각종 보고자료로서 범죄첩보와 정책첩보를 말한다(「수 사첩보 수집 및 처리 규칙」 제2조 제1호). "범죄첩보"는 대상자, 혐의 내용, 증거자료 등이 특정 된 내사 단서 자료와 범죄 관련 동향을 말하며, 전자를 범죄내사첩보, 후자를 범죄동향첩보라고 한다(동규칙 제2조 제2호).
㉡ [○] 동규칙 제5조
㉢ [○] 동규칙 제6조 제1항
㉣ [○] 동규칙 제9조 제1항
㉤ [○] 동규칙 제12조 제1항

정답 ②

13 범죄첩보의 특징을 설명한 것으로 가장 적절하지 <u>않은</u> 것은? [14년 경위 승진]

① 혼합성 – 범죄첩보는 여러 첩보가 서로 결합되어 이루어진다.
② 가치변화성 – 범죄첩보는 수사기관의 필요성에 따라 가치가 달라진다.
③ 시한성 – 범죄첩보는 시간이 경과함에 따라 가치가 감소한다.
④ 결과지향성 – 범죄첩보는 수사 후 현출되는 결과가 있어야 한다.

해설 ① 혼합성은 범죄첩보 속에는 범죄의 원인과 결과가 내포되어 있어야 한다는 것이다. 반면에 결합성은 기초첩보가 다른 기초첩보와 결합하여 구체적인 사건첩보가 될 수 있다는 것이다.

정답 ①

14 「범죄수사규칙」상 고소 · 고발이 있을 때 수리하지 않고 반려할 수 있는 경우로 가장 적절하지 <u>않은</u> 것은?　　　　　　　　[18년 경감 승진]

① 甲이 피의자 乙을 상대로 100만원을 사기 당했다는 취지로 고소하였으나, 사기죄의 공소시효가 완성된 뒤에 고소장이 접수된 경우
② 동일한 사안에 대하여 이미 법원의 판결이나 수사기관의 처분이 존재하여 다시 수사할 가치가 없다고 인정되며, 고소 · 고발인이 새로운 증거가 발견된 사실도 소명하지 못한 경우
③ 고소장에 적시된 명예훼손죄 피의자가 고소장 접수시점 기준으로 이미 사망한 경우
④ 시어머니 丙이 며느리 丁을 상대로 사문서 위조죄에 해당한다며 고소장을 접수한 경우

해설 고소 · 고발의 반려(「범죄수사규칙」 제50조)

> 경찰관은 접수한 고소 · 고발이 다음 각 호의 어느 하나에 해당하는 경우 고소인 또는 고발인의 동의를 받아 이를 수리하지 않고 반려할 수 있다.
> 1. 고소 · 고발 사실이 범죄를 구성하지 않을 경우
> 2. 공소시효가 완성된 사건인 경우
> 3. 동일한 사안에 대하여 이미 법원의 판결이나 수사기관의 결정(경찰의 불송치 결정 또는 검사의 불기소 결정)이 있었던 사실을 발견한 경우에 새로운 증거 등이 없어 다시 수사하여도 동일하게 결정될 것이 명백하다고 판단되는 경우
> 4. 피의자가 사망하였거나 피의자인 법인이 존속하지 않게 되었음에도 고소 · 고발된 사건인 경우
> 5. 반의사불벌죄의 경우, 처벌을 희망하지 않는 의사표시가 있거나 처벌을 희망하는 의사가 철회되었음에도 고소 · 고발된 사건인 경우
> 6. 「형사소송법」 제223조 및 제225조에 따라 고소 권한이 없는 사람이 고소한 사건인 경우. 다만, 고발로 수리할 수 있는 사건은 제외한다.
> 7. 「형사소송법」 제224조, 제232조, 제235조에 의한 고소 제한규정에 위반하여 고소 · 고발된 사건인 경우. 이때 「형사소송법」 제232조는 친고죄 및 반의사불벌죄에 한한다.

① [O] 「범죄수사규칙」 제50조 제2호
② [O] 동규칙 제50조 제3호

③ [○] 동규칙 제50조 제4호
④ [×] 「형사소송법」 제22조에 의거해서 자기 또는 배우자의 직계존속을 고소하지 못할 뿐이므로 시어머니가 며느리를 상대로 고소장을 제출할 경우에 반려할 수 없다.

정답 ④

---

15 「경찰수사규칙」상 '공소권없음'으로 불송치 결정하는 경우로 가장 적절하지 **않은** 것은?

① 형을 면제한다고 법률에서 규정한 경우
② 피의자가 사망하거나 피의자인 법인이 존속하지 않게 된 경우
③ 위법성조각사유 또는 책임조각사유가 있는 경우
④ 통고처분이 이행된 경우

해설 공소권없음으로 불송치 결정하는 경우(「경찰수사규칙」 제108조 제1항 제3호)

> 가. 형을 면제한다고 법률에서 규정한 경우
> 나. 판결이나 이에 준하는 법원의 재판·명령이 확정된 경우
> 다. 통고처분이 이행된 경우
> 라. 사면이 있는 경우
> 마. 공소시효가 완성된 경우
> 바. 범죄 후 법령의 개정·폐지로 형이 폐지된 경우
> 사. 「소년법」, 「가정폭력범죄의 처벌 등에 관한 특례법」, 「성매매알선 등 행위의 처벌에 관한 법률」 또는 「아동학대범죄의 처벌 등에 관한 특례법」에 따른 보호처분이 확정된 경우(보호처분이 취소되어 검찰에 송치된 경우는 제외한다)
> 아. 동일사건에 대하여 재판이 진행 중인 경우(수사준칙 제51조제3항제2호는 제외한다)
> 자. 피의자에 대하여 재판권이 없는 경우
> 차. 친고죄에서 고소가 없거나 고소가 무효 또는 취소된 경우
> 카. 공무원의 고발이 있어야 공소를 제기할 수 있는 죄에서 고발이 없거나 고발이 무효 또는 취소된 경우
> 타. 반의사불벌죄(피해자의 명시한 의사에 반하여 공소를 제기할 수 없는 범죄를 말한다)에서 처벌을 희망하지 않는 의사표시가 있거나 처벌을 희망하는 의사표시가 철회된 경우, 「부정수표 단속법」에 따른 수표회수, 「교통사고처리 특례법」에 따른 보험가입 등 법률에서 정한 처벌을 희망하지 않는 의사표시에 준하는 사실이 있는 경우
> 파. 동일사건에 대하여 공소가 취소되고 다른 중요한 증거가 발견되지 않은 경우
> 하. 피의자가 사망하거나 피의자인 법인이 존속하지 않게 된 경우

③ 위법성조각사유 또는 책임조각사유가 있는 경우는 '죄가안됨'으로 불송치 결정하여야 한다(「경찰수사규칙」 제108조 제1항 제2호).

정답 ③

16 경찰수사의 종결형식에 대하여 <u>틀린</u> 것은 모두 몇 개인가? [15년 경간부 수정]

> ㉠ 피의사실이 인정되지만 피의자가 사망한 경우 '공소권없음'
> ㉡ 고소·고발사건에 대하여 혐의없음, 죄가안됨, 공소권없음이 명백한 경우 '각하'
> ㉢ 고소인이 소재불명인 경우에는 '기소중지'
> ㉣ 상해죄에 있어서 정당방위가 인정된다면 '죄가안됨'
> ㉤ 피의자의 행위가 구성요건해당성이 있으나 이를 입증할 증거가 불충분한 경우 '혐의없음'
> ㉥ 강간죄의 경우 수사 도중 고소가 취소되면 '공소권 없음'

① 0개   ② 1개   ③ 2개   ④ 3개

해설 ㉠ [○]
㉡ [○]
㉢ [×] 고소인, 고발인 또는 중요 참고인의 소재가 불명한 경우에는 '참고인중지', 피의자 소재가 불명한 경우에는 '기소중지' 결정을 내릴 수 있다.
㉣ [○]
㉤ [○]
㉥ [×] 강간죄의 경우 비친고죄이므로 고소가 취소되더라도 공소권 없음으로 결정해서는 안되고 수사 결과에 따라 피의자의 범죄혐의 유무를 판단해야 한다.

정답 ③

제2절 현장수사활동

01 「수사긴급배치규칙」에 규정된 내용에 관한 설명 중 가장 적절하지 <u>않은</u> 것은?

① 긴급배치라 함은 중요사건이 발생하였을 때 적시성이 있다고 판단되는 경우 신속한 경찰력 배치, 범인의 도주로 차단, 검문검색을 통하여 범인을 체포하고 현장을 보존하는 등의 초동조치로 범죄수사자료를 수집하는 수사활동을 말한다.

② 긴급배치를 사건발생지 관할경찰서 또는 인접경찰서에 시행할 경우는 발생지 관할 경찰서장이 발령한다. 인접 경찰서가 다른 시·도경찰청 관할인 경우도 같다.

③ 전국적인 긴급배치는 경찰청장이 발령한다.

④ 발령권자는 사건발생후 상당기간이 경과하여 범인을 체포할 수 없다고 인정될 때에는 긴급배치를 생략할 수 있다.

해설 ① 「수사긴급배치규칙」 제2조
② 동규칙 제4조 제1항 제1호
③ [×] 전국적인 긴급배치는 국가수사본부장이 발령한다(동규칙 제4조 제1항 제3호).
④ 동규칙 제6조 제1호
정답 ③

02 수사기법 중 보기의 내용으로 가장 적절한 것은?

> 수사자료의 검토·추리를 통해서 피해자나 범행지에 대한 범인의 지식 유무를 판단하고 그것을 기초로 수사를 추진함으로써 범인에게 도발하는 수사방법을 의미한다.

① 수법수사　　② 감별수사　　③ 감식수사　　④ 유류품수사

해설 ② 설문은 감별수사에 관한 내용이다.
정답 ②

03 「범죄수법공조자료관리규칙」에 규정된 내용에 관한 설명 중 옳지 <u>않은</u> 것은 모두 몇 개인가?

> ㉠ "수법범죄"라 함은 범죄수법자료를 활용하여 범죄수사를 실행할 수 있는 범죄를 말한다.
> ㉡ "수법원지"라 함은 수법범인의 인적사항, 인상특징, 수법내용, 범죄사실, 직업, 사진 등을 전산입력한 것을 말한다.
> ㉢ "피해통보표"라 함은 피해사건이 발생하여 그 범인이 누구인지 판명되지 아니하였을 때에 해당사건의 피해자, 범인의 인상·신체·기타특징, 범행수법, 피해사실, 용의자 인적사항, 피해품, 유류품 등 수사자료가 될 수 있는 내용을 전산입력한 것을 말한다.
> ㉣ "지문자동검색시스템(AFIS)"이란 개인의 인적사항 및 십지지문 등이 채취되어 있는 주민등록발급신청서를 고속의 대용량 컴퓨터에 이미지 형태로 입력, 필요시 단말기에 현출시켜 지문을 확인하거나 변사자 인적사항 및 현장유류지문 등을 자동으로 검색하여 동일인 여부를 확인하는 체계로서 범죄분석담당관에서 구축·운영중인 것을 말한다.
> ㉤ 피해통보표는 반드시 당해 사건을 담당하는 수사경찰관이 전산입력하여야 한다.

① 0개   ② 1개   ③ 2개   ④ 3개

해설 ㉠ [○] 「범죄수법공조자료관리규칙」 제2조 제2호
㉡ [○] 동규칙 제2조 제4호
㉢ [○] 동규칙 제2조 제5호
㉣ [○] 동규칙 제2조 제7호
㉤ [○] 동규칙 제7조 제2항

정답 ①

04 유류품 수사시 착안점에 관한 설명으로 적절하지 <u>않은</u> 것은 모두 몇 개인가?

> ㉠ 동일성 검토: 범행현장 및 그 부근에서 발견된 유류품이 흉기인 경우에는 그 흉기가 범행에 사용된 것이라는 것을 명확히 해야 한다.
> ㉡ 관련성 검토: 현장에서 발견된 유류품과 범인의 관계를 입증할 필요가 있다.
> ㉢ 기회성 검토: 범행현장에 남겨진 물건이 범인이 유류한 것이라면 범인이 현장에 갈 수 있었다는 것과 유류의 기회가 있었다는 것을 정황자료에 의하여 증명해야 한다.
> ㉣ 완전성 검토: 유류품을 발견·수집한 경우에 취급을 잘못하면 물건의 증거가치를 상실할 수 있다. 따라서 범행 당시 그대로 보존되어 있는지를 검토해야 한다.

① 0개　　　　② 1개　　　　③ 2개　　　　④ 3개

해설 설문은 모두 맞는 내용이다.
정답 ①

05 알리바이의 종류에 관한 설명으로 적절하지 <u>않은</u> 것은 모두 몇 개인가?

> ㉠ 절대적 알리바이: 범행시각에 용의자가 범죄현장 이외의 다른 장소에 있었다는 사실이 명확하게 증명된 경우에 인정되는 알리바이를 말한다.
> ㉡ 상대적 알리바이: 용의자가 범죄발생 전이나 후에 범죄현장 이외의 다른 장소에 나타난 것이 명확하게 인정되어 용의자가 사실상 범죄를 범할 수 없는 경우에 인정되는 알리바이를 말한다.
> ㉢ 공작 알리바이: 용의자가 사전에 계획적으로 자기의 존재를 확실히 인상 깊게 해 놓고 극히 단시간 내에 범죄를 감행하는 경우에 인정되는 알리바이를 말한다.
> ㉣ 위장 알리바이: 용의자가 자기의 범행사실을 은폐하기 위하여 가족·동료·친지에게 허위의 알리바이 증언을 부탁하는 경우를 말한다.

① 0개　　　　② 1개　　　　③ 2개　　　　④ 3개

해설 ㉠ [○]
㉡ [○]
㉢ [×] 위장 알리바이에 관한 설명이다.

② [×] 청탁 알리바이에 관한 설명이다.

정답 ③

제3절 과학수사

01 수사기법 중 보기의 내용으로 가장 적절한 것은?   [12년 경위 승진]

> 범죄가 행해진 장소에 임장하여 거기에 유류된 제반자료를 기존의 과학적 지식과 장비를 활용하여 합리적·체계적인 방법으로 관찰한 후, 범인을 결부시킬 수 있는 증거자료와 피해자의 신원을 확인할 수 있는 자료 등을 수집, 이를 분석·검토한 결과를 가지고 수사에 적극 활용함으로써 범인과 범죄사실을 입증하는데 기여하게 되는 수사활동이다.

① 수법수사   ② 장물수사   ③ 감식수사   ④ 유류품수사

해설 ③ 설문은 감식수사에 관한 내용이다.

정답 ③

02 범죄현장에서의 사진촬영에 관한 설명으로 가장 적절하지 않은 것은?

[16년 경감 승진]

① 현장사진은 외부에서부터 순차적으로 중심부를 향하여 촬영한다.
② 넓은 장소는 파노라마식 촬영법을 이용하여 부분적으로 중복 촬영한다.
③ 현장사진은 가능하면 수일에 걸쳐서 촬영하는 것이 좋다.
④ 도착했을 때의 상태 그대로 촬영한 후 현장검증에 의하여 분명하게 된 세부사항을 촬영한다.

해설 ③ 사진촬영은 다른 감식작업에 우선하여 현장상황을 있는 그대로 신속하게 촬영하여야 한다.

정답 ③

03 변사사건 처리에 관한 다음 설명 중 가장 옳은 것은? [18년 경간부]

① 「형사소송법」에는 변사자의 검시에 관한 규정이 없다.

② 「형법」에 있던 변사체검시방해죄는 사문화되어 2005년 「형법」 일부 개정 시 폐지되었다.

③ 변사사건 신고 접수 이전에 범죄의심·실종 등 사유로 신고 접수 또는 수사를 진행한 경찰서는 해당사건을 변사사건 관할 경찰서로 즉시 이송한다.

④ 의료법은 의사 등이 사체를 검안하여 변사한 것으로 의심되는 때에는 사체의 소재지를 관할하는 경찰서장에게 신고하여야 한다고 규정하고 있다.

해설 ① [×] 「형사소송법」 제222조에 "변사자 또는 변사의 의심 있는 사체가 있는 때에는 그 소재지를 관할하는 지방검찰청 검사가 검시하여야 한다."고 규정되어 있다.
② [×] 「형법」 제163조에 '변사체검시방해죄'를 규정하고 있다.
③ [×] 변사 사건 신고가 접수되기 전에 범죄 의심·실종 등을 이유로 신고가 접수되거나 수사가 진행된 사건은 기존 경찰관서에서 책임 수사하고, 변사 사건은 변사 신고를 접수한 관할 경찰관서에서 처리한다(「변사 사건 처리 규칙」 제7조 제1항).
④ [○] 「의료법」 제26조

정답 ④

04 시체의 초기현상에 관한 설명 중 틀린 것은? [15년 경간부]

① 시체굳음(시체경직)은 보통 턱관절부터 시작해서 사망 후 12시간 정도면 전신에 미친다.

② 각막은 사망 후 12시간 전·후 흐려져서 48시간이 되면 불투명해진다.

③ 사망 후 10시간 후면 침윤성 시반이 형성되어 체위를 바꾸어도 이미 형성된 시체얼룩은 사라지지 않는다.

④ 백골화는 소아의 경우 사망 후 4~5년, 성인은 7~10년 후에 완전하게 이루어진다.

해설 ④ 백골화는 시체의 후기현상에 대한 설명이다.
정답 ④

05 시체의 현상과 관련하여 다음 설명 중 가장 적절하지 <u>않은</u> 것은?

[14년 경위 승진]

① 백골화는 일반적으로 소아의 경우는 사후 4~5년, 성인은 7~10년 후에 이루어진다.

② 시체얼룩은 혈액침전현상으로 주위의 온도가 높을수록 빠르다.

③ 시체의 체온은 시간이 경과할수록 떨어져 결국 주위의 온도와 같게 되며 수분이 증발하면서 주위의 온도보다 낮아지는 경우도 있다.

④ 시체 굳음은 일반적으로 손가락, 발가락 → 팔다리 → 어깨관절 → 턱관절 순으로 진행한다.

해설 ④ 시체 굳음은 일반적으로 턱 → 어깨 → 발목·팔목 → 발가락·손가락 순으로 진행한다.

정답 ④

06 시체의 현상에 대한 설명으로 가장 적절한 것은?

[21년 경감 승진]

① 적혈구 자체 중량에 의한 혈액 침전현상으로 시체 하부의 피부가 암적갈색으로 변화하는 시체얼룩과 세포 가운데의 자가효소에 의해 세포구성성분이 분해·변성되는 자가융해는 모두 시체의 초기현상에 해당된다.

② 시체얼룩의 경우, 일산화탄소 중독사는 선홍색을 띠고, 청산가리 중독사는 암갈색을 띤다.

③ 공기의 유통이 좋고 온도는 20~30도 사이에서 습도는 60~66%일 때 활발히 진행되는 부패와 피부에 대한 수분 보충이 정지되어 몸의 표면이 습윤성을 잃고 건조해지는 시체의 밀랍화는 모두 시체의 후기현상에 해당된다.

④ 총기에 의해 사망한 시체의 경우, 총알입구, 사출구, 사창관이 모두 있는 관통총창이 대부분이나, 발사각도 등에 따라 회선총창, 반도총창이 있을 수 있다.

해설 ① [×] 일반적으로 자가융해는 시체 후기현상으로 분류한다.
② [×] 일산화탄소 중독사와 청산가리 중독사의 시체얼룩은 선홍색을 띤다.
③ [×] 피부에 대한 수분 보충이 정지되어 몸의 표면이 습윤성을 잃고 건조해지는 시체건조는 시체의 초기현상에 해당된다.
④ [○]

정답 ④

07 시체의 후기현상에 대한 설명 중 가장 적절하지 <u>않은</u> 것은? [13년 경위 승진]

① 자가용해는 부패균의 작용에 의해 일어나는 질소화합물의 분해 현상을 말한다.

② 시체의 밀랍화는 화학적 분해에 의해 고체형태의 지방산 혹은 그 화합물로 변화한 상태를 말한다.

③ 백골화는 시체의 후기현상으로 뼈만 남는 상태를 말한다.

④ 미라화는 고온·건조지대에서 시체의 건조가 부패·분해보다 빠를 때 생기는 현상을 말한다.

해설 ① 자가용해는 부패균의 작용인 부패와는 달리 체내에 있는 각종 분해효소가 장기나 뇌 등에 작용하여 단백질, 지방질, 탄수화물 등을 분해하고 더 나아가 장기 등의 조직을 분해하는 것을 말한다.

정답 ①

08 시체의 후기현상으로 가장 적절하지 <u>않은</u> 것은? [15년 경위 승진]

① 시체얼룩   ② 부패

③ 미라화   ④ 백골화

해설 ① 시체얼룩은 시체의 초기현상에 해당한다.

정답 ①

09 시체의 초기현상 및 후기현상에 대한 설명 중 가장 적절한 것은? [20년 경위 승진]

① 시체는 사후에 일시 이완되었다가 시간이 경과하면서 점차 경직되고, 턱관절에서 경직되기 시작하여 사후 6시간 정도면 전신에 미친다.

② 자가용해는 세균의 작용으로 장기나 조직 등이 분해되어 가는 과정이다.

③ 아질산소다 중독인 경우 시체얼룩은 암갈색(황갈색)을 나타낸다.

④ 사이안화칼륨 중독인 경우 시체얼룩은 암적갈색을 나타낸다.

해설 ① [×] 시체는 사람이 사망하게 되면 사후에 일시 이완되었다가 시간이 경과하면서 점차 굳어
진다. 시체는 사후 2~3시간이 경과하면 턱관절에서부터 굳어지기 시작하여, 사후 12시간 정도
되면 전신이 굳어진다.
② [×] 세균의 작용으로 장기나 조직 등이 분해되어 가는 과정은 부패이다.
③ [○]
④ [×] 청산가리(사이안화칼륨) 중독사인 경우 시체얼룩은 선홍색을 나타낸다.

정답 ③

10 과학수사에 대한 설명으로 옳은 것을 모두 고른 것은? [20년 경위 승진]

> ㉠ 유류품 수사시 착안점으로 동일성, 관련성, 기회성, 완전성을 들 수 있는 바,
> 유류품이 범행시와 동일한 상태로 보전되어있는가를 검사하는 것은 완전성과
> 관련된다.
> ㉡ 현장지문 또는 준현장지문 중에서 관계자지문을 제외하고 남은 지문은 범인
> 지문으로 추정되는 지문으로서 이를 유류지문이라고 하며, 손가락으로 마르
> 지 않은 진흙을 적당히 눌렀을 때 나타나는 지문은 역지문이다.
> ㉢ 각막의 혼탁은 사후 12시간 전후 흐려져서 24시간이 되면 현저하게 흐려지
> 고, 48시간이 되면 불투명해진다.
> ㉣ 시체굳음은 턱관절에서 경직되기 시작하여 사후 12시간 정도면 전신에 미친다.

① ㉠ ㉢　　　　　　　　　　　② ㉠ ㉡ ㉣
③ ㉡ ㉢ ㉣　　　　　　　　　④ ㉠ ㉡ ㉢ ㉣

해설 설문의 내용은 모두 옳다.
정답 ④

11 변사사건에 있어 사망시점 판단은 범죄관련성 여부 판단에 매우 중요한 자료에 해당하여 시체의 초기현상과 후기현상의 구분은 수사경찰에게 필요한 전문지식으로 볼 수 있다. 시체의 후기현상에 관한 설명으로 가장 적절하지 않은 것은? [16년 경위 승진]

① 미라화는 고온·건조지대에서 시체의 건조가 부패·분해보다 빠를 때 생기는 현상을 말한다.

② 시체밀랍은 화학적 분해에 의해 고체 형태의 지방산 혹은 그 화합물로 변화한 상태, 비정형적 부패형태로 수중 또는 수분이 많은 지중에서 형성되는 경향이 있다.

③ 부패는 부패균의 작용에 의해 일어나는 질소화합물의 분해를 말한다.

④ 시체군음은 적혈구의 자체 중량에 의한 혈액침전현상으로 시체 하부의 피부가 암적갈색으로 변화하는 것을 말한다.

해설 ④ 시체군음은 사람이 사망하게 되었을 때 사체가 사후에 일시 이완되었다가 시간이 경과하면서 점차 굳어지는 현상을 말한다.

정답 ④

12 지문에 대한 설명으로 가장 적절하지 <u>않은</u> 것은? [19년 경위 승진]

① 혈액지문은 실리콘러버법으로 지문을 채취한다.

② 제상문은 지문 모양이 말발굽 모양을 형성하는 지문을 말한다.

③ 궁상문, 제상문, 와상문 중 어느 문형에도 속하지 않는 지문은 변태문이다.

④ 정상지문은 혈액·잉크·먼지 등이 손가락에 묻은 후 피사체에 인상된 지문이므로 무인했을 때의 지문과 동일하다.

해설 ① 현재지문인 혈액지문은 그대로 사진촬영하고, 잠재지문인 혈액지문은 무색 마라카이트 그린(LMG) 등의 시약을 활용하여 현재지문화하여 사진촬영한다.

정답 ①

13 지문에 대한 설명으로 가장 적절한 것은? [12년 경위 승진]

① 정상지문 – 먼지 쌓인 물체, 연한 점토, 마르지 않은 도장면에 인상된 지문을 가리키는 것으로 이 경우 선의 고랑과 이랑이 반대로 현출되는 지문
② 역지문 – 인상된 그대로의 상태로는 육안으로 식별되지 않고 이화학적 가공을 하여야 비로소 가시상태로 되는 지문
③ 잠재지문 – 피의자 검거를 위하여 범죄현장 이외의 장소에서 채취한 지문
④ 관계자지문 – 현장지문 또는 준현장지문 중에서 범인 이외의 자가 남긴 것으로 추정되는 지문

해설 ① [×] 정상지문은 융선부분이 착색된 지문을 말한다. 역지문은 먼지 쌓인 물체, 연한 점토, 마르지 않은 도장면에 인상된 지문을 가리키는 것으로 이 경우 선의 고랑과 이랑이 반대로 현출된다.
② [×] 역지문은 고랑부분이 착색된 지문을 말한다. 잠재지문은 인상된 그대로의 상태로는 육안으로 식별되지 않고 이화학적 가공을 하여야 비로소 가시상태로 되는 지문을 말한다.
③ [×] 잠재지문은 육안으로는 식별되지 않고, 이화학적인 가공을 통해 보이는 지문을 말한다. 준현장지문은 피의자 검거를 위하여 범죄현장 이외의 장소에서 채취한 지문을 말한다.
④ [○]

정답 ④

14 「통신비밀보호법」상 통신제한조치에 대한 설명으로 가장 적절하지 않은 것은? [19년 경감 승진]

① 사법경찰관은 범죄수사를 위한 통신제한조치의 허가요건이 구비된 경우에는 검사에 대하여 각 사건별로 통신제한조치에 대한 허가를 신청하고, 검사는 법원에 대하여 그 허가를 청구할 수 있다.
② 우편물 검열은 통신제한조치에 해당한다.
③ 사법경찰관은 긴급통신제한조치의 집행착수 후 지체 없이 법원에 허가청구를 하여야 하며, 그 긴급통신제한조치를 한 때부터 36시간 이내에 법원의 허가를 받지 못한 때에는 즉시 이를 중지하여야 한다.
④ 사법경찰관이 긴급통신제한조치를 할 경우에는 미리 검사의 지휘를 받아야 한다. 다만, 특히 급속을 요하여 미리 지휘를 받을 수 없는 사유가 있는 경우에는 긴급통신제한조치의 집행착수 후 지체 없이 검사의 승인을 얻어야 한다.

해설 ① [×] 사법경찰관은 범죄수사를 위한 통신제한조치의 허가요건이 구비된 경우에는 검사에 대하여 각 피의자별로 또는 각 피내사자별로 통신제한조치에 대한 허가를 신청하고, 검사는 법원에 대하여 그 허가를 청구할 수 있다(「통신비밀보호법」 제6조 제1항 제2항).
② [○] 동법 제2조 제6호, 제3조 제2항
③ [○] 동법 제8조 제2항
④ [○] 동법 제8조 제3항

정답 ①

15 통신수사에 대한 다음 설명 중 옳은 것은 모두 몇 개인가? [17년 경간부]

> ㉠ 통신제한조치는 전기통신사업법에 근거하는 임의수사이다.
> ㉡ 우편물 검열은 통신제한조치에 해당한다.
> ㉢ 성명, 아이디 등 이용자의 인적사항은 「통신비밀보호법」에 규정된 통신사실 확인자료에 해당한다.
> ㉣ 통신사실 확인자료의 제공 요청은 경찰서장 명의 공문만으로도 가능하다.

① 0개   ② 1개   ③ 2개   ④ 3개

해설 ㉠ [×] 통신제한조치는 「통신비밀보호법」에 근거하는 강제수사이다.
㉡ [○] 「통신비밀보호법」 제3조 제2항
㉢ [×] 이용자의 인적 사항(성명, 주민번호, 주소, 전화번호, ID, 가입·해지일자)은 「전기통신사업법」에 근거하는 통신자료에 해당한다.
㉣ [×] 통신사실 확인자료는 「통신비밀보호법」에 따라 원칙적으로 법원의 허가가 있어야 한다.

정답 ②

16 통신수사에 대한 설명으로 가장 적절하지 <u>않은</u> 것은? (다툼이 있는 경우 판례에 의함) [21년 경감 승진]

① 「형법」 제283조 제2항의 '존속협박'으로는 통신제한조치허가서를 청구할 수 없다.

② 통신자료에는 이용자의 성명, 주민등록번호, 주소, 가입일 또는 해지일, 전화번호, ID 등이 포함된다.

③ 통신사실 확인자료 중 수사를 위한 정보통신기기 관련 실시간 추적자료, 컴퓨터 통신·인터넷 로그기록 자료는 다른 방법으로 범행 저지, 범인의 발견·확보, 증거의 수집·보전이 어려운 경우에만 해당 자료의 열람이나 제출 요청이 가능하다.

④ 통신제한조치는 당사자의 동의 없이 개봉 등의 방법으로 우편물의 내용을 지득·채록·유치하는 것을 의미하는 우편물의 검열과 당사자의 동의 없이 전자장치등을 사용하여 전기통신의 음향·문언·부호·영상을 청취·공독하여 그 내용을 지득·채록하거나 전기통신의 송·수신을 방해하는 전기통신의 감청이 있다.

해설 ③ 통신사실 확인자료 중 수사를 위한 정보통신기기 관련 <u>실시간 추적자료, 특정한 기지국에 대한 통신사실 확인자료</u>는 다른 방법으로는 범죄의 실행을 저지하기 어렵거나 범인의 발견·확보 또는 증거의 수집·보전이 어려운 경우에만 전기통신사업자에게 해당 자료의 열람이나 제출을 요청할 수 있다(「통신비밀보호법」 제13조 제2항).

이동전화의 이용과 관련하여 필연적으로 발생하는 통신사실 확인자료는 비록 비내용적 정보이지만 여러 정보의 결합과 분석을 통해 정보주체에 관한 정보를 유추해낼 수 있는 민감한 정보인 점, 수사기관의 통신사실 확인자료 제공요청에 대해 법원의 허가를 거치도록 규정하고 있으나 수사의 필요성만을 그 요건으로 하고 있어 제대로 된 통제가 이루어지기 어려운 점, 기지국수사의 허용과 관련하여서는 유괴·납치·성폭력범죄 등 강력범죄나 국가안보를 위협하는 각종 범죄와 같이 피의자나 피해자의 통신사실 확인자료가 반드시 필요한 범죄로 그 대상을 한정하는 방안 또는 다른 방법으로는 범죄수사가 어려운 경우(보충성)를 요건으로 추가하는 방안 등을 검토함으로써 수사에 지장을 초래하지 않으면서도 불특정 다수의 기본권을 덜 침해하는 수단이 존재하는 점을 고려할 때, 이 사건 요청조항(「통신비밀보호법」 제13조 제1항)은 과잉금지원칙에 반하여 청구인의 개인정보자기결정권과 통신의 자유를 침해한다(헌재 2018. 6. 28, 2012헌마538 결정).

정답 ③

17 통신수사에 대한 설명 중 가장 적절하지 않은 것은? [13년 경감 승진]

① 「전기통신사업법」에서는 검사 또는 사법경찰관은 수사 또는 형의 집행을 위하여 필요한 경우 전기통신사업자에게 통신사실 확인자료의 제출을 요청할 수 있다고 규정하고 있다.

② 통신제한조치는 이를 청구 또는 신청한 검사, 사법경찰관이 집행하며 이 경우 체신관서 기타 관련기관 등에 그 집행을 위탁할 수 있다.

③ 통신제한조치는 피의자별, 피내사자별로 신청하고, 취득한 자료는 범죄예방을 위해 사용할 수 있다.

④ 사법경찰관이 긴급통신제한조치를 할 경우에는 미리 검사의 지휘를 받아야 한다. 다만, 특히 급속을 요하여 미리 지휘를 받을 수 없는 사유가 있는 경우에는 긴급통신제한조치의 집행착수 후 지체 없이 검사의 승인을 얻어야 한다.

해설 ① [×] 검사 또는 사법경찰관은 수사 또는 형의 집행을 위하여 필요한 경우 「전기통신사업법」에 의한 전기통신사업자에게 통신사실 확인자료의 열람이나 제출을 요청할 수 있다(「통신비밀보호법」 제13조 제1항).
② [O] 동법 제9조 제1항
③ [O] 동법 제6조 제1항, 제12조 제1호
④ [O] 동법 제8조 제3항

정답 ①

18 「통신비밀보호법」상 통신사실확인자료에 해당하지 않은 것은? [18년 경위 승진]

① 가입자의 전기통신일시
② 이용자의 가입일 또는 해지일
③ 사용도수
④ 발·착신 통신번호 등 상대방의 가입자번호

해설 ② 이용자의 가입일 또는 해지일은 통신자료에 해당한다.
정답 ②

19 프로파일링(Profiling)에 대한 설명으로 가장 옳은 것은? [21년 경간부]

① 프로파일링은 범죄자의 유형(type)을 파악하는 것이 아니라 신원(identity)을 파악하는 것이다.

② 프로파일링은 범죄현장에는 범인의 성향이 반영된다는 것과 범인의 성격은 쉽게 변하지 않는다는 전제를 지니고 있다.

③ 심리학적 프로파일링은 범행 위치 및 피해자의 거주지 등 범죄와 관련된 정보를 계량화하여 범인이 생활하는 근거지를 확인하는 방법이다.

④ 한국은 도시 간의 간격이 협소하고 거주지역 내 인구가 밀집되어 있어 지리학적 프로파일링에 최적화된 환경을 제공한다.

해설　① [×] 프로파일링은 범죄자의 신원(identity)을 파악하는 것이 아니라 유형(type)을 파악하는 것이고, 범죄자가 범죄현장에 보통의 경우와는 다른 특별한 흔적을 남겼을 때 이를 유용하게 활용할 수 있다.

② [○]

③ [×] 지리학적 프로파일링에 대한 내용이다.

④ [×] 한국은 도시 간의 간격이 협소하고 거주지역 내 인구가 밀집되어 있어 지리학적 프로파일링을 적용하기 곤란하다.

정답　②

제4절 조사 및 수사서류 작성요령

01 「검사와 사법경찰관의 상호협력과 일반적 수사준칙에 관한 규정」상 심야 조사를 할 수 있는 경우를 모두 고른 것은?

> ⊙ 피의자를 체포한 후 48시간 이내에 구속영장의 청구 또는 신청 여부를 판단하기 위해 불가피한 경우
> ⓛ 공소시효가 임박한 경우
> ⓒ 피의자나 사건관계인이 출국, 입원, 원거리 거주, 직업상 사유 등 재출석이 곤란한 구체적인 사유를 들어 심야조사를 요청한 경우(변호인이 심야조사에 동의하지 않는다는 의사를 명시한 경우는 제외한다)로서 해당 요청에 상당한 이유가 있다고 인정되는 경우
> ⓔ 그 밖에 사건의 성질 등을 고려할 때 심야조사가 불가피하다고 판단되는 경우 등 법무부장관, 경찰청장 또는 해양경찰청장이 정하는 경우로서 검사 또는 사법경찰관의 소속 기관의 장이 지정하는 인권보호 책임자의 허가 등을 받은 경우

① ⊙ ⓒ 　　　　　　　　② ⊙ ⓛ ⓔ
③ ⓛ ⓒ ⓔ 　　　　　　④ ⊙ ⓛ ⓒ ⓔ

해설 설문의 내용은 모두 옳다(「검사와 사법경찰관의 상호협력과 일반적 수사준칙에 관한 규정」 제21조).

정답 ④

02 **수사서류에 관한 설명으로 가장 적절하지 <u>않은</u> 것은?**

① 사법경찰관리는 수사를 개시할 때에는 지체 없이 범죄인지서를 작성하여 사건기록에 편철해야 한다.

② 사법경찰관리는 구술로 제출된 고소·고발을 수리한 경우에는 진술조서를 작성해야 한다.

③ 사법경찰관리는 대리인으로부터 고소를 수리하는 경우에는 고소인 본인의 위임장을 제출받아야 한다.

④ 사법경찰관리는 실황조사를 한 경우에는 실황조사서에 조사 내용을 상세하게 적고, 현장도면이나 사진이 있으면 이를 실황조사서에 첨부해야 한다.

해설 ① [×] 사법경찰리는 범죄인지서를 작성할 수 없다(「경찰수사규칙」 제18조 제2항).
② [O] 동규칙 제22조 제1항
③ [O] 동규칙 제23조 제1항
④ [O] 동규칙 제41조 제3항

정답 ①

03 **「경찰수사규칙」상 조사에 관한 설명 중 가장 적절하지 <u>않은</u> 것은?**

① 사법경찰관은 동석 신청이 없으면 신뢰관계에 있는 사람을 동석하게 할 수 없다.

② 사법경찰관은 신뢰관계인의 동석으로 인하여 신문이 방해되거나, 수사기밀이 누설되는 등 정당한 사유가 있는 경우에는 동석을 거부할 수 있으며, 신뢰관계인이 피의자신문 또는 피해자 조사를 방해하거나 그 진술의 내용에 부당한 영향을 미칠 수 있는 행위를 하는 등 수사에 현저한 지장을 초래하는 경우에는 피의자신문 또는 피해자 조사 중에도 동석을 제한할 수 있다.

③ 사법경찰관리는 피의자 또는 피의자가 아닌 사람의 진술을 듣는 경우 진술 사항이 복잡하거나 진술인이 서면진술을 원하면 진술서를 작성하여 제출하게 할 수 있다.

④ 피의자신문조서와 진술조서에는 진술자로 하여금 간인한 후 기명날인 또는 서명하게 한다.

해설 ① [×] 사법경찰관은 동석 신청이 없더라도 동석이 필요하다고 인정되면 피의자 또는 피해자와의 신뢰관계 유무를 확인한 후 직권으로 신뢰관계에 있는 사람을 동석하게 할 수 있다. 이 경우 그 관계 및 취지를 조서나 수사보고서에 적어야 한다(「경찰수사규칙」 제38조 제3항).
② [○] 동규칙 제38조 제4항
③ [○] 동규칙 제39조 제3항
④ [○] 동규칙 제39조 제4항

정답 ①

---

04 다음은 리드(REID) 테크닉을 활용한 신문기법의 순서이다. A부터 D까지 각 단계에 대한 설명으로 가장 적절하지 않은 것은? [21년 경감 승진]

> 직접적 대면 → 신문화제의 전개 → (A) → 반대논리 격파 → (B) → (C) → 양자택일적 질문하기 → (D) → 구두자백의 서면화

① A단계는 용의자가 수사관의 신문화제 전개를 방해하는 혐의를 부인하는 진술을 하지 못하게 억지한다.
② B단계는 전(前)단계가 효과적이라면 피의자가 수사관을 회피하기 쉬우므로 시선을 맞추고 화제를 계속 반복하는 동시에 피의자의 긍정적 측면을 부각한다.
③ C단계는 동정과 이해를 표시하고, 끝까지 피의자를 추궁하여 자백할 것을 촉구한다.
④ D단계는 용의자가 수사관의 질문에 선택적으로 답하는 단계를 지나 적극적으로 범행에 대하여 진술하도록 한다.

해설 리드(Reid) 테크닉을 활용한 신문기법

단 계	내 용
1. 직접적 대면	수사관이 용의자가 진범이라는 심증을 갖고 있음을 명확하게 고지한다.
2. 신문화제의 전환	용의자에게 범행의 합리화(정당화) 사유를 제공하여 비난가능성을 줄여주는 화제를 제시한다.
3. 부인(否認) 다루기	용의자가 혐의를 부인하는 진술을 하지 못하게 억지한다.
4. 반대논리 격파	수사관이 주도하는 신문의 화제를 흐리게 하는 용의자의 진술을 압도한다.

5. 관심 이끌어내기	4단계가 효과적이라면 용의자가 수사관을 회피하기 쉬우므로 시선을 맞추고 화제를 계속 반복하면서 피의자의 긍정적 측면을 부각한다.
6. 우울한 기분 달래주기	사실대로 말할 것을 촉구하며 동정과 이해를 표시한다.
7. 양자택일적 질문하기	어느 것을 선택해도 혐의가 인정되는 양자택일적 질문을 던진다.
8. 세부사항 질문	용의자가 범행사실에 대해서 자세하게 설명하도록 한다.
9. 구두 자백의 서면화	용의자가 자백한 내용을 서면으로 확보한다.

정답 ③

05 「경찰수사규칙」과 「범죄수사규칙」상 영상녹화에 대한 내용으로 가장 적절하지 <u>않은</u> 것은?

① 사법경찰관리는 피의자 또는 피의자가 아닌 사람을 영상녹화하는 경우 그 조사의 시작부터 조서에 기명날인 또는 서명을 마치는 시점까지의 모든 과정을 영상녹화해야 한다. 다만, 조사 도중 영상녹화의 필요성이 발생한 때에는 그 시점에서 진행 중인 조사를 중단하고, 중단한 조사를 다시 시작하는 때부터 조서에 기명날인 또는 서명을 마치는 시점까지의 모든 과정을 영상녹화해야 한다.

② 영상녹화는 조사실 전체를 확인할 수 있고 조사받는 사람의 얼굴과 음성을 식별할 수 있도록 해야 한다.

③ 사법경찰관리는 조사 시 영상녹화를 한 경우에는 영상녹화용 컴퓨터에 저장된 영상녹화 파일을 이용하여 영상녹화물 2개를 제작한 후, 피조사자 또는 변호인 앞에서 지체 없이 제작된 영상녹화물을 봉인하고 피조사자로 하여금 기명날인 또는 서명하게 해야 한다.

④ 경찰관은 원본을 봉인하기 전에 진술자 또는 변호인이 녹화물의 시청을 요구하는 때에는 영상녹화물을 재생하여 시청하게 할 수 있다. 이 경우 진술자 또는 변호인이 녹화된 내용에 대하여 이의를 진술하는 때에는 그 취지를 기재한 서면을 사건 기록에 편철하여야 한다.

해설 ① [○] 「경찰수사규칙」 제43조 제1항
② [○] 동규칙 제43조 제3항
③ [○] 동규칙 제44조 제1항
④ [×] 경찰관은 원본을 봉인하기 전에 진술자 또는 변호인이 녹화물의 시청을 요구하는 때에

는 영상녹화물을 재생하여 시청하게 하여야 한다(「범죄수사규칙」 제86조).

정답 ④

제 5 절 수사행정

01 「피의자 유치 및 호송규칙」상 유치 및 호송에 관한 설명 중 옳은 것은 모두 몇 개인가?

[18년 경간부]

> ㉠ 비상호송이란 전시, 사변 또는 이에 준하는 국가비상 사태나 천재, 지변에 있어서 피호송자를 다른 곳에 수용하기 위한 호송을 말한다.
> ㉡ 호송은 일출 전 또는 일몰 후에 하는 것을 원칙으로 한다.
> ㉢ 19세 이상의 사람과 19세 미만의 사람은 유치실이 허용하는 범위 내에서 분리하여 유치하여야 한다.
> ㉣ 송치하는 금품을 호송관에게 탁송할 때에는 호송관서에 보관책임이 있고, 그렇지 아니한 때에는 송부한 관서에 그 책임이 있다.
> ㉤ 호송 중 중증이 발병한 경우, 24시간 이내 치료될 수 있다고 진단되었을 때에는 치료 후 호송관서의 호송관이 호송을 계속하게 하여야 한다.
> ㉥ 호송에 큰 지장이 없고 당일로 호송을 마칠 수 있는 경증의 경우, 호송관이 적절한 응급조치를 취하고 호송을 계속하여야 한다.

① 2개 ② 3개 ③ 4개 ④ 5개

해설 ㉠ [O] 「피의자 유치 및 호송규칙」 제46조 제7호
㉡ [×] 호송은 일출 전 또는 일몰 후에 할 수 없다. 다만, 기차, 선박 및 차량을 이용하는 때 또는 특별한 사유가 있는 때에는 그러하지 아니한다(동규칙 제54조).
㉢ [O] 동규칙 제7조 제2항
㉣ [O] 동규칙 제53조 제4호
㉤ [O] 동규칙 제65조 제3호 다목
㉥ [O] 동규칙 제65조 제3호 가목

정답 ④

02 경찰청훈령인 「피의자 유치 및 호송 규칙」에 대한 설명으로 가장 옳은 것은?
[17년 경간부]

① 간이검사란 죄질이 경미하고 동작과 언행에 특이사항이 없으며 위험물 등을 은닉하고 있지 않다고 판단되는 유치인에 대하여 신체 등의 외부를 눈으로 확인하고 손으로 가볍게 두드려 만져 검사하는 것을 말한다.

② 호송관은 호송 출발 전 반드시 호송주무관의 지휘에 따라 포박한 후 신체검색을 실시한다.

③ 동시에 2명 이상의 피의자를 입감시킬 때에는 경위 이상 경찰관이 입회하여 순차적으로 입감시켜야 한다.

④ 호송관은 호송 출발 전 피호송자가 2인 이상일 경우 피호송자마다 수갑을 채우고 포승으로 포박한 후 2인 내지 5인을 1조로 상호 연결시켜 포승하여야 한다.

해설 ① [×] 외표검사에 대한 설명이다(「피의자 유치 및 호송 규칙」 제8조 제4항 제1호).
② [×] 호송관은 반드시 호송주무관의 지휘에 따라 포박하기 전에 피호송자에 대하여 안전호송에 필요한 신체검색을 실시하여야 한다(동규칙 제49조 제1항).
③ [×] 동시에 3명 이상의 피의자를 입감시킬 때에는 경위 이상 경찰관이 입회하여 순차적으로 입감시켜야 한다(동규칙 제7조 제1항).
④ [○] 동규칙 제50조 제4항
정답 ④

03 「범죄수사규칙」 상 검거한 지명수배자에 대하여 지명수배가 여러 건인 경우에 인계받을 관서의 순서가 바르게 나열된 것은?
[18년 경위 승진]

㉠ 검거관서와 거리 또는 교통상 가장 인접한 수배관서
㉡ 공소시효 만료 3개월 이내이거나 공범에 대한 수사 또는 재판이 진행 중인 수배관서
㉢ 법정형이 중한 죄명으로 지명수배한 수배관서
㉣ 검거관서와 동일한 지방검찰청 또는 지청의 관할구역에 있는 수배관서

① ㉠-㉡-㉢-㉣   ② ㉡-㉢-㉣-㉠
③ ㉠-㉣-㉡-㉢   ④ ㉡-㉣-㉠-㉢

해설 경찰관은 검거한 지명수배자에 대하여 지명수배가 여러 건인 경우에는 ⓐ 공소시효 만료 3개월 이내이거나 공범에 대한 수사 또는 재판이 진행 중인 수배관서, ⓑ 법정형이 중한 죄명으로 지명수배한 수배관서, ⓒ 검거관서와 동일한 지방검찰청 또는 지청의 관할구역에 있는 수배관서, ⓓ 검거관서와 거리 또는 교통상 가장 인접한 수배관서의 순위에 따라 검거된 지명수배자를 인계받아 조사하여야 한다(「범죄수사규칙」 제99조 제3항).

정답 ②

04 「피의자 유치 및 호송 규칙」에 대한 설명 중 옳지 않은 것은 모두 몇 개인가?

[20년 경간부]

> ㉠ 호송관은 피호송자를 숙박시켜야 할 사유가 발생하였을 때에는 체류지 관할 경찰서 유치장 또는 교도소를 이용하여야 한다.
> ㉡ 호송관은 반드시 호송주무관의 지휘에 따라 포박한 후 피호송자에 대하여 안전호송에 필요한 신체검색을 실시하여야 한다.
> ㉢ 피호송자의 수용장소를 다른 곳으로 이동하거나 특정 관서에 인계하기 위한 호송을 비상호송이라 한다.
> ㉣ 호송관은 호송근무를 할 때 분사기를 휴대하여야 하며, 호송관서의 장은 특별한 사유가 있는 경우 호송관이 총기를 휴대하도록 하여야 한다.
> ㉤ 일출 전 또는 일몰 후에는 호송이 항상 금지된다.
> ㉥ 금전·유가증권은 호송관에게 탁송하고, 물품은 호송관서에서 인수관서에 직접 송부함이 원칙이다.

① 2개   ② 3개   ③ 4개   ④ 5개

해설 ㉠ [○] 「피의자 유치 및 호송 규칙」 제66조 제1항
㉡ [×] 포박하기 전에 피호송자에 대하여 신체검색을 실시하여야 한다(동규칙 제49조 제1항).
㉢ [×] 이감호송에 관한 내용이다(동규칙 제46조 제4호).
㉣ [×] 호송관은 호송근무를 할 때에는 분사기를 휴대하여야 하고, 호송관서의 장은 특별한 사유가 있는 경우 호송관이 총기를 휴대하도록 할 수 있다(동규칙 제70조 제1항 제2항).
㉤ [×] 호송은 일출 전 또는 일몰 후에 할 수 없다. 다만, 기차, 선박 및 차량을 이용하는 때 또는 특별한 사유가 있는 때에는 그러하지 아니한다(동규칙 제54조).
㉥ [×] 물품은 호송관에게 탁송하고, 금전·유가증권은 호송관서에서 인수관서에 직접 송부함이 원칙이다(동규칙 제53조 제1호 제3호).

정답 ④

05 「범인검거 등 공로자 보상에 관한 규정」에 대한 내용으로 가장 적절하지 않은 것은? [18년 순경 1차 수정]

① 사형, 무기징역 또는 무기금고, 장기 10년 이상의 징역 또는 금고에 해당하는 범죄에 대한 보상금 지급기준 금액은 100만원이다.

② 장기 5년 미만의 징역 또는 금고, 장기 10년 이상의 자격정지 또는 벌금에 해당하는 범죄에 대한 보상금 지급기준 금액은 50만원이다.

③ 동일한 사람에게 지급결정일을 기준으로 연간(1월 1일부터 12월 31일까지를 말한다) 5회를 초과하여 보상금을 지급할 수 없다.

④ 보상금 지급 심사·의결을 거쳐 지급이 이루어진 이후에는 동일한 사건에 대하여 보상금을 지급할 수 없다.

해설 ① [O] 「범인검거 등 공로자 보상에 관한 규정」 제6조 제1항 제1호
② [×] 장기 5년 미만의 징역 또는 금고, 장기 10년 이상의 자격정지 또는 벌금에 해당하는 범죄에 대한 보상금 지급기준 금액은 30만원이다(동규정 제6조 제1항 제3호).
③ [O] 동규정 제6조 제5항
④ [O] 동규정 제9조

정답 ②

06 「특정강력범죄의 처벌에 관한 특례법」상 특정강력범죄 피의자의 신상정보 공개 요건에 대한 다음 설명 중 옳은 것은 모두 몇 개인가? [19년 경간부]

> ㉠ 범행수단이 잔인하고 중대한 피해가 발생한 특정강력범죄사건일 것
> ㉡ 피의자가 그 죄를 범하였다고 믿을 만한 충분한 증거가 있을 것
> ㉢ 국민의 알권리 보장, 피의자의 재범방지 및 범죄예방 등 오로지 공공의 이익을 위하여 필요할 것
> ㉣ 피의자가 「장애인복지법」상 장애인에 해당하지 아니할 것

① 1개   ② 2개   ③ 3개   ④ 4개

해설 ㉠ [O] 「특정강력범죄의 처벌에 관한 특례법」 제8조의2 제1항 제1호
㉡ [O] 동법 제8조의2 제1항 제2호
㉢ [O] 동법 제8조의2 제1항 제3호
㉣ [×] 피의자가 「청소년 보호법」 제2조 제1호의 청소년에 해당하지 아니할 것(동법 제8조의2 제1항 제4호).

정답 ③

07 「주요 강력범죄 출소자등에 대한 정보수집에 관한 규칙」에 대한 설명 중 옳지 <u>않은</u> 것은 모두 몇 개인가?

> ㉠ "주요 강력범죄"는 ⓐ 살인, 방화, 약취·유인, ⓑ 강도, 절도, 마약류 범죄, ⓒ 범죄단체의 조직원 또는 불시에 조직화가 우려되는 조직성 폭력배가 범한 범죄를 말한다.
>
> ㉡ 「형의 집행 및 수용자의 처우에 관한 법률」 제126조의2에 따라 통보받은 출소자 또는 「보호관찰 등에 관한 법률」 제55조의3에 따라 통보받은 보호관찰이 종료된 가석방자 중 범죄단체의 조직원 또는 불시에 조직화가 우려되는 조직성 폭력배가 범한 범죄로 벌금형 이상의 형을 선고받은 사람은 "출소자 등"에 해당된다.
>
> ㉢ 정보수집의 대상자(이하 "대상자"라 한다)는 주요 강력범죄 출소자등으로 한다.
>
> ㉣ 경찰공무원은 마약류 범죄 출소자등(대상자)에 대하여 출소하거나 보호관찰이 종료한 때부터 3년 동안 재범방지 및 피해자 보호(이하 "재범방지등"이라 한다)를 위해 필요한 정보를 수집한다.
>
> ㉤ 형사(수사)과 담당자는 대상자에 대해서 정보수집 기간의 개시 후 1년 동안 매 분기별 1회 이상 재범방지등을 위한 정보를 수집하여야 한다.
>
> ㉥ 지구대(파출소) 담당자는 정보수집 기간 동안 대상자에 대해서 매 분기별 1회 이상 재범방지등을 위한 정보를 수집하여야 한다.

① 0개   ② 1개   ③ 2개   ④ 3개

해설 ㉠ [O] 「주요 강력범죄 출소자등에 대한 정보수집에 관한 규칙」 제2조 제1호
㉡ [O] 동규칙 제2조 제2호 다목
㉢ [O] 동규칙 제3조
㉣ [O] 동규칙 제4조 제1항 제1호
㉤ [O] 동규칙 제5조 제6항
㉥ [O] 동규칙 제5조 제7항

정답 ①

제6절 사범별 수사요령

01 향정신성의약품에 대한 다음 설명 중 틀린 것은 모두 몇 개인가?

[16년 경간부]

> ㉠ 메스암페타민(히로뽕, 필로폰)은 기분이 좋아지는 약, 포옹마약(Hug drug), 클럽마약, 도리도리 등으로 지칭된다.
> ㉡ 엑스터시(MDMA)는 곡물의 곰팡이, 보리 맥각에서 추출한 물질을 인공합성 시켜 만든 것으로 무색, 무취, 무미한 특징이 있다.
> ㉢ L.S.D.는 카페인, 에페드린, 밀가루 등에 필로폰을 혼합한 것으로 순도가 20 ~30% 정도로 낮다.
> ㉣ 덱스트로 메트로판(러미라)은 진해거담제(감기, 만성 기관지염, 폐렴 등 치료 제)로서 의사의 처방전으로 약국 구입이 가능하다.
> ㉤ 카리소프로돌(일명 S정)의 금단증상으로는 온몸이 뻣뻣해지고 뒤틀리며 혀꼬 부라지는 소리 등을 하는 것이 특징이다.

① 2개   ② 3개   ③ 4개   ④ 5개

해설 ㉠ [×] 엑스터시(MDMA)에 대한 설명이다.
　　　　㉡ [×] L.S.D.에 대한 설명이다.
　　　　㉢ [×] 야바(YABA)에 대한 설명이다.
　　　　㉣ [○]
　　　　㉤ [○]

정답 ②

02 마약에 관한 다음 설명 중 가장 적절한 것은?   [14년 경위 승진]

① 반합성마약이란 일반약품에 마약성분을 미세하게 혼합한 약물로 신체적·정신적 의존성을 일으킬 염려가 없어 감기약 등으로 판매되는 합법 의약품이다.

② 러미라는 금단증상으로 온몸이 뻣뻣해지고 뒤틀리며 혀 꼬부라지는 소리 등을 하게 한다.

③ 성범죄용으로 악용되어 '데이트 강간약물'이라고도 불리는 것은 GHB를 말한다.

④ L.S.D는 각성제 중 가장 강력한 효과를 나타낸다.

해설 ① [×] 마약성분을 갖고 있으나 다른 약물이나 물질과 혼합되어 다시 마약으로 제조하거나 제제할 수 없고, 그것에 의하여 신체적 또는 정신적 의존성을 일으키지 아니하는 것으로서 총리령으로 정하는 것은 한외마약이다.
② [×] 금단증상으로 온몸이 뻣뻣해지고 뒤틀리며 혀 꼬부라지는 소리 등을 하게 되는 것은 카리소프로돌(S정)이다.
③ [○]
④ [×] L.S.D.는 곡물 곰팡이, 보리 맥각에서 발견되어 이를 분리·가공·합성한 강력한 환각제이다.

정답 ③

03 「마약류 관리에 관한 법률」상 마약류에 대한 설명으로 가장 적절하지 않은 것은?   [18년 경위 승진]

① GHB는 무색무취의 짠맛이 나는 액체로 소다수 등 음료에 타서 복용하며, 근육강화 호르몬 분비효과가 있다.

② 카리소프로돌(일명 S정)은 내성이나 심리적 의존현상은 있지만 금단증상은 일으키지 않는다고 알려져 있으며, 일부 남용자들은 '플래시백 현상'을 일으키기도 한다.

③ 야바(YABA)는 카페인, 에페드린, 밀가루 등에 필로폰을 혼합한 것으로 원료가 화공약품이기 때문에 보다 안정적인 밀조가 가능하다.

④ 메스카린(Mescaline)은 미국의 텍사스나 멕시코 북부지역에서 자생하는 선인장인 페이요트에서 추출·합성한 향정신성의약품이다.

해설 ② 카리소프로돌(S정)은 온몸이 뻣뻣해지고 뒤틀리며, 혀 꼬부라진 소리 등을 하게 되는 금단증상이 있고, 플래시백 현상은 L.S.D.와 관련성이 크다.
정답 ②

---

04 마약류에 대한 설명 중 가장 적절하지 않은 것은? [13년 경위 승진 수정]

① 마약의 분류 중 반합성 마약으로는 헤로인, 옥시코돈, 히드로모르폰 등이 있다.

② 향정신성의약품 중 페이요트, 사일로사이빈은 환각제로 분류된다.

③ 향정신성의약품 중 L.S.D.는 곡물의 곰팡이, 보리 맥각에서 추출한 물질을 인공합성시켜 만든 것으로 무색, 무취, 무미한 특징이 있다.

④ 향정신성의약품 중 덱스트로메트로판은 강한 중추신경 억제성 진해작용이 있으며 의존성과 독성이 강하다.

해설 ④ 러미나(덱스트로메트로판)는 강한 중추신경 억제성 진해작용이 있으나 의존성과 독성은 없어 코데인 대용으로 널리 시판되고 있다.
정답 ④

---

05 마약류에 대한 설명으로 가장 적절한 것은? [20년 순경 1차]

① 러미나(덱스트로메트로판)는 강한 중추신경 억제성 진해작용이 있으며, 의존성과 독성이 강한 특징이 있다.

② 카리소프로돌(일명 S정)은 골격근 이완의 효과가 있는 근골격계 질환 치료제로서 과다복용 시 인사불성, 혼수쇼크, 호흡저하, 사망에까지 이르게 할 수 있다.

③ GHB는 무색, 무취, 무미의 액체로 소다수 등 음료수에 타서 복용하여 '물 같은 히로뽕'이라는 뜻으로 일명 물뽕으로 불리고 있다.

④ 사일로시빈은 미국의 텍사스나 멕시코 북부지역에서 자생하는 선인장인 페이요트(Peyote)에서 추출·합성한 향정신성의약품이다.

해설 ① [×] 러미나(덱스트로메트로판)는 강한 중추신경 억제성 진해작용이 있으나 의존성과 독성은 없어 코데인 대용으로 널리 시판되고 있다.

② [○]
③ [×] GHB는 무색·무취이지만 짠맛이 난다.
④ [×] 사일로시빈은 남아메리카, 멕시코, 미국의 열대와 아열대 지역에서 나는 버섯으로부터 얻어지는 향정신성의약품이다.

정답 ②

06 마약류에 대한 설명으로 가장 적절한 것은?　　　　　　[20년 경감 승진 수정]

① 한외마약이란 일반약품에 마약성분을 미세하게 혼합한 약물로 신체적·정신적 의존성을 일으킬 염려가 없어 감기약 등으로 판매되는 합법의약품이다.
② 향정신성의약품 중 덱스트로메트로판은 강한 중추신경 억제성 진해작용이 있으며 의존성과 독성이 강하다.
③ 마약의 분류 중 합성 마약으로는 헤로인, 옥시코돈, 히드로모르폰 등이 있다.
④ GHB는 무색·무취의 짠맛이 나는 액체로 소다수 등의 음료에 타서 복용하며, 특히 미국, 유럽 등지에서 성범죄용으로 악용되어 '정글 주스'라고도 불린다.

해설 ① [○] 「마약류 관리에 관한 법률」 제2조 제2항 바목
② [×] 덱스트로메트로판(러미나)는 강한 중추신경 억제성 진해작용이 있으나 의존성과 독성은 없어 코데인 대용으로 널리 시판되고 있다.
③ [×] 헤로인, 옥시코돈, 히드로모르폰 등은 천연마약과 모르핀의 화학구조물을 변경시킨 반합성마약이다.
④ [×] GHB는 무색·무취의 짠맛이 나며 환각, 수면, 진정의 효과를 야기하지만, 덱스트로메트로판(러미나)은 청소년들이 소주에 타서 마시기도 하며 '정글 주스'라고 불린다.

정답 ①

07 다음은 마약류에 대한 설명이다. 옳은 것은 모두 몇 개인가?

[19년 순경 1차 수정]

> ⊙ 마약이라 함은 양귀비, 아편, 대마와 이로부터 추출되는 모든 알칼로이드로서 대통령령으로 정하는 것을 말한다.
> ⓛ GHB(일명 물뽕)는 무색, 무취, 무미의 액체로 유럽 등지에서 데이트 강간약물로도 불린다.
> ⓒ L.S.D.는 곡물의 곰팡이, 보리 맥각에서 추출한 물질을 인공 합성시켜 만든 것으로 무색, 무취, 무미하다.
> ⓔ 코카인은 「마약류 관리에 관한 법률」에서 규제하는 향정신성의약품에 해당한다.
> ⓜ 마약성분을 갖고 있으나 다른 약들과 혼합되어 마약으로 다시 제조하거나 제제할 수 없고, 그것에 의하여 신체적 또는 정신적 의존성을 일으키지 아니하는 것으로서 총리령으로 정하는 것을 한외마약이라고 한다.

① 0개   ② 1개   ③ 2개   ④ 3개

해설 ⊙ [×] "마약류"란 마약·향정신성의약품 및 대마를 말한다(「마약류 관리에 관한 법률」 제2조 제1호). 마약이란 양귀비, 아편, 코카 잎[엽], 양귀비, 아편 또는 코카 잎에서 추출되는 모든 알카로이드 및 그와 동일한 화학적 합성품으로서 대통령령으로 정하는 것 등을 말한다. 따라서 대마는 마약류에 속하지만 마약에 포함되지 않는다.
ⓛ [×] 데이트 강간약물로 불리는 GHB는 무색·무취이지만 짠맛이 나므로, 무미하다는 표현이 옳지 않다.
ⓒ [○]
ⓔ [×] 코카인은 「마약류 관리에 관한 법률」상 향정신성의약품이 아니라 마약에 해당한다.
ⓜ [○]

정답 ③

08 신종마약류 중 보기의 설명에 해당하는 것으로 가장 적절한 것은? [12년 경위 승진]

> ㉠ 중추신경에 작용하여 골격근 이완의 효과가 있는 근골격계 질환 치료제
> ㉡ 과다복용시 치명적으로 인사불성, 혼수쇼크, 호흡저하를 가져오며 사망까지 이를 수 있음
> ㉢ 금단증상으로 온몸이 뻣뻣해지고 뒤틀리며 혀가 꼬부라지는 소리 등을 하게 됨.

① 덱스트로메트로판(일명 러미나)   ② L.S.D.
③ 카리소프로돌(일명 S정)   ④ GHB(일명 물뽕)

해설 ③ 설문은 카리소프로돌(S정)에 관한 내용이다.
정답 ③

09 마약류에 관한 다음 설명 중 옳은 것은 모두 몇 개인가? [18년 경간부]

> ㉠ MDMA(엑스터시)는 독일에서 식욕감퇴제로 개발된 것으로, 포옹마약으로도 지칭된다.
> ㉡ GHB(물뽕)은 미국이나 유럽 등지에서는 성범죄용으로 악용되어 '데이트 강간 약물'이라고도 불린다.
> ㉢ 러미나(덱스트로메트로판)는 청소년들 사이에서 소주에타서 마시기도 하는데 정글쥬스라고도 한다.
> ㉣ S정(카리소프로돌)은 근골격계 질환 치료제이며 과다복용시 사망까지 이를 수 있다.
> ㉤ L.S.D.는 우편·종이 등의 표면에 묻혔다가 뜯어서 입에 넣는 방법으로 복용하기도 한다.
> ㉥ 야바(YABA)는 카페인, 에페드린, 밀가루 등에 필로폰을 혼합한 것으로 순도가 낮다.
> ㉦ 메스카린은 선인장인 페이요트에서 추출·합성한 향정신성의약품이다.

① 4개   ② 5개   ③ 6개   ④ 7개

해설 설문은 모두 옳은 내용이다.
정답 ④

10 「폭력행위 등 처벌에 관한 법률」을 적용할 수 없는 사례는?

① 2명 이상이 공동하여 「형법」 제350조(공갈)의 죄를 범한 경우
② 2명 이상이 공동하여 「형법」 제366조(재물손괴 등)의 죄를 범한 경우
③ 2명 이상이 공동하여 「형법」 제314조(업무방해)의 죄를 범한 경우
④ 2명 이상이 공동하여 「형법」 제319조(퇴거불응)의 죄를 범한 경우

해설 ③ 공동 업무방해 행위는 「폭력행위 등 처벌에 관한 법률」을 적용할 수 없다(동법 제2조 제2항).
정답 ③

11 사이버범죄의 유형을 사이버테러형 범죄와 일반적인 사이버 범죄로 구분할 경우 사이버테러형 범죄로 가장 적절한 것은? [15년 경위 승진]

① 사이버 도박   ② 해킹
③ 전자상거래 사기   ④ 개인정보 유출

해설 사이버도박, 전자상거래 사기, 개인정보 유출은 일반적인 사이버 범죄로 구분된다.
정답 ②

12 컴퓨터관련 범죄에 대한 설명 중 가장 적절하지 않은 것은? [13년 경감 승진]

① 컴퓨터관련 범죄의 범행동기는 지적 모험심의 추구, 개인적인 보복, 경제적 이익의 취득, 정치적 목적이나 산업경쟁 등이 있다.
② 사이버테러형 범죄는 정보통신망 자체를 공격대상으로 하는 불법행위로서 해킹, 바이러스 제작, 메일폭탄, 전자기적 침해장비 등을 이용한 컴퓨터시스템과 정보통신망 공격행위이다.
③ 일반적인 사이버범죄는 사이버공간을 이용한 일반적인 불법행위로서 사이버 도박, 사이버 스토킹과 성폭력, 전자상거래 사기, 개인정보 유출, 인터넷 포르노 사이트 운영, 소프트웨어 저작권 침해 등이 있다.
④ 컴퓨터 파괴행위에는 컴퓨터 자체에 대한 물리적 가해행위(프로그램 파괴, 자료접근 방해행위)와 컴퓨터 자료에 대한 논리적 가해행위가 있으며, 컴퓨터 부정조작의 유형에는 투입조작, 프로그램 조작, Console 조작, 산출물 조작이 있다.

해설 ④ 프로그램 파괴, 자료접근 방해행위는 컴퓨터 자료에 대한 논리적 가해행위에 해당한다.
정답 ④

---

13 사이버범죄의 유형에 대한 설명 중 옳지 <u>않은</u> 것은?　　　[20년 경간부]

① 해킹, 바이러스 유포, 메일폭탄 등은 '사이버테러형 범죄'에 해당한다.
② 컴퓨터 자료에 대한 논리적 가해행위도 '컴퓨터 파괴행위'에 해당한다.
③ 컴퓨터 부정조작 유형 중 기존의 프로그램을 변경하거나 기존의 프로그램과 전혀 다른 새로운 프로그램을 작성, 투입하는 방법을 '프로그램 조작'이라 한다.
④ 컴퓨터 부정조작 유형 중 일부 은닉·변경된 자료나 허구의 자료 등을 컴퓨터에 입력시켜 잘못된 산출을 초래하도록 하는 방법을 '산출조작'이라 한다.

해설 ④ 일부 은닉·변경된 자료나 허구의 자료 등을 컴퓨터에 입력시켜 잘못된 산출을 초래하도록 하는 방법을 '투입조작'이라 한다.
정답 ④

제7절 범죄수사와 인권보호

01 경찰활동의 인권지향성을 제고하기 위한 제도적 수단에 대한 설명으로 옳은 것은?   [21년 경간부 수정]

① 「국가재정법」에 따라 경찰은 예산을 편성할 때 예산이 인권에 미친 영향을 평가하는 보고서를 작성하여야 한다.

② 「국가경찰과 자치경찰의 조직 및 운영에 관한 법률」에 따라 국가경찰사무에 관한 인권보호와 관련되는 경찰의 운영·개선에 관한 사항은 국가경찰위원회의 심의·의결을 거칠 수 있다.

③ 「경찰 인권보호 규칙」에 따라 경찰청장은 인권침해를 예방하고 인권친화적인 치안 행정이 구현되도록 소정의 사항에 대하여 인권영향평가를 실시하여야 한다.

④ 「국가인권위원회법」에 따라 국가인권위원회는 인권의 보호와 향상을 위하여 필요하다고 인정하면 경찰정책과 관행을 개선 또는 시정할 수 있다.

해설 ① [×] 「국가재정법」에는 설문내용이 명문으로 규정되어 있지 않다. 다만 동법 제26조에 "정부는 예산이 여성과 남성에게 미칠 영향을 미리 분석한 보고서[이하 "성인지(性認知)예산서"라 한다]를 작성하여야 한다."고 규정되어 있다.
② [×] 「국가경찰과 자치경찰의 조직 및 운영에 관한 법률」에 따라 국가경찰사무에 관한 인권보호와 관련되는 경찰의 운영·개선에 관한 사항은 국가경찰위원회의 심의·의결을 거쳐야 한다(동법 제10조 제1항 제2호).
③ [○] 「경찰 인권보호 규칙」 제23조 제1항
④ [×] 국가인권위원회는 인권의 보호와 향상을 위하여 필요하다고 인정하면 관계기관등에 정책과 관행의 개선 또는 시정을 권고하거나 의견을 표명할 수 있다(「국가인권위원회법」 제25조 제1항).

정답 ③

02 「경찰 인권보호 규칙」상 경찰청 및 시·도경찰청 인권위원회에 대한 설명으로 가장 적절한 것은? [18년 순경 3차 수정]

① 위원회는 위원장 1명을 포함하여 7명 이상 15명 이하의 위원으로 구성한다. 이때, 특정 성별이 전체 위원 수의 10분의 6을 초과하지 아니해야 한다.

② 위원회의 회의는 정기회의와 임시회의로 구분하며, 정기회의는 경찰청은 분기 1회, 시·도경찰청은 월 1회 개최한다.

③ 위원장과 위촉 위원의 임기는 위촉된 날로부터 2년으로 하며 위원장의 직은 연임할 수 없고, 위촉위원은 두 차례만 연임할 수 있다.

④ 위촉 위원에 결원이 생긴 경우 새로 위촉할 수 있고, 이 경우 위촉된 위원의 임기는 위촉된 날의 다음날부터 기산한다.

해설 ① [×] 위원회는 위원장 1명을 포함하여 7명 이상 13명 이하의 위원으로 구성한다. 이때, 특정 성별이 전체 위원 수의 10분의 6을 초과하지 아니해야 한다(「경찰 인권보호 규칙」 제5조 제1항).
② [×] 정기회의는 경찰청은 월 1회, 시·도경찰청은 분기 1회 개최한다(동규칙 제11조 제2항).
③ [○] 동규칙 제7조 제1항
④ [×] 위촉 위원에 결원이 생긴 경우 새로 위촉할 수 있고, 이 경우 새로 위촉된 위원의 임기는 위촉된 날부터 기산한다(동규칙 제7조 제2항).

정답 ③

03 「경찰 인권보호 규칙」상 경찰청 및 시·도경찰청 인권위원회에 대한 설명이다. **틀린** 것은 모두 몇 개인가?

⊙ 경찰 활동 전반에 걸친 민주적 통제를 구현하여 경찰력 오·남용을 예방하고, 경찰 행정의 인권지향성을 높여 인권을 존중하는 경찰 활동을 정립하기 위해 경찰청장 및 시·도경찰청장의 자문기구로서 각각 경찰청 인권위원회, 시·도경찰청 인권위원회(이하 "위원회"라 한다)를 설치하여 운영한다.

ⓒ 위원회는 국가인권위원회·국제인권규약 감독 기구·국가별 정례인권검토의 권고안 및 국가인권정책기본계획의 이행에 관한 권고 또는 의견표명을 할 수 있다.

ⓒ 당연직 위원은 경찰청은 감사관, 시·도경찰청은 청문감사담당관으로 한다.

ⓔ 경찰의 직에 있거나 그 직에서 퇴직한 날부터 3년이 지나지 아니한 사람은 위원이 될 수 없다.

ⓜ 특별한 사유 없이 연속으로 정기회의에 3회 불참 등 직무를 태만히 한 경우 경찰청장은 위원회의 의견을 들어 위원을 해촉할 수 있다.

---

① 0개   ② 1개   ③ 2개   ④ 3개

해설 ⊙ [○] 「경찰 인권보호 규칙」 제3조
　　　 ⓒ [○] 동규칙 제4조 제3호
　　　 ⓒ [○] 동규칙 제5조 제3항
　　　 ⓔ [○] 동규칙 제6조 제3호
　　　 ⓜ [○] 동규칙 제8조 제3호

정답 ①

---

04 「경찰 인권보호 규칙」에 대한 설명으로 옳지 **않은** 것은?　　　[19년 순경 1차]

① 경찰청 인권위원회는 위원장 1명을 포함하여 7명 이상 13명 이하의 위원으로 구성한다. 이때, 특정 성별이 전체 위원 수의 10분의 6을 초과하지 아니해야 한다.

② 위원장과 위촉 위원의 임기는 위촉된 날로부터 2년으로 하며 위촉 위원은 두 차례만 연임할 수 있다.

③ 경찰청장은 매년 인권교육종합계획을 수립하여 시행하여야 한다.

④ 경찰관서의 장은 경찰청 인권교육종합계획의 내용을 반영하여 매년 인권교육 계획을 수립·시행하여야 한다.

해설 ① [○] 「경찰 인권보호 규칙」 제5조 제1항
② [○] 동규칙 제7조 제1항
③ [×] 경찰청장은 경찰관등이 근무하는 동안 지속적·체계적으로 교육을 받을 수 있도록 3년 단위로 인권교육종합계획을 수립하여 시행하여야 한다(동규칙 제18조 제1항).
④ [○] 동규칙 제18조 제2항

정답 ③

05 다음 범죄 중 긴급체포를 할 수 있는 것은 모두 몇 개인가?

[18년 경간부 수정]

> ㉠ 「형법」 제360조(점유이탈물횡령)
> ㉡ 「도로교통법」 제43조(무면허운전)
> ㉢ 「성폭력범죄의 처벌 등에 관한 특례법」 제11조(공중밀집장소에서의 추행)
> ㉣ 「형법」 제270조(부동의낙태)
> ㉤ 「형법」 제355조(횡령)
> ㉥ 「형법」 제247조(도박장소등개설)
> ㉦ 「형법」 제170조(실화)

① 1개   ② 2개   ③ 3개   ④ 4개

해설 긴급체포는 피의자가 사형·무기 또는 장기 3년 이상의 징역이나 금고에 해당하는 죄를 범하였다고 의심할 만한 상당한 이유가 있을 때 가능하다.
㉠ [×] 1년 이하의 징역 또는 300만원 이하의 벌금 또는 과료
㉡ [×] 1년 이하의 징역이나 300만원 이하의 벌금
㉢ [○] 3년 이하의 징역 또는 3천만원 이하의 벌금
㉣ [○] 3년 이하의 징역
㉤ [○] 5년 이하의 징역 또는 1천500만원 이하의 벌금
㉥ [○] 5년 이하의 징역 또는 3천만원 이하의 벌금
㉦ [×] 1천500만원 이하의 벌금

정답 ④

06 임의수사에 관한 설명으로 가장 적절하지 않은 것은?   [13년 경위 승진]

① 피의자는 출석을 거부할 수 있고 출석 후에도 언제든지 퇴거할 수 있다.

② 피의자에게는 진술거부권을 고지하여야 하나, 참고인에게는 진술거부권을 고지할 필요가 없다.

③ 감정위촉은 특별한 학식, 경험이 있는 제3자에게 실험법칙의 결과나 구체적인 사실에 관한 판단의 결과를 알려주도록 요청하는 수사방법이다.

④ 수사기관이 강제력을 사용하지 않고 범죄현장 기타 범죄관련 장소·물건·신체 등의 존재상태를 오관의 작용으로 실험·경험·인식한 사실을 명확히 하는 수사활동으로 검사의 지휘를 받지 않는 것을 검증이라 한다.

해설 ④ 설문은 검증이 아니라 실황조사에 관한 내용이다.
정답 ④

07 행정법·형사법 관련 판결에 대한 ㉠부터 ㉣까지의 설명 중 옳고 그름의 표시(○,×)가 바르게 된 것은?   [18년 경위 승진]

㉠ Blanco 판결은 Blanco란 소년이 국영담배공장 운반차에 부상을 당하여 민사법원에 소를 제기하였는데 손해가 공무원에 의하여 발생한 것이라는 이유에서 행정재판소 관할로 옮겨진 사건으로, 공무원에 의한 손해는 국가에 배상책임이 있고 그 관할은 행정재판소라는 원칙이 확립되는 계기가 되었다.

㉡ Kreuzberg 판결을 통해 경찰관청이 일반수권 규정에 근거하여 법규명령을 발할 수 있는 분야는 위험방지 분야에 한정된다고 판시하였다.

㉢ Escobedo 판결은 변호인과의 접견교통권을 침해하여 획득한 자백의 증거능력을 부정한 판결이다.

㉣ Miranda 판결은 변호인선임권, 접견교통권 및 진술거부권을 고지하지 않은 상태에서 이루어진 자백의 증거능력을 부정하여, 자백의 임의성과 관계없이 채취과정에 위법이 있는 자백을 배제하게 되는 계기가 되었다.

① ㉠(×) ㉡(○) ㉢(×) ㉣(○)   ② ㉠(○) ㉡(×) ㉢(○) ㉣(×)
③ ㉠(○) ㉡(○) ㉢(○) ㉣(○)   ④ ㉠(○) ㉡(○) ㉢(×) ㉣(○)

해설 설문은 모두 옳은 내용이다.
정답 ③

C·h·a·p·t·e·r

11

교통 경찰활동

제1절 교통경찰활동의 기초

01 「도로교통법」 제2조 용어의 정의에 대한 설명으로 가장 적절하지 않은 것은?

[17년 순경 2차 수정]

① "자전거횡단도"란 자전거 및 개인형 이동장치가 일반도로를 횡단할 수 있도록 안전표지로 표시한 도로의 부분을 말한다.

② "교차로"란 "십"자로, 'T'자로나 그 밖에 둘 이상의 도로(보도와 차도가 구분되어 있는 도로에서는 차도를 말한다)가 교차하는 부분을 말한다.

③ "길가장자리구역"이란 보도와 차도가 구분되어 있는 도로에서 보행자의 안전을 확보하기 위하여 안전표지 등으로 경계를 표시한 도로의 가장자리 부분을 말한다.

④ "안전표지"란 교통안전에 필요한 주의·규제·지시 등을 표시하는 표지판이나 도로의 바닥에 표시하는 기호·문자 또는 선 등을 말한다.

해설 ③ "길가장자리구역"이란 보도와 차도가 구분되지 아니한 도로에서 보행자의 안전을 확보하기 위하여 안전표지 등으로 경계를 표시한 도로의 가장자리 부분을 말한다(「도로교통법」 제2조 제11호).

정답 ③

02 「도로교통법」상 용어의 정의에 대한 다음 설명 중 가장 옳지 않은 것은?

[16년 경간부 수정]

① "길가장자리구역"이란 보도와 차도가 구분되지 아니한 도로에서 보행자의 안전을 확보하기 위하여 안전표지 등으로 경계를 표시한 도로의 가장자리 부분을 말한다.

② "고속도로"란 자동차의 고속 운행에만 사용하기 위하여 지정된 도로를 말한다.

③ "긴급자동차"란 소방차, 구급차, 혈액 공급차량, 그 밖에 대통령령으로 정하는 자동차로서 그 본래의 긴급한 용도로 사용되고 있는 자동차를 말한다.

④ "보도"(步道)란 연석선, 안전표지나 그와 비슷한 인공구조물로 경계를 표시하여 보행자(유모차와 행정안전부령으로 정하는 보행보조용 의자차를 제외한다.)가 통행할 수 있도록 한 도로의 부분을 말한다.

해설 ④ "보도"(步道)란 연석선, 안전표지나 그와 비슷한 인공구조물로 경계를 표시하여 보행자(유모차 및 행정안전부령이 정하는 보행보조용 의자차를 포함한다.)가 통행할 수 있도록 한 도로의 부분을 말한다(「도로교통법」 제2조 제10호).

정답 ④

03 「도로교통법」에서 규정하고 있는 용어에 대한 정의로 가장 적절하지 않은 것은?
[15년 순경 3차]

① "자동차전용도로"란 자동차만 다닐 수 있도록 설치된 도로를 말한다.
② "고속도로"란 자동차의 고속 운행에만 사용하기 위하여 지정된 도로를 말한다.
③ "길가장자리구역"이란 보도와 차도가 구분된 도로에서 보행자의 안전을 확보하기 위하여 안전표지 등으로 경계를 표시한 도로의 가장자리 부분을 말한다.
④ "안전지대"란 도로를 횡단하는 보행자나 통행하는 차마의 안전을 위하여 안전표지나 이와 비슷한 인공구조물로 표시한 도로의 부분을 말한다.

해설 ③ "길가장자리구역"이란 보도와 차도가 구분되지 아니한 도로에서 보행자의 안전을 확보하기 위하여 안전표지 등으로 경계를 표시한 도로의 가장자리 부분을 말한다(「도로교통법」 제2조 제11호).

정답 ③

04 교통경찰의 성질 중 4E 원칙에 대한 보기의 설명으로 가장 적절한 것은?
[12년 경위 승진]

> 도로환경정비 · 교통안전시설 · 차량 등과 같은 물질적 요소를 말하는 것으로 널리 경찰, 건설, 운수 등의 분야에 걸쳐 있으며 서로 연관성을 가지고 교통사고 방지 및 교통체증 해소에 기여하는 대책을 추진하는 것이다.

① 교통환경(Environment)　　　　② 교통안전교육(Education)
③ 교통안전공학(Engineering)　　　④ 교통단속(Enforcement)

해설 교통행정관리의 4E 원칙

4E	내용
교통안전공학 (Engineering)	교통안전에 관한 도로환경, 교통안전시설, 차량 등과 같은 물질적 요소를 말한다.
교통안전교육 (Education)	교통안전에 관한 교육훈련·홍보·계몽 등 교통안전의식을 고취시키고, 그 실천을 유도하는 활동이다.
교통단속 (Enforcement)	교통법규를 준수하지 않는 도로 이용자에 대하여 단속을 실시하여, 도로교통의 안전과 질서를 유지하는 활동이다.
교통환경 (Environment)	도로·차선·안전시설·자동차·운전자의 안전한 생활환경을 실현하는 활동이다.

보기의 설명은 교통안전공학에 대한 것이다.

정답 ③

제2절 교통규제 및 지도업무

01 「도로교통법 시행규칙」상 안전표지에 대한 설명 중 적절하지 <u>않은</u> 것을 모두 고른 것은?

[18년 경간부; 19년 경간부]

ⓐ 보조표지 – 도로상태가 위험하거나 도로 또는 그 부근에 위험물이 있는 경우에 필요한 안전조치를 할 수 있도록 이를 도로사용자에게 알리는 표지

ⓑ 규제표지 – 도로교통의 안전을 위하여 각종 제한·금지 등의 규제를 하는 경우에 이를 도로사용자에게 알리는 표지

ⓒ 노면표시 – 주의표지·규제표지 또는 지시표지의 주기능을 보충하여 도로사용자에게 알리는 표지

ⓓ 지시표지 – 도로의 통행방법·통행구분 등 도로교통의 안전을 위하여 필요한 지시를 하는 경우에 도로사용자가 이에 따르도록 알리는 표지

① ㉠ ㉡   　　　　② ㉡ ㉢

③ ㉠ ㉢   　　　　④ ㉡ ㉣

해설 안전표지

종 류	내 용
주의표지	도로상태가 위험하거나 도로 또는 그 부근에 위험물이 있는 경우에, 필요한 안전조치를 할 수 있도록 이를 도로사용자에게 알리는 표지
규제표지	도로교통의 안전을 위하여 각종 제한·금지 등의 규제를 하는 경우에, 이를 도로사용자에게 알리는 표지
지시표지	도로의 통행방법·통행구분 등 도로교통의 안전을 위하여 필요한 지시를 하는 경우에, 도로사용자가 이에 따르도록 알리는 표지
보조표지	주의표지·규제표지·지시표지의 주기능을 보충하여 도로사용자에게 알리는 표지
노면표지	도로교통의 안전을 위하여 각종 주의·규제·지시 등의 내용을 노면에 기호·문자 또는 선으로 도로사용자에게 알리는 표지

자료: 「도로교통법 시행규칙」 제8조

㉠ [×] 도로상태가 위험하거나 도로 또는 그 부근에 위험물이 있는 경우에 필요한 안전조치를 할 수 있도록 이를 도로사용자에게 알리는 표지는 주의표지이다(「도로교통법 시행규칙」 제8조 제1항 제1호).

㉡ [○] 동규칙 제8조 제1항 제2호

㉢ [×] 주의표지·규제표지 또는 지시표지의 주기능을 보충하여 도로사용자에게 알리는 표지는 보조표지이다(동규칙 제8조 제1항 제4호).

㉣ [○] 동규칙 제8조 제1항 제3호

정답 ③

02 「도로교통법」에 규정된 '어린이통학버스'에 대한 설명으로 가장 적절하지 <u>않은</u> 것은? [18년 경위 승진]

① 어린이라 함은 13세 미만인 사람을 말한다.

② 어린이통학버스가 도로에 정차하여 어린이나 영유아가 타고 내리는 중임을 표시하는 점멸등 등의 장치를 작동 중일 때에는 어린이통학버스가 정차한 차로와 그 차로의 바로 옆 차로로 통행하는 차의 운전자는 어린이통학버스에 이르기 전에 일시정지하여 안전을 확인한 후 서행하여야 한다.

③ 위 ②의 경우 중앙선이 설치되지 아니한 도로와 편도 1차로인 도로에서는 반대방향에서 진행하는 차의 운전자도 어린이통학버스에 이르기 전에 일시정지하여 안전을 확인한 후 서행하여야 한다.

④ 모든 차의 운전자는 어린이나 영유아를 태우고 있다는 표시를 한 상태로 도로를 통행하는 어린이통학버스를 앞지를 때 과도하게 속도를 올리는 등 행위를 자제하여야 한다.

해설 ① [○] 「도로교통법」 제2조 제23호
② [○] 동법 제51조 제1항
③ [○] 동법 제51조 제2항
④ [×] 모든 차의 운전자는 어린이나 영유아를 데우고 있다는 표시를 한 상태로 도로를 통행하는 어린이통학버스를 앞지르지 못한다(동법 제51조 제3항).

정답 ④

03 교통안전시설을 담당하는 경찰관이 교통안전표지를 설치하는 방법으로 가장 적절하지 <u>않은</u> 것은? [15년 경위 승진]

① 도로이용자의 행동특성을 감안하여 시인거리, 판독거리, 운전자의 예비행동을 고려하여 설치한다.

② 시설의 이용 효율성을 높이기 위해 모든 표지는 교차로 부근에 집중 설치한다.

③ 표지의 시인성(눈에 띔)이 방해되지 않도록 설치한다.

④ 도로이용에 장애가 없도록 보행시설을 필요 이상으로 침범하지 말아야 한다.

해설 ② 교차점 부근에는 도로표지와 각종 교통안전시설이 집중되어 있기 때문에 운전자가 안전하게 교차로를 주행할 수 있도록 반드시 교차로에 설치할 필요가 없는 것에 대해서는 교차로 부근을 피하여 운전자의 시거를 방해하는 일이 없도록 배려하여야 한다(「도로표지 제작·설치 및 관리지침」 제13조 제2항).

정답 ②

---

04 다음 중 긴급자동차의 우선 통행 및 특례에 대한 설명으로 가장 적절하지 않은 것은?　　　　　　　　　　　　　　　　　　　　[15년 경간부 수정]

① 긴급자동차는 긴급하고 부득이한 경우에는 도로의 중앙이나 좌측부분을 통행할 수 있다.

② 긴급자동차는 「도로교통법」이나 도로교통법에 따른 명령에 따라 정지하여야 하는 경우에도 불구하고 긴급하고 부득이한 경우 정지하지 아니할 수 있다.

③ ①, ②의 경우 교통사고가 발생하여도 긴급자동차의 특례로 인정받아 처벌이 면제된다.

④ 긴급자동차의 운전자는 교통안전에 특히 주의하면서 통행하여야 한다.

해설　① [○] 「도로교통법」 제29조 제1항
② [○] 동법 제29조 제2항
③ [×] 긴급자동차(소방차, 구급차, 혈액 공급차량, 대통령령으로 정하는 경찰용 자동차)의 운전자가 그 차를 본래의 긴급한 용도로 운행하는 중에 교통사고를 일으킨 경우에는 그 긴급활동의 시급성과 불가피성 등 정상을 참작하여 제151조, 「교통사고처리 특례법」 제3조 제1항 또는 「특정범죄 가중처벌 등에 관한 법률」 제5조의13에 따른 형을 감경하거나 면제할 수 있다(동법 제158조의2).
④ [○] 동법 제29조 제2항

정답 ③

05 「도로교통법」상 음주측정 거부에 해당하는 것은? (판례에 의함)

[21년 경간부]

① 경찰공무원이 운전자의 음주 여부나 주취 정도를 확인하기 위하여 음주측정기에 의한 측정의 사전절차로서 음주감지기에 의한 시험을 요구할 때, 그 시험결과에 따라 음주측정기에 의한 측정이 예정되어 있고 운전자가 그러한 사정을 인식하였음에도 음주감지기에 의한 시험에 명시적으로 불응한 경우

② 오토바이를 운전하여 자신의 집에 도착한 상태에서 단속경찰관으로 부터 주취운전에 관한 증거 수집을 위한 음주측정을 위해 인근 파출소까지 동행하여 줄 것을 요구받고 이를 명백하게 거절하였음에도 위법하게 체포 감금된 상태에서 음주측정요구에 응하지 않은 행위

③ 신체 이상 등의 사유로 인하여 호흡조사에 의한 측정에 응할 수 없는 운전자가 혈액채취에 의한 측정을 거부하거나 이를 불가능하게 한 행위

④ 교통사고로 상해를 입은 피고인의 골절부위와 정도에 비추어 음주측정 당시 통증으로 인하여 깊은 호흡을 하기 어려웠고 그 결과 음주측정이 제대로 되지 아니한 경우

해설 ① [○] 대판 2018. 12. 13. 2017도12949
② [×] 위법한 체포 상태에서 이루어진 음주측정요구에 불응한 행위를 처벌할 수 없다(대판 2006. 11. 9. 2004도8404).
③ [×] 신체 이상 등의 사유로 호흡조사에 의한 음주측정에 응할 수 없는 운전자가 '혈액채취에 의한 측정'을 거부하거나 이를 불가능하게 한 경우는 음주측정에 불응한 것으로 볼 수 없다 (대판 2010. 7. 15. 2010도2935).
④ [×] 교통사고로 상해를 입은 피고인의 골절부위와 정도에 비추어 음주측정 당시 통증으로 인하여 깊은 호흡을 하기 어려웠고 그 결과 음주측정이 제대로 되지 아니하였던 것으로 보이므로 피고인이 음주측정에 불응한 것이라고 볼 수는 없다(대판 2006. 1. 13. 2005도7125).

정답 ①

06 다음 중 「도로교통법」상 정차 및 주차 모두가 금지되는 장소는 모두 몇 개인가?

[17년 경간부 수정]

> ㉠ 교차로·횡단보도·건널목이나 보도와 차도가 구분된 도로의 보도(「주차장법」에 따라 차도와 보도에 걸쳐서 설치된 노상주차장은 제외한다)
> ㉡ 「소방기본법」 제10조에 따른 소방용수시설 또는 비상소화장치가 설치된 곳으로부터 5미터 이내인 곳
> ㉢ 도로공사를 하고 있는 경우에는 그 공사 구역의 양쪽 가장자리로부터 5미터 이내인 곳
> ㉣ 교차로의 가장자리나 도로의 모퉁이로부터 5미터 이내인 곳
> ㉤ 건널목의 가장자리 또는 횡단보도로부터 10미터 이내인 곳
> ㉥ 터널 안 및 다리 위

① 2개   ② 3개   ③ 4개   ④ 5개

해설 정차 및 주차금지 장소(「도로교통법」 제32조)

> 1. 교차로·횡단보도·건널목이나 보도와 차도가 구분된 도로의 보도(「주차장법」에 따라 차도와 보도에 걸쳐서 설치된 노상주차장은 제외한다)
> 2. 교차로의 가장자리나 도로의 모퉁이로부터 5미터 이내인 곳
> 3. 안전지대가 설치된 도로에서는 그 안전지대의 사방으로부터 각각 10미터 이내인 곳
> 4. 버스여객자동차의 정류지(停留地)임을 표시하는 기둥이나 표지판 또는 선이 설치된 곳으로부터 10미터 내인 곳. 다만, 버스여객자동차의 운전자가 그 버스여객자동차의 운행시간 중에 운행노선에 따르는 정류장에서 승객을 태우거나 내리기 위하여 차를 정차하거나 주차하는 경우에는 그러하지 아니하다.
> 5. 건널목의 가장자리 또는 횡단보도로부터 10미터 이내인 곳
> 6. 다음 각 목의 곳으로부터 5미터 이내인 곳
>   가. 「소방기본법」 제10조에 따른 소방용수시설 또는 비상소화장치가 설치된 곳
>   나. 「화재예방, 소방시설 설치·유지 및 안전관리에 관한 법률」 제2조제1항제1호에 따른 소방시설로서 대통령령으로 정하는 시설이 설치된 곳
> 7. 시·도경찰청장이 도로에서의 위험을 방지하고 교통의 안전과 원활한 소통을 확보하기 위하여 필요하다고 인정하여 지정한 곳
> 8. 시장등이 제12조제1항에 따라 지정한 어린이 보호구역

정차 및 주차 금지장소는 ㉠, ㉡, ㉣, ㉤이다.

정답 ③

07 「도로교통법」상 '주차금지장소'에 대한 설명으로 가장 적절하지 않은 것은?

[16년 순경 1차 수정; 17년 순경 1차 수정]

① 터널 안 및 다리 위

② 「다중이용업소의 안전관리에 관한 특별법」에 따른 다중이용업소의 영업장이 속한 건축물로 소방본부장의 요청에 의하여 시·도경찰청장이 지정한 곳으로부터 5미터 이내인 곳

③ 시·도경찰청장이 도로에서의 위험을 방지하고 교통의 안전과 원활한 소통을 확보하기 위하여 필요하다고 인정하여 지정한 곳

④ 도로공사를 하고 있는 경우에는 그 공사 구역의 양쪽 가장자리로부터 10미터 이내인 곳

해설 주차금지장소(「도로교통법」 제33조)

> 1. 터널 안 및 다리 위
> 2. 다음 각 목의 곳으로부터 5미터 이내인 곳
>   가. 도로공사를 하고 있는 경우에는 그 공사 구역의 양쪽 가장자리
>   나. 「다중이용업소의 안전관리에 관한 특별법」에 따른 다중이용업소의 영업장이 속한 건축물로 소방본부장의 요청에 의하여 시·도경찰청장이 지정한 곳
> 3. 시·도경찰청장이 도로에서의 위험을 방지하고 교통의 안전과 원활한 소통을 확보하기 위하여 필요하다고 인정하여 지정한 곳

④ 도로공사를 하고 있는 경우에는 그 공사 구역의 양쪽 가장자리로부터 5미터 이내인 곳이 주차금지장소이다.

정답 ④

08 「도로교통법」상 보행자 및 차마의 통행방법 등에 관한 설명 중 가장 적절하지 않은 것은? [14년 경감 승진 수정]

① 자전거등의 운전자는 안전표지로 통행이 허용된 경우를 제외하고는 2대 이상이 나란히 차도를 통행하여서는 아니 된다.

② 보행자는 보도와 차도가 구분된 도로에서는 언제나 보도로 통행하여야 한다. 다만, 차도를 횡단하는 경우, 도로공사 등으로 보도의 통행이 금지된 경우나 그 밖의 부득이한 경우에는 그러하지 아니하다.

③ 차마의 운전자는 길가의 건물이나 주차장 등에서 도로에 들어갈 때에는 일단 서행하면서 안전 여부를 확인하여야 한다.

④ 보행자는 차와 노면전차의 바로 앞이나 뒤로 횡단하여서는 아니 된다. 다만, 횡단보도를 횡단하거나 신호기 또는 경찰공무원등의 신호나 지시에 따라 도로를 횡단하는 경우에는 그러하지 아니하다.

해설 ① [○]「도로교통법」제13조의2 제5항
② [○] 동법 제8조 제1항
③ [×] 차마의 운전자는 길가의 건물이나 주차장 등에서 도로에 들어갈 때에는 일단 정지한 후에 안전한지 확인하면서 서행하여야 한다(동법 제18조 제3항).
④ [○] 동법 제10조 제4항

정답 ③

09 「도로교통법」상 자전거등과 관련된 다음 설명 중 옳은 것은 모두 몇 개인 가?

[18년 경간부 수정]

> ○ 자전거등의 운전자는 자전거도로가 설치되지 아니한 곳에서는 도로 좌측 가장자리에 붙어서 통행하여야 한다.
>
> ○ 자전거등의 운전자는 길가장자리구역(안전표지로 자전거등의 통행을 금지한 구간은 제외한다)을 통행할 수 있다. 이 경우 자전거등의 운전자는 보행자의 통행에 방해가 될 때에는 서행하거나 일시정지하여야 한다.
>
> ○ 자전거등의 운전자는 안전표지로 통행이 허용된 경우를 제외하고는 2대 이상이 나란히 차도를 통행하여서는 아니 된다.
>
> ○ 자전거등의 운전자가 횡단보도를 이용하여 도로를 횡단할 때에는 보행자의 통행에 방해가 되지 않도록 서행하여야 한다.
>
> ○ 자전거등의 운전자는 자전거도로 및 「도로법」에 따른 도로를 운전할 때에는 행정안전부령으로 정하는 인명보호 장구를 착용하여야 하며, 동승자에게도 이를 착용하도록 하여야 한다.
>
> ○ 자전거등의 운전자는 밤에 도로를 통행하는 때에는 전조등과 미등을 켜거나 야광띠 등 발광장치를 착용하여야 한다.

① 1개   ② 2개   ③ 3개   ④ 4개

해설 ○ [×] 자전거등의 운전자는 자전거도로가 설치되지 아니한 곳에서는 도로 우측 가장자리에 붙어서 통행하여야 한다(「도로교통법」 제13조2 제2항).
○ [○] 동법 제13조2 제3항
○ [○] 동법 제13조2 제5항
○ [×] 자전거등의 운전자가 횡단보도를 이용하여 도로를 횡단할 때에는 자전거등에서 내려서 자전거등을 끌거나 들고 보행하여야 한다(동법 제13조2 제6항).
○ [○] 동법 제50조 제4항
○ [○] 동법 제50조 제9항

정답 ④

10 「도로교통법」상 음주운전과 관련된 내용이다. 아래 ㉠부터 ㉣까지의 내용 중 옳고 그름의 표시(O, ×)가 바르게 된 것은? (단, '술에 취한 상태'는 혈중 알코올농도가 0.03퍼센트 이상인 경우로 전제함) [19년 순경 1차 수정]

> ㉠ 술에 취한 상태에서 자전거를 운전한 사람은 처벌된다.
> ㉡ 음주운전 2회 이상 위반으로 벌금형을 확정받고 면허가 취소된 경우, 면허가 취소된 날부터 3년간 면허시험 응시자격이 제한된다.
> ㉢ 무면허인 자가 술에 취한 상태에서 자동차 등을 운전한 경우, 무면허운전죄와 음주운전죄는 실체적 경합관계에 있다.
> ㉣ 도로가 아닌 곳에서 술에 취한 상태로 자동차 등을 운전하더라도 음주단속의 대상이 된다.

① ㉠ O ㉡ O ㉢ × ㉣ ×   ② ㉠ O ㉡ × ㉢ O ㉣ O
③ ㉠ O ㉡ × ㉢ × ㉣ O   ④ ㉠ × ㉡ O ㉢ O ㉣ ×

해설　㉠ [O] 20만원 이하의 벌금이나 구류 또는 과료에 처한다(「도로교통법」 제44조 제1항, 제156조 제11호).

㉡ [×] 음주운전 2회 이상 위반으로 벌금형을 확정 받고 면허가 취소된 경우, 면허가 취소된 날부터 2년간 면허시험 응시자격이 제한된다(동법 제82조 제2항 제6호).

㉢ [×] 무면허인데다가 술이 취한 상태에서 오토바이를 운전하였다는 것은 사회관념상 1개의 운전행위라 할 것이므로 무면허운전죄와 음주운전죄는 상상적 경합관계에 있다(대판 1987. 2. 24. 86도2731).

㉣ [O] 「도로교통법」상 "운전"이란 도로에서 차마 또는 노면전차를 그 본래의 사용방법에 따라 사용하는 것(조종을 포함한다)을 말한다. 하지만 동법 제44조(술에 취한 상태에서의 운전 금지), 제45조(과로한 때 등의 운전 금지), 제54조(사고발생 시의 조치) 제1항의 경우에는 도로 외의 곳에서 운전하는 것도 운전에 포함된다(동법 제2조 제26호).

정답　③

11 경찰관이 해당 운전자를 적발하여도 단속할 수 없는 경우는 무엇인가?

[15년 경위 승진]

① 유료주차장 내에서 음주운전을 하다가 적발된 경우
② 대학교 구내에서 마약을 과다복용하고 운전을 하다가 적발된 경우
③ 아파트 지하주차장에서 보행자를 충격하여 다치게 한 후 적절한 조치 없이 현장을 이탈하였다가 적발된 경우
④ 학교 운동장에서 운전면허를 취득하기 위해 운전연습을 하다가 신고를 통해 적발된 경우

해설 ①, ② [O] 음주운전이나 약물복용운전은 「도로교통법」상 도로가 아닌 곳에서 운전을 하더라도 처벌받는다(「도로교통법」 제148조의2).
③ [O] 「도로교통법」상 도로에 해당하지 않는 곳에서 교통사고를 야기하여 사람을 다치게 하고도 구호조치 없이 도주한 경우에는 도주차량 운전자로 처벌될 수 있다.
④ [×] 무면허 운전은 「도로교통법」상 도로에서 운전하는 때에 한하여 적용된다. 학교 운동장은 「도로교통법」상 도로가 아니기 때문에 운전면허를 취득하기 위해 운전연습을 하다가 적발되더라도 단속할 수 없다.

정답 ④

12 「도로교통법」상 음주 및 약물운전의 행위에 대한 처벌로서 가장 옳지 않은 것은?

[18년 경간부 수정]

① 혈중알코올농도가 0.2퍼센트 이상의 승용자동차 운전자는 2년 이상 5년 이하의 징역이나 1천만원 이상 2천만원 이하의 벌금에 처한다.
② 혈중알코올농도가 0.08퍼센트 이상 0.2퍼센트 미만인 화물자동차 운전자는 1년 이상 2년 이하의 징역이나 500만원 이상 1천만원 이하의 벌금에 처한다.
③ 혈중알코올농도가 0.03퍼센트 이상 0.08퍼센트 미만인 승합자동차 운전자는 1년 이하의 징역이나 500만원 이하의 벌금에 처한다.
④ 약물(마약, 대마 및 향정신성의약품과 그 밖에 행정안전부령으로 정하는 것)로 인하여 정상적으로 운전하지 못할 우려가 있는 상태에서 승용자동차를 운전한 사람은 1년 이상 3년 이하의 징역이나 500만원 이상 1천만원 이하의 벌금에 처한다.

해설 ①, ②, ③ [O] 「도로교통법」 제148조의2 제3항

④ [×] 약물(마약, 대마 및 향정신성의약품과 그 밖에 행정안전부령으로 정하는 것)로 인해 정
상적으로 운전하지 못할 우려가 있는 상태에서의 승용자동차를 운전한 사람은 3년 이하의 징역
이나 1천만원 이하의 벌금에 처한다(「도로교통법」 제148조의2 제4항).

정답 ④

---

13 음주운전 단속과 처벌에 대한 설명 중 옳지 않은 것은 모두 몇 개인가?
(음주운전은 혈중알콜농도 0.03% 이상을 넘어서 운전한 경우로 전제함, 다툼이
있는 경우 판례에 의함)   [20년 경간부]

ㄱ 자전거 음주운전도 처벌 대상이다.
ㄴ 취중 경운기나 트랙터 운전의 경우 음주운전에 해당하지 않는다.
ㄷ 음주측정용 불대는 1인 1개를 사용함을 원칙으로 한다.
ㄹ 주차장, 학교 경내 등 「도로교통법」상 도로가 아닌 곳에서도 음주운전에 대
   해 「도로교통법」 적용이 가능하나, 운전면허 행정처분만 가능하고 형사처벌
   은 할 수 없다.
ㅁ 음주운전을 하다가 교통사고로 사람을 죽게 하거나 다치게 한 때에는 그 운
   전면허를 취소한다.
ㅂ 피고인의 음주와 음주운전을 목격한 참고인이 있는 상황에서 경찰관이 음주
   및 음주운전 종료로부터 약 5시간 후 집에서 자고 있는 피고인을 연행하여
   음주측정을 요구한 데에 대하여 피고인이 불응한 경우, 「도로교통법」상 음주
   측정불응죄가 성립한다.

---

① 2개   ② 3개   ③ 4개   ④ 5개

해설 ㄱ [○] 「도로교통법」 제156조 제11호
ㄴ [○] 동법 제44조 제1항에서 "누구든지 술에 취한 상태에서 자동차등, 노면전차 또는 자전거
를 운전하여서는 아니 된다."고 규정하고, 경운기나 트랙터는 자동차등에 포함되지 않는다.
ㄷ [×] 음주측정용 불대는 1회 1개를 사용함을 원칙으로 한다(「교통단속처리지침」 제30조 제3항).
ㄹ [×] 「도로교통법」상 도로가 아닌 곳에서도 음주운전을 한 경우 형사처벌은 가능하지만 운전
면허 행정처분은 할 수 없다. "운전"이란 도로(제44조·제45조·제54조제1항·제148조·제148
조의2 및 제156조제10호의 경우에는 도로 외의 곳을 포함한다)에서 차마 또는 노면전차를 그
본래의 사용방법에 따라 사용하는 것(조종을 포함한다)을 말한다(동법 제2조 제26호).
ㅁ [○] 「도로교통법 시행규칙 [별표 28] 2. 취소처분 개별기준, 일련번호 2호
ㅂ [○] 대판 2001. 8. 24, 2000도 6026

정답 ①

14 음주운전 관련 판례의 내용으로 가장 적절하지 않은 것은? [18년 순경 1차]

① 「형사소송법」 규정에 위반하여 수사기관이 법원으로부터 영장 또는 감정처분허가장을 발부받지 아니한 채 피의자의 동의 없이 피의자의 신체로부터 혈액을 채취하고 더구나 사후적으로도 지체 없이 이에 대한 영장을 발부받지도 아니하고서 그 강제채혈한 피의자의 혈액 중 알코올농도에 관한 감정결과보고서 등은 피고인이나 변호인의 증거동의가 있다고 하더라도 유죄의 증거로 사용할 수 없다.

② 음주운전과 관련한 도로교통법위반죄의 범죄수사를 위하여 미성년자인 피의자의 혈액채취가 필요한 경우에도 피의자에게 의사능력이 있다면 피의자 본인만이 혈액채취에 관한 유효한 동의를 할 수 있고, 피의자에게 의사능력이 없는 경우에도 명문의 규정이 없는 이상 법정대리인이 피의자를 대리하여 동의할 수는 없다.

③ 「도로교통법」에 규정된 음주측정은 성질상 강제될 수 있는 것이 아니며 궁극적으로 당사자의 자발적인 협조가 필수적인 것이므로 이를 두고 법관의 영장을 필요로 하는 강제처분이라 할 수 없다. 따라서 주취운전의 혐의자에게 영장 없는 음주측정에 응할 의무를 지우고 이에 불응한 사람을 처벌한다고 하더라도 영장주의에 위배되지 아니한다.

④ 위드마크 공식은 운전자가 음주한 상태에서 운전한 사실이 있는지에 대한 경험법칙에 의한 증거수집 방법에 불과하고 따라서 경찰공무원에게 위드마크 공식의 존재 및 나아가 호흡측정에 의한 혈중알코올농도가 음주운전 처벌기준 수치에 미달하였더라도 위드마크 공식에 의한 역추산 방식에 의하여 운전 당시의 혈중알코올농도를 산출할 경우 그 결과가 음주운전 처벌기준 수치 이상이 될 가능성이 있다는 취지를 운전자에게 미리 고지하여야 할 의무가 있다.

해설 ① [○] 대판 2012. 11. 15, 2011도15258
② [○] 대판 2014. 11. 13, 2013도1228
③ [○] 헌재 1997. 3. 27, 96헌가11 결정
④ [×] 그러한 취지를 운전자에게 미리 고지하여야 할 의무가 있다고 보기 어렵다(대판 2017. 9. 21, 2017도661).

정답 ④

15 음주운전 관련 판례에 대한 설명으로 가장 적절하지 <u>않은</u> 것은? (다툼이 있는 경우 판례에 의함) [20년 순경 2차]

① 음주운전 전력이 1회(벌금형) 있는 운전자가 한 달 내 2회에 걸친 음주운전으로 적발되어 두 사건이 동시에 기소된 사안에서, 「도로교통법」 제148조의2 제1항(벌칙)에 규정된 '음주운전 금지 규정을 2회 이상 위반한 사람'이란 음주운전으로 2회 이상 형의 선고를 받거나 유죄의 확정판결을 받은 자로 한정하여야 한다.

② 경찰공무원이 술에 취한 상태에 있다고 인정할 만한 상당한 이유가 있는 운전자에게 음주 여부를 확인하기 위하여 음주측정기에 의한 측정의 사전단계로 음주감지기에 의한 시험을 요구하는 경우, 그 시험 결과에 따라 음주측정기에 의한 측정이 예정되어 있고 운전자가 그러한 사정을 인식하였음에도 음주감지기에 의한 시험에 명시적으로 불응함으로써 음주측정을 거부하겠다는 의사를 표명하였다면, 음주감지기에 의한 시험을 거부한 행위도 음주측정기에 의한 측정에 응할 의사가 없음을 객관적으로 명백하게 나타낸 것으로 볼 수 있다.

③ 주취운전자에 대한 경찰관의 권한 행사가 법률상 경찰관의 재량에 맡겨져 있다고 하더라도, 그러한 권한을 행사하지 아니한 것이 구체적인 상황 하에서 현저하게 합리성을 잃는 경우에는 경찰관의 직무상 의무를 위배한 것으로서 위법하다. 음주운전으로 적발된 주취운전자가 도로 밖으로 차량을 이동하겠다며 단속경찰관으로부터 보관 중이던 차량열쇠를 반환 받아 몰래 차량을 운전하여 가던 중 사고를 일으켰다면, 주의 의무를 게을리 한 경찰관의 직무상 의무위반에 의한 국가배상 책임이 인정된다.

④ 음주운전과 관련한 「도로교통법」위반죄의 범죄수사를 위하여 미성년자인 피의자의 혈액채취가 필요한 경우, 피의자에게 의사 능력이 있다면 피의자 본인만이 혈액채취에 관한 유효한 동의를 할 수 있고, 피의자에게 의사능력이 없는 경우에도 명문의 규정이 없는 이상 법정대리인이 피의자를 대리하여 동의할 수는 없다.

해설 ① [×] 「도로교통법」 제148조의2 제1항 제1호의 문언 내용과 입법 취지 등을 종합하면, 위 조항 중 '제44조 제1항을 2회 이상 위반한 사람'은 문언 그대로 2회 이상 음주운전 금지규정을 위반하여 음주운전을 하였던 사실이 인정되는 사람으로 해석해야 하고, 그에 대한 형의 선고나 유죄의 확정판결 등이 있어야만 하는 것은 아니다(대판 2018. 11. 15. 2018도11378).

② [○] 대판 2018. 12. 13, 2017도12949
③ [○] 대판 1998. 5. 8, 97다54482
④ [○] 대판 2014. 11. 13, 2013도1228

정답 ①

16 음주운전 관련 판례에 대한 설명으로 가장 적절하지 않은 것은?

[16년 순경 2차]

① 경찰관이 음주운전 단속시 운전자의 요구에 따라 곧바로 채혈을 실시하지 않은 채 호흡측정기에 의한 음주측정을 하고 1시간 12분이 경과한 후에야 채혈을 하였다는 사정만으로는 위 행위가 법령에 위배된다거나 객관적 정당성을 상실하여 운전자가 음주운전 단속과정에서 받을 수 있는 권익이 현저하게 침해되었다고 단정하기 어렵다.

② 피고인의 음주와 음주운전을 목격한 참고인이 있는 상황에서 경찰관이 음주 및 음주운전 종료로부터 약 5시간 후 집에서 자고 있는 피고인을 연행하여 음주측정을 요구한 데에 대하여 피고인이 불응한 경우, 도로교통법상의 음주측정불응죄가 성립하지 않는다.

③ 어떤 사람이 자동차를 움직이게 할 의도 없이 다른 목적을 위하여 자동차의 원동기(모터)의 시동을 걸었는데, 실수로 기어 등 자동차의 발진에 필요한 장치를 건드려 원동기의 추진력에 의하여 자동차가 움직이거나 또는 불안전한 주차상태나 도로여건 등으로 인하여 자동차가 움직이게 된 경우는 자동차의 운전에 해당하지 아니한다.

④ 경찰관이 술에 취한 상태에서 자동차를 운전한 것으로 보이는 피고인을 「경찰관 직무집행법」에 따른 보호조치 대상자로 보아 경찰관서로 데려온 직후 음주측정을 요구하였는데 피고인이 불응하여 음주측정불응죄로 기소된 사안에서 위법한 보호조치 상태를 이용하여 음주측정 요구가 이루어졌다는 등의 특별한 사정이 없는 한 피고인의 행위는 음주측정불응죄에 해당한다.

해설 ① [○] 대판 2008. 4. 24, 2006다32132
② [×] 피고인의 음주와 음주운전을 목격한 참고인이 있는 상황에서 경찰관이 음주 및 음주운전 종료로부터 약 5시간 후 집에서 자고 있는 피고인을 연행하여 음주측정을 요구한 데에 대하여 피고인이 불응한 경우, 「도로교통법」상의 음주측정불응죄가 성립한다(대판 2001. 8. 24,

2000도6026).
③ [○] 대판 2004. 4. 23. 2004도1109
④ [○] 대판 2012. 2. 9. 2011도4328

정답 ②

17 다음 설명으로 가장 적절하지 <u>않은</u> 것은? (다툼이 있는 경우 판례에 의함)

[21년 경찰특공대]

① 동승자가 교통사고 후 운전자와 공모하여 도주행위에 단순하게 가담하였다는 이유만으로는, 특정범죄가중처벌등에관한법률위반(도주차량)죄의 공동정범으로 처벌할 수 없다.

② 앞지르기가 금지된 비탈길의 고갯마루 부근에서 앞차가 진로를 양보하였더라도 앞지르기는 할 수 없다.

③ 무면허에 음주를 하고 운전을 하였다면 이는 1개의 운전행위라 할 것이므로 무면허운전죄와 음주운전죄는 상상적 경합관계에 해당한다.

④ 피해자가 보행신호등의 녹색등화가 점멸되고 있는 상태에서 횡단보도를 횡단하기 시작하여 횡단을 완료하기 전에 보행신호등이 적색등화로 변경되었고, 차량신호등의 녹색등화에 따라서 직진하던 운전차량이 피해자를 충격해 상해를 입혔다면 「도로교통법」상 보행자보호의무를 위반한 것이다.

해설 ① [○] 대판 2007. 7. 26. 2007도2919
② [○] 대판 2005. 1. 27. 2004도8062
③ [○] 대판 1987. 2. 24. 86도2731
④ [×] 피해자는 신호기가 설치된 횡단보도에서 녹색등화의 점멸신호에 위반하여 횡단보도를 통행하고 있었던 것이어서 횡단보도를 통행중인 보행자라고 보기는 어렵다고 할 것이므로, 피고인에게 운전자로서 사고발생방지에 관한 업무상 주의의무위반의 과실이 있음은 별론으로 하고 도로교통법 제24조 제1항 소정의 보행자보호의무를 위반한 잘못이 있다고는 할 수 없다(대판 2001. 10. 9. 2001도2939).

정답 ④

18 「도로교통법」상 음주운전 처벌기준에 대한 설명으로 가장 적절하지 <u>않은</u> 것은?

[15년 순경 1차 수정; 17년 경기북부 여경 수정]

① 최초 위반시 혈중알코올농도가 0.2퍼센트 이상인 사람은 2년 이상 5년 이하의 징역이나 1천만원 이상 2천만원 이하의 벌금

② 음주측정에 응하지 않을 시 1년 이상 5년 이하의 징역이나 500만원 이상 2천만원 이하의 벌금

③ 2회 위반 시 혈중알코올농도가 0.08퍼센트 이상 0.2퍼센트 미만인 사람은 1년 이상 2년 이하의 징역이나 500만원 이상 1천만원 이하의 벌금

④ 3회 위반 시 혈중알코올농도가 0.03퍼센트 이상 0.08퍼센트 미만인 사람은 2년 이상 5년 이하의 징역이나 1천만원 이상 2천만원 이하의 벌금

해설 ③ 주취운전으로 2회 이상 위반한 사람(자동차등 또는 노면전차를 운전한 사람으로 한정한다. 다만, 개인형 이동장치를 운전하는 경우는 제외한다.)은 횟수에 상관없이 2년 이상 5년 이하의 징역이나 1천만원 이상 2천만원 이하의 벌금에 처한다(「도로교통법」 제148조의2 제1항).

정답 ③

제3절 교통관리업무

01 「도로교통법」 및 「도로교통법 시행령」상 교통안전교육에 대한 설명으로 가장 적절하지 <u>않은</u> 것은? [21년 경감 승진]

① 교통안전교육은 운전면허를 받고자 하는 사람이 학과시험 응시 전 받아야 하는 1시간의 교통안전교육으로, 자동차운전 전문학원에서 학과교육을 수료한 사람은 제외된다.

② 특별교통안전교육 중 의무교육 대상은 운전면허효력 정지처분을 받게 되거나 받은 초보운전자로서 그 정지기간이 끝나지 아니한 사람 등이다.

③ 특별교통안전교육 중 권장교육 대상은 운전면허를 받은 사람 중 교육을 받으려는 날에 65세 이상인 사람 등으로, 권장교육을 받기 전 1년 이내에 해당 교육을 받지 아니한 사람에 한정한다.

④ 긴급자동차 교통안전교육 중 신규 교통안전교육은 긴급자동차를 운전하는 사람을 대상으로 3년마다 정기적으로 실시하는 교육이다.

해설 ① [O] 「도로교통법」 제73조 제1항
② [O] 동법 제73조 제2항 제4호
③ [O] 동법 제73조 제3항 제4호
④ [X] 신규 교통안전교육은 최초로 긴급자동차를 운전하려는 사람을 대상으로 실시하는 교육이고(「도로교통법 시행령」 제38조의2 제2항 제1호), 정기 교통안전교육은 긴급자동차를 운전하는 사람을 대상으로 3년마다 정기적으로 실시하는 교육이다(동법 시행령 제38조의2 제2항 제2호).

정답 ④

02 다음은 「도로교통법 시행규칙」상 각종 운전면허로 운전할 수 있는 차량의 종류를 표로 정리한 것이다. ㉠부터 ㉣까지 (   ) 안에 들어갈 숫자를 순서대로 나열한 것은? [18년 순경 2차]

〈제1종 보통운전면허〉
㉠ 적재중량 (   )톤 미만의 화물자동차

〈제2종 보통운전면허〉
㉡ 승차정원 (   )명 이하의 승합자동차
㉢ 적재중량 (   )톤 이하의 화물자동차
㉣ 총중량 (   )톤 이하의 특수자동차(구난차등은 제외한다)

① 10 − 12 − 4 − 3.5
② 12 − 10 − 4 − 3.5
③ 12 − 10 − 4 − 4
④ 12 − 10 − 3.5 − 4

해설 ② ㉠ 12, ㉡ 10, ㉢ 4, ㉣ 3.5(「도로교통법 시행규칙」 별표 18).
정답 ②

03 「도로교통법」 및 동법 시행규칙 상 제1종 보통면허로 운전할 수 있는 것은 모두 몇 개인가? [16년 순경 1차 수정]

㉠ 승용자동차
㉡ 승차정원 15인 이하의 승합자동차
㉢ 원동기장치자전거
㉣ 총중량 10톤 미만의 특수자동차(구난차등은 제외)
㉤ 적재중량 12톤 미만 화물자동차

① 2개
② 3개
③ 4개
④ 5개

해설 제1종 보통면허로 운전할 수 있는 차종(「도로교통법 시행규칙」 별표 18)

1. 승용자동차
2. 승차정원 15인 이하의 승합자동차
3. 적재중량 12톤 미만 화물자동차
4. 건설기계(도로를 운행하는 3톤 미만의 지게차에 한정)
5. 총중량 10톤 미만의 특수자동차(구난차등은 제외)
6. 원동기장치자전거

설문 모두는 제1종 보통면허로 운전할 수 있다.

정답 ④

04 다음 중 「도로교통법」 및 「도로교통법 시행규칙」에 따라 제2종 보통 연습 면허만을 받은 사람이 운전할 수 있는 차량의 개수는?　　　　[21년 순경 1차]

> ㉠ 승차정원 10명 이하의 승합자동차
> ㉡ 총중량 3.5톤 이하의 견인형 특수자동차
> ㉢ 적재중량 4톤 이하의 화물자동차
> ㉣ 건설기계(도로를 운행하는 3톤 미만의 지게차로 한정)

① 1개　　　　　② 2개　　　　　③ 3개　　　　　④ 4개

해설 제2종 보통 연습면허로 운전할 수 있는 차종(「도로교통법 시행규칙」 별표 18)

> 1. 승용자동차
> 2. 승차정원 10인 이하 승합자동차
> 3. 적재중량 4톤 이하 화물자동차

㉠ [○] 「도로교통법 시행규칙」 별표 18
㉡ [×] 제1종 특수면허로 운전할 수 있다(동규칙 별표 18).
㉢ [○] 동규칙 별표 18
㉣ [×] 제1종 보통면허로 운전할 수 있다(동규칙 별표 18).

정답 ②

05 「도로교통법 시행규칙」 별표 18에 따른 각종 운전면허와 운전할 수 있는 차에 대한 설명으로 가장 적절하지 <u>않은</u> 것은? [18년 순경 3차]

① 제1종 보통 연습면허로 승차정원 15인의 승합자동차는 운전할 수 있으나 적재중량 12톤의 화물자동차는 운전할 수 없다.

② 제2종 보통면허로 승차정원 10인의 승합자동차는 운전할 수 있으나 적재중량 4톤의 화물자동차는 운전할 수 없다.

③ 제1종 보통면허로 승차정원 15인의 승합자동차는 운전할 수 있으나 적재중량 12톤의 화물자동차는 운전할 수 없다.

④ 제1종 대형면허로 승차정원 45인의 승합자동차는 운전할 수 있으나 대형 견인차는 운전할 수 없다.

해설 ② 제2종 보통면허로 승차정원 10인 이하의 승합자동차와 적재중량 4톤 이하의 화물자동차를 운전할 수 있으므로, 적재중량 4톤의 화물자동차를 운전할 수 있다(「도로교통법 시행규칙」 별표 18).

정답 ②

06 다음 중 무면허 운전에 해당하는 경우로 가장 적절한 것은? [19년 순경 2차]

① 제1종 보통면허를 소지한 甲이 구난차등이 아닌 10톤의 특수자동차를 운전한 경우

② 제1종 대형면허를 소지한 乙이 구난차등이 아닌 특수자동차를 운전한 경우

③ 제2종 보통면허를 소지한 丙이 승차정원 10인의 승합자동차를 운전한 경우

④ 제2종 보통면허를 소지한 丁이 적재중량 4톤의 화물자동차를 운전한 경우

해설 ① 제1종 보통면허로 구난차등이 아닌 총중량 10톤 미만의 특수자동차를 운전할 수 있으므로 10톤의 특수자동차를 운전하였다면 무면허운전에 해당한다.

정답 ①

07 「도로교통법 시행규칙」에 규정된 운전면허를 받은 사람이 운전할 수 있는 자동차 등의 종류에 대한 설명으로 가장 적절하지 **않은** 것은?

[17년 경위 승진]

① 제1종 보통면허로 적재중량 12톤 미만의 화물자동차를 운전할 수 있다.

② 제1종 소형면허로 3륜화물자동차를 운전할 수 있다.

③ 제2종 소형면허로 원동기장치자전거를 운전할 수 있다.

④ 제2종 보통면허로 승차정원 12명인 승합자동차를 운전할 수 있다.

해설 ④ 제2종 보통면허로 승차정원 10인 이하인 승합자동차를 운전할 수 있다(「도로교통법 시행규칙」 별표 18).

정답 ④

08 아래는 「도로교통법 시행규칙」 별표 28 운전면허 취소·정지처분 기준의 일부를 발췌한 것이다. 다음 중 옳은 것은?

[18년 순경 3차 수정]

> 1. 일반기준
> 가. ~ 마. 〈생략〉
> 바. 처분기준의 감경
> (1) 감경사유
> (가) 음주운전으로 운전면허 취소처분 또는 정지처분을 받은 경우
> 　　운전이 가족의 생계를 유지할 중요한 수단이 되거나, ㉠ 모범운전자로서 처분당시 2년 이상 교통봉사활동에 종사하고 있거나, 교통사고를 일으키고 도주한 운전자를 검거하여 경찰서장 이상의 표창을 받은 사람으로서 다음의 어느 하나에 해당되는 경우가 없어야 한다.
> 1) ㉡ 혈중알코올농도가 0.15퍼센트를 초과하여 운전한 경우
> 2) 음주운전 중 인적피해 교통사고를 일으킨 경우
> 3) 경찰관의 음주측정요구에 불응하거나 도주한 때 또는 단속경찰관을 폭행한 경우
> 4) ㉢ 과거 5년 이내에 3회 이상의 인적피해 교통사고의 전력이 있는 경우
> 5) ㉣ 과거 3년 이내에 음주운전의 전력이 있는 경우

① ㉠　　　　② ㉡　　　　③ ㉢　　　　④ ㉣

해설 ㉠ [×] 처분당시 3년 이상 교통봉사활동에 종사하고 있어야 한다(「도로교통법 시행규칙」 별표

28).

ⓛ [×] 혈중알코올농도 0.1퍼센트를 초과하여 운전한 경우이다(동규칙 별표 28).

ⓒ [○] 동규칙 별표 28

ⓔ [×] 과거 5년 이내에 음주운전의 전력이 있는 경우이다(동규칙 별표 28).

정답 ③

---

09 음주운전으로부터 운전면허 취소처분 또는 정지처분을 받았을 때 일정 요건을 갖춘 경우 면허행정처분을 감경하는 경우가 있다. 이때 「도로교통법 시행규칙」상 감경 제외 사유로 규정된 것이 <u>아닌</u> 것은? [20년 경위 승진]

① 혈중알코올농도 0.1퍼센트를 초과하여 운전한 경우

② 음주운전 중 인적피해 교통사고를 일으킨 경우

③ 과거 3년 이내에 3회 이상의 인적피해 교통사고의 전력이 있는 경우

④ 과거 5년 이내에 음주운전 전력이 있는 경우

해설 ③ 과거 5년 이내에 3회 이상의 인적피해 교통사고의 전력이 있는 경우(「도로교통법 시행규칙」 별표 28).

정답 ③

---

10 「도로교통법」상 운전면허 결격사유에 대한 설명으로 가장 적절하지 <u>않은</u> 것은? [17년 순경 2차]

① 19세 미만(원동기장치자전거의 경우에는 16세 미만)인 사람은 운전면허를 받을 수 없다.

② 제1종 대형면허 또는 제1종 특수면허를 받으려는 경우로서 19세 미만이거나 자동차(이륜자동차는 제외한다)의 운전경험이 1년 미만인 사람은 운전면허를 받을 수 없다.

③ 듣지 못하는 사람(제1종 운전면허 중 대형면허·특수면허만 해당한다), 앞을 보지 못하는 사람(한쪽 눈만 보지 못하는 사람의 경우에는 제1종 운전면허 중 대형면허·특수면허만 해당한다)이나 그 밖에 대통령령으로 정하는 신체장애인은 운전면허를 받을 수 없다.

④ 교통상의 위험과 장해를 일으킬 수 있는 정신질환자 또는 뇌전증 환자로서 대통령령으로 정하는 사람은 운전면허를 받을 수 없다.

해설 ① [×] 18세 미만(원동기장치자전거의 경우에는 16세 미만)인 사람은 운전면허를 받을 수 없다(「도로교통법」 제82조 제1항 제1호).
② [○] 동법 제82조 제1항 제6호
③ [○] 동법 제82조 제1항 제3호
④ [○] 동법 제82조 제1항 제2호
정답 ①

11 「도로교통법」상 운전면허 결격사유에 대한 설명 중 가장 옳지 않은 것은?

[19년 경간부]

① 제1종 대형면허 또는 제1종 특수면허를 받으려는 경우로서 19세 미만이거나 자동차(이륜자동차는 제외한다)의 운전경험이 2년 미만인 사람은 운전면허를 받을 수 없다.

② 18세 미만(원동기장치자전거의 경우에는 16세 미만)인 사람은 운전면허를 받을 수 없다.

③ 듣지 못하는 사람(제1종 운전면허 중 대형면허·특수면허만 해당한다), 앞을 보지 못하는 사람(한쪽 눈만 보지 못하는 사람의 경우에는 제1종 운전면허 중 대형면허·특수면허만 해당한다)이나 그 밖에 대통령령으로 정하는 신체장애인은 운전면허를 받을 수 없다.

④ 교통상의 위험과 장해를 일으킬 수 있는 정신질환자 또는 뇌전증 환자로서 대통령령으로 정하는 사람은 운전면허를 받을 수 없다.

해설 ① [×] 제1종 대형면허 또는 제1종 특수면허를 받으려는 경우로서 19세 미만이거나 자동차(이륜자동차는 제외한다)의 운전경험이 1년 미만인 사람(「도로교통법」 제82조 제1항 제6호).
② [○] 동법 제82조 제1항 제1호
③ [○] 동법 제82조 제1항 제3호
④ [○] 동법 제82조 제1항 제5호
정답 ①

12 「도로교통법」상 국제운전면허증에 관한 다음 설명 중 옳고 그름의 표시(O, ×)가 바르게 된 것은?

> ㉠ 국제운전면허증을 외국에서 발급받은 사람은 「여객자동차 운수사업법」 또는 「화물자동차운수사업법」에 따른 사업용 자동차를 운전할 수 없다. 「여객자동차 운수사업법」에 따른 대여사업용 자동차를 임차하여 운전하는 경우에도 마찬가지이다.
> ㉡ 국제운전면허증을 외국에서 발급받은 사람은 국내에 입국한 날부터 2년 동안만 그 국제운전면허증으로 자동차 등을 운전할 수 있다.
> ㉢ 국제운전면허는 모든 국가에서 통용된다.
> ㉣ 국제운전면허증을 발급받은 사람의 국내운전면허의 효력이 정지된 때에는 그 정지 기간 동안 그 효력이 정지된다.

① ㉠ (×) ㉡ (×) ㉢ (×) ㉣ (○)
② ㉠ (○) ㉡ (○) ㉢ (×) ㉣ (○)
③ ㉠ (×) ㉡ (○) ㉢ (○) ㉣ (×)
④ ㉠ (×) ㉡ (○) ㉢ (×) ㉣ (○)

해설 ㉠ [×] 국제운전면허증을 외국에서 발급받은 사람은 「여객자동차 운수사업법」 또는 「화물자동차운수사업법」에 따른 사업용 자동차를 운전할 수 없다. 「여객자동차 운수사업법」에 따른 대여사업용 자동차를 임차하여 운전하는 경우에는 그러하지 아니하다(「도로교통법」 제96조 제2항).
㉡ [×] 국제운전면허증을 외국에서 발급받은 사람은 국내에 입국한 날부터 1년 동안만 그 국제운전면허증으로 자동차 등을 운전할 수 있다(동법 제96조 제1항).
㉢ [×] 국제운전면허는 1949년 제네바, 1968년 비엔나에서 체결된 '도로교통에 관한 협약'에 가입한 국가에서만 발급, 통용 가능하다(동법 제96조 제1항). 중국은 도로교통에 관한 국제협약 가입국이 아니므로 국제면허증을 발급할 수 없고, 발급하더라도 그 효력이 인정되지 않는다.
㉣ [○] 동법 제98조 제4항

정답 ①

13 연습운전면허에 대한 설명으로 옳은 것을 모두 고른 것은?

[17년 경기북부 여경]

> ㉠ 연습운전면허는 그 면허를 받은 날부터 1년 동안 효력을 가진다. 다만, 연습 운전면허를 받은 날부터 1년 이전이라도 연습운전면허를 받은 사람이 제1종 보 통면허 또는 제2종 보통면허를 받은 경우 연습운전면허는 그 효력을 잃는다.
> ㉡ 연습운전면허를 발급받은 사람이 운전 중 고의 또는 과실로 교통사고를 일으 킨 경우 연습운전면허를 취소하여야 하고, 이때 도로교통공단의 도로주행시 험을 담당하는 사람의 지시에 따라 운전하던 중 교통사고를 일으킨 경우도 마찬가지이다.
> ㉢ 연습운전면허를 발급받은 사람이 도로가 아닌 곳에서 교통사고를 일으킨 경 우에는 연습운전면허를 취소하여야 한다.
> ㉣ 연습운전면허를 발급받은 사람이 교통사고를 일으켰으나 단순 물적 피해만 발생한 경우 면허가 취소되지 않는다.

① ㉠ ㉡   ② ㉠ ㉣   ③ ㉡ ㉢   ④ ㉢ ㉣

해설   ㉠ [O] 「도로교통법」 제81조
㉡ [×] 도로교통공단의 도로주행시험을 담당하는 사람의 지시에 따라 운전하던 중 교통사고를 일으킨 경우에는 취소하지 않는다(「도로교통법 시행령」 제59조 제1호).
㉢ [×] 연습운전면허를 발급받은 사람이 도로가 아닌 곳에서 교통사고를 일으킨 경우에는 연습 운전면허를 취소하지 않는다(동령 제59조 제2호).
㉣ [O] 동령 제59조 제3호

정답   ②

14 운전면허에 대한 설명으로 가장 적절하지 <u>않은</u> 것은?   [19년 경위 승진 수정]

① 외국 발행의 국제운전면허증은 입국일로부터 1년간 유효하다.
② 임시운전증명서는 유효기간 중 운전면허증과 동일한 효력이 있다.
③ 국제운전면허증을 외국에서 발급받은 사람은 「여객자동차 운수사업법」에 따른 사업용 자동차를 운전할 수 없다(단, 「여객자동차 운수사업법」에 따 른 대여사업용 자동차를 임차하여 운전하는 경우는 제외).
④ 연습운전면허를 발급받은 사람이 도로에서 주행연습을 하는 때에는 「여객 자동차 운수사업법」 또는 「화물자동차 운수사업법」에 따른 사업용 자동차 를 운전할 수 있다.

해설 ④ 연습운전면허를 받은 사람이 도로에서 주행연습을 하는 때에는 「여객자동차 운수사업법」 또는 「화물자동차 운수사업법」에 따른 사업용 자동차를 운전하는 등 주행연습 외의 목적으로 운전하여서는 아니된다(「도로교통법 시행규칙」 제55조 제2호).

정답 ④

15 연습운전면허에 대한 다음 설명 중 옳지 않은 것은 모두 몇 개인가?

[19년 경간부 수정]

> ⊙ 연습운전면허는 그 면허를 받은 날부터 1년 동안 효력을 가진다. 다만, 연습운전면허를 받은 날부터 1년 이전이라도 제1종 보통면허 또는 제2종 보통면허를 받은 경우 연습운전면허는 그 효력을 잃는다.
>
> ⓒ 시·도경찰청장은 연습운전면허를 발급받은 사람이 운전 중 고의 또는 과실로 교통사고를 일으키거나 「도로교통법」이나 「도로교통법」에 따른 명령 또는 처분을 위반한 경우에는 연습운전면허를 취소하여야 한다.
>
> ⓒ 다만, 연습운전면허를 받은 사람이 ⅰ) 도로교통공단의 도로주행시험을 담당하는 사람, 자동차운전학원의 강사, 전문학원의 강사 또는 기능검정원의 지시에 따라 운전하던 중 교통사고를 일으킨 경우, ⅱ) 도로가 아닌 곳에서 교통사고를 일으킨 경우, ⅲ) 교통사고를 일으켰으나 물적 피해만 발생한 경우에는 연습운전면허를 취소하지 않는다.
>
> ⓒ 연습운전면허를 받은 사람이 도로에서 주행연습을 하는 때에는 운전면허(연습하고자 하는 자동차를 운전할 수 있는 운전면허에 한한다)를 받은 날부터 2년이 경과된 사람(소지하고 있는 운전면허의 효력이 정지기간 중인 사람을 제외한다)과 함께 승차하여 그 사람의 지도를 받아야 한다.

① 없음   ② 1개   ③ 2개   ④ 3개

해설 ⊙ [○] 「도로교통법」 제81조
ⓒ [○] 동법 제93조 제3항
ⓒ [○] 「도로교통법 시행령」 제59조
ⓒ [○] 「도로교통법 시행규칙」 제55조 제1호

정답 ①

16 보기의 괄호 안에 들어갈 숫자를 순서대로 나열한 것 중 가장 적절한 것은?

[12년 경위 승진 수정]

> ㉠ 운전면허증 재교부 신청시, 정기 적성검사(면허증 갱신 포함)와 수시 적성검사 신청시 발급되는 임시운전증명서의 유효기간은 (   )일 이내로 하되, 운전면허 취소·정지처분 대상자에게 교부되는 임시운전 증명서의 유효기간은 (   )일 이내로 할 수 있다. 다만, 경찰서장은 필요하다고 인정되는 경우 유효기간을 1회에 한하여 20일의 범위에서 연장할 수 있다.
>
> ㉡ 도로교통협약의 규정에 의한 운전면허증을 외국에서 발급받은 사람은 도로교통법 제80조 제1항의 규정에도 불구하고 입국한 날로부터 (   )년 동안만 국내에서 그 국제운전면허증으로 자동차 등을 운전할 수 있다.
>
> ㉢ 시장등은 교통사고의 위험으로부터 어린이를 보호하기 위하여 필요하다고 인정하는 경우에는 다음 각 호의 어느 하나에 해당하는 시설의 주변도로 가운데 일정 구간을 어린이 보호구역으로 지정하여 자동차등과 노면전차의 통행속도를 시속 (   )킬로미터 이내로 제한할 수 있다.

① 40 – 20 – 1 – 30   ② 40 – 40 – 2 – 50
③ 20 – 40 – 1 – 30   ④ 20 – 40 – 1 – 50

해설 ㉠ 20, 40 (「도로교통법 시행규칙」 제88조 제2항).
㉡ 1 (「도로교통법」 제96조 제1항).
㉢ 30 (동법 제12조 제1항).

정답 ③

17 다음은 「도로교통법」에서 운전면허와 관련하여 규정하는 내용들이다. 괄호 안에 들어갈 숫자를 모두 더한 값은? (ⓐ+ⓑ+ⓒ+ⓓ) [21년 경간부]

ⓐ (ⓐ)세 미만(원동기장치자전거의 경우 제외)인 사람은 운전면허를 받을 수 없다.

ⓑ (ⓑ)세 이상인 사람으로서 운전면허를 받으려는 사람은 시험에 응시하기 전에 '노화와 안전운전에 관한 사항' 등에 관한 교통안전교육을 받아야 한다.

ⓒ 연습운전면허는 그 면허를 받은 날부터 (ⓒ)년 동안 효력을 가진다.

ⓓ 운전면허시험에서 부정행위를 하여 해당 시험이 무효로 처리된 사람은 그 처분이 있은 날부터 (ⓓ)년간 해당 시험에 응시하지 못한다.

---

① 94   ② 96   ③ 98   ④ 99

해설 ⓐ 18 (「도로교통법」제82조 제1항 제1호).
ⓑ 75 (동법 제73조 제5항).
ⓒ 1 (동법 제81조).
ⓓ 2 (동법 제84조의2 제2항).
따라서 괄호 안에 들어갈 숫자를 모두 더한 값은 96이다.

정답 ②

18 다음은 운전면허시험 응시제한기간에 대한 내용이다. 괄호 안에 들어갈 숫자의 총합은? [17년 경간부]

㉠ 과로운전 중 사상사고 야기 후 구호조치 및 신고 없이 도주한 경우, 취소된 날부터 (   )년

㉡ 2회 이상 음주운전으로 운전면허가 취소된 경우, 취소된 날부터 (   )년

㉢ 다른 사람의 자동차등을 훔치거나 빼앗은 사람이 무면허운전을 한 경우, 위반한 날부터 (   )년

㉣ 2회 이상의 공동위험행위로 운전면허가 취소된 경우, 취소된 날부터 (   )년

㉤ 운전면허효력의 정지기간 중 운전면허증 또는 운전면허증을 갈음하는 증명서를 발급받은 사실이 드러나 운전면허가 취소된 경우, 취소된 날부터 (   )년

---

① 13   ② 14   ③ 15   ④ 16

해설 ㉠ 5 (「도로교통법」제82조 제2항 제3호 가목).
㉡ 2 (동법 제82조 제2항 제6호 가목).

ⓒ 3 (동법 제82조 제2항 제5호).
ⓓ 2 (동법 제82조 제2항 제6호 다목).
ⓔ 2 (동법 제82조 제2항 제6호 라목).
따라서 ( ) 안에 들어갈 숫자의 총합은 14이다.

정답 ②

19 운전면허 행정처분 결과에 따른 결격대상자와 결격기간의 연결이 옳지 않은 것은 모두 몇 개인가? [20년 경간부]

㉠ 자동차 등을 이용하여 범죄행위를 하거나 다른 사람의 자동차를 훔치거나 빼앗아 무면허로 운전한 자 – 위반한 날부터 3년
㉡ 다른 사람이 부정하게 운전면허를 받도록 하기 위하여 운전면허시험에 대리 응시한 자 – 취소된 날부터 2년
㉢ 과로상태 운전으로 사람을 사상한 후 구호조치 없이 도주한 자 – 취소된 날부터 5년
㉣ 2회 이상의 공동위험행위로 운전면허가 취소된 자 – 취소된 날부터 2년
㉤ 적성검사를 받지 아니하여 운전면허가 취소된 자 – 취소된 날부터 1년

① 1개 ② 2개 ③ 3개 ④ 4개

해설 ㉠ [O] 「도로교통법」 제82조 제2항 제5호
㉡ [O] 동법 제82조 제2항 제6호 라목
㉢ [O] 동법 제82조 제2항 제3호 가목
㉣ [O] 동법 제82조 제2항 제6호 다목
㉤ [X] 적성검사를 받지 아니하여 운전면허가 취소된 사람 또는 제1종 운전면허를 받은 사람이 적성검사에 불합격되어 다시 제2종 운전면허를 받으려는 경우에는 결격 기간의 제한이 없다(동법 제82조 제2항 제7호 단서).

정답 ①

20 승용자동차 기준 제한속도 위반에 따른 범칙금과 벌점에 대한 설명으로 옳은 것은? (단, 어린이보호구역 및 장애인 노인보호구역 제외)　　[17년 경간부]

① 제한속도를 60km/h 초과한 경우 13만원의 범칙금과 60점의 벌점이 부과된다.

② 제한속도 위반 정도가 40km/h 초과, 60km/h 이하인 경우 9만원의 범칙금과 40점의 벌점이 부과된다.

③ 제한속도 위반 정도가 20km/h 초과, 40km/h 이하인 경우 6만원의 범칙금과 15점의 벌점이 부과된다.

④ 제한속도 위반정도가 20km/h 이하인 경우 4만원의 범칙금이 부과된다.

해설

위반정도	범칙금	벌점
60km/h 초과	12만원	60점
40km/h 초과, 60km/h 이하	9만원	30점
20km/h 초과 40km/h 이하	6만원	15점
20km/h 이하	3만원	–

자료: 「도로교통법 시행령」 별표 8; 「도로교통법 시행규칙」 별표 28

① [×] 제한속도를 60km/h 초과한 경우 12만원의 범칙금과 60점의 벌점이 부과된다.

② [×] 제한속도 위반 정도가 40km/h 초과, 60km/h 이하인 경우 9만원의 범칙금과 30점의 벌점이 부과된다.

③ [○]

④ [×] 제한속도 위반정도가 20km/h 이하인 경우 3만원의 범칙금이 부과된다.

정답 ③

21 무인교통단속장비로 단속된 법규위반차량 중 이의신청에 의한 과태료처분 제외대상에 해당하지 않는 것은?　　[13년 경감 승진 수정]

① 위규차량이 도난당한 경우

② 운전자가 당해 위반행위로 통고처분을 받은 경우

③ 대상자가 이사하여 과태료납부고지서가 반송된 경우

④ 범죄의 예방, 진압 기타 긴급한 사건사고의 조사를 위한 경우

해설

① [○] 「도로교통법」 제160조 제4항 제1호

② [○] 동법 제160조 제4항 제2호

③ [×] 이의신청에 의한 과태료 처분 제외대상에 해당하지 않는다.

④ [O]「도로교통법 시행규칙」제142조 제1호

정답 ③

제4절 **교통사고처리업무**

01 「교통사고처리 특례법」에 관한 설명으로 가장 적절하지 <u>않은</u> 것은?

[16년 경감 승진]

① 업무상과실 또는 중대한 과실로 교통사고를 일으킨 운전자에 관한 형사처벌의 특례를 정하고 있다.

② 교통사고로 인한 피해의 신속한 회복을 촉진하는 데 그 목적이 있다.

③ 국민생활의 편익을 증진하는 데 그 목적이 있다.

④ 가해 운전자의 형사처벌을 면제하는 데 그 목적이 있다.

해설 ④「교통사고처리 특례법」은 ⓐ 업무상과실 또는 중대한 과실로 교통사고를 일으킨 운전자에 관한 형사처벌 등의 특례를 정함으로써, ⓑ 교통사고로 인한 피해의 신속한 회복을 촉진하고, ⓒ 국민생활의 편익을 증진함을 목적으로 한다(「교통사고처리 특례법」제1조).

정답 ④

02 다음 중 도로교통과 관련된 신뢰의 원칙에 관한 내용으로 틀린 것은 모두 몇 개인가? (판례에 의함)   [15년 경간부]

> ㉠ 특별한 사정이 없는 한 고속도로를 운행하는 자동차의 운전자는 보행자가 나타날 것을 예견하여 제한속도 이하로 감속 운행할 주의의무가 없다.
> ㉡ 고속도로상이라 하더라도 제동거리 밖의 무단횡단자를 발견했을 경우 사고를 미연에 방지할 의무가 있다.
> ㉢ 특별한 사정이 없는 한 반대차로를 운행하는 차가 갑자기 중앙선을 넘어올 것까지 예견하여 감속해야 할 주의의무는 없다.
> ㉣ 보행자신호가 적색인 경우 반대차로 상에서 정지하여 있는 차량의 뒤로 보행자가 횡단보도를 건너올 수 있다는 것까지 예상할 주의의무는 없다.
> ㉤ 보행자신호의 녹색등이 점멸하는 때에는 보도 위에 서 있던 보행자가 갑자기 뛰기 시작하면서 보행을 시작할 수도 있다는 것까지 예상할 주의의무는 없다.

① 1개   ② 2개   ③ 3개   ④ 4개

해설 ㉠ [O] 대판 2000. 9. 5, 2000도2671
㉡ [O] 대판 1981. 3. 24, 80도3305
㉢ [O] 대판 1994. 9. 9, 94다18003
㉣ [O] 대판 1993. 2. 23, 92도2077
㉤ [×] 보행자신호의 녹색등이 점멸하는 때에는 보도 위에 서 있던 보행자가 갑자기 뛰기 시작하면서 보행을 시작할 수도 있다는 것까지 예상할 주의의무는 있다(대판 1986. 5. 27, 86도549).

정답 ①

03 다음 설명 중 가장 적절한 것은? (다툼이 있음 판례에 의함)   [15년 순경 3차]

① 일반적으로 고속도로를 운전하는 자동차 운전자에게 도로상에 장애물이 나타날 것을 예견하여 제한속도 이하로 감속 운행할 주의 의무가 있다.

② 자동차를 움직이게 할 의도 없이 다른 목적을 위하여 자동차의 원동기(모터)의 시동을 걸었는데, 실수로 기어 등 자동차의 발진에 필요한 장치를 건드려 원동기의 추진력에 의하여 자동차가 움직인 경우 자동차의 운전에 해당한다.

③ 무면허운전으로 인한 도로교통법위반죄에 있어서는 어느 날에 운전을 시작하여 다음날까지 동일한 기회에 일련의 과정에서 계속 운전을 한 경우 등 특별한 경우를 제외하고는 사회통념상 운전한 날을 기준으로 운전한 날마다 1개의 운전행위가 있다고 보는 것은 상당하지 않다.

④ 특별한 이유 없이 호흡측정기에 의한 측정에 불응하는 운전자에게 경찰공무원이 혈액채취에 의한 측정방법이 있음을 고지하고 그 선택 여부를 물어야 할 의무가 있다고는 할 수 없다.

해설 ① [×] 일반적으로 고속도로를 운전하는 자동차 운전자에게 도로상에 장애물이 나타날 것을 예견하여 제한속도 이하로 감속 운행할 주의 의무는 없다(대판 1981. 12. 8, 81도1808).
② [×] 자동차를 움직이게 할 의도 없이 다른 목적을 위하여 자동차의 원동기(모터)의 시동을 걸었는데, 실수로 기어 등 자동차의 발진에 필요한 장치를 건드려 원동기의 추진력에 의하여 자동차가 움직인 경우 자동차의 운전에 해당하지 않는다(대판 2004. 4. 23, 2004도1109).
③ [×] 무면허운전으로 인한 도로교통법위반죄에 있어서는 어느 날에 운전을 시작하여 다음날까지 동일한 기회에 일련의 과정에서 계속 운전을 한 경우 등 특별한 경우를 제외하고는 사회통념상 운전한 날을 기준으로 운전한 날마다 1개의 운전행위가 있다고 보는 것이 상당하다(대판 2002. 7. 23, 2001도6281).
④ [○] 대판 2002. 10. 25, 2002도4220

정답 ④

04 교통법규 위반에 대한 설명 중 옳지 <u>않은</u> 것은? (판례에 의함) [20년 경간부]

① 횡단보도의 신호가 적색인 상태에서 반대차선에 정지 중인 차량 뒤에서 보행자가 건너올 것까지 예상하여 주의의무를 다하여야 한다고 할 수 없다.

② 앞차가 빗길에 미끄러져 비정상적으로 움직일 때는 진로를 예상할 수 없으므로 뒤따라가는 차량의 운전자는 이러한 사태에 대비하여 속도를 줄이고 안전거리를 확보해야 할 주의의무가 있다.

③ 교차로에 교통섬이 설치되고 그 오른쪽으로 직진 차로에서 분리된 우회전 차로가 설치된 경우, 우회전 차로가 아닌 직진 차로를 따라 우회전하는 행위를 교차로 통행방법을 위반한 것이라 볼 수 없다.

④ '운전면허를 받지 아니하고'라는 법률문언의 통상적 의미에 '운전면허를 받았으나 그 후 운전면허의 효력이 정지된 경우'가 당연히 포함된다고는 할 수 없다.

해설 ① [○] 대판 1993. 2. 23. 92도2077
② [○] 대판 1990. 2. 27. 89도777
③ [×] 교차로에 교통섬이 설치되고 그 오른쪽으로 직진 차로에서 분리된 우회전 차로가 설치된 경우, 우회전 차로가 아닌 직진 차로를 따라 우회전하는 행위는 교차로 통행방법을 위반한 것이다(대법원 2012. 4. 12. 2011도9821).
④ [○] 대판 2011. 8. 25. 2011도7725

정답 ③

05 다음 교통사고에 대한 설명 중 가장 적절하지 <u>않은</u> 것은? [15년 경위 승진]

① 화물차를 주차한 상태에서 적재된 상자 일부가 떨어지면서 지나가던 피해자에게 상해를 입힌 경우, 교통사고로 볼 수 없다.

② 연속된 교통사고로 피해자가 사망한 경우 후행 교통사고 운전자에게 책임을 물으려면 후행 교통사고를 일으킨 사람이 주의의무를 게을리하지 않았다면 피해자가 사망에 이르지 않았을 것이라는 사실이 증명되어야 한다.

③ 「특정범죄 가중처벌 등에 관한 법률」 제5조의3 도주차량죄의 교통사고는 「도로교통법」이 정하는 도로에서의 교통사고로 제한하여야 한다.

④ 아파트 단지 내 통행로가 왕복 4차선의 외부도로와 직접 연결되어 있고, 외부차량의 통행에 제한이 없으며 별도의 주차관리인이 없다면 「도로교통법」상 도로에 해당된다.

해설 ① [O] 대판 2009. 7. 9. 2009도2390

② [O] 대판 2007. 10. 26. 2005도8822

③ [×] 「특정범죄 가중처벌 등에 관한 법률」 제5조의3(도주차량 운전자의 가중처벌)에서의 교통사고는 「도로교통법」상 도로에서 발생한 교통사고일 필요는 없다(대판 2004. 8. 30. 2004도3600).

④ [O] 대판 2010. 9. 9. 2010도6579

정답 ③

06 다음 설명 중 가장 적절하지 않은 것은? (다툼이 있음 판례에 의함)

[15년 순경 2차]

① 화물차를 주차한 상태에서 적재된 상자 일부가 떨어지면서 지나가던 피해자에게 상해를 입힌 경우 교통사고로 볼 수 없다.

② 교통사고로 인한 물적 피해가 경미하고, 파편이 도로상에 비산되지도 않았다고 하더라도, 가해차량이 즉시 정차하는 등 필요한 조치를 취하지 아니한 채 그대로 도주한 경우에는 「도로교통법」 제54조 제1항 위반죄가 성립한다.

③ 교차로 직전의 횡단보도에 따로 차량 보조등이 설치되어 있지 아니한 경우, 교차로 차량 신호등이 적색이고 횡단보도 보행등이 녹색인 상태에서 횡단보도를 지나 우회전하다가 사람을 다치게 하였다면 「교통사고처리 특례법」상 특례조항인 신호위반에 해당하지 않는다.

④ 교차로에 교통섬이 설치되고 그 오른쪽으로 직진 차로에서 분리된 우회전 차로가 설치된 경우, 우회전 차로가 아닌 직진 차로를 따라 우회전하는 행위는 교차로 통행방법을 위반한 것이다.

해설 ① [○] 대판 2009. 7. 9, 2009도2390
② [○] 대판 2009. 5. 14, 2009도787
③ [×] 교차로 직전의 횡단보도에 따로 차량 보조등이 설치되어 있지 아니한 경우, 교차로 차량 신호등이 적색이고 횡단보도 보행등이 녹색인 상태에서 횡단보도를 지나 우회전하다가 사람을 다치게 하였다면 「교통사고처리 특례법」상 신호위반에 해당한다(대판, 2011. 7. 28, 2009도8222).
④ [○] 대판 2012. 4. 12, 2011도9821

정답 ③

07 교통경찰의 활동에 대한 설명 중 적절한 것은 모두 몇 개인가? (다툼이 있는 경우 판례에 의함)
[13년 경감 승진]

> ㉠ 특별한 이유없이 호흡측정을 거부하는 운전자라도 경찰공무원은 혈액채취에 의한 측정방법이 있음을 고지하고 그 선택여부를 물어야 할 의무가 있다.
> ㉡ 보행자용 신호기의 신호를 위반하여 교통사고를 야기한 경우 신호위반의 책임을 물을 수 있다.
> ㉢ 신호위반으로 교통사고를 야기한 자가 신호위반의 범칙금을 납부하였다면 업무상과실치상죄로 처벌하는 것은 이중처벌에 해당한다.
> ㉣ 차마는 길가의 건물이나 주차장 등에서 도로에 들어가려고 하는 때에는 일단 서행하면서 안전여부를 확인하여야 한다.
> ㉤ 운전면허 행정처분에 대해서는 형법상 공소시효 등이 적용되지 않으므로 행정처분 사유가 객관적으로 증명될 경우 행정처분을 할 수 있다.

① 없음   ② 1개   ③ 2개   ④ 3개

해설 ㉠ [×] 특별한 이유 없이 호흡측정기에 의한 측정에 불응하는 운전자에게 경찰공무원이 혈액채취에 의한 측정방법이 있음을 고지하고 그 선택 여부를 물어야 할 의무가 있다고는 할 수 없다(대판 2002. 10. 25. 2002도4220).

㉡ [×] 횡단보도상의 신호기는 횡단보도를 통행하고자 하는 보행자에 대한 횡단보행자용 신호기이지 차량의 운행용 신호기라고는 풀이되지 아니함으로 횡단보행자용 신호기의 신호가 보행자 통행신호인 녹색으로 되었을 때 차량운전자가 그 신호를 따라 횡단보도 위를 보행하는 자를 충격하였을 경우에는 「교통사고처리 특례법」 제3조의 제2항 단서 제6호의 보행자 보호의무를 위반한 때 해당함은 별문제로 하고 이를 같은 조항 단서 제1호의 신호기의 신호에 위반하여 운전한 때에 해당한다고는 할 수 없다(대판 1988. 8. 23. 88도632).

㉢ [×] 신호위반 등의 범칙행위로 교통사고를 일으킨 사람이 통고처분을 받아 범칙금을 납부하였다고 하더라도, 업무상과실치상죄 또는 중과실치상죄에 대하여 「교통사고처리 특례법」 제3조 제1항 위반죄로 처벌하는 것이 「도로교통법」 제119조 제3항에서 금지하는 이중처벌에 해당한다고 볼 수 없다(대판 2007. 4. 12. 2006도4322).

㉣ [×] 차마의 운전자는 길가의 건물이나 주차장 등에서 도로에 들어갈 때에는 일단 정지한 후에 안전한지 확인하면서 서행하여야 한다(「도로교통법」 제18조 제3항).

㉤ [○]

정답 ②

08 교통사고에 대한 판례의 태도로 가장 적절하지 <u>않은</u> 것은? (다툼이 있음 판례에 의함) [19년 경감 승진]

① 신호위반으로 교통사고를 일으킨 사람이 통고처분을 받아 신호위반의 범칙금을 납부하였다고 하더라도, 「교통사고처리 특례법」상 신호위반으로 인한 업무상과실치상죄로 처벌하는 것이 이중처벌에 해당한다고 볼 수 없다.

② 교통사고 피해자가 2주간의 치료를 요하는 경미한 상해를 입었다는 사정만으로 사고 당시 피해자를 구호할 필요가 없었다고 단정 지을 수 없다.

③ 음주로 인한 「특정범죄가중처벌 등에 관한 법률」 위반(위험운전치사상)죄와 「도로교통법」 위반(음주운전)죄가 모두 성립하는 경우 두 죄는 실체적 경합관계에 있다.

④ 「특정범죄 가중처벌 등에 관한 법률」 제5조의3 도주차량 운전자의 가중처벌 규정과 관련하여, 차의 교통으로 인한 업무상과실치사상의 사고는 「도로교통법」이 정하는 도로에서의 교통사고로 한정된다.

해설
① [○] 대판 2007. 4. 12, 2006도4322
② [○] 대판 2008. 7. 10, 2008도1339
③ [○] 대판 2008. 11. 13, 2008도7143
④ [×] 「특정범죄 가중처벌 등에 관한 법률」 제5조의3(도주차량 운전자의 가중처벌)에서의 교통사고는 「도로교통법」상 도로에서 발생한 교통사고일 필요는 없다(대판 2004. 8. 30, 2004도3600).

정답 ④

09 「교통사고처리 특례법」 제3조 제2항 단서에 규정된 처벌의 특례 12개 항목에 해당하지 <u>않는</u> 것은 모두 몇 개인가? [16년 경간부]

> ㉠ 신호위반으로 인한 사고
> ㉡ 안전거리 미확보로 인한 사고
> ㉢ 승객추락방지 의무 위반으로 인한 사고
> ㉣ 어린이보호구역 주의의무 위반으로 인한 사고
> ㉤ 통행우선순위 위반으로 인한 사고

① 0개　　　　② 1개　　　　③ 2개　　　　④ 3개

해설 「교통사고처리 특례법」상 특례 12개 조항은 ⓐ 신호·안전표지지시 위반사고, ⓑ 중앙선 침범

사고, 고속도로·자동차전용도로에서의 횡단·유턴·후진 위반사고, ⓒ과속사고(제한속도를 시속 20km 초과), ⓓ 앞지르기 방법·금지 위반사고, ⓔ 철길건널목 통과방법 위반사고, ⓕ 횡단보도 보행자 보호의무 위반사고, ⓖ 무면허운전 사고, ⓗ 주취운전 및 약물영향운전 사고, ⓘ 보도침범·보도횡단방법 위반사고, ⓙ 승객추락방지의무 위반사고, ⓚ 어린이보호구역 보호의무 위반사고, ⓛ 자동차의 화물이 떨어지지 아니하도록 필요한 조치를 하지 아니하고 운전한 경우이다. 따라서 ⓛ 안전거리 미확보, ⓜ 통행우선순위위반은 특례 12개 조항에 포함되지 않는다.

정답 ③

10 「교통사고처리 특례법」 제3조(처벌의 특례) 제2항 각호에 규정된 12개 예외 항목에 해당하지 않는 것은? [18년 순경 2차]

① 횡단보도에서의 보행자 보호의무를 위반하여 운전한 경우
② 자동차의 화물이 떨어지지 아니하도록 필요한 조치를 하지 아니하고 운전한 경우
③ 제한속도를 시속 10킬로미터 초과하여 운전한 경우
④ 철길건널목 통과방법을 위반하여 운전한 경우

해설 ③ 제한속도를 시속 20킬로미터 초과하여 운전한 경우가 12개 예외 항목에 해당한다.
정답 ③

11 「교통사고처리 특례법」 제3조 제2항 단서 '처벌특례 항목'에 해당하지 않는 것은? [20년 경간부]

① 일시정지를 내용으로 하는 안전표지가 표시하는 지시를 위반하여 운전한 경우
② 교차로 통행방법을 위반하여 운전한 경우
③ 고속도로에서의 앞지르기 방법을 위반하여 운전한 경우
④ 약물의 영향으로 정상적으로 운전하지 못할 우려가 있는 상태에서 운전한 경우

해설 ② 교차로 통행방법을 위반하여 운전한 경우는 「교통사고처리 특례법」 제3조 제2항 단서의 처벌특례 항목에 해당되지 않는다.
정답 ②

12 「교통사고처리 특례법」 제3조(처벌의 특례) 제2항 각호에 규정된 12개 예외 항목에 해당하지 않는 것은? [21년 경찰특공대]

① 일시정지를 내용으로 하는 안전표지가 표시하는 지시를 위반하여 운전한 경우

② 자동차의 화물이 떨어지지 아니하도록 필요한 조치를 하지 아니하고 운전한 경우

③ 제한속도를 시속 10킬로미터 초과하여 운전한 경우

④ 승객의 추락 방지의무를 위반하여 운전한 경우

해설 ③ 제한속도를 시속 20킬로미터 초과하여 운전한 경우는 12개 예외 항목에 해당된다.
정답 ③

13 「교통사고처리 특례법」 제3조 제2항 단서 처벌특례 항목들에 대한 설명 중 옳은 것들로 묶인 것은? (판례에 의함) [21년 경간부]

㉠ 교차로 진입 직전에 백색실선이 설치되어 있으면, 교차로에서의 진로변경을 금지하는 내용의 안전표지가 개별적으로 설치되어 있지 않다고 하더라도 자동차 운전자가 교차로에서 진로변경을 시도하다가 교통사고를 내었다면 이는 특례법상 '통행금지를 내용으로 하는 안전표지가 표시하는 지시를 위반하여 운전한 경우'에 해당한다.

㉡ 중앙선이 설치된 도로의 어느 구역에서 좌회전이나 유턴이 허용되어 중앙선이 백색 점선으로 표시되어 있는 경우, 그 지점에서 안전표지에 따라 좌회전이나 유턴을 하기 위하여 중앙선을 넘어 운행하다가 반대편 차로를 운행하는 차량과 충돌하는 교통사고를 내었더라도 이를 특례법에서 규정한 중앙선 침범 사고라고 할 것은 아니다.

㉢ 연습운전면허를 받은 사람은 운전을 함에 있어 '주행연습외의 목적으로 운전하여서는 아니된다'는 사항을 준수해야 하며 이에 위반하여 운전한 경우 그 운전은 특례법에서 규정한 무면허운전으로 보아 처벌할 수 있다.

㉣ 화물차 적재함에서 작업하던 피해자가 차에서 내린 것을 확인하지 않은 채 출발함으로써 피해자가 추락하여 상해를 입게 된 경우, 특례법 소정의 '승객의 추락방지 의무'를 위반하여 운전한 경우에 해당하지 않는다.

① ㉠ ㉡　　② ㉠ ㉢　　③ ㉡ ㉢　　④ ㉡ ㉣

해설 ㉠ [×] 교차로 진입 직전에 설치된 백색실선을 교차로에서의 진로변경을 금지하는 내용의 안전표지와 동일하게 볼 수 없으므로, 교차로에서의 진로변경을 금지하는 내용의 안전표지가 개별적으로 설치되어 있지 않다면 자동차 운전자가 교차로에서 진로변경을 시도하다가 교통사고를 야기하였다고 하더라도 이를 「교통사고처리 특례법」 제3조 제2항 단서 제1호에서 정한 ''「도로교통법」 제5조에 따른 통행금지를 내용으로 하는 안전표지가 표시하는 지시를 위반하여 운전한 경우'에 해당한다고 할 수 없다(대판 2015. 11. 12, 2015도3107).
㉡ [○] 대판 2017. 1. 25, 2016도18941
㉢ [×] 운전을 할 수 있는 차의 종류를 기준으로 운전면허의 범위가 정해지게 되고, 해당 차종을 운전할 수 있는 운전면허를 받지 아니하고 운전한 경우가 무면허운전에 해당된다고 할 것이므로 실제 운전의 목적을 기준으로 운전면허의 유효범위나 무면허운전 여부가 결정된다고 볼 수는 없다. 따라서 연습운전면허를 받은 사람이 운전을 함에 있어 주행연습 외의 목적으로 운전하여서는 아니된다는 준수사항을 지키지 않았다고 하더라도 준수사항을 지키지 않은 것에 대하여 연습운전면허의 취소 등 제재를 가할 수 있음은 별론으로 하고 그 운전을 무면허운전이라고 보아 처벌할 수는 없다(대판 2015. 6. 24, 2013도15031).
㉣ [○] 대판 2000. 2. 22, 99도3716.

정답 ④

---

14 다음 중 「특정범죄가중처벌 등에 관한 법률」 위반(도주차량)에 해당하는 것은 몇 개인가? (판례에 의함)
[15년 경간부]

> ㉠ 사고를 야기한 후 자신의 범행을 은폐하기 위해 목격자라고 경찰에 허위신고한 경우
> ㉡ 사고 후 자신의 명함을 주고 택시에게 피해자 이송의뢰를 하였으나 피해자가 경찰이 도착하기 전에는 병원에 가지 않겠다고 하여 이송을 못하고 있는 사이 현장을 이탈한 경우
> ㉢ 교회 주차장에서 교통사고를 야기하여 사람을 다치게 하고도 구호조치 없이 도주한 경우
> ㉣ 교통사고를 야기한 운전자가 피해자를 병원에 후송한 후 신원을 밝히지 아니한 채 도주한 경우

① 1개   ② 2개   ③ 3개   ④ 4개

해설 ㉠ [○] 대판 1996. 11. 12, 96도1997
㉡ [○] 대판 2004. 3. 12, 2004도250
㉢ [○] 대판 2004. 8. 30, 2004도3600
㉣ [○] 대판 1997. 11. 28, 97도2475

정답 ④

15 교통사고와 관련된 내용으로 가장 적절하지 <u>않은</u> 것은? (다툼이 있으면 판례에 의함) [20년 경감 승진]

① 교통사고로 인한 물적 피해가 경미하고 파편이 도로상에 비산되지도 않았다고 하더라도, 가해차량이 즉시 정차하는 등 필요한 조치를 취하지 아니한 채 그대로 도주한 경우에는 「도로교통법」 제54조 제1항 위반죄가 성립한다.

② 보행자가 횡단보도 보행신호등의 녹색등화의 점멸신호 전에 횡단을 시작하였다면, 보행신호등의 녹색등화가 점멸하고 있는 동안에 횡단보도를 통행하고 있다해도 횡단보도에서의 보행자 보호의무의 대상이 되지 않는다.

③ 교통조사관은 「교통사고조사규칙」에 따라 사고로서 당사자 간의 과실이 동일한 경우 피해가 경한 당사자를 선순위로 지정한다.

④ 택시 운전자인 甲이 교차로에서 적색등화에 우회전하다가 신호에 따라 진행하던 乙의 승용차를 충격하여 乙에게 상해를 입혔다면, 당해 사고는 「교통사고처리 특례법」 제3조 제2항 단서 제1호에서 정한 '신호위반'으로 인한 사고에 해당하지 아니한다.

해설 ① [○] 대판 2009. 5. 14. 2009도787
② [×] 자동차 운전자는 보행자가 교통신호를 철저히 준수할 것이라는 신뢰만으로 자동차를 운전할 것이 아니라 좌우에서 이미 횡단보도에 진입한 보행자가 있는지 여부를 살펴보고 또한 그의 동태를 두루 살피면서 서행하여 그와 같은 상황에 있는 보행자의 안전을 위해 어느 때라도 정지할 수 있는 태세를 갖추고 자동차를 운전하여야 할 업무상의 주의의무가 있다(대판 1986. 5. 27. 86도549).
③ [○] 차대차 사고로서 당사자 간의 과실이 동일한 경우 피해가 경한 당사자를 선순위로 지정한다(「교통사고조사규칙」 제20조의4 제2호).
④ [○] 대판 2011. 7. 28. 2011도3970

정답 ②

16 교통과에 근무하는 경찰관 甲이 교통사고를 처리할 때 각 유형별 법률 적용이 가장 적절하지 <u>않은</u> 것은? (단, 「교통사고처리 특례법」, 「도로교통법」, 「특정범죄 가중처벌 등에 관한 법률」 이외의 법률 적용은 논외로 하고 자동차 보험 등에 가입되어 있음을 전제함) [12년 경위 승진]

① 운전자 A가 치사사고를 발생시켰을 경우 「교통사고처리 특례법」을 적용하여 형사입건 처리하였다.

② 운전자 B가 치상사고를 발생시켜 피해자가 중상해를 입은 경우 피해자와 합의가 되지 않아 「교통사고처리 특례법」을 적용하여 형사입건 처리하였다.

③ 운전자 C가 필로폰을 복용하여 정상적인 운전이 곤란한 상태에서 자동차를 운전하여 사람을 상해한 경우 「특정범죄 가중처벌 등에 관한 법률」을 적용하여 형사입건 처리하였다.

④ 운전자 D가 단순 물적 피해를 야기한 경우라도 도주하였다가 검거된 경우에는 「특정범죄가중처벌 등에 관한 법률」을 적용하여 형사입건 처리하였다.

해설 ④ 단순 물적 피해사고만 내고 도주한 경우에는 「도로교통법」 제148조를 적용하여 기소의견으로 송치한다.
정답 ④

17 「교통사고조사규칙」에서 규정하고 있는 용어의 정의로 가장 옳은 것은? [18년 경간부]

① 충돌이란 2대 이상의 차가 동일방향으로 주행 중 뒤차가 앞차의 후면을 충격한 것을 말한다.

② 요마크(Yaw mark)란 차의 급제동으로 인하여 타이어의 회전이 정지된 상태에서 노면에 미끄러져 생긴 타이어 마모흔적 또는 활주흔적을 말한다.

③ 접촉이란 차가 추월, 교행 등을 하려다가 차의 좌우측면을 서로 스친 것을 말한다.

④ 전도란 차가 주행 중 도로 또는 도로 이외의 장소에 뒤집혀 넘어진 것을 말한다.

해설 ① [×] "충돌"이란 차가 반대방향 또는 측방에서 진입하여 그 차의 정면으로 다른 차의 정면 또는 측면을 충격한 것을 말한다(「교통사고조사규칙」 제2조 제7호).

② [×] "요마크(Yaw mark)"란 급핸들 등으로 인하여 차의 바퀴가 돌면서 차축과 평행하게 옆으로 미끄러진 타이어의 마모흔적을 말한다(동규칙 제2조 제6호).

③ [○] 동규칙 제2조 제9호

④ [×] "전도"란 차가 주행 중 도로 또는 도로 이외의 장소에 차체의 측면이 지면에 접하고 있는 상태(좌측면이 지면에 접해 있으면 좌전도, 우측면이 지면에 접해 있으면 우전도)를 말한다(동규칙 제2조 제10호).

정답 ③

---

18 「교통사고조사규칙」상 교통사고처리에 관한 설명 중 가장 적절하지 <u>않은</u> 것은?

[14년 경감 승진]

① 사람을 사망하게 한 교통사고의 가해자는 「교통사고처리 특례법」 제3조 제1항을 적용하여 기소의견으로 송치한다.

② 교통사고를 야기한 차의 운전자가 피해자를 구호하는 등 「도로교통법」 제54조 제1항의 규정에 따른 조치를 취하지 아니하고 도주한 사고 중, 인피사고는 「도로교통법」 제148조를 적용하여 기소의견으로 송치한다.

③ 사람을 다치게 한 교통사고로써 피해자가 가해자에 대하여 처벌을 희망하지 아니하는 의사표시가 없거나 「교통사고처리 특례법」 제3조 제2항 단서에 해당하는 경우에는 「교통사고처리 특례법」 제3조 제1항을 적용하여 기소의견으로 송치한다.

④ 1,000만원의 피해가 발생한 물피사고 중 피해자가 가해자에 대하여 처벌을 희망하지 아니하는 의사표시가 없거나 보험 등에 가입되지 아니한 경우에는 「도로교통법」 제151조를 적용하여 기소의견으로 송치한다.

해설 ② 교통사고를 야기한 차의 운전자가 피해자를 구호하는 등 「도로교통법」 제54조 제1항에 따른 조치를 하지 아니하고 도주한 경우에는 「특정범죄 가중처벌 등에 관한 법률」 제5조의3에 따라 가중처벌한다.

정답 ②

19 차륜흔적 및 노면의 상처에 대한 다음 설명 중 옳은 것은 모두 몇 개인가?

[16년 경간부]

㉠ 스크래치(Scratch) − 큰 압력 없이 미끄러진 금속물체에 의해 단단한 포장노면에 가볍게 불규칙적으로 좁게 나타나는 긁힌 자국

㉡ 가속스커프(Acceleration Scuff) − 정지된 차량에서 기어가 들어가 있는 채로 엔진이 고속으로 회전하다가 클러치 페달을 갑자기 놓아 급가속이 될 때 순간적으로 발생

㉢ 칩(Chip) − 마치 호미로 노면을 판 것 같이 짧고 깊게 팬 가우지 마크로서 차량 간의 최대 접촉 시 만들어짐

㉣ 요마크(Yaw Mark) − 바퀴가 돌면서 차축과 평행하게 옆으로 미끄러진 타이어의 마찰 흔적

---

① 1개 ② 2개 ③ 3개 ④ 4개

해설 설문은 모두 옳은 내용이다.

정답 ④

20 교통사고현장에 나타나는 현상에 관한 설명으로 가장 적절한 것은?

[15년 경감 승진]

① 요마크(Yaw Mark) − 급격한 속도증가로 바퀴가 제자리에서 회전할 때 주로 나타나며 오직 구동바퀴에서만 발생하는 것이 특징이다.

② 스키드마크(Skid Mark) − 자동차가 급제동하면서 바퀴가 구르지 않고 미끄러질 때 나타나며 좌·우측 타이어의 흔적이 대체로 동등하게 나타나는 것이 특징이다.

③ 가속스커프(Acceleration Scuff) − 마치 호미로 노면을 판 것 같이 짧고 깊게 패인 가우지 마크로서 차량 간의 최대 접속시 만들어진다.

④ 칩(Chip) − 급핸들 조향으로 바퀴는 회전을 계속하면서 차축과 평행하게 옆으로 미끄러진 타이어 흔적을 말하며 주로 빗살무늬 흔적의 형태를 보인다.

해설 ① [×] 요마크(Yaw Mark)는 급핸들 등으로 인하여 차의 바퀴가 돌면서 차축과 평행하게 옆으로 미끄러진 타이어의 마모흔적을 말하고, 대체로 외측바퀴의 흔적이 더 진하게 나타난다.

② [○]

③ [×] 가속스커프(Acceleration Scuff)는 급격한 속도증가로 바퀴가 제자리에서 회전할 때 주로 나타나며, 오직 구동바퀴에서만 발생한다.

④ [×] 칩(Chip)은 마치 호미로 노면을 판 것 같이 짧고 길게 팬 가우지 마크로서 차량 간의 최대 접촉 시 만들어진다.

정답 ②

---

21 다음은 안전거리에 관한 설명이다. 빈칸에 들어갈 용어가 가장 적절하게 연결된 것은?   [15년 경감 승진]

> 운전자가 위험을 느끼고 브레이크를 밟았을 때 자동차가 제동되기 시작하기까지의 사이에 주행하는 거리를 (㉠)라 하고, 자동차가 실제로 제동되기 시작하여 정지하기까지의 거리를 (㉡)라 하며, 이 둘을 더한 거리를 (㉢)라 한다.

① ㉠ 공주거리 – ㉡ 제동거리 – ㉢ 정지거리

② ㉠ 제동거리 – ㉡ 정지거리 – ㉢ 공주거리

③ ㉠ 정지거리 – ㉡ 제동거리 – ㉢ 공주거리

④ ㉠ 공주거리 – ㉡ 정지거리 – ㉢ 제동거리

해설

항 목	내 용
공주거리	주행 중 운전자가 전방의 위험상황을 발견하고 브레이크를 밟아 실제 제동이 걸리기 시작할 때까지 자동차가 진행한 거리
제동거리	주행 중인 자동차가 브레이크가 작동하기 시작할 때부터 완전히 정지할 때까지 진행한 거리
정지거리	운전자가 정지할 상황을 인식한 순간부터 차가 완전히 멈출 때까지 자동차가 진행한 거리. 공주거리와 제동거리의 합

따라서 ㉠ 공주거리, ㉡ 제동거리, ㉢ 정지거리이다.

정답 ①

Chapter

12

경비 경찰활동

제1절　경비경찰활동의 기초

01 경비경찰의 특징에 대한 설명으로 가장 옳지 <u>않은</u> 것은?　　[16년 경간부]

① 복합기능적 활동 – 경비사태가 발생한 후의 진압뿐만 아니라 특정한 사태가 발생하기 전의 경계·예방 역할을 수행한다.

② 현상유지적 활동 – 경비활동은 기본적으로 현재의 질서상태를 보존하는 것에 가치를 둔다고 할 수 있다. 따라서, 동태적·적극적 질서유지가 아닌 새로운 변화와 발전을 보장하기 위한 정태적·소극적 의미의 유지작용이다.

③ 즉시적(즉응적) 활동 – 경비상황은 국가적으로나 사회적으로 중대한 영향을 미치므로 신속한 처리가 요구된다. 따라서 경비사태에 대한 기한을 정하여 진압할 수 없으며 즉시 출동하여 신속하게 조기에 제압한다.

④ 하향적 명령에 의한 활동 – 경비활동은 주로 계선조직의 지휘관이 내리는 지시나 명령에 의하여 움직이므로 활동의 결과에 대해서도 지휘관이 지휘책임을 지는 것이 일반적이다.

해설　② 경비경찰활동은 현재의 질서상태를 유지하는 것에 중점을 두고 있는데 이는 정태적·소극적 질서유지가 아니라 새로운 변화와 발전을 보장하기 위한 동태적·적극적 질서유지 작용을 의미한다.

정답　②

02 경비경찰 조직운영의 원리에 관한 설명으로 가장 적절하지 <u>않은</u> 것은?

[16년 경위 승진]

① 부대활동 시에 반드시 지휘관이 있어야 한다.

② 주민의 협력을 전혀 받지 않고 효과적으로 목적을 달성한다.

③ 책임과 임무의 분담을 명확히 부여하여 명령과 복종체계가 통일되어야 한다.

④ 경비경찰 업무의 성격상 개인적 활동보다는 부대단위로 이루어진다.

해설　② 경비경찰은 업무수행과정에서 국민과 협력관계를 형성해야 한다(치안협력성의 원칙).

정답　②

03 경비경찰권 행사의 근거가 될 수 있는 「헌법」 제37조 제2항(국민의 자유와 권리의 존중 · 제한)에 관한 설명으로 가장 적절하지 <u>않은</u> 것은?

[14년 경위 승진]

① 국민의 모든 자유와 권리는 국가안전보장, 질서유지, 공공의 복리를 위하여 필요한 경우에 제한할 수 있다.

② 필요에 의해 제한할 경우 반드시 법령으로 제한하여야 한다.

③ 위와 같은 헌법의 규정은 경비경찰의 활동을 제한하는 성격도 아울러 가졌다.

④ 필요에 의해 제한할 때에도 자유와 권리의 본질적인 내용은 침해할 수 없다.

해설 ② 국민의 모든 자유와 권리는 국가안전보장 · 질서유지 또는 공공복리를 위하여 필요한 경우에 한하여 법률로써 제한할 수 있으며, 제한하는 경우에도 자유와 권리의 본질적인 내용을 침해할 수 없다(「헌법」 제37조 제2항).

정답 ②

04 경비경찰의 종류 및 특징에 대한 설명으로 가장 적절하지 <u>않은</u> 것은?

[21년 경감 승진]

① 경비경찰의 종류 중 치안경비란 공안을 해하는 다중범죄 등 집단적인 범죄사태가 발생하거나 발생할 우려가 있는 경우 적절한 조치로 사태를 예방 · 경계 · 진압하는 경찰을 내용으로 한다.

② 경비경찰의 종류 중 혼잡경비란 기념행사 · 경기대회 · 경축행사 · 제례행사 등에 수반하는 조직화되지 않은 군중에 의하여 발생하는 자연적 · 인위적 혼란상태를 예방 · 경계 · 진압하는 경찰을 내용으로 한다.

③ 경비경찰은 다중범죄, 테러, 경호상 위해나 경찰작전상황 등이 발생하였을 경우 즉시 출동하여 신속하게 조기진압해야 하는 복합기능적인 활동이라는 특징을 갖는다.

④ 경비경찰은 지휘관의 하향적 명령에 의한 활동으로 부대원의 재량은 상대적으로 적고, 활동 결과에 대한 책임은 지휘관이 지는 경우가 많다는 특징을 갖는다.

해설 ③ 경비경찰활동은 테러, 경호상 위해, 경찰작전상황 등이 발생하였을 경우에 즉응적 진압을 해야 하는데, 이것은 112 타격대 및 112 종합상황실 등의 운용과 밀접한 관련이 있다.

정답 ③

05 경비경찰권의 조리상 한계에 관한 설명으로 틀린 것은? [15년 경간부]

① 경찰소극목적의 원칙 – 경찰행정의 목적은 공공의 안녕과 질서의 유지에 있는 것이므로 법령에 특별한 규정이 없는 한, 경비경찰권은 소극적인 사회질서유지를 위해서만 발동하는 데 그친다.

② 경찰비례의 원칙 – 공공의 안녕·질서에 대한 경미한 장애를 제거하기 위하여 중대한 개인의 권리를 제한하는 것은 허용되지 않는다는 것을 말한다. 경찰권 발동의 정도는 최소한의 정도에 그쳐야 한다.

③ 경찰책임의 원칙 – 경찰권은 원칙적으로 경찰위반의 상태 즉, 사회공공의 안녕·질서에 대한 위험에 대해 직접적으로 책임을 질 지위에 있는 자(경찰책임자)에게만 발동될 수 있다.

④ 보충성의 원칙 – 경찰의 업무수행과정에서 국민의 협력을 구해야 하고 국민이 스스로 협조해 줄 때 효과적인 업무수행이 가능하다.

해설 ④ 보충성의 원칙은 경비경찰권은 일반적 경찰활동에 의해서는 경찰목적을 달성하기 현지히 곤란한 경우에 최후수단으로 발동되어야 한다는 것을 의미한다.

정답 ④

06 경비경찰의 수단에 대한 설명 중 가장 적절하지 <u>않은</u> 것은? [14년 경위 승진]

① 안전의 원칙 – 작전할 때 변수의 발생은 사회적으로 큰 파장을 미칠 수 있으므로 사고 없는 안전한 진압을 하는 것이다.

② 적시의 원칙 – 가장 적절한 시기에 실력행사를 하는 것으로 상대의 허약한 시점을 포착하여 실력행사를 하는 것이다.

③ 위치의 원칙 – 실력행사 때 상대하는 군중보다 유리한 지점과 위치를 확보하여 작전수행이나 진압을 실시하는 것이다.

④ 한정의 원칙 – 상황과 대상에 따라 주력부대와 예비부대를 적절하게 활용하여 한정된 경찰력으로 최대한의 성과를 거양하는 것이다.

해설 ④ 경비상황에 따라 주력부대와 예비부대를 적절하게 활용하여 한정된 경찰력으로 최대의 성과를 올려야 한다는 원칙은 균형의 원칙이다.

정답 ④

07 경비수단에 대한 설명 중 가장 적절한 것은? [21년 경감 승진]

① 경비부대를 전면에 배치 또는 진출시켜 위력을 과시하거나 경고하여 범죄 실행의 의사를 자발적으로 포기하도록 하는 '경고'는 「경찰관 직무집행법」 제5조에 근거를 두고 있다.

② 경비수단의 원칙 중 '위치의 원칙'은 상대방의 저항력이 가장 허약한 시점을 포착하여 집중적이고 강력한 실력행사를 하여야 한다는 원칙이다.

③ 직접적 실력행사인 '제지'와 '체포'는 경비사태를 예방·진압하거나 상대방의 신체를 구속하는 강제처분으로서 모두 「경찰관 직무집행법」 제6조에 근거를 두고 있다.

④ 경비수단의 원칙 중 '균형의 원칙'은 작전시의 변수의 발생은 사회적으로 큰 파장을 미칠 수 있으므로 경찰병력이나 군중들을 사고 없이 안전하게 진압하여야 한다는 원칙이다.

> **해설** ① [○] 경고는 「경찰관 직무집행법」 제5조(위험발생 방지조치)에 근거하여 경비사태를 예방·경계하기 위하여 발할 수 있다.
> ② [×] 위치의 원칙은 경비사태가 발생하여 실력을 행사할 경우에 유리한 지점과 위치를 확보하여야 한다는 원칙이다. 반면에 적시의 원칙은 상대의 저항력이 가장 허약한 시점을 포착하여 강력하여 집중적인 실력을 행사하여야 한다는 원칙이다.
> ③ [×] 제지는 「경찰관 직무집행법」 제6조(범죄의 예방과 제지)에, 체포는 「형사소송법」 제212조(현행범인의 체포)에 각각 근거를 두고 있다.
> ④ [×] 안전의 원칙은 경비사태가 발생하여 실력을 행사할 경우에 경비경력과 군중 모두에게 사고 없는 안전한 진압을 하여야 한다는 원칙이다.

> **정답** ①

08 다음 내용이 설명하는 경비경찰의 원칙 중 가장 옳은 것은? [15년 경간부]

> ㉠ 경비상황에 대비하여 경력을 운용할 경우에 상황에 따라 균형 있는 경력운용을 해야 하며, 주력부대와 예비대를 적절하게 활용하여 한정된 경력으로 최대의 성과를 올려야 한다.
> ㉡ 경력을 동원하여 실력으로 상대방을 제압해야 하는 경우에는 부대 위치와 지형지물의 이용 등 유리한 지점과 위치를 확보해야 한다.
> ㉢ 경력을 동원하여 물리력으로 상대방을 제압할 경우에는 상대의 허약한 시점을 포함하여 적절한 실력행사를 해야 한다.
> ㉣ 경비사태 발생 시에 진압과정에서 경찰이나 시민의 사고가 없어야 하며, 경찰작전시 새로운 변수의 발생을 방지해야 한다.

① 경비경찰의 공공의 원칙　　　② 경비경찰의 조직운영의 원칙
③ 경비경찰의 수단의 원칙　　　④ 경비경찰의 작전의 원칙

해설 ③ 설문은 경비수단의 4대 원칙에 관한 내용으로서 ㉠은 균형의 원칙, ㉡은 위치의 원칙, ㉢은 적시의 원칙, ㉣은 안전의 원칙이다.

정답 ③

제2절 경비정보업무

01 경찰정보활동에 대한 설명으로 가장 적절하지 <u>않은</u> 것은?   [19년 경위 승진]

① '견문'이란 경찰관이 공·사생활을 통하여 보고 들은 국내외의 정치·경제·사회·문화 등 제 분야에 관한 각종 보고자료를 말한다.

② '정보상황보고'란 매일 전국의 사회갈등이나 집회시위 상황을 정리하여 그 다음 날 아침에 경찰 내부와 정부 각 기관에 전파하는 보고서이다.

③ '정보판단(대책)서'란 신고된 집회계획 또는 정보관들이 입수한 미신고 집회 개최계획 등을 파악하고 이 중 경찰력을 필요로 하는 중요 집회에 대해 미리 작성하여 경비·수사 등 관련기능에 전파하는 보고서이다.

④ '정책정보보고서'란 정부 정책의 문제점을 파악하고 그 개선책을 보고하는 데 주안점을 두는 정보보고이며, '예방적 상황정보'라고 볼 수 있다.

해설 ② 매일 전국의 사회갈등이나 집회시위 상황을 정리하여 그 다음 날 아침에 경찰 내부와 정부 각 기관에 전파하는 보고서는 일반적으로 '중보'라고 불리는 '중요상황정보'이다.

정답 ②

02 「경찰관의 정보수집 및 처리 등에 관한 규정」에 따른 경찰관의 정보수집 활동에 관한 설명으로 가장 적절하지 <u>않은</u> 것은?

① 경찰관은 정보를 제공하거나 사실을 확인해 준 자가 신분이나 처우와 관련하여 불이익을 받지 않도록 비밀유지 등 필요한 조치를 해야 한다.

② 경찰관은 언론·교육·종교·시민사회 단체, 기업 등 민간단체 및 정당사무소에 상시적인 출입을 할 수 있다.

③ 경찰관은 국가중요시설과 주요 인사에 대한 위해를 예방하기 위한 활동을 할 수 있다.

④ 경찰관은 정보수집의 목적이 달성되어 그 정보가 불필요하게 되었을 때는 지체 없이 그 정보를 폐기하여야 한다.

해설 ② 정보관은 언론·교육·종교·시민사회 단체 등 민간단체, 민간기업, 정당의 사무소에 상시적으로 출입해서는 안된다(「경찰관의 정보수집 및 처리 등에 관한 규정」 제5조).

정답 ②

03 「정보경찰 활동규칙」에 따른 집회·시위 보호 등을 위한 정보활동에 관한 설명으로 가장 적절하지 <u>않은</u> 것은?

① 정보관은 집회·시위 관련 정보활동 과정에서 집회·시위의 자유를 보장하고 집회·시위 참가자의 언행을 경청하여 그 의사를 정확하게 이해하기 위해 노력하여야 한다.

② 정보관은 집회·시위의 신고자, 주최자, 연락책임자 및 그 밖의 관계자와 상호 연락 등을 통해 집회·시위 신고서에 기재된 사항의 변경 여부 등을 확인할 수 있다.

③ 정보관은 집회·시위의 자유 보장과 참가자 등의 안전을 위하여 지형·구조물 등 관련 안전사고의 예방과 관련한 정보활동을 할 수 있다.

④ 경찰관서장은 안전사고 방지를 위해서 집회·시위 현장에서 대화·협의·안전 조치 등 업무를 수행하는 경찰관을 배치·운영하여야 한다.

해설 ④ 경찰관서장은 집회·시위 현장에서 대화·협의·안전 조치 등 업무를 수행하는 경찰관('대화경찰관')을 배치·운영할 수 있다(「정보경찰 활동규칙」 제5조 제4항).

정답 ④

04 「정보경찰 활동규칙」에 따른 집단민원현장 및 노사갈등현장 정보활동에 관한 설명으로 가장 적절하지 <u>않은</u> 것은?

① 정보관은 이해관계자들의 요청 또는 동의 여부를 불문하고 상호간의 대화를 제안·촉진하여서는 아니 된다.

② 정보관은 분쟁의 구체적 내용에 부당하게 개입하는 행위를 하여서는 아니 된다.

③ 정보관은 이해관계자들에게 부당하게 화해를 강요하는 행위를 하여서는 아니 된다.

④ 정보관은 특정 이해관계자에 대하여 비방 또는 지지하는 내용의 의견을 표명하는 행위를 하여서는 아니 된다.

해설 ① 정보관은 자율해결을 위하여 이해관계자들의 요청 또는 동의를 얻어 상호간의 대화를 제안·촉진하는 등 필요한 조치를 할 수 있다(「정보경찰 활동규칙」 제6조 제2항).

정답 ①

제3절 경비업무

01 군중정리의 원칙에 관한 설명 중 가장 적절하지 않은 것은? [15년 순경 2차]

① 밀도의 희박화 – 많은 사람이 모이면 충돌과 혼잡이 야기되므로 제한된 장소에 가급적 많은 사람이 모이는 것을 회피하게 한다.

② 이동의 일정화 – 대규모 군중이 모이는 장소는 사전에 블록화 한다.

③ 경쟁적 사태의 해소 – 순서에 의하여 움직일 때 순조롭게 모든 일이 잘될 수 있다는 것을 이해시키는 것으로 차분한 목소리로 안내방송을 하는 것도 한 방법이다.

④ 지시의 철저 – 계속적이고 자세한 안내방송으로 지시를 철저히 해서 혼잡한 사태를 정리하고 사고를 미리 방지할 수 있다.

해설 ② 행사안전경비시 군중정리의 원칙 중에서 대규모 군중이 모이는 장소를 사전에 블록화 하는 것은 밀도의 희박화와 관련되어 있다. 반면에 이동의 일정화는 군중을 일정한 방향과 속도로 이동시킴으로써 주위 상황을 파악할 수 있는 여건을 조성하여 군중이 안정감을 갖게 하는 것을 의미한다.

정답 ②

02 행사안전경비에 관한 설명 중 가장 옳은 것은?

① 「공연법」 제11조에 의하면 공연장 운영자는 재해대처계획을 수립하여 매년 관할 시·도경찰청장에게 신고하여야 한다. 이 경우 시·도경찰청장은 신고 받은 재해대처계획을 관할 소방서장에게 통보하여야 한다.

② 「경비업법 시행령」 제30조에 의하면 시·도경찰청장은 행사장 그 밖에 많은 사람이 모이는 시설 또는 장소에서 혼잡 등으로 인한 위험의 발생을 방지하기 위하여 경비원에 의한 경비가 필요하다고 인정되는 때에는 행사개최일 전에 당해 행사의 주최자에게 경비원에 의한 경비를 실시하거나 부득이한 사유로 그것을 실시할 수 없는 경우에는 행사개최 36시간 전까지 시·도경찰청장에게 그 사실을 통지하여 줄 것을 요청해야 한다.

③ 「경찰관 직무집행법」 제5조(위험 발생의 방지 등)에 따라 경찰관은 행사안전경비를 실시함에 있어 매우 긴급한 경우 위해를 입을 우려가 있는 사람을 필요한 한도 내에서 억류할 수 있다.

④ 행사안전경비는 공연, 경기대회 등 미조직된 군중에 의하여 발생되는 자연적인 혼란상태를 사전에 예방·경계·진압하는 경비경찰활동으로 개인이나 단체의 불법행위를 전제로 한다.

해설 ① [×] 공연장운영자는 화재나 그 밖의 재해를 예방하기 위하여 그 공연장 종업원의 임무·배치 등 재해대처계획을 수립하여 매년 관할 특별자치시장·특별자치도지사·시장·군수·구청장에게 신고하여야 한다. 이 경우 특별자치시장·특별자치도지사·시장·군수·구청장은 신고 받은 재해대처계획을 관할 소방서장에게 통보하여야 한다(「공연법」 제11조 제1항).
② [×] 시·도경찰청장은 행사장 그밖에 많은 사람이 모이는 시설 또는 장소에서 혼잡 등으로 인한 위험의 발생을 방지하기 위하여 법 제2조 제3호의 규정에 의한 경비원에 의한 경비가 필요하다고 인정되는 때에는 행사개최일 전에 당해 행사의 주최자에게 경비원에 의한 경비를 실시하거나 부득이한 사유로 그것을 실시할 수 없는 경우에는 행사개최 24시간 전까지 시·도경찰청장에게 그 사실을 통지하여 줄 것을 요청할 수 있다(「경비업법 시행령」 제30조).
③ [○]
④ [×] 행사안전경비는 공연, 경기대회 등 미조직된 군중에 의하여 발생되는 자연적인 혼란상태를 사전에 예방·경계·진압하는 경비경찰활동으로 개인이나 단체의 불법행위를 전제로 하지는 않는다.

정답 ③

03 「공연법」 및 「공연법 시행령」의 내용으로 가장 적절하지 <u>않은</u> 것은?

[18년 경위 승진 수정]

① 공연장운영자는 화재나 그 밖의 재해를 예방하기 위하여 그 공연장 종업원의 임무, 배치 등 재해대처계획을 수립하여 매년 관할 특별자치시장, 특별자치도지사, 시장, 군수, 구청장에게 신고하여야 한다. 이 경우 특별자치시장, 특별자치도시자, 시장, 군수, 구청장은 신고 받은 재해대처계획을 관할 소방서장에게 통보하여야 한다.

② 재해대처계획에는 비상시에 하여야 할 조치 및 연락처에 관한 사항이 포함되어야 한다.

③ 공연장 외의 시설이나 장소에서 1천 명 이상의 관람이 예상되는 공연을 하려는 자가 신고한 재해대처계획의 사항을 변경하려는 경우에는 해당 공연 7일 전까지 변경신고를 하여야 한다.

④ 재해대처계획을 신고하지 아니한 자는 1천만원 이하의 과태료를 부과한다.

해설 ① [○] 「공연법」 제11조 제1항
② [○] 재해대처계획에는 1. 공연장 시설 등을 관리하는 자의 임무 및 관리 조직에 관한 사항, 2. 비상시에 하여야 할 조치 및 연락처에 관한 사항, 3. 화재예방 및 인명피해 방지조치에 관한 사항, 4. 법 제11조의2부터 제11조의4까지의 규정에 해당하는 안전관리비, 안전관리조직 및 안전교육에 관한 사항이 모두 포함되어야 한다(「공연법 시행령」 제9조 제1항).
③ [○] 공연장 외의 시설이나 장소에서 1천명 이상의 관람이 예상되는 공연을 하려는 자는 법 제11조제3항에 따라 해당 시설이나 장소 운영자와 공동으로 공연 개시 14일 전까지 제1항 각 호의 사항과 안전관리인력의 확보·배치계획 및 공연계획서가 포함된 재해대처계획을 관할 특별자치시장·특별자치도지사·시장·군수 또는 구청장에게 신고하여야 하며, 신고한 사항을 변경하려는 경우에는 해당 공연 7일 전까지 변경신고를 하여야 한다(동령 제9조 제3항).
④ [×] 재해대처계획을 신고하지 아니한 자는 2천만원 이하의 과태료를 부과한다(「공연법」 제43조 제1항 제1호).

정답 ④

04 선거경비에 대한 설명으로 가장 적절하지 않은 것은?　　　[15년 경위 승진]

① 개표소 경비 관련 3선 개념에 의하면 제1선은 개표소 내부, 제2선은 울타리 내곽, 제3선은 울타리 외곽으로 구분한다.

② 제1선 개표소 내부에서 질서문란행위가 발생한 경우 선거관리위원회위원장 또는 선거관리위원회위원의 요청이 없더라도 경찰 자체 판단으로 경찰력을 투입하여야 한다.

③ 제3선 울타리 외곽은 검문조·순찰조를 운영하여 위해 기도자 접근을 차단한다.

④ 개표소별로 충분한 예비대를 확보·운영한다.

해설 ② 제1선 개표소 내부에 질서문란행위가 발생한 경우 선거관리위원회위원장 또는 선거관리위원의 요청이 있는 경우에만 경찰력을 투입한다(「공직선거법」 제183조 제3항, 제4항).

정답 ②

05 선거경비에 대한 설명 중 가장 적절하지 <u>않은</u> 것은?　　　[20년 경위 승진]

① 대통령 선거기간은 23일이며, 국회의원 및 지방자치단체 의원 선거기간은 14일이다.

② 개표소 경비관련 3선 개념에 의하면 제1선은 개표소 내부, 제2선은 울타리 내곽, 제3선은 울타리 외곽으로 구분한다.

③ 대통령 선거, 국회의원선거, 지방자치단체의 의회의원 및 장의 선거기간은 후보자등록마감일의 다음 날부터 선거일까지이다.

④ 대통령선거, 국회의원선거, 지방선거 모두 선거일 06:00부터 개표 종료시까지 갑호비상이 원칙이다.

해설 ③ 선거기간은 대통령선거는 후보자등록마감일의 다음 날부터 선거일까지이고, 국회의원선거와 지방자치단체의 의회의원 및 장의 선거는 후보자등록마감일 후 6일부터 선거일까지이다(「공직선거법」 제33조 제3항).

정답 ③

06 선거경비에 대한 설명 중 옳지 <u>않은</u> 것은 모두 몇 개인가? [20년 경간부]

⊙ 국회의원 후보자의 신변보호는 후보자가 경호를 원하지 않더라도 직원을 항상 대기시켜 유세기간 중 근접배치한다.

ⓒ 대통령후보자의 신변보호는 을호 경호 대상으로 후보자등록의 다음날부터 당선확정시까지 실시한다.

ⓒ 제1선 개표소 내부에 질서문란행위가 발생한 경우 선거관리위원회위원장의 요청이 있는 경우에만 경찰력을 투입한다.

㉣ 개표소 경비 제2선(울타리 내곽)은 선거관리위원회와 합동으로 출입자를 통제하고, 출입문은 되도록 정문만을 사용한다.

㉤ 개표소 내부의 사전 안전검측 및 유지는 선거관리위원회에서 보안안전팀을 운영하여 실시한다.

① 2개   ② 3개   ③ 4개   ④ 5개

해설 ⊙ [×] 국회의원 후보자의 신변보호는 각 선거구를 관할하는 경찰서에서 후보자가 원할 경우 전담 경호요원을 적정 수 배치해야 한다. 다만 대통령선거 후보자의 신변보호의 경우에는 대통령선거 후보자가 경호를 원하지 않더라도 경호경험이 있는 자를 선발·대기시켜 유세 기간에 근접 배치한다.
ⓒ [×] 대통령후보자의 신변보호는 을호 경호 대상으로 후보자등록 때부터 당선확정시까지 실시한다.
ⓒ [×] 개표소 내부에 질서문란행위가 발생한 경우 위원장 또는 위원의 요청이 있는 경우에만 경찰력을 투입한다.
㉣ [○]
㉤ [×] 선거관리위원회 요청시 경찰은 소방·한전 등 유관기관과 협조하여 개표소 내·외곽에 대한 사전 안전검측을 실시한다.

정답 ③

07 「재난 및 안전관리 기본법」상 재난관리 체계에 대한 설명으로 옳은 것은?
[19년 순경 2차]

① 특별재난지역 선포는 대응 단계에서의 활동이다.
② 재난분야 위기관리 매뉴얼 작성은 예방 단계에서의 활동이다.
③ 재난관리체계 등에 대한 평가는 대비 단계에서의 활동이다.
④ 재난피해조사는 복구 단계에서의 활동이다.

해설 ① [×] 특별재난지역 선포는 복구 단계에서의 활동이다(「재난 및 안전관리 기본법」 제60조).

② [×] 재난분야 위기관리 매뉴얼 작성은 대비 단계에서의 활동이다(동법 제34조의5).
③ [×] 재난관리체계 등에 대한 평가는 예방 단계에서의 활동이다(동법 제33조의2).
④ [○] 동법 제58조

정답 ④

---

08 「재난 및 안전관리 기본법」에 대한 설명으로 가장 적절하지 **않은** 것은?

[21년 경찰특공대]

① 해외재난의 경우 국무총리가 중앙대책본부장의 권한을 행사한다.
② '재난'이란 국민의 생명·신체·재산과 국가에 피해를 주거나 줄 수 있는 것으로서 자연재난과 사회재난으로 구분된다.
③ 대통령령으로 정하는 대규모 재난의 대응·복구 등에 관한 사항을 총괄조정하고 필요한 조치를 하기 위하여 행정안전부에 중앙재난안전대책본부를 둔다.
④ '재난관리'란 재난의 예방·대비·대응 및 복구를 위하여 하는 모든 활동을 말한다.

해설 ① 중앙대책본부의 본부장은 행정안전부장관이 되며, 중앙대책본부장은 중앙대책본부의 업무를 총괄하고 필요하다고 인정하면 중앙재난안전대책본부회의를 소집할 수 있다. 다만, 해외재난의 경우에는 외교부장관이, 방사능재난의 경우에는 중앙방사능방재대책본부의 장이 각각 중앙대책본부장의 권한을 행사한다(「재난 및 안전관리 기본법」 제14조 제3항).

정답 ①

---

09 「경찰 재난관리 규칙」에 대한 설명으로 가장 적절하지 <u>않은</u> 것은?

① 온라인상 매점매석 등 사회혼란 야기 행위에 대한 수사는 수사국의 임무이다.
② 치안상황관리관은 재난이 발생하였거나 재난이 발생할 우려가 있는 경우에는 위기관리센터 또는 치안종합상황실에 재난상황실을 설치·운영할 수 있다.
③ 재난상황실에는 재난상황실장 1명을 두며 재난상황실장은 위기관리센터장으로 한다.
④ '심각' 단계의 위기경보가 발령된 경우에는 재난상황실을 설치·운영하여야 하고, 재난상황실에는 총괄반, 분석반, 상황반을 둔다.

해설 ① [×] 사이버수사국의 임무이다(「경찰 재난관리 규칙」 [별표1]).
② [○] 동규칙 제4조
③ [○] 동규칙 제5조 제1항
④ [○] 동규칙 제4조, 제5조 제2항

정답 ①

10 재난경비에 대한 설명으로 옳지 않은 것은? [20년 경간부 수정]

① 「재난 및 안전관리 기본법」상 재난상황의 심각성을 고려하여 관심·주의·경계·심각으로 구분할 수 있다.
② 재난지역 주민대피 지원은 치안상황관리관의 임무이다.
③ 「재난 및 안전관리 기본법」상 '재난'이란 국민의 생명·신체·재산과 국가의 피해를 주거나 줄 수 있는 것으로서 자연재난, 인적재난으로 구분된다.
④ 「재난 및 안전관리 기본법」상 대통령령으로 정하는 대규모 재난의 대응·복구 등에 관한 사항을 총괄·조정하고 필요한 조치를 하기 위하여 행정안전부에 중앙재난안전대책본부를 둔다.

해설 ① [○] 「재난 및 안전관리 기본법」 제38조 제1항
② [○] 「경찰 재난관리 규칙」 [별표1]
③ [×] 자연재난과 사회재난으로 구분된다(「재난 및 안전관리 기본법」 제3조 제1호).
④ [○] 동법 제14조 제1항

정답 ③

11 「재난 및 안전관리 기본법」에 관한 설명으로 가장 적절하지 않은 것은?
[19년 순경 2차]

① "재난"이란 국민의 생명·신체·재산과 국가에 피해를 주거나 줄 수 있는 것으로서 자연재난과 사회재난으로 구분된다.
② "재난관리"란 재난의 예방·대비·대응 및 복구를 위하여 하는 모든 활동을 말한다.
③ 국무총리는 국가 및 지방자치단체가 행하는 재난 및 안전관리 업무를 총괄·조정한다.
④ 특별재난지역 선포는 재난관리 체계상 복구 단계에서의 활동에 해당된다.

해설 ③ 행정안전부장관은 국가 및 지방자치단체가 행하는 재난 및 안전관리 업무를 총괄·조정한다 (「재난 및 안전관리 기본법」 제6조).
정답 ③

12 「경찰 재난 관리 규칙」에 관한 설명으로 가장 적절하지 <u>않은</u> 것은?

① 경찰청장은 인명 또는 재산의 피해정도가 매우 큰 재난 또는 사회적, 경제적으로 광범위한 영향이 있는 재난이 발생하였거나 발생할 우려가 있어 이에 대한 전국적인 관리가 필요하다고 인정하는 경우 경찰청에 재난대책본부를 설치할 수 있다.

② 재난대책본부는 경찰청 차장이 본부장이 된다.

③ 재난대책본부에 총괄운영단, 대책실행단, 대책지원단을 둔다.

④ 시·도경찰청등의 장은 경찰청에 재난대책본부가 설치되었거나, 관할 지역 내 재난이 발생하였거나 발생할 우려가 있는 경우 시·도경찰청등에 재난대책본부를 설치할 수 있다.

해설 ① [○] 「경찰 재난관리 규칙」 제11조
② [×] 재난대책본부는 치안상황관리관이 본부장이 된다(동규칙 제12조 제1항).
③ [○] 동규칙 제12조 제2항
④ [○] 동규칙 제16조 제1항
정답 ②

13 「재난 및 안전관리 기본법」에 대한 설명으로 가장 적절한 것은?

[20년 순경 2차]

① "재난"이란 국민의 생명·신체·재산과 국가에 피해를 주거나 줄 수 있는 것으로서 자연재난과 인적재난으로 구분된다.

② "재난관리"란 재난의 예방·대응·복구 및 평가를 위하여 하는 모든 활동을 말한다.

③ 「재난 및 안전관리 기본법」상 대통령령으로 정하는 대규모 재난의 대응·복구 등에 관한 사항을 총괄·조정하고 필요한 조치를 하기 위하여 국무조정실에 중앙재난안전대책본부를 둔다.

④ 해외재난의 경우 외교부장관이 중앙대책본부장의 권한을 행사한다.

해설 ① [×] 자연재난과 사회재난으로 구분된다(「재난 및 안전관리 기본법」 제3조 제1호).
② [×] "재난 관리"란 재난의 예방·대비·대응 및 복구를 위하여 하는 모든 활동을 말한다(동법 제3조 제3호).
③ [×] 대통령령으로 정하는 대규모 재난의 대응·복구 등에 관한 사항을 총괄·조정하고 필요한 조치를 하기 위하여 행정안전부에 중앙재난안전대책본부를 둔다(동법 제14조 제1항).

정답 ④

14 「경찰 재난관리 규칙」상 현장지휘본부의 구성과 임무에 관한 설명으로 가장 옳지 <u>않은</u> 것은?

① 경비 지원팀은 피해지역 주민 소개 등 대피 및 접근 통제 임무를 담당한다.

② 교통 지원팀은 현장주변에 대한 교통통제 및 우회로 확보 등 교통관리 임무를 담당한다.

③ 생활안전 지원팀은 재난지역 총포·화약류의 안전관리 강화 임무를 담당한다.

④ 정보 지원팀은 관계기관 협조체제 및 대외 협력관계 유지 임무를 담당한다.

해설 현장지휘본부 전담반 및 지원팀별 임무(「경찰 재난관리 규칙」 [별표2])

구 분	임 무
전담반	○ 현장지휘본부 운영 총괄·조정 ○ 재난안전상황실 업무협조 ○ 현장상황 등 보고·전파
112	○ 재난지역 및 중요시설 주변 순찰활동

	○ 피해지역 주민 소개 등 대피 및 접근 통제
경무	○ 현장지휘본부 사무실, 차량, 유·무선 통신시설 등 설치 ○ 그 밖에 예산·장비 등 행정업무 지원
홍보	○ 경찰 지원활동 등 언론대응 및 홍보
경비	○ 재난지역 및 중요시설 등 경비 ○ 경찰통제선 설정·운용
교통	○ 비상출동로 지정·운용 ○ 현장주변에 대한 교통통제 및 우회로 확보 등 교통관리
생안	○ 재난지역 범죄예방활동 ○ 재난지역 총포·화약류 안전관리 강화
수사	○ 실종자·사상자 현황 파악 및 수사 ○ 민생침해범죄의 예방 및 수사활동
정보	○ 재난지역 집단민원 파악 ○ 관계기관 협조체제 및 대외 협력관계 유지

① 피해지역 주민 소개 등 대피 및 접근 통제 임무는 112 지원팀의 임무이다.

정답 ①

---

15 다중범죄에 대한 설명 중 가장 적절하지 **않은** 것은? [13년 경위 승진]

① 다중범죄는 어느 정도 조직된 다수에 의한 불법집단행동을 말한다.

② 정책적 치료법 중 경쟁행위법은 특정사안의 불만집단에 대한 정보활동을 강화하여 사전에 불만 및 분쟁요인을 해소하는 것을 말한다.

③ 진압의 3대 원칙으로 신속한 해산, 주모자 체포, 재집결 방지를 들 수 있다.

④ 최근 발생하는 다중범죄는 확신적 행동, 조직적 연계성, 부화뇌동적 파급성, 비이성적 단순성 등을 특징으로 한다.

해설 ② 경쟁행위법은 불만집단과 반대되는 대중의견을 크게 부각시켜 불만집단이 제압되어 스스로 해산하도록 하는 방법을 말하고, 특정 사안의 불만집단에 대한 정보활동을 강화하여 사전에 불만 및 분쟁요인을 찾아내서 해소시키는 방법은 선수승화법이다.

정답 ②

16 다중범죄의 특징 중 '확신적 행동성'에 관한 설명으로 가장 적절한 것은?

[16년 경감 승진]

① 다중범죄를 발생시키는 주동자나 참여하는 자들은 자신의 사고가 정의라는 확신을 가지고 행동하므로 과감하고 전투적인 경우가 많다. 점거농성 때 투신이나 분신자살 등이 그 대표적인 예이다.

② 다중범죄의 발생은 군중심리의 영향을 많이 받아 일단 발생하면 부화뇌동으로 인하여 갑자기 확대될 수도 있다. 조직도 상호 연계되어 있으므로 어느 한 곳에서 시위사태가 발생하면 같은 상황이 전국으로 파급되기 쉽다.

③ 시위군중은 행동에 대한 의혹이나 불안을 갖지 않고 과격·단순하게 행동하며 비이성적인 경우가 많아 주장내용이 편협하고 타협·설득이 어렵다.

④ 현대사회의 문제는 전국적으로 공통성이 있으며 조직도 전국적으로 연계된 경우가 많다. 다중범죄는 특정한 조직에 기반을 두고 뚜렷한 목적의식을 가지고 있으므로 소속되어 있는 단체의 설치목적이나 활동방침을 분명하게 파악하는 것이 사태의 진상파악에 도움이 된다.

해설 ① [O]
② [×] 부화뇌동적 파급성에 관한 설명이다.
③ [×] 비이성적 단순성에 관한 설명이다.
④ [×] 조직적 연계성에 관한 설명이다.
정답 ①

17 다중범죄의 정책적 치료법과 그에 대한 내용으로 가장 적절한 것은?

[16년 순경 2차; 18년 순경 1차; 16년 경간부]

① 선수승화법 – 불만집단의 고조된 주장을 시간을 끌어 이성적으로 사고할 기회를 부여하고 정서적으로 감정을 둔화시켜서 흥분을 가라앉게 하는 방법

② 전이법 – 다중범죄의 발생징후나 이슈가 있을 때 집단이나 국민들의 관심을 집중시킬 수 있는 경이적인 사건을 폭로하거나 규모가 큰 행사를 개최하여 그 발생징후나 이슈가 상대적으로 약화되도록 하는 방법

③ 지연정화법 – 불만집단에 반대하는 대중의견을 크게 부각시켜 불만집단이 위압되어 자진해산 및 분산되도록 하는 방법

④ 경쟁행위법 – 특정한 불만집단에 대한 정보활동을 강화하여 사전에 불만 및 분쟁요인을 찾아내어 해소시켜 주는 방법

해설 ① [×] 지연정화법에 관한 설명이다.
② [○]
③ [×] 경쟁행위법에 관한 설명이다.
④ [×] 선수승화법에 관한 설명이다.
정답 ②

---

18 다중범죄의 정책적 치료법 가운데 특정사안의 불만집단에 대한 정보활동을 강화하여 사전에 불만 및 분쟁요인을 찾아내어 해소시켜 주는 방법으로 가장 적절한 것은?   [15년 순경 1차]

① 선수승화법   ② 전이법
③ 지연정화법   ④ 경쟁행위법

해설 ① 선수승화법에 대한 설명이다.
정답 ①

---

19 다중범죄에 대한 진압의 기본원칙 중 다음은 무엇에 관한 설명인가?
                                                        [17년 경간부]

> 군중이 목적지에 집결하기 전에 중간에서 차단하여 집합을 못하게 하는 방법으로, 중요 목지점에 경력을 배치하고 검문검색을 실시하여 불법시위 가담자를 사전에 색출·검거하거나 귀가시킨다.

① 봉쇄·방어   ② 차단·배제
③ 세력분산   ④ 주동자 격리

해설 ② 차단·배제의 원칙: 다중범죄는 다중이 모일 수 있는 교통상 편리한 특정장소에서 시도되는 경우가 많은데, 이러한 경우 다중이 목적지에 집결하기 전에 중간에서 차단하여 집합을 어렵게 만드는 방법을 말한다.
정답 ②

20 다중범죄에 대한 설명 중 가장 적절하지 <u>않은</u> 것은? [13년 경감 승진]

① 다중범죄는 일정한 조직에 기반을 두고 뚜렷한 목적의식을 가지고 있다는 데 특징이 있다.

② 진압의 기본원칙 중 차단·배제는 사전에 진압부대가 선점하거나 바리케이드 등으로 봉쇄하는 방어조치로 충돌 없이 효과적으로 무산시키는 방법이다.

③ 다중범죄 발생시 현장조치의 단계별 실력행사는 위력시위 – 대형공격 – 가스공격이다.

④ 다중범죄의 정책적 치료법 중 시간을 지연함으로써 불만집단의 고조된 주장을 이성적으로 사고할 수 있는 기회를 부여하고 정서적으로 감정을 둔화시켜서 흥분을 가라앉게 하는 방법은 지연정화법이다.

> **해설** ② '봉쇄·방어 원칙'은 다중들이 중요시설이나 기관 등 보호대상물 점거를 기도할 경우 사전에 진압부대가 점령하거나 바리케이드 등으로 봉쇄하여 방어조치를 취하는 방법이다. 반면에 '차단·배제 원칙'은 다중이 목적지에 집결하기 전에 중간에서 차단하여 집합을 못하게 하는 방법이다.

> **정답** ②

21 다음 중 경비경찰에 대한 설명으로 가장 적절하지 <u>않은</u> 것은?

[20년 경감 승진]

① 행사장 경호와 관련하여 제1선(안전구역)에서는 출입자 통제관리 및 MD 설치·운용을 한다.

② 개표소 경비와 관련하여 제2선(울타리 내곽)에서는 선거관리위원회와 합동으로 출입자를 통제한다.

③ 국가중요시설 경비와 관련하여 제2지대(주방어지대)에서는 주·야간 경계요원에 의한 계속적인 감시·통제가 될 수 있도록 경비인력을 운용한다.

④ 국가중요시설 경비와 관련하여 제3지대(핵심방어지대)에서는 시설의 보강(지하화, 방호벽, 방탄막 등)을 최우선으로 한다.

> **해설** ③ 제2지대(주방어지대)에서는 시설 자체 경비요원을 배치하고 주·야간 초소 및 순찰활동을 실시하며 CCTV를 설치·운용한다. 주·야간 경계요원에 의한 계속적인 감시·통제가 될 수 있도록 경비인력을 운용하는 지대는 제3지대(핵심방어지대)이다.

> **정답** ③

22 「통합방위법」상 국가중요시설에 관한 다음 설명 중 가장 적절하지 않은 것은? [16년 순경 1차 수정]

① 국가중요시설의 관리자(소유자를 포함한다. 이하 같다)는 경비·보안 및 방호책임을 지며, 통합방위사태에 대비하여 자체방호계획을 수립하여야 한다. 이 경우 국가중요시설의 관리자는 자체방호계획을 수립하기 위하여 필요하면 시·도경찰청장 또는 지역군사령관에게 협조를 요청할 수 있다.
② 시·도경찰청장 또는 지역군사령관은 통합방위사태에 대비하여 국가중요시설에 대한 방호지원계획을 수립·시행하여야 한다.
③ 국가중요시설의 평시 경비·보안활동에 대한 지도·감독은 관계 행정기관의 장과 국가정보원장이 수행한다.
④ 국가중요시설은 경찰청장이 관계 행정기관의 장 및 국가정보원장과 협의하여 지정한다.

해설 ① [○] 「통합방위법」 제21조 제1항
② [○] 동법 제21조 제2항
③ [○] 동법 제21조 제3항
④ [×] 국가중요시설은 국방부장관이 관계 행정기관의 장 및 국가정보원장과 협의하여 지정한다(동법 제21조 제4항).

정답 ④

23 국가중요시설에 대한 설명 중 가장 적절하지 않은 것은? [13년 경위 승진]

① 적에 의하여 점령 또는 파괴되거나 기능마비시 제한된 지역에서 단기간 통합방위작전 수행이 요구되고 국민생활에 상당한 영향을 미칠 수 있는 시설은 '다'급 국가중요시설로 분류한다.
② 시·도경찰청장 또는 지역군사령관은 통합방위사태에 대비하여 국가중요시설에 대한 방호지원계획을 수립·시행하여야 한다.
③ 3지대 방호태세는 제1지대(경계지대), 제2지대(주방어지대), 제3지대(핵심방어지대)로 구성되어 있다.
④ 국가중요시설은 국방부장관이 관계 행정기관의 장 및 경찰청장과 협의하여 가·나·다급으로 분류한다.

해설 ④ 국가중요시설은 시설의 기능. 역할의 중요성. 가치의 정도에 따라 국방부장관이 관계행정기관의 장 및 국가정보원장과 협의하여 가ㆍ나ㆍ다급으로 분류한다.

정답 ④

제4절 경찰비상 및 작전업무

01 「경찰 비상업무 규칙」상 용어의 정의로 가장 적절하지 않은 것은?

[18년 순경 2차]

① "가용경력"이라 함은 총원에서 휴가ㆍ출장ㆍ교육ㆍ파견 등을 제외하고 실제 동원될 수 있는 모든 인원을 말한다.

② "정위치 근무"라 함은 감독순시ㆍ현장근무 및 사무실 대기 등 관할구역 내에 위치하는 것을 말한다.

③ "정착근무"라 함은 사무실 또는 상황과 관련된 현장에 위치하는 것을 말한다.

④ "작전준비태세"라 함은 경계강화단계를 발령하기 이전에 별도의 경력을 동원하여 경찰작전부대의 출동태세 점검, 지휘관 및 참모의 비상연락망 구축 및 신속한 응소체제를 유지하며, 작전상황반을 운영하는 등 필요한 작전사항을 미리 조치하는 것을 말한다.

해설 ④ "작전준비태세"라 함은 경계강화단계를 발령하기 이전에 별도의 경력동원 없이 경찰작전부대의 출동태세 점검. 지휘관 및 참모의 비상연락망 구축 및 신속한 응소체제를 유지하며, 작전상황반을 운영하는 등 필요한 작전사항을 미리 조치하는 것을 말한다(「경찰 비상업무 규칙」 제2조 제9호).

정답 ④

02 「경찰 비상업무 규칙」에 대한 설명으로 가장 적절한 것은?

[18년 경위 승진 수정]

① '지휘선상 위치근무'라 함은 비상연락체계를 유지하며 유사시 2시간 이내에 현장지휘 및 현장근무가 가능한 장소에 위치하는 것을 말한다.

② '정착근무'라 함은 감독순시, 현장근무 및 사무실 대기 등 관할구역 내에 위치하는 것을 말한다.

③ '가용경력'이라 함은 총원에서 휴가, 출장, 교육, 파견 등을 포함한 실제 동원될 수 있는 모든 인원을 말한다.

④ 비상근무의 유형에 따른 분류에는 경비비상, 작전비상, 안보비상, 수사비상, 교통비상, 재난비상이 있다.

해설 ① [×] '지휘선상 위치근무'라 함은 비상연락체계를 유지하며 유사시 1시간 이내에 현장지휘 및 현장근무가 가능한 장소에 위치하는 것을 말한다(「경찰 비상업무 규칙」 제2조 제2호).
② [×] '정위치 근무'라 함은 감독순시, 현장근무 및 사무실 대기 등 관할구역 내에 위치하는 것을 말한다(동규칙 제2조 제3호).
③ [×] '가용경력'이라 함은 총원에서 휴가, 출장, 교육, 파견 등을 제외한 실제 동원될 수 있는 모든 인원을 말한다(동규칙 제2조 제7호).
④ [○] 동규칙 제4조 제1항

정답 ④

03 「경찰 비상업무 규칙」상 비상근무의 종류별 정황에 대한 설명으로 연결이 가장 적절한 것은?

[20년 경감 승진 수정]

① 안보비상 을호 – 간첩 또는 정보사범 색출을 위한 경계지역 내 검문검색 필요 시

② 작전비상 을호 – 대규모 적정이 발생하였거나 발생 징후가 현저한 경우

③ 수사비상 을호 – 사회이목을 집중시킬만한 중대범죄 발생 시

④ 경비비상 을호 – 대규모 집단사태·테러·재난 등의 발생으로 치안질서가 혼란하게 되었거나 그 징후가 예견되는 경우

해설 비상근무의 종류에는 경비비상(갑호, 을호, 병호), 작전비상(갑호, 을호, 병호), 안보비상(갑호, 을호), 교통비상(갑호, 을호), 재난비상(갑호, 을호, 병호), 경계강화(기능 공통), 작전준비태세(작전비상시 적용)가 있다(「경찰 비상업무 규칙」[별표 1]).
① [×] 안보비상 을호: 간첩 또는 정보사범 색출을 위한 특정지역·요지에 대한 검문검색 필요

시

② [×] 작전비상 을호: 적정이 발생하였거나 일부 적의 침투가 예상되는 경우

③ [×] 수사비상 을호: 중요범죄 사건발생시

④ [○]

정답 ④

---

04 「경찰 비상업무 규칙」에 대한 설명으로 가장 적절한 것은?　　[18년 순경 3차]

① "필수요원"이라 함은 전 경찰관 및 일반직공무원 중 경찰기관의 장이 지정한 자로 비상소집시 1시간 이내에 응소하여야 할 자를 말한다.

② "지휘선상 위치 근무"라 함은 감독순시·현장근무 및 사무실 대기 등 관할구역 내에 위치하는 것을 말한다.

③ 지휘관과 참모는 을호 비상 시 정위치 근무 또는 지휘선상 위치 근무를 원칙으로, 병호 비상 시 지휘선상 위치 근무를 원칙으로 한다.

④ 비상근무를 발령할 경우에는 정황의 특수성을 감안하여 비상근무의 목적이 원활히 달성될 수 있도록 가용경력을 최대한 동원하여야 한다.

해설 ① [○] 「경찰 비상업무 규칙」 제2조 제5호

② [×] "지휘선상 위치 근무"라 함은 비상연락체계를 유지하며 유사시 1시간 이내에 현장지휘 및 현장근무가 가능한 장소에 위치하는 것을 말한다(동규칙 제2조 제2호).

③ [×] 지휘관과 참모는 을호 비상 시 정위치 근무를 원칙으로, 병호 비상 시 정위치 근무 또는 지휘선상 위치 근무를 원칙으로 한다(동규칙 제7조 제1항).

④ [×] 비상근무를 발령할 경우에는 정황의 특수성을 감안하여 비상근무의 목적이 원활히 달성될 수 있도록 적정한 인원, 계급, 부서를 동원하여 불필요한 동원이 없도록 하여야 한다(동규칙 제5조 제6항).

정답 ①

05 「경찰 비상업무 규칙」에 대한 설명 중 가장 적절한 것은?

[20년 경위 승진 수정]

① 병호비상 시 연가를 중지하고 가용경력 30%까지 동원할 수 있다.
② 경계강화 시 지휘관과 참모는 비상연락망을 구축하고 신속한 응소체제를 유지한다.
③ '가용경력'이라 함은 총원에서 휴가·출장·교육·파견 등을 포함한 실제 동원될 수 있는 모든 인원을 말한다.
④ 비상근무의 종류에는 경비비상, 작전비상, 안보비상, 수사비상, 교통비상, 재난비상이 있다.

해설 ① [×] 비상근무 병호가 발령된 때에는 부득이한 경우를 제외하고는 연가를 억제하고 가용경력 30%까지 동원할 수 있다(「경찰 비상업무 규칙」 제7조 제1항 제3호).
② [×] 경계강화 시 지휘관과 참모는 지휘선상 위치 근무를 원칙으로 한다(동규칙 제7조 제1항 제4호).
③ [×] "가용경력"이라 함은 총원에서 휴가·출장·교육·파견 등을 제외하고 실제 동원될 수 있는 모든 인원을 말한다(동규칙 제2조 제7호).
④ [○]

정답 ④

06 「경찰 비상업무 규칙」에 대한 설명으로 가장 적절하지 않은 것은?

[21년 순경 1차 수정]

① 필수요원이라 함은 전 경찰관 및 일반직공무원(이하 "경찰관 등"이라 한다) 중 경찰기관의 장이 지정한 자로 비상소집시 1시간 이내에 응소하여야 할 자를 말하며, 일반요원이라 함은 필수요원을 제외한 경찰관 등으로 비상소집시 2시간 이내에 응소하여야 할 자를 말한다.

② 비상근무는 경비 소관의 경비비상, 작전비상, 정보(보안) 소관의 정보비상, 수사 소관의 수사비상, 교통 소관의 교통비상, 생활안전 소관의 생활안전 비상으로 구분하여 발령한다.

③ 비상근무 갑호가 발령된 때에는 연가를 중지하고 가용경력 100%까지 동원할 수 있고, 비상근무 을호가 발령된 때에는 연가를 중지하고 가용경력 50%까지 동원할 수 있으며, 비상근무 병호가 발령된 때에는 부득이한 경우를 제외하고는 연가를 억제하고 가용경력 30%까지 동원할 수 있다.

④ 작전준비태세가 발령된 때에는 별도의 경력동원 없이 경찰관서 지휘관 및 참모의 비상연락망을 구축하고 신속한 응소체제를 유지하며, 경찰작전부대는 상황발생 시 즉각 출동이 가능하도록 출동태세 점검을 실시하는 등의 비상근무를 한다.

해설 ② 비상근무 대상은 경비·작전·안보·수사·교통 또는 재난관리 업무와 관련한 비상상황에 국한한다. 다만, 두 종류 이상의 비상상황이 동시에 발생한 경우에는 긴급성 또는 중요도가 상대적으로 더 큰 비상상황(이하 "주된 비상상황"이라 한다)의 비상근무로 통합·실시한다(「경찰비상업무 규칙」 제3조 제2항).

정답 ②

07 경찰작전에 대한 설명 중 옳지 <u>않은</u> 것은? [20년 경간부]

① 평시 및 병종사태 발생 시 경찰책임지역 내에서는 시·도경찰청장 책임하에 경찰·군·예비군·관·민 등 모든 국가방위요소를 지휘·통제하여 작전을 수행한다.

② 적의 침투·도발 위협이 예상되거나 소규모의 적이 침투한 때에 시·도경찰청장, 지역군사령관 또는 함대사령관의 지휘·통제하에 통합방위작전을 수행하여 단기간 내에 치안이 회복될 수 있는 사태는 병종사태에 해당한다.

③ 상황발생시 상황보고·통보 및 하달은 1순위로 직접 행동을 취할 기관 및 부대, 2순위로 지휘계통에 보고, 3순위로 협조 및 지원을 요하는 기관 및 부대, 4순위로 기타 필요한 기관 및 부대 순이다.

④ 비상근무는 비상상황 하에서 업무수행의 효율화를 위해 발령한다.

해설 ① [O] 「통합방위법」 제15조 제2항, 「통합방위법 시행령」 제25조 제1항 제3호 가목
② [O] 「통합방위법」 제2조 제8호
③ [×] 상황발생 시 상황보고·통보 및 하달 순위(선조치 후보고)는 1순위로 직접 행동을 취할 기관 및 부대 → 2순위로 협조 및 지원을 요하는 기관 및 부대 → 3순위로 지휘계통에 보고 → 4순위로 기타 필요한 기관 및 부대 순이다.
④ [O] 「경찰 비상업무 규칙」 제3조 제1항

정답 ③

08 「통합방위법」상 다음 설명 중 가장 옳지 <u>않은</u> 것은? [16년 경간부 수정]

① 통합방위본부는 합동참모본부에 두며, 통합방위본부장은 국방부 장관이고 부본부장은 합동참모의장이다.

② 「통합방위법」상 대피명령을 위반하는 경우 처벌규정이 있다.

③ 국무총리 소속으로 중앙 통합방위협의회를 둔다.

④ 시·도경찰청장은 관할구역 중에서 적의 침투가 예상되는 곳 등에 검문소를 설치·운용할 수 있다.

해설 ① 합동참모본부에 통합방위본부를 두고, 통합방위본부장은 합동참모의장이 되고 부본부장은 합동참모본부 합동작전본부장이 된다(「통합방위법」 제8조 제1항 제2항).

정답 ①

09 「통합방위법」에 대한 설명으로 가장 적절하지 <u>않은</u> 것은?　　[19년 경감 승진]

① '갑종사태'란 일정한 조직체계를 갖춘 적의 대규모 병력 침투 또는 대량살상 무기 공격 등의 도발로 발생한 비상사태로서 통합방위본부장 또는 지역군사 령관의 지휘·통제 하에 통합방위작전을 수행하여야 할 사태를 말한다.

② 행정안전부장관 또는 국방부장관은 을종사태에 해당하는 상황이 발생하였 을 때 즉시 국무총리를 거쳐 대통령에게 통합방위사태의 선포를 건의하여 야 한다.

③ 중앙 통합방위협의회의 의장은 국무총리가 되고 통합방위본부장은 합동참 모의장이 된다.

④ 시·도지사 또는 시장·군수·구청장은 통합방위사태가 선포된 때에는 인 명·신체에 대한 위해를 방지하기 위하여 즉시 작전지역에 있는 주민이나 체류 중인 사람에게 대피할 것을 명할 수 있다.

해설 ② 갑종사태에 해당하는 상황이 발생하였을 때 또는 둘 이상의 특별시·광역시·특별자치시· 도·특별자치도에 걸쳐 을종사태에 해당하는 상황이 발생하였을 때에는 국방부장관이 국무총리 를 거쳐 대통령에게 통합방위사태의 선포를 건의하여야 하고, 둘 이상의 시·도에 걸쳐 병종사 태에 해당하는 상황이 발생하였을 때에는 행정안전부장관 또는 국방부장관이 국무총리를 거쳐 대통령에게 통합방위사태의 선포를 건의하여야 한다(「통합방위법」 제12조 제2항).

정답 ②

10 경찰작전에 대한 설명 중 가장 적절하지 <u>않은</u> 것은?　　[13년 경감 승진 수정]

① 「통합방위법」상 을종사태란 일부 또는 수개 지역에서 적의 침투 및 도발 로 인하여 단기간 내에 치안회복이 어려워 지역군사령관의 지휘·통제 하 에 통합방위작전을 수행하여야 할 사태를 말한다.

② 상황발생시 상황보고·통보 및 하달은 1순위로 직접 행동을 취할 기관 및 부대, 2순위로 협조 및 지원을 요하는 기관 및 부대, 3순위로 지휘계통에 보고, 4순위로 기타 필요한 기관 및 부대 순이다.

③ 경찰비상업무는 「경찰 비상업무 규칙」에 의하여 수행하며, 비상근무·비상 소집·지휘본부의 운영·연락체계의 유지 등에 대하여 규정하고 있다.

④ 각종 상황 발생시 상황의 효율적인 관리를 위해 원칙적으로 현장인근에, 필요시 치안상황실에 현장지휘본부를 설치한다.

해설 ④ 비상상황에서 경찰청, 시·도경찰청, 경찰서 등에 경찰지휘본부를 둘 수 있고, 경찰지휘본부
는 당해 지휘본부장이 필요하다고 인정할 때에 설치하며 경찰청 및 시·도경찰청은 치안상황실
에 설치함을 원칙으로 한다. 그리고 각종 상황 발생 시 상황의 효율적인 관리를 위해 필요한 경
우 현장 인근에 현장지휘본부를 설치할 수 있다(「경찰 비상업무 규칙」 제17조).

정답 ④

11 「통합방위법」상 통합방위작전 및 경찰작전에 대한 설명으로 가장 적절한 것은? [17년 순경 2차]

① 대통령 소속으로 중앙 통합방위협의회를 둔다.
② '갑종사태'란 일정한 조직 체계를 갖춘 적의 대규모 병력 침투 또는 대량
살상무기(大量殺傷武器) 공격 등의 도발로 발생한 비상사태로서 통합방위
본부장 또는 지역군사령관의 지휘·통제 하에 통합방위작전을 수행하여야
할 사태를 말한다.
③ 시·도경찰청장 또는 경찰서장은 통합방위사태가 선포된 때에는 인명·신
체에 대한 위해를 방지하기 위하여 즉시 작전지역에 있는 주민이나 체류
중인 사람에게 대피할 것을 명하여야 한다.
④ '을종사태'란 일부 또는 여러 지역에서 적이 침투·도발하여 단기간 내에
치안이 회복되기 어려워 시·도경찰청장의 지휘·통제 하에 통합방위작전
을 수행하여야 할 사태를 말한다.

해설 ① [×] 국무총리 소속으로 중앙 통합방위협의회를 둔다(「통합방위법」 제4조 제1항).
② [○]
③ [×] 시·도지사 또는 시장·군수·구청장은 통합방위사태가 선포된 때에는 인명·신체에
대한 위해를 방지하기 위하여 즉시 작전지역에 있는 주민이나 체류 중인 사람에게 대피할 것을
명할 수 있다(동법 제17조 제1항).
④ [×] '을종사태'란 일부 또는 여러 지역에서 적이 침투·도발하여 단기간 내에 치안이 회복되
기 어려워 지역군사령관의 지휘·통제 하에 통합방위작전을 수행하여야 할 사태를 말한다(동법
제2조 제7호).

정답 ②

12 「통합방위법」에 대한 다음 설명 중 옳지 <u>않은</u> 것은 모두 몇 개인가?

[19년 경간부]

⊙ 특별시장·광역시장·특별자치시장·도지사·특별자치도지사 소속으로 특별시·광역시·특별자치시·도·특별자치도 통합방위협의회를 두고, 그 의장은 시·도지사가 된다.

ⓛ 대통령 소속으로 중앙 통합방위협의회를 둔다.

ⓒ "을종사태"란 적의 침투·도발 위협이 예상되거나 소규모의 적이 침투하였을 때에 시·도경찰청장, 지역군사령관 또는 함대사령관의 지휘·통제 하에 통합방위작전을 수행하여 단기간 내에 치안이 회복될 수 있는 사태를 말한다.

ⓔ 시·도경찰청장, 지역군사령관 또는 함대사령관은 둘 이상의 시·도에 걸쳐 병종상태에 해당하는 상황이 발생하였을 때 즉시 국방부장관에게 통합방위사태의 선포를 건의하여야 한다.

ⓜ 시·도지사 또는 시장·군수·구청장은 통합방위사태가 선포된 때에는 인명·신체에 대한 위해를 방지하기 위하여 즉시 작전지역에 있는 주민이나 체류 중인 사람에게 대피할 것을 명할 수 있다.

---

① 2개 　　　　② 3개 　　　　③ 4개 　　　　④ 5개

해설 ⊙ [○] 「통합방위법」 제5조 제1항

ⓛ [×] 국무총리 소속으로 중앙 통합방위협의회를 둔다(동법 제4조 제1항).

ⓒ [×] "병종사태"란 적의 침투·도발 위협이 예상되거나 소규모의 적이 침투하였을 때에 시·도경찰청장, 지역군사령관 또는 함대사령관의 지휘·통제 하에 통합방위작전을 수행하여 단기간 내에 치안이 회복될 수 있는 사태를 말한다(동법 제2조 제8호).

ⓔ [×] 둘 이상의 시·도에 걸쳐 병종사태에 해당하는 상황이 발생하였을 때 행정안전부장관 또는 국방부장관은 국무총리를 거쳐 대통령에게 통합방위사태의 선포를 건의하여야 한다(동법 제12조 제2항 제2호).

ⓜ [○] 동법 제17조 제1항

정답 ②

13 통합방위사태 선포시 대응활동에 관한 설명 중 옳지 <u>않은</u> 것은 모두 몇 개인가?

[18년 경간부]

> ㉠ 서울특별시와 경기도에 걸친 병종사태에 해당하는 상황이 발생하였을 때는 대통령이 선포권자가 된다.
> ㉡ 통합방위작전의 관할구역 중 경찰관할지역은 경찰청장이 작전을 수행한다.
> ㉢ 시장·군수·구청장도 통제구역을 설정하여 출입을 금지·제한하거나 퇴거 명령을 할 수 있다.
> ㉣ 을종사태는 적의 침투·도발이 예상되거나 소규모의 적이 침투하여 단기간 내에 치안이 회복될 수 있는 사태를 말한다.
> ㉤ 「통합방위법」에 따른 대피명령을 위반하는 경우 300만원 이하의 벌금에 처한다.

① 0개   ② 1개   ③ 2개   ④ 3개

해설　㉠ [○] 「통합방위법」 제12조 제3항
㉡ [×] 통합방위사태가 선포된 때에 경찰관할지역의 경우 시·도경찰청장이 통합방위작전을 신속하게 수행하여야 한다(동법 제15조 제2항).
㉢ [○] 동법 제16조 제1항
㉣ [×] 병종사태는 적의 침투·도발이 예상되거나 소규모의 적이 침투하여 단기간 내에 치안이 회복될 수 있는 사태를 말한다(동법 제2조 제8호).
㉤ [○] 동법 제24조 제2항

정답　③

제5절 대테러업무

01 「국민보호와 공공안전을 위한 테러방지법」에 대한 설명으로 가장 적절하지 **않은** 것은?

[18년 경위 승진]

① '테러단체'란 국가정보원이 지정한 테러단체를 말한다.

② 관계기관의 장은 외국인테러전투원으로 출국하려 한다고 의심할 만한 상당한 이유가 있는 내국인, 외국인에 대하여 일시 출국금지를 법무부장관에게 요청할 수 있다.

③ 위 ②에 따른 일시 출국금지 기간은 90일로 한다. 다만, 출국금지를 계속할 필요가 있다고 판단할 상당한 이유가 있는 경우에 관계기관의 장은 그 사유를 명시하여 연장을 요청할 수 있다.

④ 국가정보원장은 대테러활동에 필요한 정보나 자료를 수집하기 위하여 대테러조사 및 테러위험인물에 대한 추적을 할 수 있다. 이 경우 사전 또는 사후에 국가테러대책위원회 위원장에게 보고하여야 한다.

해설 ① [×] 테러단체란 UN(국제연합)이 지정한 테러단체를 말한다(「국민보호와 공공안전을 위한 테러방지법」 제2조 제2호).
② [○] 동법 제13조 제1항
③ [○] 동법 제13조 제2항
④ [○] 동법 제9조 제4항

정답 ①

02 「국민보호와 공공안전을 위한 테러방지법」에 대한 설명으로 가장 적절한 것은?　　　　　　　　　　　　　　　　　　　　　　　　　[17년 순경 1차]

① 국가테러대책위원회 위원장은 대통령으로 한다.

② '테러단체'란 국제연합(UN)이 지정한 테러단체를 말한다.

③ '테러위험인물'이란 테러를 실행·계획·준비하거나 테러에 참가할 목적으로 국적국이 아닌 국가의 테러단체에 가입하거나 가입하기 위하여 이동 또는 이동을 시도하는 내국인·외국인을 말한다.

④ 국가정보원장은 테러위험인물에 대하여 출입국·금융거래 및 통신이용 등 관련 정보를 수집하여야 한다.

해설 ① [×] 국가테러대책위원회 위원장은 국무총리이다(「국민보호와 공공안전을 위한 테러방지법」 제5조 제2항).

② [○]

③ [×] "테러위험인물"이란 테러단체의 조직원이거나 테러단체 선전, 테러자금 모금·기부, 그 밖에 테러 예비·음모·선전·선동을 하였거나 하였다고 의심할 상당한 이유가 있는 사람을 말한다(동법 제2조 제3호). 반면에 "외국인테러전투원"이란 테러를 실행·계획·준비하거나 테러에 참가할 목적으로 국적국이 아닌 국가의 테러단체에 가입하거나 가입하기 위하여 이동 또는 이동을 시도하는 내국인·외국인을 말한다(동법 제2조 제4호).

④ [×] 국가정보원장은 테러위험인물에 대하여 출입국·금융거래 및 통신이용 등 관련 정보를 수집할 수 있다(동법 제9조 제1항).

정답 ②

03 「국민보호와 공공안전을 위한 테러방지법」에 관한 다음 설명 중 가장 옳지 않은 것은?　　　　　　　　　　　　　　　　　　　　　　　　[18년 경간부]

① 테러단체란 국가테러대책위원회가 지정한 테러단체를 말한다.

② 타국의 외국인테러전투원으로 가입한 사람을 처벌하는 규정이 있다.

③ 국가정보원장은 테러위험인물에 대한 추적을 할 경우 국가테러대책위원회 위원장에게 사전 또는 사후에 보고하여야 한다.

④ 테러단체 구성죄는 대한민국 영역 밖에서 범한 외국인에게도 적용한다.

해설 ① 테러단체란 UN(국제연합)이 지정한 테러단체를 말한다(「국민보호와 공공안전을 위한 테러방지법」 제2조 제2호).

정답 ①

04 **경찰의 대테러 업무에 대한 설명 중 옳지 않은 것은?**　　　[20년 경간부]

① 한국의 대테러 부대인 KNP868은 대테러 예방 및 대응을 위해 1983년 창설된 경찰특수부대로 현재 서울특별시경찰청 직할부대이다.

② 외국의 대테러조직으로 영국의 SAS, 미국의 SWAT, 독일의 GSG-9, 프랑스의 GIGN 등이 있다.

③ 「테러취약시설 안전활동에 관한 규칙」상 경찰서장은 관할 내에 있는 B급 다중이용건축물 등에 대하여 분기 1회 이상 지도·점검을 실시하여야 한다.

④ 「국민보호와 공공안전을 위한 테러방지법」상 '테러단체'란 국제연합(UN)이 지정한 테러단체를 말한다.

해설 ③ 경찰서장은 관할 내에 있는 B급 다중이용건축물 등에 대하여 반기 1회 이상 지도·점검을 실시하여야 한다(「테러취약시설 안전활동에 관한 규칙」 제22조 제1항 제2호).

정답 ③

05 **경찰의 대테러 업무에 대한 설명 중 옳은 것을 모두 고른 것은?**

[20년 경위 승진]

> ㉠ 「테러취약시설 안전활동에 관한 규칙」에 의하면 'B'급 다중이용건축물등의 경우 테러에 의해 파괴되거나 기능 마비시 일부 지역의 대테러진압작전이 요구되고, 국민 생활에 중대한 영향을 미칠 수 있는 건축물 또는 시설이며, 관할 경찰서장은 분기 1회 이상 지도·점검을 실시해야 한다.
>
> ㉡ 「테러취약시설 안전활동에 관한 규칙」에 의하면 'C'급 다중이용건축물등의 경우 테러에 의하여 파괴되거나 기능 마비시 제한된 지역의 대테러진압작전이 요구되고, 국민생활에 상당한 영향을 미칠 수 있는 건축물 또는 시설이며, 관할 경찰서장은 반기 1회 이상 지도·점검을 실시해야 한다.
>
> ㉢ '리마증후군'이란 인질범이 인질에게 일체감을 느끼게 되고 인질의 입장을 이해하여 호의를 베푸는 등 인질범이 인질에게 동화되는 현상이다.
>
> ㉣ 테러단체 구성죄는 미수범, 예비·음모 모두 처벌한다.

① ㉠ ㉢　　　　　　　　　　② ㉡ ㉢

③ ㉡ ㉢ ㉣　　　　　　　　④ ㉠ ㉡ ㉣

해설 ㉠ [×] 경찰서장은 관할 내에 있는 B급 다중이용건축물 등에 대하여 반기 1회 이상 지도·점검을 실시하여야 한다(「테러취약시설 안전활동에 관한 규칙」 제22조 제1항 제2호).

ⓒ [○] 동규칙 제9조 제1항 제3호, 제22조 제1항 제2호
ⓒ [○]
ⓔ [○] 「국민보호와 공공안전을 위한 테러방지법」 제17조 제4항 제5항

정답 ③

06 다음 (   ) 안에 들어갈 말로 옳게 연결된 것은?   [18년 경간부 수정]

> • 「테러취약시설 안전활동에 관한 규칙」에 따르면, 테러취약시설 중 다중이용건축물등은 시설의 기능·역할의 중요성과 가치의 정도에 따라 A급, B급, C급으로 구분한다.
> • 이 중에서 (㉠)급은 테러에 의하여 파괴되거나 기능 마비시 일부 지역의 대테러진압작전이 요구되고, 국민생활에 중대한 영향을 미칠 수 있는 시설로서 관할 경찰서장은 (㉡)에 (㉢)회 이상 지도·점검을 실시하여야 한다.

① ㉠-B, ㉡-반기, ㉢-1   ② ㉠-C, ㉡-반기, ㉢-1
③ ㉠-B, ㉡-분기, ㉢-1   ④ ㉠-C, ㉡-분기, ㉢-2

해설 다중이용건축물등의 분류 및 경찰서장의 지도·점검(「테러취약시설 안전활동에 관한 규칙」 제9조, 제22조)

분류	개념	경찰서장의 지도·점검
A급	테러에 의하여 파괴되거나 기능 마비시 광범위한 지역의 대테러진압작전이 요구되고, 국민생활에 결정적인 영향을 미칠 수 있는 시설	분기 1회 이상
B급	테러에 의하여 파괴되거나 기능 마비 시 일부 지역의 대테러진압작전이 요구되고, 국민생활에 중대한 영향을 미칠 수 있는 시설	반기 1회 이상
C급	테러에 의하여 파괴되거나 기능 마비 시 제한된 지역에서 단기간 대테러진압작전이 요구되고, 국민생활에 상당한 영향을 미칠 수 있는 시설	

정답 ①

07 다음 빈 칸에 들어갈 알맞은 단어끼리 짝지은 것은? [17년 경간부]

> - 1972년 뮌헨올림픽 당시 검은 9월단에 의한 이스라엘 선수단 테러사건을 계기로 독일에서는 연방경찰 소속으로 (㉠)이 설립되었다.
> - (㉡)은 인질사건 발생시 인질이 인질범에 동화되는 현상을 의미하며, 심리학에서 오귀인 효과라고도 한다.

① ㉠ GSG-9   ㉡ 스톡홀름 증후군
② ㉠ GIPN   ㉡ 스톡홀름 증후군
③ ㉠ GSG-9   ㉡ 리마 증후군
④ ㉠ GIPN   ㉡ 리마 증후군

해설 ㉠ 독일의 GSG-9은 1972년 뮌헨올림픽에서 검은 9월단에 의해 발생한 이스라엘 축구선수 테러사건에 대응하여 연방국경경비대 소속으로 설립되었다.
㉡ 스톡홀름 증후군이란 인질이 인질범에게 동화되는 현상을 의미한다. 반면에 리마 증후군은 시간경과에 따라 인질범이 인질에게 일체감을 느끼게 되고 인질의 입장을 이해하여 호의를 베푸는 등 인질범이 인질에게 동화되는 현상을 의미한다.

정답 ①

08 「테러취약시설 안전활동에 관한 규칙」에 대한 설명으로 가장 적절하지 않은 것은? [17년 경위 승진 수정]

① 경찰서장은 관할 내에 있는 A급 다중이용건축물등에 대하여 반기 1회 이상 지도·점검을 실시하여야 한다.
② B급 다중이용건축물등이란 테러에 의하여 파괴되거나 기능 마비시 일부 지역의 대테러진압작전이 요구되고, 국민생활에 중대한 영향을 미칠 수 있는 시설을 말한다.
③ C급 다중이용건축물등이란 테러에 의하여 파괴되거나 기능 마비시 제한된 지역에서 단기간 대테러진압작전이 요구되고, 국민생활에 상당한 영향을 미칠 수 있는 시설을 말한다.
④ 테러취약시설 심의위원회는 위기관리센터에 비상설로 두며 위원장은 경찰청 경비국장으로 한다.

해설 ① 경찰서장은 분기 1회 이상 지도·점검을 실시하여야 한다(「테러취약시설 안전활동에 관한 규칙」 제22조 제1항 제1호).

정답 ①

09 다음은 「테러취약시설 안전활동에 관한 규칙」에 대한 설명이다. 옳고 그름의 표시(O, X)가 모두 바르게 된 것은? [21년 경찰특공대]

> ㉠ 테러에 의하여 파괴되거나 기능 마비시 광범위한 지역의 대테러진압작전이 요구되고, 국민생활에 결정적인 영향을 미칠 수 있는 건축물 또는 시설에 대하여 관할 경찰서장은 반기 1회 이상 지도·점검을 실시하여야 한다.
> ㉡ 시·도경찰청장은 관할 내 국가중요시설 중 선별하여 연 1회 이상 지도·점검을 실시한다.
> ㉢ 테러취약시설 심의위원회 위원장은 경찰청 경비국장이다.

① ㉠(×) ㉡(○) ㉢(○)
② ㉠(×) ㉡(×) ㉢(○)
③ ㉠(×) ㉡(×) ㉢(×)
④ ㉠(○) ㉡(○) ㉢(○')

해설 ㉠ [×] A급에 해당되고, 경찰서장은 분기 1회 이상 지도·점검을 하여야 한다(「테러취약시설 안전활동에 관한 규칙」 제9조 제1항 제1호, 제22조 제1항 제1호).
㉡ [○] 동규칙 제21조 제2항
㉢ [○] 동규칙 제14조 제1항 제1호

정답 ①

제6절 경호업무

01 경호경비에 대한 설명으로 옳은 것은? [21년 경간부]

① 경호란 경비와 호위를 포함하는 개념으로 호위란 피경호자의 생명과 신체를 보호하기 위해 특정한 지역을 경계·순찰·방비하는 행위이다.

② 자기 담당구역이 아닌 인근지역에서 특별한 상황이 발생하면 상호원조의 원칙에 따라 확인·원조해야 한다.

③ 행사장 경호과정에서 비표확인이나 MD(금속탐지기) 설치·운영 등은 제3선 경계구역부터 철저히 이루어져야 한다.

④ 「대통령 등의 경호에 관한 법률」에 따르면 대통령뿐만 아니라 대통령 당선인과 대통령권한대행 모두 경호처의 경호대상이다.

해설 ① [×] 경호란 경비와 호위를 포함하는 개념으로 경비란 피경호자의 생명과 신체를 보호하기 위해 특정한 지역을 경계·순찰·방비하는 행위를 의미하고, 호위는 신체에 대하여 직접 가해지는 위해를 근접에서 방지 또는 제거하는 행위를 의미한다.
② [×] 경호원은 각자 자기담당구역 내에서 일어나는 어떠한 사태에 대해서도 책임을 지고 해결하여야 하고, 비록 인근지역에 특별한 상황이 발생하더라도 자기 담당구역을 이탈해서는 안 된다(담당구역 책임의 원칙).
③ [×] 비표확인이나 MD(금속탐지기) 설치 운영은 제1선(안전구역)에서의 활동이다.
④ [O] 경호처의 경호대상은 1. 대통령과 그 가족, 2. 대통령 당선인과 그 가족, 3. 본인의 의사에 반하지 아니하는 경우에 한정하여 퇴임 후 10년 이내의 전직 대통령과 그 배우자(다만, 대통령이 임기 만료 전에 퇴임한 경우와 재직 중 사망한 경우의 경호 기간은 그로부터 5년으로 하고, 퇴임 후 사망한 경우의 경호 기간은 퇴임일부터 기산하여 10년을 넘지 아니하는 범위에서 사망 후 5년으로 한다.), 4. 대통령권한대행과 그 배우자, 5. 대한민국을 방문하는 외국의 국가 원수 또는 행정수반과 그 배우자, 6. 그 밖에 처장이 경호가 필요하다고 인정하는 국내외 요인이다(「대통령 등의 경호에 관한 법률」 제4조 제1항).

정답 ④

02 다음은 경비경찰활동에 대한 설명이다. 옳고 그름의 표시(O, X)가 모두 바르게 된 것은?

[21년 경찰특공대]

> ㉠ 세 가지 경호활동지역 중 MD 설치·운용과 비표확인 및 출입자 감시를 주요활동으로 하는 구역은 절대안전 확보구역인 제3선이다.
> ㉡ 경호경비의 4대 원칙은 자기희생의 원칙, 목적물 보존의 원칙, 자기 담당구역 책임의 원칙, 하나의 통제된 지점을 통한 접근의 원칙이다.
> ㉢ 통합방위사태의 유형 중 일부 또는 여러 지역에서의 적의 침투 혹은 도발로 단기간 내에 치안회복이 어려워 시·도경찰청장, 지역군사령관 또는 함대사령관의 지휘·통제 하에 통합방위작전을 수행하여야 할 사태는 갑종사태이다.

① ㉠(O) ㉡(O) ㉢(X)   ② ㉠(O) ㉡(X) ㉢(X)
③ ㉠(O) ㉡(X) ㉢(O)   ④ ㉠(X) ㉡(O) ㉢(X)

해설 ㉠ [X] MD 설치·운용과 비표확인 및 출입자 감시를 주요활동으로 하는 구역은 절대안전 확보구역인 제1선이다.
㉡ [O]
㉢ [X] "갑종사태"란 일정한 조직체계를 갖춘 적의 대규모 병력 침투 또는 대량살상무기 공격 등의 도발로 발생한 비상사태로서 통합방위본부장 또는 지역군사령관의 지휘·통제 하에 통합방위작전을 수행하여야 할 사태를 말한다(「통합방위법」 제2조 제6호).

정답 ④

03 경호경비 중 행사장 경호에 대한 설명으로 가장 적절하지 않은 것은?

[17년 경기북부 여경]

① 제1선(안전구역 – 내부)은 승·하차장, 동선 등의 취약개소로 피경호자에게 직접적으로 위해를 가할 수 있는 거리 내의 지역 등을 말한다.
② 제1선(안전구역 – 내부)은 절대안전 확보구역으로 MD 설치·운용, 출입자 통제관리를 실시하며, 원거리 기동순찰조를 운영한다.
③ 제2선(경비구역 – 내곽)에 대한 경호책임은 경찰이 담당하고 군부대 내(內)일 경우에는 군이 책임을 진다.
④ 제3선(경계구역 – 외곽)은 조기경보지역으로 우발사태에 대한 대비책을 강구하고 통상 경찰이 책임을 진다.

해설 ② 원거리 기동순찰조를 운영하는 것은 제3선(경계구역 - 외곽)이다.
정답 ②

04 경호에 대한 설명으로 옳지 않은 것은 모두 몇 개인가?　　[15년 경간부]

> ㉠ 경호란 경호 대상자의 생명과 신체에 가하여지는 위해(危害)를 방지하거나 제거하고, 특정 지역을 경계·순찰 및 방비하는 등의 모든 안전활동이다.
>
> ㉡ 연도경호는 물적 위해요소가 방대하여 엄격하고 통제된 3중 경호원리를 적용하기 어렵다.
>
> ㉢ 행사장 경호에 있어 제1선은 경비구역으로 MD를 설치·운용하고 비표확인 및 출입자 감시가 이루어진다.
>
> ㉣ 행사장 경호에 있어 제3선은 경계구역으로서 돌발사태에 대비하여 예비대 및 비상통로, 소방차, 구급차 등을 확보한다.

① 1개　　　　② 2개　　　　③ 3개　　　　④ 4개

해설 ㉠ [○]

㉡ [○]

㉢ [×] 행사장 경호에 있어 제1선은 안전구역으로 MD를 설치·운용하고 비표확인 및 출입자 감시가 이루어진다.

㉣ [×] 행사장 경호에 있어 제2선은 경비구역으로서 돌발사태에 대비하여 예비대 및 비상통로, 소방차, 구급차 등을 확보한다.

정답 ②

05 경호경비업무를 수행함에 있어 행사장 경호는 3선(1선 안전구역, 2선 경비구역, 3선 경계구역) 개념의 경력을 배치, 운영을 하고 있다. 1선 안전구역 근무자의 임무에 관한 설명으로 가장 적절한 것은?　　[16년 경위 승진]

① 행사장 입장자에 대한 비표 확인 및 신원 불심자에 대하여 검문을 실시

② 행사장 접근로에 바리케이드를 설치

③ 돌발사태에 대비하여 예비대 및 비상통로, 소방차, 구급차 등을 확보

④ 원거리부터 불심자 및 집단사태를 적발·차단하고 경호상황본부에 상황전파로 경력이 대처할 시간을 제공

해설 ① 제1선 경호시에는 출입자 통제관리, 금속탐지기(MD) 운용, 비표확인, 출입자 감시 등을 행한다.

정답 ①

06 다음 행사장 경호에 대한 설명과 명칭을 바르게 연결한 것은?

[21년 경감 승진]

> ㉠ 주경비지역으로, 바리케이드 등 장애물을 설치, 돌발사태를 대비한 예비대
> 운영 및 구급차, 소방차 대기가 필요하다.
> ㉡ 절대안전 확보구역으로, 출입자 통제관리, MD 설치 운용, 비표 확인 및 출
> 입자 감시가 필요하다.
> ㉢ 조기경보지역으로, 감시조 운용, 도보 등 원거리 기동순찰조 운영, 원거리 불
> 심자 검문·차단이 필요하다.

① ㉠ 안전구역 ㉡ 경비구역 ㉢ 경계구역
② ㉠ 경비구역 ㉡ 경계구역 ㉢ 안전구역
③ ㉠ 경비구역 ㉡ 안전구역 ㉢ 경계구역
④ ㉠ 경계구역 ㉡ 안전구역 ㉢ 경비구역

해설 ③ 대통령 경호시에는 3선 개념 경호를 실시하는데, 제1선(안전구역), 제2선(경비구역), 제3선(경계구역)으로 구분할 수 있다.

정답 ③

제 7 절 청원경찰업무

01 「청원경찰법」 및 「청원경찰법 시행령」상 청원경찰에 대한 설명으로 가장 적절하지 <u>않은</u> 것은?   [20년 순경 1차]

① 청원경찰에 대한 징계의 종류는 파면, 해임, 정직, 감봉 및 견책으로 구분한다.

② 청원주는 청원경찰을 신규로 배치하거나 이동배치하였을 때에는 배치지(이동배치의 경우에는 종전의 배치지)를 관할하는 경찰서장에게 그 사실을 통보하여야 한다.

③ 청원경찰(국가기관이나 지방자치단체에 근무하는 청원경찰을 포함한다)의 직무상 불법행위에 대한 배상책임에 관하여는 「민법」의 규정을 따른다.

④ 청원경찰이 그 배치지의 특수성 등으로 특수복장을 착용할 필요가 있을 때에는 청원주는 시·도경찰청장의 승인을 받아 특수복장을 착용하게 할 수 있다.

해설 ③ 청원경찰(국가기관이나 지방자치단체에 근무하는 청원경찰을 제외한다)의 직무상 불법행위에 대한 배상책임에 관하여는 「민법」의 규정을 따른다(「청원경찰법」 제10조의 2).

정답 ③

02 「청원경찰법」 및 「청원경찰법 시행령」상 청원경찰에 대한 설명으로 가장 적절한 것은? [17년 순경 2차 수정]

① 청원경찰은 청원주와 배치된 기관·시설 또는 사업장 등의 구역을 관할하는 경찰서장의 감독을 받아 그 경비구역만의 경비를 목적으로 필요한 범위에서 「국가경찰과 자치경찰의 조직 및 운영에 관한 법률」에 따른 경찰관의 직무를 수행한다.

② 관할 경찰서장은 청원경찰이 직무상에 의무를 위반하거나 직무를 태만히 할 때 징계처분을 하여야 한다.

③ 관할 경찰서장은 매달 1회 이상 청원경찰을 배치한 경비구역에 대하여 복무규율과 근무 상황을 감독하여야 한다.

④ 청원경찰의 임용자격은 19세 이상인 사람이며, 남자의 경우에는 군복무를 마쳤거나 군복무가 면제된 사람으로 한정한다.

해설 ① [×] 청원경찰은 청원주와 배치된 기관·시설 또는 사업장 등의 구역을 관할하는 경찰서장의 감독을 받아 그 경비구역만의 경비를 목적으로 필요한 범위에서 「경찰관 직무집행법」에 따른 경찰관의 직무를 수행한다(「청원경찰법」 제3조).
② [×] 청원주는 청원경찰이 직무상에 의무를 위반하거나 직무를 태만히 할 때 징계처분을 하여야 한다(동법 제5조의2 제1항 제1호).
③ [○]
④ [×] 청원경찰의 임용자격은 18세 이상인 사람이며, 남자의 경우에는 군복무를 마쳤거나 군복무가 면제된 사람으로 한정한다(「청원경찰법 시행령」 제3조).

정답 ③

634 객관식 최신 경찰학

03 청원경찰에 대한 다음 설명 중 옳은 것은 모두 몇 개인가? [16년 경간부 수정]

> ⊙ 청원경찰은 청원주가 임용하되, 임용을 할 때에는 미리 시·도경찰청장의 승인을 받아야 한다.
> ⓛ 청원경찰에 대한 징계의 종류는 파면, 해임, 강등, 정직, 감봉 및 견책으로 구분한다.
> ⓒ 시·도경찰청장은 청원경찰이 직무를 수행하기 위하여 필요하다고 인정하면 청원주의 신청을 받아 관할 경찰서장으로 하여금 청원경찰에게 무기를 대여하여 지니게 하여야 한다.
> ⓔ 청원경찰이 직무를 수행할 때 직권을 남용하여 국민에게 해를 끼친 경우에는 1년 이하의 징역이나 금고에 처한다.
> ⓜ 청원경찰의 임용자격은 20세 이상인 사람이다.(다만, 남자의 경우에는 군복무를 마쳤거나 군복무가 면제된 사람으로 한정한다.)

① 0개 　　　　② 1개 　　　　③ 2개 　　　　④ 3개

해설 ⊙ [○]
ⓛ [×] 청원경찰에 대한 징계의 종류는 파면, 해임, 정직, 감봉 및 견책으로 구분한다(「청원경찰법」 제5조의2 제2항).
ⓒ [×] 시·도경찰청장은 청원경찰이 직무를 수행하기 위하여 필요하다고 인정하면 청원주의 신청을 받아 관할 경찰서장으로 하여금 청원경찰에게 무기를 대여하여 지니게 할 수 있다(동법 제8조 제2항).
ⓔ [×] 청원경찰이 직무를 수행할 때 직권을 남용하여 국민에게 해를 끼친 경우에는 6개월 이하의 징역이나 금고에 처한다(동법 제10조 제1항).
ⓜ [×] 청원경찰의 임용자격은 18세 이상의 사람이다. 다만, 남자의 경우에는 군복무를 마쳤거나 군복무가 면제된 사람으로 한정한다(「청원경찰법 시행령」 제3조).

정답 ②

04 「경비업법」과 「청원경찰법」상 관련자들에게 부여된 준수사항들로 옳지 <u>않</u>은 것은? [21년 경간부]

① 경비업자는 경찰공무원 또는 군인의 제복과 색상 및 디자인 등이 명확히 구별되는 소속 경비원의 복장을 정하고 이를 확인할 수 있는 사진을 첨부하여 주된 사무소를 관할하는 시·도경찰청장에게 소정의 양식에 따라 신고하여야 한다.

② 경비원은 장비를 근무 중에만 휴대할 수 있고 경비업무를 위하여 필요하다고 인정되는 상당한 이유가 있을 때에는 필요한 최소한도에서 장비를 사용할 수 있다.

③ 청원경찰은 청원주와 배치된 기관·시설 또는 사업장 등의 구역을 관할하는 경찰서장의 감독을 받아 그 경비구역만의 경비를 목적으로 필요한 범위에서 「경찰관 직무집행법」에 따른 경찰관의 직무를 수행한다.

④ 청원경찰은 근무 중 제복을 착용하여야 하며 경찰청장은 청원경찰이 직무를 수행하기 위하여 필요하다고 인정하면 청원주의 신청을 받아 관할 시·도경찰청장으로 하여금 청원경찰에게 무기를 대여하여 지니게 할 수 있다.

해설 ① [○] 「경비업법」 제16조 제1항
② [○] 동법 제16조의2 제1항, 제4항
③ [○] 「청원경찰법」 제3조
④ [×] 시·도경찰청장은 청원주의 신청을 받아 관할 경찰서장으로 하여금 청원경찰에게 무기를 대여하여 지니게 할 수 있다(동법 제8조 제2항).

정답 ④

05 「청원경찰법」 및 「청원경찰법 시행령」상 청원경찰에 대한 설명 중 가장
옳지 <u>않은</u> 것은?   [19년 경간부]

① 시·도경찰청장은 청원경찰 배치가 필요하다고 인정하는 기관의 장 또는
시설·사업장의 경영자에게 청원경찰을 배치할 것을 요청할 수 있다.

② 청원경찰의 임용자격은 19세 이상인 사람이며, 남자의 경우에는 군복무를
마쳤거나 군복무가 면제된 사람으로 한정한다.

③ 청원경찰은 청원경찰의 배치 결정을 받은 자와 배치된 기관·시설 또는
사업장 등의 구역을 관할하는 경찰서장의 감독을 받아 그 경비구역만의
경비를 목적으로 필요한 범위에서 「경찰관 직무집행법」에 따른 경찰관의
직무를 수행한다.

④ 시·도경찰청장은 청원경찰이 직무를 수행하기 위하여 필요하다고 인정할
때에는 청원주의 신청을 받아 관할 경찰서장으로 하여금 무기를 대여하여
지니게 할 수 있다.

<u>해설</u> ① [O] 「청원경찰법」 제4조 제3항
② [×] 청원경찰의 자격은 18세 이상의 사람이다(「청원경찰법 시행령」 제3조).
③ [O] 동법 제3조
④ [O] 동법 제8조 제2항

<u>정답</u> ②

06 「청원경찰법」상 다음 설명 중 틀린 것은 모두 몇 개인가? [15년 순경 2차]

> ⊙ 청원경찰은 청원경찰의 배치 결정을 받은 자(이하 청원주)와 배치된 기관·시설 또는 사업장 등의 구역을 관할하는 경찰서장의 감독을 받아 그 경비구역만의 경비를 목적으로 필요한 범위에서 「경찰관 직무집행법」에 따른 경찰관의 직무를 수행한다.
> ⓛ 청원경찰에 대한 징계의 종류는 파면, 해임, 강등, 정직, 감봉 및 견책으로 구분한다.
> ⓒ 청원경찰은 청원주가 임용하되, 임용을 할 때에는 미리 시·도경찰청장의 승인을 받아야 한다.
> ⓔ 시·도경찰청장은 청원경찰이 직무를 수행하기 위하여 필요하다고 인정하면 청원주의 신청을 받아 관할 경찰서장으로 하여금 청원경찰에게 무기를 대여하여 지니게 할 수 있다.

① 0개   ② 1개   ③ 2개   ④ 3개

해설 ⊙ [○] 「청원경찰법」 제3조
ⓛ [×] 청원경찰에 대한 징계의 종류는 파면, 해임, 정직, 감봉 및 견책으로 구분한다(동법 제5조의2 제2항).
ⓒ [○] 동법 제5조 제1항
ⓔ [○] 동법 제8조 제2항

정답 ②

Chapter

13

정보 경찰활동

제1절 정보의 의의

01 정보의 질적 요건에 관한 다음 설명 중 가장 적절하지 <u>않은</u> 것은?

[15년 순경 2차]

① 완전성은 정보가 사실과 일치되는 성질이다.

② 적시성은 정보가 정책결정이 이루어지는 시점에 비추어 가장 적절한 시기에 존재하는 성질이다.

③ 적실성은 정보가 당면 문제와 관련된 성질이다.

④ 객관성은 정보가 국가정책의 결정과정에서 사용될 때 국익증대와 안보추구라는 차원에서 객관적 입장을 유지해야 한다는 것을 의미한다.

해설 ① 완전성은 정보가 정책결정에 필요한 모든 내용을 포함하고 있는지 여부를 의미하고, 정확성은 수집된 정보가 얼마나 사실과 일치하는가를 말한다.

정답 ①

02 정보의 분류 중 사용목적에 따른 분류로 가장 적절한 것은? [15년 순경 1차]

① 전략정보, 전술정보   ② 적극정보, 소극(보안)정보

③ 기본정보, 현용정보, 판단정보   ④ 인간정보, 기술정보

해설 정보의 분류

분류 기준	종 류
정보요소	정치정보, 경제정보, 사회정보, 과학정보, 군사정보 등
사용주체	국가정보, 부문정보
사용수준	전략정보, 전술정보
사용목적	적극정보, 보안정보
수집활동	인간정보, 기술정보
대상지역	국내정보, 국외정보
분석형태	기본정보, 현용정보, 판단정보
입수형태	직접정보, 간접정보

정답 ②

03 셔먼 켄트(Sherman Kent)는 정보의 사용자가 과거, 현재, 미래의 사항에 관심을 가지고 있다는 이론에 근거하여 정보를 3가지로 분류하였다. 이중 다음 보기와 가장 관련이 깊은 정보는? [14년 경감 승진; 19년 경간부]

> 과거와 현재를 바탕으로 하여 미래의 가능성을 예측한 평가정보로서 정책결정자에게 정책의 결정에 필요한 사전적인 지식을 제공하는 기능을 한다.

① 기본정보   ② 현용정보   ③ 보안정보   ④ 판단정보

해설 ④ 판단정보는 기본정보와 현용정보를 기초로 어떤 사상(事象)의 장래를 추측·판단한 정보로서 특정문제를 체계적·실증적으로 연구하여 미래에 있을 어떤 상태를 추리·평가하기 때문에 정보생산자의 능력과 재능을 가장 많이 필요로 한다.

정답 ④

04 다음 빈 칸에 들어갈 알맞은 단어끼리 짝지은 것은? [17년 경간부]

> • (㉠)는 과거와 현재를 바탕으로 하여 미래의 가능성을 예측한 평가정보로서 정책결정자에게 정책의 결정에 필요한 사전적인 지식을 제공하는 기능을 한다.
> • (㉡)는 국가안전보장을 위태롭게 하는 간첩활동, 태업 및 전복에 대비할 국가적 취약점의 분석과 판단에 관한 정보를 말한다.

① ㉠ - 판단정보, ㉡ - 적극정보   ② ㉠ - 판단정보, ㉡ - 보안정보
③ ㉠ - 현용정보, ㉡ - 소극정보   ④ ㉠ - 현용정보, ㉡ - 적극정보

해설 ㉠은 판단정보에 대한 설명이고, ㉡은 보안정보에 대한 설명이다.
정답 ②

05 정보를 분석형태에 따라 분류할 때 이에 해당하지 **않은** 것은? [15년 경간부]

① 기본정보   ② 기술정보
③ 현용정보   ④ 판단정보

해설 ② 정보는 분석형태에 따라서 기본정보, 현용정보, 판단정보로 분류할 수 있다.
정답 ②

06 정보를 출처에 따라 분류할 때 그 설명 중 가장 적절한 것은?

[20년 경위 승진]

① 근본출처정보는 정보출처에 대한 별다른 보호조치가 없더라도 상시적으로 정보를 획득할 것으로 기대되는 출처로부터 얻어진 정보이다.

② 비밀출처정보란 정보관이 의도한 정보입수의 시점과는 무관하게 얻어지는 정보이다.

③ 정기출처정보는 정기적으로 정보를 획득할 수 있는 출처로부터 얻은 정보로 일반적으로 우연출처정보에 비해 출처의 신빙성과 내용의 신뢰성 면에서 우위를 점한다고 볼 수 없다.

④ 간접정보란 중간매체가 있는 경우의 정보로 정보관은 이들 매체를 통해 정보를 감지하게 되지만 사실은 그 내용에 해당 매체의 주관이나 편견이 개입될 소지가 있다는 면에서 직접정보에 비해 출처의 신빙성과 내용의 신뢰성이 낮게 평가될 여지가 있다.

해설 ① [×] 근본출처정보는 중간기관의 변형 없이 원형 그대로의 첩보를 제공하는 출처로부터 얻어진 정보이다. 반면에 정보출처에 대한 별다른 보호조치가 없더라도 상시적으로 정보를 획득할 것으로 기대되는 출처로부터 얻어진 정보는 공개출처정보이다.
② [×] 비밀출처정보란 정보기관의 비밀공작에 의하여 비공개적으로 첩보를 입수하는 출처로부터 얻어진 정보이다. 반면에 정보관이 의도한 정보입수 시점과는 무관하게 부정기적으로 얻어지는 정보는 우연출처정보이다.
③ [×] 일반적으로 정기출처정보가 우연출처정보에 비해서 출처의 신빙성과 내용의 신뢰성 면에서 우위를 점한다고 평가할 수 있다.
④ [○]
정답 ④

07 정보의 효용에 대한 설명 중 가장 적절하지 <u>않은</u> 것은?　　　　[12년 경감 승진]

① 정보의 효용이란 질적 요건을 갖춘 정보를 어떻게 사용하면 정책결정과정
에 기여할 수 있는가에 대한 기준을 말한다.

② 정보형태가 의사결정자의 요구사항과 보다 밀접하게 부합될 때 정보의 효
용 중 형식효용이 높아진다.

③ 전략정보는 정책결정자가 보는 만큼 비교적 상세하고 구체적일 필요가 있
으나 전술정보는 낮은 수준의 정책결정자나 실무자가 보는 만큼 중요한
요소를 축약해 놓은 형태가 바람직하다.

④ 방첩활동과 가장 밀접하게 관련된 것은 통제효용이다.

해설　③ 고위정책결정자에게 제공되는 전략정보는 중요한 요소만을 축약해 놓은 형태가 바람직하지
만 낮은 수준의 정책결정자나 실무자에게 제공되는 전술정보는 비교적 상세하고 구체적일 필요
성이 있다.

정답　③

제2절　정보경찰활동의 기초

01 정보와 정책의 관계와 관련하여 전통주의에 대한 설명으로 가장 적절하지
<u>않은</u> 것은?　　　　[13년 경위 승진]

① 정보생산자는 정책과정에 대해 연구하고 이해해야 한다.

② 정보는 정책에 의존하여 존재하지만, 정책은 정보의 지지 없이도 존재할
수 있는 것이다.

③ 정보가 정책결정에 조언을 주는 방향으로만 분리적으로 기능해야 한다.

④ 대표적 학자로 Mark M. Lowenthal이 있다.

해설　① Mark M. Lowenthal로 대표되는 전통주의는 정보와 정책은 일정 수준의 분리가 필요하다고
주장하는 반면에 Roger Hilsman으로 대표되는 행동주의는 정보와 정책은 공생관계에 있기 때문
에 상호간에 밀접하게 연결되어야 한다고 강조한다.

정답　①

02 경찰정보활동의 법적 근거와 한계에 대한 설명이다. 가장 옳지 <u>않은</u> 것은?

① 「경찰관 직무집행법」은 경찰관은 범죄·재난·공공갈등 등 공공안녕에 대한 위험의 예방과 대응을 위한 정보의 수집·작성·배포와 이에 수반되는 사실의 확인을 할 수 있다고 명시하고 있다.

② 「경찰관의 정보수집 및 처리 등에 관한 규정」은 「경찰관 직무집행법」에 따른 경찰정보활동의 구체적인 범위와 처리 기준, 정보의 수집·작성·배포에 수반되는 사실의 확인 절차와 한계를 규정하고 있다.

③ 구 「경찰법」은 경찰에 대한 조직법으로서 일반 국민을 수범자로 하지 않는다는 것이 헌법재판소의 입장이다.

④ 정보경찰활동은 형식적 의미의 경찰개념과 실질적 의미의 경찰개념에 모두 포함된다고 해석해야 한다.

해설 ① [○] 「경찰관 직무집행법」 제8조의2 제1항
② [○] 동법 제8조의2 제2항, 「경찰관의 정보수집 및 처리 등에 관한 규정」 제1조
③ [○] 헌재 1994. 6. 30, 91헌마162 결정
④ [×] 정보경찰활동은 형식적 의미의 경찰개념에는 포함되지만 실질적 의미의 경찰개념에는 포함되지 않는다.

정답 ④

03 정보경찰활동에 대한 내용으로 옳지 <u>않은</u> 것은? [21년 경간부 수정]

① 첩보와 정보는 구분되며 첩보가 부정확한 견문이나 지식을 포함하는데 반해 정보는 가공을 통해 객관적으로 평가된 지식이다.

② 정보는 사용목적(대상)에 따라 소극정보와 적극정보로 구분되며 국가안전을 유지하는 경찰기능의 기초가 되는 정보를 소극정보라 한다.

③ 「경찰관의 정보수집 및 처리 등에 관한 규정」은 경찰관이 수집·작성·배포할 수 있는 공공안녕에 대한 위험의 예방과 대응을 위한 정보의 구체적인 범위와 처리 기준, 정보의 수집·작성·배포에 수반되는 사실의 확인 절차 및 한계에 관하여 규정함을 목적으로 2021년에 제정되었다.

④ 「경찰관의 정보수집 및 처리 등에 관한 규정」에 따라 정보관이 정보를 수집할 때에는 모든 상황에서 신분을 밝히고 목적을 설명하여야 하며, 임의적인 방법을 사용하여야 한다.

해설 ④ 경찰관은 법 제8조의2 제1항에 따라 정보를 수집하거나 정보의 수집·작성·배포에 수반되는 사실을 확인하려는 경우에는 상대방에게 자신의 신분을 밝히고 정보 수집 또는 사실 확인의 목적을 설명해야 한다. 이 경우 강제적인 방법을 사용해서는 안 된다(「경찰관의 정보수집 및 처리 등에 관한 규정」 제4조 제1항). 하지만, ⓐ 국민의 생명·신체의 안전이나 국가안보에 긴박한 위험이 발생할 우려가 있는 경우, ⓑ 범죄의 대응을 위한 정보활동에 현저한 지장을 초래할 우려가 있는 경우에는 신분을 밝히거나 정보수집 사실 또는 사실 확인의 목적 설명을 생략할 수 있다(동규정 제4조 제2항).

정답 ④

04 「경찰관의 정보수집 및 처리 등에 관한 규정」에 명시된 정보활동의 기본 원칙에 관한 설명 중 옳지 않은 것은?

① 공공안녕에 대한 위험의 예방과 대응을 위한 정보의 수집·작성·배포와 이에 수반되는 사실의 확인을 위해 경찰관이 수행하는 활동은 국민의 자유와 권리를 보호하는 것을 목적으로 해야 하며, 필요 최소한의 범위에 그쳐야 한다.

② 경찰관은 상대방의 명시적 의사에 반해 자료 제출이나 의견 표명을 강요하는 행위를 하여서는 안 된다.

③ 경찰관은 직무상 알게 된 정보를 누설하거나 개인의 이익을 위해 사용하는 행위를 하여서는 안 된다.

④ 경찰관은 방첩·대테러활동 등 국가안전을 위한 활동에 필요한 정보를 수집하는데 한하여 직무와 무관한 비공식적 직함을 사용할 수 있다.

해설 ④ 경찰관은 직무와 무관한 비공식적 직함을 사용하는 행위를 하여서는 안 된다(「경찰관의 정보수집 및 처리 등에 관한 규정」 제2조 제2항 제6호).

정답 ④

05 「경찰관의 정보수집 및 처리 등에 관한 규정」에 따라 경찰관이 수집·작성·배포할 수 있는 정보에 해당되지 않은 것은 모두 몇 개인가?

> ㉠ 범죄의 예방과 대응에 필요한 정보
> ㉡ 국가중요시설의 안전 및 주요 인사의 보호에 필요한 정보
> ㉢ 방첩·대테러활동 등 국가안전을 위한 활동에 필요한 정보
> ㉣ 재난·안전사고 등으로부터 국민안전을 확보하기 위한 정보
> ㉤ 도로 교통의 위해방지·제거 및 원활한 소통 확보를 위한 정보
> ㉥ 「국가보안법」에 규정된 죄와 관련되고 반국가단체와 연계되거나 연계가 의심
>   되는 안보침해행위에 관한 정보

① 1개   ② 2개   ③ 3개   ④ 4개

해설　㉠ [○] 「경찰관의 정보수집 및 처리 등에 관한 규정」 제3조 제1호
　　　㉡ [○] 동규정 제3조 제3호
　　　㉢ [○] 동규정 제3조 제4호
　　　㉣ [○] 동규정 제3조 제5호
　　　㉤ [○] 동규정 제3조 제8호
　　　㉥ [×] 국가정보원에서 수집·작성·배포하는 정보이다(「국가정보원법」 제4조 제1호 라목).

정답　①

제3절   **정보의 순환과정**

01 정보요구의 우선순위에 대한 설명 중 가장 옳지 <u>않은</u> 것은?   [18년 경간부]

① PNIO는 국가정책의 수립자와 수행자의 질문에 대한 응답을 위하여 선정된 우선적인 정보 목표이며, 국가의 전 정보기관활동의 기본방침이고, 특히 경찰청이 정보수집계획을 수립할 때 가장 중요한 지침이 된다.

② EEI는 사전에 반드시 첩보수집계획서를 작성하며, 해당부서의 정보활동을 위한 일반지침이 된다.

③ SRI는 어떤 수시적 돌발상황의 해결에 필요한 한도 내에서 임시적·단편적·지역적인 특수사건을 단기에 해결하기 위하여 필요한 경우에 요구되는 첩보이다.

④ SRI의 경우 사전에 첩보수집계획서가 필요하다.

해설   ④ SRI는 특정지역의 특별한 돌발사항에 대한 단기적 해결을 위하여 임시적이고 단편적으로 첩보를 요구하는 방법이기 때문에 사전에 첩보수집계획서가 요구되지 않는다.

정답   ④

02 정보요구의 방법 중 첩보기본요소(EEI)에 대한 설명으로 가장 적절하지 <u>않</u>은 것은?   [19년 경감 승진]

① 정보기관의 활동은 주로 첩보기본요소(EEI)에 의한다.

② 사전에 반드시 첩보수집계획서를 작성한다.

③ 전체적인 의미를 가진 일반적인 내용으로 계속적·반복적으로 수집할 사항이다.

④ 우선적으로 필요로 하는 가장 기본적인 사항으로 첩보수집계획서의 핵심이다.

해설   ① 경찰의 정보활동은 통상적으로 특정사안·상황을 중심으로 특별첩보요구(Special Requirements of Information: SRI)에 의하여 정보요구가 행해진다. 따라서 정보기관의 활동은 주로 첩보기본요소(EEI)에 의한다는 표현은 올바르지 않다.

정답   ①

03 정보가 산출되는 과정은 소요되는 정보요구를 결정하고, 이 요구를 충족시키기 위한 첩보를 수집·보고하며, 수집된 첩보를 평가·분석·종합 및 해석하여 정보를 생산하고, 사용자에게 전파하는 4개의 단계가 순환하면서 이루어진다. 정보의 순환과정에 대한 설명으로 가장 적절하지 <u>않은</u> 것은?　　　　　　　　　　　　　　　　　　　　　　　　　　[12년 경감 승진]

① 첩보의 수집방법 중 레이더, 적외선센서 등의 기술적 수단을 이용하여 사진이나 영상을 수집하고 그것을 분석하여 얻어지는 정보를 신호정보라 한다.

② 첩보수집계획서가 완성되면 수집활동에 적합한 시기에 요구내용을 명령하게 되는데 이때는 구두나 서면 등 상황에 따라 알맞은 방법이 사용된다.

③ 첩보수집계획서를 작성할 때에는 첩보가 입수되어야 할 예정 일자와 보고시기 등 임무 수행에 소요되는 시간에 대한 고려는 있어야 하나, 첩보의 출처는 첩보수집단계에서 고려할 사항으로 첩보수집계획서와는 관련이 없다.

④ 첩보수집계획에 의하여 수집된 첩보는 정해진 시기 내에 보고하는 것이 통상적이지만 첩보의 중요성과 긴급성에 따라 필요한 기관에 신속히 전달되어야 한다.

해설　① 첩보의 수집방법 중 레이더, 적외선 센서 등의 기술적 수단을 이용하여 사진이나 영상을 수집하고 그것을 분석하여 얻어지는 정보를 영상정보(IMINT: imagery intelligence)라고 한다.

정답　①

04 정보요구의 방법 중 SRI(특별첩보요구)에 관한 설명으로 가장 적절한 것은?　　　　　　　　　　　　　　　　　　　　　　　　　　　　　[15년 경감 승진]

① 국가안전보장이나 정책에 관련되는 국가정보목표의 우선순위를 뜻한다.

② 계속적, 반복적으로 전체적 지역에 걸쳐 수집할 것을 지시하는 요구사항을 뜻한다.

③ 어떤 수시적 돌발상황의 해결에 필요한 한도 내에서 임시적·단편적·지역적인 특수사건을 단기에 해결하기 위하여 필요한 경우에 요구되는 첩보를 말한다.

④ 급변하는 정세 변화에 따라 정책상 수정이 필요하거나 또는 이를 위한 자료가 요구될 때 이를 충족시키기 위한 정보요구이다.

해설 ① [×] 국가정보목표 우선순위(PNIO)에 관한 설명이다.
② [×] 첩보기본요소(EEI)에 관한 설명이다.
③ [○]
④ [×] 기타 정보요구(OIR)에 관한 설명이다.
정답 ③

05 정보의 순환과정에 대한 설명 중 옳은 것은 모두 몇 개인가? [19년 경간부]

⊙ 정보의 순환과정 중 가장 중요하고도 어려운 단계는 정보생산단계이다.
ⓛ 첩보수집단계의 소순환과정은 첩보의 기본요소 결정 → 첩보수집계획서의 작성 → 명령·하달 → 사후검토 순이다.
ⓒ 정보생산단계의 소순환과정은 선택 → 평가 → 기록 → 분석 → 종합 → 해석이다.
ⓔ 정보의 순환은 연속적 또는 동시에 이루어질 수도 있다.
ⓜ 정보배포의 원칙 중 '보안성'이란 알아야 할 필요가 있는 대상자에게는 알려야 하고, 알 필요가 없는 대상자에게는 알려서는 안 된다는 것이다.
ⓗ 정보배포의 수단 중 '특별보고서'는 어떤 기관 또는 사용자가 요청한 문제에 대하여 정보를 작성하고 배포하는 방법이다.

① 1개   ② 2개   ③ 3개   ④ 4개

해설 ⊙ [×] 정보의 순환과정 중 가장 중요하고도 어려운 단계는 첩보수집단계이다.
ⓛ [×] 첩보수집단계의 소순환과정은 첩보의 출처의 개척 → 첩보의 수집 → 첩보의 전달이다. 정보요구단계의 소순환과정은 첩보의 기본요소 결정 → 첩보수집계획서의 작성 → 명령·하달 → 사후검토이다.
ⓒ [×] 정보생산단계의 소순환과정은 선택 → 기록 → 평가 → 분석 → 종합 → 해석이다.
ⓔ [○]
ⓜ [×] 보안성이란 정보연구 및 판단이 누설됨으로써 초래될 수 있는 결과를 예방하기 위하여 보안대책을 강구하여야 한다는 것이다.
ⓗ [×] 특별보고서는 다수의 사람이나 기관들이 축적된 정보에 대해서 이해관계를 가질 때 부정기적으로 발행하고, 형식면에서 통일성이 낮으며 정보의 내용, 긴급성, 정보사용자의 필요에 따라 다양하다.
정답 ①

06 정보의 배포와 관련된 설명으로 ㉠~㉭의 내용 중 옳고 그름의 표시(O, X)가 모두 바르게 된 것은?

[19년 순경 2차]

> ㉠ 정보의 배포란 정보를 필요로 하는 개인이나 기관에게 적합한 내용을 적당한 시기에 제공하는 과정을 말하는 것으로, 적합한 형태를 갖출 필요는 없다.
> ㉡ 보안성의 원칙은 정보연구 및 판단이 누설되면 정보로서의 가치를 상실할 수 있으므로 이를 예방하기 위해 보안대책을 강구해야 한다는 것을 말한다.
> ㉢ 계속성의 원칙은 정보가 정보사용자에게 배포되었다면, 그 정보의 내용이 변화되었거나 관련 내용이 추가적으로 입수되었거나 할 경우 계속적으로 사용자에게 배포되어야 한다는 것을 말한다.
> ㉣ 정보배포의 주된 목적은 정책입안자 또는 정책결정자가 정보를 바탕으로 건전한 정책결정에 이르도록 하는 데 있다.
> ㉭ 정보는 먼저 생산된 것을 우선적으로 배포하여야 한다.

① ㉠ (×) ㉡ (×) ㉢ (○) ㉣ (×) ㉭ (○)

② ㉠ (×) ㉡ (○) ㉢ (○) ㉣ (○) ㉭ (×)

③ ㉠ (○) ㉡ (○) ㉢ (×) ㉣ (○) ㉭ (○)

④ ㉠ (×) ㉡ (○) ㉢ (○) ㉣ (×) ㉭ (×)

해설 ㉠ [×] 정보의 배포란 생산된 정보를 정보사용자의 수준에 맞게 적절한 형태를 갖추어 사용자가 필요한 시기에 제공하는 것을 말한다.
㉡ [○]
㉢ [○]
㉣ [○]
㉭ [×] 정보사용자의 필요에 비추어 가장 적절한 시기에 제공되어야 한다(적시성의 원칙).

정답 ②

07 정보경찰활동에 대한 설명으로 가장 적절하지 <u>않은</u> 것은?   [20년 경감 승진]

① 관련 문서의 배포범위를 제한하거나 폐기 대상인 문서를 파기하는 등의 관리방법은 물리적 보안조치에 해당한다.

② 정보배포의 원칙으로 필요성, 적당성, 보안성, 적시성, 계속성이 있다.

③ 어떤 수시적 돌발상황의 해결에 필요한 한도 내에서 임시적, 단편적, 지역적 특수사건을 단기에 해결하기 위하여 필요한 경우 요구되는 첩보를 SRI (특별첩보요구)라고 한다.

④ 정보배포의 원칙 중 계속성은 특정 정보가 필요한 정보사용자에게 배포되었다면 그 정보의 내용이 계속 변화되었거나 관련 내용이 추가적으로 입수되었거나 할 경우 정보는 계속적으로 사용자에게 배포되어야 한다는 원칙이다.

해설 ① 물리적 보안조치는 보호 가치 있는 정보를 보관하는 보호구역을 지정하여 관리하고 그 시설에 대한 보안조치를 실시하는 방안을 의미하고, 관련 문서의 배포범위를 제한하거나 폐기 대상인 문서를 파기하는 등의 관리방법은 정보의 분류조치에 해당한다.

정답 ①

08 정보의 배포수단 중 브리핑에 관한 설명으로 가장 적절하지 <u>않은</u> 것은?

[16년 경감 승진]

① 정보사용자 개인 또는 다수에 대하여 정보분석관이 정보의 내용을 요약하여 구두로 설명하는 방법이다.

② 매일 24시간에 걸친 정치·경제·사회·문화 등 제반 정세의 변화를 중점적으로 망라한 보고서이다.

③ 통상 강연식이나 문답식으로 진행되는데 시간을 절약할 수 있어 현용정보의 배포수단으로 많이 이용한다.

④ 치밀한 사전준비와 구술능력을 요구하며 시각적인 보조자료를 적절히 활용하는 것이 효과적이다.

해설 ② 매일 24시간에 걸친 정치·경제·사회·문화 등 제반 정세의 변화를 중점적으로 망라한 보고서는 일일정보보고서이다.

정답 ②

09 정보의 배포수단에 대한 설명 중 가장 적절하게 연결된 것은?

[17년 순경 1차]

> ㉠ 통상 개인적인 대화의 형태로 이루어지며, 질문에 대한 답변이나 토의 형태로 직접 전달하는 방법이다.
> ㉡ 정보사용자 또는 다수 인원에게 신속히 전달하는 경우에 이용되는 방법으로 강연식이나 문답식으로 진행되며, 현용정보의 배포수단으로 많이 이용된다.
> ㉢ 정보분석관이 가장 많이 활용하는 방법으로 정기간행물에 포함시키는 것이 적절하지 못한 긴급한 정보를 전달하는 데 주로 사용되며, 신속성이 중요하다.
> ㉣ 매일 24시간에 걸친 정치, 경제, 사회, 문화 등 제반 정세의 변화를 중점적으로 망라한 보고서로 사전에 고안된 양식에 의해 매일 작성되며, 제한된 범위에서 배포된다.

① ㉠ 비공식적 방법 ㉡ 브리핑 ㉢ 메모 ㉣ 일일정보보고서
② ㉠ 비공식적 방법 ㉡ 브리핑 ㉢ 전신 ㉣ 특별보고서
③ ㉠ 브리핑 ㉡ 비공식적 방법 ㉢ 메모 ㉣ 특별보고서
④ ㉠ 브리핑 ㉡ 비공식적 방법 ㉢ 전신 ㉣ 일일정보보고서

해설 ① ㉠은 비공식적 방법, ㉡은 브리핑, ㉢은 메모, ㉣은 일일정보보고서에 대한 설명이다.
정답 ①

10 정보의 배포수단에 관한 설명으로 가장 적절하지 <u>않은</u> 것은?

[16년 경위 승진]

① 전신은 정보분석관이 가장 많이 활용하는 방법이다.
② 일일정보보고서는 사전에 고안된 양식에 의해 매일 작성되며 제한된 범위에서 배포된다.
③ 메모는 정기간행물에 포함하는 것이 적절하지 못한 긴급한 정보, 즉 현용정보를 전달하는데 주로 사용되며 신속성이 중요시 된다.
④ 특별보고서는 축적된 정보가 다수의 사람이나 기관이 이해관계 또는 가치를 가지는 것일 때 발행한다.

해설 ① 메모는 정보분석관이 상대적으로 많이 활용하는 방법이다.
정답 ①

11 정보배포의 원칙에 대한 설명으로 가장 적절하지 <u>않은</u> 것은? [15년 경위 승진]

① 정보배포의 원칙으로 적시성, 보안성, 계속성이 있다.

② 적시성은 정책결정과정에서 정보사용자가 사용하고자 하는 시간에 맞추어 배포되어야 한다는 것을 말한다.

③ 보안성은 정보는 모든 사람에게 중요하므로 필요 여부를 떠나 다수에게 배포되어야 한다는 것을 말한다.

④ 계속성은 특정정보가 필요한 정보사용자에게 배포되었다면 그 정보의 내용이 변화되었거나 관련 내용이 추가적으로 입수되었거나 할 경우 정보는 계속적으로 사용자에게 배포되어야 한다는 것을 말한다.

해설 ③ 보안성은 정보의 누설을 방지하기 위하여 각종의 보안대책(정보 분류조치, 인사 보안조치, 물리적 보안조치)을 강구하여야 한다는 원칙이다.

정답 ③

12 정보배포 방법에 대한 설명이 가장 적절하게 연결된 것은? [13년 경위 승진]

> ㉠ 일반적으로 가장 많이 활용되는 방법으로 생산된 정보의 내용을 서류형태로 보고서화하여 정보수요자에게 배포하는 방법
> ㉡ 통상 광범위한 배포를 위하여 출판되며 방대한 정보를 수록
> ㉢ 정기간행물에 포함시키는 것이 적절하지 못한 긴급한 정보, 즉, 현용정보를 전달하는 데 주로 사용되며 신속성이 중요시됨
> ㉣ 정보사용자 또는 어떤 기관이 요청한 문제에 대하여 비교적 심층적인 분석을 통해 작성되는 장문의 보고서

① ㉠ 보고서 ㉡ 정기간행물 ㉢ 메모 ㉣ 연구과제 보고서

② ㉠ 보고서 ㉡ 연구과제보고서 ㉢ 전신 ㉣ 정기간행물

③ ㉠ 일일정보보고서 ㉡ 연구과제보고서 ㉢ 메모 ㉣ 정기간행물

④ ㉠ 일일정보보고서 ㉡ 정기간행물 ㉢ 전신 ㉣ 연구과제 보고서

해설 ① ㉠은 보고서, ㉡은 정기간행물, ㉢은 메모, ㉣은 연구과제 보고서에 관한 설명이다.

정답 ①

제4절 경찰 정보보고서

01 상황정보에 관한 설명으로 가장 적절하지 <u>않은</u> 것은?　　　[16년 경감 승진]

① 속보는 사회갈등이나 집회시위와 관련된 경우가 대부분이다.

② 정확한 보고를 위해 반드시 형식을 갖춘 보고서에 의한다.

③ 본질상 제1보, 제2보 등의 형식을 취하는 경우가 많다.

④ 필요시 경찰 외부에도 전파하는 시스템으로 운용되고 있다.

해설 ② 속보(상황정보 보고)의 생명은 신속성이기 때문에 반드시 보고서의 일정한 형식이 요구되는 것은 아니다. 하지만 보통 6하 원칙에 맞게 보고한다.

정답 ②

02 정보보고서에 대한 설명으로 가장 적절하지 <u>않은</u> 것은?　　　[19년 경감 승진]

① 견문보고서는 경찰관이 공·사생활을 하면서 보고 들은 정치·경제·사회·문화 등 제 분야에 관한 각종 자료를 수집하여 기술한 보고서를 말한다.

② 정보상황보고서는 매일 전국의 사회갈등이나 집회시위 상황을 정리하여 그 다음 날 아침에 경찰 내부와 정부 각 기관에 전파하는 보고서를 말한다.

③ 정책정보보고서는 정부 정책의 문제점을 파악하고 그 개선책을 보고하는 데 주안점을 두는 정보보고이다.

④ 정보판단서는 관련 견문과 자료를 종합, 분석하여 작성한 보고서로서 지휘관으로 하여금 상황에 대한 조치를 요하게 하는 보고서를 말한다.

해설 ② 매일 전국의 사회갈등이나 집회시위 상황을 정리하여 그 다음 날 아침에 경찰 내부와 정부 각 기관에 전파하는 보고서는 중요상황정보(소위 "중보")이다.

정답 ②

03 정보경찰의 보고서의 경우 정례화되어 어떠한 판단을 나타내는 특수한 용어가 있는데, 그 용어와 사용례의 연결이 가장 적절한 것은?

[13년 경위 승진]

① 예상됨 – 어떤 징후가 나타나거나 상황이 전개될 것이 거의 확실시되는 근거가 있는 경우
② 전망됨 – 과거의 움직임이나 현재 동향, 미래의 계획 등으로 미루어 장기적으로 활동의 윤곽이 어떠하리라는 예측을 할 경우
③ 우려됨 – 구체적인 근거는 없이 현재 나타난 동향의 원인·배경 등을 다소 막연히 추측할 때
④ 추정됨 – 구체적인 징후는 없으나 전혀 그 가능성을 배제하기 곤란하여 최소한의 대비가 필요한 때

해설 정보판단서의 용어

용 어	개 념
판단됨	어떤 징후가 나타나거나 상황이 전개될 것이 확실시되는 근거가 있는 경우
예상됨	첩보 등을 분석한 결과 단기적으로 어떤 상황이 전개될 것이 비교적 확실한 경우
전망됨	과거 움직임이나 현재 동향, 미래 계획 등으로 보아 장기적으로 활동의 윤곽이 어떠하리라는 예측을 할 경우
추정됨	구체적인 근거는 없이 현재 나타난 동향의 원인·배경 등을 막연히 추측할 경우
우려됨	구체적인 징후는 없으나 전혀 그 가능성을 배제하기 곤란하여 최소한의 대비가 필요한 경우

정답 ②

제5절 개인정보 보호와 국민의 기본권

01 「개인정보 보호법」상 공개된 장소에 영상정보처리기기를 설치·운영할 수 있는 경우에 해당되지 <u>않는</u> 것은 모두 몇 개인가?

> ㉠ 법령에서 구체적으로 허용하고 있는 경우
> ㉡ 범죄의 예방 및 수사를 위하여 필요한 경우
> ㉢ 시설안전 및 화재 예방을 위하여 필요한 경우
> ㉣ 교통단속을 위하여 필요한 경우
> ㉤ 교통정보의 수집·분석 및 제공을 위하여 필요한 경우

① 0개   ② 1개   ③ 2개   ④ 3개

해설 ① 설문은 모두 올바른 내용이다(「개인정보 보호법」 제25조 제1호).
정답 ①

02 「개인정보 보호법」에 관한 다음 설명 중 옳지 <u>않은</u> 것은 모두 몇 개인가?

> ㉠ 살아 있는 개인에 관한 정보로서 성명, 주민등록번호 및 영상 등을 통하여 개인을 알아볼 수 있는 정보는 개인정보에 해당한다.
> ㉡ "가명처리"란 개인정보의 일부를 삭제하거나 일부 또는 전부를 대체하는 등의 방법으로 추가 정보가 없이는 특정 개인을 알아볼 수 없도록 처리하는 것을 말한다.
> ㉢ "가명정보"는 개인정보에 포함되지 않는다.
> ㉣ "처리"란 개인정보의 수집, 생성, 연계, 연동, 기록, 저장, 보유, 가공, 편집, 검색, 출력, 정정, 복구, 이용, 제공, 공개, 파기, 그 밖에 이와 유사한 행위를 말한다.
> ㉤ "개인정보처리자"란 업무를 목적으로 개인정보파일을 운용하기 위하여 스스로 또는 다른 사람을 통하여 개인정보를 처리하는 공공기관, 법인, 단체 및 개인 등을 말한다.

① 0개   ② 1개   ③ 2개   ④ 3개

해설 ㉠ [○] 「개인정보 보호법」제2조 제1호 가목
　　　㉡ [○] 동법 제2조 제1의2호
　　　㉢ [×] 가명정보도 개인정보에 포함된다. 동법 제2조 제1호 다목
　　　㉣ [○] 동법 제2조 제2호
　　　㉤ [○] 동법 제2조 제5호

정답 ②

---

03 「개인정보 보호법」상 개인정보 보호위원회에 관한 다음 설명 중 가장 적절하지 않은 것은?

① 개인정보 보호에 관한 사무를 독립적으로 수행하기 위하여 행정안전부 장관 소속으로 개인정보 보호위원회를 둔다.

② 개인정보 보호위원회는 「정부조직법」제2조에 따른 중앙행정기관으로 본다.

③ 개인정보 보호위원회는 상임위원 2명을 포함한 9명의 위원으로 구성한다.

④ 개인정보 보호위원회 위원장과 부위원장은 정무직 공무원으로 임명한다.

해설 ① [×] 국무총리 소속으로 개인정보 보호위원회를 둔다(「개인정보 보호법」제7조 제1항).
　　　② [○] 동법 제7조 제2항
　　　③ [○] 동법 제7조의2 제1항
　　　④ [○] 동법 제7조의2 제3항

정답 ①

04 「개인정보 보호법」에 관한 다음 설명 중 가장 옳지 <u>않은</u> 것은?

[18년 경간부]

① 개인정보처리자는 보유기간의 경과, 개인정보의 처리 목적 달성 등 그 개인 정보가 불필요하게 되었을 때에는 지체 없이 그 개인정보를 파기하여야 한 다. 다만, 다른 법령에 따라 보존하여야 하는 경우에는 그러하지 아니하다.

② 개인정보처리자는 정보주체의 동의를 받은 경우에도 정보주체의 개인정보 를 제3자에게 제공(공유를 포함한다)하여서는 아니 된다.

③ 개인정보처리자는 법률에 특별한 규정이 있거나 법령상 의무를 준수하기 위하여 불가피한 경우에는 개인정보를 수집할 수 있으며 그 수집 목적의 범위에서 이용할 수 있다.

④ 개인정보를 처리하거나 처리하였던 자는 업무상 알게 된 개인정보를 누설 하거나 권한 없이 다른 사람이 이용하도록 제공하는 행위를 하여서는 아 니 된다.

해설 ② 정보주체의 동의를 받은 경우에는 정보주체의 개인정보를 제3자에게 제공(공유를 포함한다) 할 수 있다(「개인정보 보호법」 제17조 제1항).

정답 ②

05 「개인정보 보호법」상 가명정보의 처리에 관한 다음 설명 중 가장 적절하 지 <u>않은</u> 것은?

① 개인정보처리자는 통계작성, 과학적 연구, 공익적 기록보존 등을 위하여 정보주체의 동의 없이 가명정보를 처리할 수 있다.

② 통계작성, 과학적 연구, 공익적 기록보존을 목적으로 하더라도 서로 다른 개인정보처리자 간의 가명정보의 결합은 허용되지 아니 한다.

③ 개인정보처리자는 가명정보를 처리하는 과정에서 특정 개인을 알아볼 수 있는 정보가 생성된 경우에는 즉시 해당 정보의 처리를 중지하고, 지체 없 이 회수·파기하여야 한다.

④ 누구든지 특정 개인을 알아보기 위한 목적으로 가명정보를 처리해서는 아 니 된다.

해설 ① [O] 「개인정보 보호법」 제28조의2 제1항
② [×] 통계작성, 과학적 연구, 공익적 기록보존 등을 위한 서로 다른 개인정보처리자 간의 가명정보의 결합은 개인정보 보호위원회 또는 관계 중앙행정기관의 장이 지정하는 전문기관이 수행한다(동법 제28조의3 제1항).
③ [O] 동법 제28조의5 제2항
④ [O] 동법 제28조의5 제1항

정답 ②

06 「개인정보 보호법」상 개인정보 보호 원칙에 관한 다음 설명 중 가장 적절하지 <u>않은</u> 것은?

① 개인정보처리자는 개인정보의 처리 목적에 필요한 범위에서 개인정보의 정확성, 완전성 및 최신성이 보장되도록 하여야 한다.

② 개인정보처리자는 개인정보 처리방침 등 개인정보의 처리에 관한 사항을 공개하여야 하며, 열람청구권 등 정보주체의 권리를 보장하여야 한다.

③ 개인정보처리자는 정보주체의 사생활 침해를 최소화하는 방법으로 개인정보를 처리하여야 한다.

④ 개인정보처리자는 개인정보를 가명 또는 익명으로 처리하여도 개인정보 수집목적을 달성할 수 있는 경우 가명처리가 가능한 경우에는 가명에 의하여, 가명처리로 목적을 달성할 수 없는 경우에는 익명에 의하여 처리될 수 있도록 하여야 한다.

해설 ① [O] 「개인정보 보호법」 제3조 제3항
② [O] 동법 제3조 제5항
③ [O] 동법 제3조 제6항
④ [×] 개인정보처리자는 개인정보를 익명 또는 가명으로 처리하여도 개인정보 수집목적을 달성할 수 있는 경우 익명처리가 가능한 경우에는 익명에 의하여, 익명처리로 목적을 달성할 수 없는 경우에는 가명에 의하여 처리될 수 있도록 하여야 한다(「개인정보 보호법」 제3조 제7항).

정답 ④

제6절 집회 · 시위 관리업무

01 「집회 및 시위에 관한 법률」에 대한 설명으로 가장 적절하지 <u>않은</u> 것은?

[21년 경찰특공대]

① 관할경찰서장은 신고서의 기재 사항에 미비한 점을 발견하면 접수증을 교부한 때부터 12시간 이내에 주최자에게 24시간을 기한으로 그 기재 사항을 보완할 것을 통고할 수 있다.

② 옥외집회 또는 시위 장소가 두 곳 이상의 경찰서의 관할에 속하는 경우에는 해당 장소의 모든 경찰서장에게 신고서를 제출하여야 한다.

③ 적법한 절차에 따라 설정한 질서유지선을 경찰관의 경고에도 불구하고 정당한 사유 없이 상당 시간 침범하거나 손괴 · 은닉 · 이동 또는 제거하거나 그 밖의 방법으로 그 효용을 해친 자는 6개월 이하의 징역 또는 50만원 이하의 벌금 · 구류 또는 과료에 처한다.

④ '주최자'란 자기 이름으로 자기 책임 아래 집회나 시위를 여는 사람이나 단체를 말한다.

해설 ② 옥외집회나 시위를 주최하려는 자는 신고서를 옥외집회나 시위를 시작하기 720시간 전부터 48시간 전에 관할 경찰서장에게 제출하여야 한다. 다만, 옥외집회 또는 시위 장소가 두 곳 이상의 경찰서의 관할에 속하는 경우에는 관할 시 · 도경찰청장에게 제출하여야 하고, 두 곳 이상의 시 · 도경찰청 관할에 속하는 경우에는 주최지를 관할하는 시 · 도경찰청장에게 제출하여야 한다 (「집회 및 시위에 관한 법률」 제6조 제1항).

정답 ②

02 다음 설명과 가장 관련이 깊은 것은 무엇인가?

[16년 경감 승진]

> 2003년 6월 미국 뉴욕에서 시작된 시위 형태로 '불특정 다수가 휴대 전화나 전자 우편을 이용해 이미 정해진 시간과 장소에 모여 현장에서 주어진 행동을 짧은 시간에 하고 곧바로 흩어지는 새로운 시위형태'를 말한다.

① 우발집회
② 산개투쟁
③ 플래시몹(Flashmob)
④ 긴급집회

해설 ③ 피고인이 특정 인터넷카페 회원 10여 명과 함께 불특정 다수의 시민들이 지나는 명동 한복판에서 퍼포먼스(Performance) 형태의 플래시몹(flash mob) 방식으로 노조설립신고를 노동부가 반려한 데 대한 규탄 모임을 진행함으로써 집회 및 시위에 관한 법률(이하 '집시법'이라고 한다)상 미신고 옥외집회를 개최하였다는 내용으로 기소된 사안에서, 위 모임의 주된 목적, 일시, 장소, 방법, 참여인원, 참여자의 행위 태양, 진행 내용 및 소요시간 등 제반 사정에 비추어 볼 때 집시법 제15조에 의하여 신고의무의 적용이 배제되는 오락 또는 예술 등에 관한 집회라고 볼 수 없고, 그 실질에 있어서 정부의 청년실업 문제 정책을 규탄하는 등 주장하고자 하는 정치·사회적 구호를 대외적으로 널리 알리려는 의도하에 개최된 옥외집회에 해당하여 사전신고의 대상이 되므로 피고인에게 유죄를 인정한 원심판단은 정당하다(대판 2013. 3. 38, 2011도2393).

정답 ③

03 「집회 및 시위에 관한 법률」, 「집회 및 시위에 관한 법률 시행령」상 질서유지선에 대한 설명으로 가장 옳은 것은? [17년 경간부]

① 집회·시위의 신고를 받은 관할경찰관서장은 집회·시위의 보호와 공공의 질서유지를 위해 최대한의 범위를 정하여 질서유지선을 설정할 수 있다.

② '집회·시위의 참가자를 일반인이나 차량으로부터 보호할 필요가 있을 경우'는 질서유지선을 설정할 수 있는 경우에 해당하지 않는다.

③ 경찰관서장이 질서유지선을 설정할 때에는 사전에 질서유지인에게 이를 서면으로 고지하여야 한다.

④ 적법한 요건에 따라 설정한 질서유지선을 경찰관의 경고에도 불구하고 정당한 사유 없이 상당 시간 침범하거나 손괴·은닉·이동 또는 제거하거나 그 밖의 방법으로 그 효용을 해친 자는 6개월 이하의 징역 또는 50만원 이하의 벌금·구류 또는 과료에 처한다.

해설 ① [×] 집회·시위의 신고를 받은 관할경찰관서장은 집회·시위의 보호와 공공의 질서 유지를 위하여 필요하다고 인정하면 최소한의 범위를 정하여 질서유지선을 설정할 수 있다(「집회 및 시위에 관한 법률」 제13조 제1항).
② [×] 일반인의 통행 또는 교통 소통 등을 위하여 필요할 경우에 질서유지선을 설정할 수 있다(「집회 및 시위에 관한 법률 시행령」 제13조 제1항 제3호).
③ [×] 경찰관서장이 질서유지선을 설정할 때에는 주최자 또는 연락책임자에게 이를 알려야 한다(동법 제13조 제2항). 그리고 질서유지선의 설정 고지는 서면으로 하여야 한다. 다만, 집회 또는 시위 장소의 상황에 따라 질서유지선을 새로 설정하거나 변경하는 경우에는 집회 또는 시위의 장소에 있는 경찰공무원이 구두로 알릴 수 있다(동시행령 제13조 제2항).
④ [○] 「집회 및 시위에 관한 법률」 제24조 제3호

정답 ④

04 「집회 및 시위에 관한 법률」에 대한 설명으로 가장 적절한 것은?

[17년 순경 2차]

① '주관자(主管者)'란 자기 이름으로 자기 책임 아래 집회나 시위를 여는 사람이나 단체를 말한다.

② 집회 또는 시위의 주관자는 집회 또는 시위의 질서 유지에 관하여 자신을 보좌하도록 18세 이상의 사람을 질서유지인으로 임명하여야 한다.

③ 주최자는 신고한 옥외집회 또는 시위를 하지 아니하게 된 경우에는 신고서에 적힌 집회 일시 24시간 전에 그 철회사유 등을 적은 철회신고서를 관할 경찰관서장에게 제출하여야 한다.

④ 관할 경찰서장 또는 시·도경찰청장은 신고서를 접수하면 신고자에게 접수 일시를 적은 접수증을 12시간 이내에 내주어야 한다.

해설 ① [×] '주최자'란 자기 이름으로 자기 책임 아래 집회나 시위를 여는 사람이나 단체를 말한다 (「집회 및 시위에 관한 법률」 제2조 제3호).
② [×] 집회·시위의 주최자는 집회·시위의 질서유지에 관하여 자신을 보좌하도록 18세 이상의 사람을 질서유지인으로 임명할 수 있다(동법 제16조 제2항).
③ [○] 동법 제6조 제3항
④ [×] 관할 경찰서장 또는 시·도경찰청장은 신고서를 접수하면 신고자에게 접수 일시를 적은 접수증을 즉시 내주어야 한다(동법 제6조 제2항).

정답 ③

05 「집회 및 시위에 관한 법률」에 대한 설명으로 가장 적절하지 <u>않은</u> 것은?

[19년 순경 1차]

① 군인·검사·경찰관이 폭행, 협박, 그 밖의 방법으로 평화적인 집회 또는 시위를 방해한 경우 3년 이하의 징역에 처한다.

② 관할 경찰관서장은 집회신고서의 기재 사항에 미비점을 발견하면 접수증을 교부한 때로부터 12시간 이내에 주최자에게 24시간을 기한으로 그 기재사항을 보완할 것을 통고할 수 있다

③ 헌법재판소의 결정에 따라 해산된 정당의 목적을 달성하기 위한 집회 또는 시위는 주최하여서는 아니 된다.

④ 집회신고서를 접수한 때로부터 48시간이 경과한 이후에도 남은 기간의 집회시위에 대해 금지통고를 할 수 있는 경우가 있다.

해설 ① 군인 · 검사 · 경찰관이 폭행, 협박, 그 밖의 방법으로 평화적인 집회 또는 시위를 방해한 경우 5년 이하의 징역에 처한다(「집회 및 시위에 관한 법률」 제22조 제1항).

정답 ①

06 「집회 및 시위에 관한 법률」에 대한 설명으로 가장 적절한 것은?

[20년 순경 1차]

① 적법한 절차에 따라 설정한 질서유지선을 경찰관의 경고에도 불구하고 정당한 사유 없이 상당 시간 침범하거나 손괴 · 은닉 · 이동 또는 제거하거나 그 밖의 방법으로 그 효용을 해친 자는 6개월 이하의 징역 또는 50만원 이하의 벌금 · 구류 또는 과료에 처한다.

② 옥외집회 또는 시위 장소가 두 곳 이상의 경찰서의 관할에 속하는 경우에는 주최지를 관할하는 경찰서장에게 신고서를 제출하여야 한다.

③ 관할경찰서장은 신고서의 기재 사항에 미비한 점을 발견하면 접수증을 교부한 때부터 12시간 이내에 주최자에게 24시간을 기한으로 그 기재 사항을 보완할 것을 통고하여야 한다.

④ "주관자"란 자기 이름으로 자기 책임 아래 집회나 시위를 여는 사람이나 단체를 말한다. 주관자는 주최자를 따로 두어 집회 또는 시위의 실행을 맡아 관리하도록 위임할 수 있다.

해설 ① [O] 「집회 및 시위에 관한 법률」 제24조 제3호

② [X] 옥외집회 또는 시위 장소가 두 곳 이상의 경찰서의 관할에 속하는 경우에는 관할 시 · 도경찰청장에게 제출하여야 한다(「집회 및 시위에 관한 법률」 제6조 제1항).

③ [X] 관할경찰서장은 신고서의 기재 사항에 미비한 점을 발견하면 접수증을 교부한 때부터 12시간 이내에 주최자에게 24시간을 기한으로 그 기재 사항을 보완할 것을 통고할 수 있다(동법 제7조 제1항).

④ [X] "주최자"란 자기 이름으로 자기 책임 아래 집회나 시위를 여는 사람이나 단체를 말한다. 주최자는 주관자를 따로 두어 집회 또는 시위의 실행을 맡아 관리하도록 위임할 수 있다(동법 제2조 제3호).

정답 ①

07 「집회 및 시위에 관한 법률 시행령」에 대한 설명이다. 옳은 것을 모두 고른 것은?   [17년 순경 1차]

> ㉠ 관할 경찰관서장이 권한을 부여하면 관할 경찰서 경비교통과장도 해산명령의 주체가 될 수 있다.
> ㉡ 자진 해산 요청은 직접 집회주최자에게 공개적으로 하여야 한다.
> ㉢ 자진 해산 요청에 따르지 아니하는 경우에는 세 번 이상 자진 해산할 것을 명령하고, 참가자들이 해산명령에도 불구하고 해산하지 아니하면 직접 해산시킬 수 있다.
> ㉣ 종결선언은 주최자에게 요청하되, 주최자의 소재를 알 수 없는 경우에는 주관자·연락책임자 및 질서유지인에게 하여야 하며 종결선언의 요청은 필요적 절차로 생략할 수 없다.

① ㉠ ㉡   ② ㉠ ㉢   ③ ㉡ ㉢   ④ ㉢ ㉣

해설 ㉠ [O] 「집회 및 시위에 관한 법률 시행령」 제17조
㉡ [×] 직접 참가자들에 대하여 자진 해산할 것을 요청한다(동시행령 제17조 제2호).
㉢ [O] 동시행령 제17조 제3호
㉣ [×] 「집회 및 시위에 관한 법률」 제20조 제1항 제1호·제2호·제4호에 해당하는 집회·시위의 경우와 주최자·주관자·연락책임자 및 질서유지인이 집회 또는 시위 장소에 없는 경우에는 종결 선언의 요청을 생략할 수 있다(동시행령 제17조).

정답 ②

08 집회 관리의 패러다임이 '준법보호 불법예방'으로 전환됨에 따라 집회 관리에 있어서 질서유지선의 역할과 중요성이 더욱 증대되고 있다. 질서유지선에 관한 설명으로 가장 적절하지 <u>않은</u> 것은?   [16년 경위 승진]

① 적법한 집회·시위를 보호하고 질서유지 등을 목적으로 한다.
② 관할경찰관서장은 집회 및 시위의 보호와 공공의 질서 유지를 위하여 필요하다고 인정하면 최소한의 범위를 정하여 질서유지선을 설정할 수 있다.
③ 경찰관서장이 질서유지선을 설정할 때에는 주최자 또는 연락책임자에게 이를 알려야 한다
④ 질서유지선은 상징적 의미만 있을 뿐 손괴하더라도 이를 처벌하는 규정은 없다.

해설 ④ 질서유지선을 경찰관의 경고에도 불구하고 정당한 사유 없이 상당 시간 침범하거나 손괴·은닉·이동 또는 제거하거나 그 밖의 방법으로 그 효용을 해친 자는 6개월 이하의 징역 또는 50만원 이하의 벌금·구류 또는 과료에 처한다(「집회 및 시위에 관한 법률」 제24조 제3호).

정답 ④

09 「집회 및 시위에 관한 법률」에 대한 설명으로 가장 적절하지 <u>않은</u> 것은?

[17년 경위 승진]

① "질서유지인"이란 주최자가 자신을 보좌하여 집회 또는 시위의 질서를 유지하게 할 목적으로 임명한 자를 말한다.
② "질서유지선"이란 관할 경찰서장이나 시·도경찰청장이 적법한 집회 및 시위를 보호하고 질서유지나 원활한 교통 소통을 위하여 집회 또는 시위의 장소나 행진 구간을 일정하게 구획하여 설정한 띠, 방책, 차선 등의 경계 표지를 말한다.
③ 집회 또는 시위의 주최자는 평화적인 집회 또는 시위가 방해받을 염려가 있다고 인정되면 관할 경찰관서에 그 사실을 알려 보호를 요청할 수 있다. 이 경우 관할 경찰관서의 장은 정당한 사유 없이 보호 요청을 거절하여서는 안 된다.
④ 헌법재판소의 경계 지점으로부터 200미터 이내의 장소에서는 옥외집회 또는 시위를 하여서는 아니 된다.

해설 ④ 누구든지 각급 법원, 헌법재판소의 경계 지점으로부터 100미터 이내의 장소에서는 옥외집회 또는 시위를 하여서는 아니 된다. 다만, 법관이나 재판관의 직무상 독립이나 구체적 사건의 재판에 영향을 미칠 우려가 없는 경우, 대규모 집회 또는 시위로 확산될 우려가 없는 경우로서 각급 법원, 헌법재판소의 기능이나 안녕을 침해할 우려가 없다고 인정되는 때에는 그러하지 아니하다(「집회 및 시위에 관한 법률」 제11조 제2호).

정답 ④

10 「집회 및 시위에 관한 법률」 및 그 시행령에 대한 설명으로 옳지 않은 것은?

[20년 경간부]

① 단체는 집회 및 시위에 관한 법률상 '주최자'가 될 수 있다.

② 집회 또는 시위의 주최자는 금지통고를 받은 날부터 10일 이내에 해당 경찰관서의 바로 위의 상급경찰관서의 장에게 이의를 신청할 수 있다.

③ 학문, 예술, 체육, 종교, 의식, 친목, 오락, 관혼상제 및 국경행사에 관한 집회에서는 '확성기 등 사용의 제한'에 관한 규정을 적용하지 아니한다.

④ 소음 측정 장소는 피해자가 위치한 건물 외벽에서 소음원 방향으로 1~3.5m 떨어진 지점으로 하되, 소음도가 높을 것으로 예상되는 지점의 지면 위 1.2~1.5m 높이에서 측정한다. 다만, 주된 건물의 경비 등을 위하여 사용되는 부속 건물, 광장·공원이나 도로상의 영업시설물, 공원의 관리사무소 등은 소음 측정 장소에서 제외한다.

해설 ① [○] 단체도 가능하다(「집회 및 시위에 관한 법률」 제2조 제3호).
② [○] 동법 제9조 제1항
③ [✕] 학문, 예술, 체육, 종교, 의식, 친목, 오락, 관혼상제 및 국경행사에 관한 집회에는 제6조부터 제12조까지의 규정을 적용하지 아니한다. 따라서 제14조(확성기등 사용의 제한)는 적용된다(동법 제15조).
④ [○] 「집회 및 시위에 관한 법률 시행령」[별표 2] 확성기등의 소음기준

정답 ③

11 다음 중 「집회 및 시위에 관한 법률」에 대한 설명으로 적절한 것을 모두 고른 것은?

[18년 순경 2차]

> ㉠ 집회 또는 시위의 주최자 및 질서유지인은 특정한 사람이나 단체가 집회나 시위에 참가하는 것을 막을 수 있다. 다만, 언론사의 기자는 출입이 보장되어야 하며, 이 경우 기자는 신분증을 제시하고 기자임을 표시한 완장을 착용하여야 한다.
> ㉡ 단체는 「집회 및 시위에 관한 법률」상 "주최자"가 될 수 없다.
> ㉢ 집회 또는 시위의 주최자는 집회 또는 시위의 질서 유지에 관하여 자신을 보좌하도록 18세 이상의 사람을 질서유지인으로 임명할 수 있다.
> ㉣ 학문, 예술, 체육, 종교, 의식, 친목, 오락, 관혼상제 및 국경행사에 관한 집회에는 '확성기등 사용의 제한'에 관한 규정을 적용하지 아니한다.

① ㉠ ㉡   ② ㉠ ㉢   ③ ㉡ ㉢   ④ ㉠ ㉢ ㉣

해설 ㉠ [○] 「집회 및 시위에 관한 법률」 제4조
㉡ [×] 주최자란 자기 이름으로 자기 책임 아래 집회나 시위를 여는 사람이나 단체를 말한다 (동법 제2조 제3호).
㉢ [○] 동법 제16조 제2항.
㉣ [×] 학문, 예술, 체육, 종교, 의식, 친목, 오락, 관혼상제 및 국경행사에 관한 집회에는 제6조부터 제12조까지의 규정을 적용하지 아니한다. 따라서 제14조(확성기등 사용의 제한)는 적용된다(동법 제15조).

정답 ②

12 「집회 및 시위에 관한 법률」에 대한 설명 중 가장 옳지 <u>않은</u> 것은?

[19년 경간부]

① 주최자는 신고한 집회·시위를 개최하지 아니할 경우 집회일시 24시간 전에 관할 경찰관서장에게 철회신고서를 제출하여야 한다.

② 옥외집회 및 시위의 신고를 받은 경찰관서장이 설정한 질서유지선을 경찰관의 경고에도 불구하고 정당한 사유 없이 상당 시간 침범하거나 손괴·은닉·이동 또는 제거하거나 그 밖의 방법으로 그 효용을 해친 자는 6개월 이하의 징역 또는 50만원 이하의 벌금·구류 또는 과료에 처한다.

③ 정당한 사유 없이 철회신고서를 관할경찰관서장에게 제출하지 아니한 모든 옥외집회 또는 시위의 주최자에 대해서는 100만원 이하의 과태료를 부과한다.

④ 폭행, 협박, 그 밖의 방법으로 평화적인 집회 또는 시위를 방해하거나 질서를 문란하게 한 자는 3년 이하의 징역 또는 300만원 이하의 벌금에 처한다. 다만 군인·검사·경찰이 방해하면 5년 이하의 징역에 처한다.

해설 ① [O] 「집회 및 시위에 관한 법률」 제6조 제3항
② [O] 동법 제24조 제3호
③ [×] 제8조 세4항에 따라 먼저 신고된 옥외집회 또는 시위의 주최자가 정당한 사유 없이 철회신고서를 제출하지 아니한 경우에는 100만원 이하의 과태료를 부과한다(동법 제26조 제1항).
④ [O] 동법 제22조 제1항

정답 ③

13 「집회 및 시위에 관한 법률」에 대한 다음 설명 중 가장 옳은 것은?

[16년 경간부]

① 관할경찰관서장은 제6조 제1항에 따른 신고서의 기재 사항에 미비한 점을 발견하면 접수증을 교부한 때부터 24시간 이내에 주최자에게 12시간을 기한으로 그 기재사항을 보완할 것을 통고할 수 있다.

② 관할경찰관서장은 집회 또는 시위의 시간과 장소가 중복되는 2개 이상의 신고가 있는 경우 그 목적으로 보아 서로 상반되거나 방해가 된다고 인정되면 뒤에 접수된 집회 또는 시위에 대하여 그 집회 또는 시위의 금지를 통고하여야 한다.

③ 집회 또는 시위의 주최자는 집회 또는 시위의 질서 유지에 관하여 자신을 보좌하도록 16세 이상의 사람을 질서유지인으로 임명할 수 있다.

④ 집회 또는 시위의 주최자는 금지통고를 받은 날부터 10일 이내에 해당 경찰관서의 바로 위의 상급경찰관서의 장에게 이의를 신청할 수 있다.

해설 ① [×] 관할경찰관서장은 신고서의 기재 사항에 미비한 점을 발견하면 접수증을 교부한 때부터 12시간 이내에 주최자에게 24시간을 기한으로 그 기재 사항을 보완할 것을 통고할 수 있다(「집회 및 시위에 관한 법률」 제7조).
② [×] 관할경찰관서장은 집회 또는 시위의 시간과 장소가 중복되는 2개 이상의 신고가 있는 경우 그 목적으로 보아 서로 상반되거나 방해가 된다고 인정되면 각 옥외집회 또는 시위 간에 시간을 나누거나 장소를 분할하여 개최하도록 권유하는 등 각 옥외집회 또는 시위가 서로 방해되지 아니하고 평화적으로 개최·진행될 수 있도록 노력하여야 한다(동법 제8조 제2항). 관할경찰관서장은 제2항에 따른 권유가 받아들여지지 아니하면 뒤에 접수된 옥외집회 또는 시위에 대하여 그 집회 또는 시위의 금지를 통고할 수 있다(동법 제8조 제3항).
③ [×] 집회 또는 시위의 주최자는 집회 또는 시위의 질서유지에 관하여 자신을 보좌하게 하기 위하여 18세 이상의 사람을 질서유지인으로 임명할 수 있다(동법 제16조 제2항).
④ [○] 동법 제9조 제1항

정답 ④

14 다음 중 집회 및 시위에 관한 내용으로서 빈 칸의 숫자가 옳은 것은?

[15년 경간부]

> ㉠ 옥외집회나 시위를 주최하려는 자는 그에 관한 사항 모두를 적은 신고서를 옥외집회나 시위를 시작하기 (　)시간 전부터(　)시간 전에 관할 경찰서장에게 제출하여야 한다.
> ㉡ 관할경찰관서장은 신고서의 기재사항에 미비한 점을 발견하면 접수증을 교부한 때부터 (　)시간 이내에 주최자에게 (　)시간을 기한으로 그 기재사항을 보완할 것을 통고할 수 있다.
> ㉢ 신고서를 접수한 관할경찰관서장은 신고된 옥외집회 또는 시위가 다음 각 호의 어느 하나에 해당하는 때에는 신고서를 접수한 때부터 (　)시간 이내에 집회 또는 시위를 금지할 것을 주최자에게 통고할 수 있다.
> ㉣ 집회 또는 시위의 주최자는 제8조에 따른 금지 통고를 받은 날부터 (　)일 이내에 해당 경찰관서의 바로 위의 상급경찰관서의 장에게 이의를 신청할 수 있다.

① ㉠ (720) – (48), ㉡ (24) – (12), ㉢ (48), ㉣ (10)
② ㉠ (720) – (48), ㉡ (24) – (24), ㉢ (48), ㉣ (7)
③ ㉠ (720) – (48), ㉡ (12) – (24), ㉢ (48), ㉣ (10)
④ ㉠ (720) – (24), ㉡ (12) – (24), ㉢ (24), ㉣ (7)

해설　③ ㉠ 720시간 – 48시간, ㉡ 12시간 – 24시간, ㉢ 48시간, ㉣ 10일
정답　③

15 집회 및 시위의 해산에 대한 설명으로 가장 적절하지 <u>않은</u> 것은?

[15년 경위 승진]

① 해산명령은 경찰관서장만이 할 수 있으므로 경찰관서장으로부터 권한을 부여받은 경비과장은 할 수 없다.

② 일반적으로 종결선언 요청 → 자진해산 요청 → 3회 이상 해산명령 → 직접 해산의 순서로 진행한다.

③ 종결선언은 주최자에게 요청하되, 주최자의 소재를 알 수 없는 경우에는 주관자·연락책임자 또는 질서유지인을 통하여 종결선언을 요청할 수 있다.

④ 해산명령은 참가자들이 해산할 수 있는 시간적 여유를 두면서 3회 이상 발령하여야 한다.

해설 ① 해산명령은 경찰관서장이나 경찰관서장으로부터 권한을 부여받은 국가경찰공무원도 할 수 있다(「집회 및 시위에 관한 법률 시행령」 제17조).

정답 ①

16 「집회 및 시위에 관한 법률 시행령」 제14조 [별표 2]의 확성기 등의 소음기준[단위: dB(A)] 및 소음 측정 방법에 대한 내용으로 적절하지 <u>않은</u> 것은 모두 몇 개인가?

> ㉠ 주거지역, 학교, 종합병원, 공공도서관에서 주간(07:00~해지기 전)의 등가소음도 기준은 65이하이다.
> ㉡ 주거지역, 학교, 종합병원, 공공도서관에서 야간(해진 후~24:00)의 최고소음도 기준은 80이하이다.
> ㉢ 소음 측정 장소는 피해자가 위치한 건물의 외벽에서 소음원 방향으로 1~3.5m 떨어진 지점으로 하되, 소음도가 높을 것으로 예상되는 지점의 지면 위 1.2~1.5m 높이에서 측정한다. 다만, 주된 건물의 경비 등을 위하여 사용되는 부속 건물, 광장·공원이나 도로상의 영업시설물, 공원의 관리사무소 등은 소음 측정 장소에서 제외한다.
> ㉣ 등가소음도는 10분간(소음 발생 시간이 10분 이내인 경우에는 그 발생 시간 동안을 말한다) 측정한다.
> ㉤ 확성기등의 소음은 관할 경찰서장(현장 경찰공무원)이 측정한다.

① 0개 　　　② 1개 　　　③ 2개 　　　④ 3개

해설 설문은 모두 옳은 내용이다.
정답 ①

17 다음은 「집회 및 시위에 관한 법률 시행령」 제14조 [별표 2]의 확성기 등의 소음기준에 관한 내용이다. 빈 칸의 숫자를 순서대로 바르게 나열한 것은?

[단위: dB(A)]

소음도 구분		대상 지역	시간대		
			주간 (07:00~ 해지기 전)	야간 (해진 후~ 24:00)	심야 (00:00~ 07:00)
대상 소음도	등가 소음도 (Leq)	주거지역, 학교, 종합병원	65 이하	60 이하	(㉠) 이하
		공공도서관	(㉡) 이하	60 이하	
		그 밖의 지역	(㉢) 이하	65 이하	
	최고 소음도 (Lmax)	주거지역, 학교, 종합병원	85 이하	80 이하	75 이하
		공공도서관	(㉣) 이하	80 이하	
		그 밖의 지역	95 이하		

① ㉠ 50, ㉡ 60, ㉢ 70, ㉣ 80
② ㉠ 55, ㉡ 65, ㉢ 75, ㉣ 85
③ ㉠ 60, ㉡ 70, ㉢ 80, ㉢ 90
④ ㉠ 65, ㉡ 75, ㉢ 85, ㉣ 95

해설 ② ㉠ 55, ㉡ 65, ㉢ 75, ㉣ 85
정답 ②

18 「집회 및 시위에 관한 법률」에 대한 설명으로 가장 적절하지 <u>않은</u> 것은?

[15년 순경 1차 수정]

① '주최자'란 자기 이름으로 자기 책임 아래 집회나 시위를 여는 사람이나 단체를 말한다.

② 헌법재판소의 결정에 따라 해산된 정당의 목적을 달성하기 위한 집회 또는 시위는 주최하여서는 아니 된다.

③ 관할경찰관서장은 집회 또는 시위의 시간과 장소가 중복되는 2개 이상의 신고가 있는 경우 그 목적으로 보아 서로 상반되거나 방해가 된다고 인정되면 각 옥외집회 또는 시위 간에 시간을 나누거나 장소를 분할하여 개최하도록 권유하는 등 각 옥외집회 또는 시위가 서로 방해되지 아니하고 평화적으로 개최 · 진행될 수 있도록 노력하여야 한다.

④ 관할경찰관서장은 신고서의 기재 사항에 미비한 점을 발견하면 접수증을 교부한 때부터 24시간 이내에 주최자에게 12시간을 기한으로 그 기재 사항을 보완할 것을 통고할 수 있다.

해설 ④ 관할경찰관서장은 신고서의 기재 사항에 미비한 점을 발견하면 접수증을 교부한 때부터 12시간 이내에 주최자에게 24시간을 기한으로 그 기재 사항을 보완할 것을 통고할 수 있다(「집회 및 시위에 관한 법률」 제7조 제1항).

정답 ④

19 다음은 「집회 및 시위에 관한 법률」에 대한 설명이다. 보기의 (   )에 들어갈 숫자를 모두 더한 값은?

[16년 경간부]

> ㉠ 옥외집회나 시위를 주최하려는 자는 신고서를 옥외집회나 시위를 시작하기 720시간 전부터 (   )시간 전에 관할 경찰서장에게 제출하여야 한다.
>
> ㉡ 질서유지선을 경찰관의 경고에도 불구하고 정당한 사유 없이 상당 시간 침범하거나 손괴 · 은닉 · 이동 또는 제거하거나 그 밖의 방법으로 그 효용을 해친 자는 (   )개월 이하의 징역 또는 50만원 이하의 벌금 · 구류 또는 과료에 처한다.
>
> ㉢ 폭행, 협박, 그 밖의 방법으로 평화적인 집회 또는 시위를 방해하거나 질서를 문란하게 한 자는 (   )년 이하의 징역 또는 300만원 이하의 벌금에 처한다.

① 55   ② 56   ③ 57   ④ 59

해설 ㉠ 48시간. ㉡ 6개월. ㉢ 3년. 따라서 (   )에 들어갈 숫자를 모두 더한 값은 57이다.

정답 ③

20 「집회 및 시위에 관한 법률」에 대한 설명으로 가장 적절한 것은?

[18년 순경 3차]

① "주최자"란 자기 이름으로 자기 책임 아래 집회나 시위를 여는 사람이나 단체를 말한다. 주최자는 질서유지인을 따로 두어 집회 또는 시위의 실행을 맡아 관리하도록 위임할 수 있다.

② 집회 또는 시위의 주최자는 집회 또는 시위의 질서 유지에 관하여 자신을 보좌하도록 18세 이상의 사람을 질서유지인으로 임명하여야 한다.

③ 옥외집회 또는 시위 장소가 두 곳 이상의 경찰서의 관할에 속하는 경우에는 관할 시·도경찰청장에게 신고서를 제출해야 하고, 두 곳 이상의 시·도경찰청 관할에 속하는 경우에는 경찰청장에게 신고서를 제출하여야 한다.

④ 집회 또는 시위의 주최자는 집회 또는 시위에 있어서의 질서를 유지할 수 없으면 그 집회 또는 시위의 종결을 선언하여야 한다.

해설 ① [×] "주최자"란 자기 이름으로 자기 책임 아래 집회나 시위를 여는 사람이나 단체를 말한다. 주최자는 주관자를 따로 두어 집회 또는 시위의 실행을 맡아 관리하도록 위임할 수 있다. 이 경우 주관자는 그 위임의 범위 안에서 주최자로 본다(「집회 및 시위에 관한 법률」 제2조 제3호).
② [×] 집회 또는 시위의 주최자는 집회 또는 시위의 질서 유지에 관하여 자신을 보좌하도록 18세 이상의 사람을 질서유지인으로 임명할 수 있다(동법 제16조 제2항).
③ [×] 옥외집회 또는 시위 장소가 두 곳 이상의 경찰서의 관할에 속하는 경우에는 관할 시·도경찰청장에게 제출하여야 하고, 두 곳 이상의 시·도경찰청 관할에 속하는 경우에는 주최지를 관할하는 시·도경찰청장에게 제출하여야 한다(동법 제6조 제1항).
④ [○] 동법 제16조 제3항

정답 ④

21 「집회 및 시위에 관한 법률」 및 「집회 및 시위에 관한 법률 시행령」에 대한 설명으로 가장 적절한 것은? [20년 순경 2차]

① 집회 또는 시위의 주최자는 금지 통고를 받은 날부터 7일 이내에 해당 경찰서의 바로 위의 상급경찰관서의 장에게 이의를 신청할 수 있다.

② 집회 또는 시위 금지통고에 대해 이의 신청을 받은 경찰관서장은 24시간 이내에 금지를 통고한 경찰관서장에게 이의 신청의 취지와 이유를 알리고, 답변서의 제출을 명하여야 한다.

③ 주최자는 신고한 옥외집회 또는 시위를 하지 아니하게 된 경우에는 신고서에 적힌 집회 일시 12시간 전에 철회신고서를 관할 경찰관서장에게 제출하여야 한다.

④ 관할 경찰관서장은 집회 및 시위 참가자들이 자진해산 요청에 따르지 아니하는 경우, 세 번 이상 자진 해산할 것을 명령하고 그 이후에도 해산하지 아니하면 직접 해산시킬 수 있다.

해설 ① [×] 집회 또는 시위의 주최자는 금지 통고를 받은 날부터 10일 이내에 해당 경찰서의 바로 위의 상급경찰관서의 장에게 이의를 신청할 수 있다(「집회 및 시위에 관한 법률」 제9조 제1항).

② [×] 집회 또는 시위 금지통고에 대해 이의 신청을 받은 경찰관서장은 즉시 집회 또는 시위의 금지를 통고한 경찰관서장에게 이의 신청의 취지와 이유를 알리고, 답변서의 제출을 명하여야 한다(「집회 및 시위에 관한 법률 시행령」 제8조 제1항).

③ [×] 주최자는 신고한 옥외집회 또는 시위를 하지 아니하게 된 경우에는 신고서에 적힌 집회 일시 24시간 전에 철회신고서를 관할 경찰관서장에게 제출하여야 한다(동법 제6조 제3항).

④ [○] 동법 시행령 제17조 제3호

정답 ④

22 「집회 및 시위에 관한 법률 및 그 시행령」에 대한 설명으로 가장 적절하지 않은 것은? [16년 순경 2차 수정]

① 질서유지선은 관할 경찰서장이나 시·도경찰청장이 적법한 집회 및 시위를 보호하고 질서유지나 원활한 교통 소통을 위하여 집회 또는 시위의 장소나 행진 구간을 일정하게 구획하여 설정한 띠, 방책, 차선 등의 경계표지를 말한다.

② 집회현장에서의 확성기 소음기준은 주거지역, 학교, 종합병원, 공공도서관인 경우 주간 등가소음도 70dB 이하, 주간 최고소음도 85dB 이하이다.

③ 옥외집회나 시위를 주최하려는 자는 그에 관한 사항 모두를 적은 신고서를 옥외집회나 시위를 시작하기 720시간 전부터 48시간 전에 관할 경찰서장에게 제출하여야 한다.

④ 집회 또는 시위의 주최자는 금지통고를 받은 날부터 10일 이내에 해당 경찰관서의 바로 위의 상급경찰관서의 장에게 이의를 신청할 수 있다.

해설 ② 집회현장에서의 확성기 소음기준은 주거지역, 학교, 종합병원, 공공도서관인 경우 주간 등가소음도 65dB 이하, 주간 최고소음도 85dB 이하이다(「집회 및 시위에 관한 법률 시행령」 [별표 2] 확성기등의 소음기준 참조.

정답 ②

23 「집회 및 시위에 관한 법률」에 대한 설명으로 가장 적절한 것은?

[17년 경기북부 여경]

① 옥외집회나 시위를 주최하려는 자는 신고서를 옥외집회나 시위를 시작하기 720시간 전부터 24시간 전에 관할 경찰서장에게 제출하여야 한다.

② 옥외집회 또는 시위 장소가 두 곳 이상의 경찰서의 관할에 속하는 경우에는 관할 시·도경찰청장에게 신고서를 제출하여야 하고, 두 곳 이상의 시·도경찰청 관할에 속하는 경우에는 주최지를 관할하는 시·도경찰청장에게 신고서를 제출하여야 한다.

③ 관할 경찰서장 또는 시·도경찰청장은 「집회 및 시위에 관한 법률」 제6조 제1항에 따른 신고서를 접수하면 신고자에게 접수 일시를 적은 접수증을 48시간 이내에 내주어야 한다.

④ 관할경찰관서장은 신고서의 기재 사항에 미비한 점을 발견하면 접수증을 교부한 때부터 24시간 이내에 주최자에게 12시간을 기한으로 그 기재 사항을 보완할 것을 통고할 수 있다.

해설 ① [×] 옥외집회나 시위를 주최하려는 자는 신고서를 옥외집회나 시위를 시작하기 720시간 전부터 48시간 전에 관할 경찰서장에게 제출하여야 한다(「집회 및 시위에 관한 법률」 제6조 제1항).
② [○] 동법 제6조 제1항
③ [×] 관할 경찰서장 또는 시·도경찰청장은 「집회 및 시위에 관한 법률」 제6조 제1항에 따른 신고서를 접수하면 신고자에게 접수 일시를 적은 접수증을 즉시 내주어야 한다(동법 제6조 제2항).
④ [×] 관할경찰관서장은 신고서의 기재 사항에 미비한 점을 발견하면 접수증을 교부한 때부터 12시간 이내에 주최자에게 24시간을 기한으로 그 기재 사항을 보완할 것을 통고할 수 있다(동법 제7조 제1항).

정답 ②

24 「집회 및 시위에 관한 법률」및 「집회 및 시위에 관한 법률 시행령」상 질서유지선에 대한 설명으로 가장 적절한 것은?   [21년 순경 1차]

① 관할경찰관서장은 집회 및 시위의 보호와 공공의 질서 유지를 위하여 집회·시위의 행진로를 확보하거나 이를 위한 임시횡단보도를 설치할 필요가 있을 경우에는 「집회 및 시위에 관한 법률」제13조 제1항에 따라 질서유지선을 설정할 수 있다.

② 경찰관서장이 질서유지선을 설정할 때에는 주최자 또는 연락책임자에게 이를 서면으로 고지하여야 하며, 이러한 과정을 통해 설정·고지된 질서유지선은 추후에 변경할 수 없다.

③ 옥외집회 및 시위의 신고를 받은 관할 경찰관서장은 집회 및 시위의 보호와 공공의 질서 유지를 위하여 필요하다고 인정하면 최대한의 범위를 정하여 질서유지선을 설정할 수 있다.

④ 「집회 및 시위에 관한 법률」제13조에 따라 설정한 질서유지선을 경찰관의 경고에도 불구하고 정당한 사유 없이 상당 시간 침범하거나 손괴·은닉·이동 또는 제거하거나 그 밖의 방법으로 그 효용을 해친 자는 6개월 이하의 징역 또는 500만원 이하의 벌금·구류 또는 과료에 처한다.

해설 ① [○] 「집회 및 시위에 관한 법률 시행령」제13조 제1항 제5호
② [×] 질서유지선의 설정 고지는 서면으로 하여야 한다. 다만, 집회 또는 시위 장소의 상황에 따라 질서유지선을 새로 설정하거나 변경하는 경우에는 집회 또는 시위의 장소에 있는 경찰공무원이 구두로 알릴 수 있다(동법 시행령 제13조 제2항).
③ [×] 관할경찰관서장은 집회 및 시위의 보호와 공공의 질서 유지를 위하여 필요하다고 인정하면 최소한의 범위를 정하여 질서유지선을 설정할 수 있다(「집회 및 시위에 관한 법률」제13조 제1항).
④ [×] 6개월 이하의 징역 또는 50만원 이하의 벌금·구류 또는 과료에 처한다(동법 제24조 제3호).

정답 ①

25 「집회 및 시위에 관한 법률」상 해산명령에 대한 설명 중 옳지 <u>않은</u> 것은?
(판례에 의함)

① 경찰이 집회 및 시위에 관한 법률이 정한 해산명령을 할 때 해산 사유가 법률 조항 중 어느 사유에 해당하는지에 관하여 구체적으로 고지하여야 한다.

② 사전 금지 또는 제한된 집회라 하더라도 실제 이루어진 집회가 당초 신고 내용과 달리 타인의 법익이나 공공의 안녕질서에 직접적이고 명백한 위험을 초래하지 않은 경우, 사전에 금지통고된 집회라는 이유만으로 해산을 명하고 이에 불응하였다고 처벌할 수는 없다.

③ 해산명령은 자진 해산 요청에 따르지 않는 시위 참가자들에게 자진 해산 할 의무를 부과하는 것이므로 반드시 '자진 해산을 명령한다'는 용어가 사용되거나 말로 해산명령임을 표시해야 한다.

④ 해산명령의 대상은 '집회 또는 시위' 자체이므로 해산명령의 방법은 그 대상인 집회나 시위의 참가자들 전체 무리나 집단에 고지, 전달하는 방법으로 행하여야 한다.

해설
① [○] 대판. 2012. 2. 9. 2011도7193

② [○] 대판. 2011. 10. 13. 2009도13846

③ [×] 「집회 및 시위에 관한 법률」 제10조, 제18조, 제21조, 같은법 시행령 제9조의2의 각 규정에 의하면 집회신고시간을 넘어 일몰시간 후에 집회 및 시위를 한 경우에는 관할경찰관서장 또는 관할경찰관서장으로부터 권한을 부여받은 경찰관은 참가자들에 대하여 상당한 시간내에 자진해산할 것을 요청한 다음, 그 자진해산요청에도 응하지 아니할 경우 자진해산 할 것을 명령할 수 있다고 할 것이며, 여기서 해산명령 이전에 자진해산할 것을 요청하도록 한 입법 취지에 비추어 볼 때, 반드시 '자진해산'이라는 용어를 사용하여 요청할 필요는 없고, 그 때 해산을 요청하는 언행 중에 스스로 해산하도록 청하는 취지가 포함되어 있으면 된다(대판. 2000. 11. 24. 2000도2172).

④ [○] 대판 2019. 12. 13. 2017도19737

정답 ③

제7절 채증업무

01 다음 중 채증활동의 법적 근거로 옳지 <u>않은</u> 것은?

① 「국가경찰과 자치경찰의 조직 및 운영에 관한 법률」

② 「형사소송법」

③ 「경찰관 직무집행법」

④ 「집회 및 시위에 관한 법률」

해설 ① [O] 「국가경찰과 자치경찰의 조직 및 운영에 관한 법률」 제3조 제5호
② [O] 「형사소송법」 제216조 제3항, 대판 1999. 9. 3, 99도2317
③ [O] 「경찰관 직무집행법」 제2조 제4호
④ [×] 「집회등 채증활동규칙」이 법적 근거가 된다.

정답 ④

02 「집회등 채증활동규칙」에 대한 설명으로 적절하지 <u>않은</u> 것은 모두 몇 개인가?

> ㉠ "채증"이란 집회등 현장에서 범죄수사를 목적으로 촬영, 녹화 또는 녹음하는 것을 말한다.
> ㉡ "채증요원"이란 채증 또는 이와 관련된 업무를 담당하는 경찰공무원(의무경찰은 제외한다)을 말한다.
> ㉢ "주관부서"란 채증요원을 관리·운용하는 정보 부서를 말한다.
> ㉣ "채증자료"란 채증요원이 채증을 하여 수집한 사진, 영상녹화물 또는 녹음물을 말한다.
> ㉤ "채증판독프로그램"이란 범죄수사를 목적으로 범죄혐의자의 인적사항 확인을 위하여 채증자료를 입력, 열람, 판독하기 위한 전산 프로그램을 말한다.

① 0개 ② 1개 ③ 2개 ④ 3개

해설 ㉠ [O] 「집회등 채증활동규칙」 제2조 제1호
㉡ [×] "채증요원"이란 채증 또는 이와 관련된 업무를 담당하는 경찰공무원(경찰공무원의 지시를 받는 의무경찰을 포함한다)을 말한다(동규칙 제2조 제2호).

ⓒ [×] "주관부서"란 채증요원을 관리·운용하는 경비 부서를 말한다(동규칙 제2조 제3호).
ⓔ [○] 동규칙 제2조 제4호
ⓜ [○] 동규칙 제2조 제5호

정답 ③

03 「집회등 채증활동규칙」에 대한 설명으로 적절하지 <u>않은</u> 것은 모두 몇 개 인가?

> ㉠ 채증은 폭력 등 범죄행위가 행하여지고 있거나 행하여진 직후에 하여야 한다.
> ㉡ 집회등 현장에서 채증을 할 때에는 사전에 채증 대상자에게 범죄사실의 요지, 채증요원의 소속, 채증 개시사실을 직접 고지하거나 방송 등으로 알려야 한다.
> ㉢ 30분 이상 채증을 계속하는 경우에는 30분이 경과할 때마다 채증 중임을 고지하거나 알려야 한다.
> ㉣ 범죄혐의자의 인적사항이 확인되어 범죄수사의 필요성이 있는 채증자료는 지체 없이 수사부서에 송부하여야 한다.
> ㉤ 주관부서의 장은 채증자료로 범죄수사 목적을 달성한 경우에는 해당 채증자료를 지체 없이 삭제·폐기하여야 한다.

① 0개   ② 1개   ③ 2개   ④ 3개

해설 ㉠ [○] 「집회등 채증활동규칙」 제7조 제1항
㉡ [○] 동규칙 제9조 제1항
㉢ [×] 20분 이상 채증을 계속하는 경우에는 20분이 경과할 때마다 채증 중임을 고지하거나 알려야 한다(동규칙 제9조 제2항).
㉣ [○] 동규칙 제11조
㉤ [○] 동규칙 제12조

정답 ②

제8절 신원조사업무

01 「보안업무규정」상 신원조사에 대한 설명으로 적절하지 <u>않은</u> 것은 모두 몇 개인가?

> ⊙ 국가정보원장은 국가안전보장에 한정된 국가 기밀을 취급하는 인원에 해당하
> 는 사람의 충성심·신뢰성 등을 확인하기 위하여 신원조사를 한다.
> ⓒ 공무원 임용 예정자(국가안전보장에 한정된 국가 기밀을 취급하는 직위에 임
> 용될 예정인 사람으로 한정한다)는 신원조사의 대상이 된다.
> ⓒ 해외여행을 위하여 「여권법」에 따른 여권이나 「선원법」에 따른 선원수첩 등
> 신분증서 또는 「출입국관리법」에 따른 사증 등을 발급받으려는 사람(입국하
> 는 교포를 포함한다)은 신원조사의 대상이 된다.
> ② 국가보안시설·보호장비를 관리하는 기관 등의 장(해당 국가보안시설 등의
> 관리 업무를 수행하는 소속 직원을 포함한다)은 신원조사의 대상이 된다.
> ⑩ 국가정보원장은 신원조사와 관련한 권한의 일부를 국방부장관과 경찰청장에
> 게 위탁할 수 있다.
> ⑭ 국가정보원장은 신원조사 결과 국가안전보장에 해를 끼칠 정보가 있음이 확
> 인된 사람에 대해서는 관계 기관의 장에게 그 사실을 통보하여야 한다.

① 0개　　　　② 1개　　　　③ 2개　　　　④ 3개

해설　⊙ [O] 「보안업무규정」 제36조 제1항
　　　　ⓒ [O] 동규정 제36조 제3항 제1호
　　　　ⓒ [X] 설문의 조항은 동규정의 개정으로 인해 삭제되었다.
　　　　② [O] 동규정 제36조 제3항 제4호
　　　　⑩ [O] 동규정 제45조 제1항
　　　　⑭ [O] 동규정 제37조 제1항

정답　②

02 「보안업무규정 시행규칙」에 규정된 신원조사에 대하여 설명한 것이다. 옳지 <u>않은</u> 것은 모두 몇 개인가?

> ㉠ 국가정보원장은 광역시·세종특별자치시의 행정부시장 및 각 도(제주특별자치도를 포함한다)의 행정부지사에 대한 신원조사를 한다.
> ㉡ 국방부장관은 군인, 군무원, 「방위사업법」에 따른 방위산업체 및 연구기관의 종사자와 그 밖의 군사보안에 관련된 사람에 대한 신원조사를 실시하고, 신원조사 월별통계를 국가정보원장에게 통보해야 한다.
> ㉢ 국가정보원장은 신원조사를 위하여 필요한 범위에서 관계기관의 장에게 특정한 사실의 확인 및 자료의 제출을 요청할 수 있다.
> ㉣ 신원조사사항에는 친교 인물, 범죄경력 및 상벌내역, 인품 및 소행이 포함되어야 한다.
> ㉤ 국가정보원장은 특별한 사유가 없는 한 신원조사의 요청을 받은 날부터 30일 내에 조사결과를 작성하여 요청기관에 통보해야 한다.

① 0개　　　　② 1개　　　　③ 2개　　　　④ 3개

해설　㉠ [○] 「보안업무규정 시행규칙」 제56조 제1항 제2호
　　　㉡ [○] 동규칙 제56조 제2항
　　　㉢ [○] 동규칙 제60조 제1항
　　　㉣ [○] 동규칙 제58조 제3호 제9호 제10호
　　　㉤ [○] 동규칙 제59조 제1항

정답　①

14

보안 경찰활동

01 대공상황 발생 시 조치요령으로 적절하지 <u>않은</u> 것은? [20년 경간부 수정]

① 출동 조치 전에 군·보안부대 등 유관기관에 통보가 이루어져야 한다.

② 대공상황의 보고와 전파 시에는 적시성, 정확성, 간결성, 보안성 등이 고려되어야 한다.

③ 대공상황이 발생하면 우선 개요를 보고하고, 의문점에 대해서는 2보, 3보로 연속하여 보고한다.

④ 분석요원과 보안책임간부는 통신장비, 분석 장비를 휴대하고 현장에 신속히 출동하여 분석판단 및 사건처리에 임한다.

해설 대공상황 발생 시 출동 조치와 동시에 군·보안부대 등 유관기관에 통보가 이루어져야 한다.
정답 ①

02 대공상황 발생 시 조치요령으로 가장 적절하지 <u>않은</u> 것은?
[15년 경위 승진]

① 대공상황의 보고와 전파 시에는 적시성, 정확성, 간결성, 보안성 등이 고려되어야 한다.

② 대공상황이 발생하면 우선 개요를 보고하고, 의문점에 대하여는 2보, 3보로 연속하여 보고한다.

③ 분석요원과 보안책임간부는 통신장비, 분석 장비를 휴대하고 현장에 신속히 출동하여 분석판단 및 사건처리에 임한다.

④ 대공상황은 일반형사사건과는 달리 현장 조사를 할 필요 없다.

해설 ④ 대공상황 분석·판단 과정에서는 일반형사사건과 마찬가지로 현장 조사가 중요하다.
정답 ④

03 공산주의이론에 대한 설명 중 가장 적절하지 <u>않은</u> 것은?   [13년 경감 승진]

① 헤겔의 변증법을 구성하고 있는 세 가지 법칙에는 양의 질화 및 그 역의 법칙, 대립물 통일의 법칙, 부정의 부정 법칙이 있다.

② 유물사관의 입장에서 역사 발전의 원동력은 변증법적 유물론에서 비롯되므로 우리가 맞이할 사회는 물질적인 생산양식(생산력과 생산관계)에 의해 결정된다고 주장한다.

③ 변증법적 유물사관에 의하면 사회(공산)주의 사회는 合의 개념에, 원시공동 사회는 正의 개념에 해당한다.

④ 폭력혁명론에 따르면 혁명은 자본주의가 고도로 발달하여 완전히 성숙했을 때만 일어난다고 본다.

해설 ④ 폭력혁명론에 의하면 노동자 계급의 해방을 위해서 현존 제도를 폭력으로 전복할 것을 주장한다. 국가는 지배 계급의 도구이므로 노동자 계급의 해방은 혁명에 의해서만 가능하다고 한다.

정답 ④

04 공산주의 경제이론(마르크스의 경제이론)에 대한 설명으로 가장 적절하지 <u>않은</u> 것은?   [18년 경감 승진]

① 잉여가치설 – 자본가가 지불한 노동력의 가치 이상으로 생산된 잉여가치가 자본으로 축적된다는 이론이다.

② 노동가치설 – 상품의 가치는 그 상품을 생산한 노동이 형성하고, 가치의 크기는 생산에 필요한 노동시간이 결정한다는 학설이다.

③ 자본축적론 – 자본주의적 생산 초기에는 축적된 자본의 절대량이 적어 자본가가 소비를 억제하지만, 잉여가치의 축적량이 늘어남에 따라 사치와 낭비·정치적 비용·유통비용 등이 증가하게 된다고 본다.

④ 궁핍화이론 – 자본축적이 진행됨에 따라 자본가 계급의 부는 늘어나지만, 노동자 계급은 점차로 궁핍하게 된다는 주장이다.

해설 ① 잉여가치설 – 필요 노동을 초과하는 노동, 즉 노동자에게 임금으로 지불되지 않는 노동에 의해 생산된 가치(잉여가치)는 자본가의 금고로 가게 된다는 이론이다.

정답 ①

제 2 절   북한의 대남 전략 · 전술

01 북한의 대남전략의 원칙 및 전술의 형태 중 가장 적절하지 <u>않은</u> 것은?

[13년 경사 승진]

① 다양성의 원칙: 공산혁명 수행에 필요한 모든 전술을 다양하게 준비하였다가 어떠한 역사적 정세에도 적절하게 공급할 수 있어야 함

② 연합전선전술: 공산당의 목적달성을 위해 특정한 정치적 상황하에서 적대관계를 극복하고 동조하는 각 계급, 정당, 단체, 개인과 제휴

③ 임기응변의 원칙: 상호 상반 또는 상호 배타적인 두 개 이상의 전술을 동시에 구사

④ 군중노선전술: 대중의 지지 확보를 위해 당은 대중과 결합하고 대중 속에 침투하여야만 당이 대중으로부터 유리되지 않음

해설 ③ 다양한 전술을 모두 습득하고 있다가 정세를 검토하여 알맞은 전술을 신속히 적용한다는 원칙은 '임기응변의 원칙'이고, 상호 배타적인 2개 이상의 전술들을 동시에 활용한다는 것은 '배합의 원칙'이다.

정답 ③

02 북한의 대남공작부서 중 다음의 설명과 가장 관련이 깊은 것은?

[13년 경위 승진]

> 무장공비 양성 · 남파 · 요인암살 · 파괴 · 납치 등 게릴라 활동 및 군사정보수집, 1983년 미얀마 아웅산 암살폭파사건 자행

① 문화교류국

② 통일전선부

③ 정찰총국 2국(정찰국)

④ 정찰총국 5국(대외정보국, 구 35호실)

해설 ③ 설문은 정찰총국 2국(정찰국)에 관한 내용이다.

정답 ③

제3절 보안정보 수집업무

01 「경찰청과 그 소속기관 직제」에 따를 때 안보범죄정보 및 보안정보의 수집·분석 및 관리업무를 분장하는 기관은?

① 기획조정관   ② 치안상황관리관

③ 공공안녕정보국   ④ 안보수사국

해설 ④ 설문은 안보수사국의 분장사무이다(「경찰청과 그 소속기관 직제」 제22조 제3항 제5호).

정답 ④

02 「경찰청과 그 소속기관 직제 시행규칙」에 따를 때 간첩·테러·경제안보·첨단안보 등 국가안보와 국익에 반하는 범죄의 첩보 수집 및 수사에 관한 사항을 분장하는 기관은?

① 안보기획관리과장   ② 안보수사지휘과장

③ 안보범죄분석과장   ④ 안보수사과장

해설 ④ 설문은 안보수사과장의 분장사무이다(「경찰청과 그 소속기관 직제 시행규칙」 제19조 제6항).

정답 ④

03 「경찰청과 그 소속기관 직제 시행규칙」에 따를 때 안보범죄 첩보와 관련한 대내외 협의에 관한 사항을 분장하는 기관은?

① 안보기획관리과장   ② 안보수사지휘과장

③ 안보범죄분석과장   ④ 안보수사과장

해설 ③ 설문은 안보범죄분석과장의 분장사무이다(「경찰청과 그 소속기관 직제 시행규칙」 제19조 제5항 제3호).

정답 ③

제4절 방첩 업무

01 손자(孫子)가 분류한 간첩의 종류에 대한 설명 중 가장 적절하지 <u>않은</u> 것은?

[14년 경위 승진]

① 생간(生間): 적중에 들어가서 정보활동을 전개한 후 살아서 돌아오는 자로 현대국가에서 운용하는 첩보원들이 대부분 이에 해당한다.

② 사간(死間): 적을 교란하기 위해 적지에 파견하여 적에 붙잡혀 죽게 만든 간자로 어떤 편에서 기만정보를 작성하여 공작원을 통해 다른 편에 전파하는데, 공작원은 자신이 지득한 정보가 고의로 만들어진 기만정보라는 사실을 모른 채 진실이라고 믿고 적진에 전파시킴으로써 적에 붙잡혀 살해당하게 된다.

③ 향간(鄕間): 수집목표가 위치한 지역에 장기간 거주하여 그 지역 실정에 밝은 사람이 첩보원으로 기용되어 첩보 수집, 비밀공작 등 정보활동을 전개하는 것을 말한다.

④ 반간(反間): 적의 관리를 매수하여 자기편의 간자로 기용한 자를 말한다.

해설 ④ 반간(反間)은 적의 간첩을 매수하여 역으로 이국의 첩보원으로 기용한 자를 말하고, 적의 관리를 매수하여 자기 편의 간자로 기용한 자는 내간(內間)이다.

정답 ④

02 방첩활동의 수단을 적극적 · 소극적 · 기만적 수단으로 분류할 때 수단별로 가장 적절하게 연결된 것은?   [12년 경위 승진]

㉠ 첩보 수집   ㉡ 정보 · 자재보안의 확립
㉢ 대상 인물 감시   ㉣ 허위정보 유포
㉤ 역용 공작   ㉥ 보안업무 규정화
㉦ 양동간계 시위   ㉧ 침투 공작
㉨ 첩보 공작 분석   ㉩ 입법사항 건의
㉪ 간첩 신문   ㉫ 인원 · 시설보안의 확립
㉬ 유언비어 유포

---

① 적극적 수단 - ㉠ ㉢ ㉤ ㉧ ㉨ ㉪
② 기만적 수단 - ㉣ ㉦ ㉧ ㉪
③ 소극적 수단 - ㉡ ㉢ ㉥ ㉨ ㉩ ㉫
④ 적극적 수단 - ㉠ ㉢ ㉤ ㉧ ㉨ ㉪

해설 방첩업무의 수단

방첩업무 수단	내 용
적극적 수단	침투된 적과 적의 공작망 분쇄를 위하여 행하는 공격적 조치수단 (예) 첩보수집, 첩보공작 분석, 대상인물 감시, 침투공작, 간첩신문, 역용공작 등)
소극적 수단	자기편을 보호하기 위해 자체 보안기능을 강화하는 방어적 조치수단 (예) 정보보안 · 자재보안의 확립, 인원 및 시설보안의 확립, 보안업무 규정화, 입법 사항 건의, 비밀취급인가제도 확립 등)
기만적 수단	비밀이 노출될 가능성이 있는 상황하에서 자기편이 기도한 바를 적이 오인하도록 하는 방해수단 (예) 허위정보유포, 양동간계시위, 유언비어 유포 등)

정답 ④

03 간첩망의 형태에 대한 설명 중 옳은 것은 모두 몇 개인가? [16년 경간부]

> ㉠ 삼각형: 간첩이 주공작원 2~3명을 두고 그 밑에 각각 2~3명의 행동 공작원이 있으며, 일시에 많은 공작을 입체적으로 수행할 수 있고 활동 범위가 넓은 반면, 행동의 노출이 쉽고 일망타진 가능성이 높으며, 조직 구성에 많은 시간이 소요된다.
>
> ㉡ 써클형: 합법적 신분 이용 침투, 대상국의 정치·사회문제를 이용하여 적국의 이념이나 사상에 동조하도록 유도한다.
>
> ㉢ 단일형: 특수목적을 위하여 단독으로 활동하는 형태로, 보안 유지 및 신속한 활동이 가능하여 활동 범위가 넓고 공작 성과가 비교적 높다.
>
> ㉣ 피라미드형: 간첩 활동이 자유롭고 대중적 조직과 동원이 가능한 반면, 간첩의 정체가 폭로되었을 때 외교적 문제가 야기될 수 있다.

① 1개 　　　　② 2개 　　　　③ 3개 　　　　④ 4개

해설 ㉠ [×] 피라미드형에 대한 설명이다.

㉡ [○]

㉢ [×] 단일형에 대한 설명이지만, 활동 범위가 좁고 공작 성과가 낮은 단점이 있어서 후단 부분이 틀렸다.

㉣ [×] 써클형에 대한 설명이다.

정답 ①

04 간첩망의 형태에 대한 설명 중 가장 적절한 것은?

[15년 순경 2차; 17년 순경 1차]

① 단일형은 간첩이 단일 특수목적을 수행하기 위해 동조자를 포섭하지 않고 단독으로 활동하는 점조직으로 대남간첩이 가장 많이 사용하며, 간첩 상호 간에 종적·횡적 연락의 차단으로 보안 유지 및 신속한 활동이 가능하며 활동 범위가 넓고 공작 성과가 높다는 장점이 있다.

② 삼각형은 지하당 조직에서 주로 사용하는 간첩망 형태로, 지하당 구축을 하명받은 간첩이 3명 이내의 행동 공작원을 포섭하여 직접 지휘하고 포섭된 공작원 간의 횡적 연락을 차단시키는 활동 조직이다.

③ 피라미드형은 간첩 밑에 주공작원 2~3명을 두고, 주공작원은 그 밑에 각각 2~3명의 행동 공작원을 두는 조직 형태로 일시에 많은 공작을 입체적으로 수행할 수 있어 활동 범위가 넓고 조직 구성에 많은 시간이 소요되지 않는다는 장점이 있다.

④ 레포형은 삼각형 조직에 있어서 간첩과 주공작원 간, 행동 공작원 상호간에 연락원을 두고 종·횡으로 연결하는 형태이다.

해설 ① [×] 단일형은 활동 범위가 좁고 공작 성과가 낮다.
② [○]
③ [×] 피라미드형은 행동의 노출이 쉽고 일망타진 가능성이 높으며 조직구성에 많은 시간이 소요된다는 단점이 있다.
④ [×] 레포형은 피라미드 조직에 있어서 간첩과 주공작원 간, 행동공작원 상호간에 연락원을 두고 종·횡으로 연결하는 형태이다.

정답 ②

05 간첩망의 형태 중 써클형을 가장 잘 설명한 것은? [18년 경간부]

① 보안 유지가 잘되고 일망타진 가능성은 적지만, 활동 범위가 좁고 공작원
의 검거 시 간첩 정체가 쉽게 노출된다.

② 간첩 활동이 자유롭고 대중적 조직과 동원이 가능한 반면, 간첩의 정체가
폭로되었을 때 외교적 문제가 야기될 수 있다.

③ 보안 유지 및 신속한 활동이 가능한 반면, 활동 범위가 좁고 공작 성과가
비교적 낮다.

④ 일시에 많은 공작을 입체적으로 수행할 수 있고 활동 범위가 넓은 반면,
행동의 노출이 쉽고 일망타진 가능성이 높으며 조직 구성에 많은 시간이
소요된다.

해설 ① [×] 삼각형에 관한 설명이다.
② [○]
③ [×] 단일형에 관한 설명이다.
④ [×] 피라미드형에 관한 설명이다.

정답 ②

06 대상국의 기밀 탐지, 전복, 태업 등을 효과적으로 수행하기 위한 지하조직
형태를 간첩망이라 한다. 다음의 내용이 설명하는 간첩망의 형태를 가장
적절하게 나열한 것은? [16년 순경 1차]

> ㉠ 지하당 구축에 흔히 사용하는 형태로, 간첩이 3명 이내의 행동 공작원을 포
> 섭하여 직접 지휘하고 공작원 간 횡적 연락을 차단시키는 활동 조직
> ㉡ 간첩이 주공작원 2~3명을 두고, 주공작원은 그 밑에 각각 2~3명의 행동 공
> 작원을 두는 조직 형태
> ㉢ 합법적 신분을 이용하여 적국의 이념이나 사상에 동조하도록 유도하여 공작
> 목표를 달성하기 위한 조직 형태

① ㉠ 삼각형   ㉡ 피라미드형   ㉢ 서클형
② ㉠ 삼각형   ㉡ 피라미드형   ㉢ 레포형
③ ㉠ 피라미드형   ㉡ 삼각형   ㉢ 서클형
④ ㉠ 피라미드형   ㉡ 삼각형   ㉢ 레포형

해설 ① ㉠은 삼각형, ㉡은 피라미드형, ㉢은 서클형에 대한 설명이다.
정답 ①

---

07 공작에 관한 설명으로 가장 적절하지 <u>않은</u> 것은? [16년 경감 승진]

① 공작원에는 주공작원, 행동 공작원, 지원 공작원이 있다.
② 공작 임무를 마치고 귀환한 공작원이 공작관에게 공작상황을 보고하는 과정을 디브리핑이라고 한다.
③ 공작관은 상부의 지령 없이 임의로 비밀공작을 수행해야 한다.
④ 주공작원은 공작관 바로 밑에 위치하는 공작망의 책임자이다.

해설 ③ 주관자는 상부로부터 받은 지령을 계획·준비·수행하는 하나의 집단을 말하며, 이 집단의 대표자는 공작관이다.
정답 ③

---

08 다음 비밀공작의 순환과정에 대한 설명으로 가장 적절한 것은? [21년 경감 승진]

> 지령 → 계획 → 모집 → 훈련 → 브리핑 → 파견 및 귀환 → 디브리핑 → 보고서 작성 → 해고

① '모집'은 임무 수행에 필요한 능력을 배양시키고, 지식과 기술을 습득하게 하는 과정이다.
② '브리핑'은 공작에 영향을 주는 새로운 상황과 임무에 대한 상세한 지시를 하는 단계로, 공작원에게 공작 수행에 대한 최종적인 설명이 이루어진다.
③ '파견 및 귀환'은 공작계획에 따라 공작을 진행할 사람을 채용하는 과정이다.
④ '보고서 작성'은 지령을 수행하기 위한 수단과 방법을 조직화하는 과정이다.

해설 ① [×] 모집은 공작계획에 따라 공작을 진행할 사람을 채용하는 것을 말한다.
② [○]
③ [×] 파견 및 귀환은 공작원을 공작대상 지역에 파견하고 공작임무를 수행한 후 귀환하는 것을 말한다.
④ [×] 보고서 작성은 공작에 관한 보고서를 작성하고 제출하는 것을 의미한다.
정답 ②

09 공작 활동의 내용 중 감시에 대한 설명이다. 가장 적절하지 <u>않은</u> 것은?

[12년 경감 승진]

① 감시는 시각·청각을 통하여 공작대상이 되는 인물, 시설, 물자에 관한 정보를 획득하는 기술이다.

② 감시는 사실상의 행위로서 현행법상 감시에 대한 직·간접적인 근거 규정이 없다.

③ 대상자가 이미 알려져 있는 자로서 계속적인 감시를 필요로 하지 않고, 감시할 인적·물적·시간적 사정이 여의치 않아 적은 인원으로 많은 감시효과를 올리고자 할 때 적합한 감시의 형태는 완만감시이다.

④ 감시는 신문의 자료수집, 입수된 첩보의 확인, 제보자의 신뢰성 검토, 중요 인물의 신변 보호 등을 위해서 이용된다.

해설 ② 감시의 직·간접적 근거 규정으로는 「대통령 등의 경호에 관한 법률」, 「국가정보원법」, 「정보및보안업무기획·조정규정」 등을 들 수 있다.

정답 ②

10 공작 활동에 대한 설명으로 가장 적절하지 <u>않은</u> 것은?　　　[18년 경감 승진]

① '관찰묘사'란 경험을 재생하여 표현·기술하는 것을 의미하는 '관찰'과 일정한 목적 하에 사물의 현상 및 사건의 전말을 감지하는 과정을 말하는 '묘사'로 구분된다.

② '가장'이란 정보활동에 관계되는 모든 요소의 정체가 외부에 노출되지 않도록 꾸며지는 외적·내적 형태를 말한다.

③ '연락'이란 비밀공작을 수행함에 있어서 상·하급 인원이나 기관 간에 비밀을 은폐하려고 기도하는 방법으로, 첩보·문서·관념·물자 등을 전달하기 위하여 강구된 수단·방법의 유지 및 운용을 말한다.

④ '신호'란 비밀공작 활동에 있어서 조직원 상호 간에 어떤 의사를 전달하기 위하여 사전에 약정해 놓은 표시를 말한다.

해설 ① '관찰'이란 일정한 목적 하에 사물의 현상 및 사건의 전말을 감지하는 과정을 말하고, '묘사'란 관찰한 경험을 표현·기술하는 것이다.

정답 ①

11 다음은 공작 활동에 대한 내용이다. 아래 ㉠부터 ㉣까지의 설명 중 옳고 그름의 표시(O, X)가 바르게 된 것은? [20년 경위 승진]

> ㉠ '연락'이란 비밀공작을 수행함에 있어서 상·하급 인원이나 기관 간에 비밀을 은폐하려고 기도하는 방법이다.
> ㉡ '신호'란 비밀공작 활동에 있어서 조직원 상호 간에 어떠한 의사를 전달하기 위하여 사전에 약정해 놓은 표시를 말한다.
> ㉢ '사전정찰'이란 일정한 목적 하에 사물의 현상 및 사건의 전말을 감지하는 과정을 말한다.
> ㉣ '감시'란 장차 공작 활동을 위하여 공작목표나 공작 지역에 대하여 예비지식을 수집하기 위한 사전 조사 활동이다.

① ㉠ (×) ㉡ (O) ㉢ (O) ㉣ (×)

② ㉠ (×) ㉡ (O) ㉢ (O) ㉣ (O)

③ ㉠ (O) ㉡ (×) ㉢ (×) ㉣ (×)

④ ㉠ (O) ㉡ (O) ㉢ (×) ㉣ (×)

해설 ㉠ [O]

㉡ [O]

㉢ [×] '사전정찰'이란 앞으로 공작활동을 위하여 공작목표나 공작지역에 대하여 예비지식을 수집하기 위한 사전 조사 활동이다.

㉣ [×] '감시'란 공작대상의 행동·의도·신분 및 접촉에 관한 상세한 첩보를 입수하기 위하여 인물·시설·차량 등의 목표를 관찰하는 행동을 의미한다.

정답 ④

12 심리전에 대한 다음 설명 중 가장 옳은 것은? [17년 경간부]

① 심리전은 선전·선동·모략 등의 수단에 의해 직접 상대국 국민 또는 군대에 정신적 자극을 주어 사상의 혼란과 국론의 분열을 유발시킴으로써 자국의 의도대로 유도하는 무력전술이다.

② 심리전의 종류 중 자유진영국가들이 공산진영국가의 국민을 대상으로 전개하는 대공산권방송은 전술심리전에 해당한다.

③ 아측 후방지역의 사기를 앙양시키거나 수복 지역주민들의 협조를 얻고 질서를 유지하는 선전활동으로 타협심리전이라고도 불리우는 심리전은 선무 심리전이다.

④ 심리전의 목적에 의한 분류는 공격적 심리전, 방어적 심리전, 공연성 심리전으로 구분된다.

해설 ① [×] 심리전은 비무력적인 수단을 사용한다.
② [×] 대공산권 방송은 광범위하고 장기적인 목표 하에 대상국의 국민을 대상으로 실시하는 전략심리전에 해당한다.
③ [○]
④ [×] 심리전은 목적에 따라서 공격적 심리전, 방어적 심리전, 선무(타협) 심리전으로 구분된다. 주체에 따라서는 공연성 심리전과 비공연성 심리전으로 구분된다.

정답 ③

13 선전의 종류 중 출처를 밝히지 않고 행하는 선전 활동으로 가장 적절한 것은? [16년 경위 승진]

① 백색 선전   ② 흑색 선전
③ 회색 선전   ④ 적색 선전

해설 ① [×] 백색선전은 출처를 밝히면서 하는 선전이다.
② [×] 흑색선전은 출처를 위장하는 선전이다.
③ [○]
④ [×] 심리전의 수단인 선전에는 백색 선전, 회색 선전, 흑색 선전만이 있다.

정답 ③

제5절 **보안사범 수사업무**

01 「국가보안법」상 반국가단체에 관한 설명이다. 빈칸에 들어갈 말로 가장 적절하게 연결된 것은? [16년 경감 승진]

> '반국가단체'라 함은 정부를 (㉠)하거나 국가를 (㉡)할 것을 목적으로 하는 국내외의 결사 또는 집단으로서 지휘통솔체제를 갖춘 단체를 말한다.

① ㉠ – 사칭 ㉡ – 변란   ② ㉠ – 참칭 ㉡ – 변란
③ ㉠ – 참칭 ㉡ – 문란   ④ ㉠ – 사칭 ㉡ – 문란

해설 ② 정부를 참칭한다고 하기 위해서는 정부와 동일한 명칭을 사용할 필요는 없고, 일반인이 정부로 오인할 정도이면 충분하며, 국가변란은 정부를 전복하여 새로운 정부를 조직하는 것으로서 「형법」상 내란죄의 국헌문란보다 좁은 개념이다.

정답 ②

02 「국가보안법」의 특성에 대한 설명으로 가장 적절하지 않은 것은? [19년 경감 승진]

① 고의범만 처벌하며, 일부 범죄를 제외하고 기본적으로 미수·예비·음모를 처벌한다.
② 「국가보안법」의 죄를 범한 후 자수하거나 동법의 죄를 범한 자가 타인이 동법의 죄를 범하는 것을 방해하였을 때에는 그 형을 감경 또는 면제한다.
③ 검사는 「국가보안법」의 죄를 범한 자에 대하여 공소제기를 보류할 수 있으며 공소보류가 취소된 경우에는 동일한 범죄사실로 재구속할 수 없다.
④ 편의제공죄나 찬양·고무죄 등 「형법」상 종범의 성격을 가진 행위에 대하여 독립된 범죄로 처벌한다.

해설 ③ 검사는 「국가보안법」의 죄를 범한 자에 대하여 공소제기를 보류할 수 있고, 공소보류가 취소된 경우에는 동일한 범죄사실로 재구속할 수 있다(동법 제20조).

정답 ③

03 「국가보안법」상 공소보류에 대한 설명 중 가장 적절하지 <u>않은</u> 것은?

① 검사는 「국가보안법」 위반 사범에 대하여 공소제기를 보류할 수 있다.
② 공소보류를 받은 자가 법무부 장관이 정한 감시·보도에 관한 규칙을 위반한 때에는 공소보류를 취소할 수 있다.
③ 공소보류 결정을 받은 자가 공소제기 없이 1년이 경과한 때에는 소추할 수 없다.
④ 공소보류가 취소된 때에는 「형사소송법」 제208조(재구속의 제한)의 규정에도 불구하고 동일범죄사실로 재구속·소추할 수 있다.

해설 ③ 공소보류를 받은 자가 공소의 제기 없이 2년을 경과한 때에는 소추할 수 없다(「국가보안법」 제20조 제2항).

정답 ③

04 「국가보안법」상 죄명 중 행위주체에 제한이 있는 것은 무엇인가?

① 반국가단체구성죄(제3조) ② 자진지원죄(제5조 제1항)
③ 금품수수죄(제5조 제2항) ④ 잠입·탈출죄(제6조)

해설 행위주체에 제한이 있는 범죄

「국가보안법」상 죄명	행위주체
목적수행죄(제4조)	반국가단체의 구성원 또는 그 지령을 받은 자
자진지원죄(제5조 제1항)	반국가단체의 구성원 또는 그 지령을 받은 자는 제외됨
이적단체구성원 허위사실날조유포(제7조 제3항)	이적단체의 구성원
특수직무유기죄(제11조)	범죄수사 또는 정보의 직무에 종사하는 공무원
직권남용무고날조죄 (제12조 제2항)	범죄수사 또는 정보의 직무에 종사하는 공무원이나 이를 보조하는 자 또는 이를 지휘하는 자

정답 ②

05 「국가보안법」의 특성에 관한 설명 중 가장 옳지 **않은** 것은? [18년 경간부]

① 편의제공죄나 찬양·고무죄 등 형법상 종범의 성격을 가진 행위에 대하여 독립된 범죄로 처벌한다.

② 「국가보안법」, 「군형법」, 「형법」에 규정된 반국가적 범죄로 금고 이상의 형을 선고받고 그 형의 집행을 종료하지 아니한 자 또는 그 집행을 종료하거나 집행을 받지 않기로 확정된 후 5년이 경과하지 않은 자가 재차 특정범죄를 범하였을 때는 최고형으로 사형을 정하고 있다.

③ 지방법원판사는 목적수행죄에 대해 사법경찰관이 검사에게 신청하여 검사의 청구가 있는 경우에 수사를 계속함에 상당한 이유가 있다고 인정한 때에는 「형사소송법」 제202조의 구속기간의 연장을 2차에 한하여 허가할 수 있다.

④ 「국가보안법」 위반죄를 범한 후 자수하거나 동법의 죄를 범한 자가 타인이 동법의 죄를 범하는 것을 방해하였을 때에는 그 형을 감경 또는 면제한다.

> **해설** ③ 지방법원판사는 목적수행죄에 대해 사법경찰관이 검사에게 신청하여 검사의 청구가 있는 경우에 수사를 계속함에 상당한 이유가 있다고 인정한 때에는 「형사소송법」 제202조의 구속기간의 연장을 1차에 한하여 허가할 수 있다(「국가보안법」 제19조 제1항). 지방법원판사는 제1항의 죄로서 검사의 청구에 의하여 수사를 계속함에 상당한 이유가 있다고 인정한 때에는 「형사소송법」 제203조의 구속기간의 연장을 2차에 한하여 허가할 수 있다(동법 제19조 제2항).

> **정답** ③

06 「국가보안법」의 내용으로 틀린 것은? [15년 경간부]

① 검사 또는 사법경찰관으로부터 이 법에 정한 죄의 참고인으로 출석을 요구받은 자가 정당한 이유 없이 2회 이상 출석요구에 불응한 때에는 관할 법원 판사의 구속영장을 발부받아 구인할 수 있다.

② 검사는 이 법의 죄를 범한 자에 대하여 형법상 양형조건을 참작하여 공소제기를 보류할 수 있다.

③ 공소보류를 받은 자가 공소의 제기 없이 2년을 경과한 때에는 소추할 수 없다.

④ 공소보류가 취소된 경우에는 동일한 범죄사실로 재구속할 수 없다.

해설 ④ 공소보류가 취소된 경우에는 「형사소송법」제208조의 규정에도 불구하고 동일한 범죄사실로 재차 구속할 수 있다(「국가보안법」제20조 제4항).

정답 ④

---

07 甲은 평소 사이가 좋지 않은 이웃 주민인 乙을 처벌하기 위해 경찰서에 "乙은 북한에서 온 간첩이다"라고 신고하였다. 이 경우 甲의 무고행위를 처벌할 수 있는 보안 관련법으로 가장 적절한 것은? [15년 경위 승진 수정]

① 「북한이탈주민의 보호 및 정착지원에 관한 법률」
② 「보안관찰법」
③ 「국가보안법」
④ 「남북교류협력에 관한 법률」

해설 ③ 「국가보안법」제12조 제1항에서는 "타인으로 하여금 형사처분을 받게 할 목적으로 이 법의 죄에 대하여 무고 또는 위증을 하거나 증거를 날조·인멸·은닉한 자는 그 각조에 정한 형에 처한다"고 규정하고 있다.

정답 ③

제6절 보안관찰업무

01 「보안관찰법」에 대한 설명으로 가장 적절하지 <u>않은</u> 것은? [15년 순경 3차]

① 보안관찰처분 대상자라 함은 보안관찰 해당범죄 또는 이와 경합된 범죄로 금고 이상의 형의 선고를 받고 그 형기 합계가 3년 이상인 자로서 형의 전부 또는 일부의 집행을 받은 사실이 있는 자를 말한다.

② 보안관찰처분을 받은 자는 이 법이 정하는 바에 따라 소정의 사항을 주거지 관할 검사에게 신고하고, 재범방지에 필요한 범위 안에서 그 지시에 따라 보안관찰을 받아야 한다.

③ 법무부장관은 검사의 청구가 있는 때에는 보안관찰처분심의위원회의 의결을 거쳐 그 기간을 갱신할 수 있다.

④ 보안관찰처분 청구는 검사가 행한다.

해설 ① [○] 「보안관찰법」 제3조
② [×] 보안관찰처분을 받은 자는 이 법이 정하는 바에 따라 소정의 사항을 주거지 관할경찰서장에게 신고하고, 재범방지에 필요한 범위안에서 그 지시에 따라 보안관찰을 받아야 한다(동법 제4조 제2항).
③ [○] 동법 제5조 제2항
④ [○] 동법 제7조

정답 ②

02 「보안관찰법」상 보안관찰 해당범죄가 아닌 것은?

[17년 순경 1차; 18년 경위 승진]

① 「형법」상 내란죄 ② 「군형법」상 일반이적죄
③ 「국가보안법」상 목적수행죄 ④ 「국가보안법」상 금품수수죄

해설 보안관찰 해당범죄

법 률	해당범죄
「형법」	내란목적살인죄, 외환유치죄, 여적죄, 모병이적죄, 시설제공이적죄, 물건제공이적죄, 간첩죄

「군형법」	반란죄, 반란목적군용물탈취죄, 군용시설(물건)제공이적죄, 군용(시설, 물건)파괴이적죄, 간첩죄, 일반이적죄
「국가보안법」	목적수행죄, 자진지원죄, 금품수수죄, 잠입탈출죄, 편의제공죄(무기류)

정답 ①

03 「보안관찰법」상 보안관찰처분심의위원회에 대한 설명 중 가장 옳지 않은 것은? [19년 경간부]

① 보안관찰처분에 관한 사안을 심의·의결하기 위하여 법무부에 보안관찰처분심의위원회(이하"위원회"라 한다)를 둔다.

② 위원회는 위원장 1인(법무부차관)과 6인의 위원으로 구성되고, 위원은 법무부차관의 제청으로 대통령이 임명 또는 위촉한다.

③ 위원회의 심의·의결사항에는 보안관찰처분 또는 그 기각의 결정, 면제 또는 그 취소결정, 보안관찰처분의 취소 또는 기간의 갱신결정이 있다.

④ 위원회의 회의는 위원장을 포함한 재적위원 과반수의 출석으로 개의하고 출석위원 과반수의 찬성으로 의결한다.

해설 ① [○] 「보안관찰법」 제12조 제1항
② [×] 위원회는 위원장 1인과 6인의 위원으로 구성하고(동법 제12조 제2항), 위원장은 법무부차관이 되며(동법 제12조 제3항), 위원은 법무부장관의 제청으로 대통령이 임명 또는 위촉한다(동법 제12조 제4항).
③ [○] 동법 제12조 제9항
④ [○] 동법 제12조 제10항

정답 ②

04 보안관찰처분에 대한 설명으로 옳은 것을 모두 고른 것은?

[17년 경기북부 여경]

> ㉠ 보안관찰처분 대상자는 교도소 등으로부터 출소 후 10일 이내에 그 거주 예정지 관할경찰서장에게 출소 사실을 신고하여야 한다.
> ㉡ 보안관찰처분 대상자는 교도소 등에서 출소한 후 신고사항에 변동이 있을 때에는 변동이 있는 날부터 7일 이내에 그 변동된 사항을 관할경찰서장에게 신고하여야 한다.
> ㉢ 보안관찰처분 청구는 검사가 행한다.
> ㉣ 법무부장관은 보안관찰처분심의위원회의 위원장이 된다.
> ㉤ 검사는 피보안관찰자가 도주하거나 10일 이상 그 소재가 불명한 때에는 보안관찰처분의 집행중지결정을 할 수 있다. 그 사유가 소멸된 때에는 지체 없이 그 결정을 취소하여야 한다.

① ㉠ ㉢   ② ㉡ ㉢   ③ ㉡ ㉤   ④ ㉢ ㉣

해설 ㉠ [×] 보안관찰처분대상자는 교도소 등으로부터 출소 후 7일 이내에 그 거주예정지 관할경찰서장에게 출소사실을 신고하여야 한다(「보안관찰법」 제6조 제1항).
㉡ [○] 동법 제6조 제2항
㉢ [○] 동법 제7조
㉣ [×] 보안관찰처분심의위원회의 위원장은 법무부차관이다(동법 제12조 제3항).
㉤ [×] 검사는 피보안관찰자가 도주하거나 1월 이상 그 소재가 불명한 때에는 보안관찰처분의 집행중지결정을 할 수 있다(동법 제17조 제3항).

정답 ②

05 「보안관찰법」상 보안관찰처분을 받은 자(피보안관찰자)의 신고에 대한 다음 설명 중 가장 옳은 것은?   [17년 경간부]

① 최초 신고사항에 변동이 있을 때에는 10일 이내에 지구대장(파출소장)을 거쳐 관할경찰서장에게 변동사항을 신고하여야 한다.

② 주거지를 이전하거나 국외여행 또는 7일 이상 주거를 이탈하여 여행하고 자 할 때에는 미리 지구대장(파출소장)을 거쳐 관할경찰서장에게 신고하여 야 한다.

③ 보안관찰처분결정고지를 받은 날부터 10일 이내에 지구대장(파출소장)을 거쳐 관할경찰서장에게 피보안관찰자신고를 하여야 한다.

④ 보안관찰처분결정고지를 받은 날이 속한 달부터 매3월이 되는 달의 말일 까지 3월간의 주요활동사항 등 소정사항을 지구대장(파출소장)을 거쳐 관 할경찰서장에게 신고하여야 한다.

해설 ① [×] 7일 이내에 신고하여야 한다(「보안관찰법」제6조 제2항).
② [×] 주거지를 이전하거나 국외 또는 10일 이상 여행하고자 할 때 신고하여야 한다(동법 제 18조 제4항).
③ [×] 7일 이내에 신고하여야 한다(동법 제18조 제1항).
④ [○] 동법 제18조 제2항

정답 ④

06 「보안관찰법」에 대한 설명으로 가장 적절하지 **않은** 것은?   [17년 순경 2차]

① 보안관찰처분 대상자라 함은 보안관찰해당범죄 또는 이와 경합된 범죄로 금고 이상의 형의 선고를 받고 그 형기합계가 3년 이상인 자로서 형의 전 부 또는 일부의 집행을 받은 사실이 있는 자를 말한다.

② 보안관찰처분 대상자는 출소 후 7일 이내에 그 거주 예정지 관할경찰서장 에게 출소사실을 신고하여야 한다.

③ 피보안관찰자는 보안관찰처분 결정고지를 받은 날부터 7일 이내에 일정한 사항을 주거지를 관할하는 지구대·파출소장을 거쳐 관할경찰서장에게 신 고하여야 한다.

④ 피보안관찰자는 주거지를 이전하거나 국외여행 또는 7일 이상 주거를 이 탈하여 여행하고자 할 때에는 미리 거주 예정지, 여행 예정지 등을 지구 대·파출소장을 거쳐 관할경찰서장에게 신고하여야 한다.

해설 ① [○] 「보안관찰법」 제3조
② [○] 동법 제6조 제1항
③ [○] 동법 제18조 제1항
④ [×] 피보안관찰자는 주거지를 이전하거나 국외여행 또는 10일 이상 주거를 이탈하여 여행하고자 할 때에는 미리 거주 예정지, 여행 예정지 등을 지구대·파출소장을 거쳐 관할경찰서장에게 신고하여야 한다(동법 제18조 제4항).

정답 ④

07 「보안관찰법」에 대한 설명으로 가장 적절한 것은? [19년 경감 승진]

① 보안관찰처분에 관한 결정은 보안관찰처분심의위원회의 의결을 거쳐 법무부장관이 행한다.
② 피보안관찰자는 국외여행 또는 7일 이상 여행을 하는 경우 수시신고를 해야 한다.
③ 보안관찰처분의 기간은 2년이며, 그 기간은 갱신할 수 없다.
④ '보안관찰처분대상자'는 보안관찰해당범죄 또는 이와 경합된 범죄로 징역 이상의 형의 선고를 받고 그 형기합계가 3년 이상인 자로서 형의 전부 또는 일부의 집행을 받은 사실이 있는 자를 말한다.

해설 ① [○] 「보안관찰법」 제14조 제1항
② [×] 10일 이상 주거를 이탈하여 여행하고자 할 때이다(동법 제18조 제4항).
③ [×] 법무부장관은 검사의 청구가 있는 때에는 보안관찰처분심의위원회의 의결을 거쳐 그 기간을 갱신할 수 있다(동법 제5조 제2항).
④ [×] "보안관찰처분대상자"라 함은 보안관찰해당범죄 또는 이와 경합된 범죄로 금고 이상의 형의 선고를 받고 그 형기합계가 3년 이상인 자로서 형의 전부 또는 일부의 집행을 받은 사실이 있는 자를 말한다(동법 제3조).

정답 ①

08 보안관찰에 대한 설명으로 가장 적절하지 <u>않은</u> 것은? [15년 경위 승진]

① 보안관찰 대상자 중 재범할 만한 충분한 이유가 있는 자에 대하여 실시한다.

② 보안관찰처분의 기간은 5년이며, 그 기간은 갱신할 수 없다

③ 보안관찰처분을 받은 자는 소정의 신고의무와 지시이행 의무를 지게 된다.

④ 관할 경찰서장은 피보안관찰자의 동태를 관찰하고 사회에 복귀하도록 선도하고 재범을 예방하여야 한다.

해설 ② 보안관찰처분의 기간은 2년이며, 그 기간은 갱신할 수 있다(「보안관찰법」 제5조).

정답 ②

09 다음은 보안관찰처분 대상자와 기간에 대한 설명이다. ( )안에 들어갈 말이 바르게 연결된 것은? [15년 순경 1차]

> 보안관찰처분대상자란 보안관찰해당범죄 또는 이와 경합된 범죄로 (㉠) 이상의 형의 선고를 받고 그 형기 합계가 (㉡) 이상인 자로서 형의 전부 또는 일부의 집행을 받은 사실이 있는 자를 말하며, 보안관찰처분의 기간은 (㉢)으로 한다.

① ㉠ 금고　　㉡ 3년　㉢ 2년

② ㉠ 금고　　㉡ 3년　㉢ 3년

③ ㉠ 자격정지　㉡ 2년　㉢ 2년

④ ㉠ 자격정지　㉡ 2년　㉢ 3년

해설 ① ㉠은 금고, ㉡은 3년, ㉢은 2년이다.

정답 ①

10 「보안관찰법」에 대한 설명으로 가장 옳지 <u>않은</u> 것은? [16년 경간부]

① 검사는 피보안관찰자가 도주하거나 3월 이상 그 소재가 불명한 때에는 보안관찰처분의 집행중지결정을 할 수 있다. 그 사유가 소멸된 때에는 지체 없이 그 결정을 취소하여야 한다.

② 보안관찰처분에 관한 결정은 보안관찰처분심의위원회의 의결을 거쳐 법무부장관이 행한다.

③ 보안관찰처분의 기간은 2년이며, 그 기간은 갱신할 수 있다.

④ 보안관찰법에 의한 법무부장관의 결정을 받은 자가 그 결정에 이의가 있을 때에는 행정소송법이 정하는 바에 따라 결정이 집행된 날부터 60일 이내에 서울고등법원에 소를 제기할 수 있다.

해설 ① 검사는 피보안관찰자가 도주하거나 1월 이상 그 소재가 불명한 때에는 보안관찰처분의 집행중지결정을 할 수 있다. 그 사유가 소멸된 때에는 지체 없이 그 결정을 취소하여야 한다(「보안관찰법」 제17조 제3항).

정답 ①

11 「보안관찰법」상 보안관찰처분에 대한 설명으로 옳지 <u>않은</u> 것은?

[21년 경간부]

① 보안관찰처분은 보안처분의 일종으로 본질, 추구하는 목적 및 기능에 있어 형벌과는 다른 독자적 의의를 가진 사회보호적 처분이므로 형벌과 병과하여 선고한다고 해서 일사부재리 원칙에 위반하였다고 할 수 없다.

② 보안관찰처분에 관한 결정은 보안관찰처분심의위원회의 의결을 거쳐 법무부장관이 행하며, 법무부장관은 보안관찰처분심의 위원회의 의결과 다른 결정을 할 수 없다. 다만, 보안관찰처분 대상자에 대하여 보안관찰처분심의위원회의 의결보다 유리한 결정하는 때에는 그러하지 아니하다.

③ 보안관찰처분의 기간은 2년으로 하며 법무부장관은 검사의 청구가 있는 때에는 보안관찰처분심의위원회의 의결을 거쳐 1회에 한해 그 기간을 갱신할 수 있다.

④ 보안관찰처분결정을 받은 자가 그 결정에 이의가 있을 때에는 행정소송법이 정하는 바에 따라 그 결정이 집행된 날부터 60일 이내에 서울고등법원에 소를 제기할 수 있다.

해설　① [○] 헌재 1997. 11. 27, 92헌바28 결정
　　　② [○] 「보안관찰법」 제14조
　　　③ [×] 법무부장관은 검사의 청구가 있는 때에는 보안관찰처분심의위원회의 의결을 거쳐 그 기간을 갱신할 수 있다(동법 제5조 제2항).
　　　④ [○] 동법 제23조

정답　③

12 「보안관찰법」상 규정된 내용으로 가장 적절하지 <u>않은</u> 것은?

[16년 순경 2차 수정]

① "보안관찰처분대상자"라 함은 보안관찰해당범죄 또는 이와 경합된 범죄로 금고이상의 형의 선고를 받고 그 형기 합계가 3년 이상인 자로서 형의 전부 또는 일부의 집행을 받은 사실이 있는 자를 말한다.

② 보안관찰처분대상자는 그 형의 집행을 받고 있는 교도소, 소년교도소, 구치소, 유치장, 군교도소(이하 "교도소등"이라 한다)에서 출소 전에 거주예정지 기타 대통령령으로 정하는 사항을 교도소등의 장을 경유하여 거주예정지 관할경찰서장에게 신고하고, 출소 후 7일 이내에 그 거주예정지 관할경찰서장에게 출소사실을 신고하여야 한다.

③ 보안관찰대상자는 교도소등에서 출소한 후 신고사항에 변동이 있을 때에는 지체 없이 그 변동된 사항을 관할경찰서장에게 신고하여야 한다.

④ 교도소등의 장은 보안관찰처분대상자가 생길 때에는 지체 없이 보안관찰처분심의위원회와 거주예정지를 관할하는 검사 및 경찰서장에게 통보하여야 한다.

해설　③ 보안관찰 대상자는 교도소 등에서 출소한 후 신고사항에 변동이 있을 때에는 변동이 있는 날로부터 7일 이내에 그 변동된 사항을 관할경찰서장에게 신고하여야 한다(「보안관찰법」 제6조 제2항).

정답　③

제7절 남북 교류·협력 및 북한이탈주민 보호업무

01 남북교류협력에 대한 설명으로 가장 적절하지 <u>않은</u> 것은?   [20년 경감 승진]

① 재외국민이 외국에서 북한을 왕래할 때에는 통일부장관이나 재외공관의 장에게 신고하여야 한다.

② 거짓이나 부정한 방법으로 방문승인을 받은 경우 승인을 취소해야 한다.

③ 남한 주민이 북한을 방문하고자 하는 경우 방문 10일 전까지 통일부장관에게 '방문승인 신청서'를 제출해야 한다.

④ 「남북교류협력에 관한 법률」은 남북 교류·협력을 목적으로 하는 행위에 관하여는 이 법률의 목적 범위에서 다른 법률에 우선하여 이 법을 적용한다.

해설 ③ 남한 주민이 북한을 방문하고자 하는 경우 방문 7일 전까지 통일부장관에게 '방문승인 신청서'를 제출해야 한다(「남북교류협력에 관한 법률 시행령」 제12조 제1항).

정답 ③

02 「남북교류협력에 관한 법률」 및 동법 시행령과 「국가보안법」에 대한 설명으로 가장 적절하지 <u>않은</u> 것은? (다툼이 있는 경우 판례에 의함)

[19년 경위 승진]

① 남한 주민이 북한을 방문하고자 하는 경우 방문 3일 전까지 남북교류협력 시스템을 통해 '북한 방문 승인 신청서'를 제출해야 한다.

② 「남북교류협력에 관한 법률」에 따르면, 방북 시 통일부장관이 발급한 방문 증명서를 소지해야 하며, 통일부장관의 방문승인을 받지 아니하고 방북하는 것에 대한 벌칙규정이 있다.

③ 7·4 남북공동성명이 있었고 남북 사이의 화해와 불가침 및 교류협력에 관한 합의서가 체결 및 발효되었다고 하여도 그로 인해 「국가보안법」이 규범력을 상실한 것으로 볼 수는 없다.

④ 「남북교류협력에 관한 법률」상 '재외국민'이 외국에서 북한을 왕래할 때에는 통일부장관이나 재외공관의 장에게 신고하여야 한다.

해설　① [×] 남한 주민이 북한을 방문하고자 하는 경우 방문 7일 전까지 '방문승인 신청서'를 통일부
장관에게 제출해야 한다(「남북교류협력에 관한 법률 시행령」 제12조 제1항).
② [○] 동법 제27조 제1항
③ [○] 대판 1999. 12. 28, 99도4027
④ [○] 동법 제9조 제8항

정답　①

03 「남북교류협력에 관한 법률」에 관한 설명으로 가장 적절하지 **않은** 것은?

[19년 순경 2차]

① 남한의 주민이 북한을 방문하거나 북한의 주민이 남한을 방문하려면 통일
부장관의 방문 승인을 받아야 하며, 통일부장관이 발급한 증명서를 소지하
여야 한다.

② 남한의 주민이 북한의 주민과 접촉하려면 통일부장관에게 미리 신고하여
야 하는 것이 원칙이나 대통령령으로 정하는 부득이한 사유에 해당하는
경우에는 접촉한 후에 신고할 수 있다.

③ 남한과 북한 간의 거래는 국가 간의 거래가 아닌 민족 내부의 거래로 본다.

④ 「남북교류협력에 관한 법률」상 "반출·반입"이란 매매, 교환, 임대차, 사용
대차, 증여, 사용 등을 목적으로 하는 남한과 북한 간의 물품 등의 이동을
말하며, 단순히 제3국을 거치는 물품 등의 이동은 포함하지 않는다.

해설　④ "반출·반입"이란 매매, 교환, 임대차, 사용대차, 증여, 사용 등을 목적으로 하는 남한과 북한
간의 물품등의 이동(단순히 제3국을 거치는 물품등의 이동을 포함한다.)을 말한다(「남북교류협력
에 관한 법률」 제2조 제3호).

정답　④

04 「북한이탈주민의 보호 및 정착지원에 관한 법률」상 다음 설명 중 가장 적절하지 않은 것은?   [15년 순경 1차]

① 대한민국은 보호대상자를 인도주의에 입각하여 특별히 보호한다.

② 대한민국은 외국에 체류하고 있는 북한이탈주민의 보호 및 지원 등을 위하여 외교적 노력을 다하여야 한다.

③ 국가정보원장은 북한이탈주민에 대한 보호 및 지원 등을 위하여 북한이탈주민의 실태를 파악하고, 그 결과를 정책에 반영하여야 한다.

④ 보호대상자는 대한민국의 자유민주적 법질서에 적응하여 건강하고 문화적인 생활을 할 수 있도록 노력하여야 한다.

해설 ① [○] 「북한이탈주민의 보호 및 정착지원에 관한 법률」 제4조 제1항
② [○] 동법 제4조 제2항
③ [×] 통일부장관은 북한이탈주민에 대한 보호 및 지원 등을 위하여 북한이탈주민의 실태를 파악하고, 그 결과를 정책에 반영하여야 한다(동법 제4조 제4항).
④ [○] 동법 제4조 제3항

정답 ③

05 「북한이탈주민의 보호 및 정착지원에 관한 법률」에 대한 설명으로 적절한 것은?   [21년 경감 승진]

① "북한이탈주민"이란 군사분계선 이북 지역에 주소, 직계가족, 배우자, 직장 등을 두고 있는 사람으로서 북한을 벗어난 후 외국 국적을 취득하지 아니한 사람을 말한다.

② 위장탈출 혐의자, 국내 입국 후 3년이 지나서 보호 신청한 사람, 체류국에 5년 이상 생활 근거지를 두고 있는 사람은 보호대상자로 결정하지 않을 수 있다.

③ "구호물품"이란 이 법에 따라 보호대상자에게 지급하거나 빌려주는 금전 또는 물품을 말한다.

④ 북한이탈주민으로 보호를 받으려는 사람은 재외공관이나 그 밖의 행정기관의 장에게 보호를 직접 신청해야 하고, 국가정보원장은 '북한이탈주민 대책협의회'의 심의를 거쳐 보호 여부를 결정한다.

해설 ① [○] 「북한이탈주민의 보호 및 정착지원에 관한 법률」 제2조 제1호

② [×] 국제형사범죄자, 비정치적 범죄자, 위장탈출 혐의자, 국내 입국 후 3년이 지나서 보호신청한 사람은 보호대상자로 결정하지 아니할 수 있다(동법 제9조 제1항). '체류국에 10년 이상 생활 근거지를 두고 있는 사람' 조항은 2020년 법률 개정에서 삭제되었다.

③ [×] '보호금품'이란 이 법에 따라 보호대상자에게 지급하거나 빌려주는 금전 또는 물품을 말한다(동법 제2조 제4호).

④ [×] 북한이탈주민으로서 보호를 받으려는 사람은 재외공관이나 그 밖의 행정기관의 장에게 보호를 직접 신청하여야 한다(동법 제7조 제1항). 통일부장관은 '북한이탈주민 대책협의회'의 심의를 거쳐 보호 여부를 결정한다(동법 제8조 제1항).

정답 ①

---

06 「북한이탈주민의 보호 및 정착지원에 관한 법률」에 대한 설명으로 옳지 않은 것은? [20년 경간부]

① 통일부장관은 「북한이탈주민의 보호 및 정착지원에 관한 법률」에 따라 보호 대상자가 거주지로 전입한 후 그의 신변안전을 위하여 국방부장관이나 경찰청장에게 협조를 요청할 수 있다.

② 북한이탈주민이란 군사분계선 이북 지역에 주소, 직계가족, 배우자, 직장 등을 두고 있는 사람으로서 북한을 벗어난 후 외국 국적을 취득하지 아니한 사람을 말한다.

③ 통일부장관은 '북한이탈주민 대책협의회'의 심의를 거쳐 보호 여부를 결정한다. 단, 국가안보에 현저한 영향을 끼칠 우려가 있는 자의 경우 국가정보원장이 보호 여부를 결정한다.

④ 북한이탈주민으로서 위장탈출 혐의자, 국내 입국 후 3년이 지나서 보호 신청한 사람, 체류국에 10년 이상 생활 근거지를 두고 있는 사람은 보호 대상자로 결정될 수 없다.

해설 ① [○] 「북한이탈주민의 보호 및 정착지원에 관한 법률」 제22조의2 제1항
② [○] 동법 제2조 제1호
③ [○] 동법 제8조 제1항
④ [×] 국제형사범죄자, 비정치적 범죄자, 위장탈출 혐의자, 국내 입국 후 3년이 지나서 보호신청한 사람은 보호대상자로 결정하지 아니할 수 있다(동법 제9조 제1항). 이울러 "체류국에 10년 이상 생활 근거지를 두고 있는 사람" 부분은 삭제되었다.

정답 ④

07 「북한이탈주민의 보호 및 정착 지원에 관한 법률」에 관한 다음 설명 중 가장 옳지 <u>않은</u> 것은? [18년 경간부 수정]

① 항공기 납치, 마약거래, 테러, 집단살해 등 국제형사범죄자, 살인 등 중대한 비정치적 범죄자, 위장탈출 혐의자, 국내 입국 후 3년이 지나서 보호신청한 사람은 보호대상자로 결정하지 않을 수 있다.

② 보호금품이란 이 법에 따라 보호대상자에게 지급하거나 빌려주는 금전 또는 물품을 말한다.

③ 관리대상자란 이 법에 따라 보호 및 지원을 받는 북한이탈주민을 말한다.

④ 통일부장관은 북한이탈주민에 대한 보호 및 지원 등을 위하여 북한이탈주민의 실태를 파악하고, 그 결과를 정책에 반영하여야 한다.

해설 ① [○] 「북한이탈주민의 보호 및 정착 지원에 관한 법률」 제9조 제1항
② [○] 동법 제2조 제4호
③ [×] "보호대상자"란 이 법에 따라 보호 및 지원을 받는 북한이탈주민을 말한다(동법 제2조 제2호).
④ [○] 동법 제4조 제4항
정답 ③

08 다음 중 「북한이탈주민의 보호 및 정착지원에 관한 법률」에 대한 설명으로 적절한 것을 모두 고른 것은? [18년 순경 2차]

> ㉠ 보호대상자 중 북한의 군인이었던 자가 국군에 편입되기를 희망하더라도 국군으로 특별임용할 수 없다.
> ㉡ 북한이탈주민으로서 「북한이탈주민의 보호 및 정착지원에 관한 법률」에 따른 보호를 받으려는 사람은 재외공관이나 그 밖의 행정기관의 장(각급 군부대의 장을 포함한다)에게 보호를 직접 신청하여야 한다. 다만, 보호를 직접 신청하지 아니할 수 있는 대통령령으로 정하는 사유가 있는 경우에는 그러하지 아니하다.
> ㉢ 북한이탈주민으로서 보호신청을 한 사람 중 위장탈출 혐의자는 보호대상자로 결정될 수 없다.
> ㉣ 통일부장관은 북한이탈주민대책협의회의 심의를 거쳐 보호대상자의 보호 및 정착지원에 관한 기본계획을 3년마다 수립·시행하여야 한다.

① ㉠ ㉡   ② ㉠ ㉣   ③ ㉡ ㉢   ④ ㉡ ㉣

해설 ㉠ [×] 북한의 군인이었던 보호대상자가 국군에 편입되기를 희망하면 북한을 벗어나기 전의 계급, 직책 및 경력 등을 고려하여 국군으로 특별임용할 수 있다(「북한이탈주민의 보호 및 정착지원에 관한 법률」 제18조 제2항).
㉡ [○] 동법 제7조 제1항
㉢ [×] 위장탈출 혐의자는 보호대상자로 결정하지 아니할 수 있다(동법 제9조 제1항 제3호).
㉣ [○] 동법 제4조의3 제1항

정답 ④

09 「북한이탈주민의 보호 및 정착지원에 관한 법률」 및 같은 법 시행령에 대한 설명으로 가장 적절한 것은?　　　　　　　　　　　　　[19년 순경 1차]

① 북한이탈주민이란 군사분계선 이북지역에 주소, 직계가족, 배우자, 직장 등을 두고 있는 사람으로서 북한을 벗어난 후 외국 국적을 취득한 사람을 말한다.

② 북한이탈주민으로서 「북한이탈주민의 보호 및 정착지원에 관한 법률」에 따른 보호를 받으려는 사람은 재외공관이나 그 밖의 행정기관의 장(각급 군부대의 장은 제외한다)에게 보호를 직접 신청하여야 한다.

③ 통일부장관은 '북한이탈주민 대책협의회'의 심의를 거쳐 북한이탈주민의 보호 여부를 결정한다. 단, 국가안보에 현저한 영향을 끼칠 우려가 있는 자의 경우 국방부장관이 보호 여부를 결정한다.

④ 통일부장관은 「북한이탈주민의 보호 및 정착지원에 관한 법률」에 따라 보호대상자가 거주지로 전입한 후 그의 신변안전을 위하여 국방부장관이나 경찰청장에게 협조를 요청할 수 있다.

해설 ① [×] "북한이탈주민"이란 군사분계선 이북지역에 주소, 직계가족, 배우자, 직장 등을 두고 있는 사람으로서 북한을 벗어난 후 외국 국적을 취득하지 아니한 사람을 말한다(「북한이탈주민의 보호 및 정착지원에 관한 법률」 제2조 제1호).
② [×] 북한이탈주민으로서 이 법에 따른 보호를 받으려는 사람은 재외공관이나 그 밖의 행정기관의 장(각급 군부대의 장을 포함한다)에게 보호를 직접 신청하여야 한다(동법 제7조 제1항).
③ [×] 통일부장관은 북한이탈주민 대책협의회의 심의를 거쳐 보호 여부를 결정한다. 다만, 국가안전보장에 현저한 영향을 줄 우려가 있는 사람에 대하여는 국가정보원장이 그 보호 여부를 결정하고, 그 결과를 지체 없이 통일부장관과 보호신청자에게 통보하거나 알려야 한다(동법 제8조 제1항).
④ [○] 동법 제22조의2 제1항

정답 ④

10 「북한이탈주민 보호 및 정착지원에 관한 법률」 제9조에 규정된 보호대상자로 결정하지 아니할 수 있는 기준으로 가장 적절하지 <u>않은</u> 것은?

[20년 경위 승진]

① 체류국에 5년 이상 생활 근거지를 두고 있는 사람
② 국내 입국 후 3년이 지나서 보호신청한 사람
③ 살인 등 중대한 비정치적 범죄자
④ 위장탈출 혐의자

해설 ① 항공기 납치 등 국제형사범죄자, 살인 등 중대한 비정치적 범죄자, 위장탈출 혐의자, 국내 입국 후 3년이 지나 보호신청한 사람 등은 보호대상자로 결정하지 아니할 수 있다(「북한이탈주민의 보호 및 정착지원에 관한 법률」 제9조 제1항).

정답 ①

11 「북한이탈주민의 보호 및 정착지원에 관한 법률」상 보호요청을 한 북한이탈주민 중 보호대상자로 결정하지 아니할 수 있는 경우는 모두 몇 개인가?

[19년 경간부]

ㄱ 살인 등 중대한 비정치적 범죄자
ㄴ 위장탈출 혐의자
ㄷ 체류국에 10년 이상 생활 근거지를 두고 있는 사람
ㄹ 국내 입국 후 1년이 지나서 보호신청한 사람

① 1개　　　　② 2개　　　　③ 3개　　　　④ 4개

해설 ㄱ [○] 「북한이탈주민의 보호 및 정착지원에 관한 법률」 제9조 제1항 제2호
ㄴ [○] 동법 제9조 제1항 제3호
ㄷ [×] 법개정으로 삭제됨
ㄹ [×] 국내 입국 후 3년이 지나서 보호신청한 사람(동법 제9조 제1항 제5호).

정답 ②

12 「북한이탈주민의 보호 및 정착지원에 관한 법률」에 대한 사항으로 가장 틀린 것은?   [15년 경간부]

① 북한이탈주민 문제는 발생·입국 단계, 보호·관리 단계, 배출·정착 단계로 구분된다.

② 통일부장관은 북한이탈주민이 국가안전보장에 현저한 영향을 줄 우려가 있는 사람인지 여부에 관하여 일차적 판단을 하여 그 보호여부를 결정하고, 그 결과를 지체 없이 보호신청자와 국가정보원장에게 통보하거나 알려야 한다.

③ 국내 입국 후 3년이 지나서 보호신청을 한 사람은 보호대상자로 결정하지 아니할 수 있다.

④ 보호대상자는 북한이나 외국에서 이수한 학교 교육의 과정에 상응하는 학력을 인정받을 수 있다.

해설 ② 통일부장관은 제7조제3항에 따른 통보를 받으면 협의회의 심의를 거쳐 보호 여부를 결정한다. 다만, 국가안전보장에 현저한 영향을 줄 우려가 있는 사람에 대하여는 국가정보원장이 그 보호 여부를 결정하고, 그 결과를 지체 없이 통일부장관과 보호신청자에게 통보하거나 알려야 한다(「북한이탈주민의 보호 및 정착지원에 관한 법률」 제8조 제1항).

정답 ②

---

13 「북한이탈주민의 보호 및 정착지원에 관한 법률」에 대한 설명으로 적절한 것만을 모두 고른 것은?   [20년 순경 2차]

> ㉠ "북한이탈주민"이란 북한에 주소, 직계가족, 배우자, 직장 등을 두고 있는 사람으로서 북한을 벗어난 후 외국 국적을 취득한 사람을 말한다.
>
> ㉡ 이 법에 따른 보호 및 정착지원은 원칙적으로 개인을 단위로 하되, 필요하다고 인정하는 경우에는 대통령령으로 정하는 바에 따라 세대 단위로 할 수 있다.
>
> ㉢ 보호대상자를 정착지원시설에서 보호하는 기간은 1년 이내로 하고, 거주지에서 보호하는 기간은 5년으로 한다.
>
> ㉣ 북한이탈주민으로서 국내입국 후 1년이 지나서 보호 신청한 사람이나 체류국에 10년 이상 생활 근거지를 두고 있는 사람은 보호대상자로 결정하지 않을 수 있다.

① ㉠ ㉡   ② ㉠ ㉢   ③ ㉡ ㉢   ④ ㉡ ㉣

해설 ㉠ [×] "북한이탈주민"이란 북한에 주소, 직계가족, 배우자, 직장 등을 두고 있는 사람으로서 북
한을 벗어난 후 외국 국적을 취득하지 아니한 사람을 말한다(「북한이탈주민의 보호 및 정착지원
에 관한 법률」 제2조 제1호).
㉡ [○] 동법 제5조 제2항
㉢ [○] 동법 제5조 제3항
㉣ [×] 국내입국 후 3년이 지나서 보호신청한 사람은 보호대상자로 결정하지 않을 수 있다(동
법 제9조 제1항 제5호). '체류국에 10년 이상 생활 근거지를 두고 있는 사람' 조항은 2020년
법률 개정에서 삭제되었다.

정답 ③

14 북한이탈주민의 보호 및 정착지원에 관한 법률에 대한 설명으로 옳지 <u>않은</u>
것은?
[21년 경간부]

① 북한이탈주민이란 군사분계선 이북지역에 주소, 직계가족, 배우자, 직장 등
을 두고 있는 사람으로서 북한을 벗어난 후 외국 국적을 취득하지 아니한
사람을 말한다.

② 대한민국은 보호대상자를 상호주의에 입각하여 특별히 보호하고 외국에 체
류하고 있는 북한이탈주민의 보호 및 지원 등을 위해 외교적 노력을 다하
여야 한다.

③ 국가는 보호대상자의 성공적인 정착을 위하여 보호대상자의 보호·교육·
취업·주거·의료 및 생활보호 등의 지원을 지속적으로 추진하고 이에 필
요한 재원을 안정적으로 확보하기 위해 노력하여야 한다.

④ 통일부장관은 보호대상자가 거주지로 전입한 후 그의 신변안전을 위하여
국방부장관이나 경찰청장에게 협조를 요청할 수 있으며, 협조요청을 받은
국방부장관이나 경찰청장은 이에 협조한다.

해설 ② 대한민국은 보호대상자를 인도주의에 입각하여 특별히 보호한다(「북한이탈주민의 보호 및 정
착지원에 관한 법률」 제4조 제1항).

정답 ②

Chapter

15

외사 경찰활동

01 외국인의 권리와 의무에 대한 설명이다. 다음 중 외국인에게 인정되는 권리 · 인정되지 않는 권리, 외국인이 부담하는 의무 · 부담하지 않는 의무를 적절하게 연결한 것은?

[13년 경감 승진]

> Ⅰ. 외국인의 권리
>   ㉠ 생명권　　　　㉡ 성명권　　　　㉢ 정조권　　　　㉣ 상속권
>   ㉤ 근로의 권리　㉥ 교육을 받을 권리
>   ㉦ 재산권인 물권 · 채권 · 무체재산권　　㉧ 피선거권　　㉨ 공무담임권
>
> Ⅱ. 외국인의 의무
>   ⓐ 사법상의 권리에 대응하는 사법상 의무
>   ⓑ 체류국의 통치권에 복종할 의무　　ⓒ 병역의 의무
>   ⓓ 교육의 의무　　　　　　　　　　　ⓔ 사회보장가입의무
>   ⓕ 지방적 구제의 원칙에 대한 의무
>   ⓖ 추방의 원인이 되는 행위를 하지 않을 의무
>   ⓗ 외국인 등록을 할 의무

① 인정되는 권리(㉠, ㉡, ㉢, ㉣, ㉤, ㉦), 인정되지 않는 권리(㉥, ㉧, ㉨)
② 인정되는 권리(㉠, ㉡, ㉢, ㉣, ㉦), 인정되지 않는 권리(㉤, ㉥, ㉧, ㉨)
③ 부담하는 의무(ⓐ, ⓑ, ⓔ, ⓕ, ⓖ, ⓗ), 부담하지 않는 의무(ⓒ, ⓓ)
④ 부담하는 의무(ⓐ, ⓑ, ⓓ, ⓕ, ⓖ, ⓗ), 부담하지 않는 의무(ⓒ, ⓔ)

해설
- 외국인에게 인정되는 권리: 생명권(㉠), 성명권(㉡), 정조권(㉢), 상속권(㉣), 물권 · 채권 · 무체재산권(㉦)
- 외국인에게 인정되지 않는 권리: 피선거권(㉧), 공무담임권(㉨), 근로의 권리(㉤), 교육을 받을 권리(㉥)
- 외국인이 부담하는 의무: 사법상 권리에 대응하는 사법상 의무(ⓐ), 체류국의 통치권에 복종할 의무(ⓑ), 「지방적 구제의 원칙」에 대한 의무(ⓕ), 추방의 원인이 되는 행위를 하지 않을 의무(ⓖ), 외국인 등록을 할 의무(ⓗ)
- 외국인이 부담하지 않는 의무: 병역의 의무(ⓒ), 교육의 의무(ⓓ), 사회보장 가입의무(ⓔ)

정답 ②

02 외교사절에 대한 설명으로 가장 적절하지 <u>않은</u> 것은?

① 아그레망 요청이란 특정 인물을 외교사절로 파견해 주기를 희망하는 접수국이 파견국에 이의 여부를 문의하는 것이다.

② 국가는 법인이고 외교사절은 국가의 기관이므로 외교사절이 행한 행위의 사실적·법률적 효과는 파견국에 귀속된다.

③ 외교사절은 접수국에 신임장을 제정함으로써 외교사절의 자격이 인정되고 직무를 개시할 수 있다.

④ 외교사절은 접수국의 법률에 저촉되지 않는 범위 내에서 자국민의 출생, 사망, 혼인에 관한 신고를 수리하고, 여권 및 신분증명서를 발급한다.

해설 ① 아그레망 요청이란 특정인물을 외교사절로 파견하기를 희망하는 파견국이 파견하기 전에 접수국에게 이의 여부를 문의하는 것이다.

정답 ①

03 외교사절의 불가침권에 대한 설명으로 가장 적절하지 <u>않은</u> 것은?

① 주한미국 대사관 무관은 외교사절에 준하는 외교특권을 누린다.

② 외교사절은 신임장을 접수국에 제정한 때부터 외교사절의 특권이 인정된다.

③ 외교사절의 신체는 불가침의 대상이므로 어떠한 형태의 체포나 구금도 당하지 아니한다.

④ 관사의 경우 소유 또는 임차를 불문하며, 본 건물뿐만 아니라 부속건물, 정원, 차고 등을 포함한다.

해설 ② 외교특권 향유의 시기는 아그레망이 부여된 후 신임장을 휴대하고 접수국에 입국할 때이고, 외교사절은 신임장을 접수국에 제정한 때부터 외교사절로서의 자격이 인정된다.

정답 ②

04 외교사절의 면제권에 대한 설명으로 가장 적절하지 <u>않은</u> 것은?

① 외교사절은 접수국의 형사재판 권할권으로부터 면제되는데, 공무수행 중에 행한 행위뿐만 아니라 개인 자격으로 행한 행위에 대해서도 면제된다.

② 외교사절은 일부 경우를 제외하고는 민사·행정재판 관할권으로부터 면제된다.

③ 외교사절은 간접세, 사유 부동산에 대한 취득세·상속세·사용료 등에 대해서도 면제된다.

④ 외교사절은 접수국의 경찰권으로부터 면제되므로 원칙적으로 경찰의 명령 및 규칙은 외교사절에 대해 적용되지 않는다.

해설 ③ 외교사절은 원칙적으로 조세의 부과로부터 면제되지만, 간접세, 사유 부동산에 대한 취득세·상속세·사용료 등은 면제되지 않는다.

정답 ③

05 외국군대·군함의 지위에 대한 설명으로 가장 적절하지 <u>않은</u> 것은?

① 연안국의 관헌은 함장의 동의 없이 함내에 들어갈 수 없으므로 범인이 함내로 도피한 경우에는 함장의 동의를 얻어 들어가거나 인도를 요청하여야 한다.

② 외국군함은 군함 내에서 발생한 민사·형사사건, 군함 자체 사건에 대해서 연안국의 재판관할권으로부터 면제된다.

③ 외국군대는 「관세법」 적용과 조세 부과 등의 면제뿐만 아니라 형사·민사 재판 관할권의 면제를 받고 있다.

④ 공무상 외국의 영토에 상륙한 승무원이 육상에서 공무집행 중에 범죄행위를 행한 경우에는 연안국의 재판관할권으로부터 면제된다.

해설 ③ 외국군대는 「관세법」 적용과 조세 부과 등의 면제를 받고 있지만 형사·민사재판 관할권의 면제를 받지 못하고 있다.

정답 ③

06 다음은 다문화 사회의 접근유형에 대한 설명이다. 〈보기 1〉과 〈보기 2〉의 내용이 가장 적절하게 연결된 것은?

[20년 순경 1차]

보기 1

(가) 소수집단이 자결(Self-determination)의 원칙을 내세워 문화적 공존을 넘어서는 소수민족 집단만의 공동체 건설을 지향한다.

(나) 차별을 금지하고 사회참여를 위해 기회평등을 보장하는 것으로, 사회통합을 위해 문화적 다양성을 인정하며 민족 집단의 존재를 인정하지만 시민 생활과 공적 생활에서는 주류 사회의 문화, 언어, 사회관습을 따를 것을 요구한다.

(다) 다문화주의를 결과에 있어서의 평등보장이라는 측면에서 접근하는 것으로, 문화적 소수자가 현실적으로 문화적 다수자와의 경쟁에서 불리한 위치에 있다는 것을 전제로 소수집단의 사회참가를 촉진하기 위해 적극적인 법적·재정적 원조를 한다.

보기 2

㉠ 조합주의적 다문화주의
㉡ 급진적 다문화주의
㉢ 자유주의적 다문화주의

	(가)	(나)	(다)		(가)	(나)	(다)
①	㉠	㉢	㉡	②	㉡	㉢	㉠
③	㉠	㉡	㉢	④	㉡	㉠	㉢

해설

(가) ㉡ 급진적 다문화주의는 다문화주의에 대하여 '차이에 대한 권리'로 해석하며, 다문화주의는 소수자의 문화적 권리와 결부되어 이해된다. 소수집단이 자결의 원칙을 내세워 문화적 공존을 넘어서는 소수민족 집단만의 공동체 건설을 지향한다.

(나) ㉢ 자유주의적 다문화주의 또는 동화주의는 다문화주의를 소수인종과 문화적 소수자에 대한 기회평등이라는 측면에서 다문화정책에 접근한다. 사회통합을 이루기 위해 국민·국가 내부의 문화적 다양성을 허용하고, 소수 인종집단 고유의 문화와 가치를 인정하지만, 시민생활이나 공직생활에서는 주류 사회의 문화·언어·사회습관에 따를 것을 요구한다.

(다) ㉠ 조합주의적 다문화주의 또는 다원주의는 자유주의적 다문화주의와 급진적 다문화주의의 절충적 형태로서, 다문화주의를 '결과에 있어서의 평등보장'이라는 측면에서 접근한다. 문화적 소수자가 현실적으로 다수자와의 경쟁에서 불리한 위치에 있다는 것을 전제로 하여, 소수집단의 사회참가를 촉진하기 위해 적극적인 재정적·법적 원조를 추진한다.

정답 ②

07 **다문화 사회의 접근유형에 대한 설명으로 가장 옳지 않은 것은?**

[16년 경간부]

① 자유주의적 다문화주의는 사회통합을 이룩하기 위해 국가 내부의 문화적 다양성을 허용하고, 소수 인종집단 고유의 문화와 가치를 인정하지만, 시민생활이나 공적 생활에서는 주류사회의 문화, 언어, 사회습관에 따를 것을 요구한다.

② 조합주의적 다문화주의는 자유주의적 다문화주의와 급진적 다문화주의의 절충적 형태로서 다문화주의를 기회에 있어서 평등이라는 측면에서 접근한다.

③ 급진적 다문화주의는 '차이에 대한 권리'로 해석되며, 소수자의 문화적 권리(cultural rights)와 결부되어 이해된다.

④ 급진적 다문화주의는 소수집단이 자결(self-determination)의 원칙을 내세워 문화적 공존을 넘어서는 소수민족 집단만의 공동체 건설을 지향한다. 미국에서의 흑인과 원주민에 의한 격리주의 운동이 대표적인 사례이다.

해설 ② 다문화주의와 관련하여 기회에 있어서 평등이라는 측면에서 접근하는 것은 '자유주의적 다문화주의'이다.

정답 ②

제2절 ┃ 주한미군지위협정

01 「주한미군지위협정」(SOFA)의 적용범위에 관한 설명으로 가장 적절하지 <u>않</u>은 것은?

① 주한 미국대사관 무관, 한·미연합 사령부 소속 미군은 SOFA의 적용대상인 미국 군대의 구성원에 해당된다.

② 군속이란 미국 국적을 가진 민간인으로서 대한민국에 있는 미국 군대에 고용되어 근무하거나 또는 동반하는 사람을 의미한다.

③ 가족이란 배우자 및 21세 미만의 자녀와 부모 및 21세 이상의 자녀 또는 기타 친척으로서 그 생계비의 1/2 이상을 미국 군대의 구성원 또는 군속에 의존하는 자를 의미한다.

④ 초청계약자란 미군 또는 미군으로부터 군수지원을 받는 통합사령부 산하 주한외국군대를 위한 미국과의 계약이행만을 위하여 대한민국에 체류하는 자로서 소정의 지정절차를 거친 자를 말한다.

해설 ① 주한 미국대사관 무관, 한·미연합 사령부 소속 미군, 주한미국 군사고문단, NATO 소속 미군, 휴가로 방한 중인 미군 등은 「주한미군지위협정」(SOFA)의 적용대상인 미국 군대의 구성원에서 제외된다.

정답 ①

02 「주한미군지위협정」(SOFA)의 대상자 중에서 주한미군이 제1차적 재판권을 가지는 대상자가 아닌 것은?

① 오로지 미국 재산이나 안전에 관한 범죄

② 오로지 미국 군대의 다른 구성원이나 군속 또는 그들 가족의 신체나 재산에 대한 범죄

③ 공무집행 중의 작위 또는 부작위에 의한 범죄

④ 미군의 구성원이나 군속 및 그들의 가족 등에 대하여 미국 법령에 의하여서는 처벌할 수 있으나 대한민국 법령에 의해서는 처벌할 수 없는 범죄

해설 ④ 미군의 구성원이나 군속 및 그들의 가족 등에 대하여 미국 법령에 의하여서는 처벌할 수 있으나 대한민국 법령에 의해서는 처벌할 수 없는 범죄에 관하여 미군 당국은 전속적 재판권을 가진다.

정답 ④

03 「주한미군지위협정」(SOFA)의 미군시설 및 구역 내의 경찰권에 대한 설명으로 가장 적절하지 <u>않은</u> 것은?

① 미군 당국은 그 시설 및 구역 내에서 범죄를 행한 모든 자를 체포할 수 있다.

② 대한민국 당국이 체포하려는 자로서 「주한미군지위협정」 대상이 아닌 자가 미군시설 및 구역 내에 있을 때에 대한민국 당국이 요청하는 경우에는 미군 당국은 그 자를 체포하여 즉시 인도하여야 한다.

③ 중대한 죄를 범하고 도주하는 현행범인을 추적하는 경우에 대한민국 당국은 미군시설 및 구역 내에서 범인을 체포할 수 없다.

④ 미군 군사경찰은 시설 및 구역 주변에서 국적 여하를 불문하고, 시설 및 구역의 안전을 침해한 현행범인을 체포 또는 유치할 수 있다.

해설 ③ ⓐ 미군 당국이 동의한 경우, ⓑ 중대한 죄를 범하고 도주하는 현행범인을 추적하는 경우에 대한민국 당국은 미군시설 및 구역 내에서 범인을 체포할 수 있다.

정답 ③

04 지구대 경찰관 A는 112신고를 접수하고 현장에서 폭행 현행범 B를 검거하였다. A의 신분증 제시 요구에 B는 미국 군인이라며 한미연합군사고문단의 신분증을 제시하였다. 경찰관 A의 가장 적절한 조치는?

① 미국 군인이므로 SOFA 대상자로서 체포하여 파출소로 동행한다.

② 외교관에 준하는 특권이 인정되므로 체포할 수 없고, 인적 사항을 기록하고 즉시 경찰서에 보고한다.

③ 미국 군인이므로 SOFA 대상자로서 체포할 수 없고, 인적 사항을 기록하고 즉시 경찰서에 보고한다.

④ 국제기구 직원일 뿐이므로 현행범으로 체포하여 파출소로 동행하여야 한다.

> **해설** ② 한미연합군사고문단이나 대사관 무관의 경우 외교관에 준하는 특권을 향유하므로 경찰관이 현행범으로 체포할 수 없다. 따라서 지구대 경찰관은 인적 사항을 기록한 후 조사를 위하여 임의동행을 요구하고, 거부할 경우에는 돌려보내고 즉시 경찰서에 보고한다.
>
> **정답** ②

05 B는 미 공군비행장에 근무하는 미군 조종사로 휴가를 받아 시내에서 술을 마시던 중 한국인과 시비가 되어 한국인에게 3주의 폭행을 가하였다. 이 경우 경찰의 가장 적절한 조치는?

① SOFA에 의하여 경찰은 피의자 신문을 할 수 없다.

② 공무수행 중이 아니므로 경찰은 수사를 진행할 수 있다.

③ 피의자를 체포한 경우 미군의 신병요구를 거절할 수 있다.

④ 미국 정부대표는 경찰의 수사과정에 입회할 수 없다.

> **해설** ① [×] 경찰관은 출석한 미국정부 대표자의 대표임명장을 접수한 후 미국정부 대표자의 입회하에 피의자를 신문해야 한다.
> ② [○]
> ③ [×] 대한민국 당국이 제1차적 재판권을 행사할 사건과 관련하여 미군 구성원을 피의자로 체포한 경우, 대한민국 당국은 대한민국 당국에 의한 수사와 재판이 가능할 것을 전제로 미군 당국의 요청에 따라 피의자를 미군 당국에 인도한다.
> ④ [×] 피의자 신문 후에 피의자에게 신문조서에 서명하도록 하고, 입회한 통역인과 미국정부 대표자의 서명을 받는다.
>
> **정답** ②

06 외사경찰활동과 관련된 설명으로 옳지 않은 것은? [21년 경간부]

① 「외사요원 관리규칙」상 외사요원이라 함은 외사기획, 외사정보, 인터폴국 제공조, 해외주재, 그리고 국제협력업무를 취급하는 경찰공무원을 말한다.

② 「출입국관리법」상 수사기관은 긴급출국금지를 요청한 때로부터 6시간 이 내에 법무부장관에게 긴급출국금지 승인을 요청하여야 한다.

③ 수사절차 등과 관련해 일정한 제약을 규정하고 있는 「주한미군지위협정」 (SOFA)은 대한민국 영역 안에 있는 미국 군대의 구성원, 군속, 그리고 그 가족으로 적용대상을 제한하고 있다.

④ 「범죄수사규칙」상 경찰관은 외국인 등 관련 범죄의 수사를 함에 있어서는 국제법과 국제조약에 위배되는 일이 없도록 유의해야 하며, 중요한 범죄에 관하여는 미리 국가수사본부장에게 보고하여 그 지시를 받아 수사에 착수 하여야 한다.

해설 ① [○] 「외사요원 관리규칙」 제2조
② [○] 「출입국관리법」 제4조의6 제3항
③ [×] 「주한미군지위협정」(SOFA)의 적용대상은 대한민국 영역 안에 있는 미국 군대의 구성원, 군속, 가족 및 초청계약자이다.
④ [○] 「범죄수사규칙」 제207조, 제208조

정답 ③

제3절 국제협력업무

01 국가간 범죄인 인도에 있어 범죄인의 인도를 청구하는 국가가 같은 종류 또는 유사한 범죄에 대한 인도청구에 응한다는 보증이 있는 경우 인도한 다는 원칙으로 가장 적절한 것은? [15년 경위 승진]

① 상호주의의 원칙 ② 쌍방가벌성의 원칙
③ 자국민 불인도의 원칙 ④ 정치범 불인도의 원칙

해설 ① 「범죄인 인도법」 제4조에서는 "인도조약이 체결되어 있지 않은 경우에도 청구국이 같은 종류 또는 유사한 인도범죄에 대한 대한민국의 범죄인 인도청구에 응한다는 보증을 하는 경우에는 이 법을 적용한다"고 명시함으로써 상호주의 원칙을 채택하고 있다.

정답 ①

02 「범죄인 인도법」의 인도거절 사유에 대한 내용으로 가장 적절하지 않은 것은?

[18년 순경 1차]

① 대한민국 또는 청구국의 법률에 따라 인도범죄에 관한 공소시효 또는 형의 시효가 완성된 경우에는 범죄인을 인도하여서는 아니 된다.

② 범죄인이 인종, 종교, 국적, 성별, 정치적 신념 또는 특정 사회단체에 속한 것 등을 이유로 처벌되거나 그 밖의 불리한 처분을 받을 염려가 있다고 인정되는 경우에는 범죄인을 인도하지 아니할 수 있다.

③ 범죄인의 인도범죄 외의 범죄에 관하여 대한민국 법원에 재판이 계속 중인 경우 또는 범죄인이 형을 선고받고 그 집행이 끝나지 아니하거나 면제되지 아니한 경우에는 범죄인을 인도하지 아니할 수 있다.

④ 범죄인이 인도범죄에 관하여 제3국(청구국이 아닌 외국을 말한다)에서 재판을 받고 처벌되었거나 처벌받지 아니하기로 확정된 경우에는 범죄인을 인도하지 아니할 수 있다.

해설 ① [○] 「범죄인 인도법」 제7조 제1호
② [×] 범죄인이 인종, 종교, 국적, 성별, 정치적 신념 또는 특정 사회단체에 속한 것 등을 이유로 처벌되거나 그 밖의 불리한 처분을 받을 염려가 있다고 인정되는 경우 범죄인을 인도하여서는 아니 된다(동법 제7조 제4호).
③ [○] 동법 제9조 제3호
④ [○] 동법 제9조 제4호

정답 ②

03 「범죄인 인도법」에 대한 설명으로 가장 적절한 것은? [18년 순경 3차]

① 청구국과 피청구국 쌍방의 법률에 의하여 범죄를 구성하지 않는 경우에는 범죄인을 인도하지 않는다는 것은 쌍방가별성의 원칙으로, 우리나라 「범죄인 인도법」에 명문규정은 없다.

② 인도범죄 외의 범죄에 관하여 대한민국 법원에 재판이 계속 중인 경우 또는 범죄인이 형을 선고받고 그 집행이 끝나지 아니하거나 면제되지 아니한 경우 범죄인을 인도하여서는 아니된다.

③ 범죄인이 「범죄인 인도법」 제20조에 따른 인도구속영장에 의하여 구속되었을 때에는 구속된 때부터 48시간 이내에 인도심사를 청구하여야 한다.

④ 법원은 범죄인이 인도구속영장에 의하여 구속 중인 경우에는 구속된 날부터 2개월 이내에 인도심사에 관한 결정을 하여야 한다.

해설 ① [×] 인도청구가 있는 범죄가 청구국과 피청구국 쌍방의 법률에 의하여 범죄를 구성하지 않는 경우에는 그 범죄에 관하여 범죄인을 인도하지 않는다는 '쌍방 가별성의 원칙'은 「범죄인 인도법」 제6조에 규정되어 있다.
② [×] 범죄인의 인도범죄 외의 범죄에 관하여 대한민국 법원에 재판이 계속 중인 경우 또는 범죄인이 형을 선고받고 그 집행이 끝나지 아니하거나 면제되지 아니한 경우에는 범죄인을 인도하지 아니할 수 있다(동법 제9조 제3호).
③ [×] 범죄인이 인도구속영장에 의하여 구속되었을 때에는 구속된 날부터 3일 이내에 인도심사를 청구하여야 한다(동법 제13조 제2항).
④ [○] 동법 제14조 제2항

정답 ④

04 「범죄인 인도법」에 대한 설명으로 가장 적절한 것은? [15년 순경 3차]

① 이 법에 규정된 범죄인의 인도심사 및 그 청구와 관련된 사건은 대법원과 대검찰청의 전속관할로 한다.

② 범죄인이 인종, 종교, 국적, 성별, 정치적 신념 또는 특정 사회단체에 속한 것 등을 이유로 처벌되거나 그 밖의 불리한 처분을 받을 염려가 있다고 인정되는 경우 범죄인을 인도하지 않을 수 있다.

③ 범죄인이 대한민국 국민인 경우 범죄인을 인도하여서는 아니 된다.

④ 인도범죄의 전부 또는 일부가 대한민국 영역에서 범한 것인 경우 범죄인을 인도하지 아니할 수 있다.

해설 ① [×] 이 법에 규정된 범죄인의 인도심사 및 그 청구와 관련된 사건은 서울고등법원과 서울고
등검찰청의 전속관할로 한다(「범죄인 인도법」 제3조).
② [×] 범죄인이 인종, 종교, 국적, 성별, 정치적 신념 또는 특정 사회단체에 속한 것 등을 이
유로 처벌되거나 그 밖의 불리한 처분을 받을 염려가 있다고 인정되는 경우 범죄인을 인도하여
서는 아니된다(동법 제7조 제4호).
③ [×] 범죄인이 대한민국 국민인 경우 범죄인을 인도하지 아니할 수 있다(동법 제9조 세1호).
④ [○] 동법 제7조 제2호

정답 ④

05 「범죄인 인도법」상 임의적 인도거절 사유로서 가장 적절하지 않은 것은?

[15년 순경 2차]

① 범죄인이 대한민국 국민인 경우
② 인도범죄의 전부 또는 일부가 대한민국 영역에서 범한 것인 경우
③ 범죄인이 인도범죄 외의 범죄에 관하여 대한민국 법원에 재판이 계속 중
인 경우 또는 범죄인이 형을 선고받고 그 집행이 끝나지 아니하거나 면제
되지 아니한 경우
④ 대한민국 또는 청구국의 법률에 따라 인도범죄에 관한 공소시효 또는 형
의 시효가 완성된 경우

해설 ① [○] 「범죄인 인도법」 제9조 제1호
② [○] 동법 제9조 제2호
③ [○] 동법 제9조 제3호
④ [×] 대한민국 또는 청구국의 법률에 따라 인도범죄에 관한 공소시효 또는 형의 시효가 완성
된 경우는 절대적 인도거절 사유이다(동법 제7조 제1호).

정답 ④

06 「범죄인 인도법」상 절대적 인도거절 사유에 해당하지 <u>않은</u> 것은?

[16년 순경 2차]

① 대한민국 또는 청구국의 법률에 따라 인도범죄에 관한 공소시효 또는 형의 시효가 완성된 경우

② 인도범죄에 관하여 대한민국 법원에서 재판이 계속 중이거나 재판이 확정된 경우

③ 범죄인의 인도범죄 외의 범죄에 관하여 대한민국 법원에 재판이 계속 중인 경우 또는 범죄인이 형을 선고받고 그 집행이 끝나지 아니하거나 면제되지 아니한 경우

④ 범죄인이 인종, 종교, 국적, 성별, 정치적 신념 또는 특정 사회단체에 속한 것 등을 이유로 처벌되거나 그 밖의 불리한 처분을 받을 염려가 있다고 인정되는 경우

해설 ① [○] 「범죄인 인도법」 제7조 제1호
② [○] 동법 제7조 제2호
③ [×] 범죄인의 인도범죄 외의 범죄에 관하여 대한민국 법원에 재판이 계속 중인 경우 또는 범죄인이 형을 선고받고 그 집행이 끝나지 아니하거나 면제되지 아니한 경우는 임의적 인도거절 사유에 해당한다(동법 제9조 제3호).
④ [○] 동법 제7조 제4호

정답 ③

07 다음 중 「범죄인 인도법」상 임의적 인도거절 사유가 <u>아닌</u> 것은?

[15년 경간부]

① 범죄인이 대한민국 국민인 경우

② 인도범죄의 전부 또는 일부가 대한민국 영역에서 범한 것인 경우

③ 범죄인이 인도범죄 외의 범죄에 관하여 대한민국 법원에 재판이 계속 중인 경우 또는 범죄인이 형을 선고받고 그 집행이 끝나거나 면제된 경우

④ 범죄인이 인도범죄에 관하여 제3국에서 재판을 받고 처벌되었거나 처벌받지 아니하기로 확정된 경우

해설 ① [○] 「범죄인 인도법」 제9조 제1호
② [○] 동법 제9조 제2호

③ [×] 범죄인이 인도범죄 외의 범죄에 관하여 대한민국 법원에 재판이 계속 중인 경우 또는 범죄인이 형을 선고받고 그 집행이 끝나지 아니하거나 면제되지 아니한 경우가 임의적 인도 거절사유이다(동법 제9조 제3호). 따라서 형의 집행이 끝나거나 면제된 경우는 인도적 거절 사유에 해당되지 않는다.

④ [○] 동법 제9조 제4호

정답 ③

---

08 「범죄인 인도법」에 대한 다음 설명 중 가장 옳지 <u>않은</u> 것은? [17년 경간부]

① 대한민국 또는 청구국의 법률에 따라 인도범죄에 관한 공소시효 또는 형의 시효가 완성된 경우에는 범죄인을 인도하여서는 아니 된다.

② 대한민국과 청구국의 법률에 따라 인도범죄가 사형, 무기징역, 무기금고, 장기 1년 이상의 징역 또는 금고에 해당하는 경우에만 범죄인을 인도할 수 있다.

③ 「범죄인 인도법」은 정치범 불인도의 원칙에 대하여 명문규정을 두고 있지 않다.

④ 인도범죄에 관하여 대한민국 법원에서 재판이 계속 중이거나 재판이 확정된 경우에는 범죄인을 인도하여서는 아니 된다.

해설 ① [○] 「범죄인 인도법」 제7조 제1호
② [○] 동법 제6조
③ [×] 인도범죄가 정치적 성격을 지닌 범죄이거나 그와 관련된 범죄인 경우에는 범죄인을 인도하여서는 아니 된다. 다만, 인도범죄가 ⓐ 국가원수·정부수반 또는 그 가족의 생명·신체를 침해하거나 위협하는 범죄, ⓑ 다자간 조약에 따라 대한민국이 범죄인에 대하여 재판권을 행사하거나 범죄인을 인도할 의무를 부담하고 있는 범죄, ⓒ 여러 사람의 생명·신체를 침해·위협하거나 이에 대한 위험을 발생시키는 범죄의 경우에는 그러하지 아니하다(동법 제8조 제1항).
④ [○] 동법 제7조 제2호

정답 ③

09 「범죄인 인도법」에 대한 설명으로 가장 적절한 것은?　　[17년 경기북부 여경]

① 인도조약이 체결되어 있지 아니한 경우에도 범죄인의 인도를 청구하는 국가가 같은 종류 또는 유사한 인도범죄에 대한 대한민국의 범죄인 인도청구에 응한다는 보증을 하는 경우에 인도한다는 원칙을 상호주의 원칙이라고 하나 우리나라에 아직 명문의 규정은 없다.

② 대한민국과 청구국의 법률에 따라 인도범죄가 사형, 무기징역, 무기금고, 장기 3년 이상의 징역 또는 금고에 해당하는 경우에만 범죄인을 인도할 수 있다는 최소 중요성의 원칙을 규정하고 있다.

③ 대한민국 또는 청구국의 법률에 따라 인도범죄에 관한 공소시효 또는 형의 시효가 완성된 경우에는 범죄인을 인도하여서는 아니 된다.

④ 범죄인의 인도범죄 외의 범죄에 관하여 대한민국 법원에 재판이 계속 중인 경우 또는 범죄인이 형을 선고받고 그 집행이 끝나지 아니하거나 면제되지 아니한 경우 범죄인을 인도하여서는 아니 된다.

해설　① [×] 인도조약이 체결되어 있지 아니한 경우에도 범죄인의 인도를 청구하는 국가가 같은 종류 또는 유사한 인도범죄에 대한 대한민국의 범죄인 인도청구에 응한다는 보증을 하는 경우에는 이 법을 적용한다(「범죄인 인도법」 제4조).
② [×] 대한민국과 청구국의 법률에 따라 인도범죄가 사형, 무기징역, 무기금고, 장기 1년 이상의 징역 또는 금고에 해당하는 경우에만 범죄인을 인도할 수 있다는 최소 중요성의 원칙을 규정하고 있다(동법 제6조).
③ [○] 동법 제7조 제1호
④ [×] 범죄인의 인도범죄 외의 범죄에 관하여 대한민국 법원에 재판이 계속 중인 경우 또는 범죄인이 형을 선고받고 그 집행이 끝나지 아니하거나 면제되지 아니한 경우 범죄인을 인도하지 아니할 수 있다(동법 제9조 제3호).

정답　③

10 다음은 「범죄인 인도법」상 인도심사명령청구에 대한 설명이다. (　　) 안에 들어갈 말을 순서대로 바르게 나열한 것은?　　　　　[18년 순경 2차]

> (　　) 장관은 (　　) 장관으로부터 「범죄인인도법」 제11조에 따른 인도청구서 등을 받았을 때에는 이를 (　　) 검사장에게 송부하고 그 소속검사로 하여금 (　　)에 범죄인 인도허가 여부에 관한 심사를 청구하도록 명하여야 한다.

① 법무부 – 외교부 – 서울고등검찰청 – 서울고등법원
② 외교부 – 법무부 – 서울중앙지방검찰청 – 서울중앙지방법원
③ 외교부 – 법무부 – 서울고등검찰청 – 서울고등법원
④ 법무부 – 외교부 – 서울중앙지방검찰청 – 서울중앙지방법원

해설 ① 법무부장관은 외교부장관으로부터 인도청구서를 받았을 때에는 서울고등검찰청 검사장에게 인도청구서 등을 송부하고, 소속 검사로 하여금 서울고등법원에 범죄인 인도 허가 여부에 관한 심사를 청구하도록 명하여야 한다(「범죄인 인도법」 제12조 제1항).

정답 ①

11 「범죄인 인도법」상 아래 ㉠부터 ㉤까지 설명으로 절대적 인도거절 사유(A)와 임의적 인도거절 사유(B)로 바르게 연결된 것은?　　　　　[17년 경위 승진]

> ㉠ 인도범죄에 관하여 대한민국 법원에서 재판이 계속 중이거나 재판이 확정된 경우
> ㉡ 범죄인이 대한민국 국민인 경우
> ㉢ 인도범죄의 성격과 범죄인이 처한 환경 등에 비추어 범죄인을 인도하는 것이 비인도적이라고 인정되는 경우
> ㉣ 범죄인이 인종, 종교, 국적, 성별, 정치적 신념 또는 특정 사회단체에 속한 것 등을 이유로 처벌되거나 그 밖의 불리한 처분을 받을 염려가 있다고 인정되는 경우
> ㉤ 인도범죄의 전부 또는 일부가 대한민국 영역에서 범한 것인 경우

① A – ㉠ ㉣　　B – ㉡ ㉢ ㉤
② A – ㉠ ㉤　　B – ㉡ ㉢ ㉣
③ A – ㉡ ㉢　　B – ㉠ ㉣ ㉤
④ A – ㉡ ㉣　　B – ㉠ ㉢ ㉤

해설 ㉠ [A] 인도범죄에 관하여 대한민국 법원에서 재판이 계속 중이거나 재판이 확정된 경우 범죄인을 인도하여서는 아니 된다(「범죄인 인도법」 제7조 제2호).

㉡ [B] 범죄인이 대한민국 국민인 경우 범죄인을 인도하지 아니할 수 있다(동법 제9조 제1호).

㉢ [B] 인도범죄의 성격과 범죄인이 처한 환경 등에 비추어 범죄인을 인도하는 것이 비인도적이라고 인정되는 경우 범죄인을 인도하지 아니할 수 있다(동법 제9조 제5호).

㉣ [A] 범죄인이 인종, 종교, 국적, 성별, 정치적 신념 또는 특정 사회단체에 속한 것 등을 이유로 처벌되거나 그 밖의 불리한 처분을 받을 염려가 있다고 인정되는 경우 범죄인을 인도하여서는 아니 된다(동법 제7조 제4호).

㉤ [B] 인도범죄의 전부 또는 일부가 대한민국 영역에서 범한 것인 경우 범죄인을 인도하지 아니할 수 있다(동법 제9조 제2호).

정답 ①

---

12 다음은 「범죄인 인도법」과 범죄인 인도의 원칙에 대한 설명이다. 옳은 것은 모두 몇 개인가?
[20년 순경 2차]

> ㉠ 「범죄인 인도법」 제6조는 대한민국과 청구국의 법률에 따라 인도범죄가 사형, 무기징역, 무기금고, 장기 1년 이상의 징역 또는 금고에 해당하는 경우에만 범죄인 인도가 가능하다고 규정하여 '쌍방 가벌성의 원칙'과 '최소한의 중요성 원칙'을 모두 담고 있다.
>
> ㉡ 인도조약이 체결되어 있지 않은 경우에도 범죄인의 인도를 청구하는 국가가 동종의 범죄인 인도청구에 응한다는 보증을 하는 경우 「범죄인 인도법」을 적용한다는 원칙은 '상호주의 원칙'이다.
>
> ㉢ 자국민은 원칙적으로 인도의 대상이 아니라는 '자국민 불인도의 원칙'은 「범죄인 인도법」상 절대적 인도거절 사유로 규정되어 있다
>
> ㉣ 인도범죄가 정치적 성격을 지닌 범죄이거나 그와 관련된 경우 범죄인을 인도하여서는 안된다는 '정치범 불인도의 원칙'은 「범죄인 인도법」에 규정되어 있다. 다만 국가원수 암살, 집단 학살 등은 정치범 불인도의 예외사유로 인정한다.

① 1개   ② 2개   ③ 3개   ④ 4개

해설 ㉠ [O] 「범죄인 인도법」 제6조에는 인도청구가 있는 범죄가 청구국과 피청구국 쌍방의 법률에 의하여 범죄를 구성하지 않은 경우에는 그 범죄에 관하여 범죄인을 인도하지 않는다는 '쌍방 가벌성의 원칙'과 우리나라는 사형, 무기징역, 무기금고, 장기 1년 이상의 징역 또는 금고에 해당하는 범죄만 인도할 수 있다는 '최소 중요성의 원칙'을 모두 담고 있다.

㉡ [O] 인도조약이 체결되어 있지 않은 경우에도, 청구국이 같은 종류 또는 유사한 인도범죄에

대한 대한민국의 범죄인 인도청구에 응한다는 보증을 하는 경우에는 「범죄인 인도법」을 적용한다는 것은 '상호주의 원칙'에 해당한다(동법 제4조).

ⓒ [×] '자국민 불인도의 원칙'은 임의적 인도거절 사유로 규정되어 있다(동법 제9조 제1호).

ⓔ [○] 정치적 성격을 지닌 범죄는 인도하지 않는다는 '정치범 불인도의 원칙'은 국가원수 암살범. 항공기 불법납치. 집단학살. 전쟁범죄. 야만·약탈행위는 정치범죄의 예외가 되어 일반적으로 범죄인 인도의 대상이 된다(「범죄인 인도법」 제8조 제1항).

정답 ③

---

13 다음 범죄인 인도의 원칙에 대한 설명 중 틀린 것은 모두 몇 개인가?

[15년 경간부]

> ⊙ 정치범 불인도의 원칙과 관련하여 우리나라는 명문규정이 있으며, 집단살해·전쟁범죄는 예외적으로 인도한다.
> ⓛ 군사범 불인도의 원칙이란 군사적 의무관계에서 기인하는 범죄자는 인도하지 않는다는 원칙으로, 우리나라는 군사범 불인도의 원칙을 명문으로 규정하고 있다.
> ⓒ 유용성의 원칙이란 어느 정도 중요성을 띤 범죄만 인도한다는 원칙으로 우리나라는 명문으로 규정하고 있다.
> ⓔ 자국민 불인도의 원칙이란 범죄인 인도대상이 자국민일 경우 청구국에 인도하지 않는다는 원칙으로 영미법계 국가들은 이 원칙을 채택하고 있다.

① 1개   ② 2개   ③ 3개   ④ 4개

해설 ⊙ [○] 「범죄인 인도법」 제8조 제1항

ⓛ [×] 「범죄인 인도법」에는 '군사범 불인도의 원칙'이 규정되어 있지 않다.

ⓒ [×] 유용성의 원칙이란 실제로 처벌하기 위해 필요한 범죄자만 인도한다는 원칙으로 「범죄인 인도법」 제7조 제1호에 규정되어 있다.

ⓔ [×] 자국민 불인도의 원칙은 범죄인 인도대상이 자국민일 경우 청구국에 인도하지 않는다는 내용이다. 일반적으로 대륙법계 국가는 속인주의에 근거하여 자국민 불인도의 원칙을 규정하고 있으나, 영·미법계 국가는 속지주의에 근거하여 자국민 불인도의 원칙을 규정하고 있지 않다.

정답 ③

14 「범죄인 인도법」 제7조에서 규정하고 있는 절대적 인도거절 사유로 올바르게 묶인 것은?

[19년 경간부]

> ㉠ 범죄인이 대한민국 국민인 경우
> ㉡ 대한민국 또는 청구국의 법률에 따라 인도범죄에 관한 공소시효 또는 형의 시효가 완성된 경우
> ㉢ 인도범죄의 전부 또는 일부가 대한민국 영역에서 범한 것인 경우
> ㉣ 인도범죄에 관하여 대한민국 법원에서 재판이 계속 중이거나 재판이 확정된 경우
> ㉤ 범죄인이 인종, 종교, 국적, 성별, 정치적 신념 또는 특정 사회단체에 속한 것 등을 이유로 처벌되거나 그 밖의 불리한 처분을 받을 염려가 있다고 인정되는 경우
> ㉥ 범죄인이 인도범죄에 관하여 제3국(청구국이 아닌 외국을 말한다)에서 재판을 받고 처벌되었거나 처벌받지 아니하기로 확정된 경우

① ㉠ ㉡ ㉣   ② ㉠ ㉢ ㉤   ③ ㉡ ㉣ ㉤   ④ ㉡ ㉤ ㉥

해설 ㉠ 임의적 인도거절 사유(「범죄인 인도법」 제9조 제1호).
㉡ 절대적 인도거절 사유(동법 제7조 제1호).
㉢ 임의적 인도거절 사유(동법 제9조 제2호).
㉣ 절대적 인도거절 사유(동법 제7조 제2호).
㉤ 절대적 인도거절 사유(동법 제7조 제4호).
㉥ 임의적 인도거절 사유(동법 제9조 제4호).

정답 ③

15 국제형사사법공조에 관한 설명 중 가장 적절하지 <u>않은</u> 것은?

[14년 경감 승진]

① 외국이 사법공조를 해주는 만큼 자국도 동일하거나 유사한 범위 내에서 공조요청에 응한다는 원칙은 '상호주의 원칙'과 관련이 깊다.

② 요청국이 공조에 따라 취득한 증거를 공조요청의 대상이 된 범죄 이외의 수사나 재판에 사용하여서는 안 된다는 원칙은 '특정성의 원칙'과 관련이 깊다.

③ 「국제형사사법 공조법」상 대한민국의 주권, 국가안전보장, 안녕질서 또는 미풍양속을 해칠 우려가 있는 경우에는 공조를 하지 아니할 수 있다.

④ 「국제형사사법 공조법」상 대한민국에서 수사가 진행 중이거나 재판에 계속된 범죄에 대하여 외국의 공조요청이 있는 경우에 수사의 진행, 재판의 계속을 이유로 공조를 연기할 수 없다.

해설 ① [O] 공조조약이 체결되어 있지 아니한 경우에도 동일하거나 유사한 사항에 관하여 대한민국의 공조요청에 따른다는 요청국의 보증이 있는 경우에는 이 법을 적용한다(「국제형사사법 공조법」 제4조).

② [O] '특정성의 원칙'은 요청국이 공조에 따라 취득한 증거를 공조요청의 대상이 된 범죄 이외의 수사나 재판에 사용할 수 없고, 피요청국의 증인 등이 공조요청에 따라 요청국에 출두한 경우 피요청국을 출발하기 이전의 행위로 인해 구금·소추를 비롯한 어떠한 자유의 제한도 제한받지 않는다는 원칙이다.

③ [O] 동법 제6조 제1호

④ [X] 대한민국에서 수사가 진행 중이거나 재판에 계속된 범죄에 대하여 외국의 공조요청이 있는 경우에는 그 수사 또는 재판절차가 종료될 때까지 공조를 연기할 수 있다(동법 제7조).

정답 ④

16 「국제형사사법 공조법」상 임의적 공조거절 사유에 해당하지 않는 경우는?

[19년 경간부 수정]

① 공조범죄가 대한민국에서 수사가 진행 중이거나 재판에 계속된 범죄의 경우
② 공조범죄가 정치적 성격을 지닌 범죄이거나, 공조요청이 정치적 성격을 지닌 다른 범죄에 대한 수사 또는 재판을 할 목적으로 한 것이라고 인정되는 경우
③ 대한민국의 주권, 국가안전보장, 안녕질서 또는 미풍양속을 해칠 우려가 있는 경우
④ 「국제형사사법 공조법」에 요청국이 보증하도록 규정되어 있음에도 불구하고 요청국의 보증이 없는 경우

해설 ① [×] 대한민국에서 수사가 진행 중이거나 재판에 계속된 범죄에 대하여 외국의 공조요청이 있는 경우에는 그 수사 또는 재판 절차가 끝날 때까지 공조를 연기할 수 있다(「국제형사사법 공조법」 제7조). 따라서 이 조항은 임의적 공조거절 사유가 아니라 공조연기사유이다.
② [○] 동법 제6조 제3호
③ [○] 동법 제6조 제1호
④ [○] 동법 제6조 제5호

정답 ①

17 다음은 국제형사사법 공조에 대한 설명이다. 옳지 <u>않은</u> 것으로 묶인 것은?

[19년 순경 1차]

> ㉠ 요청국이 공조에 따라 취득한 증거를 공조요청의 대상이 된 범죄 이외의 수사나 재판에 사용해서는 안 된다는 원칙은 '특정성의 원칙'과 관련이 깊다.
> ㉡ 우리나라가 외국과 체결한 형사사법 공조조약과 「국제형사사법 공조법」의 규정이 상충되면 공조조약이 우선 적용된다.
> ㉢ 「국제형사사법 공조법」상 공조범죄가 대한민국의 법률에 의하여는 범죄를 구성하지 아니하거나 공소를 제기할 수 없는 범죄인 경우 공조를 하지 아니해야 한다.
> ㉣ 「국제형사사법 공조법」상 대한민국에서 수사가 진행 중이거나 재판에 계속된 범죄에 대하여 외국의 공조요청이 있는 경우에 수사의 진행, 재판의 계속을 이유로 공조를 연기할 수 없다.

① ㉠ ㉡   ② ㉡ ㉢   ③ ㉡ ㉣   ④ ㉢ ㉣

해설 ㉠ [○] 특정성의 원칙은 요청국이 공조에 따라 취득한 증거를 공조요청의 대상이 된 범죄 이외의 수사나 재판에 사용해서는 안 되며, 피요청국의 증인 등이 공조요청에 따라 요청국에 출두한 경우 피요청국을 출발하기 이전의 행위로 인해 구금·소추를 비롯한 어떠한 자유도 제한 받지 않는다는 원칙이다.

㉡ [○] 공조에 관하여 공조조약에 「국제형사사법 공조법」과 다른 규정이 있는 경우에는 그 규정에 따른다(「국제형사사법 공조법」 제3조: 조약 우선주의).

㉢ [×] 공조범죄가 대한민국의 법률에 의하여는 범죄를 구성하지 아니하거나 공소를 제기할 수 없는 범죄인 경우 공조를 하지 아니할 수 있다(동법 제6조 제4호).

㉣ [×] 대한민국에서 수사가 진행 중이거나 재판에 계속된 범죄에 대하여 외국의 공조요청이 있는 경우에는 그 수사 또는 재판 절차가 끝날 때까지 공조를 연기할 수 있다(동법 제7조).

정답 ④

---

18 국제형사사법 공조에 대한 설명으로 옳지 <u>않은</u> 것은 모두 몇 개인가?

[20년 경간부]

> ㉠ 요청국이 공조에 따라 취득한 증거를 공조요청의 대상이 된 범죄 이외의 수사나 재판에 사용해서는 안된다는 원칙은 '특정성의 원칙'과 관련이 깊다.
> ㉡ 「국제형사사법 공조법」상 공조범죄가 대한민국의 법률에 의하여는 범죄를 구성하지 아니하거나 공소를 제기할 수 없는 범죄인 경우 공조를 하지 아니할 수 있다.
> ㉢ 「국제형사사법 공조법」상 대한민국에서 수사가 진행 중이거나 재판에 계속된 범죄에 대하여 외국의 공조요청이 있는 경우에는 그 수사 또는 재판 절차가 끝날 때까지 공조를 연기하여야 한다.
> ㉣ 「국제형사사법 공조법」상 외국의 요청에 따른 수사의 공조절차에서 검사는 요청국에 인도하여야 할 증거물 등이 법원에 제출되어 있는 경우에는 법무부장관의 인도허가 결정을 받아야 한다.

① 1개   ② 2개   ③ 3개   ④ 4개

해설 ㉠ [○]
㉡ [○] 「국제형사사법 공조법」 제6조 제4호
㉢ [×] 대한민국에서 수사가 진행 중이거나 재판에 계속(係屬)된 범죄에 대하여 외국의 공조요청이 있는 경우에는 그 수사 또는 재판 절차가 끝날 때까지 공조를 연기할 수 있다(동법 제7조)
㉣ [×] 검사는 요청국에 인도하여야 할 증거물 등이 법원에 제출되어 있는 경우에는 법원의 인도허가 결정을 받아야 한다(동법 제17조 제3항).

정답 ②

19 다음 중 국제형사경찰기구(INTERPOL)에 대한 설명으로 가장 적절한 것은?

[18년 순경 3차]

① 1914년 모나코에서 국제형사경찰회의(International Criminal Police Congress)가 개최되어 국제범죄 기록보관소 설립, 범죄인 인도절차의 표준화 등에 대하여 논의하였는데 이것이 국제경찰협력의 기초가 되었다.

② 1923년 제네바에서 제2차 국제형사경찰회의가 개최되어 국제형사경찰위원회(International Criminal Police Commission)가 창설되었으며 이는 국제형사경찰기구의 전신이라 할 수 있다.

③ 1956년 비엔나에서 제25차 국제형사경찰위원회가 개최되어 국제형사경찰기구가 발족하였고, 당시 사무총국을 리옹에 두었다.

④ 국가중앙사무국(National Central Bureau)은 회원국에 설치된 상설 경찰협력부서로 우리나라의 경우 경찰청 외사국 국제협력과 인터폴계에 설치되어 있다.

해설 ① [○]
② [×] 1923년 오스트리아 비엔나(Vienna)에서 19개국 경찰기관장이 참석하여 유럽대륙 위주의 「국제형사경찰위원회」(ICPC)를 창설하였다.
③ [×] 당시 사무총국을 프랑스 파리에 두었다.
④ [×] 우리나라의 경우 경찰청 외사국 인터폴국제공조과에서 국제형사경찰기구 국가중앙사무국 업무를 담당하고 있다.

정답 ①

20 국제형사경찰기구(인터폴)에 대한 설명으로 가장 적절하지 <u>않은</u> 것은?

[20년 경감 승진]

① 인터폴 협력의 원칙으로는 주권의 존중, 일반법의 집행, 보편성의 원칙, 평등성의 원칙, 업무방법의 유연성 등이 있다.

② 1923년 비엔나에서 19개국 경찰기관장이 참석한 가운데 제2차 국제형사경찰회의가 개최되어 국제형사경찰위원회(ICPC : International Criminal Police Commission)를 창립하였다.

③ 법무부장관은 국제형사경찰기구로부터 외국의 형사사건 수사에 대하여 협력을 요청받거나 국제형사경찰기구에 협력을 요청하는 경우 국제범죄의 정보 및 자료교환, 국제범죄의 동일증명 및 전과조회 등의 조치를 취할 수 있다.

④ 인터폴에서 발행하는 국제수배서에는 변사자 신원확인을 위한 흑색 수배서(Black Notice), 장물수배를 위한 장물 수배서(Stolen Property Notice), 범죄관련인 소재확인을 위한 청색 수배서(Blue Notice) 등이 있다.

해설 ③ 행정안전부장관은 국제형사경찰기구로부터 외국의 형사사건 수사에 대하여 협력을 요청받거나 국제형사경찰기구에 협력을 요청하는 경우에는 ⓐ 국제범죄의 정보 및 자료교환, ⓑ 국제범죄의 동일증명 및 전과조회, ⓒ 국제범죄에 관한 사실 확인 및 그 조사와 같은 조치를 취할 수 있다(「국제형사사법 공조법」 제38조 제1항).

정답 ③

21 인터폴에 대한 설명으로 가장 적절하지 <u>않은</u> 것은?

[12년 경위 승진]

① 인터폴 사무총국은 회원국 정부가 자국 내에 국제경찰협력 상설 경찰부서를 지정하도록 하고 있는데 이것을 국가중앙사무국(NCB)이라 한다.

② 「국제형사사법 공조법」 제38조는 인터폴과의 협력사항에 대해 법무부장관이 필요한 조치를 취할 수 있다고 규정하고 있다.

③ 인터폴 국제수배란 국외도피범, 실종자, 우범자 및 장물 등 국제범죄와 관련된 수배대상인 인적·물적 사항에 관한 정확한 자료를 각 회원국에 통보하여 국제적으로 범죄수사에 공동대응하기 위한 것으로 인터폴은 수사권을 가진 수사기관이 아니다.

④ 국제수배서의 종류 중 황색 수배서는 가출인 수배서이다.

해설 ② 법무부장관이 아니라 행정안전부장관이다(「국제형사사법 공조법」 제38조 제1항).

정답 ②

22 해외로 도피한 지명수배자 수사방법으로 가장 적절하지 <u>않은</u> 것은?

[15년 경위 승진]

① 관할 경찰관서에서는 관련 서류를 구비한 뒤 각 시·도경찰청 외사과(계)를 경유하여, 경찰청 인터폴국제공조과로 피의자에 대한 국제공조수사를 요청한다.

② 경찰청에서는 피의자 도주 예상국 인터폴에 피의자의 소재수사 및 강제추방을 요청한다.

③ 해외 경찰주재관을 통해 주재국 관련 당국과의 협조조치를 한다.

④ 중요 수배자라도 도주국이 불명확할 경우 아무런 조치를 할 수 없다.

해설 ④ 도주국이 불분명한 중요 수배자에 대하여는 인터폴 사무총국(The General Secretariat)에 인터폴 적색수배(인터폴 전 회원국에 범죄인 체포를 요청하는 수배) 요청을 할 수 있다.

정답 ④

23 인터폴에서 발행하는 국제수배서에 대한 설명으로 가장 적절하지 <u>않은</u> 것은?

[15년 1차 순경]

① 적색 수배서는 국제체포수배서로서 범죄인 인도를 목적으로 발행한다.

② 녹색 수배서는 가출인의 소재 확인 또는 기억상실자 등의 신원을 확인할 목적으로 발행한다.

③ 흑색 수배서는 사망자의 신원을 확인할 수 없거나 사망자가 가명을 사용하였을 경우 정확한 신원을 파악할 목적으로 발행한다.

④ 오렌지 수배서는 폭발물 등에 대한 경고목적으로 발행한다.

해설 ② 녹색 수배서는 상습 국제범죄자의 동향 파악 및 범죄예방을 목적으로, 황색 수배서는 가출인의 소재 확인 또는 기억상실자 등의 신원을 확인할 목적으로 발행한다.

정답 ②

24 인터폴에서 발행하는 국제수배서에 대한 설명으로 가장 적절하지 <u>않은</u> 것은?

[17년 경기북부 여경; 18년 경위 승진]

① 청색 수배서(Blue Notice) — 수배자의 신원·전과 및 소재확인을 목적으로 발행

② 녹색 수배서(Green Notice) — 상습 국제범죄자의 동향 파악 및 범죄예방을 위해 발행

③ 황색 수배서(Yellow Notice) — 가출인의 소재확인 및 가명사용 사망자의 신원확인을 목적으로 발행

④ 자주색 수배서(Purple Notice) — 새로운 특이 범죄수법을 분석하여 각 회원국에 배포할 목적으로 발행

해설 ③ 황색 수배서는 가출인 수배서로서 가출인의 소재확인 및 기억상실자의 신원확인을 목적으로 발행하고, 흑색 수배서(Black Notice)는 변사자 수배서로서 신원불상 사망자 또는 가명사용 사망자의 신원확인을 목적으로 발행한다.

정답 ③

25 인터폴에서 발행하는 국제수배서에 대한 설명으로 가장 적절하지 <u>않은</u> 것은?
[21년 경찰특공대]

① 흑색 수배서는 사망자의 신원을 확인할 수 없거나 사망자가 가명을 사용하였을 경우 정확한 신원을 파악할 목적으로 발행한다.

② 청색 수배서는 폭발물 등에 대한 경고목적으로 발행한다.

③ 황색 수배서는 가출인의 소재 확인 또는 기억상실자 등의 신원을 확인할 목적으로 발행한다.

④ 적색 수배서는 국제체포수배서로서의 범죄인 인도를 목적으로 발행한다.

해설 ② 청색 수배서는 수배자의 신원·전과 및 소재확인을 목적으로 발행하고, 오렌지 수배서는 폭발물 등 위험물에 대한 경고를 위해서 발생한다.

정답 ②

26 다음 중 인터폴에서 발행하는 국제수배서에 대한 설명으로 옳은 것은 모두 몇 개인가?
[16년 경간부]

> ㉠ 적색 수배서(Red Notice) – 국제체포수배서로 범죄인 인도를 목적으로 발행
> ㉡ 청색 수배서(Blue Notice) – 상습 국제범죄자의 동향 파악 및 범죄예방을 위해 발행
> ㉢ 황색 수배서(Yellow Notice) – 신원불상 사망자 또는 가명 사용 사망자의 신원확인을 위해 발행
> ㉣ 자주색 수배서(Purple Notice) – 폭발물 등 위험물에 대한 경고 목적으로 발행
> ㉤ 흑색 수배서(Black Notice) – 가출인의 소재확인 및 심신상실자의 신원확인 목적으로 발행

① 0개   ② 1개   ③ 2개   ④ 3개

해설 ㉠ [O] 적색 수배서(Red Notice)는 국제체포 수배서로서 범죄인 인도를 목적으로 발행한다.
㉡ [×] 청색 수배서(Blue Notice)는 국제정보조회 수배서로서 수배자의 신원·전과·소재 확인을 목적으로 발행한다.
㉢ [×] 황색 수배서(Yellow Notice)는 가출인 수배서로서 가출인의 소재확인, 기억상실자의 신원확인을 목적으로 발행한다.
㉣ [×] 자주색 수배서(Purple Notice)는 범죄수법 수배서로서 새로운 특이 범죄수법을 분석하여 각 회원국에 배포하는 목적으로 발행한다.

◎ [×] 흑색 수배서(Black Notice)는 변사자 수배서로서 신원불상 사망자 또는 가명사용 사망자의 신원확인을 목적으로 발행한다.

정답 ②

27 「국제형사사법 공조법」과 「범죄인 인도법」에 대한 내용으로 옳은 것은 모두 몇 개인가?
[21년 경간부]

㉠ 국제형사사법 공조와 범죄인 인도 과정 모두에서 상호주의원칙과 조약우선주의를 천명하고 있다.
㉡ 대한민국에서 수사가 진행 중이거나 재판에 계속된 범죄에 대하여 외국의 공조요청이 있는 경우에는 즉시 공조해야 한다.
㉢ 외국의 요청에 따른 수사의 공조절차에서 공조요청 접수 및 요청국에 대한 공조 자료의 송부는 법무부장관이 한다. 다만, 긴급한 조치가 필요한 경우나 특별한 사정이 있는 경우에는 외교부장관이 법무부장관의 동의를 받아 이를 할 수 있다.
㉣ 대한민국과 청구국의 법률에 따라 인도범죄가 사형, 무기징역, 무기금고, 장기 3년 이상의 징역 또는 금고에 해당하는 경우에만 범죄인을 인도할 수 있다.
㉤ 범죄인이 대한민국 국민이거나 인도범죄에 관하여 대한민국 법원에서 재판이 확정된 경우에는 범죄인을 인도하여서는 아니 된다.

① 1개　　② 2개　　③ 3개　　④ 4개

해설 ㉠ [○] 상호주의 원칙은 「국제형사사법 공조법」 제4조와 「범죄인 인도법」 제4조에, 조약 우선주의는 「국제형사사법 공조법」 제3조와 「범죄인 인도법」 제3조의2에 각각 명시되어 있다.
㉡ [×] 대한민국에서 수사가 진행중이거나 재판에 계속된 범죄에 대하여 외국의 공조요청이 있는 경우에는 그 수사 또는 재판절차가 종료될 때까지 공조를 연기할 수 있다(「국제형사사법 공조법」 제7조).
㉢ [×] 공조요청 접수 및 요청국에 대한 공조자료의 송부는 외교부장관이 한다. 다만, 긴급한 조치가 필요한 경우나 특별한 사정이 있는 경우에는 법무부장관이 외교부장관의 동의를 받아 이를 할 수 있다(동법 제11조).
㉣ [×] 대한민국과 청구국의 법률에 따라 인도범죄가 사형, 무기징역, 무기금고, 장기 1년 이상의 징역 또는 금고에 해당하는 경우에만 인도할 수 있다(「범죄인 인도법」 제6조).
㉤ [×] 범죄인이 대한민국 국민인 경우는 임의적 인도거절 사유에 해당한다(동법 제9조 제1호).

정답 ①

제4절 외사정보 · 보안업무

01 「경찰청과 그 소속기관 직제」에 따를 때 외사국장의 분장사항에 해당하지 **않는** 것은?

① 재외국민 및 외국인에 관련된 신원조사

② 국제형사경찰기구에 관련되는 업무

③ 외사정보의 수집 · 분석 및 관리

④ 국내외 유관기관과의 안보범죄정보 협력에 관한 사항

해설 ① [○] 「경찰청과 그 소속기관 직제」 제15조 제3항 제2호
② [○] 동직제 제15조 제3항 제4호
③ [○] 동직제 제15조 제3항 제5호
④ [×] 안보수사국장의 분장사항에 해당된다(동직제 제22조 제3항 제6호).

정답 ④

02 「경찰청과 그 소속기관 직제 시행규칙」에 따를 때 인터폴국제공조과장의 분장사항에 해당하지 **않는** 것은?

① 국제형사경찰기구(인터폴) 및 외국 법집행기관과의 국제공조에 관한 기획 · 지도 및 조정

② 한국경찰 연락사무소(코리안데스크) 관련 업무

③ 국제공항 및 국제해항의 보안활동에 관한 계획 및 지도

④ 해외 파견 경찰관의 선발 · 교육 및 관리 업무

해설 ① [○] 「경찰청과 그 소속기관 직제 시행규칙」 제12조 제4항 제1호
② [○] 동규칙 제12조 제4항 제3호
③ [×] 외사기획정보과장의 분장사항에 해당된다(동규칙 제12조 제3항 제5호).
④ [○] 동규칙 제12조 제4항 제4호

정답 ③

제5절 외사수사업무

01 외국인 범죄 수사방법에 관한 설명으로 가장 적절하지 <u>않은</u> 것은?

① 경찰관은 모든 외국인범죄를 수사할 때 먼저 신분증명서를 통해 당해 외국인의 인적사항, 법적 지위, 체류자격 등을 판단해야 한다.

② 외국인을 체포한 경우에는 신속하게 통역인을 확보한 후 피의자의 각종 권리를 고지하고 변명 기회를 부여한 후 외국인으로부터 확인서를 받아야 한다.

③ 외국인 피의자가 해당국 영사기관에 체포·구속사실의 통보를 요청하는 때에는 지체 없이 이를 해당국 영사기관에 통보해야 한다.

④ 피의자 신문조서 작성시 통역인의 서명·날인을 받을 필요가 없다.

해설 ④ 피의자 신문조서 작성시 외국인 피의자뿐만 아니라 통역인의 서명·날인을 받아야 한다.

정답 ④

02 「주한미군지위협정(SOFA)」, 「대한민국과 중화인민공화국 간의 영사협정」에 대한 설명으로 가장 적절하지 <u>않은</u> 것은? [20년 경감 승진]

① 중국인 피의자 체포·구속 시, 체포·구속된 피의자의 요청이 없는 경우에도 7일 이내 해당 사실을 영사기관에 통보해야 한다.

② 미군의 공무집행중의 작위 또는 부작위에 의한 범죄에 대하여 미군 당국이 1차적 재판권을 가지며, 공무집행의 범위에는 공무집행으로 인한 범죄뿐만 아니라 공무집행에 부수하여 발생한 범죄도 포함된다.

③ 미국 군대의 구성원, 군속, 배우자 및 21세 미만의 자녀, 부모 및 21세 이상의 자녀 또는 기타 친척으로서 그 생계비의 반액 이상을 미국 군대의 구성원에 의존하는 자는 주한미군지위협정의 적용을 받는다.

④ 주한미군의 공무 중 사건으로 인한 피해가 전적으로 미군 측의 책임으로 밝혀진 경우 미군 측이 75%, 한국 측이 25%를 부담하여 배상한다.

해설 ① 「대한민국과 중화인민공화국 간의 영사협정」 제7조 제1호에는 "달리 입증되지 아니하는 한,

파견국 국민이라고 주장하는 자를 포함하는 파견국 국민이 접수국의 권한 있는 당국에 의하여 구속, 체포 또는 다른 어떤 방식으로 자유를 박탈당하였을 경우, 그 당국은 그 국민이 요구하든 그러하지 아니하든 간에 지체 없이 그러나 그 강제행동이 취해진 날부터 4일이 넘지 아니하는 기간 내에 파견국 영사기관에 그 국민의 이름, 신분확인 방식, 그 강제행동의 이유, 날짜와 장소 그리고 그 국민을 접촉할 수 있는 정확한 장소를 통보한다. 그러나 파견국 국민이 접수국의 출입국관리 법령 위반으로 접수국의 권한 있는 당국에 의하여 구속되는 경우, 접수국의 권한 있는 당국은 그 국민이 서면으로 그 통보를 명시적으로 반대하지 아니하는 한 영사기관에 통보한다."고 규정되어 있다.

정답 ①

03 「주한미군지위협정」, 「대한민국과 중화인민공화국 간의 영사협정」, 「대한민국과 러시아연방 간의 영사협약」에 대한 설명으로 가장 적절하지 <u>않은</u> 것은? [19년 경위 승진]

① 「주한미군지위협정」은 국회의 비준을 거친 조약으로 국내법과 동일한 효력을 가진다.

② 중국인 피의자 체포·구속 시, 피의자에게 영사관원 접견권 등 권리를 의무적으로 통지하여야 한다.

③ 중국인 피의자 체포·구속 시, 체포·구속된 피의자의 요청이 없는 경우에도 7일 이내에 해당 사실을 영사기관에 통보하여야 한다.

④ 러시아인이 체포·구속된 경우 지체 없이 러시아의 영사기관에 통보하여야 한다.

해설 ③ [×] 「대한민국과 중화인민공화국 간의 영사협정」제7조 제1호에는 "달리 입증되지 아니하는 한 파견국 국민이라고 주장하는 자를 포함하는 파견국 국민이 접수국의 권한 있는 당국에 의하여 구속, 체포 또는 다른 어떤 방식으로 자유를 박탈당하였을 경우, 그 당국은 그 국민이 요구하든 그러하지 아니하든 간에 <u>지체 없이 그러나 그 강제행동이 취해진 날부터 4일이 넘지 아니하는 기간</u> 내에 파견국 영사기관에 그 국민의 이름, 신분확인 방식, 그 강제행동의 이유, 날짜와 장소 그리고 그 국민을 접촉할 수 있는 정확한 장소를 통보한다. 그러나 파견국 국민이 접수국의 출입국관리 법령 위반으로 접수국의 권한 있는 당국에 의하여 구속되는 경우, 접수국의 권한 있는 당국은 그 국민이 서면으로 그 통보를 명시적으로 반대하지 아니하는 한 영사기관에 통보한다."고 규정되어 있다.

④ [○] 「대한민국과 러시아연방간의 영사협약」제39조 제1호에는 "파견국 국민이 영사관할 구역안에서 구속된 경우, 접수국의 권한 있는 당국은 지체 없이 파견국의 영사기관에 통보한다."고 규정하고, 제2호에는 "파견국의 구속된 국민의 영사기관과의 어떠한 통신도 지체 없이 접수국 당국에 의하여 영사기관에 개진되어야 한다."고 명시하고 있다.

정답 ③

제6절 국제공항 · 해항 보안업무

01 외국인의 입 · 출국에 관한 설명으로 가장 적절하지 <u>않은</u> 것은?

[16년 경감 승진]

① 외국인의 출국은 자유이며 원칙적으로 이를 금지할 수 없다.

② 외국인의 강제출국은 형벌이 아닌 행정행위의 일종이다.

③ 외국인은 그 체류자격과 체류기간의 범위에서 대한민국에 체류할 수 있다.

④ 외국인이 그 체류자격에 해당하는 활동과 함께 다른 체류자격에 해당하는 활동을 하려면 미리 외교부장관의 체류자격 외 활동허가를 받아야 한다.

해설 ④ 대한민국에 체류하는 외국인이 그 체류자격에 해당하는 활동과 함께 다른 체류자격에 해당하는 활동을 하려면, 미리 법무부장관의 체류자격 외 활동허가를 받아야 한다(「출입국관리법」 제20조).

정답 ④

02 여권에 관한 설명 중 옳지 <u>않은</u> 것은 모두 몇 개인가? [12년 경감 승진 수정]

> ㉠ 여권은 외교부장관이 발급하는 것으로 국외여행을 인정하는 본국의 일방적 증명서에 그친다.
> ㉡ 외교부장관은 여권 등의 발급, 재발급과 기재사항 변경에 관한 사무의 일부를 대통령령이 정하는 바에 따라 영사나 지방자치단체의 장에게 대행하게 할 수 있다.
> ㉢ 외교부장관은 여권발급 신청인이 요청하는 경우에 1년 이내의 유효기간이 설정된 단수여권을 발급할 수 있다.
> ㉣ 정부에서 아프리카에 파견하는 의료요원 A와 그 배우자 B, 그리고 미혼인 자녀 C(만 25세)에게는 관용여권을 발급할 수 있다.
> ㉤ 출국하는 무국적자나 해외입양자에게는 여행증명서를 발급할 수 있다.

① 0개   ② 1개   ③ 2개   ④ 3개

해설 ㉠ [O] 「여권법」 제3조
㉡ [O] 동법 제21조 제1항

ⓒ [○]「여권법」제6조 제1항
ⓔ [○]「여권법 시행령」제7조 제3호
ⓜ [○] 동령 제16조 제1호 제4호

정답 ①

03 다음 중 사증 없이 입국할 수 있는 외국인이 아닌 것은? [15년 경간부]

① 재입국허가를 받은 자 또는 재입국허가가 면제된 자로서 그 허가 또는 면제받은 기간이 만료되기 전에 입국하는 자

② 대한민국과 사증면제협정을 체결한 국가의 국민으로서 그 협정에 의하여 면제대상이 되는 자

③ 대한민국의 이익 등과 관련하여 외교부장관이 인정한 사람

④ 난민여행증명서를 발급받고 출국하여 그 유효기간이 만료되기 전에 입국하는 자

해설 ① [○]「출입국관리법」제7조 제2항 제1호
② [○] 동법 제7조 제2항 제2호
③ [×] 국제친선, 관광 또는 대한민국의 이익 등을 위하여 입국하는 사람으로서 대통령령으로 정하는 바에 따라 따로 입국허가를 받은 외국인은 사증 없이 입국할 수 있다(동법 제7조 제2항 제3호). 아울러「출입국관리법 시행령」제8조 제3항에서는 "법 제7조 제2항 제3호에 따라 사증 없이 입국할 수 있는 외국인의 구체적인 범위는 법무부장관이 국가와 사회의 안전 또는 외국인의 체류질서를 고려하여 따로 정한다."고 규정하고 있다.
④ [○] 동법 제7조 제2항 제4호

정답 ③

04 「출입국관리법」상 여권과 사증(Visa)에 대한 설명으로 가장 적절한 것은?

[17년 경감 승진]

① 대한민국에 체류하는 외국인은 항상 여권, 선원신분증명서, 외국인입국허가서, 외국인등록증 또는 상륙허가서(이하 "여권등"이라 한다)를 지니고 있어야 한다. 다만, 18세인 외국인의 경우에는 그러하지 아니하다.

② 여권 등의 휴대 또는 제시 의무를 위반한 사람은 100만원 이하의 과태료를 부과한다.

③ 외교부장관은 사증발급에 관한 권한을 대통령령으로 정하는 바에 따라 재외공관의 장에게 위임할 수 있다.

④ 대한민국에 체류하는 외국인은 출입국관리공무원이나 권한 있는 공무원이 그 직무수행과 관련하여 여권등의 제시를 요구하면 여권등을 제시하여야 한다.

해설 ① [×] 대한민국에 체류하는 외국인은 항상 여권, 선원신분증명서, 외국인입국허가서, 외국인등록증 또는 상륙허가서(이하 여권등)를 지니고 있어야 한다. 다만, 17세 미만인 외국인의 경우에는 그러하지 아니하다(「출입국관리법」 제27조).
② [×] 여권 등의 휴대 또는 제시 의무를 위반한 사람은 100만원 이하의 벌금에 처한다(동법 제98조 제1호).
③ [×] 사증의 발급권자는 원칙적으로 법무부장관이지만, 법무부장관은 사증발급에 관한 권한을 재외공관장에게 위임할 수 있다(동법 제8조 제2항).
④ [○] 동법 제27조 제2항

정답 ④

05 「출입국관리법」상 외국인의 입국금지 사유로 가장 적절하지 않은 것은?

[17년 순경 2차]

① 감염병환자, 마약류중독자, 그 밖에 공중위생상 위해를 끼칠 염려가 있다고 인정되는 사람

② 강제퇴거명령을 받고 출국한 후 5년이 지난 사람

③ 사리 분별력이 없고 국내에서 체류활동을 보조할 사람이 없는 정신장애인, 국내체류비용을 부담할 능력이 없는 사람, 그 밖에 구호(救護)가 필요한 사람

④ 경제질서 또는 사회질서를 해치거나 선량한 풍속을 해치는 행동을 할 염려가 있다고 인정할 만한 상당한 이유가 있는 사람

해설 ① [○] 「출입국관리법」 제11조 제1항 제1호
② [×] 강제퇴거명령을 받고 출국한 후 5년이 지나지 아니한 외국인에 대하여는 입국을 금지할 수 있다(동법 제11조 제1항 제6호).
③ [○] 동법 제11조 제1항 제5호
④ [○] 동법 제11조 제1항 제4호

정답 ②

06 「출입국관리법」에 규정된 상륙의 종류에 대한 설명 중 가장 옳은 것은?

[19년 경간부]

① 긴급상륙 – 조난을 당한 선박 등에 타고 있는 외국인(승무원을 포함한다)을 긴급히 구조할 필요가 있다고 인정될 때

② 관광상륙 – 외국인승무원이 승선 중인 선박 등이 대한민국의 출입국항에 정박하고 있는 동안 휴양 등의 목적으로 상륙하려 할 때

③ 재난상륙 – 선박 등에 타고 있는 외국인(승무원을 포함한다)이 질병이나 그 밖의 사고로 긴급히 상륙할 필요가 있다고 인정될 때

④ 난민임시상륙 – 선박 등에 타고 있는 외국인이 「난민법」 제2조 제1호에 규정된 이유나 그 밖에 이에 준하는 이유로 그 생명·신체 또는 신체의 자유를 침해받을 공포가 있는 영역에서 도피하여 곧바로 대한민국에 비호를 신청한 경우 그 외국인을 상륙시킬 만한 상당한 이유가 있다고 인정될 때

해설 ① [×] 출입국관리공무원은 선박 등에 타고 있는 외국인(승무원을 포함한다)이 질병이나 그 밖의 사고로 긴급히 상륙할 필요가 있다고 인정되면 그 선박 등의 장이나 운수업자의 신청을 받아 30일의 범위에서 '긴급상륙'을 허가할 수 있다(「출입국관리법」 제15조).
② [×] 출입국관리공무원은 관광을 목적으로 대한민국과 외국 해상을 국제적으로 순회(巡廻)하여 운항하는 여객운송선박 중 법무부령으로 정하는 선박에 승선한 외국인승객에 대하여 그 선박의 장 또는 운수업자가 상륙허가를 신청하면 3일의 범위에서 승객의 '관광상륙'을 허가할 수 있다(동법 제14조의2).
③ [×] 지방출입국·외국인관서의 장은 조난을 당한 선박등에 타고 있는 외국인(승무원을 포함한다)을 긴급히 구조할 필요가 있다고 인정하면 그 선박등의 장, 운수업자, 「수상에서의 수색·구조 등에 관한 법률」에 따른 구호업무 집행자 또는 그 외국인을 구조한 선박등의 장의 신청에 의하여 30일의 범위에서 재난상륙허가를 할 수 있다(동법 제16조).
④ [○] 동법 제16조의2

정답 ④

07 「출입국관리법」상 상륙의 종류와 내용에 대한 설명으로 가장 적절하지 <u>않</u>은 것은? [16년 순경 2차]

① 출입국관리공무원은 선박 등에 타고 있는 외국인(승무원을 포함한다)이 질병이나 그 밖의 사고로 긴급히 상륙할 필요가 있다고 인정되면 그 선박 등의 장이나 운수업자의 신청을 받아 30일의 범위에서 긴급상륙을 허가할 수 있다.

② 지방출입국·외국인관서의 장은 조난을 당한 선박 등에 타고 있는 외국인(승무원을 포함한다)을 긴급히 구조할 필요가 있다고 인정하면 그 선박 등의 장, 운수업자, 「수상에서의 수색·구조등에 관한 법률」에 따른 구호업무 집행자 또는 그 외국인을 구조한 선박 등의 장의 신청에 의하여 30일의 범위에서 재난상륙허가를 할 수 있다.

③ 지방출입국·외국인관서의 장은 선박 등에 타고 있는 외국인이 「난민법」 제2조 제1호에 규정된 이유나 그 밖에 이에 준하는 이유로 그 생명·신체 또는 신체의 자유를 침해받을 공포가 있는 영역에서 도피하여 곧바로 대한민국에 비호(庇護)를 신청하는 경우 그 외국인을 상륙시킬 만한 상당한 이유가 있다고 인정되면 법무부장관의 승인을 받아 90일의 범위에서 난민임시상륙허가를 할 수 있다. 이 경우 법무부장관은 외교부장관과 협의하여야 한다.

④ 출입국관리공무원은 관광을 목적으로 대한민국과 외국 해상을 국제적으로 순회하여 운항하는 여객운송선박 중 법무부령으로 정하는 선박에 승선한 외국인승객에 대하여 그 선박의 장 또는 운수업자가 상륙허가를 신청하면 5일의 범위에서 승객의 관광상륙을 허가할 수 있다.

해설 ① [○] 「출입국관리법」 제15조
② [○] 동법 제16조
③ [○] 동법 제16조의2
④ [×] 출입국관리공무원은 관광을 목적으로 대한민국과 외국 해상을 국제적으로 순회하여 운항하는 여객운송선박 중 법무부령으로 정하는 선박에 승선한 외국인승객에 대하여 그 선박의 장 또는 운수업자가 상륙허가를 신청하면 3일의 범위에서 승객의 관광상륙을 허가할 수 있다(동법 제14조의2).

정답 ④

08 「출입국관리법」에 대한 설명으로 가장 적절하지 <u>않은</u> 것은?

[20년 경감 승진]

① 법무부장관은 형사재판에 계속 중인 사람, 징역형이나 금고형의 집행이 끝나지 아니한 사람, 대통령령으로 정하는 금액 이상의 벌금이나 추징금을 내지 아니한 사람에 대해서는 6개월 이내의 기간을 정하여 출국을 금지할 수 있다.

② 재난상륙·긴급상륙·승무원상륙 허가기간은 각각 30일 이내이며, 난민임시상륙 허가기간은 90일 이내이다.

③ 수사기관이 출입국사범을 입건한 때에는 지체 없이 관할 지방출입국·외국인관서의 장에게 사건을 인계한다.

④ 법무부장관은 입국심사에 필요한 경우에는 관계 행정기관이 보유하고 있는 외국인의 지문 및 얼굴에 관한 자료의 제출을 요청할 수 있다.

해설 ① [○] 「출입국관리법」 제4조 제1항 제1호, 제2호, 제3호
② [×] 재난상륙·긴급상륙 허가기간은 30일 이내(동법 제16조 제1항, 제15조 제1항), 승무원상륙 허가기간은 15일 이내(동법 제14조 제1항), 난민 임시상륙 허가기간은 90일 이내(동법 제16조의2 제1항)이다.
③ [○] 동법 제101조 제2항
④ [○] 동법 제12조의2 제3항

정답 ②

09 「출입국관리법」에 규정된 외국인의 상륙 허가기간 중 최대한 머물 수 있는 기간이 가장 짧은 경우는? (단, 기간연장은 없음)　　　　[17년 경감 승진]

① 조난을 당한 선박 등에 타고 있는 외국인(승무원을 포함한다)을 긴급히 구조할 필요가 있다고 인정될 때

② 관광을 목적으로 대한민국과 외국 해상을 국제적으로 순회하여 운항하는 여객운송선박 중 법무부령으로 정하는 선박에 승선한 외국인승객에 대하여 그 선박의 장 또는 운수업자가 상륙허가를 신청한 때(다만, 입국이 금지된 외국인승객에 대하여는 그러하지 아니하다)

③ 선박 등에 타고 있는 외국인(승무원을 포함한다)이 질병이나 그 밖의 사고로 긴급히 구조할 필요가 있다고 인정될 때

④ 외국인승무원이 대한민국의 출입국항에 입항할 예정이거나 정박 중인 선박 등으로 옮겨 타려고 할 때(다만, 입국이 금지된 외국인승무원에 대하여는 그러하지 아니하다)

해설　① 재난상륙허가에 해당하므로 30일의 범위이다(「출입국관리법」 제16조 제1항).
　　　② 관광상륙허가에 해당하므로 3일의 범위이다(동법 제14조의2 제1항).
　　　③ 긴급상륙허가에 해당하므로 30일의 범위이다(동법 제15조 제1항).
　　　④ 승무원 상륙허가에 해당하므로 15일의 범위이다(동법 제14조 제1항).

정답　②

10 「출입국관리법」상 상륙의 종류와 상륙허가 기간에 대한 설명으로 ㉠부터 ㉤까지 (   ) 안에 들어갈 숫자를 모두 합한 값으로 가장 적절한 것은? (단, 필요요건과 절차는 갖추어졌으며, 연장은 없는 것으로 본다) [18년 경위 승진]

> ㉠ 대한민국의 출입국항에 입항할 예정이거나 정박 중인 선박 등으로 옮겨 타려는 외국인 승무원 – (   )일 이내
>
> ㉡ 선박등에 타고 있는 외국인(승무원을 포함한다)이 질병이나 그 밖의 사고로 긴급히 상륙할 필요가 있다고 인정될 때 – (   )일 이내
>
> ㉢ 승선 중인 선박 등이 대한민국의 출입국항에 정박하고 있는 동안 휴양 등의 목적으로 상륙하는 외국인 승무원 – (   )일 이내
>
> ㉣ 조난을 당한 선박 등에 타고 있는 외국인(승무원을 포함한다)을 긴급히 구조할 필요가 있다고 인정 될 때 – (   )일 이내
>
> ㉤ 선박 등에 타고 있는 외국인이 「난민법」 제2조 제1호에 규정된 이유나 그 밖에 이에 준하는 이유로 그 생명·신체 또는 신체의 자유를 침해받을 공포가 있는 영역에서 도피하여 곧바로 대한민국에 비호를 신청하는 경우 – (   )일 이내

① 153   ② 168   ③ 180   ④ 205

해설 ㉠ 승무원 상륙허가: 15일 이내
㉡ 긴급상륙허가: 30일 이내
㉢ 승무원 상륙허가: 15일 이내
㉣ 재난상륙허가: 30일 이내
㉤ 난민 임시상륙허가: 90일 이내
따라서 (   ) 안에 들어갈 숫자를 모두 합한 값은 180이다.

정답 ③

11 「출입국관리법」에 대한 설명으로 가장 적절한 것은?   [21년 순경 1차]

① 출국이 금지(「출입국관리법」 제4조 제1항 또는 제2항)되거나 출국금지기간이 연장(「출입국관리법」 제4조의2 제1항)된 사람은 출국금지결정이나 출국금지기간 연장의 통지를 받은 날 또는 그 사실을 안 날부터 15일 이내에 법무부장관에게 출국금지결정이나 출국금지기간 연장결정에 대한 이의를 신청할 수 있다.

② 외국인이 입국할 때에는 유효한 여권과 외교부장관이 발급한 사증을 가지고 있어야 한다.

③ 수사기관이 「출입국관리법」 제4조의6 제3항에 따른 긴급출국금지 승인을 요청한 때로부터 12시간 이내에 법무부장관으로부터 긴급출국금지 승인을 받지 못한 경우, 법무부장관은 「출입국관리법」 제4조의6 제1항의 수사기관 요청에 따른 출국금지를 해제하여야 한다.

④ 법무부장관은 소재를 알 수 없어 기소중지결정이 된 사람 또는 도주 등 특별한 사유가 있어 수사진행이 어려운 사람에 대하여는 6개월 이내의 기간을 정하여 출국을 금지할 수 있다.

해설 ① [×] 출국이 금지(「출입국관리법」 제4조 제1항 또는 제2항)되거나 출국금지기간이 연장(동법 제4조의2 제1항)된 사람은 출국금지결정이나 출국금지기간 연장의 통지를 받은 날 또는 그 사실을 안 날부터 10일 이내에 법무부장관에게 출국금지결정이나 출국금지기간 연장결정에 대한 이의를 신청할 수 있다(동법 제4조의5 제1항).
② [×] 외국인이 입국할 때에는 유효한 여권과 법무부장관이 발급한 사증을 가지고 있어야 한다(동법 제7조 제1항).
③ [○] 동법 제4조의6 제4항
④ [×] 법무부장관은 소재를 알 수 없어 기소중지결정이 된 사람 또는 도주 등 특별한 사유가 있어 수사진행이 어려운 사람에 대하여는 3개월 이내의 기간을 정하여 출국을 금지할 수 있다(동법 제4조 제2항 제1호).

정답 ③

12 「출입국관리법」 제4조에서는 내국인의 출국금지기간에 대하여 규정하고 있다. 이와 관련된 다음 설명 중 옳지 않은 것은?　　　　　　[17년 경간부]

① 법무부장관은 형사재판에 계속 중인 사람에 대하여 6개월 이내의 기간을 정하여 출국을 금지할 수 있다.

② 법무부장관은 징역형이나 금고형의 집행이 끝나지 아니한 사람에 대하여 6개월 이내의 기간을 정하여 출국을 금지할 수 있다.

③ 법무부장관은 기소중지결정이 된 경우로서 체포영장 또는 구속영장이 발부된 사람에 대하여 6개월 이내의 기간을 정하여 출국을 금지할 수 있다.

④ 법무부장관은 소재를 알 수 없어 기소중지결정이 된 사람 또는 도주 등 특별한 사유가 있어 수사진행이 어려운 사람에 대하여 3개월 이내의 기간을 정하여 출국을 금지할 수 있다.

해설　① [○]「출입국관리법」제4조 제1항 제1호
② [○] 동법 제4조 제1항 제2호
③ [×] 법무부장관은 기소중지결정이 된 경우로서 체포영장 또는 구속영장이 발부된 사람에 대하여 영장 유효기간 이내에 출국을 금지할 수 있다(동법 제4조 제2항 제2호).
④ [○] 동법 제4조 제2항 제1호

정답　③

13 「출입국관리법」상 내국인의 출국금지 기간 연결이 가장 적절하지 않은 것은?　　　　　　[15년 경감 승진]

① 기소중지결정이 된 경우로서 체포영장 또는 구속영장이 발부된 사람 - 영장 유효기간 이내

② 범죄 수사를 위하여 출국이 적당하지 아니하다고 인정되는 사람 - 4개월 이내

③ 형사재판에 계속 중인 사람 - 6개월 이내

④ 징역형의 집행이 끝나지 아니한 사람 - 6개월 이내

해설　① [○]「출입국관리법」제4조 제2항 제2호
② [×] 법무부장관은 범죄 수사를 위하여 출국이 적당하지 아니하다고 인정되는 사람에 대하여는 1개월 이내의 기간을 정하여 출국을 정지할 수 있다(동법 제4조 제2항).
③ [○] 동법 제4조 제1항 제1호

④ [○] 동법 제4조 제1항 제2호

정답 ②

---

14 「출입국관리법」상 내국인의 출국금지에 대한 설명으로 가장 적절하지 **않**은 것은? [19년 경위 승진]

① 법무부장관은 형사재판에 계속 중인 사람에 대하여 6개월 이내의 기간을 정하여 출국을 금지할 수 있다.

② 법무부장관은 징역형이나 금고형의 집행이 끝나지 아니한 사람에 대하여 6개월 이내의 기간을 정하여 출국을 금지할 수 있다.

③ 법무부장관은 기소중지결정이 된 경우로서 체포영장 또는 구속영장이 발부된 사람에 대하여 영장 유효기간까지 출국을 금지하여야 한다.

④ 법무부장관은 소재를 알 수 없어 기소중지결정이 된 사람 또는 도주 등 특별한 사유가 있어 수사진행이 어려운 사람에 대하여 3개월 이내의 기간을 정하여 출국을 금지할 수 있다.

해설 ① [○] 「출입국관리법」 제4조 제1항 제1호
② [○] 동법 제4조 제1항 제2호
③ [×] 법무부장관은 기소중지결정이 된 경우로서 체포영장 또는 구속영장이 발부된 사람에 대하여 영장 유효기간 이내로 출국을 금지할 수 있다(동법 제4조 제2항 제2호).
④ [○] 동법 제4조 제2항 제1호

정답 ③

15 「출입국관리법」에 규정된 출국금지 사유에 대한 내용이다. 아래 ㉠부터 ㉣까지의 설명으로 옳고 그름의 표시(○, ×)가 바르게 된 것은?

[17년 경위 승진]

> ㉠ 1천만원 이상의 벌금이나 2천만원 이상의 추징금을 내지 아니한 사람
> ㉡ 금고 이상의 형을 선고받고 석방된 사람
> ㉢ 출국심사 규정을 위반하여 출국하려고 한 사람
> ㉣ 징역형이나 금고형의 집행이 끝나지 아니한 사람

① ㉠(○) ㉡(×) ㉢(×) ㉣(○)   ② ㉠(○) ㉡(×) ㉢(×) ㉣(×)

③ ㉠(×) ㉡(○) ㉢(○) ㉣(○)   ④ ㉠(×) ㉡(○) ㉢(○) ㉣(×)

해설 ㉠ [○] 벌금 1천만원 이하 또는 추징금 2천만원 이하를 내지 아니한 사람은 출국금지 대상이다(「출입국관리법」 제4조 제1항 제3호; 「출입국관리법 시행령」 제1조의3 제1항).
㉡ [×] 금고 이상의 형의 선고를 받고 석방된 외국인은 강제퇴거 대상자에 해당한다(동법 제46조 제13호).
㉢ [×] 출국심사 규정을 위반하여 출국하려고 한 외국인은 강제퇴거 대상자에 해당한다(동법 제46조 제11호).
㉣ [○] 징역형이나 금고형의 집행이 끝나지 아니한 사람은 출국금지 사유에 해당한다(동법 제4조 제1항 제2호).

정답 ①

16 「출입국관리법」 제4조에는 국민의 출국금지 기간에 대하여 정하고 있다. 다음 (   ) 안에 들어갈 숫자를 모두 더한 값은? (단, 기간연장은 없음)

[17년 순경 1차]

> ㉠ 범죄 수사를 위하여 출국이 적당하지 아니하다고 인정되는 사람: (   )개월 이내
> ㉡ 형사재판에 계속 중인 사람: (   )개월 이내
> ㉢ 징역형의 집행이 끝나지 아니한 사람: (   )개월 이내
> ㉣ 소재를 알 수 없어 기소중지결정이 된 사람: (   )개월 이내
> ㉤ 도주 등 특별한 사유가 있어 수사진행이 어려운 사람: (   )개월 이내

① 10   ② 16   ③ 19   ④ 20

해설 ㉠ 범죄 수사를 위하여 출국이 적당하지 아니하다고 인정되는 사람: 1개월 이내

ⓛ 형사재판에 계속 중인 사람: <u>6</u>개월 이내
ⓒ 징역형의 집행이 끝나지 아니한 사람: <u>6</u>개월 이내
ⓔ 소재를 알 수 없어 기소중지결정이 된 사람: <u>3</u>개월 이내
ⓜ 도주 등 특별한 사유가 있어 수사진행이 어려운 사람: <u>3</u>개월 이내
따라서 (   ) 안에 들어갈 숫자를 모두 더한 값은 19이다.

정답 ③

---

17 「출입국관리법 시행령」상 외국인의 체류자격에 대한 설명이다. ㉠~㉢의 괄호 안에 들어갈 내용이 가장 적절한 것은?   [19년 순경 2차]

- A−(㉠), 외교: 대한민국정부가 접수한 외국정부의 외교사절단이나 영사기관의 구성원, 조약 또는 국제관행에 따라 외교사절과 동등한 특권과 면제를 받는 사람과 그 가족
- (㉡)−2, 유학: 전문대학 이상의 교육기관 또는 학술연구기관에서 정규과정의 교육을 받거나 특정 연구를 하려는 사람
- F−(㉢), 재외동포: 「재외동포의 출입국과 법적 지위에 관한 법률」상 대한민국의 국적을 보유하였던 자(대한민국정부 수립 전에 국외로 이주한 동포를 포함) 또는 그 직계비속으로서 외국국적을 취득한 자 중 대통령령으로 정하는 자(단순 노무행위 등 법령에서 규정한 취업활동에 종사하려는 사람은 제외)
- (㉣)−6, 예술흥행: 수익이 따르는 음악, 미술, 문학 등의 예술활동과 수익을 목적으로 하는 연예, 연주, 연극, 운동경기, 광고·패션 모델, 그 밖에 이에 준하는 활동을 하려는 사람

	㉠	㉡	㉢	㉣		㉠	㉡	㉢	㉣
①	2	D	6	E	②	2	E	4	F
③	1	E	6	F	④	1	D	4	E

해설 ㉠ 외교(A−1)는 대한민국정부가 접수한 외국정부의 외교사절단이나 영사기관의 구성원, 조약 또는 국제관행에 따라 외교사절과 동등한 특권과 면제를 받는 사람과 그 가족이 해당된다(「출입국관리법 시행령」 [별표 1의2]).
㉡ 유학(D−2)은 전문대학 이상의 교육기관 또는 학술연구기관에서 정규과정의 교육을 받거나 특정 연구를 하려는 사람이 해당된다(동령 [별표 1의2]).
㉢ 재외동포(F−4)는 「재외동포의 출입국과 법적 지위에 관한 법률」 제2조제2호에 해당하는 사람(단순 노무행위 등 이 영 제23조 제3항 각 호에서 규정한 취업활동에 종사하려는 사람은 제외한다)이 해당된다(동령 [별표 1의2]).

㉣ 예술흥행(E-6)은 수익이 따르는 음악, 미술, 문학 등의 예술활동과 수익을 목적으로 하는 연예, 연주, 연극, 운동경기, 광고·패션 모델, 그 밖에 이에 준하는 활동을 하려는 사람이 해당된다(동령 [별표 1의2]).

정답 ④

---

18 「출입국관리법」 및 동법 시행령상 다음의 내용이 설명하는 외국인의 체류자격으로 가장 적절하게 나열한 것은? [16년 순경 1차]

> ㉠ 수익이 따르는 음악, 미술, 문학 등의 예술활동과 수익을 목적으로 하는 연예, 연주, 연극, 운동경기, 광고·패션 모델, 그 밖에 이에 준하는 활동을 하려는 사람
> ㉡ 법무부장관이 정하는 자격요건을 갖춘 외국인으로서 외국어전문학원, 초등학교 이상의 교육기관 및 부설어학연구소, 방송사 및 기업체 부설 어학연수원, 그 밖에 이에 준하는 기관 또는 단체에서 외국어 회화지도에 종사하려는 사람

① ㉠ D-1 ㉡ A-2
② ㉠ D-1 ㉡ E-2
③ ㉠ E-6 ㉡ A-2
④ ㉠ E-6 ㉡ E-2

해설 ㉠ 예술흥행(E-6)은 수익이 따르는 음악, 미술, 문학 등의 예술활동과 수익을 목적으로 하는 연예, 연주, 연극, 운동경기, 광고·패션 모델, 그 밖에 이에 준하는 활동을 하려는 사람이 해당된다(「출입국관리법 시행령」 [별표 1의2]).
㉡ 회화지도(E-2)는 법무부장관이 정하는 자격요건을 갖춘 외국인으로서 외국어전문학원, 초등학교 이상의 교육기관 및 부설어학연구소, 방송사 및 기업체 부설 어학연수원, 그 밖에 이에 준하는 기관 또는 단체에서 외국어 회화지도에 종사하려는 사람이 해당된다(동령 [별표 1의2]).

정답 ④

19 「출입국관리법 시행령」상 외국인 체류자격에 관한 다음 설명 중 옳지 않은 것은 모두 몇 개인가?
[18년 경간부]

> ⊙ A−1: 대한민국 정부가 접수한 외국정부의 외교사절단이나 영사기관의 구성원, 조약 또는 국제관행에 따라 외교사절과 동등한 특권과 면제를 받는 사람과 그 가족
>
> ⓒ E−2: 법무부장관이 정하는 자격요건을 갖춘 외국인으로서 외국어전문학원, 초등학교 이상의 교육기관 및 부설어학연구소, 방송사 및 기업체 부설 어학연수원 그 밖에 이에 준하는 기관 또는 단체에서 외국어 회화지도에 종사하려는 사람
>
> ⓒ E−6: 수익이 따르는 음악, 미술, 문학 등의 예술활동과 수익을 목적으로 하는 연예, 연주, 연극, 운동경기, 광고·패션모델, 그 밖에 이에 준하는 활동을 하려는 사람
>
> ⓔ E−9: 「외국인근로자의 고용 등에 관한 법률」에 따른 국내 취업요건을 갖춘 사람(일정자격이나 경력 등이 필요한 전문직종에 종사하려는 사람은 제외)

① 0개   ② 1개   ③ 2개   ④ 3개

해설 ⊙ [O] 외교(A−1) 「출입국관리법 시행령」 [별표 1의2]
ⓒ [O] 회화지도(E−2) 동령 [별표 1의2]
ⓒ [O] 예술흥행(E−6) 동령 [별표 1의2]
ⓔ [O] 비전문취업(E−9) 동령 [별표 1의2]

정답 ①

20 외국인의 강제퇴거에 관한 다음 설명 중 가장 옳지 않은 것은?
[18년 경간부]

① 벌금 이상의 형을 선고 받고 석방된 사람은 강제퇴거의 대상이 된다.

② 출입국관리공무원은 강제퇴거 대상자에 해당한다고 의심되는 외국인에 대하여는 그 사실을 조사할 수 있다.

③ 출입국관리공무원은 강제퇴거 대상자에 해당한다고 의심할 만한 상당한 사유가 있고, 도주하거나 도주할 염려가 있으면 보호명령서를 발급받아 그 외국인을 보호할 수 있다.

④ 강제퇴거명령서는 출입국관리공무원이 집행하며 지방출입국·외국인관서의 장은 사법경찰관리에게 강제퇴거명령서의 집행을 의뢰할 수 있다.

해설 ① [×] 금고 이상의 형의 선고를 받고 석방된 사람이 외국인 강제퇴거의 대상이 된다(「출입국
관리법」 제46조 제1항 제13호).
② [○] 동법 제47조
③ [○] 동법 제51조 제1항
④ [○] 동법 제62조 제1항, 제2항

정답 ①

21 「출입국관리법」상 외국인의 강제퇴거 대상으로 옳지 <u>않은</u> 것은?

[20년 경간부]

① 허가를 받지 아니하고 근무처를 변경·추가하거나 허가를 받지 아니한 외
국인을 고용·알선한 사람
② 법무부장관이 정한 거소 또는 활동범위의 제한이나 그 밖의 준수사항을
위반한 사람
③ 벌금 이상의 형을 선고받고 석방된 사람
④ 외국인등록증 등의 채무이행 확보수단 제공 등의 금지규정을 위반한 외국인

해설 ① [○] 「출입국관리법」 제46조 제1항 제9호
② [○] 동법 제46조 제1항 제10호
③ [×] 벌금 이상이 아니라 금고 이상의 형의 선고를 받고 석방된 사람이 외국인 강제퇴거의
대상이 된다(동법 제46조 제1항 제13호).
④ [○] 동법 제46조 제1항 제12의2호

정답 ③

22 외국인의 강제퇴거 절차에 관한 설명으로 가장 적절하지 <u>않은</u> 것은?

① 출입국관리공무원은 강제퇴거 대상자에 해당된다고 의심되는 외국인(용의자)에 대하여는 그 사실을 조사할 수 있다.

② 출입국관리공무원은 외국인을 긴급보호한 경우에는 48시간 이내에 보호명령서를 발급받아 외국인에게 내보여야 한다.

③ 보호된 외국인의 강제퇴거 대상자 여부를 심사·결정하기 위한 보호기간은 7일 이내로 한다.

④ 지방출입국·외국인관서의 장은 출입국관리공무원이 용의자에 대한 조사를 마치면 지체 없이 용의자가 강제퇴거 대상사유의 어느 하나에 해당하는지를 심사하여 결정하여야 한다.

해설
① [O] 「출입국관리법」 제47조
② [O] 동법 제51조 제4항 제5항
③ [X] 보호된 외국인의 강제퇴거 대상자 여부를 심사·결정하기 위한 보호기간은 10일 이내로 한다. 다만, 부득이한 사유가 있으면 10일을 초과하지 아니하는 범위에서 1차례만 연장할 수 있다(동법 제52조 제1항).
④ [O] 동법 제58조

정답 ③

23 「출입국관리법」상 외국인의 체류와 관련된 설명이다. (   ) 안에 들어갈 숫자로 가장 적절하게 짝지어진 것은?　　　　　　[13년 경감 승진 수정]

> 대한민국에서 출생하여 체류자격을 가지지 못하고 체류하게 되는 외국인은 출생한 날부터 (㉠)일 이내에, 대한민국에서 체류 중 대한민국의 국적을 상실하거나 이탈하는 등 그 밖의 사유로 체류자격을 가지지 못하고 체류하게 되는 외국인은 그 사유가 발생한 날부터 (㉡)일 이내에 체류자격을 받아야 한다.

① ㉠ 30, ㉡ 90　　　　　　　　　② ㉠ 30, ㉡ 30
③ ㉠ 90, ㉡ 90　　　　　　　　　④ ㉠ 90, ㉡ 60

해설
④ 대한민국에서 출생하여 체류자격을 가지지 못하고 체류하게 되는 외국인은 출생한 날부터 90일 이내에, 그리고 대한민국에서 체류 중 대한민국의 국적을 상실하거나 이탈하는 등 그 밖의 사유로 체류자격을 가지지 못하고 체류하게 되는 외국인은 그 사유가 발생한 날부터 60일 이내에 체류자격을 받아야 한다(「출입국관리법」 제23조 제1항).

정답 ④

24 「국적법」상 일반귀화의 요건으로 가장 적절하지 않은 것은?

[15년 순경 2차 수정]

① 대한민국의 「민법」상 성년일 것

② 자신의 자산이나 기능에 의하거나 생계를 같이하는 가족에 의존하여 생계를 유지할 능력이 있을 것

③ 3년 이상 계속하여 대한민국에 주소가 있을 것

④ 법령을 준수하는 등 법무부령으로 정하는 품행 단정의 요건을 갖출 것

해설 ① [○] 「국적법」 제5조 제2호
② [○] 동법 제5조 제4호
③ [×] 5년 이상 계속하여 대한민국에 주소가 있어야 한다(동법 제5조 제1호).
④ [○] 동법 제5조 제3호
정답 ③

25 「국적법」상 일반귀화의 요건에 관한 내용이다. ㉠~㉤의 내용 중 옳고 그름의 표시(O, X)가 모두 바르게 된 것은?

[19년 순경 2차]

㉠ 10년 이상 계속하여 대한민국에 주소가 있을 것
㉡ 대한민국에서 영주할 수 있는 체류자격을 가지고 있을 것
㉢ 대한민국의 「민법」상 성년일 것
㉣ 법령을 준수하는 등 대통령령으로 정하는 품행 단정의 요건을 갖출 것
㉤ 귀화를 허가하는 것이 국가안전보장·질서유지 또는 공공복리를 해치지 아니한다고 법무부장관이 인정할 것

① ㉠(×) ㉡(○) ㉢(○) ㉣(×) ㉤(○)
② ㉠(○) ㉡(×) ㉢(○) ㉣(○) ㉤(×)
③ ㉠(○) ㉡(○) ㉢(×) ㉣(×) ㉤(○)
④ ㉠(×) ㉡(○) ㉢(○) ㉣(×) ㉤(×)

해설 ㉠ [×] 5년 이상 계속하여 대한민국에 주소가 있을 것(「국적법」 제5조 제1호).
㉡ [○] 동법 제5조 제1의2호
㉢ [○] 동법 제5조 제2호
㉣ [×] 법령을 준수하는 등 법무부령으로 정하는 품행 단정의 요건을 갖출 것(동법 제5조 제3호)
㉤ [○] 동법 제5조 제6호
정답 ①

26 다음은 외사경찰과 관련된 법률에 대한 설명이다. 보기의 ( )에 들어갈 숫자를 모두 더한 값은?

[16년 경간부 수정]

> ㉠ ( )년 이상 계속하여 대한민국에 주소가 있을 것은 일반귀화 요건 중의 하나이다. 「국적법」
> ㉡ 외국인은 출입국관리공무원이나 권한 있는 공무원이 그 직무수행과 관련하여 여권 등의 제시를 요구하면 여권 등을 제시하여야 한다. 여권등의 휴대 또는 제시의무를 위반한 사람은 ( )만원 이하의 벌금에 처한다. 「출입국관리법」
> ㉢ 대한민국에 체류하는 외국인은 항상 여권, 선원신분증명서, 외국인입국허가서, 외국인등록증 또는 상륙허가서를 지니고 있어야 한다. 다만, ( )세 미만인 외국인의 경우에는 그러하지 아니하다. 「출입국관리법」
> ㉣ 외교부장관은 장기 ( )년 이상의 형에 해당하는 죄로 인하여 기소중지 또는 는 수사중지(피의자중지로 한정한다)된 사람에 대하여는 여권의 발급 또는 재발급을 거부할 수 있다. 「여권법」

① 124 ② 125 ③ 126 ④ 127

해설 ㉠ <u>5년</u> 이상 계속하여 대한민국에 주소가 있어야 한다(「국적법」 제5조 제1호).
㉡ 여권등의 휴대 또는 제시 의무를 위반한 사람은 <u>100만원</u> 이하의 벌금에 처한다(「출입국관리법」 제98조 제1호).
㉢ <u>17세</u> 미만인 외국인의 경우에는 그러하지 아니하다(동법 제27조 제1항).
㉣ 외교부장관은 장기 2년 이상의 형(刑)에 해당하는 죄로 인하여 기소(起訴)되어 있는 사람 또는 장기 <u>3년</u> 이상의 형에 해당하는 죄로 인하여 기소중지 또는 수사중지(피의자중지로 한정한다)되거나 체포영장·구속영장이 발부된 사람 중 국외에 있는 사람에 대해서는 여권의 발급 또는 는 재발급을 거부할 수 있다(「여권법」 제12조 제1항 제1호).
따라서 ( ) 안에 들어갈 숫자를 모두 더하면 5 + 100 + 17 + 3 = 125이다.

정답 ②

2021년 최신 기출문제

2021년 순경 2차 기출문제

01 경찰의 분류에 대한 설명으로 가장 적절하지 <u>않은</u> 것은?

① 우리나라에서는 보통경찰기관이 행정경찰 및 사법경찰 업무를 모두 담당한다.

② 진압경찰은 이미 발생한 위해의 제거나 범죄의 수사를 위한 경찰작용으로 범죄의 수사, 범죄의 제지, 총포·화약류의 취급제한, 광견의 사살 등이 있다.

③ 봉사경찰은 서비스·계몽·지도 등 비권력적인 수단을 통하여 경찰의 직무를 수행하는 경찰활동으로 방범지도, 청소년선도, 교통정보제공 등이 있다.

④ 협의의 행정경찰은 다른 행정작용에 부수하여 그 행정작용과 관련해서 발생하는 위험을 방지하기 위해 행해지는 경찰작용으로 경제경찰, 산림경찰, 철도경찰 등이 있다.

02 우리나라 경찰의 역사적 사실을 오래된 것부터 바르게 나열한 것은?

> ㉠ 경찰윤리헌장 제정
> ㉡ 내무부 민방위본부 소방국으로 소방업무 이관
> ㉢ 경찰공무원법 제정
> ㉣ 경찰서비스헌장 제정
> ㉤ 치안본부에서 경찰청으로 승격

① ㉢-㉠-㉣-㉡-㉤
② ㉠-㉡-㉢-㉣-㉤
③ ㉠-㉢-㉡-㉤-㉣
④ ㉡-㉤-㉠-㉢-㉣

03 경찰의 임무에 대한 설명으로 가장 적절하지 않은 것은?

① 「국가경찰과 자치경찰의 조직 및 운영에 관한 법률」 제3조에서 경찰의 임무로 '국민의 생명·신체 및 재산의 보호', '범죄피해자 보호', '교통의 단속과 위해의 방지' 등을 규정하고 있다.

② 법질서의 불가침성은 공공의 안녕의 제1요소로서, 공법규범에 대한 위반은 일반적으로 공공의 안녕에 대한 위험으로 취급되어 경찰권 발동의 대상이 된다.

③ 공공질서란 원만한 공동체 생활을 위한 필수적인 전제조건으로서 공공사회에서 개개인의 행동에 대한 불문규범의 총체를 의미한다. 공공질서는 시대에 따라 변화하는 상대적·유동적 개념이다.

④ 위험이란 가까운 장래에 공공의 안녕이나 질서에 손해가 나타날 수 있는 가능성이 개개의 경우에 충분히 존재하는 상태를 의미한다. 위험은 구체적 위험과 추상적 위험으로 구분할 수 있으며 경찰 개입은 구체적 위험이 있을 때에만 가능하다.

04 다음 중 「경찰 인권보호 규칙」상 경찰청 및 그 소속기관의 장이 진정을 기각할 수 있는 경우로 가장 적절한 것은?

① 진정인이 진정을 취소한 경우

② 사건 해결과 진상 규명에 핵심적인 중요 참고인의 소재를 알 수 없는 경우

③ 진정 내용이 사실이 아니거나 사실 여부를 확인하는 것이 불가능한 경우

④ 진정의 원인이 된 사실이 공소시효, 징계시효 및 민사상 시효 등이 모두 완성된 경우

05 「언론중재 및 피해구제 등에 관한 법률」에서 침해구제에 대한 설명으로 가장 적절하지 <u>않은</u> 것은?

① 사실적 주장에 관한 언론보도등이 진실하지 아니함으로 인하여 피해를 입은 자는 해당 언론보도등이 있음을 안 날부터 3개월 이내에 언론사, 인터넷뉴스서비스사업자 및 인터넷 멀티미디어 방송사업자에게 그 언론보도등의 내용에 관한 정정보도를 청구할 수 있다. 다만, 해당 언론보도등이 있은 후 6개월이 지났을 때에는 그러하지 아니하다.

② 「언론중재 및 피해구제 등에 관한 법률」에 따른 정정보도청구등과 관련하여 분쟁이 있는 경우 피해자 또는 언론사등은 중재위원회에 조정을 신청할 수 있다.

③ 당사자 양쪽은 정정보도청구 등 또는 손해배상의 분쟁에 관하여 중재부의 종국적 결정에 따르기로 합의하고 중재를 신청할 수 있다. 중재결정은 확정판결과 동일한 효력이 있다.

④ 사실적 주장에 관한 언론보도등으로 인하여 피해를 입은 자는 그 보도 내용에 관한 반론보도를 언론사등에 청구할 수 있다. 반론보도청구는 언론사등의 고의 · 과실이나 위법성을 필요로 한다.

06 「부정청탁 및 금품등 수수의 금지에 관한 법률」에 대한 설명으로 가장 적절하지 <u>않은</u> 것은?

① 공직자등 자신이 수수 금지 금품등을 받거나 그 제공의 약속 또는 의사표시를 받은 경우에는 소속기관장에게 지체 없이 서면 또는 구두로 신고하여야 한다.

② 공직자등은 사례금을 받는 외부강의등을 할 때에는 대통령령으로 정하는 바에 따라 외부강의등의 요청 명세 등을 소속기관장에게 그 외부강의등을 마친 날부터 10일 이내에 서면으로 신고하여야 한다. 다만, 외부강의 등을 요청한 자가 국가나 지방자치단체인 경우에는 그러하지 아니하다.

③ 「부정청탁 및 금품등 수수의 금지에 관한 법률」에 따라 국회, 법원, 헌법재판소, 선거관리위원회, 감사원, 국가인권위원회, 고위공직자범죄수사처, 중앙행정기관(대통령 소속 기관과 국무총리 소속 기관을 포함한다)과 그 소속 기관 및 지방자치단체는 공공기관에 해당한다.

④ 공직자등은 직무 관련 여부 및 기부·후원·증여 등 그 명목에 관계없이 동일인으로부터 1회에 100만원 또는 매 회계연도에 300만원을 초과하는 금품등을 받거나 요구 또는 약속해서는 아니된다.

07 「국가경찰과 자치경찰의 조직 및 운영에 관한 법률」에서 국가수사본부장에 대한 설명으로 가장 적절한 것은?

① 국가수사본부장은 치안감으로 보하며, 임기가 끝나면 당연히 퇴직한다.

② 국가수사본부장의 임기는 2년으로 하며, 중임할 수 있다.

③ 국가수사본부장은 국가경찰사무를 총괄하고, 경찰청 업무를 관장하며 소속 공무원 및 각급 경찰기관의 장을 지휘·감독한다.

④ 국가수사본부장이 직무를 집행하면서 헌법이나 법률을 위배하였을 때에는 국회는 탄핵소추를 의결할 수 있다.

08 「경찰공무원법」과 「국가공무원법」상 공통된 임용결격사유가 <u>아닌</u> 것은?

① 피성년후견인 또는 피한정후견인

② 파산선고를 받고 복권되지 아니한 사람

③ 공무원으로 재직기간 중 직무와 관련하여 형법 제355조(횡령, 배임) 및 제356조(업무상의 횡령과 배임)에 규정된 죄를 범한 자로서 300만원 이상의 벌금형을 선고받고 그 형이 확정된 후 2년이 지나지 아니한 사람

④ 「성폭력범죄의 처벌 등에 과한 특례법」 제2조(성폭력범죄)에 규정된 죄를 범한 사람으로서 100만원 이상의 벌금형을 선고받고 그 형이 확정된 후 3년이 지나지 아니한 사람

09 경찰공무원의 징계책임에 대한 설명으로 가장 적절한 것은?

① 「경찰공무원 징계령」상 중징계에는 파면, 해임 및 강등이 있으며, 경징계에는 정직, 감봉 및 견책이 있다.

② 「경찰공무원 징계령」상 징계등 심의 대상자는 증인의 심문을 신청할 수 있다. 이 경우 징계위원회의 위원장이 그 채택 여부를 결정한다.

③ 「경찰공무원법」상 정직은 1개월 이상 3개월 이하의 기간으로 하고, 정직처분을 받은 자는 그 기간 중 공무원의 신분은 보유하나 직무에 종사하지 못하며 보수의 3분의 2를 감한다.

④ 「국가공무원법」상 경무관 이상의 경찰공무원에 대한 징계의결은 「국가공무원법」에 따라 국무총리 소속으로 설치된 징계위원회에서 한다.

10 「보안업무규정 시행 세부규칙」에서 제한구역에 해당하는 것은 모두 몇 개 인가?

> ㉠ 전자교환기(통합장비)실
> ㉡ 정보통신관제센터
> ㉢ 정보보안기록실
> ㉣ 경찰청 및 시·도경찰청 항공대
> ㉤ 종합상황실

① 2개   ② 3개   ③ 4개   ④ 5개

11 「경찰관 직무집행법」에서 보호조치 등에 대한 설명으로 가장 적절한 것 은?

① 「경찰관 직무집행법」 제4조제1항에 따라 긴급구호를 요청받은 보건의료기 관이나 공공구호기관은 정당한 이유 없이 긴급구호를 거절할 수 없다. 만 약, 긴급구호를 요청받은 응급의료종사자가 정당한 이유 없이 거절한 경우 「경찰관 직무집행법」에 따라 처벌한다.

② 경찰관은 「경찰관 직무집행법」 제4조제1항의 조치를 하였을 때에는 지체 없이 구호대상자의 가족, 친지, 또는 그 밖의 연고자에게 그 사실을 알려 야 하며, 연고자가 발견되지 아니할 때에는 구호대상자를 적당한 관할경찰 관서에 즉시 인계하여야 한다.

③ 경찰관은 「경찰관 직무집행법」 제4조제1항의 조치를 하는 경우에, 구호대 상자가 휴대하고 있는 무기·흉기 등 위험을 일으킬 수 있는 것으로 인정 되는 물건을 경찰관서에 임시로 영치하여 놓을 수 있다. 물건을 경찰관서 에 임시로 영치하는 기간은 10일을 초과할 수 없다.

④ 미아, 병자, 부상자 등으로서 적당한 보호자가 없으며 응급구호가 필요한 경우 본인이 구호를 거절하더라도 보호조치할 수 있다.

12 범죄원인론에 대한 설명으로 가장 적절하게 연결되지 <u>않은</u> 것은?

① 쇼와 맥케이(Shaw & Mckay)의 사회해체이론 – 빈민(slum)지역에서 범죄 발생률이 높은 것은 도시의 산업화·공업화 과정에서 지역사회의 제도나 규범 등이 극도로 해체되기 때문으로, 이 지역에서는 비행적 전통과 가치 관이 사회통제를 약화시켜서 일탈이 야기되며 이러한 지역은 구성원이 바 뀌더라도 비행발생률은 감소하지 않는다.

② 레클리스(Reckless)의 견제(봉쇄)이론 – 고전주의 범죄학 이론에 기반을 둔 것으로, 인간은 범죄로부터 얻을 수 있는 이익보다 더 큰 고통을 받게 되면, 범죄를 저지르지 않을 것이라는 전제를 하고 있다. 범죄통제를 위해 서는 처벌의 엄격성, 신속성, 확실성이 요구되며 이 중 처벌의 확실성이 가장 중요하다.

③ 버제스와 에이커스(Burgess & Akers)의 차별적 강화이론 – 범죄행위의 결 과로서 보상이 취득되고 처벌이 회피될 때 그 행위는 강화되는 반면, 보상 이 상실되고 처벌이 강화되면 그 행위는 약화된다.

④ 머튼(Merton)의 긴장(아노미)이론 – 목표와 그 목표를 이루기 위한 수단 과의 간극이 커지면서 아노미 조건이 유발되어 분노와 좌절이라는 긴장이 초해되고, 그 목정을 달성하기 위한 수단으로서 범죄를 선택한다.

13 「성매매알선 등 행위의 처벌에 관한 법률」에 대한 설명으로 적절한 것은 모두 몇 개인가?

○ "성매매"란 불특정인을 상대로 금품이나 그 밖의 재산상의 이익을 수수하거나 수수하기로 약속하고 유사성교행위를 제외한 성교행위를 하거나 그 상대방이 되는 것을 말한다.

○ "성매매알선 등 행위"에는 성매매를 알선, 권유, 유인 또는 강요하는 행위와 성매매의 장소를 제공하는 행위를 포함한다.

○ "성매매피해자"란 위계, 위력에 의하여 성매매를 강요당한 사람, 성매매 목적의 인신매매를 당한 사람 등을 말한다. 다만, 고용관계로 인하여 보호 또는 감독하는 사람에 의하여 마약등에 중독되어 성매매를 한 사람은 성매매피해자에 포함되지 않는다.

○ 검사 또는 사법경찰관은 수사과정에서 피의자 또는 참고인이 성매매피해자에 해당한다고 볼만한 상당한 이유가 있을 때에는 지체없이 법정대리인, 친족 또는 변호인에게 통지하고, 신변보호, 수사의 비공개, 친족 또는 지원시설·성매매피해상담소에의 인계 등 그 보호에 필요한 조치를 하여야 한다. 다만, 피의자 또는 참고인의 사생활 보호 등 부득이한 사유가 있는 경우에는 통지하지 아니할 수 있다.

○ 성매매피해자의 성매매는 형을 감경하거나 면제할 수 있다.

---

① 1개　　　　② 2개　　　　③ 3개　　　　④ 4개

14 「아동학대범죄의 처벌 등에 관한 특례법」에 대한 설명으로 가장 적절하지 않은 것은?

① 아동학대 신고의무자가 보호하는 아동에 대하여 아동학대범죄를 범한 때에는 그 죄의 정한 형의 2분의 1까지 가중한다.

② 아동학대범죄 현장을 발견한 경우 또는 학대현장 이외의 장소에서 학대피해가 확인되고 재학대의 위험이 급박한 경우, 사법경찰관리 또는 아동학대전담공무원은 피해아동등의 보호를 위하여 즉시 응급조치를 하여야 한다. 응급조치에는 아동학대범죄 행위의 제지, 아동학대행위자를 피해아동등으로부터 격리, 피해아동등을 아동학대 관련 보호시설로 인도, 피해아동등 또는 가정구성원에 대한 전기통신을 이용한 접근 금지 등의 조치가 있다.

③ 아동학대행위자를 피해아동등으로부터 격리하는 경우, 72시간을 넘을 수 없다. 다만, 공휴일이나 토요일이 포함되는 경우로서 피해아동등의 보호를 위하여 필요하다고 인정되는 경우에는 48시간의 범위에서 그 기간을 연장할 수 있다.

④ 판사는 아동학대범죄의 원활한 조사·심리 또는 피해아동등의 보호를 위하여 필요하다고 인정하는 경우에는 결정으로 아동학대행위자에게 임시조치를 할 수 있다. 임시조치에는 친권 또는 후견인 권한 행사의 제한 또는 정지, 아동보호전문기관등에의 상담 및 교육 위탁, 의료기관이나 그 밖의 요양시설에의 위탁, 경찰관서의 유치자 또는 구치소에의 유치 등이 있다.

15 선거경비에 대한 설명으로 가장 적절한 것은?

① 통상 비상근무체제는 선거기간 개시일로부터 개표 종료 때까지이며, 경계 강화기간은 선거기간 개시일부터 선거 전일까지이다.

② 대통령 후보자는 갑호경호 대상으로 후보자 등록 시부터 당선 확정 시까지 후보자가 원하는 경우 유세장·숙소 등에 대해 24시간 경호임무를 수행하고, 후보자가 원하지 않는 경우 시·도경찰청에서 경호경험이 있는 자를 선발해 관내 유세기간 중 근접 배치한다.

③ 투표소의 질서유지는 선거관리위원회와 경찰이 합동으로 하고, 경찰은 112 순찰차를 투표소 밖에 배치하여 거점근무 및 순찰을 실시하고, 정복 경찰을 투표소 내에 배치하여야 한다.

④ 「공직선거법」상 누구든지 개표소 안에서 무기 등을 지닐 수 없으므로 선거관리위원회 위원장의 원조요구가 있더라도 개표소 안으로 투입되는 경찰관은 무기를 휴대할 수 없다.

16 「도로교통법」에 대한 설명(㉠~㉣) 중 옳고 그름의 표시(O, X)가 바르게 된 것은?

㉠ "자동차"란 철길이나 가설된 선을 이용하지 아니하고 원동기를 사용하여 운전되는 차로서 승용자동차, 승합자동차, 화물자동차, 특수자동차, 이륜자동차, 원동기장치자전거를 말한다. 다만, 건설기계는 제외한다.

㉡ 자동차등을 운전하려는 사람은 시·도경찰청장으로부터 운전면허를 받아야 한다. 다만, 「도로교통법」 제2조제19호나목의 원동기를 단 차 중 「교통약자의 이동편의 증진법」 제2조제1호에 따른 교통약자가 최고속도 시속 20킬로미터 이하로만 운행될 수 있는 차를 운전하는 경우에는 그러하지 아니하다.

㉢ 어린이 통학버스가 도로에 정차하여 어린이나 영유아가 타고 내리는 중임을 표시하는 점멸등 등의 장치를 작동중일 때에는 어린이통학버스가 정차한 차로와 그 차로의 바로 옆 차로로 통행하는 차의 운전자는 어린이통학버스에 이르기 전에 일시정지하여 안전을 확인한 후 서행하여야 한다.

㉣ 어린이의 보호자는 어린이가 행정안전부령으로 정하는 인명보호 장구를 착용한 경우를 제외하고 도로에서 개인형 이동장치를 운전하게 하여서는 아니 된다.

① ㉠(O) ㉡(X) ㉢(X) ㉣(X)　　② ㉠(X) ㉡(O) ㉢(X) ㉣(O)

③ ㉠(X) ㉡(X) ㉢(O) ㉣(X)　　④ ㉠(X) ㉡(O) ㉢(O) ㉣(X)

17 「집회 및 시위에 관한 법률」 및 「집회 및 시위에 관한 법률 시행령」에 대한 설명으로 적절하지 <u>않은</u> 것은 모두 몇 개인가?

> ㉠ 집회 또는 시위의 주최자는 확성기등을 사용하여 타인에게 심각한 피해를 주는 소음으로서 주거·학교·종합병원 지역에서 주간(07:00~해지기 전)에 등가소음도(Leq) 65dB(A) 이하의 기준을 위반하는 소음을 발생시켜서는 아니된다.
>
> ㉡ 확성기등의 소음은 관할 경찰서장(현장 경찰공무원)이 측정하며, 소음 측정 장소는 피해자가 위치한 건물의 외벽에서 소음원 방향으로 1~3.5m 떨어진 지점으로 하되, 소음도가 높을 것으로 예상되는 지점의 지면 위 1.2m~1.5m 높이에서 측정한다. 다만, 주된 건물의 경비 등을 위하여 사용되는 부속 건물, 광장·공원이나 도로상의 영업시설물, 공원의 관리사무소 등은 소음 측정 장소에서 제외한다.
>
> ㉢ 관할경찰관서장은 집회 또는 시위의 주최자가 대통령령으로 정하는 기준을 초과하는 소음을 발생시켜 타인에게 피해를 주는 경우에는 그 기준 이하의 소음 유지 또는 확성기등의 사용 중지를 명하거나 확성기등의 일시보관 등 필요한 조치를 할 수 있다.
>
> ㉣ 「집회 및 시위에 관한 법률」 제14조(확성기등 사용의 제한)는 예술·체육·종교 등에 관한 집회 및 1인 시위에도 적용된다.

① 1개   ② 2개   ③ 3개   ④ 4개

18 「북한이탈주민의 보호 및 정착지원에 관한 법률」에 대한 설명으로 가장 적절하지 않은 것은?

① 위장탈출 혐의자 또는 국내 입국 후 3년이 지나서 보호신청한 사람은 보호대상자로 결정하지 아니할 수 있다.

② 북한이탈주민으로서 「북한이탈주민의 보호 및 정착지원에 관한 법률」에 의한 보호를 받고자 하는 자는 재외공관장등에게 보호를 직접 신청하여야 한다. 다만, 보호를 직접 신청하지 아니할 수 있는 대통령령으로 정하는 사유가 있는 경우에는 그러하지 아니하다.

③ 보호신청을 받은 재외공관장등은 지체없이 그 사실을 소속 중앙행정기관의 장을 거쳐 통일부장관과 국가정보원장에게 통보하여야 한다.

④ 경찰청장은 보호신청자에 대하여 보호결정 등을 위하여 필요한 조사 및 일시적인 신변안전조치 등 임시보호조치를 한 후 지체없이 그 결과를 통일부장관과 국가정보원장에게 통보하여야 한다.

19 「검사와 사법경찰관의 상호협력과 일반적 수사준칙에 관한 규정」에 대한 설명으로 가장 적절한 것은?

① 검사는 사법경찰관에게 수사경합에 따른 사건송치를 요구할 때에는 그 내용과 이유를 구체적으로 적은 서면으로 해야 하며, 사법경찰관은 요구를 받은 날부터 10일 이내에 사건을 검사에게 송치해야 한다.

② 사법경찰관은 수사중지 결정을 한 경우 7일 이내에 사건기록을 검사에게 송부해야 한다. 이 경우 검사는 사건기록을 송부받은 날부터 30일 이내에 반환해야 한다.

③ 검사는 사법경찰관으로부터 송치받은 사건에 대해 보완수사가 필요하다고 인정하는 경우에는 직접 보완수사를 하는 것을 원칙으로 한다. 다만, 필요가 있다고 인정되는 경우에는 사법경찰관에게 보완수사를 요구할 수 있다.

④ 검사는 사법경찰관에게 재수사를 요청하려는 경우에는 관계 서류와 증거물을 송부받은 날부터 90일 이내에 해야 하며, 90일이 지난 후에는 불송치 결정에 영향을 줄 수 있는 명백히 새로운 증거 또는 사실이 발견된 경우를 제외하고 재수사를 요청할 수 없다.

20 「출입국관리법」상 외국인 강제퇴거 대상으로 적절하지 <u>않은</u> 것은 모두 몇 개인가?

> ㉠ 조세, 공과금을 체납한 사람
> ㉡ 외국인등록 의무를 위반한 사람
> ㉢ 구류의 선고를 받고 석방된 사람
> ㉣ 법무부장관이 정한 거소 또는 활동범위의 제한이나 그 밖의 준수사항을 위반 한 사람
> ㉤ 지방출입국·외국인관서의 장이 붙인 조건부 입국 허가조건을 위반한 사람

① 2개　　　　② 3개　　　　③ 4개　　　　④ 5개

▶ 2021년 순경 2차 기출문제 정답

문항	1	2	3	4	5
정답	②	③	④	③	④
문항	6	7	8	9	10
정답	①	④	①	④	②
문항	11	12	13	14	15
정답	③	②	②	②	①
문항	16	17	18	19	20
정답	④	①	④	②	①

저자약력

■ **임창호**

동국대학교 경찰행정학과 및 동대학원 졸업(경찰학박사)
전) 대전대학교 입학사정관 실장
전) 日本 北海商科大學 交換敎授
전) 한국공안행정학회 회장
현) 법무부 보호관찰위원
현) 대전광역시 안전브랜드 활성화사업 자문위원회 위원
현) 대전광역시경찰청 민원조정위원회 위원
현) 대전광역시경찰청 청렴정책협의체 위원
현) 대전동부경찰서 청소년선도심사위원회 위원
현) 대전중부경찰서 경미범죄심사위원회 위원
현) 도시안전디자인센터 방범분과장
현) 5급, 7급, 9급 국가공무원 채용시험 출제 및 선정위원
현) 대전대학교 경찰학과 교수

>>> **주요 연구실적**

문제 지향적 경찰활동의 활성화 방안
지역사회에 기초한 범죄예방
시민의 법률준수 및 경찰협력에의 영향요인 등

■ **정세종**

동국대학교 경찰행정학과 및 동대학원 졸업(경찰학박사)
제46기 경찰간부후보생
전) 서울지방경찰청 사이버범죄수사대 개인정보보호팀장
전) 서울 서초경찰서 강력팀장
전) 경찰종합학교 경찰간부후보생 지도교관
전) 경남대학교 경찰학과 교수
전) 경찰간부후보생 채용시험 출제위원
전) 경찰공무원(순경) 채용시험 출제위원
현) 5급, 7급, 9급 국가공무원 채용시험 출제 및 선정위원
현) 경찰간부후보생 채용시험 출제위원
현) 경찰공무원(순경) 채용시험 출제위원
현) 서울광역시경찰청 범죄자프로파일링연구회 자문교수
현) 광주광역시경찰청 집회·시위자문위원회 위원
현) 광주광역시경찰청 경찰수사심의위원회 위원
현) 한국공안행정학회 회장
현) 조선대학교 경찰행정학과 교수

>>> **주요 연구실적**

범죄자 프로파일링에 관한 비판적 고찰
피의자신문과정에서 허용될 수 있는 책략의 범위
메스암페타민 투약사범 수사에 관한 주요쟁점과 논평 등

객관식 최신 경찰학

2021년 9월 10일 초판 인쇄
2021년 9월 15일 초판 1쇄 발행

저 자 임 창 호 · 정 세 종
발행인 배   효   선

발행처 도서
        출판 法 文 社

주 소 10881 경기도 파주시 회동길 37-29
등 록 1957년 12월 12일/제2-76호(윤)
전 화 (031)955-6500~6 FAX (031)955-6525
E-mail (영업) bms@bobmunsa.co.kr
       (편집) edit66@bobmunsa.co.kr
홈페이지 http://www.bobmunsa.co.kr
조 판 법 문 사 전 산 실

정가 32,000원   ISBN 978-89-18-91245-5

불법복사는 지적재산을 훔치는 범죄행위입니다.
 이 책의 무단전재 또는 복제행위는 저작권법 제136조 제1항에 의거, 5년
이하의 징역 또는 5,000만원 이하의 벌금에 처하게 됩니다.